U0014053

帝國何以成為帝國

一部關於權力、差異、與互動的全球政治史

EMPIRES IN WORLD HISTORY

POWER AND THE POLITICS OF DIFFERENCE

珍・波本克
JANE BURBANK &
弗雷德里克・庫伯
FREDERICK COOPER

全新修訂版

目次

序言
Preface

這本書緣起於一連串我們兩位作者的對話——其中一個是研究不列顛與法蘭西非洲殖民帝國的專家，另一個則是研究俄羅斯與蘇維埃帝國的歷史學家；也有我們跟研究生的對話——我們先是在密西根大學開了門叫「帝國與政治想像」的課程，後來也在紐約大學開了這門課；還有我們跟同事之間的對話，們各自的專長涵蓋了我倆知之甚少的世界其他地區；也有過去十年來在北美洲、歐亞大陸、非洲與澳洲，跟眾多參加會議與研討會的與會人士的對話；還有我們跟紐約大學的大學部學生的對話，我們那時也為大一學生開了這門講帝國的課。本書就是這一緣起的結果。

我們一貫的教學與寫作目標，是要讓複雜的歷史情節變得清晰易懂，不僅針對不同程度的學生，對歷史有興趣的一般讀者亦然，同時還要挑戰學者們對過去的描述和理解。我們想開拓世界政治史的視野，揚棄那些司空見慣的簡化說明與標籤——這會誤人子弟——好比說從帝國到民族國家的轉變、前現代與現代國家的分野，還有不分青紅皂白只著眼於歐洲與西方，好像它們是唯一有能力帶來改變的推動者。這本書之所以兼顧敘述性與詮釋性的書寫形式，背後實有深深的含意；至於歷史學家與政治理論家間的大量辯論，就讓它們留到幕後。因為有不少爭論還在進行中，而我倆在某些情境下也曾跳進這些論辯當中。在這本書裡，我們勾勒的是宏大的歷史畫面，不會斤斤計較於歷史的每一筆和每一畫。我們也不會把那些對我們的研究至關重要的作品一一加上注腳，反之，我們會在每一章後提供延伸閱讀的指引。

這本書涉及的只有某些帝國，而不是所有的帝國。我們大致是以歐亞大陸的帝國為主——從太平洋到大西洋，還會關注其位於整個美洲與非洲的帝國海外部分，有時會嘗試再延伸到其他地方。至於要寫哪些帝國，每個人都有不同的選擇而且完全合理，但我們將重點放在歐亞。這樣的選擇既可以提供各式各樣的帝國類型，也能提供它們之間飽滿而長期交流的故事。我們希望自己所提出的問題，能對分析其他帝國與其他歷史舞臺有所裨益。這是一本跟政治學有關的書，帶有政治經濟學的關切；但並不是一本世界經濟史——已經有別人把這個主題處理得很好了。這也不是一本僅僅視帝國為一種單純統治方式的簡化之書。相反，我們要探討不同帝國的多元運作型態，我們跨越時間而窺視不同的帝國在不同的脈絡中，如何致力於維持其運作，以及它們所遭遇的局限。

在本書開始之前，我們必須先談一下術語和修辭問題。在一本涵蓋超過兩千年歷史的書裡，難免會提到一些地區；這些地區或許現在屬於某個耳熟能詳的國家，但當地的政治界線在歷史裡曾歷經多次更迭。我們雖然有時會如下敘述某個歷史事件，說它發生在「目前以西班牙之名為人所知的地方」或是「一塊我們今天稱為歐洲的地區」，但這樣寫未免顯得冗長。故此，我們雖然會試著釐清政權與領土之間關係的變動，但為了簡潔起見，在很多情境下我們還是會採用現有的地名。把「國家」當成任何一種行動者與決策者的敘述法同樣也是種簡化——好比「法國決定要……」——但我們有時會抄捷徑，以避開關於「法國國內有誰要這麼做、誰不作如是想」的漫長討論，除非這樣的區分對我們的主題至關重要。至於大多數人名與地名，我們則使用當代的拼法，以及簡化的英語對應詞。

這本書的規畫，還包含了一些更顯而易見的權宜之計。書裡每個小段所涵蓋的研究領域之大，就連研究所學生準備動手寫自己的論文計畫時，也得花上兩年時間來蒐集準備。數十年來，我們所受的訓練與研究，能處理的不過是這本書所探討的一小部分地區與時代罷了。因為沒有那麼多輩子來寫這本書，我們只好採納四項策略。第一，我們參考各領域專家所寫的、擲地有聲的集大成之作，從而把對某個帝國多年來的歷史成果整合在一起，或是討論某個廣泛主題的書，同時會參考劍橋、牛津與其他學術單位的歷史選集。第二，我們會從近年來探討特定帝國及其背景的出版品裡，吸取各種洞見與發現。第三，我們參與了討論帝國與殖民主義的學術會議，聽取了專家對於最新研究的熱烈議論。

會議東道主的部分名單包括了社會科學研究會議（Social Science Research Council）、美洲研究學院（School of American Research）、杜克大學、哈佛大學、加州大學洛杉磯分校、德州大學、威斯康辛大學密爾瓦基分校、尼德蘭戰爭文獻學會（Netherlands Institute for War Documentation）、國際研究與教育中心（Centre d’Etudes et de Recherche Internationale）、社會科學高等學院（Ecole des Hautes Etudes en Science Sociales）、洪堡大學（Humboldt University）、莫斯科德國歷史學院（German Historical Institute in Moscow）、中歐大學（Central European University）、開放社會研究所（Open Society Institute）、俄羅斯科學院（Russian Academy of Sciences）、海峽大學（Bogazici University）、以及哥倫比亞大學與紐約大學等（恕不一一列出）。我們也在渥太華大學（University of Ottawa）、雪梨大學，布里斯班的格里菲斯大學（Griffiths University）、塔斯馬尼亞的荷巴特大學（Hobart University）、奧塔哥大學（University of Otago）以及巴黎的高等師範學院（Ecole Normale Supérieure）發表了作品中的幾個部分，所得到的評論回饋都很有幫助。

第四項策略，也是最重要的一項，我們有諸多同事的幫助。弗雷德里克·庫伯過去與安·斯托勒（Ann Stoler）的合作，極大的幫助了他如何看待殖民問題；珍·波本克對俄羅斯帝國的看法，則有許多來自於和大衛·蘭賽爾（David Ransel）、馬克·馮·哈根（Mark von Hagen）以及阿納托里・雷梅涅夫（Anatolyi Remnev）的共同計畫。我們在密西根大學開始針對這個主題進行合作，學校裡活力十足的學術社群，讓我們的研究繼續進行下去。而我們把研究擴展到更早的時代、擴展到像奧斯曼帝國這些新地點的想法，始於法蒂瑪・穆格・戈西克（Fatma Müge Göçek）送我們去伊斯坦堡。密西根大學國際中心（International Institute at Michigan）與中心主任大衛・柯文（David Cohen），為我們在一九九九年至二〇〇〇年第一次開設的帝國史專題討論課提供了經費。我們感到自豪的是，那門課上的好幾個學生後來在帝國主題的研究上都相當傑出，現在也在世界上好幾個地方的大學擔任教授。

我們前往紐約大學以後，跟一大班的大學生談論帝國，這讓我們開始想以這個主題來寫本書。我們把初稿拿給新同事看，他們則把自己研究領域的當前潮流簡單扼要地告訴了我們，讓我們不至於犯下丟人現眼的錯誤，還為我們指出有利的方向。我們要特別感謝茲維・本—多爾・貝尼特（Zvi Ben-Dor Benite）、勞倫・班頓（Lauren Benton）、喬依・康那利（Joy Connolly）、妮可・伊斯提斯（Nicole Eustace）、凱倫・古柏曼（Karen Kupperman）、大衛・盧登（David Ludden）、萊斯里・珀斯（Leslie Peirce）、喬安娜・威利—科文（Joanna Waley-Cohen）與賴利・沃爾夫（Larry Wolff）。紐約大學帝國專題討論課上的學生提供了無數的洞見，當我們逼他們看草稿時，他們也都認真閱讀。我們的大學部學生給了我們實用、刺激思考的回饋，我們的教學助理也幫我們判斷哪些意見有用，哪些沒有。至於本書的注釋、引文和圖片，則來自凱倫・韋伯（Karen Weber）鍥而不捨的查證。

幾年下來，若干間大學的同事都對整部書稿或一大部分的稿件提供了獨到的見解。所有自願給予評論的人，我們都銘感五內，但尤其要感謝那些勇敢拿起最厚一大疊紙之人的協助——傑瑞米・阿德爾曼（Jeremy Adelman）、馬修・康那利（Matthew Connelly）、彼得・尤特森（Pieter

Judson）、貝德利彩・曼茨（Beatrice Manz）、馬克・麥祖瓦（Mark Mazower）、萊斯里・珀斯、大衛・林羅斯（David Ringrose）、凱西・林羅斯（Kathy Ringrose）、亞歷山德羅・斯坦其亞尼（Alessandro Stanziani）與威拉德・桑德蘭（Willard Sunderland）。等到我們要把原稿縮減到別人能拿得動的分量時，布莉姬塔・凡・賴因貝格（Brigitta van Rheinberg）始終都是激勵我們士氣的編輯，她也是個厲行紀律的人。德米特里・卡列特尼柯夫（Dimitri Karetnikov）與克拉拉・普拉特（Clara Platter）領著我倆走過一片「兵荒馬亂」而讓本書的圖說恰如其分。尚恩・凱利（Shane Kelly）用技術與耐心，為這個兩千多年的大半個世界史繪製出地圖。

正當寫到緊要關頭時，我們擁有了一個月的時間，在洛克菲勒基金會（Rockefeller Foundation）位於科莫湖（Lake Come）的貝拉吉奧中心（Bellagio Center）反思與討論，獲益良多；古代羅馬人也曾經在此湖區度假。我們跟這個計畫朝夕相處了十年，最後的幾個星期，我們在新落成的南特卓越研究院（Institut d'Etudes Avancées de Nantes）享受到盛情的款待；法國南特曾為了帝國而戰，也曾為反抗帝國而戰，幾百年來歷經因帝國大業而帶來的的利益與破壞。

最後，我們要感謝所有讓這本書成真的人。

寫於南特，二〇〇九年六月

第一章

帝國的發展軌跡

Imperial Trajectories

我們生活的世界中有將近兩百個國家。每個國家都炫耀著自己的主權象徵——比方說旗幟或是聯合國席次，同時也主張自己代表了一個民族。原則上，無論是大是小，這些國家都是地球村裡平起平坐的一分子，共同受到國際法的約束。然而，我們習以為常的、由民族國家（nation-states）所組成的世界，其實年紀還不滿六十歲。

綜觀歷史，大多數人總是活在各式各樣的政治單位裡，而這些政治單位都不會假裝自己代表某個單一民族。「建立與民族範圍相符的國家」是個才剛發生不久的現象，不僅還沒有完全成真，也並非所有人都翹首以盼。一九九〇年代，世人在南斯拉夫——它是一戰以後，用從奧斯曼（Ottoman）與哈布斯堡（Habsburg）等帝國搶來的土地拼湊而成的國家——以及比利時過去的殖民地盧安達，都見證了政治領導人企圖將國家變成「我們民族的具體展現」，但這些創造單一民族的努力，卻讓成千上百、曾經比鄰而居的人們互相屠殺。自從奧斯曼帝國滅亡後，遜尼派（Sunnis）、什葉派（Shi’ites）、庫德人（Kurds）、巴勒斯坦人、猶太人及許多其他民族，已經在中東為了民族國家的政權與疆域打了超過八十年的仗。從二十世紀一路走到今天，人們滿心期待帝國崩解、並為此一目標而戰，但關於「什麼是民族」以及「誰屬於這個民族」的衝突，卻仍在全世界延燒。

法國、大不列顛（Great Britain）與其他曾經的殖民強權，一度囊括全世界三分之一的人口；一九六〇年代，這些強權拋去了大部分的海外領土，變得與其民族範圍愈加契合，現在卻開始將某些國家權力讓渡給「歐洲經濟共同體」（European Economic Community）及其後的「歐洲聯盟」（European Union）。蘇聯與共產帝國的瓦解也導致其他主權上的轉變。某些新興國家宣稱自己是多民族國家，如俄羅斯聯邦（Russian Federation），但像烏茲別克、土庫曼（Turkmenistan）等國家則力圖將國內多樣分歧的人民，打造成同質性的民族。由於加入一個更大的政治單位有其顯而易見的好處，中歐的捷克共和國、匈牙利、波蘭，以及其他若干「後蘇維埃國家」（post-Soviet

托勒密的世界地圖

△

出生於埃及、身為羅馬公民的托勒密於西元約一五〇年著有八卷《地理學指南》，
後人據此繪製了一系列托勒密地圖。一四七七年發行的世界首本印刷地圖集便是以托勒密的版本為主而繪製，
在首部印刷地圖集出版的十五年後（一四九二年），哥倫布便帶著地圖揚帆西進，尋找馬可波羅遊記中描述的世界。

states）的領袖，為此放棄了某些重回本國手上的權力，改旗易幟加入歐盟。

發生在世界各地的種種衝突與模糊的主權問題，意味著歷史的軌跡遠比「朝民族國家的方向發展」來得更為複雜。帝國在人類歷史上，長期扮演著關鍵角色，並自覺地維持其被征服、兼併的民族原本具有的多樣性。在過去兩千年來的大部分時間裡，帝國和它的競爭者，均在所處地區或全球範圍內創建出各自的脈絡——身在其中的移民、定居者、奴隸及商業代理人組成網絡，以種族或宗教社群的方式聯繫在一起。今天的人們無論如何藉著口頭爭論甚或戰爭，努力把民族統合置於政治想像的中心，然而帝國的政治、習俗與文化仍不斷形塑我們生活其中的世界。

本書並不採用那種「帝國必然會發展成民族國家」的傳統敘事，而是放眼於古羅馬、古中國至今的時間長河中，看不同的帝國如何發跡成形，如何建立治國方針、政治理想、與族群之間的聯繫。我們要看帝國霸權的看家本領，看各個帝國如何採取不同的策略，再將不同民族統合進整體政治框架之中，同時還能維持或創造它們的差異。

當然，帝國很少會自動表現出擁抱多樣性的姿態。對帝國的建立與運作來說，暴力與壓迫至關重要。但既然將征服轉為利益才能稱得上是個成功的帝國，那麼，這些帝國就得駕馭好異質的人群，並在過程中創造出一系列既能剝削、又能有效駕馭的手段。帝國用來驅策、控制其人力資源的方法各有不同：接納或排擠、獎勵或剝削、分享或集中政治權力。帝國既會促成、同時也會試圖掌控各種交流與聯繫。在某些情況下，人們期待併入一個更大、更有力的國家，讓自己贏得某種好處。但更常見的狀況卻是如此——帝國就是他們身處其中的政治現實。人們在支撐帝國經濟的公司行號裡工作，在帝國內靠關係維持的網絡中插上一腳，並追求權力與成就，又或者單純地活在帝國的治理與帝國間的對抗所設定好的環境裡。在某些情境中，人們設法逃離、削弱或摧毀帝國的控制；在其他時候，人們則試圖建立自己的帝國，或者取代其統治者的地位。直到二十世紀，帝國都還在激發政治上的爭議、創新、衝突與啟發。即便在今日，帝國作為一種架構（而非名稱），仍是一種人們在政治上企圖訴諸的可能選擇。

帝國是種相當經得起考驗的國家型態。奧斯曼帝國持續了六百年；兩千多年來，中國不斷更替的各王朝，總是宣稱自己繼承了帝國正統的衣缽。羅馬帝國在西地中海一帶行使了六百年的權力；其東部的分支，也就是拜占庭帝國，則又多存在了一千年。直到二十世紀，人們都把羅馬視為輝煌與秩序的典範，未來也仍會如此。除此之外，俄羅斯也用帝國的方式，持續統治分歧各異的人民長達數世紀之久。相形之下，民族國家這種才剛從帝國天空下竄起的國家型態，看起來就像歷史地平線上的一個小小光點，對世界上的政治想像恐怕只會造成局部且短暫的影響。

帝國的長久國祚，不僅挑戰了「民族國家合乎自然、必要且不可或缺」的觀念，更指引我們轉而公允地探索人們在時間長河中，是如何以廣泛的方式，對政治進行思考，並組織他們的國家——不論是好是壞。深入研究帝國的歷史並不意味著要讚美或譴責帝國。反之，一旦了解帝國在自己獨有的時代脈絡下，呈現在人民面前的諸多可能性，就能揭示出它們所採取的種種措施與行動，如何改變過去、創造現在、或許也將形塑我們的未來。

帝國的統治套路
Imperial Repertoires

本書不會檢視所有時間、所有地方的每一個帝國，而是著重在某些擁有獨特歷史、深富影響力、且在許多情況下彼此糾纏的帝國。諸帝國不盡然相同；它們創造、吸納、且傳布著各式各樣的統治手段。我們在書裡會一一描述在特定歷史情境中，能想像出來且可行的統治策略有多廣，並勾勒不同權力架構下產生的衝突，進而探討各個誕生於特定時間點、卻跨越時代影響整個世界史的帝國，彼此之間引人爭議的關係。

帝國的統治套路既不是能把手伸進去隨便掏掏的百寶袋，也不是一組設定好用來統治的計算公式。帝國日復一日面對挑戰，它既會即興演出，也有其表演習慣。過去的慣例與既有脈絡的局限，形塑了領導人所能想像、並付諸實施的做法；不只如此，其他與自身目標重疊的帝國，以及住在帝國締造者所覬覦土地上的人民，也都參與了這樣的形塑過程。居住在兵家必爭之地的人們，會抗拒、傾斜，甚或扭曲自己，來認同或支持一個更加強大政權的入侵。認知到帝國的統治套路是受限於地理與歷史條件、但又鼓勵創新的靈活手段，就能讓我們不至於用錯誤的二分法，斷然將這些套路分為延續或革新、偶然或注定，並轉而觀看究竟是哪些行動與條件，促使帝國在統治策略中增添或排除某些特定要素。

我們的論點不在於把每個重要的國家都當成帝國，而是要闡述各帝國與它們彼此間的互動，塑造了絕大多數人類史的脈絡；在這些脈絡中，人們衡量自身的政治可能、追尋自身的野心，並展望自己社會的願景。無論是大國還是小國，無論是反抗政府、忠心耿耿，還是對政治漠不關心的人，都得把帝國、帝國的統治方式與帝國間的競爭納入考量。至於這種帝國架構是否已經走到了盡頭？我們會在最後一章著重討論這個問題。

我們會從西元前三世紀時的羅馬與中國開始談起。這麼做並非指它們是最早的帝國，畢竟埃及人、亞述人（Assyrians）、波斯人、亞歷山大大帝的征服宏圖和更多中國古代王朝，都是羅馬與中國了不起的前人；而是因為對後世的帝國締造者來說，這兩個帝國都成了歷久不衰的參考座標。羅馬與中國都成就了龐大的版圖，將商貿與生產整合進（它們各自創造出來的）世界規模經濟中，擘畫了維持國力的制度且長達數世紀，此外，更發展出讓人難以招架的文化架構來詮釋、宣傳自己的成就，確保人們對帝國權力長時間的俯首稱臣。中國仰賴忠誠且訓練有素的官僚階層，而羅馬則至少在理論上把權力交給了公民；它們的統治方略，對人民想像國家樣貌以及自身在國家中的位置，都有著長久且深遠的影響。

接著，我們會細看那些試圖取代羅馬地位的帝國——通權達變的拜占庭帝國、活力十足但不斷分裂的伊斯蘭哈里發國（Caliphates），還有短命的加洛林王朝（Carolingians）。這幾個政權都以宗教為基礎建立帝國；它們的歷史也展現出以好戰的一神教（monotheism）為武裝的國家權力，所帶來的可能性與局限性。讓不信神的人改宗或殺掉他們以宣揚真實的信仰，這種驅力讓戰士們為基督宗教（Christianity）與伊斯蘭信仰動員起來，但同時也讓帝國內部因為「誰才有真正的宗教權威」以及「誰的權力主張才是神授」等爭論而引發分裂。

十三世紀時，蒙古人在成吉思汗及其後繼者的率領下，根據極端不同的原理，整合出史上最大的陸地帝國；他們採用的方法為——以務實的態度對待宗教與文化上的差異。蒙古可汗握有遊牧社會的技術優勢，其中最重要的莫過於來去自如、且在很大程度上能夠自給自足的強悍軍隊。然而，各個被征服民族的技術與資源之所以能迅速為蒙古人所用，還得歸功於可汗對帝國社會的寬容觀點。結合暴力嚇阻、對不同宗教文化的保障以及政治上的個人效忠，這就是蒙古的統治套路。

對帝國研究而言，蒙古人至關重要的原因有二。其一，他們的治國方式影響了橫跨整塊歐亞大陸的政局——包括中國、後來的俄羅斯，以及蒙兀兒（Mughal）與奧斯曼帝國。其二，蒙古人保護了從黑海到太平洋之間的貿易路徑，更跨洲傳布了知識、貨物與治國的本領；而在當時歐亞大陸西方的邊邊角角（今天的歐洲），則尚未出現任何國家能大規模地掌握人心向背與資源。至於在今天的伊朗地區、南印度、非洲和其他地方的帝國，雖然它們促進交流與改變的時間也遠在歐洲人登上強權舞台之前，但本書則不再贅述。

亞洲的財富與商業活力，終究將人們從今天認為是歐洲的地方，帶向一塊對他們來說，在商貿、運輸等各方面充滿無限可能性的全新領域。在我們的筆下，西班牙、葡萄牙、法蘭西、荷蘭與大不列顛等帝國，不會以「歐洲擴張」的尋常扮相登臺。在十五與十六世紀，沒有人會將歐洲想像成一個政治實體；而且，不管在任何案例中，地理區塊都不是所謂的「政治推手」（political actor）。反之，我們會聚焦在當時各帝國間關係的重整；至於這個充滿活力的重整過程所引發的結果，則會在許久後的將來變得清楚明白。

有三個條件造就了「歐洲的」海外擴張：在中華帝國領域內生產與交易的高價商品；奧斯曼帝國統治了東地中海與通往東方的土地，造成貿易障礙；敵對的王朝與君主、具備有力支持者的領主與捍衛自身權力的城市，在歐亞大陸西部相互競爭，卻沒人有辦法在這塊土地上重建羅馬式的統一。正是這種全球範圍的權力與資源布局，讓歐洲的航海家來到亞洲，隨後更因為哥倫布（Christopher Columbus）的意外發現而抵達整個美洲。

這些新的聯結最終讓全球經濟與世界政治重新洗牌。然而，距離歐洲人主宰的單極世界，仍有相當長的一段路要走。在東南亞，財富以香料與紡織品的樣貌出現；葡萄牙與荷蘭的海上霸權一方面得靠武力限制競爭者的商業活動，同時還要確保生產者和地方權貴能從新型的長距離貿易中分到一杯羹；要塞化的商業「飛地」[1]，也成為歐洲人權力劇碼中的關鍵因素。在哥倫布「發現」美洲以後，他的王室贊助者得以在兩塊大陸上鞏固勢力，建立起「西班牙」帝國；他們強迫美洲原住民勞動，生產白銀供應到西歐、東南亞以及商業發達、富庶的中華帝國，對其間的商貿活動產生極大的潤滑作用。

在美洲，來自歐洲的移民、從非洲帶來的奴隸與他們的帝國主子創造了新型態的帝國政治。避免治下的人民獨立（無論是不是當地原住民）或跟敵對的帝國站在同一邊，這可不是個簡單的任務。統治者必須利誘遠方的菁英分子合作，而菁英們身處這個地位不平等的包容式政體（inclusive polity）裡，則得對自己的身分有點概念，在本國、海外領土，以及介於兩者之間的灰色地帶提供人力。這些努力並不總是產生同化、戮力同心，或是逆來順受；帝國統治者、海外移民、原住民社群與被迫移民間的緊張與暴力衝突，在我們的研究中俯拾皆是。

無論是歐洲還是其他地方的帝國，都不會只局限於經濟剝削。早在十六世紀起，就有部分歐洲傳教士與法學家將正當與不正當的帝國權力區隔開來；他們譴責歐洲人對原住民社會的入侵，並質疑帝國是否有權從被征服的人們那裡奪取土地與勞力。

要到十九世紀，才有某些歐洲國家靠著帝國的征服收益成功強化自己，並在技術和物質上與鄰國及世界上其他國家拉開了明顯的距離。但這種「西式」帝國支配的時代，卻怎麼也稱不上圓滿或穩定。對統治者與移民奴役、過度壓榨、以及殘酷暴行所產生的反彈，讓「殖民地究竟是個可以任意剝削的地方，抑或是雖不對等，但仍屬於包容政體的一部分」這樣的問題，成為公眾廣泛注目的焦點。此外，與過往一貫說法所描述的不同，中國、俄羅斯、奧斯曼以及哈布斯堡都不是陳腐的過氣帝國；它們都以主動積極的態度，回擊經濟與文化上的挑戰，同時在活絡世界政局的合縱連橫中扮演著重要角色。本書將會透過這幾個帝國的傳統、彼此間的競爭與緊張關係，描繪它們的發展軌跡。

我們也會仔細觀察帝國在陸上（而不只是海上的）擴張時，使用了多麼不同的方式，創造出別

1 編注：飛地（enclave），指的是一塊被其他國家或勢力所包圍、與本國分離的領土，也可以引申為四面環海、遠離本土的國土，如關島之於美國。

具一格的政治與社會布局。在十八和十九世紀，美國與俄羅斯都將自己的統治延伸橫跨整個大洲。俄羅斯慣用的統治手法，是從帝國的前輩與敵人那裡綜合繼承而來，靠的是將人們一勞永逸納入皇帝的關注（當然還有剝削）之下，同時保有被併吞群體之間的差異。美國的革命分子則訴諸不同的帝國政治觀點，用「人民主權」（popular sovereignty）的觀念跟自己的不列顛主子翻臉，然後——用湯瑪斯．傑佛遜的講法——建立一個「自由帝國」。[2]美國人征服了原住民、取得其他帝國的土地，創造了一種將新領土併入國家的模式。他們把印地安人與奴隸排除在政權之外，接著為了治理不同領土的歧異態度打了場慘烈的內戰，打完以後還要想辦法凝聚國家；在這樣的過程中，整個美國也日益擴張。到了十九世紀末，這個年輕的帝國已經將勢力延伸到海外，但國內卻沒有發展出對美國作為殖民地統治者，加以普遍認可的觀念。

不列顛、法國、德國與其他歐洲國家，對於統治殖民地可沒這麼謹慎節制；十九世紀末，它們大力將殖民統治施行於非洲與亞洲新攫取的土地。然而，到了二十世紀初，這些強權才發現：實際治理非洲與亞洲殖民地，要比軍事征服來得困難許多。正是那種冠冕堂皇、「要把『文明』和經濟『進步』帶給人們認為落後的地區」的主張，讓殖民強權開始面對國內、敵對帝國以及殖民地菁英的質疑：究竟有哪種形式的殖民主義——如果真有的話——能在政治上與道德上都站得住腳。

十九、二十世紀的各帝國和十六世紀一樣，彼此之間也存在著相互關聯。不同的權力組織——殖民地、被保護國（protectorate）、被迫接受主流文化的領土、半自治的民族行政區——以不同方式被整合於帝國之內，帝國則用超越任何民族政體所能達到的界限汲取人力、物力，同時嘗試控制遠近的土地與人民。

二十世紀時，日本加入帝國競賽、中國暫時中箭落馬，讓各帝國間的關係更形尖銳。帝國之間的敵對態勢就是在此時，把各帝國強權與它們遍布世界各地的從屬子民牽扯進兩次世界大戰。帝國間的衝突所造成的災難性結果，以及帝國內部與帝國彼此間所孕育出來的、讓人無所適從的主權概念，一同為一九四〇至一九六〇年代間殖民帝國的瓦解搭好了舞台。然而，殖民帝國的瓦解，也為「美國、蘇聯與中國這樣的國家，要如何讓自己的統治套路適應情勢變遷」這樣的問題留下討論空間。

是什麼樣的因素推動了世界政局中的這些主要變化？過去人們聲稱，是因為權利、民族與人民主權等概念在西方誕生，才使得帝國讓位給民族國家。但這種說法存在諸多問題。首先，當人民主權與自然權力（natural rights）在十八世紀占據了世界上某些角落的政治想像時，帝國還是好端端地活過了那個世紀。更有甚者，如果我們假定這些概念的起源與「民族」有關，就會忽略一項重要的政治變化動力。在不列顛屬北美洲（British North America）、法屬加勒比海（French Caribbean）、西班牙屬南美洲（Spanish South America）和其他地方，為了爭取政治發言權、各種權利與公民身分而起的抗爭，早在還沒有變成對抗帝國的革命以前，就已在帝國內部發生了。而且，這些抗爭的最後結果並不總是與民族有關。直到二十世紀中葉，民主、民族與帝國之間的關係，仍是相當有爭議的話題。

其他對世界史的研究，則將這種主要的轉變歸因於「近代早期」（early modern period）的「國

2 譯注：湯瑪斯・傑佛遜（Thomas Jefferson, 1743-1826），美國開國元勛，也是《獨立宣言》（*Declaration of Independence*）的重要起草者之一，歷任維吉尼亞州長、美國駐法國大使、國務卿，以及美國總統。傑佛遜在任內推動與法國簽訂條約，購買當時仍屬於法國的路易斯安那地區。他對奴隸制抱持批判觀點，試圖提案解放奴隸，但未果。傑佛遜在一七八〇年首次使用「自由帝國」（Empire of Liberty）一詞，他認為美國立國的使命，在於將自由的概念帶到全世界，並成為自由的典範。

家興起」。有種觀念和這兩個詞緊緊聯繫在一起，那就是認為有條唯一的道路，通往一種尋常且放諸四海皆準的主權形式，也就是「西方的」形式。關於「近代」國家體系誕生的時間，學者們紛紛提出了不同的日期，好比說一六四八年與《西發里亞條約》、十八世紀西方政治理論的革新、或是美國與法國大革命。但我們如果將視野拓展得更廣，回溯、聚焦在帝國上，就能看見這兩千多年來，國家始終都在世界的各個角落將權力給制度化。歐洲國家發展，而其他人則「回應」；這樣的故事，只會錯誤呈現國家權力在西方與世界其他各地，長期以來的運動歷程。

就拿十七世紀末與十八世紀時，英格蘭與法國日益強化的國家權力來說吧，這種轉變是帝國帶來的結果，而不是國家權力讓帝國變得愈來愈強。帝國作為一種試圖支配廣大空間的強權，會將生產出來的各種資源注入國家組織，並集中稅收與軍事力量。十八、十九與二十世紀發生在帝國與帝國間的戰爭，則為後來挑戰歐式帝制國家的革命運動鋪平道路。

換句話說，我們對帝國的研究，必須要打破那種用民族、近代性與歐洲來解釋歷史演變路徑的特定主張才行。本書採用詮釋性的論述，奠基在對特定帝國脈絡的分析上；透過這樣的論述，我們試圖闡明帝國的力量、以及存在其內外的相互鬥爭，是如何在過去幾千年間形塑社會與國家，激發野心與想像力，從而開啟或終結政治的可能性。

帝國的國家形式
Empire as a Type of State

那麼，究竟什麼是帝國？我們又該如何區別帝國與其他政治實體？帝國是種大型的政治單位，無論是心懷擴張主義，還是對過去掌握廣大領土的力量依舊念念不忘，帝國都是種在整合新的族群同時，仍然維持明顯歧異與階級制度的政體。相對地，民族國家則是建立在「將單一領土上的單一民族，組成一個獨特的政治社群」這樣的概念上。民族國家高舉其人民的共同性（即便實情可能更為複雜），帝國式的國家則清楚表明國內多民族間的不對等。這兩種國家都是整合性的國家，都堅持用一套既定的機制統治人民，但民族國家傾向於把邊界內的人均一化，同時還會把不屬於界線內的他者排除在外；帝國則是向外延伸（且常常是強迫性地），把不同民族拉進來。各民族的差異，在帝國治下被刻意突顯出來。「帝國」這個觀念本身，就已經預設要用不同方式，來治理政體內的不同民族。

塑造這樣的區隔，為的不是把東西整整齊齊放進分好類的箱子裡；事實上完全相反，這麼做是為了看出政治可能發展的諸多範疇，以及這些選擇間的緊張與衝突。人們也常試著將自己身處的政體轉換成其他樣貌，比方說以人民之名從專橫跋扈的皇帝那要求自治，或是將一個民族的權勢延伸過其他民族的頭頂，好打造一個帝國。就連在「民族」真的變成具有實際意義權力單位的地方，「民族」也必須和帝國共享空間，並面對帝國帶給它們的挑戰。一個國家如果只靠一個民族與一塊領土上的人力、物力資源，有辦法在與疆域大得多的強權互動中生存下來嗎？即便是今天，住在太平洋島嶼（與法國建立關係的新喀里多尼亞〔New Caledonia〕）或是加勒比海（與美國建立關係的波多黎各〔Puerto Rico〕）與其他地方的人，都還會衡量從大國脫離時，隨之而來的好處與壞處。只要多樣性與政治野心依舊存在，打造帝國就始終有其魅力；而且，由於帝國在兼併的同時也保存了差異，帝國崩解的可能性也始終存在。出於這些理由，帝國會是思考世界歷史時一個相當有用的概念。

就像十八世紀在北美洲對抗不列顛的革命分子般，有時候，建立新國家的人也會有意識地打造自己的帝國。在其他時候，新獨立的國家則會像二十世紀末「去殖民」的非洲那樣追尋民族路線，接著很快就發現自己跟規模更大的政體一比，有多麼不堪一擊。有時候，帝國自己也會試著創造民族，而且特別喜歡在另一個帝國的領土上這麼做，就像十九世紀時不列顛、法國、俄羅斯和奧匈帝國（Austro-Hungarian Empire）領袖們，在奧斯曼帝國的土地上所做的那樣。無論昨日還是今日，都不會只有「由帝國而民族」這樣一條單一的道路，反之亦然。對於擁有政治野心的人來說，這兩種組織國家權力的方式都會產生挑戰與機運，而帝國與民族國家也都能轉化成更加貼近另一方的政權。

還有哪些其他政治形式可以從帝國中區分出來？比方說文化上或多或少同質，根據性別、年齡、地位或親屬關係來架構分工的小型群體，這些群體常常被拿來當作帝國的映襯。有些學者不好意思拿「部落」一詞來用，但其他學者則用這個詞來稱呼極具彈性、交流密切、同時還具有政治創造力的社群。根據這一層意義，當一群人開始對另一群人施加影響力、給自己起部族名、或許還賦予自己使命時，部落就發展起來了。在歐亞草原上，部落會組成龐大的聯盟，而聯盟有時也會形成帝國。十三世紀的蒙古帝國，就是崛起於部落形成與部落結盟的權力操作之中。

部落、民族、國家都曾經發展為帝國，這個事實點出了一項根本的政治動力，有助於解釋「帝國為何不只局限於特定的地域或時代，而是在數千年間反覆出現在每一塊大陸上」。在技術簡單、資源容易取得的情況下，只要一點點的優勢——比方說家族規模較大、離貿易路線和灌溉水源較近、運氣好、統治者有野心又有手腕，就能產生一群人對另一群人的支配，從而朝向部落王朝與王權發展。對於部落領袖或是想稱王的人來說，壯大勢力的唯一方法就是擴張，亦即從自己勢力範圍以外攫取牲口、金錢、奴隸、土地或其他形式的財富，而不是跟自己人拿，畢竟他還需要自家人的支持。這種向外獲取財富資源的過程一旦啟動，外人可能就會從歸順強大而有魄力的征服者當中看到好處。接著，壯了膽的國王或部落首領，就能在不去強行統一文化或行政機制的情況下，驅策他們的新臣屬，透過常規手段（而非掠奪）調集資源，並促成新的民族、領土與貿易路線的整合。就這樣，部落與王國為締造帝國，提供了基礎材料與發展誘因。

除了部落與王國外，我們還可以把城市國家（city-state）加進不同於帝國、但有潛力成為帝國的政體裡。對後來的某些社會來說，古希臘的城市國家既提供模範與政治語彙——將城市視為城邦（polis），一種融合政治包容與政治參與的單位，也提供了「公民道德」（civic virtue）的概念，亦即作為成員，就必然伴隨著特定的權利與義務。不過，城市國家就像部落，不是一成不變、穩定或孤立的存在。希臘式的民主只有自由民能參與，不包括女人與奴隸。城市國家擁有腹地，會參與陸路與海路貿易，也會和其他政體或城市國家互相對壘。一旦城市國家像威尼斯或熱那亞那樣，因作為商業網絡節點或控制交通而繁榮，就有可能成為帝國覬覦的目標；它們或許會嘗試與帝國共存，甚至和羅馬一樣，自己搖身一變成為帝國。

這種透過擴張致富的政治邏輯在世界各地創造了帝國，成為主要的權力形式。埃及的法老、亞述人、南亞的笈多王朝（Guptas）、中國的漢代、突厥人與其他中亞民族、波斯人、西非的馬利人（Malians）與桑海人（Songhai）、南非的祖魯人（Zulu）、中美洲的馬雅人（Mayans）、南美洲的印加人（Incas）、東南歐的拜占庭、西北歐的加洛林王朝以及穆斯林的哈里發國，它們都利用將他人收為臣屬的靈活策略建立帝國，也就是建構出某種既差別對待又海納百川，不但龐大、同時還抱持著對外擴張主義的政治體制。

今日，當我們提到取代帝國的替代選項時，最常訴諸的就是民族國家。這套意識型態假定，一個「民族」能主張並贏得自治的權力。然而，這種概念或許只是另一套歷史論述下的產物；在這樣的論述中，國家透過制度和文化上的積極行動說服成員，讓他們認為自己屬於一個單一民族。無論民族國家認為自己的根源是「種族的」、「公民的」，還是兩種的混合，都是建立在同質性之上，並同時創造同質性，此外，更會透過強有力的監督，區隔那些被包括在民族之內，以及被排除在民族之外的人。

如果民族作為許多地方的政治想像，在十八世紀才明顯呈現出來，那麼不管在稍後的年代、或是更接近現今的年代中，它都不會是替代帝國的唯一選項。聯邦（federation）就是另一種可能；在這種分層的主權形式裡，某些權力屬於個別分離的政治單位，其他權力則位於中央，例如瑞士。邦聯（confederation）則在這種概念上更進一步，承認各個參與結盟的單位都有明確的個體性（personality）。我們將在第十三章中看到，直到最近的一九五〇年代，在法屬西非（French West Africa）握有大權的領袖們，仍然主張一個由法國與其前殖民地同為平等成員的邦聯，會比讓帝國分裂成獨立的民族國家來得更好。加拿大、紐西蘭、澳洲以及後來的南非，都在十九世紀與二十世紀的過程中轉為自治，但仍舊是大英國協（British Commonwealth）的成員。到了二十一世紀，不同形式的邦聯仍然在歐洲、非洲、整個歐亞大陸以及其他地方吸引人們的政治目光，讓人想到「將政府職能與主權的各個方面，分配到不同層級的政治組織」所帶來的好處。

部落、王國、城市國家、聯邦與邦聯，它們就和民族國家一樣，都不具站得住腳的主張，證明自己是政治傾向或行動上「合乎自然」的單位；它們起起落落，有時轉型成帝國，有時被併入帝國，在帝國彼此火拼時消失又出現。沒有哪一種國家型態，明顯具備與民主治理原則的不變關聯。從西元前三世紀的羅馬共和國一直到二十世紀的法國，我們遇見過各種沒有皇帝的帝國；這些帝國用不同的方式統治，有著不同的稱呼。獨裁者、君主、總統、國會和中央委員會（central committee）都統治過帝國。無論是過去還是現在，由同一個民族所組成的政體都可能會出現獨裁專制，這與帝國並無二致。

帝國在歷史上之所以意義重大，是因為它們有能力營造一種脈絡，讓政治得以在其中孕育產生。征服別人與獲得財富的誘惑，都讓帝國保持活力，並且與其他帝國或別種類型的國家持續著緊張衝突的關係。對帝國昔日的追憶，對帝國的排斥與恐懼，以及打造新的、錯綜複雜政體的雄心壯志，在在都激勵著，也束縛著領導人與追隨者、野心家、漠不關心的人，和那些身不由己的人。

如何研究帝國

Themes

如果作為國家形式的帝國要想歷久不衰，那麼，帝國作為一種統治方式，就不能夠一成不變。本書的研究焦點會放在帝國轉征服為治理的不同方式，以及帝國在整併人民進入政體內部、並保持群體差異時，如何維持平衡。隨著我們在本書中追尋帝國來時路的同時，我們也將仔細觀察以下五個主題。

▼帝國內部的差異

本書的章節，會把焦點放在帝國如何力行「差異政治」。與今日主張多元文化、呼籲理解不同社群及其認定價值觀的人相比，我們將這個詞使用得更廣，也更為價值中立。根據「文化真實性」（cultural authenticity）提出主張，只是一種讓差異成為政治要素的方式。在某些帝國，「差異政治」意味著把民族多樣性和各種各樣的習俗，都當成生活中尋常的事實；而在其他帝國，「差異政治」則代表在不分彼此的自己人和「野蠻的」外人之間畫出嚴格界線。

晚近對十九與二十世紀殖民帝國的研究，不斷強調探險家、傳教士、科學家、政治與軍事領袖等建構帝國的人，在殖民者與被殖民者之間使勁創造「我們／他們」、「我者／他者」的區別。從這個角度來看，維持或創造差異——包括種族性的差異，不是件自然而然的事，而是人為所致。特別是在十九與二十世紀時，殖民國家殫精竭慮區隔出空間，為來自母國的人員在遠離家鄉之處，提供一個跟家鄉類似的環境，防止殖民官員「變得跟當地人一樣」，並限制不同族群間發生性關係。

然而，如果我們從十九與二十世紀的參考點、從歐洲殖民框架中掙脫出來，就會發現社會差異還呈現了別種意義——對臣民或國家皆然。不是每個地方的區隔都是非黑即白，或是像殖民者與被殖民者這般涇渭分明。帝國也可以是好幾個民族的集合體，各民族信奉自己的宗教，用自己的方式執行法律，但所有民族都是帝國統治者的臣民。

對許多帝國來說，它們追求的是人們的忠誠，而非相似性；接受差異、特別是接受那些可以管好當地人民的地方領袖之差異，有助於維持秩序、徵集稅收和貢賦，以及招募兵員。帝國也能從不同社群發展出來的技術與關係裡得到好處。差異可以是既存事實，也可以是個契機，未必就是壓迫。

光譜的一端是均質化，另一端則是接受差異的存在；從來沒有人能長時間且徹底推動這兩種極端做法，但這兩個端點卻能讓我們思考個別運用以及混合運用這兩種策略的後果。我們就藉著導論的機會，簡要討論以下兩個例子。

羅馬帝國在其長久國祚中，都傾向朝均質化發展，根據的則是隨羅馬擴張而發展出來的特殊文化。羅馬汲取古希臘成就帶來的影響，以及自身所征服的環地中海各地區風俗，繼而在城市設計、藝術與文學上創造出一眼就能看出的羅馬風格。公民資格、法律權利、政治參與；羅馬帝國的這些制度，都證明自己對整個龐大帝國的菁英來說獨具魅力。原則上，有辦法學著照做的人，都能加入這個唯一且高人一等的帝國文化；這樣的概念，正是羅馬統治方式的本質。而這種透過相似性產生的包容，則把野蠻人、奴隸和其餘的他者排除在外。

羅馬一開始有將其他民族的神祇放進帝國萬神廟的習俗，這個習俗後來因為一神的基督教傳播而式微，特別是基督教在四世紀變成國教後尤甚。這種限制更嚴格、更均質性的羅馬模式在帝國瓦解後仍持續了很長一段時間。人們把羅馬想像成一個澤被世界的基督教文明，成為其後眾多帝國——如拜占庭、加洛林王朝、西班牙、葡萄牙等的參照典範。就連試著想取代羅馬地位的伊斯蘭帝國，也努力在一神崇拜的基礎上建立一個統一的宗教社會。

蒙古帝國則提供了與均質化形成強烈對比的策略。從很久以前開始，內亞（inner Asia）的草原帝國就不是圍繞著固定的都城、中心文化或宗教觀來打造，而是建立在一個具有優越地位的人，也就是大汗身上。十三世紀的蒙古帝國勢力無遠弗屆，帝國的首領同時以歐亞大陸與中國為素材，習得自己的治國之術。蒙古帝國保護了佛教、儒家、基督教、道教與伊斯蘭信仰；蒙古統治者在整個歐亞大陸上任用穆斯林官員，並鼓勵由阿拉伯、波斯與中國文明所創造的藝術與科學的發展。對蒙古帝國來說，多樣性不僅習以為常，而且有用；蒙古式的帝國也改變了整個歐亞大陸以及大陸邊緣的統治手法。

每一個帝國或多或少都得依靠同化與差異化這兩種方法，而帝國也能混合、搭配或轉換自身的統治方法。十九世紀時，西歐帝國看來似乎凌駕了東方帝國；對當時在俄羅斯帝國與奧斯曼帝國、力圖推動現代化的某些人來說，羅馬式的中央集權和均質性——教化、剝削落後人民的使命——也就特別有吸引力。但無論是主動期盼還是下意識地接受，轉變更可能只會局部發生，而且也更可能同時往雙向發展。在俄羅斯，地方中間人與帝國的結構休戚與共；改革人士發現，只要試圖推動均質化，就會跟地方中間人受帝國賦予、且彼此競逐的利益扞格不入。十九世紀的不列顛官員，有時就像另一種帝國那樣行事（他們當然不會承認自己用了蒙古人的統治技巧）。他們集中火力、威嚇民眾，接著轉身走人，只留下小規模的行政機構和當地領袖合作並收稅，對於不列顛教育與文化的傳播不僅小心翼翼，而且吝嗇。

▼帝國的中間人

帝國統治者會派出各種代理人——例如總督、將軍、稅吏等，負責管理併吞的領土。但他們有辦法用少量的開銷，派遣夠多的代理人，治理廣大分散領土中的每一個村莊與每一塊地區嗎？很難。最常見的情況是：帝國的統治者需要從被征服的社會裡得到技術、知識以及說話有分量的人，例如能從跟帝國的合作中獲得利益的社會菁英，或是在過去被邊緣化、而今卻從效力戰勝政權中看到好處的人。另一種中間人，則是從殖民母國過來的人。羅馬人提到的「屯墾地」（colony）以及十七世紀英格蘭人所說的「新墾地」（plantation），都是把人從帝國的核心地區帶到新領土上。這些移邊的群體仰賴與本國的聯繫，同時也被寄予重望，要根據帝國的利益行動。

無論是就地拔擢的本地菁英還是遣邊移民，這兩種策略都是仰賴中間人本身的社交網絡，來確保他們的合作。除此之外，還有另一種完全相反的計略：把奴隸或其他脫離出身社群的人放到掌權的位子上，如此一來，他們便會為了性命與利益，唯自己的帝國主子馬首是瞻。奧斯曼帝國將這個策略用得最有效率，帝國的最高行政官員與將軍都是從小就從自己家裡被帶走，在蘇丹宮廷中長大的。在此例中，依附與差異策略交錯在一起：被改造成蘇丹手下官員的，通常是基督徒男孩。

帝國的代理人無論出身，都需要獎勵與紀律。同時帝國也無意間為中間人創造倒戈的可能：他們可以透過建立自己的網絡或收買忠誠、歸附其他帝國、或是乾脆像某些十八與十九世紀在美洲的歐洲移民那樣高舉叛旗，來規避帝國對他們課予的責任。由於帝國要維持差異，也因此增加了離心的可能性：心懷不滿的中間人可以為自己的行動找到體制與文化上的支持。成功的帝國往往不是創造出不變的忠誠或沒完沒了的反抗：它們創造的是一種偶然形成的調和。

透過對中間人的關注，我們想強調一種在今天常被輕忽與遺忘的政治關係，那就是統治者與代理人，以及其臣民之間的垂直關係。我們時常傾向用水平方式來想像國家——所有公民人人平等；又或者把社會形容成層次分明——貴族、菁英、平民、勞動階級、底層人民、工人、農民、殖民者、被殖民者。但我們對帝國的研究將超越平等個人或群體上下分層的範疇，轉而注意人們跟高低地位不同之人在關係上的拉扯；人們能改變，但甚少能打破權能的界線。

▼帝國間的交手：模仿、衝突與轉變

帝國的行動並非獨立執行。各帝國之間的關係，無論對政局、或是臣民可能的發展來說都非常重要。在某些時代，羅馬與中國的社會菁英認為自己沒有敵人；他們在邊界上是有些麻煩，但在他們眼裡，挑起這些麻煩的是未開化的下等人，而不是對等的強權。但在這些所謂的「化外之民」中，有一部分會藉由劫掠、互市，或為其定居生活的強鄰服役來增強實力，例如歐亞草原西邊的哥德人、以及東方的匈奴。帝國的邊緣——無論是陸上還是海上——都會為敵手提供機運。遊牧與定居民族間的交手，對帝國的形成產生了重大影響，雙方都會從中吸收對方的技術與統治技巧。遠離帝國中心，也可能讓邊緣的新生帝國逆風高飛。在阿拉伯這個遍布貿易路線但遠離帝國控制的地方，七世紀的穆斯林領袖得以鞏固自己的追隨者，接著在大半曾為羅馬擁有的領土上擴張。

帝國間的交手引來競爭、模仿與創新，同時也帶來戰爭與和平。帝國的分裂也會對未來產生長遠影響。在羅馬解體數世紀後，野心勃勃的統治者仍渴望拼湊出羅馬大小的帝國；這些野心家包括了查理曼（Charlemagne）、查理五世（Charles V）、蘇萊曼大帝（Suleiman the Magnificent）、拿破崙以及希特勒。在歐洲，還沒有哪個想當皇帝的人曾經成就「取羅馬而代之」的考驗。其他帝國正是創造新單極強權的最大阻礙：對於擊敗拿破崙與希特勒相隔一個世紀多的稱帝計畫來說，不列顛與俄羅斯帝國至為關鍵。

有這麼一小撮帝國，擁有超過單一民族所能掌握的資源；它們之間的敵對關係推動了二十世紀的歷史，隨著兩次世界大戰的開啟，擴大、轉變，且再次引發列強之間的競爭。日本帝國在東南亞的征服行動，從歐洲殖民帝國身上鑿開了空隙，讓過去的帝國中間人有機會待價而沽，或為了自己的國家而戰；但是帝國間的競爭至今仍在冷戰、熱戰與經濟戰中反覆出現。從古羅馬、中國直到現在，帝國不僅互相交手，也致力對遠方、對不同民族與其他國家施展權力，而這樣的施力，也造就了政治、知識以及生活方面變遷的結果。

▼帝國的想像

無論在哪個時代、哪個地方，帝國領導人能想出來的統治方式，就只有這麼多。對許許多多統治者或想當統治者的人來說，與帝國有關的脈絡和經驗具有深遠影響。在某些帝國中，宗教概念為權力提供道德基礎，但也同時引發爭論。拜占庭帝國與伊斯蘭哈里發國都得面對來自各種群體的挑戰，這些群體的行為準則卻又來自與國家共享的宗教價值。對西班牙帝國來說，天主教（Catholicism）既是其正當性的來源，也是必須面對的難題：十六世紀時，教士巴托洛梅·德·拉斯·卡薩斯[3]就譴責西班牙在美洲對印地安人暴力相向，呼籲基督徒活出他們該有的道德。十九世紀歐洲帝國所宣稱的「教化使命」，與種族理論存在著緊張關係；傳教士和礦場主不一定會用相同的方式看待帝國。

政治想像的問題也因此在我們的研究裡占據中心位置。留心於帝國的脈絡，能幫助我們了解在特定情境下，有哪些社會關係與機制是言之成理，或可以想見的。舉個例子吧，正當一場革命在一七八九年的法國開拓了「公民」及「民族」這樣的語彙時，不僅在巴黎引發辯論，也為加勒比海帶來革命；而這場革命的意義，同樣是企圖探尋這些觀念，是否也能運用在奴隸制與種族壓迫當道的島嶼上。帝國經驗也能激發出政治創造力，比方說，在俄羅斯帝國長大的人們在設計世上第一個共產國家時，便將它設計成一個由民族共和國組成的聯邦。過去，帝國同時開啟與局限了政治想像；而昔日政治理念的多樣與能動性，提醒我們不要把今日的政治結構看得如此理所當然，免得對一連串更為豐富的替代選擇視而不見。

▼用權套路

皇帝雖然立於權力的金字塔頂端，但在臣民宣稱握有對某塊領土或某群人的權力時，皇帝有時也會試著拿這些主張來建立這座金字塔，而非粉碎臣民的主張。在單一帝國內，某些地區可能是由中央直轄，其他地區則由地方菁英保有部分治權。皇帝、各地總督及其臣民，可以試著調整其間的安排。帝國能重新界定權力與利益分配的事實，使其成為一種曖昧的國家型態，足以適應嶄新的情勢。政治上的彈性能讓帝國長命百歲。

我們想強調帝國用權的套路，而不是把帝國分門別類。帝國是種變化多端的政治形式，而我們則是強調結合了同化與差異的多樣性統治方式。無論是從兼併土地到建設「飛地」、對中間人由寬鬆到嚴密

3　譯注：巴托洛梅．德．拉斯．卡薩斯（Bartolomé de las Casas, 1484-1566），十六世紀天主教道明會（Dominican Order）修士、歷史學家。他曾經作為隨軍修士參與一五一三年西班牙殖民者對古巴的征服行動，見識到情況的慘烈。後來幾年間，他作為奴隸主，不斷試圖改善印地安奴隸的處境，但遭到激烈反對。隨後他解散自己的莊園，遁入道明會，積極以遊說與法律行動來保護印地安人。

的監督、由上而下的控制，還是從露骨展現帝國權威到拒絕像帝國那樣行事，帝國的持續，都非常仰賴結合與轉變策略的方式。統一的王國、城市國家、部落與民族國家，在面對世局變化時就沒那麼有彈性。

人們常常認為歐洲人在十七世紀創造了一個全新體系，這種體系不只蘊含建立民族與分立國家的潛在可能，更徹底重新定義了主權；但帝國務實、交流與適應的能力讓我們相當懷疑這個論點。不管政治理論家是怎麼寫的（也不管社會菁英與皇帝想相信什麼），在當時與後來的歐洲、以及遠遠超越歐洲藩籬的地方，政治權力都是以更複雜且變化多端的方式分配。世界並未因此改由撞球般的國家組成，用硬梆梆的主權撞來撞去——當時不是，現在也並非如此。

帝國的歷史能讓我們改用分配、分層、重疊的方式設想主權。俄國的凱薩琳大帝（Catherine the Great）同時身兼女皇、專制君主、女沙皇（tsaritsa）、領主、女大公（grand princess）、軍隊統帥，同時也是她廣土眾民的「擁有者」。拿破崙在其征服的某些地方保留國王或親王一職，但在其他地方，則是用他手下那些有名的省長（prefect）更加直接地統治。從十六世紀晚期的荷蘭東印度公司（Dutch East India Company）、不列顛的黎凡特公司（Levant Company）與東印度公司（East India Company，簡稱ＥＩＣ），再到十九世紀末的不列顛東非公司（British East Africa Company），握有歐洲大國特許狀的私人公司也在行使國家機能。到了十九和二十世紀，不列顛、法國與其他強權更用「當地統治者在保有主權的同時，自願讓渡某些權力給保護者帝國」這樣的言論來宣稱某些地方為「被保護國」——如摩洛哥、突尼西亞、一部分的東非海岸與局部越南。

國家從殖民帝國破繭而出的方式，會因主權政體種類與特定的權力結構而異。摩洛哥與突尼西亞從法蘭西帝國脫離時，暴力相向的情況遠比阿爾及利亞來得少，這與前兩者的地位是被保護國，後者則是法蘭西共和國不可分割的一部分有密切關係。分層主權的可能性（有時則是事實）長久以來都存在於歐洲帝國之中。而在其他經歷帝國轉變的地區，比方說一九九一年組成的俄羅斯聯邦

（Russian Federation）則以自成一格、且可以靈活操作的主權延續至今。

▼此消彼長的帝國

雖說用「近代」、「前近代」（premodern）或「古代」等時代標籤來區分帝國既無謂又無益，但帝國的確也會隨著時空而變化。每當競爭驅動概念與技術的創新，以及衝突挑戰強化帝國的力量時，帝國的能力與策略也會跟著改變。

有幾個關鍵的路數轉變能強化本書論點。在四世紀的羅馬與七世紀的阿拉伯，一神教與帝國的結盟是個非常重要的轉變，形成一種有限的正統觀——一個帝國，一個皇帝，一個上帝。基督教與伊斯蘭信仰都受到其帝國起源的影響。基督教誕生於一個強大帝國的內部，也誕生在宗教與該帝國的緊張關係中，這為早期基督教領袖所能主張的權力種類設下了限制。在稍後的某些環境中，教士強化了帝國的統一；而在其他情況裡，教宗則和國王競逐權力。伊斯蘭信仰則是從舊帝國的邊緣發展而來，其領袖擁有足以發展宗教社群的空間，繼而建立起一種伊斯蘭式的特殊權力型態。在這兩個例子裡，為唯一神發聲的權力爭奪一再上演，不僅在帝國內部創造宗教分裂，也造成兩大宗教間的「吉哈德」[4]與十字軍。人們就在以前的羅馬疆域裡，為了把普世帝國建立在宗教社群上而對抗

4 譯注：「吉哈德」（jihad），原意為「奮鬥」，在伊斯蘭信仰中，指的是信徒為了維護信仰、自我精進而作的努力。根據《古蘭經》（*Quran*）與《聖訓》（*Hadiths*），可以用心、舌、手、劍四種方式來投入、實踐吉哈德，但不同的伊斯蘭思想流派對吉哈德的解釋也有差異。吉哈德一詞在過去常翻譯為「聖戰」，用來指伊斯蘭統治者或社群以宗教為名發動的戰爭，但這其實是對吉哈德的過度詮釋。

了超過千年之久；到了二十一世紀，這樣的競爭又改頭換面，再次出現在如今已然擴大的世界裡。

綜觀整個歐亞大陸，政治的轉變都是透過遊牧民族創造或應對帝國的能力推動。他們在很久以前就已經引入武裝的騎馬戰士，把寶押在軍事上。遊牧民族對政治最具戲劇性也最有影響力的干預，來自十三世紀的蒙古人。蒙古人透過征服，傳播他們的統治習慣，包括宗教多元性、軍事組織以及通訊手段。蒙古的治國術與中國的帝國傳統融合；作為蒙古可汗的從屬，俄羅斯的大公們也贏得通往權力的道路。

奧斯曼帝國在我們故事的核心橋段現身。作為一個帝國，它得設法將突厥、拜占庭、阿拉伯、蒙古與波斯傳統調和成長治久安、靈活且能引發轉變的一股力量。一四五三年，奧斯曼帝國擊敗長壽的拜占庭帝國，牢牢控制連接歐洲、印度洋與歐亞大草原的重要貿易十字路口，並吞併從維也納外圍到東安納托利亞（Anatolia）、阿拉伯半島與北非的土地與人口。這讓奧斯曼帝國有了接近羅馬帝國的規模，同時還占據主導地位，迫使西歐統治者贊助航海探險，繞過非洲，碰觸美洲與亞洲的財富，而新的海上聯結，也從這些帝國間的衝突與挑戰中誕生。

美洲的「發現」縱然只是個帝國式的意外，卻造成堪稱巨大轉變的衝擊。新大陸、舊大陸和大海本身，都成了帝國間長期競爭延續的空間。歐洲帝國在海外大肆擴張，從各種不同角度對帝國世界產生天翻地覆的影響。中國與奧斯曼帝國始終強大無比，歐洲國家只能在它們邊上小打小鬧。歐洲人抵達亞洲海岸幾百年後，亞洲社會仍舊保持文化的完整；統治者跟新來的人做著賺錢的生意，商業菁英生意興隆、創新不斷。但內部動亂終究為外人開啟了可乘之機。

新大陸的帝國臣服得更快，也更徹底——最有名的就是阿茲提克人（Aztecs）與印加人（Incas）。在美洲，殖民先是導致人口衰退，爾後則是大規模的人口遷徙；歐洲居民的移入，再加上強迫已淪為奴隸的非洲人，移居美洲部分地區的做法，兩者共同創造出新型態的社會。

隨著帝國彼此持續敵對，以及帝國對美洲的毀滅性入侵，跨洲聯繫的程度及造成的影響也持續增長。受西班牙統治的美洲當地人在今天的祕魯與墨西哥開採銀礦，到了加勒比海，則是由數個帝國所奴役的非洲人負責糖的生產；這些銀礦與糖產開始讓全球的經濟產生轉變。玉米、馬鈴薯、番茄與稻米等食用作物同樣飄了洋、過了海。帝國則試圖保持對這些生產活動的控制，但只獲得部分且暫時的成功。

最具決定性的經濟突破發生在一八〇〇年左右的大不列顛。國內的改革對不列顛的農業與工業革命非常重要，帝國的資源（特別是廉價的糖）以及與帝國有關的事業（金融機構、造船業、陸軍與海軍）同樣不可或缺。貿易向來就只有一部分跟市場有關；貿易靠的是帝國的實力，以及從其他帝國、海盜與搶匪的騷擾當中，對戰略要地和貿易路線的保護。

到了一八〇〇年，不列顛的經濟優勢大到足以承受在北美洲失去一部分的帝國領土（不是最有價值的部分），同時深化對印度的干預、持續保有在西印度群島（West Indies）的殖民地、對抗拿破崙統治歐洲的野心，還能在其他地方以「自由貿易」之名追求利益，威脅或確實動用海軍以保護不列顛的權益。當歐洲帝國似乎支配了世界時，不列顛也有段獨領風騷的時期（以帝國的標準來說算短）。它不斷改變自己的帝國統治手法，然而其他帝國也在改變。等到其他歐洲對手開始迎頭趕上不列顛的工業經濟，帝國間為了資源而爭先恐後，搶占殖民地時，暴力與戰爭的嶄新階段也於焉展開。

不過，帝國在世界上的擴張行動，也完全轉變了政治思想據以傳播與推陳出新的空間。打從十六世紀時針對西班牙人虐待印地安人的批評開始，帝國就成了激辯政治正當性與統治權力的場域。十八世紀晚期，個人、民族與國家的關係受到詳細檢驗。在不列顛，反對奴隸制的風潮對準了那些曾是帝國獲利最豐的部分，堅持應該用對待帝國臣民的方式對待為奴的非洲人，而不是當成剝削對象。

法國大革命則引發此一問題：國內的權利是否也能一體適用於殖民地——或者更進一步據此要求讓奴隸獲得自由，成為法國公民？一七九〇年代，法國官方出於實際以及原則上的考量，對問題的正反兩面都袖手旁觀。每隔一段時間，帝國裡「臣民」的地位就會被拿出來討論，直到一九四六年新憲法宣布所有臣民都擁有法國公民的「身分」為止——但這種改變不僅沒有緩和「法國究竟是個平等還是不平等的社會」的搖擺不定，反而使情勢更加惡化。

這一類長時間懸而未決的論辯，應該能讓我們反省傳統對於「近代」世界誕生過程的說法。說西歐帝國一夕之間行事不再帝國，開始像個民族國家那樣思考，為了增添民族光彩與財富而出海蒐集殖民地，隨後則面對自己既擁護民族自決、同時又否定他人自決的言行不一，這種說法並不正確。儘管民族自治的理念成為歐洲政治思想的一部分，但帝國的「時代」可沒有讓路給新興的民族化主權政體，也並未向十九世紀時人們對民族國家的普遍贊同舉手投降。

有些人利用「在共同的歷史、語言或風俗上，建立以民族為基礎的社群」的語彙，主張打造新的帝國——例如德意志帝國；但在民族混雜或既存帝國已然掌控主要資源的地方，這些理念就沒那麼容易生根。奧斯曼帝國、奧匈帝國與俄羅斯帝國等多民族、多宗教的帝國一方面竭力尋求讓民族社群能為己用的方法，另一方面還要彼此競爭，甚至與其他帝國競爭。民族問題與帝國間的敵對產生爆炸性的混合，造成一連串的流血衝突——如一八五〇年代在克里米亞（Crimea）的戰爭、巴爾幹地區連年不斷的戰事、中國的拳匪之亂；至於德國與日本在二十世紀為了各自帝國所發動的一連串軍事攻擊，則是更為慘絕人寰的災難。

帝國以全球性規模競爭所造成的動盪局勢，引來此一問題：十九與二十世紀的「殖民」帝國，是不是一種與過去帝國截然不同的全新政治實體？有些歐洲人認為自己的帝國高人一等；其他人

（例如列寧）則把這些帝國看成資本主義的產物──同時也是獨一無二的產物。今日的某些學者斷言，在國內實現人民主權的可能性（廣一點說，還要加上啟蒙思想），讓歐洲政治思想家和統治者遠比以往更清楚地畫出界線，區隔政體內的人民，以及那些他們認為不夠格參與自治的化外之民。不過，我們在前面也說過，歐洲人仍然得找中間人完成許多治理帝國的工作，還要為國內民眾提供一個可以接受的看法，來看待自身所處的這個國家。戰爭與通訊的新技術未必能深入到鄉村鄰里的層級。「要把成長與進步帶到非洲與亞洲」的主張，也在國內與國外引發批評：為什麼殖民帝國在實踐自己的使命上，付出的努力如此之少？不只如此，為什麼土地爭奪、強迫勞動和一大堆的暴力還在持續？

無論十九世紀的歐洲殖民主義是新是舊，從歷史的角度來看，都不過是浮光掠影；拿差不多七十年的非洲殖民統治，跟奧斯曼帝國六百年的國祚跨度一比就能明白。帝國主義在十九世紀晚期與二十世紀信心滿滿，帶來的卻是對殖民主義的正當性、可行性，以及對新舊帝國間衝突日多的質疑；這和依循「歐洲國家主導、非歐洲國家從屬」的差異，建構起一套穩定世界秩序的想法，可說天差地遠。

第二次世界大戰時，過往發生在幾個對手之間、意欲主導歐洲命運的長久爭奪登上了全球舞台，引發帝國世界的又一次轉變。日本征服了歐洲在東南亞的殖民地，尤其對帝國造成毀滅性的打擊；對這場帝國戰爭最終的贏家與輸家來說，損失都一樣慘重。德國作為帝國而倒下，然後興起為民族國家。日本亦然。法國、不列顛與其他殖民國家嘗試用新的經濟與政治安排重振自家帝國，卻發現自己在二十世紀中葉面對著動亂與難以承受的損失。將亞洲人與非洲人納入帝國，期待他們為帝國公民提供服務，其代價已經證實太過高昂。歐洲國家割捨絕大部分的殖民地後，朝著彼此結盟的方向前進，開始就主權進行複雜的再協商，直到今天。

戰後情勢的重整，將兩個有著帝國擴張歷史的強權帶上舞台：蘇維埃社會主義共和國聯邦以及美國。蘇聯將承認不同「民族屬性」與一黨專政的策略相結合，把共產主義的網子撒向國內眾多的民族群體，並在別處點燃對資本主義帝國的挑戰；美國則帶著新教徒般的狂熱，用讓人聯想到羅馬帝國的方式努力散播美國的民主理念、實踐自由貿易的帝國主義，並結合市場力量與軍事實力。美國人期待全世界都說他們的語言、渴望他們的政治體系、熱愛他們的文化，然後在看起來就要成功時一頭撞進麻煩裡，尤其是在羅馬人、拜占庭人與奧斯曼人曾經統治過的地方。與此同時，有著接近清代皇帝曾及版圖與完整強大官僚體系的中國，則凝聚龐大人口，牢牢控制著國家的菁英，與不滿的西藏人和穆斯林拚搏，把企業家、專家與勞工送出國（但並非傳教），還掌握全世界的重要資源。中國、俄羅斯與美國都不承認自己是帝國，但這條帝國路卻成就了現在的它們。

聚焦在帝國、帝國的統治套路以及帝國交錯的軌跡，能夠修正傳統的編年與分類，幫助我們看見世界的歷史在何時何地，以及如何走向新的方向。無論是充滿野心的領導人、普通的代理人還是無權無勢的人，都得在與握有超越民族資源的強權聯繫在一起時，找到自己的定位。帝國組織起來的網絡能把人硬生生拉過海變成奴隸，將移民與流動人口帶進新關係裡，促成人們開枝散葉，提供國際法的思辨素材，並引起對權力的挑戰。

留給我們的問題與我們自己的時代有關。帝國的常態已經結束了嗎？難道剩下的唯一選擇，就只有在打造同質社群的過程中，同時造成暴力的民族國家嗎？或者仍然有其他選擇存在，可以接納型態迥異的政治組織，而不堅持齊一性或階級制度？用心理解帝國的歷史，不僅能讓我們跟極端的暴力與傲慢面對面相遇，也能提醒我們主權是能分享、分層與改變的。往日不是一條單行道，並非只能通向早已命定的未來。

第二章

羅馬與中國的帝國統治

Imperial Rule in Rome and China

西元前三世紀，有兩個帝國在歐亞大陸遙遠的兩端成形了。羅馬與中國最後橫跨廣袤的空間，包羅了龐大人口，創造有效的統治方式，還培育出延續至今、對於政府統治的理念。帝國不是羅馬人或中國人的發明。沿著尼羅河，埃及人從西元前三千年起就已經生活在帝國裡。幾百年來，帝國也在美索不達米亞（Mesopotamia）、印度、非洲與亞洲起起落落。當羅馬人還在他們小小的城邦裡拼湊共和秩序，戰國七雄還在中國爭來鬥去時，亞歷山大大帝已經征服從東地中海一路到中亞與印度的各個民族與王國。亞歷山大的帝國靠的是他聲威赫赫的軍隊，輝煌了十二年後也隨他而去，但羅馬與中國卻成功維持對龐大國土的控制長達數個世紀。究竟是什麼原因，讓這兩個帝國如此長壽，且對世界政治史影響如此深遠？

羅馬與中國都創造出有效的方法，解決了如何治理、剝削多樣化人群的根本問題——這算是部分的解答。它們的策略有些很相似，有些則呈現出截然不同的統治套路。羅馬與中國的帝國建造者面臨不同的經濟展望與危機，在不同的政治先例下從事運作，然後用不同的手段改造他們有權治理及征服的遼闊土地。在這一章裡，我們會著眼於它們的行政機制、正統策略，以及跟疆界外的「化外之民」所保持的關係。

羅馬打造的世界

The World Made by Rome

羅馬時代的歷史學家用饒富興趣的態度看待羅馬的過去，想知道是什麼原因讓這個帝國如此強大且成功。希臘學者波利比烏斯[1]在西元前一六七年被當作人質，押解到羅馬，然後長住在那兒；對他來說，要解答的問題是：「究竟是什麼樣的國家體制，能讓羅馬在不到五十三年的時間裡，幾近控制了全世界；是什麼樣的國家體制，能讓這麼一件肯定是前無古人的事情得以發生？」（《歷史》〔*The Histories*〕）羅馬人對羅馬在地中海的地理重要性了然於心。鄰近海洋，與希臘、北非的港口及腹地聯繫暢通，加上宜人的氣候與農業潛力——這些都是羅馬的空間優勢。但是，無論在更久以前的過去還是在當時，其他民族也曾嘗試將這個地方據為己有。為什麼建立起環地中海的政權，一統大部分歐洲和整個北非海岸，再加上古代中東帝國國土的，是羅馬，而不是其他城市國家？

▼奠基在戰爭與法律上的共和國

如同大多數帝國，羅馬的起點也是征服。但維持、拓展控制範圍不能只靠暴力，還要不斷將人力、經濟資源與中央權力連成一氣。靈活的政治組織讓羅馬有能力支撐一支龐大且遍布各地的軍隊，激勵人們與帝國的權力中心合作，更以優勢軍力、典章制度、神化的權威與公民生活操守為基礎，散播一套能打動人心的文化。公民權、法律、曇花一現的共和制度、以及之後對它的追憶，羅馬的政治與文化創新將舊有與新加入的菁英帶進了政府與軍隊。羅馬將過去帝國的文化成就吸收進自己的文明裡，在拓展羅馬神祇影響力的同時也對地方宗教與律法從善如流，還帶來誘人的羅馬生活——羅馬式的道路、建築、文學以及節慶。後來兩千年間的帝國締造者、批評者和擁護者，仍不斷喚醒人們注意羅馬創造的那套帝國用語、制度與習俗。

1 譯注：波利比烏斯（Polybius, 200-118 BCE），希臘化時代（Hellenistic period）的希臘裔政治家與歷史學家，曾隨羅馬將軍小西庇阿（Scipio Aemilianus, 185-129 BCE）遠征，攻陷迦太基。他曾寫出四十巨冊的羅馬歷史，今僅餘其中五冊。

我們就從那些將羅馬推向帝國的戰爭與政治行動開始吧。半人半神的流浪者伊尼亞斯（Aeneas）所率領的特洛伊水手與士兵，還有羅馬的第一任國王羅慕路斯（Romulus，一個被遺棄等死、後來卻被狼養大的棄嬰），這些與羅馬創造者有關的傳說，都把堅毅、武勇、冒險、忠誠與戰鬥頌揚成最重要的德行。據說，羅慕路斯殺了自己的弟弟，而政治菁英間的鬥法正是羅馬生活中稀鬆平常的一部分。

大約在西元前五百年，羅馬人用共和制度取代自己的國王。這個政治創新引發了驚人的後果；我們今天稱為羅馬帝國的這塊龐大土地，絕大多數是在西元前二世紀到西元一世紀之間所拿下。羅馬在大部分的時間裡，都是由羅馬人民選出的代表統治，這提醒了我們，帝國與共和政府之間絕非勢不兩立。當共和國宣布進入緊急狀態期間，則由獨裁官（dictator）領導；但一直要到奧古斯都（Augustus）在西元前二十七年得到皇帝稱號為止，民選領導權才屈服於一個人的終生統治。

羅馬人不像亞歷山大過去擊敗其波斯對手時那般，進占前一個帝國的土地，而是透過征服、收編義大利的部落、城市與王國，然後再跨出核心區域的方式，打造出自己的帝國空間。幾個世紀以來的征服（也包括瀕臨亡國）喚起忠誠，將尚武精神深深植入羅馬的制度與精神裡。

羅馬人打下的第一塊領土，是我們今天稱為義大利的地方。有山為脊，有土產糧，再加上港口城市，這片景象滿是潛藏的財富。半島北邊、越過阿爾卑斯山的地方住著高盧人（Gauls），伊特魯里亞人（Etruscans）則居於半島西部頂端；半島中部住的是拉丁人（Latins），其中包括羅馬人、薩賓人（Sabines）與薩莫內人（Samnites）；至於希臘人與迦太基人（Carthaginians）的殖民地則位於這隻「靴子」底部，以及西西里島、薩丁尼亞島和科西嘉島。

西元前四世紀，羅馬人同時與文明更先進的伊特魯里亞人，以及到處劫掠的高盧人為敵。根據羅馬歷史學家李維[2]的說法，羅馬人在戰勝伊特魯里亞人以後（連羅馬人都覺得伊特魯里亞人比自己還有文化），原本計畫離開自己的城市，把舊的伊特魯里亞都城維伊（Veii）打造成新家。但到了西元前三八七年，高盧人幾乎燒掉了整個羅馬，這時軍事領袖卡米盧斯[3]懇求羅馬人留在安著羅馬神祇的這座羅馬城，不要讓「野蠻的」敵人有羅馬人不敵撤退的印象。城市的毀滅搖身一變，成了忠於家園的懇切之詞。

隨著羅馬人得到的土地與人口日益增加，他們也根據統治帝國首都與邊遠地區的需要來調整自己的制度。國王同時身兼政治與軍事領袖，但他沒有辦法同時在兩個地方現身；於是羅馬人轉而設置兩名執政官（consul）作為行政首長，各自選舉出來任職一年。兵民合一的羅馬公民（soldier-citizen）選舉結果，就是行政首長的權力來源。羅馬人創造了一個公民群體，其決議就是法律的源頭；藉此，羅馬人將主權由王室或聖職者手中拿了過來，然後安在自己身上。

伴隨轉王權為共和這步險棋而來的，還有設計用來防止一人統治再度上演的配套措施。在共和國內，個人權力受限於嚴格規定的行政長官任期、公民大會的選票以及元老院（senate）的權力——元老院由現任、前任政務官，以及其他位居高位的人組成。在這些制度底下支撐、賦予它們力量的，則是對立法、執法與修法程序的嚴格遵守。李維把羅馬描述成「一個由逐年選舉出來的國家官員治

2 譯注：蒂托・李維（Titus Livius Patavinus, 29-17 BCE），羅馬歷史學家，著有《羅馬史》（*Ab Urbe Condita Libri*），內容從羅馬建城一直寫到奧古斯都治世。他的《羅馬史》著重人物的道德與性情，寫作方式也深刻影響了拉丁文學與未來的歷史書寫方式。

3 譯注：馬庫斯・弗利烏斯・卡米盧斯（Marcus Furius Camillus, 446-365 BCE），羅馬貴族出身的政治家與軍事將領，曾五度擔任獨裁官。高盧人入侵羅馬時，卡米盧斯其實正因政治鬥爭而遭放逐，但他仍糾集地方勢力，在羅馬軍團敗退時保衛羅馬。

S·P·Q·R（拉丁語：Senātus Populusque Rōmānus）

△

作為羅馬共和國與羅馬帝國的正式名稱，

「元老院與羅馬人民」（或其縮寫形式）被紋飾在羅馬軍團的鷹旗上以及古羅馬很多公共建築上。

理的自由國家；他們遵循的不是一時的個人好惡，而是法律的至高權威。」（《羅馬史》〔*History of Rome*〕）

法律從何而來？在隨後的羅馬歷史發展裡，若就整套共和制度在理論上與實際上而言，法律的源頭都是羅馬人民。由於政務官（包括執政官在內）有權頒布具有約束力的命令、定奪司法事務，因而也是立法者；但若要讓政務官的提案通過成為法律，就不能缺少公民大會的同意。公民大會同樣有權主持刑事審判。羅馬人承擔的法律權利與法定程序，是跟法律地位的高下、財富多寡與軍階高低融合在一起的。奴隸與女人並非公民，自然不是羅馬主權的關係人。只有特定身分類別的人可以投票，而且也不是所有公民都能獲選為政務官或執政官。共和國時期的羅馬並未打擊富有家族的勢力，但仍透過制度化的措施來遏止或利用它們之間的競爭。政務官由公民大會選舉出來，公民大會由軍事單位組成，較為富有的納稅人則比別人更有選舉影響力。

羅馬的共和制度力圖把對階級的尊重、對有能者的開放以及人民主權的原則融為一體。共和國的多重制度讓有野心的新人（通常是戰爭英雄）以及家財萬貫、系出名門、或是為公眾效力的人員，都能根據自己的利益影響政策。事實證明，「由人民與民選的代表制定法律」這項基本原則既得人心又靈活自如，或許也因此歷久彌新。

▼制度造就帝國

「至高無上的」（imperial）這個詞是有典故的。在羅馬，裁判權（imperium）一詞最早是指國王判處死刑或肉刑、徵召公民加入軍隊以及指揮作戰的權力。在共和國體制下，這個權力移交到執政官手上，突顯出羅馬治下軍事與民事間的緊密關聯。這時的裁判權是指判處某人死刑或命其作戰的權力。受制於有限的個人權力，裁判權在羅馬共和國並非絕對的權力。只有在羅馬城外，執政官作為軍隊最高統帥的權力才得以存在。隨著時間流逝，羅馬公民（至少是其中的一部分）獲得了不上肉刑或死刑的權利。羅馬人不是只會行使至高無上的權力；他們還會思考其意義，分析隱藏其中的觀念，合理化權力的使用並改變權力的用途。

建造帝國也有其後果。西元前二四一年，正當執政官領著羅馬軍隊揮軍鄰國時，人們創造裁判官（praetor）一職，用來將軍事與司法管轄延伸到新的地域，同時處理羅馬人與被征服民族之間的法律糾紛。後來隨著羅馬人把控制範圍擴大到義大利以外的地方，他們就派裁判官帶領軍隊，負責情勢不穩的地區。在共和早期，公民會以軍事單位「百人團」（centuria）為基礎進行集體投票，也會在根據其所屬的羅馬「氏族」組成的集會裡投票。當帝國成長起來，氏族大會（comitia tributa）也成了更為重要的公民權力場所。大會負責選出名為護民官（tribune）的官員來舉行審判；在有「平民」（pleb）涉入的案件中，護民官更擁有與政務官一起介入的權力。權力在人民主權建立的過程中逐漸轉移，讓古老的家族（即貴族〔patrician〕）以及因為羅馬擴張的經濟基礎而受惠的新興家族能同時在政治中發聲，並合併成一個菁英階級，也就是顯貴（nobilitas）；氏族大會也為羅馬提供了一套機制，足以將尚未成為共和國一分子的外邦人併入其中。

羅馬人創造的統治變革至今仍迴盪在我們的政治語彙裡。貴族、平民與顯貴，這幾個概念影響了我們思考地位高低的方式；參議院（senate）與委員會（committee）如今仍伴隨我們左右。在許多國家，擔任法律工作的官員與法庭也會被稱作仲裁法官與仲裁所（tribunal）。處理外交關係的則是領事（consul）。與其說羅馬建立的體制跨越時空、放諸四海皆準，不如說這條漫長的政治型態與政治理念的發展軌跡，會在不同的脈絡下受人模仿、改變，然後重新詮釋。

為了統治都城以外的地方，羅馬人發展出一套策略，成為未來帝國建造者的慣用手法。擴大羅馬公民權的適用範圍就是其中之一。關係最緊密的義大利城鎮被直接併入；自由人男子成為羅馬公民，而菁英則躋身為羅馬顯貴。「將公民權擴大到羅馬以外的地方」是一項影響深遠的革新，但就連在拉丁人的核心區域，各個城市與其居民起先分配到的權利也各自不同。某些情況裡，居民就像羅馬公民一樣有從軍義務，卻不被允許參與政治。隨著羅馬人征服距離更遠的義大利非拉丁地區，他們才開始跟戰敗城鎮的領袖簽訂條約，給予若干內部自治權，以換取財政與軍事上的服從。

羅馬人也透過建立他們稱之為「屯墾地」的方式拓展疆土。地中海地區的其他政權，都曾經在遠離原鄉的地方安頓人民，如羅馬的對手迦太基（Carthage）。但羅馬人則藉由設立屯墾地，將自身的公民政體與軍事機能結合在一起，從而在帝國的實踐方面更能凝成一氣。屯墾地的公民資格是交換得來的：羅馬與其他拉丁城市的移民放棄在羅馬的權利，被送到新的屯墾地，成為其公民。屯墾地多半設置在需要屏障的區域，對兵農合一的個別公民以及他們的家人來說，派遣到屯墾地是個機會，可以在一個比羅馬小得多的城市裡當個更有身分地位的人；但離開羅馬遠赴前哨也同時是個損失，那些被送去屯墾地的人，也把自己的語言、內心的期待以及羅馬的行事經驗帶了出去。

等到完成對義大利的征服，羅馬人也創造了三種不同方式將土地、人民與其帝國緊緊連在一起：一、對於鄰近的拉丁人，先是併吞、給予有限的公民權，最終則完全同化；二、給予非拉丁城市與部落有限的自治權；三、用拉丁人屯墾地來改造邊境地區。

後來的帝國同樣會採用這些策略來擴張與治理，但單就羅馬的將來而言，這些策略讓羅馬公民權成為非羅馬人內心的渴望，更甚於作為同盟城市或屯墾地的實質自治權。從西元前九一年到八八年，羅馬的義大利盟友因為沒有完整的羅馬公民權而叛變，並為了要讓羅馬滿足他們的渴望而掀起戰爭。經過冗長的辯論，元老院做出了重大決議，將公民權給予所有拉丁人。公民權的延伸因此成為對國家有功的獎勵，同時也擴大了忠誠的版圖。來自羅馬之外的士兵只要在軍隊服役滿二十五年，就能取得公民資格；凱旋而歸的軍事將領，也能將公民權賜給出身遠離羅馬之處的個人。

拉丁人為了羅馬公民權而戰，是發生在羅馬將國力延伸到義大利半島外，並取得驚人成功之後的事。為了擊敗他們強大的敵人迦太基及其位於西西里島的殖民地和北非海岸的首都（今突尼西亞），羅馬人得學會在海上作戰。在第一次與迦太基的戰事裡（西元前二六四年到二四一年），羅馬人輸掉許多場海戰，但最終仍然獲勝，並占領了西西里島、薩丁尼亞島與科西嘉島。一直要到西元前二〇四年，羅馬才完全擊敗迦太基，並徹底兼併迦太基在非洲與西班牙的殖民地。羅馬從此更上一層樓，向東征服馬其頓（Macedonia）、希臘與安納托利亞地區，並在西元一世紀左右，往西北占領高盧，以及英格蘭的大部分地區。三百年間，羅馬人將自己的帝國推向整個地中海地區，以及歐洲與西亞的腹地。

羅馬人因應海外的發展，發明了另一種制度——由握有行政權力的軍事將領進行統治的行省（province）。西元前二二七年至一四六年間，裁判官被派到薩丁尼亞、西西里、西班牙、非洲（迦太基周遭地區）以及馬其頓。長久以來，羅馬的行政體系被稱為「沒有官僚系統的政府」。[4]不管到了哪裡，權力幾乎都握在一個發號施令的人（裁判官或執政官）手裡，身邊只有幾個助手，而且幾乎都是朋友、家人或與他有私人關係者，再加上幾個低階官吏以及奴隸。

從羅馬的角度來看，治國幾乎就等於收稅（不管是錢還是農產品）、動員軍隊以及維持道路與引水道等基礎建設，好讓帝國保持完整。軍隊與公民之間的關聯在過去明白定義了何謂羅馬，到了海外，這種關聯也改了頭、換了面。在義大利以外，行省總督的任務並非調集身兼公民的軍隊，而是收稅以作為羅馬軍隊的糧餉。行省內的地方習俗幾乎文風不動，至於當地菁英則能獲得人人稱羨的羅馬公民權。狹窄的為官之路，維持著羅馬人（包括共享政治與文化習俗的入籍菁英）與風俗、生活各異的非羅馬人之間根本的區別。

羅馬人想出了一種法律方式來表現這個區別。不管是在羅馬還是在偏遠地區，羅馬人就用羅馬人的法律來仲裁法律問題。非羅馬人在大部分的日常事務中，可以找當地的權威解決——這種方式在今天稱為法律多元論。但如果羅馬人跟非羅馬人之間有問題要處理，那該怎麼辦？這個難題促使羅馬人創造理論，用來區隔萬民法（law of all nations）與各民族內使用的市民法（civil laws）；市民法是因人群而異的法律，而萬民法則是一套通用的法則，用來讓裁判官審理羅馬帝國境內的外國人，或是解決羅馬人與非羅馬人之間的爭端。

對羅馬人來說，只要靠戰利品獎賞士兵，再用奴隸、名譽和更多的戰利品來獎賞將軍，對外擴張本身就會創造出繼續擴張的動機。至於在歸順羅馬的地區，總督和他那一小撮官員則要靠當地的領袖才能收稅（不管是錢、實物還是兵丁）。與地方菁英的合作，就像是殖民與奴役那般把人們拉進新的網絡，然後逐漸為併吞行動創造出文化上的空間；對此，羅馬人可是箇中高手。

▼皇帝現身

西元前二世紀，帝國治理的工作需求開始壓倒共和國精簡的組織。羅馬的司法體系無法提供足夠的應對手段，特別是難以應對這個日益擴大的帝國中，不斷引人詬病的貪汙案件。羅馬人藉由給予軍事將領特別的權限、更多的資源與更長的指揮任期，將共和國的統治延伸出去，但有時也是為了讓這些將領不要回到首都來。

4 原注：「沒有官僚系統的政府」：Garnsey and Saller, *Roman Empire*, 20.

共和羅馬的權力鬥爭大約在西元前一三三年，護民官提貝里烏斯・格拉古[5]被元老們暗殺之後開始朝暴力發展。政治與軍事穩固結盟，讓擴張過頭的共和國在面對敵對首領間的戰爭時顯得脆弱不堪。元老院裡某些古老家族試圖捍衛共和國的制度，對抗個別執政官的野心。當尤利烏斯・凱撒（Julius Caesar）從帝國征途以及和對手的戰鬥中脫穎而出時，便被指控有自立為王之心。凱撒用羅馬過去的王權象徵裝扮自己，累進官職與權力，允許開設崇拜他個人的神廟，並收養繼承人屋大維（Octavian）。這一切都是凱撒視帝國為己有，可以傳諸後世的信號。西元前四十四年，就在接下不祥的新官職「終身獨裁官」（dictator for life）不久後，凱撒便被元老暗殺。

事實上，屋大維才是那個想方設法成為羅馬第一個皇帝，成為那個眾星拱月、至高無上、終生擁有法律權威的人。凱撒死後，屋大維拋棄收養前的原名「蓋烏斯・屋大維烏斯」（Gaius Octavius），改為起用「統帥」（Imperator）的軍銜，並用其繼父的名字添枝加葉，繼而創造新的權威身分：「統帥・神之子凱撒」（Imperator Caesar Divi Filius）。西元前二十七年，元老院給了屋大維一連串的新權力以及另一個稱號「奧古斯都」（Augustus）；這個敬語過去是用在神身上，意指神明讓事物變得更美好、「提升」的能力。屋大維也被尊為元首（princeps）或第一公民（First Citizen）；於是，羅馬人稱為「元首制」（principate）的新體制取代了共和，大權只授予唯一的領袖。

就像共和國是個經歷大約五百年才完成的作品般，「元首制」也是在時光中逐漸演變成形的。奧古斯都的皇帝生涯長達四十一年，這種醫學上難得的好運對鞏固「元首制」大有幫助。他的繼子提貝里烏斯（Tiberius）在西元一四年繼承大位。在這一段相對和平繁榮的時間裡，統治、戰爭、財政與文化的制度都受到調整，以配合皇帝的至高權威與統治龐大政體的需要。經歷了一場又一場折磨共和國的暴力衝突與戰爭後，羅馬人深深渴望著安定；看起來，他們已經接受將舊體制轉為一個更集權的權力形式。奧古斯都時代，皇帝握有最高裁判權（imperium maius），意為「大於任一行省統治者在該省分的統治權力」。皇帝作為「其他統治者的統治者」的觀念，相當於亞述帝國與聖經上「萬王之王」（king of kings）的改版，而這個概念仍將持續數百年之久。

奧古斯都得到對所有公共事務的最終裁決權；他能擱置針對任何一個羅馬公民進行的法律行動，也能提交法律讓羅馬人民投票表決。奧古斯都的繼承人提貝里烏斯奪取了公民大會的選舉權，將之交給元老院，進一步侵蝕羅馬共和主權。皇帝可以宣戰或媾和；他不單是元老院與行政機關的首腦，同時還享有不受任何法律限制的個人豁免權。西元十四年，這些林林總總的職權正式在法律上授予皇帝。隨著一項又一項的法律程序，羅馬人邁出重大的一步，將權力移交給至高無上的統治者。一如「緊急權力」這個概念，共和帝國的潛在可能性讓人不敢或忘、戰戰兢兢，而且一直到二十世紀都還不停在重複上演。

奧古斯都從戰利品、他人的餽贈、稅收與私人田產收入，以及帝國直轄的行省裡累積了鉅大的財富。這筆鉅款讓皇帝靠自己一人就能為羅馬國庫紓困。皇帝所擁有的龐大領土稱為世襲領地（patrimonium）。這個概念與父親（pater）的關聯絕非偶然，暗示著皇帝不僅是自家內的家長，也是全羅馬人的父親（就像傳說中的伊尼亞斯），更點出其他創建者對這個政權的重要性。我們之後還會再一次碰上帝國、父權與家戶制之間的聯結——研究社會科學的人回首羅馬，將之稱為「家

5　譯注：提貝里烏斯・格拉古（Tiberius Gracchus, 168-133 BCE），羅馬貴族出身的護民官。羅馬共和晚期，許多權貴因為共和國擴張而獲得許多土地，建立大型莊園，以奴隸為主要勞力來源。由於大莊園的農產售價遠比一般農民的收成便宜，導致農民無法維生，只好販賣地產。格拉古認為大莊園威脅到羅馬農民，於是推動土地改革，卻遭到反改革的元老所暗殺。

產官僚制」（patrimonialism）。

在皇帝可動用的資源和羅馬的國家資源間，並沒有絕對的分水嶺。到了奧古斯都的後繼者時，打理皇帝私人土地與直轄行省財政的權責，同時交到了一個叫司庫（fiscus，原意為「錢包」）的官職手上。一開始，在這些地方收稅的人多半是奴隸或剛剛獲得自由身分的人。隨著時間過去，宮廷顯貴開始擔任皇帝的私人幕僚，更加侵犯元老院裡政務官的職權，並強化在皇帝宮廷內擔任一官半職的重要性。

軍事領域則是皇帝權威的另一個所在，也永遠是把雙刃劍。奧古斯都保留了公民身分與軍職間的關聯——在大多數情況裡，常備軍都是由公民所組成；但他卻將部隊和他們的將軍一塊從義大利移到邊境去。負責保護皇帝的，則是新的精銳部隊——禁衛軍（Praetorian guard）。奧古斯都還打造了常備海軍。為了強化他的個人控制，奧古斯都直接跳過元老職權與公民投票，從騎士階級（equestrian rank）裡找還沒有被選為政務官的人擔任軍隊和行省的統帥。

這些改變帶來始料未及的長遠影響。將羅馬軍團派到邊疆的做法，不僅讓羅馬文化得以廣布於整個帝國，還能減少國都內的暴力（至少一度如此）。禁衛軍在爭奪皇帝地位的權力鬥爭中有了舉足輕重的影響力。對社會階級的規範來說，動用騎士與其他階級的人沒有造成什麼影響，但卻能讓新人加入帝國上層的行列。原則上，皇帝是終生獨攬軍事大權、控制一切的人，但事實卻常常與原則背道而馳。

奧古斯都在位時，大家都知道皇帝的兒子或養子將繼承大位。但繼承問題並沒有因此而解決，因為兒子們也會彼此爭鬥，到頭來軍事能力才是核心價值。理論上，是元老院任命皇帝；但實際上，整個元老院或某些元老倒是謀殺了好幾個皇帝。禁衛軍也會暗殺皇帝或擁立皇帝。對羅馬人來說，西元三世紀是個財政困難、內亂不斷的時代，只有軍事成就才能將「誰來當皇帝」的鬥爭一槌定音。

從行省吸收野心人士進入帝國的軍隊，而後更躋身顯貴階級，這代表連羅馬以外的人（例如塞普蒂米烏斯・塞維魯[6]）也能當上皇帝。體制的開放、各種能用來正當化政權的機制以及追求軍事榮耀的風潮，都引致無止境的弒君事件。西元二三五年到二八五年間，一共有二十六個羅馬皇帝，其中只有一個皇帝是在任上自然死亡。

▼羅馬帝國的經濟

跟亞歷山大大帝的情況不同，從為了「誰來當皇帝」而層出不窮的醜惡血鬥中就能看出：保持帝國完整、決定帝國命運的不是皇帝這個人。反之，真正吸引並激發臣民忠誠心的，是規模驚人、產量豐富的多樣經濟，是人力與物力的龐大網絡，以及卓有成效的意識型態延伸。

羅馬的經濟不是一套經過深思熟慮的系統，而是一堆慣例的大雜燴。體系的富庶必須依賴農業、貴金屬與其他自然資源，以及處理、運送與交易這些貨物的能力——這和機器生產出現以前的其他定居社會沒有兩樣。無論是小農場還是大莊園，都得靠人憑藉對土地、奴隸、自由工與家庭的家長權威來經營管理。每當獲得新的領土，就有新的資源可以抽稅、分配。對某些被征服的人來說，敗給羅馬人就等於淪落為奴；對某些勝利者來說，奴隸愈多，其經營、管理莊園的能力也就愈大。而元老們既然分配到邊遠行省的土地，也就有維持商業聯繫的責任。

6 譯注：塞普蒂米烏斯・塞維魯（Septimius Severus, 145-211），西元一九三年至二一一年擔任羅馬帝國皇帝。他出生於北非的大萊普提斯（Leptis Magna），父親普比留・塞普蒂米烏斯・傑塔（Publius Septimius Geta）為利比亞柏柏人（Berbers），母親來自羅馬的富爾維亞氏族（gens Fulvia）；該氏族原先亦為平民。

羅馬帝國：西元前二一八年

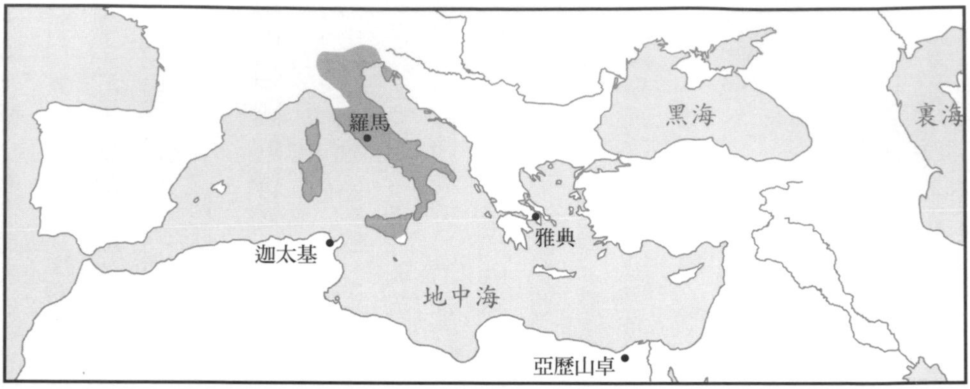

羅馬帝國：一一四年

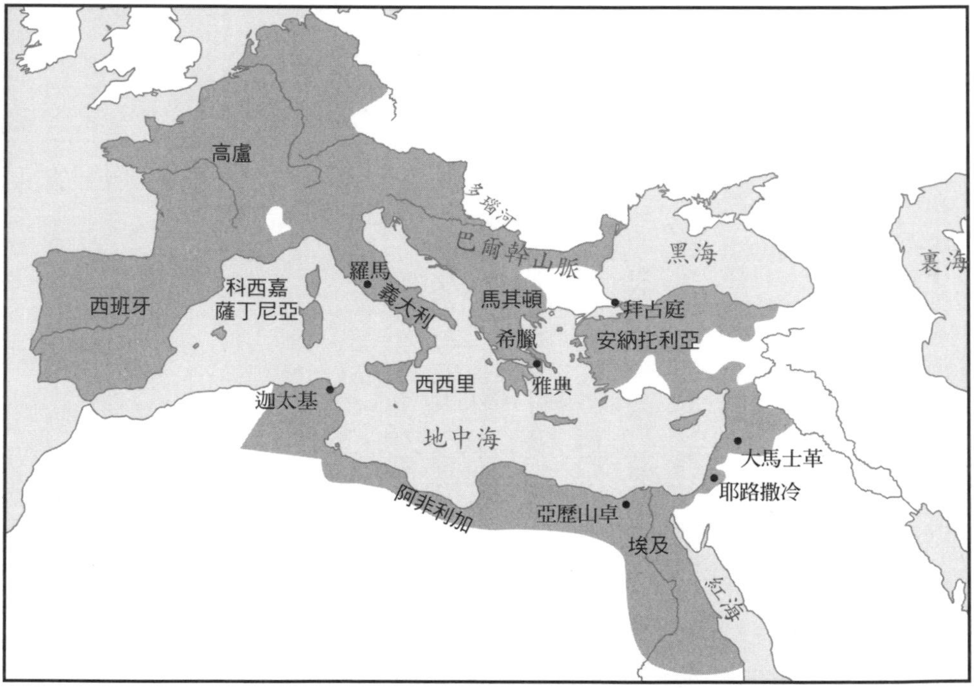

△
羅馬的擴張與收縮

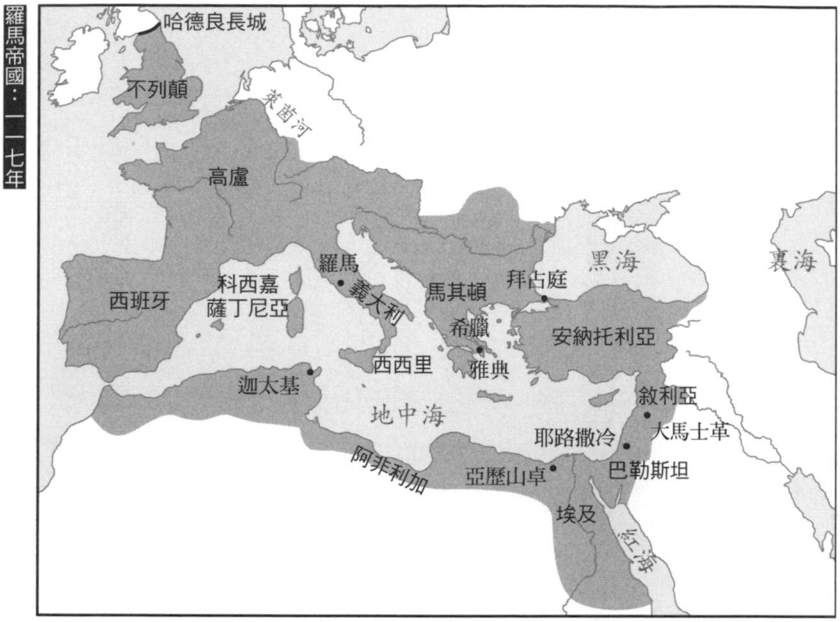
羅馬帝國：一一七年
哈德良長城
不列顛
萊茵河
高盧
黑海
裏海
羅馬
拜占庭
科西嘉
義大利
馬其頓
西班牙
薩丁尼亞
希臘
安納托利亞
西西里
雅典
迦太基
敘利亞
地中海
耶路撒冷
大馬士革
阿非利加
亞歷山卓
巴勒斯坦
埃及
紅海

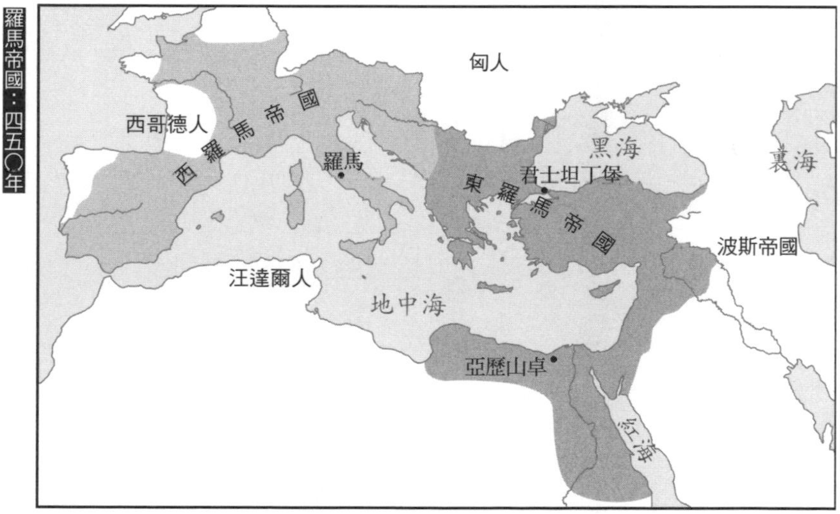
羅馬帝國：四五〇年
匈人
西哥德人
西羅馬帝國
黑海
裏海
羅馬
君士坦丁堡
東羅馬帝國
波斯帝國
汪達爾人
地中海
亞歷山卓
紅海

△
羅馬的擴張與收縮

稅收是讓整個體系運作正常的關鍵。不管是土地、人丁、繼承、持有奴隸還是進出口貨物，羅馬人都要抽稅。羅馬舉世聞名的人口調查就是以收稅為目標。負責收稅的人有時是官員，有時則是「包稅人」（tax farmer），亦即承包收取某地稅收的人。早在兩千多年以前，羅馬就跟我們接下來要看的中國一樣，建立了一套估算、收稅、強征與分配的機制。

餵飽軍隊與羅馬城可是需要大費周章。西元二世紀時，軍隊人數已經增加到四十萬人。有份來自埃及的文獻記載，一個士兵單日的口糧大概就要兩磅的麵包，一磅半的肉、一夸脫的酒和大約半杯的油。不只如此，還有整個羅馬的負擔；光是要餵飽一個羅馬城，一年就需要二十萬噸小麥。[7]這座城市在奧古斯都時代擁有大約一百萬人口，超越中國當時的首都長安（羅馬人當然不知道長安），成為世界上人口最多的城市。羅馬城的居民可能只有四分之一是公民，其餘則是家屬、奴隸與外邦人。從功能上來說，羅馬帝國是個因和平、安定、政治統一而繁榮的巨大經濟空間。帝國的完整對地方的福祉來說至為關鍵。非洲、西西里、薩丁尼亞和埃及為羅馬提供穀物；高盧、多瑙河與巴爾幹地區養活了軍隊；義大利、西班牙、高盧南部與安納托利亞——這些全都是商業發達之地——則拿錢來付它們的稅，用來支付士兵與政府官員。（見頁六〇、六一圖）這個體系要保持運作，不只得靠帝國官員，還需要批發商、船長和承辦商將貨物（食物、奢侈品、原物料與武器）運過海洋、跨越大陸交給買家或官方的供應商。

這個龐大且完整的經濟空間，對人們生活的方式有著深刻影響。地方菁英靠奴隸莊園生產了帝國裡大部分的穀物，更靠著他們與帝國的關係賺錢——賺多賺少就是另一回事。就連對偏遠地區以及社會地位卑微的人來說，日常生活也都比羅馬統治以前來得更愜意；船隻將橄欖油與酒運到整個地中海世界，影響了很久以後我們所知的土耳其菜、希臘菜、義大利菜、法國菜與西班牙菜。農民住在有瓦片屋頂的房子裡——比茅草頂更不怕下雨，也更不怕起火；就連尋常人家都用起品質優良的陶器。用我們的標準來看，窮人一樣營養不良，但大規模的饑荒極為罕見。羅馬當局已經保存了應急用的糧食儲備。

到了西元三世紀，倉促而殘忍的皇位更迭、諸多敵人的外部攻擊（哥德人與其他的「蠻族」部落、海盜和波斯帝國），以及士兵薪餉因通貨膨脹而縮水所形成的壓力，都削弱了羅馬的安定。羅馬的邊界在各部落的攻擊下不斷退縮，這些蠻族部落早已對羅馬瞭若指掌，也準備好要向被他們包圍的人民收「保護費」。不過，要讓帝國體系從共和晚期以及元首政體頭兩百年所建立的架構中徹底失能，還需要長達幾百年的時間。

▼誘人的文化

羅馬帝國為人民（無論在國都內外）提供了社會地位，讓他們有機會成為文明中的一分子，歌頌羅馬神聖的起源、塵世間的榮光與高人一等的生活方式。幾百年來，羅馬帝國總是有辦法吸納更古老的文化，融成綜合性的羅馬風格。

城市當然不是羅馬人的發明，但羅馬人改變了城市，並在帝國各地因地制宜加以布建。矩形的城市設計向來是希臘人的特色；街道呈十字交叉，還為公共建設騰出了空間。羅馬人以義大利南方的希臘城市為榜樣，打造自己的城市中心，再添上新的特點，例如凱旋門。為了興建羅馬的建築，大理石被大量開鑿；水泥的使用則讓人們能造出拱頂與圓頂，還可以加上繁複的花飾。羅馬人的改

7 原注：有關「餵飽」的數據引自Garnsey and Saller, *Roman Empire*, 83, 88, 89.

造還包括引水與汙水系統、公共澡堂、運動設施，還有讓市民觀賞表演的巨大圓形露天劇場；羅馬人還改良希臘劇場的樣式，以便容納更多觀眾。西元七九年，維蘇威火山（Mount Vesuvius）噴發的火山灰掩埋了龐貝城（Pompeii），而當時的龐貝城就擁有五個大型的泡澡中心，供城裡兩萬居民使用。

法律也是羅馬文明的一部分，它不僅是統治的工具，也是社會秩序的支柱。在帝國歷史的大多時間裡，法律都沒有統一的記錄。一直要到西元六世紀時，皇帝查士丁尼一世（Justinian I）才出資將法條收編成一套法典——而且編纂的地點還是東羅馬帝國首都，君士坦丁堡（Constantinople）（見第三章）。從共和時期開始，羅馬的法律之所以獨樹一格、且成為有效的歷史先例，就是因為專業的法律見解。在羅馬政體中，立法方式本身始終是政治的關注焦點，同時也讓這樣的關注變得合情合理。遠在羅馬以前，統治者就已經開始頒布法律；西元前一七九二年至一七五〇年間在位的巴比倫國王漢摩拉比（Hammurabi），就有一套刻在石板上的法典。希臘人也有用於國家和良民的法律與理論，但他們沒有帶來專業的法律人士。法學家從西元前二世紀中葉開始出現在羅馬，這正好是共和國在空間與制度上擴張最快的時期；他們起草法律文件，為政務官、訴訟當事人和法官提供意見，並將所學傳授給自己的學生。

許多出類拔萃的羅馬人斷言法律建立在理性之上，而人作為理性的動物，就應該投身法律、遵從法律。羅馬人的看法相當實際，認為法律會呈現於特定國家的統治行為之中。當羅馬執政官與皇帝視戰爭為應對敵國入侵或違反條約的正當反應時，其實是假設國與國的行為當中也有規則存在。法律也因此有了放諸四海皆準的可能性。西塞羅[8]就堅持「要尊重與敵國的誓約，但絕不能對海盜讓步；他們不僅是不講法律的敵人，更是全世界的公敵，跟海盜沒什麼信任或溝通的共同基礎可言」。

能夠在不斷發展完善的羅馬法規則下安身立命，也是公民權讓帝國菁英趨之若鶩的原因之一，這是因為羅馬公民擁有受羅馬法庭審判的權利。帝國各地的平民百姓多少也會知道一點羅馬法法條，但他們的投訴能得到正式審判的機會，遠比有權有勢的人小得太多。

學問與藝術對形塑帝國的公共生活有著深遠影響。皇帝對於在羅馬興建氣派建築一事毫不手軟；到了帝國的各個城市，當地菁英彼此也在公共藝術與建築顯擺上一較高下。羅馬人對先於他們的文明不吝讚賞，這代表希臘、波斯與埃及的文化成就都可以拿來模仿、綜合，成為羅馬文化發展的基礎。來自帝國各個角落的學者、藝術家與科學家都能在羅馬文化中找到一方天地，留下自己的痕跡。

在羅馬擴張的時代裡，希臘文是學習與創作時最早使用的語言。即便拉丁文跨越了修辭的範圍，成為作詩、示愛與性的語言，羅馬文化的理想，還是同時兼備希臘文與拉丁文。「教育」（Paideia）這個希臘字，就是用來描述下述這種合宜的教養方式：讓青年為知性的生活以及對美的感受做好準備，教導他們進退應對，學到處變不驚的高貴品格與公民德行。在羅馬的「人性」（humanitas）理念裡，雅典成了普世價值的古代象徵，人見人愛、讓人信服。「人性」既是準繩也是使命，代表著「文明開化的行為」，展現在學習、與人互動、對力量的節制使用上，甚至是讓被征服的民族了解，自己也有懷抱「人性」的潛能。「人性」的另一端則是野蠻；野蠻人沒有受過教育，住的不是城市（至

8　譯注：馬庫斯．圖里烏斯．西塞羅（Marcus Tullius Cicero, 107-44 BCE），羅馬共和晚期的律師、政治家、文學家、哲學家與雄辯家。西塞羅在共和晚期的混亂中極力維護共和制度，不果。他支持龐培，以反對可能稱帝的凱撒。凱撒死後，他成了凱撒手下將領馬克．安東尼（Marcus Antonius, 83-30 BCE）的政敵，被安東尼暗殺。西塞羅的著作對拉丁文學、歐洲未來的哲學與政治思想影響甚鉅。

少不是羅馬式城市），衣著破爛、行為粗魯，沒人相信他們能搞懂羅馬的法律。

「人性」有著開放而不設限的特質。無論理論或實際，只要根據羅馬的規定行事、實踐羅馬的文明理想，野蠻人也可以成為羅馬人。「人性」也可以用來掩飾羅馬帝國破壞、奴役、劫掠、殺戮與毀滅的暴行。但自我批評的能力、對退步的戒慎恐懼，以及對政治論辯的雅量也是「人性」的其他要素。包容文明開化的批評，排斥不懂羅馬文化的美德之人，就能共同創造一個得到廣泛認同的菁英文化——一個與帝國、帝國的理念既有想像關聯，也有實際關聯的世界。

▼「世界的神廟」

從羅馬征服者對其他民族信仰的反應，最能清楚看到他們吸收、改變，但不去完全同化其他民族的包容性。羅馬人本身一開始就是多神論者，跟羅馬帝國絕大多數臣民一樣是諸多神祇的信徒——除了猶太人以及後來的基督徒。羅馬的多神信仰讓羅馬人能輕易接納其他神祇。在義大利，埃及的伊西斯（Isis）或敘利亞的巴力（Baal）等古代文明諸神也有人敬拜，有時則安上新的名字。隨著羅馬人與希臘人有了接觸，宙斯（Zeus）也就變為朱比特（Jupiter），雅典娜（Athena）則成了密涅瓦（Minerva）。奧古斯都蓋了神廟，讓自己跟作為復仇者的瑪爾斯（Mars）連在一起；他還蓋了其他神廟來榮耀被奉為神明的養父凱撒，以及伊尼亞斯的母神維納斯（Venus）。

羅馬人平常習慣每征服一個地方，就把當地的神帶到羅馬，帶進「世界的神廟」。[9]而在高盧或其他行省的新設城市，籌備皇帝崇拜活動則是種地位象徵。也有不受歡迎的神祇案例：西元前一八七年，元老院廢止巴克古斯（Bacchus）崇拜；巴克古斯是掌管豐收與酒的神，狂熱的信徒會藉著祂的名號，誘使體面人士離開家室跑去狂歡。

神與人之間被想像成具有相當密切（有時甚至是肉體）的接觸。親密的人神關係與羅馬的天下雄心連成一氣，讓某些人燃起對「神人」（man-god）的期盼，盼望祂帶來全人類的救贖。這種風潮預示了拿薩勒人耶穌（Jesus of Nazareth）的誕生，但同樣的希望也會被引導至別的方向。奧古斯都將整個世代的和平，帶給因為內戰而筋疲力盡的羅馬人；他也是個理所當然受人愛戴的救主。

一神教比彌賽亞信仰更進一步，這對羅馬包羅萬象的宗教版圖造成不少麻煩。隨著羅馬帝國向東擴張，相信自己的一神是唯一神的猶太人也落到羅馬的統治之下。羅馬人允許猶太人信奉自己的宗教，但在西元六六年至七四年間，猶太人與羅馬當局的衝突卻導致巴勒斯坦地區的叛亂。耶路撒冷的猶太聖殿被摧毀，許多猶太人遷移到遙遠的西邊，把他們的宗教習俗帶到北非、西班牙與南歐。基督教徒不斷勸人改信，打亂了羅馬的宗教異質性。不過，基督徒的普世訴求，以及他們對組織活動的愛好也反映出羅馬的特性，甚至在帝國最後幾個世紀的文化與政治變局中扮演著關鍵角色。

▼帝國晚期的全新政局

到了西元二一二年，羅馬的治理習慣、文明觀念與物質文化已經改變從不列顛群島（British Isles）到北非，再從萊茵河（Rhine）流域到敘利亞與埃及的許多社會。大部分在這些地方的人，都不知道羅馬以外的世界。這個世界的單一政治秩序不僅還會持續超過兩百年，更會在政治想像中存

9 原注：「世界的神廟」：忒彌斯提烏斯（Themistius）語，引自Elizabeth Key Fowden, *The Barbarian Plain: Saint Sergius between Rome and Iran* (Berkeley: University of California Press, 1999), 46.

在千年之久；但對回眸羅馬的歷史學家來說，羅馬體制中的某些弱點也顯而易見。

首先，帝國老早就停止擴張領土，這代表分配新資源的能力已逐漸乾涸。此外，羅馬非凡的成就，反倒讓帝國成為國境上各部落，以及從歐亞草原移居東南歐的民族的進犯目標。許多入侵者都由驍勇善戰的人帶領，想在帝國內安頓身家，分享帝國慷慨的打賞。與此同時，軍隊在距離羅馬遙遠的地方長久駐防，為追求權力、甚至是追求皇位的敵對將領帶來助力。皇帝出於必要，只好回鍋擔任軍事指揮官，試圖在遠離羅馬城的邊境城市裡統治國家。但對羅馬來說，控制陸路與海路交通才是關鍵；已經專業化的農業與商業生產都得依賴有效與安全的運輸。這個帝國是建立在軍事力量與正統權力間的緊密聯繫，長久下來，帝國也會慢慢因為同樣的原理而分崩離析。

活在三世紀時的羅馬人並不認為自己的國家正迎向滅亡；羅馬的領導人持續在政治安排上做出創新，有些創新甚至對未來各帝國有著深遠的影響。其中最為戲劇性的（至少從後見之明來看），就是在西元二一二年時，將羅馬公民權延伸到羅馬世界中所有非奴隸男性居民的做法。

正如我們所見，公民資格從共和時代以來就一直是羅馬政治的核心，它既是把忠心僕從帶進帝國權力制度中的方式，也是種好處多多的社會地位；拉丁人之所以在西元前一世紀時起釁，就是為了獲得羅馬人所獨有的權利。公民權制度也與帝國最根本的治理機制連在一塊——服役、法律，以及支撐這兩者的稅收。一般認為，皇帝卡拉卡拉（Caracalla）在西元二一二年擴大公民權的舉動是項必要措施：如果帝國內所有自由身的男丁都成了公民，就能徵召他們入伍服役；如果不服役則得繳交代金，還能要求他們支付遺產稅。但卡拉卡拉的這項詔令其實是著眼於宗教的凝聚力：對羅馬神祇的崇拜，將會隨著公民權而延伸到整個帝國。同化與統一的動機才是新政策的核心。透過服兵役、納稅、法律保障與共同的神祇，就能讓上千萬的自由人與其家屬更直接地與帝國的目標，與羅馬式的生活結合在一起。

但是，共同的神明和公民權不僅不足以凝聚帝國，對某些人來說更是無法接受。基督徒跟猶太人一樣是一神論者，到了三世紀時，基督教已經流傳到帝國的許多地方。基督教在羅馬的統治下成形，而這個宗教之所以著眼於來世的回報和懲罰，其實是對羅馬在塵世中勢不可當的權力所作出的妥協。但到了羅馬有難時，許多人因戰禍不斷、蠻族入侵與日用匱乏而饑寒交加，於是為了基督教向他們許諾的寬慰與拯救，便轉向這個宗教。皇帝一開始諉過於基督徒，視他們為帝國問題的源頭，宣布基督徒違法反抗羅馬與羅馬諸神。但迫害卻創造出烈士，這個教派也不斷成長，甚至更吸引到名門出身的羅馬人。

到了西元三一一年，當時四個分割皇權、分治帝國的統治者之一的伽列里烏斯（Galerius）改變了方針。這位病體交加的皇帝宣布中止對基督徒的公開迫害，要求基督徒為皇帝與公眾的福祉祈福。翌年，就在為皇位而戰的前夕，奧古斯都君士坦丁一世（Constantine I）夢見：假使自己使用十字的符號，就能左右與對手間戰爭的勝負。於是戰勝後，君士坦丁便讓基督教成為帝國的合法宗教之一。

然而，問題依舊存在：基督徒不能容忍其他神祇、動物獻祭、甚或是崇拜其他神的神廟存在。對皇帝來說，一神教也是個難以抗拒的誘惑。基督徒的普世主張，以及幾世紀以來從抗爭與迫害中發展出來的神職人員組織網絡，都可以為羅馬的世俗野心所用。君士坦丁試圖再次統一分裂的帝國；他抓準機會，將宗教與世俗的普世主義結合於一神之下。一個世紀之後，基督教被立為國教。其他宗教被宣布為迷信，祭司被貶抑、抽稅；神廟被拆毀，神像則被毀容、罷黜。到了四世紀末，在帝國的大多數地區當個羅馬人，就等於是當個基督徒；心繫其他宗教成了民事上的違法行為，將受羅馬法律懲罰。

帝國承受著巨大的國土喪失與各部落的侵擾，正當此時，君士坦丁的改信標誌著羅馬政治失去彈性。先前擴大公民權是為了將信仰不同宗教的民族置於羅馬的法律之下；而今，將國家與一神的單一宗教連在一起，雖然可以明確勾勒出一種對帝國文化的普遍願景，卻縮減了將其他民族納入國家組織的可能性。

羅馬帝國的結局不易解釋清楚，因為凱旋歸來的君士坦丁在西元三二四年將首都遷到拜占庭、並重新命名為君士坦丁堡時，一個座落在東方的羅馬帝國便開始從舊的帝國裡冒了出來。（見第三章）早在西元四一〇年西哥德人（Visigoth）首領亞拉里克一世（Alaric I）占領羅馬城以前，羅馬人就已經失去維繫自身政體的能力。在邊境地區，羅馬人與多半操日耳曼語的部族合作，試圖用最低的代價保護國界。部落人民為羅馬當局服役，共享帝國文化，這證明「野蠻人」並非這個詞所暗示的那種不文明的化外之徒；他們也想「加入」羅馬的帝國。不過，後來的帝國也會學到：唯有帝國邊緣的人民認為中央對自己的利益必不可少，或是帝國領袖有能力使人們非得把稅款與貨物交到自己手上時，各股不同勢力才能成功轉變成帝國體系的一分子。即便在皇帝分割帝國、自毀長城時，羅馬也稱不上衰亡；蠻族戰士也會帶頭作羅馬的軍隊前驅，或是當羅馬過去領土的征服者。

帝國西部逐漸衰落，殘存在其疆域上的是許許多多弱小國家，這些國家全都被各自的羅馬過往深深影響。有些蠻族擔任羅馬最後的軍隊領袖，其他部族則在羅馬的防線崩潰後扛起保護當地社群的責任。即便帝國崩壞時，行省的人民仍舊保有許多羅馬的組織機制；羅馬與部落混血出身的貴族們也努力維持社會地位，力圖掌握所剩不多的資源。羅馬和平一去不復返，隨之而去的還有稅制，以及那個曾經分配整個帝國的財富、技術、人力與物產，龐大而完整的經濟體系。下水道系統、瓦片屋頂和高溫燒陶器在北歐與中歐消失了數百年；識字率衰退；營養不良的牲口體形愈來愈小。不過，隨著採礦停止，義大利的空氣也更乾淨了些。

從許多方面來看，帝國的征服大計，以及將單一文明投射在整個地中海及其腹地的做法，最後都得自食其果。正是由於帝國大業如此成功，才讓外部勢力攻擊帝國的時機成熟，他們中止了帝國擴張的腳步，也削減了帝國的資源；軍隊指揮權與政治領導權間的聯結則是內戰不變的公式；以基督教作為單一國教的轉變，更是削弱了帝國混合、吸納不同民族的能力。

然而，羅馬人的許多創新卻比形式上的羅馬帝國流傳得更久，並在幾百年後獲得新的意義。「人性」觀——認為文明既是人類與生俱來的能力，同時也是羅馬文化範圍內之人獨一無二的財富，讓他們擁有統治野蠻人的權力——就跟拱門、露天圓型劇場與棋盤式設計的城市一樣，在一度曾屬於羅馬的風物景色，以及在許多未來的帝國裡留下痕跡。依法統治與代議政體的理念（就算沒有落實）也留了下來。拉丁文曾一度將各式各樣的風雲人物與羅馬文化、羅馬政治綁在一起，後來更影響整個歐洲言談的方式，演變為羅曼語系（Romance languages）——包括義大利語、法語、西班牙語以及葡萄牙語。而以責任與權利為基礎，延伸範圍超越民族或城市的公民權制度也會時不時復活，被人們重新詮釋成一種政治融合的手段。

君士坦丁位於拜占庭的帝國，將拉丁文與奠基於羅馬的政治結構都帶到地中海東部以希臘語為主的區域（實際上使用的語言則複雜得多）；東帝國繼續存在又一個千年。羅馬衰亡後所留下來的，是個與基督教相聯結且強而有力的帝國想像，激勵著新的征服與新的教化使命。羅馬人在地中海的每一個角落都打造出適合帝國的空間，吸引著拜占庭人、伊斯蘭哈里發、加洛林王朝以及其他後起之秀的衝突野心。

中國——另一種帝國舞台

China: A Different Space for Empire

羅馬讓自己搖身一變，從城市國家轉為共和帝國；歐亞大陸的另一端則有個勝利的君主，成功將中國的核心領土統合在他一人治下。經過幾百年的鬥爭、權謀，以及對鄰國發動的全面戰爭，秦王終於在西元前二二一年自立為皇帝。僅僅過了十五年，秦的控制就在內憂外患下遭到摧毀，但建立漢代的劉邦卻恢復了帝國國力。這兩個開國之主在我們的政治語彙中留下各自的印記：「秦（也可發音為chin）」的音在許多語言裡逐漸轉變為「China」；「漢」則成為種族標籤，用在那些被定義成帝國主要民族的人身上。漢的統治者鞏固了秦在疆域、管理與意識型態上的成就，並在隨後四百年中發展出帝國的政治文化，挺過王朝的衰亡、分裂、內戰，甚至是革命。兩千多年來，無論君王、想逐鹿天下之人、憂國憂民的菁英還是尋常老百姓，都將中國視為理所當然由單一中央領導權威統治的政治單位。

中華帝國最明顯的特徵就是龐大的版圖，但和羅馬一樣，造就這個空間「事實」的卻是帝國政局。不過，中華帝國的輪廓並非由明確的天然疆界所勾勒，這點與羅馬用地中海與地中海腹地編織而成的空間並不相同。滔滔大河由西向東流，為潛在的豐富農產補充必要的水土；不過，若要讓黃河或長江成為安定、維持生活所需的自然資源，就還需要堤防與其他有組織的管理。北方的平原足以同時支撐農業與放牧，中部地區住著種麥的農人，南方則是種米。然而，就連要結合這些核心地帶，也不是件容易的事。由於缺少南北貫通的水路，高低起伏的地貌讓陸路運輸所費不貲又困難重重。誰能成功把力量擴展到那些在土地上勞作的農人，相對完整而又富饒的中央地帶就會為他帶來收穫；對於那些朝主子舉起叛旗，或是嘗試自己統治全局的挑戰者來說，這也是有著美好前程的地方。

早期的羅馬人從一個對東地中海大帝國來說相對邊緣的地帶起家，擴張自己城市國家的力量。羅馬人雖然從希臘文明、以及其他地中海港口城市選擇性借來的治國之術裡獲益良多，但他們在擘畫帝國政局時，也的確享有一塊能相對自由揮灑的空間，從而設計出極具開創性的帝國政治。而秦人則有辦法汲取各種過往與現實，並同時在兩者當中學習。畢竟，從西元前一七五〇年開始，就有許多更古老的帝國在華北與中原地區此起彼落，留下殘餘的行政慣例與政治期望。在幾個惦記帝國昔日力量、為了地盤相互對抗的王國中，秦人統治的國家只是其中之一。秦人能脫穎而出的關鍵，在於他們有意識地採用設計來強化中央控制的策略，更採取苛刻、殘酷的措施，防止國家再次分崩離析。

在中原地區維繫帝國的關鍵要素，便是掌控有能力運用當地資源、讓自己成為一方之霸與挑戰者的菁英中間人。面對這個始終困擾帝國大業的難題，秦的解決之道是軍事化的中央集權制，同時還消滅貴族，高舉國家大權。秦的繼承者漢，則被迫與地方望族妥協，長久下來，不難想見會有離心背德的結局。在一個下位者能夠自給自足的地方，一旦帝國政局風雨飄搖，情勢就會擺盪在無情的中央集權與危險的地方分權之間。

另一個挑戰則來自西北。遊牧與定居民族在此雜處，為帝國帶來歲入、創造策略，同時也帶來困擾。遊牧民族掌握、促進了長程貿易（見第四章）；中國的物產透過他們的商業聯繫，得以運過沙漠、草原和高山到達中亞，甚至是更遠的地方。他們為中國最早的國家引入興兵作戰與建立帝國的手段——例如戰車、冶煉技術（青銅和鐵）以及馬背上的軍隊。在所有遊牧民族的發明中，騎兵能夠有效地對付中國步兵，對戰國之間的競爭至為關鍵。趙國的核心部隊一採用武裝騎射，其他國家就得依樣畫葫蘆。

秦國在幾個競爭國家的戰爭當中有其地利之便。秦的根據地在黃河與渭水交滙處的西北部，鄰近遊牧民族的必爭之地。秦人建造長城，就是用實質（但不穩定）的方式標誌與遊牧民族的競爭。夯實的泥石牆使秦人能長驅直入未定界之地，保護供應秦國馬匹的牧場，實現某種對抗遊牧挑戰者的另類壕溝戰。一旦秦人成功擴張到遊牧民族活動的區域，建有瞭望塔的高牆就能屏障牆內的人民，免於遭受那些被趕走的原住民掠奪。建牆戰術的原則是先蓋牆再推進，而不是定下一個永遠不變的邊界線。

遊牧社會本身也很少靜止不動。約在西元前二〇九年，毫無惻隱之心、不受父親喜愛的冒頓在西北草原殺了他的父親；但他也是傑出的戰術家，將遊牧氏族結合為龐大的聯邦，也就是匈奴帝國，一個最大版圖從滿洲橫跨蒙古，直抵阿爾泰山脈，更深入中亞的帝國。中華帝國與匈奴帝國打從一開始就糾纏在一起，它們在戰爭與外交中的互動，從根本上形塑了中國的治國之道與意識型態。

中華帝國的地理形勢與羅馬極為不同。在羅馬，一旦帝國的大城市建立起來，就會有「路」（無論是陸路還是海路）用來將不同地區及其物產跟某個固定的中點連接在一起。由於地中海經濟是個整體，效忠羅馬又能得到特權與財富，這意味著地方菁英只要維持帝國的完整，就能一直富有下去，何況自立為王也沒什麼好處。但對中國來說，居中的農耕地區既相對完整又能提供資源，使得領主與農民得以反抗中央或地方當局，甚至同時反抗兩者。另一方面，雖然與直覺相背，但情勢不穩的西北邊境地區，當地的混合經濟與長距離交流，對中華帝國來說確實都是不可或缺的資源。邊陲地帶的化外之民能產生政治與軍事的革新，加強與世界上其他地區的物質與文化聯繫，而且從事後來看，他們有時還提供新血與動力，讓帝國王朝得以重生。

▼帝國的手段

敵對國君間的鬥爭，發生在商（西元前一七五〇年至一〇二七年）、周（西元前一〇二七年至七七〇年）這兩個古老帝國留下痕跡之地。周在西元前八世紀時，失去對大部分國土的掌控，此後各國國君試圖重掌至高無上的權威，對周的光榮回憶則激起五個世紀之久的你爭我鬥。而秦之所以能在西元前二二一年得到勝利，是靠選擇性地將古老的方法與對手的戰術，轉變成令人聞風喪膽的戰爭機器。

秦的最終勝利有個關鍵要素，就是將農民的勞役與忠誠心從地方菁英那裡奪走的能力。周的統治依靠將權力下放給臣屬的國君與公侯，從而形成一種讓後世帝國領導人耿耿於懷的態勢；這些國君、公侯有能力聚集足夠資源，脫離天子的掌控，甚至挑戰天子。縱觀整個戰國時代，幾個競爭對手都發展出用來克服這個困難的方法。立國於南方的楚國透過中央派遣的官吏統治征服的土地，取代地方貴族，並蒐集人口與資源的統計資料。至於晉國，西元前六四五年許多貴族成員在與秦國的戰爭中失去性命，此後晉國便將土地撥給城郭外的人民，該策略也成為中華帝國的壓箱寶：國家將土地分配給農民，農民則回以賦稅與從軍服役。與羅馬不同，國家協議將組織外的人收編進來時，並不包括賦予他們公民權，而是要他們去打造一個農民世界；農民最重要的資源——土地，得歸功於國家的賜予，他們也有為國服役的義務。

發生在競爭各國間的戰事，讓軍事技術與治國之道遍及於我們今天所知的中國。兵車戰也發展成一種殺人的藝術。秦國在西元前九世紀立國時，只不過是替另一個國家養馬的附屬國。西元前五世紀，魏國的國君透過建立每戶土地的標準配額，讓土地分配制度更加合理，同時推動大規模灌溉工程，設立儲備用的糧倉，讓農民免於價格波動之苦。一百年後，秦國靠著吸引魏國策士來投，推行魏國式的改革，扭轉了對魏的頹勢。

曾仕於魏國宮廷的秦謀臣商鞅，藉由將法律權利交到農民手中（包括買賣土地的權利），增強了秦國對資源與人心忠誠的掌握。每一塊土地都是用灌溉渠道與阡陌刻畫出的格子來規畫，這些土地也同時關係著服勞役的時間與稅額。隨著秦的擴張，這套灌溉與規畫土地的制度也在新地區推

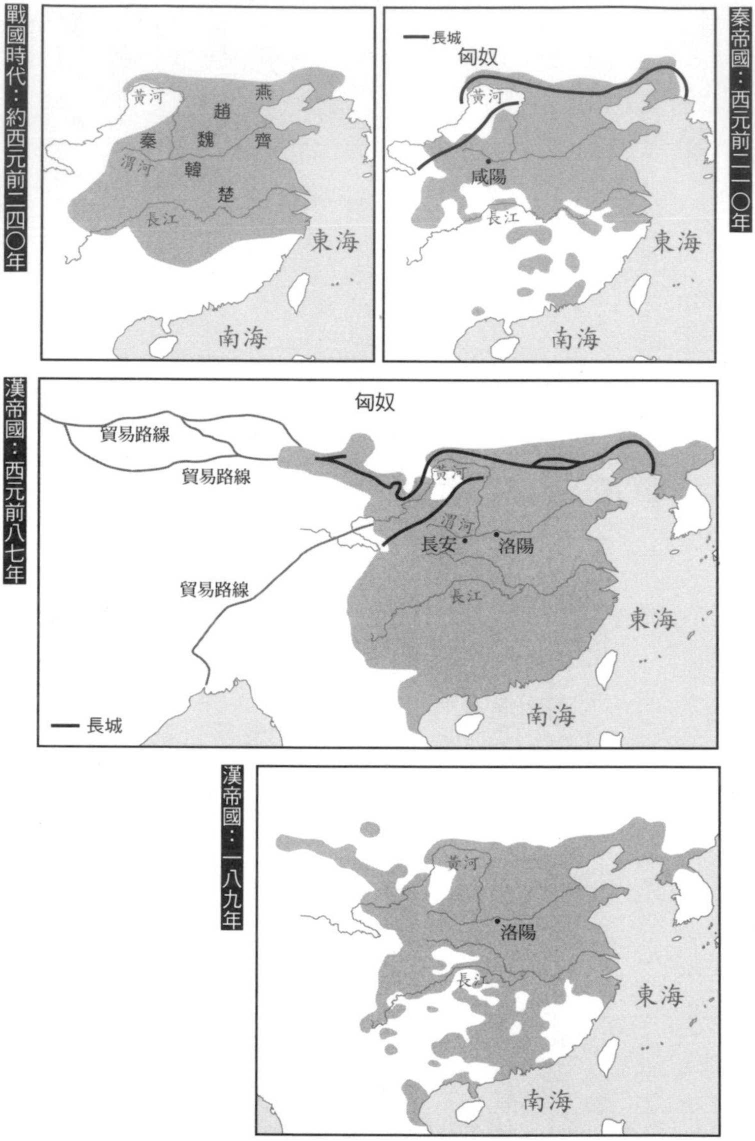
戰國時代：約西元前二四〇年
黄河
燕
趙
秦
魏
齊
渭河
韓
楚
長江
東海
南海
秦帝國：西元前二一〇年
長城
匈奴
黄河
咸陽
長江
東海
南海
漢帝國：西元前八七年
匈奴
貿易路線
貿易路線
黄河
渭河
長安
洛陽
貿易路線
長江
東海
南海
長城
漢帝國：一八九年
黄河
洛陽
長江
東海
南海

△
中華帝國的鞏固、擴張與收縮

行，帶來豐饒的土地，養活秦國的戰爭機器，最終也餵飽了秦人的帝權國家。年度匯報、來年預測，以及資源需求、職業與人丁生產力的統計資料（如年齡、健康情況、任職工作、性別），再加上簿記、統一的貨幣、度量衡和績效評估，都被用來微調這套體系。密集監控與社會控制常常讓人聯想到「近代」或「西方」的治理，但秦國在西元前三世紀就已讓這套機制臻至完美。

商鞅的改革，讓一套以國君、國君頒布的法律、以及法律控管下的社會為基礎的政治體系得以實現。統治者就是所有法律的源頭，遵守與執行法律則是這個社會的份內事。不管是清楚條列出罪行與懲罰的成文法，還是統治者制定法律的角色，對秦人來說都不陌生，但商鞅卻將過去的法治精神用在典型的軍國主義方向。由於商鞅對握有實權的官員和胡思亂想的學者可能造成的危害深有戒心，於是他提倡透過自我監督的制度，讓人民自己成為執法者，並用獎勵告發、嚴懲罪犯與知情不報者的方式支持這個制度。還有一點與這個策略有關，那就是應當讓法律廣為周知，如此一來就沒有官員敢不遵守法律。

這個由上而下、靠人民執行監控的國家追求農業生產與戰爭。這個政權極端不信任中間人——例如地方貴族、國家官員以及文化專業人士。獎賞軍功時，是由一套有二十個等級的制度決定獎勵。標準化的土地區分讓軍事單位與支撐其給養的家戶趨於一致。所有社會地位高低都根據戰功而定，軍階也可以合法地用在減免刑責上。這些環環相扣的體系被設計出來，是要讓功績（而不是血統或地方影響力）成為物質或其他獎勵的基礎。就連商鞅也因為自己的苛刻，以及無法消滅權力裡的人性因素而作法自斃——西元前三三八年，在堅持太傅要依法受罰的許多年後，商鞅被處死。

為了增強兵農合一的部隊實力，秦國國君以敵國為師，建立了精銳部隊。西元前三世紀，秦開始採用攻擊平民的策略，而不只是單純併吞征服得來的土地。這麼做是為了將敵人反擊的可能性徹底摧毀，結果則是血流成河。據稱，西元前二六〇年，秦軍坑殺主要敵人趙國的四十萬士兵。秦國

秦始皇陵裡的兵馬俑

△

帝國的作坊創造了一支由上千名士兵、馬以及戰車組成的軍隊，陪同皇帝前往來世。
這些塑像現存於一九七九年開放的秦始皇兵馬俑博物館，位於中國西安市郊。
Christian Kober, GettyImages.

的對手聯合起來，為秦國造成短期的損失；但秦國還是在此後七年的時間裡擊敗其餘六國，完成帝國的征服大業。一位卿士為秦國設定「滅諸侯，成帝業，為天下一統」[10]的目標，在西元前二二一年實現了。

▼軍事集權統治

秦的第一個皇帝嬴政生於西元前二五九年。後來的漢代學者對秦始皇的出身及其生父身分的合理性抱持懷疑態度。人們說他的母親是富商的愛妾，這個富商更將已有身孕的愛妾送給經商結識的秦國公子。這則負面的身世神話一來暗示商人在帝國秩序中模糊不清的地位，二來則配合漢的喜好貶損前朝。但嬴政在統治之時，倒是為自己打造了不容臧否的形象。他自稱「皇帝」，意謂著古代商帝國最崇高的天帝，以及「皇」字所具有的光輝與神聖。這個稱呼，在統治者作為秩序與法律之源的傳統主張上又增添了神意的認可。秦始皇巡狩至疆土內聖山，祭天封禪，留下自身功業的紀錄，宣告自己號令六合，「日月所照」[11]。

假使秦帝國想要長治久安，就需要讓整片擴大的疆土都臣服於秦皇宣示的普世權威。帝國先是分為郡，而後再進一步區分為縣，郡縣皆由中央指派的官員管理，中央隨時都能召回他們。每一個郡都由郡守、郡尉、郡監這三位官員監管[12]。秦藉由中央任命的官員實行統治，這與羅馬授權當地

10 原注：「滅諸侯……」：李斯語，引自Hui, *War and State Formation*, 101.
11 原注：「日月所照」：引自Lewis, *Early Chinese Empires*, 52.
12 編注：郡守掌管民政、郡尉掌管軍事、郡監掌管監察。

菁英、元老去經營遙遠領土形成對比。

一套簡化的文字系統被創造出來，在這個人們講著各種語言、用各種不同方式書寫的地方通行，會計與通訊也因此便利許多。秦發行新的帝國貨幣，使用統一的度量衡，甚至將車輪軸的寬度標準化——這麼一來，車輛就能在帝國的馳道上沿同樣的車轍移動。而這些道路的拓展與修繕，則是透過動員大量罪犯或強制勞役完成。秦馳道從秦都咸陽輻散而出，最遠可達內蒙古，並橫貫於東部省分。此外，為了強化水路聯繫，秦也修築了運河。

不過，徵集稅收、勞役與資訊才是上述整合的目的。哨站、通行證與通行費控制秦國馳道上的移動與運輸。稅款是帝國的生命線，不同群體有不同的稅額標準。商人要比農民繳更多人頭稅。蓄奴的人要為每一個奴隸付雙倍於自由民的稅。農人則要根據分配土地的大小繳交糧食稅，同時也要繳交人頭稅。男丁根據年齡與社會地位，有服徭役與兵役的義務。家戶若有多於一名的成年男丁，則要繳交更高的稅額，這個規定讓核心家庭（nuclear family）成為生產的基本單位。

上述這些制度非常需要龐大文官體系的協助。但皇帝手下的官員與策士，以及他們的資訊來源都得牢牢控制。中國漫長的歷史中多的是讓人憂心忡忡的前車之鑑，其中就包括周代讓人芒刺在背的附庸分封模式。秦的做法是沒收古代經典，鎖入帝國的藏書機構，只有在政府監督下才准許接觸這些藏書。類似的策略也用在對地方菁英的控制上。皇帝要求世家大族遷至首都咸陽，好讓他能嚴加看管。過去各地的統治者被配予宮室，得到機會發展上流文化，但許多人仍密謀重拾往日光榮。

勝利的秦國很快就開始自掘墳墓。運河、長城、馳道等大型建設榨乾帝國的資源。秦人關不掉自家的戰爭機器，西元前二二一年後，他們繼續朝南方分崩離析的百越進逼，同時與北方匈奴對壘。然而，動員大軍（五十萬人南征）與大批奴工（七十萬名囚犯建造始皇陵寢），恐怕都沒有比用嚴

秦帝國疆域與交通要道（西元前二一〇年）

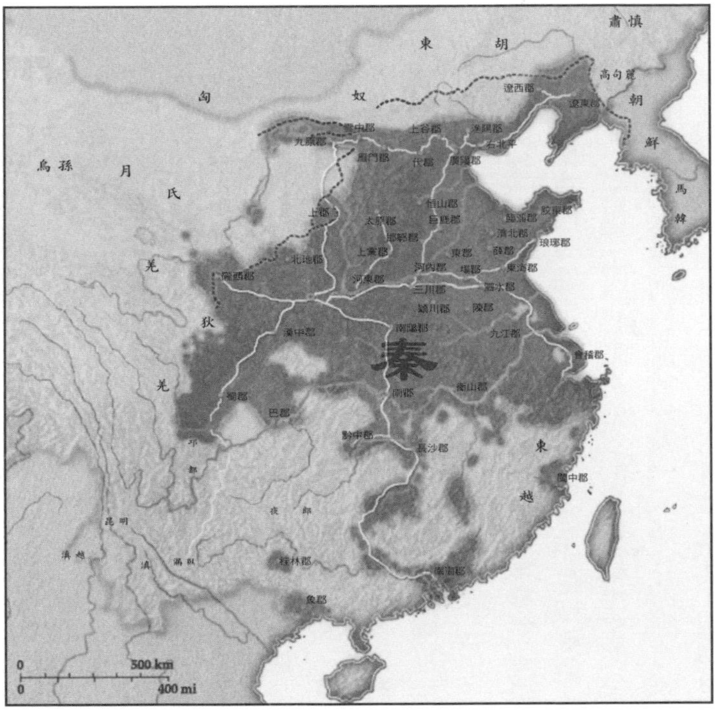

秦的疆域圖

△

圖中可見連結都城與各郡的交通要道（秦馳道、秦棧道、五尺道與嶺南新道），
以及用力防禦匈奴的秦長城。

刑峻罰對付手下能臣來得糟糕。[13]秦始皇一駕崩，內戰旋及爆發，名門望族、前朝遺族以及機會主義者都加入這場王位爭奪戰。西元前二〇二年，經過八年戰禍，劉邦宣布獲勝——一位平民、曾經的混混與敗家子——取得秦打造出來的帝國版圖。

▼帝國運作的規則

漢高祖劉邦從秦帝國疏遠能臣幹將的負面做法中學到寶貴的一課。他一獲勝，就立即根據手下將領的付出加以賞賜；作為漢代的第一個皇帝，漢高祖採用比較不集權的手段治理國家。他在自家帝國的東半部恢復封國，但在西部地區則維持秦的郡縣制。藩王作為最高貴族爵位的持有人，必須送人質到皇帝處，並回報稅收與歲入，而藩王也有權力留下部分歲入。漢在郡縣制地區（後來稱為州）建立第二等貴族，賦予他們收稅的權力，並將部分上繳中央。漢的統治得以長久，關鍵就在於保持權力的多線發展，避免過於中央集權或過度分權給中間人。但兩百年過後，把權力委於他人仍舊帶來毀滅性的影響。

漢代皇帝先是把首都南移到與自己起家有關的洛陽，後來又移到距離被焚掠夷平的秦故都不遠的長安。離開起家之地、轉移到秦在西方的中心地域，可以強調皇帝無所不包、不囿於一地的身分。高祖為了不讓別人談論自己不光彩的過去（包括被生氣的父親趕出家門）而採取行動，宣稱自己真正的父親是天上的龍神。這個身世隨後也與將皇帝尊為「天子」的皇帝崇拜融合在一起。

皇帝的正統性不只建立在源於上天的身分，還將自身依託在一個固定道德社會秩序中的地位。在漢帝國的統治下，人們將一套歸功於哲學家孔子的思想記載下來，自成體系，當成行為舉止的典範加以宣揚。終其一生，孔子念茲在茲的都是周王朝的衰亡。他所宣揚的，是一套建立在人人根據自己在社會上被賦予的角色而發揮所長的道德觀。「君君，臣臣，父父，子子」——這段話將君王與家父權威放進同一套框架，也賦予漢帝國的階級體系一種社會標準。一個人應當誠正、忠誠、體諒、無私、崇古，而且隨時都要彬彬有禮。這些價值觀就像「人性」之於羅馬人那樣，提供菁英教育與理想行為的典範。

比起儒家那一套社會秩序的故事與道德文明，中國皇帝的君權神授能提供更多選擇，滿足更多意識型態的需求。將皇帝與天地神祇結合在一起的國家崇拜，可以和各式各樣的思辯傾向共存。有些臣子與皇帝傾向於接受普遍的自然之理（也就是「道」），有些則開啟對和諧與秩序的新追尋。在宗教領域裡，中華帝國保持彈性、因地制宜的時間比羅馬長了許多。佛教於漢代進入中國，佛陀的形象也跟其他神祇一樣，納入地方及帝國層級的儀式中。

秦將法律發展成鋒利的統治工具。死刑、肉刑與沉重的勞役是三種僅有的懲罰。但在漢代，某些肉刑被廢除，改由體罰取代。減刑有兩種方法：一是大赦，通常是皇室每逢喜慶時實施在所有階級的人民身上；二是贖刑，意思是人們可以付錢免刑。這兩種減刑都將人民與他們的統治者相連在一起。同時，官方的法典則強調權力與法律密不可分的本質。

與羅馬人不同，龐大、組織繁複的官僚體制對維繫漢帝國的權力至關重要。對雄心勃勃的朝臣與皇帝來說，飽學的幕僚既能成事、也能敗事；他們既能得益於幕僚們立場各異的建議，同時也可能敗在幕僚花言巧語和陰謀串通上。國都不斷擴建、氣勢萬千的皇宮裡廣布官員、參謀及僕從。官員依其職級各自敘職（在西元前二三年有十八等爵）。太傅、三公（御史大夫、丞相和太尉）、九

13 原注：「動員大軍」等語中的數據引自Hui, *War and State Formation*, 217.

卿及握有大權的內廷官員都有能力影響、引導或阻擋皇帝的意志。皇帝的家人也不遑多讓，尤其是皇帝母親的權力，更因為獨立於朝廷而得到強化。這些複雜、豐富的人際網絡，讓中央集權統治下的資訊、目標與能力都更為多元化。

官僚治理因為有了優秀人才選拔而生氣勃勃。皇帝不是從貴族圈，而是從地主子弟裡招募人才；西元前一二四年，皇帝設立了皇家學校——太學，訓練他們治國的方法、檔案保存與儒家思想。到了西元元年，每年有一百人能夠通過學者出題的考試，進入官僚體系。來自各州的年輕人（多半由官員提名）被送到國都學習，接受評量。獲得任官資格的人服務於帝國的每個角落，最被看好的則留在中央。

教育作為升官發財的管道，不僅可以為國家注入新血和新理念，提供正面意義的向上流動，還能讓各州菁英和有錢人家攀附帝國中央。但皇帝不時也得試著補救教育本身所引起的腐敗——受教的特權、考試與分發的偏袒、同年通過考試的朋黨，以及用僵化手法管理的傾向。最糟糕的是，對州郡與地方菁英來說，「從中間人地位搖身一變，轉而挑戰皇帝的權威」，這樣的誘惑正好與出仕的報酬互相衝突，而前者也正是困擾羅馬無數繼承人的夢魘。

尊重等第與官職算不上保持社會穩定不動的良方；畢竟這把梯子可以往上，也可以往下。野心勃勃的世家大族藉由在官場內外建立關係來擴張實力、自我保護。下等人（農人較少，多是商人）則動用手上的資源影響官員，藉此開出一條通往加官晉爵的路。秦始皇身世的不名譽誹謗，一方面突顯某位巨商大賈在王朝建立時的角色，同時也說明社會地位應有的高下順序。商人從來就只有為國效勞的道理，沒有第二條路。

城市裡的商業生活既是官府控制的對象，也是整個體系的活力來源。在秦代與漢代城市中，市場設在一格格的城區裡，與皇宮園林完全隔開來，官吏則由位於中心的瞭望塔監管。控管商品品質與收稅都需要有審計與會計。根據秦律，商品價格要寫在標籤上，貼在每一樣販賣的商品上。在漢都長安，買賣與手工業分別在兩個由圍牆包圍的大型市集區進行，相當於古代的購物中心。在統治者也蒐集海外貢品的鼓勵下，漢帝國的臣民也能享受到來自帝國邊界外的化妝品與食物；當然，價格並不便宜。

這些邊界一向是創新與危險的共同源頭。遊牧民族的行動持續迫使中國統治者設法處理那些他們無法吸納的人群。當秦國積極擴張時，匈奴也已經鞏固了自身位於西邊的帝國，最終在中國統治者的刺激下，成為帝國的主要威脅之一。

中國與匈奴（他們深知中國統治者有哪些資源和弱點）的互動以兩種基本的形式進行。其一是戰爭——匈奴的最高領袖單于在精銳的帝國衛士保護下，靈活帶領著機動性高、自給自足、以十進制編組的騎兵部隊，而且經常能挫敗中國的軍隊。其二則是協商——中國付錢給匈奴換取和平。秦漢兩代的皇帝都用過這兩種手法。臣子們受夠了匈奴的劫掠與遊牧民族的反覆無常，他們和軍隊裡的鷹派都支持宣戰的主張。但在西元前兩百年，一場侵略匈奴的戰爭最終以漢代皇帝被圍求和而結束，此後和親就成了主要方針。

和親政策有四個要素：把遊牧民族想要的中國物產交給他們；將漢室公主嫁給單于；視漢與匈奴為平等國家；以長城為兩國的邊界。西元前一六二年，有份和約將長城以北的「引弓之民」交由單于統治，皇帝則擁有長城以南的定居人民。

整個世界被區分成兩個對等但涇渭分明的帝國，這讓人們開始反思，是什麼因素讓中華帝國有別於遊牧帝國？學者為中國的百姓創造了與其挑戰者完全相反的形象：安土重遷，以穀類而不是肉類為主食，穿的是衣服而非毛皮。然而，即便後世的中國史家信誓旦旦，表明華夏子孫與「蠻夷」世代為敵，但漢與匈奴的實際互動通常是以帝國間的外交方式來進行。遊牧民族有自己的社會秩序，所以控制遊牧民族最好的方法，就是跟他們政治上發號施令的領袖打交道；一旦對此有所體認，這點就成為中華帝國策略中的根本特色。

不過，無論對哪一個帝國來說，只有外交手段遠遠不夠，兩邊都對內部分裂與倒戈憂心忡忡。單于與皇帝也都會從對方的臣屬中尋求盟友——以後我們還會常常見識到這種戰術。在漢武帝的命令下，漢軍試圖包圍匈奴，進兵中亞，在西元前一〇一年征服了費爾干納（Ferghana）。匈奴與漢的相爭仍將持續一個世紀，但當匈奴開始分裂時，歸附匈奴的部族領袖就會重新與漢協商，並因為歸順而得到正式封號。匈奴貴族透過朝貢漢皇來證明自己的忠心。遊牧民族將馬匹、鎧甲、人質獻給中國朝廷，換來絲綢、金子、錢糧等慷慨獎勵，這些回禮也顯示漢帝國的國威更勝一籌。

▼成功的危機

漢帝國控制西部邊界的努力，促使統治者從根本上著手重組軍隊，但卻導致意想不到的深遠結果。帝國開始背離普遍兵役制，最終更在西元三二年廢止這個制度。到了邊界，農民組成的步兵根本就不是遊牧民族的對手；在西元前一世紀期間，漢帝國開始活用讓農民服役的「更賦制度」，以此僱用職業軍人——通常是由歸順皇帝的遊牧民族擔任，也只有他們能有效地與邊境上的其他遊牧民族抗衡。但讓農民付錢免役不僅榨乾他們的資源，讓許多人欠債為奴，同時也強化了地方菁英的力量，使他們有能力為一己之目的而動員欠自己錢的人，或是鼓動那些桀驁不馴的招募兵。西元一世紀的頭十年，地方與中央的關係一觸即發，豪門向皇帝發動大規模叛亂，這顯示農民對皇帝的忠誠也能轉到地方菁英身上。漢帝國的反應則是將過去的遊牧民族移入關內，用來對抗或防止地方叛變。對外、對內防務同時外包給部落首領的現象，正好與中興後的漢帝國往東遷移、在洛陽重建首都的時間相吻合。

兩百多年來，漢帝國的策略一度成功破壞匈奴的團結，但長期來看，擊敗單于政權卻造成毀滅性的後果。少了對抗匈奴的賞金，邊境的遊牧民族部隊就會回過頭來掠奪定居社會。對此，農民只能以往東撤離來回應，但漢政府卻無力迫使人們重新定居於西部邊境，只能將防守的精力集中在首都。由於授予地方行政長官任免官吏（包括軍官在內）以及徵兵的權力，帝國開始落入地方分權的深淵。結果，實權萎縮的帝國中心受到群雄割據，邊境部隊也失去控制。這個從軍事集權起家的帝國與治下的農民斷開了關係，不但得忍受境內遊牧民族的騷擾，還給了地方分權的中間人機會，反向武裝起來對付帝國。

羅馬與中國——局內人與局外人
Rome and China, Insiders and Outsiders

對中華帝國而言，漢帝國在最糟糕的情勢裡失去了控制——不僅承受諸侯犯上造成的打擊，且在此同時，王朝的遊牧民族支持者與盟友也各自為政，製造危險。但在四百年以後，帝國居然重建了起來；先是隋代，然後是唐代——這個胡漢融合的王朝用遊牧民族的軍事技能、佛教以及長距離貿易，幫帝國重新鍍了金。唐代以後，中華帝國崩潰又重建的模式還會持續下去，直到二十世紀。我們會在第七章繼續中華帝國的故事。在此，我們要轉而問個有關帝國歷史發展的問題：為什麼中華帝國能在差不多同樣一塊地方一再重建，但作為國家的羅馬卻再也沒有復甦？

讓我們先來看些相似之處。兩個帝國在世的時間差不多——從西元前三世紀到西元三世紀，地點則是在龐大歐亞大陸的兩端。中國的物產曾沿著橫貫大陸的陸路交換，到達地中海，但沒有哪個帝國對另一方有一點認識，而兩個帝國也都認為自己統治了整個世界。羅馬與中國都奠基於軍事力量與農業生產，同時也仰賴不留情面的徵稅來結合兩者。兩個帝國都鋪設道路（中國的路可能比羅馬長兩倍）來連接治下的廣袤空間，讓教育專屬於帝國的菁英，培養上流社會文化、獎勵學術；它們都曾進行人口普查，把稅款用來支持大規模的軍隊與國家宮廷。兩個帝國都管理龐大的人口——大約五至六千萬人；作為國家，也都有幾百年的國祚。它們的治國手段也都歷久不衰——雖然常常只出現在記憶裡，但有時仍然能實際運用。那麼，這兩個強而有力、且深具影響力的帝國，究竟有什麼不同？

政治地理形勢造就這樣的差異。秦代與漢代統治者所根據的統治理念，已經在這個廣大的地方表現得十分清楚；這個理念最早可以上溯到西元前兩千年，經過周代諸王細心發展，並在後世國家的戰爭中磨礪成形。羅馬好戰的共和主義則沒有直接的政治前人。羅馬人從希臘、波斯與埃及等遙遠的東地中海政權那得到靈感，但等到要創建帝國制度時，他們則用比較自由的手段來經營。

羅馬藉由征服、收稅以及保護貿易，將整個地中海變成單一的世界，但這個以海洋為中心的完整經濟體系也很脆弱。一旦皇帝和他的軍隊遠離羅馬，體系就開始崩解。少了帝國的聯結組織，這套區域差異甚大的經濟制度便隨之衰頹，也不值得皇帝去重新克復帝國的中心。君士坦丁的東遷就是在西部的道路、商業、手工業生產與城市生活每況愈下時，前往一個更有前景的帝國空間裡重新安定下來。

幾百年來，中華帝國數次分崩離析，但不論時間長短，總會有個征服者設法重組帝國。中國不是以單一的城市或海洋為中心，在中國，商業與稅收跟多元的經濟連在一起。只要中國皇帝覺得有好處或有必要，他們就會把首都搬到別的地方。這個帝國用另一種方式讓自己保持靈活：將危險的臣屬重新安置到不同地方，就是用來控制皇帝最大的威脅、亦即地方勢力的策略。在不斷變動的邊陲地帶與遊牧或其他民族的互動，則促使中國統治者從事長途探險、軍事改革以及政治革新。

羅馬人與羅馬的固定關係和中華帝國的空間彈性，影響了這兩個國家各自經營的方式。羅馬人的政治制度，是從一個公民兵既可以選舉也擁有權力的城市裡發展而來。共和國大膽的政治創新，也就是人民主權，與易於管理的城市空間規模有關；將公民資格賜給被擊敗的化外之民這個激進想法，則讓帝國首都的主導權在很長一段時間裡不至於因為對外擴張而分裂。各種官職與機關（元老院、政務官、執政官、公民大會）的職責縱然會隨著時間而改變，但至少在原則上，維護公民權利與法律程序的承諾仍舊不變。

中國的統治者同樣也承諾要依法行政，但實踐的出發點卻完全不同。皇帝從來不會請求人民批准他立的法律，而是透過頒布合宜的法令、適當懲罰違法的行為，來實踐對社會的責任。中國法律在形成的早期階段，就是一套以皇帝為軸心的規範。從這個觀點來看（跟羅馬五花八門的司法機構相比），中國就沒有獨立設置法官的必要；法律就是行政的一部分。明察秋毫的官員或許能詮釋法律，但他們的建議是要提交給皇帝，而不是在或多或少公開的場所辯論或受到輿論影響。在中國各州，都是由州牧、郡守、縣令和他們的助手審理法律案件——這麼重要的工作可不能交給當地望族。

正如我們在第一章所述，所有帝國都得讓自己的中間人保持服從與忠誠。羅馬與中國想出來的解決之道截然不同，而它們各自的管理策略也是「為何中國能重新活過來，而羅馬不能」的部分解答。在中國，各個重要機構都是由官員負責管理。這個帝國是從敵對國君間的衝突中所誕生；而且，臣屬的貴族或地方勢力再次分裂或奪取政權的可能性，打從一開始就是中華帝國的最大威脅。秦代與漢代的統治者為了因應這種可能性，於是創造出中央集權的官僚體系，將觸角伸入鄉間。藉由招募、教育與考試，集中地方的有能之士，把最能幹、最耀眼的人帶進帝國的行政管理當中。帝國菁英可以得到優渥的回報——財產、特權以及優雅的生活方式；或許，這就是為什麼在盛世之間的漫長歲月裡，中華帝國一直是個政治理想，值得讓人拋頭顱、灑熱血的原因。

羅馬應對中間人的方式較為間接。傑出的軍事表現一開始就是條通往加官晉爵的路，甚至讓人爬上至尊之位；但地方菁英還是可以文風不動，參加公開的帝國崇拜活動，繳自己的稅，過著被羅馬文化與商業聯結大大改良的生活。帝國用土地、奴隸、法律地位與安逸生活來獎勵自己的菁英。有權有勢的元老家族與其他一些人，可以從座落在行省的產業裡得到收益，他們也能在當地過著羅馬式的生活——這是公民特權的一部分，也是帝國逐漸消失的另一個原由。在中國，社會菁英擁有成為帝國官員所需的技能，也有重建帝國的動機，但羅馬與中國不同的是：帝國晚期地方上的貴族既沒有技能，也沒有這樣的動機。隨著獎勵與帝國的紀律消失，地方菁英只會在當地運用他們的文化資本（包括法律或主權的觀念）來保存羅馬的理念，而非保存帝國本身。中國誕生於地方領主把握政治主動、建立帝國之時；羅馬則敗亡於地方領主決定分道揚鑣之時。

最後，我們將轉向另外兩個主題來做結——「政治想像」與「差異政治」。這兩個帝國都尊重知識，也會安插有利的知識；它們的做法頗有重合之處，但並不相同。羅馬的知識分子可以讚美羅馬的光榮，創作出英雄般的起源神話，並根據時代的需要重新定義羅馬的文化。他們也藉由抱怨同胞的腐化與墮落，來維繫羅馬應有的道德與政治原則。中國的讀書人則對先王歌功頌德、或是相反地質疑之，為的卻是點醒或吹捧當今的王朝。羅馬曆法會拿先前的皇帝當作月分名字，可以推斷是為了永遠讚頌這些人。中國則是每隨一個新皇登基，就起用新的年號；用皇帝的名字紀年，年分則隨其統治長度而增加。這些做法表明從今以後的皇帝，才是最重要的掌權者。

這些不同的宣傳努力與統治習慣，對帝國臣民的政治觀念而言有什麼不同呢？在羅馬與中國的例子裡，帝國對其龐大人口來說（無論是奴隸還是自由身）是由上而下給定的存在，而政治都是為那些更要緊的勢力服務——像是奴隸主、部落領袖、地主和軍隊指揮官。這兩個帝國也都為不同社會地位的人民提供歸屬感，讓他們各自去親近、理解；而這些政治上的創造都在世界上留下了自己的足跡。

羅馬公民權就是個重大發明。這個概念或許是改造自希臘的城市國家；共和國將之體系化，而在帝國擴張的過程中，此概念依舊存在。羅馬人將公民權擴大到羅馬城以外，以及卡拉卡拉在西元二一二年將公民權延伸到所有自由身成年男性身上的決定，都深深影響了人們對權利與主權的想像。帝國公民資格具有多重意義——既是帶有義務與保障的法律地位，也是自尊與榮譽的泉源；既是種文化優越感，也是個人與國家力量的聯結，甚至是跟這個廣大空間裡其他公民的共同紐帶。政權能夠存在於所有成員身上，而不只是體現於皇帝身邊重重圍繞的隨從，或是與皇帝競爭權力的對手之間。如何活化這種與國家和其他公民的關係？這個關係能表現什麼、帶來什麼？對帝國來說又有什麼意義？從羅馬帝國直到今天，這些問題人們解了又解，問了又問，從來沒有結束的一天。

既然會有人渴望擁有羅馬公民權，就代表羅馬公民權不是人人都有。但是，羅馬人雖然對自己的生活方式有強烈優越感，卻也同時伴隨這樣的信念：無論出身有多麼野蠻，只要受過適當的教育，每個人都能成為「人性」中的一分子。當然，只有一種「人性」才稱得上文明——也就是羅馬的那種「人性」。

中國的皇帝、大臣和武將同樣相信自己的文明高於他人，當然也同樣得面對生活方式不同的化外之民。不過，中國處理遊牧他者的方式，頗能跟中國的偉大發明——官僚統治——取得一致。作為獨立的個人，精挑細選、出身「蠻夷」的部落領袖也能成為皇帝的臣子與謀士，學到修齊治平的相關美德。作為一個集體，中國的化外之民也能獲得承認，用務實結盟、朝貢關係或軍事模仿的方式加以處理。雖然某些士人用「漢賊不兩立」的說法改寫了這些互動，但就連該類說法也承認蠻夷有他們自己的一套。

羅馬與中國的統治者都殫精竭慮，讓廣土眾民保持忠誠與生產力。羅馬人先是靠著擴大公民權，後來則透過基督宗教，在共享權利與文化的基礎上，提倡單一、至高無上的政治社群。中國的統治者處在引弓之人與冠帶之民兩端，他們不僅沒有要求一致性，也從不給任何人可能造成危害的公民權。但中華帝國能夠適應、利用外來者的投入，在進行帝國外交時也能留心異族政權存在的事實，對其表示尊重。羅馬與中國在兩千年前就呈現出「差異政治」的兩種變形。它們解決政治歸屬問題的方式，以及處理核心文化圈外民族的做法，都為帝國式國家的前進路線造成長遠衝擊。

第三章

羅馬之後——
拜占庭、基督教與伊斯蘭

After Rome: Empire, Christianity, and Islam

羅馬形塑了後來其他政權的地理形勢；對羅馬的記憶，讓建造帝國之人在接下來的一千年中始終蠢蠢欲動。橫跨一整片浩瀚空間的社會菁英們投身於羅馬文化與政治；壯志凌雲的領袖手握拉丁語系、基督教與公民主動參與的理念。本章將要探討那些試圖取代羅馬的帝國。我們會仔細觀察幾個貫穿全書的主題——在帝國邊緣現身的新競爭者；模仿過往前輩的帝國想像；綜合、轉化過往的習俗；尋找中間人，讓他們保持忠誠的考驗；還有，帝國的分裂又一次出現。我們也會探討帝國歷史裡一項重要的革新：從基督教與伊斯蘭信仰兩個例子，來看帝國大權與一神教的結合，進而探索一個宗教一旦擁有四海一家的可能性，對帝國的「差異政治」來說意味著什麼。

西元四世紀晚期的羅馬帝國，已經不是那個曾將其征服民族的神祇包容進來的政體了。羅馬已經成為基督教的國度。一神教雖然是帝國的工具，但事實證明，它也會產生生生血淋淋、且屢試不爽的危險：宗教分裂。一旦宣稱皇帝是世上唯一能為獨一無二的神發聲之人，就會有挑戰的聲音出現：神意的真正代言人，難道不可能是別人？如果帝國發生問題（從瘟疫到打敗仗），難道不是皇帝與信仰背道而馳的徵兆嗎？基督教和伊斯蘭教都是「經典的宗教」，建立在共通的遺產上，也都激起對帝國權威的競爭。

我們已經看到，帝國能夠適應它們曾經交手過的民族間，在文化和語言上的差異，而一神教也不必然暗示跟不信教者之間會有衝突。地中海世界內外的穆斯林、猶太人與基督徒都能跟彼此做生意，也都能和平相處。但帝國與一神教的結合卻懷著致命的可能性——從無所不包、但互相排斥的文明視野發展出來的敵對擴張主義行動。而治下政體錯綜複雜的現實，是否能軟化這樣的觀念呢？基督徒與穆斯林對帝國力量的運用，將寬容與排他的問題帶上了舞台。

如果把基督教與伊斯蘭信仰的政體視為帝國，我們便能看出交纏的歷史與結構的相似性。在統治者冠冕堂皇又反覆無常的主張面前，堅持一統於單一神祇之下的國家可是十分脆弱。

從羅馬城到君士坦丁堡

From Rome to Constantinople

如果有哪個城市能稱得上帝國空間的焦點所在，那就是羅馬，永恆之城。但即便如此，西元三二四年時，皇帝君士坦丁還是在拜占庭城上打造了第二個都城。這座城一開始叫「新羅馬」（New Rome），但隨後因建城者被人稱為君士坦丁堡。帝國權力中心轉移到講希臘語的地區，但拜占庭城本身就跟帝國裡許多貿易中心一樣，住著各種不同的民族。拉丁文依舊是官方語言。拜占庭城座落在連接東地中海、黑海與泛亞貿易路線的有利位置。或許皇帝君士坦丁是想強化自主性，不受羅馬世家大族控制吧，所以，當他在西元三三〇年啟用自己的新首都時，他才用了希臘神話與基督教故事裡的人物裝飾凱旋柱，將經典傳統與新的國教聯繫在一起。

▼東羅馬帝國的宗教與權威

君士坦丁的帝國依然是羅馬帝國，但到了西元五世紀晚期，帝國分裂成東西兩半，各有各的統治者。後來有幾個皇帝曾試著把帝國拼回來，卻未能如願。五世紀末，包括羅馬在內的帝國西半部落入東哥德人（Ostrogoth）手裡。面對當地割據的政治勢力、經濟與文化聯結的崩潰以及軍事衝突，帝國當局束手無策。西部陷落以後，人們才開始用「拜占庭」稱呼東帝國。打從最一開始，東帝國的宮廷文化就不單只是反映帝國的拉丁遺緒與希臘的地理位置，還有與自己糾纏數百年的其他政權所帶來的影響——尤其是位於波斯的薩珊帝國（Sassanian Empire）。

西元六世紀，拜占庭在查士丁尼一世及皇后狄奧多拉（Theodora）在位時（五二七年至五六五年）迎來輝煌的時光。查士丁尼擊敗盤踞義大利的東哥德人，用拜占庭的新形式恢復了羅馬人的統治。拜占庭軍隊從汪達爾人（Vandals）手中收復北非，並與薩珊帝國維持平局——有時靠戰爭，有時則靠和談。西元五三四年，羅馬法彙編《民法大權》（*Corpus Juris Civilis*）頒行，清楚表現查士丁尼以法律治理帝國的羅馬式構想。羅馬的法律曾受到基督教與皇帝意志代理人的影響，查士丁尼的法典既是重申，也是對羅馬法律的修改；法典再次肯定國家有義務為臣民提供公正的法律審判，同時也明確記載法律的內容。但查士丁尼的成功卻讓後繼者更難做事：他的戰爭花費為帝國留下財務困局，擴張後的國界線也難以防守。

東羅馬帝國的人口構成極為複雜；主要的語言群有希臘語、拉丁語、斯拉夫語、科普特語（Coptic）、阿拉伯語及柏柏語（Berber）。從亞歷山卓（Alexandria）到安提阿（Antioch），再到薩羅尼加（Thessalonica），每個城市都是國際性大都市；據說，光是在君士坦丁堡就有七十二種語言。亞美尼亞人（Armenians）、希臘人、猶太人與拉丁人在帝國的商業生活中具有公認的地位。東帝國就跟羅馬一樣是由城市組成的網絡，擁有九百多座城市；每一座城市都有標誌性的設施，如澡堂、學校與教堂。宗教儀式用語是希臘語，拉丁語則是行政語言，但沒有人打算將這兩種語言中的任一種強加予一般大眾。城市以外的地方則用剩餘農產來供應城市網絡，且仍保持著人口與語言的多元；雖然與帝國文化有所聯繫，但並未完全成為其中的一部分。

皇帝是為這個多元政體帶來秩序與保障的唯一角色，而對單一神祇的崇拜也與這個角色相輔相成；對單一神的崇拜不僅超越地方信仰與祖先崇拜，也能為橫跨寬闊空間的交流提供共同的道德基礎。先前已開始往基督教發展的轉變，則由皇帝狄奧多西一世（Theodosius I，三七九年至三九二年在位）徹底完成。西元三九二年，他下令禁止異教儀式，關閉廟宇，摧毀神像。跟國家攜手合作的基督教會則富有了起來，不只坐擁土地、從富人身上募集捐獻，還從國家的補助中獲益。

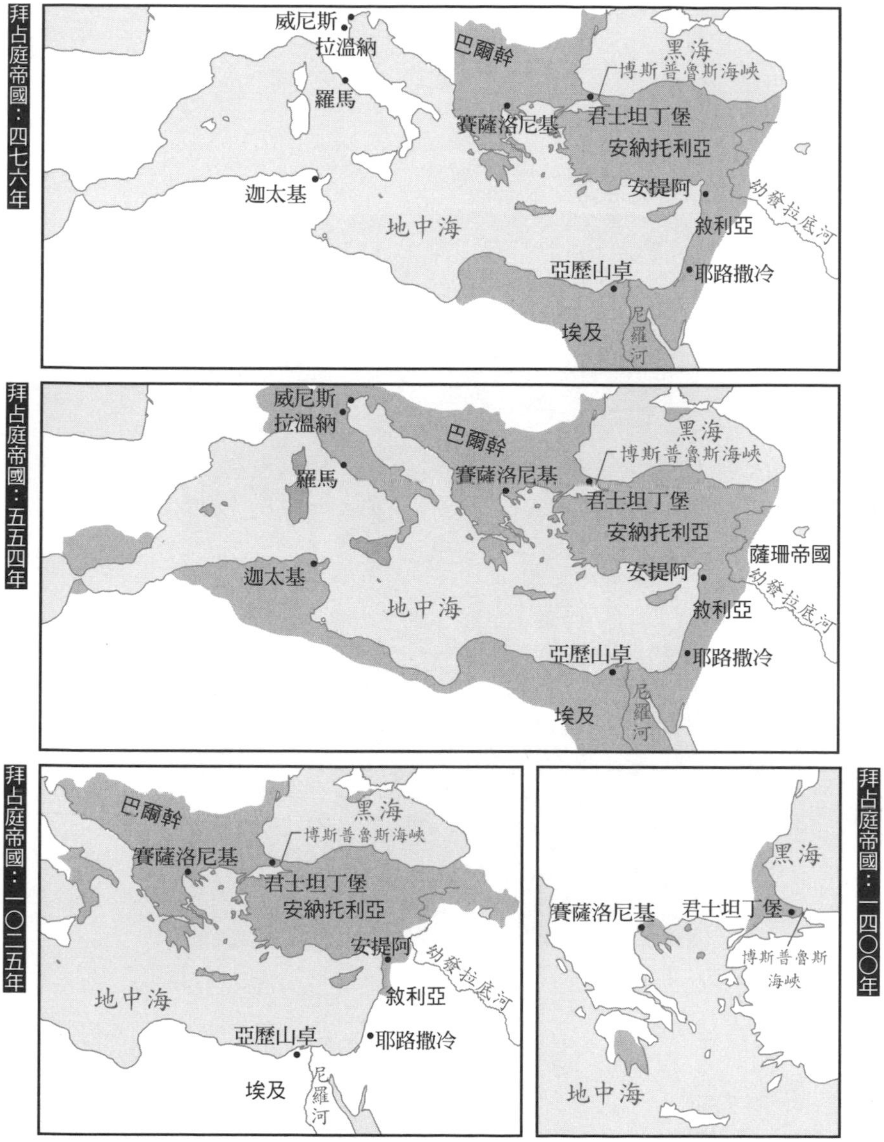

△
拜占庭帝國的擴張與收縮

拜占庭皇帝查士丁尼一世與隨從，約五四七年

△

這是來自義大利拉溫納（Ravenna）聖維塔教堂（San Vitale）的馬賽克壁畫。

Bridgeman Art Library, GettyImages

其中一些收入用來救濟窮人，但大多都流向教會以及藝術創作。君士坦丁堡那座恢宏的聖索菲亞大教堂（Hagia Sophia），就建於查士丁尼與迪奧多拉[1]統治期間，用一種讓人嘆為觀止的呈現方式，將宏大規模與精雕細琢合而為一。查士丁尼把工匠派到帝國各個角落去裝飾教堂建築；拉溫納（Ravenna，位於義大利亞得里亞海〔Adriatic Sea〕岸邊）的幾個教堂裡引人注目的馬賽克就是有名的例子。得到有錢人捐助的修院則塑造了神職人員的文化，基督教世界也透過神職人員的聯結維繫在一起。

基督教是統合帝國的力量嗎？把一個有明確普世訴求、有聖經權威支持、還會勸人改信的宗教跟國家制度結合在一起，的確可以為真正的世界帝國提供一片大好前景——一神，一個帝國，一個皇帝。但是，唯有當教會信條的分歧解讀（其實不少）得到寬容對待或受到壓迫時，基督教才能成為統合的力量。此外，在拜占庭這個地方，宗教的多元特性也很值得關注。隨著時間過去，拜占庭人發展出許多種處理宗教問題的方法：帝國對多神教抱持敵意，對信仰一神的猶太人則相對寬容；伊斯蘭教興起後，他們還是願意與穆斯林夥伴交易，就連在戰事進行時也一樣；對於基督徒與非基督徒在商業網絡裡的關係，大致上也保持務實態度。但帝國對基督教內部的差異就遠沒有如此寬容。早在西元三二五年，君士坦丁便曾要爭執不休的主教們在教義上達成共識，但教義問題卻愈加嚴重、分裂，尤其當反對者不惜被貼上異端標籤也毫不退讓時。

1 譯注：迪奧多拉（Theodora, 500-548），查士丁尼的皇后。西元五三七年，拜占庭帝國內兩大政治派別藍黨（The Blues）與綠黨（The Greens）之間的衝突演變為暴動，稱為尼卡暴動（Nika riots）。事發後，迪奧多拉阻止了倉皇間打算逃出首都的查士丁尼，力促他派兵鎮壓暴動，穩住局勢。迪奧多拉此後躍上政治舞台，對帝國政局有絕大影響力，人們甚至視其為查士丁尼的共治者。

人們將君士坦丁堡的牧首（patriarch）稱為「全世界的牧首」（希臘文為oikoumene）。除此之外的牧首區（patriarchate）設在亞歷山卓、安提阿與耶路撒冷，至於其他城市則設主教區（bishopric）。在東哥德人的征服之後，羅馬教會仍致力鞏固其獨立的運作機制；但在東地中海地區，基督教卻是與拜占庭帝國緊密相連。君士坦丁堡的皇帝把自己塑造成俗世間唯一一位代表上帝統治的人；基督教牧首由他任命，大公會議（council）也由他來主持。政權與教權經常因為教義衝突而分裂，最明顯的例子，就是為聖像（icon）在禮拜儀式中的地位而起的紛爭。不過，東方教會仍然是個獨立實體。它數度聲明與以羅馬為本的教會分離，而一〇五四年的宗教分裂終究成了永久決裂。西元八〇〇年，在查理曼接受羅馬教宗加冕後，這兩套承繼自羅馬帝國世系的「教會—帝國體系」便開始水火不容。

在拜占庭，教會與帝國的緊密關係、以及和伊斯蘭政權的衝突重新定義了帝國，並用一種未見於羅馬的方式將帝國定調為信仰社群。這種基督教帝國逐漸形塑出一個多民族的共同體，共同體裡的人們因歷史與宗教文化結合在一起，臣服於來自中央、程度各異的政治控制。教會的影響力跨越整個帝國，宗教領袖在遠離君士坦丁堡的地方也擁有更多操作空間。到了九世紀，東方的教會領袖不像仍堅持使用拉丁語的西方對手，開始用斯拉夫語系的語言來傳播基督教。最終，東方教會催生出好幾個基督正教會（Orthodox Christianity）的變體——希臘、俄羅斯、亞美尼亞與科普特正教會，而且都比拜占庭帝國活得更長久。至於在歐洲的西半部，羅馬基督教逐漸形成天主教會（Catholic Church）；天主教會宣稱擁有普世管轄權，但實際上的管轄範圍則受教宗影響力程度與限制所界定。面對帝國政局，拜占庭版本的基督正教會證明自己具有適應與創新的能力，更在寬廣的空間裡創造組織上與意識型態上的聯結。

拜占庭帝國保有羅馬的核心機構——軍隊；在西元四世紀晚期，拜占庭帝國大約有六十五萬士兵，以及人數約三萬到四萬人的軍官階層。最重要的是，拜占庭人延續了羅馬人的稅收慣例。拿稅收來支付官僚與士兵薪水，這種做法讓拜占庭帝國與西羅馬帝國崩潰後出現的政體不同——那些地方的國王都仰賴於地方領主提供的人力與物資。君士坦丁堡仍然擁有興建引水道、鋪設道路，以及提供穩定貨幣超過七百年的能力；在這個遼闊的空間裡，在人們的日常習慣與想像裡，到處都是這個帝國式國家的影子。

一如我們之後在其他國祚綿長的帝國裡看到的那般，拜占庭皇帝控制資源的能力，讓他跟帝國的貴族或維持社會運作的地方菁英保有一定的實力差距。拜占庭人將波斯與其他地區的宮廷習俗改為己用，任用太監為謀臣、侍從官、僕人，特別是讓太監來掌控接觸皇帝的管道。太監沒有建立王朝的野心，更不受男女性別角色的制約，他們就像凱瑟琳·林羅斯[2]所說的那樣，是「完美的僕人」。

為了擴張或保衛國土而集中力量發動戰爭、威嚇治下人民，都是這個擁有廣土眾民的帝國不可或缺的能力。拜占庭帝國的首都得到博斯普魯斯海峽（Bosphorus）的良好屏障，還握有各種廣泛資源與重新分配資源的能力；在面對強盜、海賊、貪婪的自己人、移入的外來民族與其他帝國侵略者時，也比過去位於西邊的羅馬更能保護自己。拜占庭人還顛覆海上的作戰方式，在己方戰艦上裝設火焰噴射器，從海面上遠距離發射熊熊燃燒的石油腦（naphtha），讓敵人聞風喪膽。

拜占庭就跟先前的羅馬一樣，用來自邊境的戰士補充帝國的全職士兵，亦即用那些所謂的野蠻人（哥德人、匈人〔Huns〕、斯基泰人〔Scythians〕、斯拉夫人，後來還有土耳其人）來對抗野蠻

2 譯注：凱瑟琳·林羅斯（Kathryn Ringrose），歷史學家，曾任加州大學聖地牙哥分校（University of California, San Diego）歷史系講師，研究領域為拜占庭歷史以及性別史。著有《完美的僕人：太監與拜占庭帝國的性別社會結構》（*The Perfect Servant: Eunuchs and the Social Construction of Gender in Byzantium*）。

人，清楚畫出帝國的範圍。這幾支部隊就像中國邊界上的遊牧民族，跟一個規模龐大、組織嚴謹的帝國體系合作雖然獲利更豐，但他們對這個體系也並未特別忠誠。七世紀時，拜占庭在阿拉伯軍隊的攻擊下重組省級行政與軍隊組織。帝國將領土分為幾個由軍事將領管轄的行政區，稱為「軍區」（themata），提供土地給士兵使用，希望士兵的後代也在軍區裡服役，運用這些土地。一旦維持住軍事單位的忠誠心，薪餉也能少付一點。這個策略介於從羅馬繼承來的、用稅收支應的軍隊，以及如後羅馬時代西歐大部分的情況般，依賴貴族及其隨從的做法之間。但對於一個以宮廷與城市為中心的帝國來說，這項改革也有風險。「軍區」可能變成分散的權力中心，士兵也可能把資源據為己有。到了十一世紀，國家過去直接從農民抽稅的權力落到大地主手上，這個制度也變得跟「後羅馬」的西方愈來愈像。在許多帝國的治國手段中，外籍戰鬥部隊與授田制度都是既有效又危險的元素。

日常的行政運作，必須仰賴市議會處理城市的事務；帝國政府會把規定的工作指派給議會——如修繕建築與引水道、監督城市治安、清掃街道、維持市集，以及提供士兵住宿的地方。羅馬的省長制度則被用來監管地方民眾——在這個制度裡，每位省長負責照管一塊特定領土；省長既是行政長官也是法官，直接對皇帝負責。權力儀式則是用來展現帝國的威信，也為貴族與皇室的僕從提供地位明確的角色，雖然我們不知道這些表演實際上有多能震懾百姓。拜占庭的統治得靠三方面的平衡：皇帝賞罰的能力、官僚提供安定管理的能耐，以及地方菁英在帝國保護範圍內彼此互動所能得到的利益。一旦拜占庭帝國受到所費不貲的戰事與領土損失的挑戰，帝國的城市文化就變得難以為繼，國界內多元的地方文化勢力則愈來愈強。

君士坦丁堡跟羅馬一樣，沒有明確、固定的皇室繼承制度。皇帝一死，就代表各個菁英派系間得競相尋求軍隊支持與人民擁戴。皇帝也得用去不少歲入以確保軍隊忠誠，抗衡其他潛在的領袖。

不同群體都努力為自己爭取「蠻族」來對付別人。某些拜占庭皇帝就來自帝國邊陲；他們多半是憑藉軍事才華，一步一步爬上政治階級之巔。

對一個以農業為主的經濟體系而言，運作這麼龐大的帝國堪稱是個沉重負擔。當大型奴隸種植園（大部分勞力是從政權之外得來）已經成為西羅馬帝國的脊梁時，東帝國則愈來愈依賴佃農（colonus）。佃農被束縛在農地上，逃跑的話則會被處罰，地位也是代代相傳。土地持有人一旦有了向佃農抽稅的權力（這讓領主得以支付原先得付的佃農稅），結果就是八世紀時土地貴族地位的鞏固。

▼帝國內的交流：優點與缺點

拜占庭經濟體從各個物產豐饒的地區——如盛產橄欖與葡萄酒的地中海沿岸地區、尼羅河谷、巴爾幹地區、幼發拉底河上游河谷、敘利亞的高地地區，以及城市裡的手工業者、商人那獲得財政收入。帝國從城市與農業地區間的聯繫中既可以汲取、也可以保護自己的統治力與凝聚力。拜占庭人採用以收取商業稅為主的靈活策略，至於交易與轉運的大部分工作則交給別人處理——例如威尼斯人。

然而，帝國內的相互交流也有弱點。比方說，西元五四〇年，一場瘟疫不僅橫掃整個埃及，甚至西至西班牙、東到波斯都是瘟疫延伸的範圍。商業代理人就像在其他帝國中那樣，一邊利用帝國的保護，一邊又切斷這些保護，以便創造獲利，製造緊張局勢，有時甚至還引發衝突。由於帝國能保障海路與陸路，並提供相當穩定的貨幣，活躍於整個東地中海地區的威尼斯商人因此滿心歡喜地與帝國合作。西元一一〇〇年後不久，威尼斯人就在君士坦丁堡得到自己的岸邊住宅區。一直要到拜占庭的勢力在十三世紀開始衰落，威尼斯才搖身一變，成為拜占庭的敵人，威脅其領土完整性。但當時的拜占庭帝國不僅撐過了幾百年，還避免像羅馬「衰亡」後緊接上演的那種經濟衰退發生。拜占庭城市裡的石造建築、興盛發展的修院、精美鑄造的硬幣，以及利潤甚高的橄欖油、葡萄酒貿易遺跡，這些考古證據都顯示拜占庭這把帝國大傘下有多少經濟優勢。

繼承鬥爭與內部衝突導致權力凝聚與分裂的循環，這些壓力讓拜占庭帝國難以抵抗邊界上的其他勢力。波斯與拜占庭之間的戰爭同時嚴重削弱了雙方，讓七世紀的一個新帝國有了可乘之機，那就是伊斯蘭哈里發國。拜占庭帝國丟掉對糧食、稅收與聯繫至為關鍵的省分——敘利亞與埃及，但成功擊退西元六七八年阿拉伯人對君士坦丁堡的猛烈攻擊，也抵擋了之後的入侵（見頁九七圖）。朱蒂斯．赫林[3]認為，假使這個戰略要地沒能守住，伊斯蘭帝國「在七世紀時就能將伊斯蘭教傳遍巴爾幹地區，進入義大利與西歐；而當時政治分裂的情勢讓組織抵抗的可能性少之又少」[4]。

從這些衝突中逃出生天的拜占庭帝國，國土比以前小了許多；但帝國得靠中央將資源重新分配給支持者的能力才能維持，一旦國家變小，就時常會碰到問題。在幾個教會的主要牧首區與經濟資產落入哈里發國手中之後，帝國就更難徵收到土地稅。對拜占庭人來說，不管是保護縮小的領土，還是維持自己的優勢，都變得愈來愈困難。

不過，這個帝國似乎命不該絕。它在九世紀時回復正常，接著失去偏遠的領土，然後又在西元九九〇年至一〇二五年巴西爾二世（Basil II）統治期間華麗再興；巴西爾二世推進到巴爾幹地區與黑海東部，遏止伊斯蘭從敘利亞的擴張，更保住在義大利南部的領土——雖然穆斯林還是打進了西西里島。巴西爾與自身勢力所及的地方領主（包括基督徒與穆斯林）談好條件，然後收稅。但他最大的威脅卻不是來自所征服的人群，而是其他帝國（特別是伊斯蘭帝國），以及他手下助其維持權力、卻不時想篡位的將領。巴西爾死後，繼承問題削弱之後的皇帝勢力，讓他們沒有能力像巴西爾那樣綜合運用先發制人、以勢威壓與協議等手段，於是帝國又縮了回去。

西元一〇七一年，講突厥語的塞爾柱人（Seljuks）痛擊拜占庭，開啟一波恐懼的浪潮，更在帝國的軍事菁英間造成兩敗俱傷的衝突。塞爾柱帝國（Seljuk Empire）靠著突厥語系的民族，進占安納托利亞大部分的地區，更在一〇七七年後控制聖地耶路撒冷，刺激西歐的騎士、國王與教宗們發動一系列的十字軍運動，試圖讓聖地重回基督教王國手中。與十字軍運動本身相比，君士坦丁堡政府更想得到幫助來對抗塞爾柱人，它跟通過自己國土的十字軍之間，關係也遠遠談不上友好。西元一二〇四年，最糟的時刻終於到來——十字軍不僅攻陷君士坦丁堡，還在其上建立拉丁王國（Latin kingdom），把拜占庭的統治者擠去安納托利亞。基督徒被其他基督徒屠殺，教堂遭到劫掠，還任命新的拉丁牧首——拉丁人對君士坦丁堡長達六十年的統治就此開始。

在一個屬於東征的基督徒、好戰的穆斯林與地中海貿易網絡的世界裡，拜占庭帝國並未就此輕易消失。拜占庭人也在後來的帝國身上留下自己的痕跡，如行政慣例、宗教及藝術文化；最明顯的，就是奧斯曼帝國（見第五章）與俄羅斯（見第七章）。帝國最終小到只比城市國家稍微大一些（見頁九七圖），但仍延續到一四五三年；那時，奧斯曼人領導新的帝國勢力，拿下博斯普魯斯海峽邊上的帝國首都。國祚超過一千一百年以上的君士坦丁堡帝國，就在這次事件中宣告出局——對一個經常被比喻成「詰屈聱牙的古文」政權來說，這樣的治國成績還不壞。拜占庭的多樣性、行政的柔

---

3 譯注：朱蒂斯・赫林（Judith Herrin），倫敦國王學院（King's College London）古典時代晚期與拜占庭研究榮譽退休教授，曾在希臘與伊斯坦堡實際參與考古工作。她也在二〇一一年至二〇一二年間擔任國際拜占庭研究協會（International Association of Byzantine Studies）主席。

4 原注：*Herrin, Byzantium*, xviii.

軟手段與輝煌的儀禮展現，將過去的傳統改成一件寬鬆、引人注目、有點破舊但耐穿的帝國禮袍。如果沒有地中海東部這個帝國的歷久不衰與高適應性，世界的歷史也許就會朝另一個不同的方向發展。

帝國衝突論？地中海世界的伊斯蘭信仰
Clash of Empires? Islam in the Mediterranean World

過去就像今日，許多高唱基督徒與穆斯林之間「文明衝突」的人，都只是想造成分化，而不是如實描述基督宗教與伊斯蘭信仰。伊斯蘭信仰與基督宗教都吸收了共同的文化材料，也同樣是在地中海與鄰近大陸的交會處成形，而且還延伸到歐洲、非洲以及亞洲西南。衝突確實時有發生，但多半是因為兩者的相似，因為重疊的理念、資源與領土野心，跟彼此的差異倒沒什麼關聯。

基督教從羅馬帝國內部發跡，而且早在吸引到皇帝本人的目光以前，這個宗教就聲明要讓「凱撒的歸凱撒」[5]了；伊斯蘭教則不同於基督教，是在各帝國的邊緣生根，這樣的距離近得讓它能吸收這些帝國的傳統，又遠得能建立起信徒的政治社群。伊斯蘭教的主要經典——《古蘭經》（*Quran*）、《聖訓》（*Hadiths*）、《伊斯蘭教法》（*Sharia*）都是在穆罕默德（Muhammad）將社群轉變為帝國時所寫；這些經典一再描繪一個以真主律法進行統治的政體。基督教跟帝國交織在一起的時間，只有西元四世紀時——以及在拜占庭帝國這個地方。不過，就連在拜占庭，皇帝與牧首仍然各自分立；至於在西方，教宗與國王長久以來倒是彼此關係緊張。但伊斯蘭教與帝國建立之間的關聯，以及這個宗教傳教與擴張勢力的能耐，打從一開始就很清楚。

西阿拉伯社會建立在親族關係的基礎上，靠著橫跨沙漠、連接羅馬與後來的拜占庭帝國，以及越過阿拉伯海與印度洋到達南亞與東南亞的貿易路線維生。麥加（Mecca）既是貿易網絡的節點，也是宗教膜拜的中心。就連當地多神信仰的社群，對猶太教與基督教也並不陌生，有些人更把亞伯拉罕（Abraham，阿拉伯語裡叫易卜拉欣〔Ibrahim〕）、摩西（Moses，阿拉伯語為穆薩〔Musa〕）以及耶穌（阿拉伯語的爾撒〔Isa〕）當作他們自己的先知。第一個伊斯蘭政權，就是從一個距離羅馬／拜占庭以及薩珊帝國的中心夠近，近得能學到這些國家治國與併吞技巧的地方開始發展。麥加周邊地區對放牧來說稱不上重要，對農業而言也太過貧瘠，無法支撐稠密的人口；至少，要是有人用羅馬的方式來思考領土的話，這個新政權的誕生地提供不了什麼地理或社會條件，無法成為一個足以長治久安的帝國中心。但在阿拉伯，就好比在其他部落組織與長途貿易交會之處，一種不同的帝國想像就是能夠成形——都城可以在帝國裡各地轉移，四散的人口也能集結在統治者個人身邊及其政治願景之下。

穆罕默德生活在西元五七〇年到六三二年這段時間，當時，拜占庭政權正走得跌跌撞撞。對麥加的人民來說，聽到有人聲稱神靈對自己講話並不是什麼不尋常的事，但穆罕默德宣稱跟自己說話的是唯一的真主（阿拉伯語稱為阿拉〔Allah〕），真主要求萬民順服，更宣布穆罕默德是祂的使者。這一切都建立在猶太教與基督教經典中的先知傳統上，穆罕默德的追隨者相信自己從他那得到的是

5 譯注：根據《聖經》中的馬太福音、馬可福音與路加福音記載，猶太教法利賽教派（Pharisees）、支持希律（Herod）及其家族統治猶太的希律黨人（Herodians）等或與耶穌理念不合，或擔心耶穌取代其政治地位，於是派人試探耶穌，要求他在猶太人抗稅運動正熱時，回答猶太人是否應該交稅給羅馬人的問題。耶穌教他們拿交稅用的銀幣來，反問這些人硬幣上刻著誰的頭像，接著便說：「讓凱撒的歸凱撒，上帝的歸上帝」，一方面避免了抗稅的罪名，另一方面也維持了信仰上的立場。

真正的天啟，沒有經過任何加油添醋。他們自稱穆斯林，也就是服從於真主的人。麥加當地的領袖強迫穆罕默德及其追隨者離開麥加、出走麥地那（Medina），這一事件以「希吉拉」（hijra，意為「聖遷」）之名為人所知，成為伊斯蘭團結的象徵。而一個叫「烏瑪」（umma）的新社群也於焉形成，團結在對單一神祇的信仰以及對其先知的崇敬上。這些信仰上的先驅與政權有什麼樣的關係呢？

▼擴張、社群與伊斯蘭的權力之爭

「烏瑪」重視政治與宗教社群在界線上的一致性；由於帝國總是期望長久維持治下人民彼此之間的差異，因此乍看之下，它簡直是站在帝國的對立面。的確，早期的穆斯林渴望集體內部有高度的同質性與平等，這是針對部落世仇，以及大族領袖強迫他們逃出麥加的暴行所做出的反應。伊斯蘭教與其他一神宗教一樣，是在一個人與人更加依賴彼此、但地方神祇卻無法統合的世界裡吸引到許多信徒。儘管早期穆斯林沒有像早期基督徒那麼熱心勸人皈依，但伊斯蘭仍舊提供了一個無所不包、令人嚮往的道德框架。名為「五功」（five pillars）的一套信仰實踐，標誌出信仰的宇宙：斷言「唯有一個真主及其使者穆罕默德」；一日祈禱五次；在拉瑪丹月（Ramadan）齋戒；捐獻；一生至少到麥加朝聖一次。整個世界被分為伊斯蘭統治的和平世界「伊斯蘭之域」（dar al-Islam），以及伊斯蘭之域以外的戰爭世界，「戰爭之域」（dar al-harb）。一開始，穆罕默德就是在單一宗教社群的構想上建立政權；羅馬／拜占庭帝國也朝這個方向發展，只是慢得多。然而，隨著「烏瑪」的擴大，這個單一社群不僅變得更加複雜，也更有分裂的可能。「烏瑪」的統治者得開始面對屬於帝國的機會與兩難。

以《古蘭經》、先知著作與言行詮釋為基礎的一套伊斯蘭法律——《伊斯蘭教法》、以及相關的宗教守則逐漸成形，補充了歸屬這個群體的最低限度要求。一位研究早期伊斯蘭政局的學者表示，到了穆罕默德過世時，穆斯林社群已經「具備了國家的主要特徵」。[6]個人的思想與作為，不再只是對自己的家族成員負責，更要對有組織的政體負責。伊斯蘭信仰首先在鄰近的阿拉伯部落之間傳布，這些部落在文化上彼此類似，但在政治上則互有歧異。部落成員無論是被信仰所吸引，還是成為穆斯林領袖的被保護人，抑或是被穆斯林軍隊俘虜，都可以得到接納，進入一個有共同信仰、有律法規範的體系裡。這個寬容的社群無論在政治上還是宗教上，都能用其他阿拉伯部落辦不到的方式來行動。

就好像羅馬帝國不單只是羅馬城的投影，伊斯蘭政權的擴張也不只是麥加與麥地那的投影。隨著初生帝國拓展自己的範圍，制度與觀念也會跟著成長。穆斯林將政治與宗教社群合而為一的理念，很快就在穆罕默德的至親後人與早期追隨者、宗教純粹的願景與對外擴張的現實面，以及同樣宣稱擁有普世權威的各敵對派系這三個層次中，造成有關權力本質的爭議。

伊斯蘭擴張的速度飛快。在麥地那鄰近地區外的擴張，看起來就像帝國的征服。擴張的行動由一小支有正確指揮、待遇也更好的軍隊來完成；這支軍隊的核心則是紀律嚴明的士兵，以及來自阿拉伯部落的盟友。穆罕默德在世時，征服的步伐就已經從阿拉伯邁入拜占庭治下、以阿拉伯人為主的居住地區。拜占庭帝國在敘利亞地區的勢力，已經因為與波斯薩珊帝國的戰爭而嚴重削弱。西元六三六年，也就是先知過世四年後，拜占庭被迫從敘利亞撤離；穆斯林在當地建立自己的行政制度時，也徹底利用了拜占庭的官僚體系。隔年，穆斯林軍隊在戰場上擊敗薩珊人。埃及在六四一年時

6 原注：「具備了國家的主要特徵」：Donner, Early Islamic Conquests, 54.

受到穆斯林攻擊，十多年後則輪到波斯西部。在所有以拜占庭帝國為目標的擴張中，只有君士坦丁堡讓阿拉伯人的攻勢功虧一簣。但到了八世紀初，阿拉伯人最西已經到達今天的西班牙，最東則抵達印度——帝國擴張的速度遠勝羅馬。

領導人如果想打造帝國政權，就得認真應對其征服民族的多樣性，這一點與羅馬如出一轍。穆罕默德過世後，繼承人們很快就決定：阿拉伯人不該在自己征服的鄉間安家，而是要專注於城鎮；在城鎮裡，阿拉伯人可以維持凝聚力，為軍事行動做足準備，同時靠著對非穆斯林（猶太教徒、基督徒、祆教徒〔Zoroastrian〕以及其他人）課徵、高過穆斯林的稅額過活。跟高盧人或其他民族可以變成「羅馬人」有所不同，阿拉伯領袖靠的並不是地方菁英想成為「穆斯林」的心願；相反的，穆斯林當局接受不同宗教社群的存在——他們稱之為「吉瑪」（dhimma）——唯一條件就是這些社群得上繳非穆斯林信徒所應繳納的稅額。猶太教徒與基督徒則是「有經者」（people of the book），擁有比多神教徒更高的社會地位。

不過，作為宗教的伊斯蘭教也有其吸引力，作為保護者的穆斯林也能給人好處。許多人加入征服者的陣營，而且經常是當穆斯林領袖的被保護人。改信再加上受到保護，讓穆斯林人口不斷上升，雖然一開始還是以阿拉伯人為主，但也已經不是一開始對外征服的那些阿拉伯人了。

穆斯林超級強權的快速成長也為帝國中心帶來衝突。西元六三二年，隨著穆罕默德離世，繼承一事就成了兩派人起釁的原因；一方宣稱自己直接繼承先知（由於先知沒有兒子，所以透過女兒來繼承），另一方則是跟著先知一同前往麥地那的核心追隨者。繼承的衣缽首先到了阿布·伯克爾（Abu Bakr，六三二年至六三四年在位）的手上，他是早期的追隨者，也是穆罕默德其中一位妻子的父親。人們稱他為哈里發（caliph），意指繼承人，但衝突也隨之而來，爭論的焦點為哈里發的性質，以及哈里發既是信仰領袖、又是人民統治者的雙重角色。

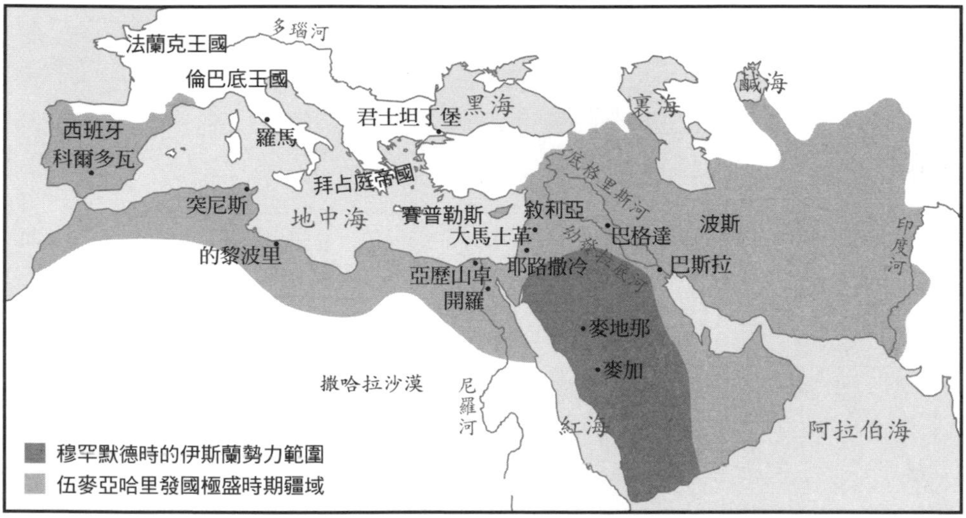
多瑙河
法蘭克王國
倫巴底王國
西班牙
科爾多瓦
羅馬
君士坦丁堡
黑海
裏海
鹹海
拜占庭帝國
底格里斯河
突尼斯
地中海
賽普勒斯
敘利亞
巴格達
波斯
印度河
大馬士革
幼發拉底河
的黎波里
耶路撒冷
巴斯拉
亞歷山卓
開羅
麥地那
麥加
撒哈拉沙漠
尼羅河
紅海
阿拉伯海
穆罕默德時的伊斯蘭勢力範圍
伍麥亞哈里發國極盛時期疆域

△
伊斯蘭哈里發國的擴張

繼承問題與哈里發的權力爭論，這兩種緊張的情勢很快就攪在一起。第三位哈里發奧斯曼（Uthman，六四四年至六五六年在位）因為將哈里發一職變得有如一般王權而備受批評，結果遭到暗殺。之後，穆罕默德之女的丈夫阿里（Ali，六五六年至六六一年在位）繼承他的位子；某些社群領袖拒絕承認阿里，因而導致內戰，戰爭一直持續到六六一年阿里被暗殺，以及阿布．伯克爾的追隨者掌握大權為止。阿里之子海珊（Husayn，六六一年至六七〇年在位）堅持自己直接繼承先知，主張擁有哈里發之位，這在六八〇年引致另一場內戰。結果海珊也被暗殺。與此同時，穆阿威亞（Muawiyah，六六一年至六八〇年在位）則建立王朝的繼承原則，伍麥亞哈里發國（Umayyad caliphate）於焉出現。

在這些關鍵年代中，宗教要角「烏里瑪」[7]開始為自己贏得詮釋宗教經典與傳統的權力，硬生生切進哈里發的宗教權威，用政教分離的方式改寫了伊斯蘭的歷史。正當伍麥亞王朝力量連成一氣時，阿里的支持者也集結成為對立的教派——什葉派。什葉派對伊斯蘭教的詮釋與伍麥亞的遜尼派信仰不同，但在爭奪哈里發大位時，遜尼派詮釋早已遍及各地。什葉派的主張建立在繼承上，而遜尼派靠的則是忠誠與社群。什葉派的反對讓人清楚地了解到，無論是伊斯蘭信仰的一神教本質，還是一個成長中的帝國所擁有的資源，都不足以保證能得出「伊斯蘭政體應該為何」的唯一版本。直到今日，這幾個對立傳統的部分支持者仍然交戰不止。

大馬士革（Damascus）位於曾經屬於羅馬的敘利亞地區，這座城市在西元六六一年後成為伍麥亞權力的所在地，而麥加仍舊是信仰中心。事實證明，伍麥亞的征服領土中最歷久不衰的，是最西端的西班牙；西元七七一年，阿拉伯大軍沿著羅馬帝國曾經的路線，跨越北非來到該地。來自柏柏社群的改宗穆斯林與阿拉伯人在此處雜居。這些改宗的人沒什麼社會牽掛，成為伍麥亞哈里發國的忠實擁護者。腓尼基人（Phoenicians）、凱爾特人（Celts）、猶太移民，再加上羅馬人與西哥德人一波波的進攻浪潮，造就伊比利半島（Iberian peninsula）的豐富樣貌；哈里發國征服半島的絕大部分地區後，就在南邊的城市哥多華（Cordoba）建立了根據地。但哈里發國並沒有打算要除去或同化基督教或猶太教徒。西元七四一年，柏柏人的叛變打斷伊斯蘭帝國橫掃南地中海的巨浪，這場叛變很勉強才壓了下來，但哈里發國的內部動盪卻再度中止了這波浪潮。七五〇年前後，伍麥亞人失去原先在敘利亞的帝國中心；儘管如此，他們仍然盤踞在西班牙。後來，其他柏柏人出身的穆斯林王朝——一〇八六年的穆拉比特王朝（Almoravids）及一一四七年的穆瓦西德王朝（Almohads）——拿到西班牙的大權，而基督教的君王一直要到十三世紀，才開始反擊穆斯林統治者。伊比利地區最後一座伊斯蘭統治的堡壘，撐到了一四九二年。

阿拉伯人並未在整個北非進行大規模移民。北非的柏柏人仍保有獨特的語言，他們改信伊斯蘭教的速度也不快。對整個伍麥亞帝國來說，不同宗教群體的存在是一件理所當然的事。在敘利亞，日常行政使用的語言，仍有好一段時間是希臘文。

不過，伍麥亞王朝有完成自己的宗教使命嗎？征服所帶來的，與早期「烏瑪」人人平等、與人為善理念背道而馳：用僕從與奴隸扮演卑微的角色。這個王朝先是分化麥加人與非麥加的阿拉伯人，接著又區分阿拉伯人與非阿拉伯人；在吞併拜占庭與波斯領土時，連這些帝國政府中分上下階級的傳統也吸納進來。什葉派否認哈里發繼承的合法性，而且反對、造反的人也不只有他們。針對哈里發權力的質疑更因為哈里發國的擴張而更形尖銳：哈里發是不是變得更像個皇帝，而非真正伊斯蘭信仰的守護者？人們的確有可能引用伊斯蘭信仰的平等信條，來對抗哈里發國的階級傾向。

7 譯注：「烏里瑪」（ulama），阿拉伯文原意為學者，伊斯蘭信仰中各種宗教知識的學者都可以稱為「烏里瑪」。

一場針對哈里發正當性與其作為的大規模反抗運動，得到今天伊拉克、伊朗與阿富汗等地的響應，在西元八世紀中葉發生了。七五〇年，阿拔斯家族[8]（Abbasids，此名得自穆罕默德的親戚）將伍麥亞家族從大馬士革趕走，建立了新的王朝。反抗原先雖然帶有什葉派色彩，但阿拔斯人卻重回遜尼派的老路，試圖維持自己的指揮體系與階級制度。阿拔斯家族控制的大帝國，大致涵蓋以前羅馬的北非與東地中海，以及薩珊帝國在伊拉克與波斯的部分領土。阿拔斯王朝從七五〇年延續（至少名義上延續）到了一二五八年，王朝所揭櫫的大旗則是「讓先知的家園重新團結一致」。阿拔斯王朝以巴格達為首都，這座城市就是設計用來作為阿拔斯權力的象徵。據說，建造這座城市動用了十萬名工人。而這個帝國也像其他帝國那樣，有能力幫自己重尋帝國的中心。巴格達把注意力集中在一種嶄新的、世界性的影響力上，目光所及無遠弗屆，城市規畫整齊一致，藝術與文化全面開花、光芒萬丈。

困擾阿拔斯哈里發國的問題也是許多帝國的典型困境：它們無法像羅馬那樣將各省結合成單一的經濟體系。帝國的邊陲自己就能整合出中央無法控制的經濟循環。在某些地方，這種困境促成新王朝的建立，其中最有名的就是擁護什葉派形式、於十世紀建立的埃及法蒂瑪王朝（Fatimids，以先知的女兒法蒂瑪〔Fatima〕為名）。就連距離哈里發國的伊拉克核心更近一些的地方，派系之間與王朝內部的衝突也造成伊斯蘭國家的分離；這些國家承認阿拔斯王朝的宗主權，禮拜五會以哈里發之名禱告，但它們實際上的構成，都是地方性的王國。

8 譯注：阿拔斯・本・阿卜杜勒—穆塔利卜（Al-'Abbas ibn 'Abd al-Muttalib, 566-653），穆罕默德的叔父，原先反對穆罕默德提出的新教義，但後來轉而支持他，並且參加了聖遷。七五〇年建立阿拔斯王朝的就是阿拔斯的後代，因此為名。

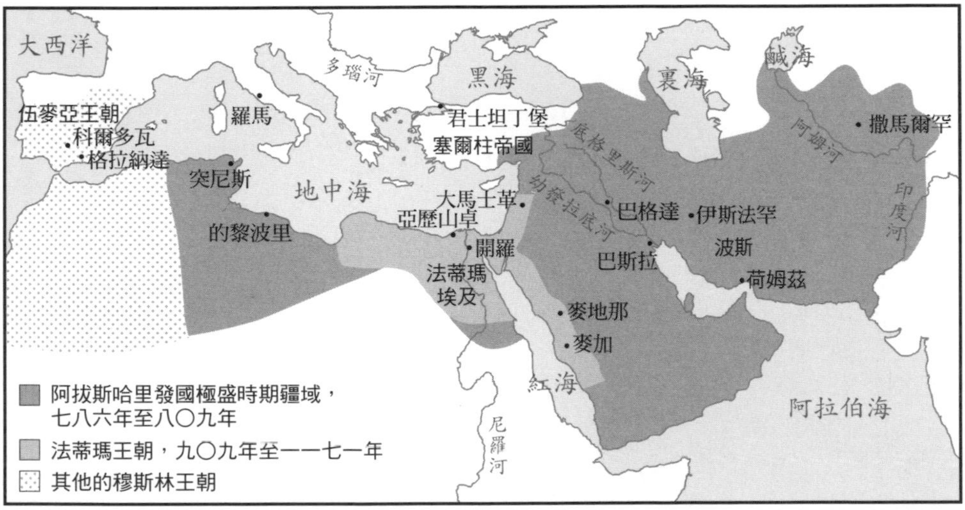
大西洋
多瑙河
黑海
裏海
鹹海
伍麥亞王朝
科爾多瓦
格拉納達
羅馬
君士坦丁堡
塞爾柱帝國
底格里斯河
阿姆河
撒馬爾罕
突尼斯
地中海
大馬士革
幼發拉底河
巴格達
伊斯法罕
印度河
的黎波里
亞歷山卓
開羅
巴斯拉
波斯
法蒂瑪
埃及
荷姆茲
麥地那
麥加
紅海
阿拉伯海
尼羅河
阿拔斯哈里發國極盛時期疆域，七八六年至八〇九年
法蒂瑪王朝，九〇九年至一一七一年
其他的穆斯林王朝

△
阿拔斯哈里發國

後來的事實證明，伊斯蘭教在阿拉伯語地區之外傳播所引發的問題，就跟贏得的勝利一樣多。穆斯林在薩珊王朝衰落後征服了波斯，卻從未將當地人吸收進阿拉伯文化裡，什葉派最終在該地占了上風。許多突厥語系族群改信伊斯蘭教，到了十一世紀，塞爾柱土耳其人也開始發展自己的帝國野望。

面對衝突與野心的風口浪尖，哈里發亟需制度化的手段來維持權力。於是，他們打造了制式的政府架構，將國家畫分為各個省分，各有行政與軍事長官，同時還設立法庭執行伊斯蘭法律。哈里發就像拜占庭人那樣設計稅收體系，區分各省與中央的收入，然後用這些款項支付（或者收買）士兵與將官。至於曾經對征服與兼併有所貢獻的部族，就沒有那麼硬性的安排。

穆斯林在尋找協助統治帝國的中間人時，他們選擇轉而求諸外；不僅任用結盟的群體，也任用那些能夠超脫於原生社群的個人。來自「烏瑪」邊緣甚至以外的人，能夠用來制衡統治者的親屬與部落兄弟；畢竟，親朋好友的忠心耿耿隨時都能轉化為背叛。對哈里發來說，他個人擁有的「馬瓦里」（mawali，阿拉伯語，意指被釋放的奴隸）[9]也有其關鍵作用。「馬瓦里」作為隨從，必須對哈里發知恩圖報，而哈里發也會根據表現打賞他們或讓他們膽顫心驚。奴隸有時能當上高級官員與將領——他們在很小的時候就被俘虜或被買來，在宮廷裡長大，改信伊斯蘭教，並被剝奪哈里發以外的所有人際紐帶。有些官員則由太監擔任，他們不會有建立自己王朝的野心。拜占庭人與波斯人也曾使用類似策略。

這麼一來，曾經萬眾一心的「烏瑪」現在成了不斷擴張的帝國，而且愈來愈依賴非阿拉伯裔士兵——波斯人、庫德人，特別是來自歐亞草原、講突厥語的奴隸。這些奴隸帶來中亞民族的神秘感與技術，他們是無畏的軍人，也是高超的騎士。西歐的國王仰賴封建關係，在這個關係裡，貴族能要求追隨者提供服務；與此同時，哈里發則是讓沒有社會地位或親戚的人變成依附於他的工具，透過他們對臣民行使權力。伊斯蘭的政體與眾不同，以深耕地方的大家族為基礎的貴族階級並不存在。

位居整個體系頂端的，是哈里發與他的左右手——維齊爾（vizier）——之間充滿感情的互賴關係。阿拉伯文學中有許多故事，都在描寫權傾一時的阿拔斯哈里發哈倫·拉希德（Harun al-Rashid，七八六年至八〇九年在位）與他那位來自遙遠的阿姆河（Oxus）河谷、出身巴爾馬克（Barmakid）家族的維齊爾之間的緊密關係；這位維齊爾過去曾為了阿拔斯的革命事業招兵買馬。但哈倫到頭來還是害怕自己的朋友兼維齊爾，於是將他和他的家人處死。[10]在故事中，我們看到皇帝與中間人之間私人但不平等的關係是多麼緊張而脆弱。這個故事經常被拿來當作道德訓誡，用來警告位高權重的維齊爾，告誡伊斯蘭社群要反抗擋在哈里發與人民之間、自私自利的外國人，更是要提醒哈里發，大權在握可能會導致自己對臣子的行為視而不見，因而沒有盡到對人民應盡的責任。

個別的伊斯蘭統治者有可能將勢力範圍擴張到其他統治者身上，而統治者手下最重要的臣子也有可能掙脫所扮演的角色，這些情況都讓帝國的政局動盪不安。阿拔斯哈里發有時也得看自家土耳其士兵的臉色，九世紀時，土耳其士兵強行讓他們選擇的維齊爾上位，甚至還在八六九年時殺了某位哈里發。我們先前已經看到，地方王國對阿拔斯王朝哈里發迅速膨脹起來的宗教權威只有模模糊糊的認知，也總是截留稅收不願上繳。富有的埃及行省則落入另一個王朝——法蒂瑪王朝的統治之

9 譯注：「馬瓦里」一詞除了「釋奴」之外，也用來指稱非阿拉伯裔的穆斯林。這是因為伊斯蘭信仰理論上不允許奴役穆斯林，當時的奴隸都是外邦人與異教徒。

10 譯注：指葉海亞·本·哈立德（Yahya ibn Khalid, ?-806）。哈倫成為哈里發後，葉海亞成了維齊爾，巴格達也在他的主導下成為重要的學術重鎮。葉海亞在哈倫治世晚期失勢，西元八〇三年被捕下獄，三年後死去。

下。西元九四五年之後，什葉派的白益王朝（Buyyids）[11]征服伊拉克，只留下哈里發當作遜尼派社群象徵意義的領袖。更大的衝擊則來自那些改信伊斯蘭、講突厥語的塞爾柱人，他們在一〇五五年拿下巴格達，將蘇丹（Sultan）頭銜給了自己的領袖，連一點俗世權力都不留給阿拔斯的哈里發。一二五八年，另一個快速擴張的帝國給了奄奄一息的阿拔斯哈里發國最後一擊。巴格達又一次被來自內亞草原的蒙古人劫掠；他們屠殺城裡的大多數人，樹立自己的統治方式，然後繼續往天邊征服而去。（見第四章）

其他哈里發國也要面對來自伊斯蘭世界內類似的挑戰。十二世紀鄰近尾聲時，敘利亞統治者手下的軍事指揮官、庫德人出身的薩拉丁[12]挑戰並擊敗埃及的法蒂瑪王朝，讓什葉派的大本營重回遜尼派陣營的掌控。薩拉丁等到自己的保護人一死，就立刻親自掌權，成為埃及、敘利亞與西阿拉伯（包括麥加與麥地那）的主導力量。他也成功擊退耶路撒冷城內的歐洲十字軍。

但到頭來，薩拉丁的帝國大計在他死後也因為繼承糾紛而江河日下；這時，軍隊裡大部分突厥語系出身的奴隸決定擺脫自己的保護人。西元一二五〇年，以「馬木路克」[13]之名為人所知的奴隸侍從與士兵掌握大權。「馬木路克」除了先前對十字軍取得的勝利之外，還扛起重擔，阻止史上規模最大的一場軍事征服——也就是攻陷巴格達、朝埃及一路挺進的蒙古人（見第四章）。一二六〇年，蒙古人終於在「馬木路克」軍隊前停下了腳步。馬木路克王朝持續支配埃及（也曾短暫控制埃及以外的地方），直到奧斯曼人在一五一七年擊敗他們為止（見第五章）。

▼超越帝國的伊斯蘭世界

伊斯蘭勢力起初是個單一的社群，信奉單一的神，建立單一的帝國，最後卻成了多中心的皇權勢力。在每一個中心裡，領導人原本尋求讓中間人直接聽命於己，但最後都得面對這些中間人的竊國野心。皇權在極盛時期——大馬士革與哥多華的伍麥亞王朝、巴格達的阿拔斯王朝以及開羅的法蒂瑪王朝——集中各種資源，讓藝術與科學得以百花齊放。也正由於宗教社群的普世願景與皇權控制下的集中資源結合在一起，伊斯蘭信仰才能擁有比個別帝國在地理上更廣、時間上也更長久的影響力。

數世紀以來，伊斯蘭世界一直是希臘、羅馬與波斯文化最熱心且最有創造力的傳人。經濟史家把伊斯蘭空間形容為貿易路線所串連起來的都市島嶼[14]，各式各樣的貨物與貴金屬讓這些貿易路線川流不息。正是透過這些聯結，諸如糖、米、棉花等農產才能引進到以前的羅馬地區。進口到伊拉克來栽種糖與棉花的奴隸，人數更是多到能在九世紀時爆發一場奴隸叛亂。哈里發國的貨幣跨越廣大的空間，成為標準通貨，甚至在哈里發國控制以外的地方也使用這些貨幣。在伍麥亞王朝的統治

11 譯注：西元九三四年至一〇六二年間統治波斯地區的本地王朝，時間處於阿拉伯的阿拔斯王朝與土耳其的塞爾柱王朝之間。白益王朝（又譯布維西王朝）之名來自王朝的創建者阿里・本・布維西（Ali ibn Buya）。

12 譯注：薩拉丁（Salah al-Din, ?-1193），原為敘利亞地區贊及王朝（Zengid dynasty）蘇丹努爾丁（Nur ad-Din, 1118-1174）的將領，率兵攻克埃及法蒂瑪王朝。他最為知名的事蹟，是在十二世紀晚期率領伊斯蘭勢力與十字軍作戰，奪回耶路撒冷。薩拉丁以埃及為根據地，成為第一任埃及蘇丹，以其父那吉馬丁・阿尤布（Najm ad-Din Ayyub, ?-1173）之名建立了阿尤布王朝（Ayyubid dynasty）。

13 譯注：「馬木路克」（mamluk），意為「財產」或「君主擁有的奴隸」。西元九世紀後，阿尤布王朝開始出現以突厥奴隸充軍的現象。法王路易九世（Louis IX, 1214-1270）在十三世紀中發動第七次十字軍東征，削弱了阿尤布王朝的實力，王朝治下的「馬木路克」奴隸兵於是推翻了埃及蘇丹，建立了自己的馬木路克王朝。

14 原注：「都市島嶼」：Findlay and O'Rourke, *Power and Plenty*, chapter 1, 50.

下，穆斯林西班牙經濟蓬勃發展，盛產小麥、糖與水果。

伍麥亞王朝的征服對西班牙的藝術與建築有著深遠影響，特別是安達魯西亞（Andalusia）地區。伊斯蘭文學、藝術、醫學與科學在哈里發哈倫．拉希德統治下的阿拔斯巴格達也很興盛。「西方」所知的希臘哲學與文學，大部分來自阿拉伯文的譯本，後來才又再度翻譯成拉丁文。阿拉伯與波斯文化的相遇，造就新的文學種類與哲學作品。作為城市生活與文化中心，而且足以跟巴格達、開羅和哥多華匹敵的，只有君士坦丁堡。

與此同時，向外離散的伊斯蘭社群也發展進入中亞、東南亞與中國；這些社群多半由商人作為先驅，但讓它們根深蒂固的則是學者。在某些例子裡（包括東南亞），與長途貿易關係密切的國君改信伊斯蘭教，建立了長治久安的穆斯林政體。到了中亞城市，波斯與阿拉伯學者塑造出一種世界性的伊斯蘭城市文化——這個地區的人民總是必須臣從於其他帝國創建者的侵擾，其中某些想打造帝國的人還是出自於多神信仰的傳統當中。（見第四章）阿拉伯人為信仰與教育提供共同語言，跨越空間與政治區隔；《古蘭經》與先知的言行也得到深入研究。對學者們來說，先知時代的穆斯林社群是個參照點，也是治國有方的典範；他們認為，哈里發國應該要達到這樣的標準。

雖然「伊斯蘭秩序是由什麼組成」仍然是個備受爭論、有待詮釋的主題，但穆斯林無論身在何方、處於誰的統治之下，伊斯蘭律法都能為他們提供管理自己社會、與他人互動的方法。就連阿拔斯帝國極盛時期的疆域，也只能代表伊斯蘭信仰局部的影響範圍；在伊斯蘭學者與穆斯林統治者所能想像出來的政治形式中，阿拔斯帝國也只是其中一部分而已。

檯面上，各種關於「烏瑪」的不同觀念正在同時上演：有同舟共濟、對內一律平等，試圖吸收異邦人或與異邦人作戰的原初理念；有在一個更為寬廣的空間裡承認非穆斯林社群，然後在伊斯蘭統治下剝削改信者、被保護人以及奴隸的帝國願景；還有一面延伸超越政治權威，透過文字、學術交流、朝聖以及穆斯林間的貿易來聯結的網絡。相較於後羅馬世界裡的基督教，「伊斯蘭」已經不再能清楚描繪出一個單一、不變的政治組織了。

「哈里發國」這種伊斯蘭獨有的帝國形式（以及對它的異議與反動）激勵了伍麥亞、阿拔斯、法蒂瑪與其他王朝，將轄下穆斯林的支配領域從阿拉伯的心臟地帶、敘利亞與伊拉克延伸到北非、西班牙、中亞與印度，穆罕默德的宗教社群也因此得以拓展到各地。各方對伊斯蘭帝國的主張造成衝突，也中斷了擴張。不過，正如我們將在後面章節所看到的，穆斯林的統治實際上很有彈性，穆斯林的社群理想也依舊強而有力。

又一個新羅馬？查理曼的天主教帝國
A New Rome, Again? Charlemagne's Catholic Empire

西元八〇〇年，當法蘭克人的國王查理造訪羅馬之際，教宗在那裡加冕他為「皇帝與奧古斯都」。當時，另一個基督教皇帝正安坐在君士坦丁堡穩固的皇位上，哈倫・拉希德則在巴格達統治哈里發國；查理，這個由教會加冕的國王，卻在這時劍指羅馬榮光。在這三個帝國形成的過程中，查理曼的帝國建立在最不安穩的基礎上——亦即相對受限的經濟發展性，以及後來形成我們所熟知的歐洲大陸、那些亂七八糟的大雜燴制度——他的帝國也是最短命的帝國。就讓這個帝國的故事，帶我們回到一開始建立帝國、後來又為帝國帶來毀滅的過程吧。

查理曼的稱帝事業成形時，當地的政治權力已經在一個曾經屬於羅馬的空間裡度過四百年的分裂與重組。引水道、道路、都市建設——羅馬的崩潰，讓這些一度得到國家權力與財政資源支撐的基礎建設毀棄殆盡。過去帝國的西半部變得愈來愈像鄉下；地方領主吸引武裝追隨者到自己身邊，

查理曼進行皇帝加冕儀式
△
西元八〇〇年，教宗利奧三世在羅馬聖彼得大教堂（St. Peter's Cathedral）為查理曼進行皇帝加冕儀式。
出自法國卡斯特爾市立圖書館（Bibliothèque Municipale, Castres）館藏的法國手稿。
Bridgeman Art Library, GettyImages.

地主則用各種高壓手段從農民身上榨取農產剩餘。以前羅馬帝國大部分人民曾享有的那種消費商品品質也已不再，工匠的市場也愈來愈小。儘管地方或區域性交易仍然存在，某些貴族還能藉此讓自己更加富有，但經濟活動的類型相當參差不齊，連社會菁英手頭的資源也很不穩定。

羅馬帝國的確還存在些許長遠的影響：例如在菁英之間傳播的共同語言拉丁語，以及後來演化為羅曼語系的諸語言出現；基督教的擴張也是其中之一。修道院網絡與神職人員的階級體系在一片廣大的區域裡發展成形，並歸屬於羅馬教宗一人的統轄之下。不過，最重要的或許是對羅馬帝國的記憶，以及重建羅馬的可能。貴族會想成為國王，國王也會想打造帝國——前提是他們沒有阻止彼此的行動。

要維繫王國，靠的不是橫向的相似性紐帶，而是身分不對等的縱向聯結——國王聯結領主，領主聯結附庸，附庸再聯結農民。少了像拜占庭那種無遠弗屆的政治力，基督教就無法為王室提供凝聚國家的框架或穩固的支持。教宗只是政治擴張遊戲裡眾多玩家中的一員，在過去羅馬的土地上被說翻臉就翻臉的強權團團包圍——有東哥德的征服者、拜占庭的復國者，以及在拜占庭重組國家的力量耗盡後立刻進占羅馬北方的倫巴底王國[15]。

到了西元八世紀，帝國的潛力最有可能在一群稱為法蘭克人（Franks）的民族當中獲得實現。數百年後，法國與德國民族主義者都試著把法蘭克人的歷史併進各自的民族主張裡，雙方都宣稱自己的民族源於偉大的法蘭克君王——法國人稱他為查理曼，德國人則叫他卡爾大帝（Karl der

15 譯注：倫巴底人（Lombards），日耳曼民族的一支，六世紀初時居住在匈牙利與斯洛伐克等地。拜占庭皇帝查士丁尼在六世紀中與哥德人不斷在亞平寧半島上競爭；西元五六五年查士丁尼過世，五六九年時倫巴底人就翻越了阿爾卑斯山，進占亞平寧半島。

Grosse）。法蘭克人是日耳曼語系民族，但他們當中位置最西的住在今天的法國，並學會羅馬帝國晚期的拉丁文，創造了後來演變為法語的語言；至於東邊的法蘭克人，則仍維持自己的日耳曼語。在墨洛溫王朝（Merovingian dynasty）之父克洛維一世（Clovis I，五〇九年至五一一年在位）等強而有力的領袖指導之下，法蘭克菁英有部分改信基督教，並擴張了基督教的控制範圍。儘管墨洛溫王朝曾有追求輝煌的資格，但每一次的繼承，都會讓領土在繼承人之間分割一次，整個家族也隨之搖搖欲墜。一直要到西元七一四年以後，國王手下的大將兼大臣鐵鎚查理（Charles Martel）才拼裝出一臺更統一、更有效率的軍事機器，將法蘭克人的支配範圍擴大到更多的土地與民族身上。阿拉伯人第一個穆斯林政體是在大帝國的邊陲發展而成，法蘭克人也是如此；他們在鞏固權力時，也因為和基督教的拜占庭帝國距離相對較遠而得到不少好處。

然而，鐵鎚查理的確跟伊斯蘭帝國碰頭過。西元七三二年，他在靠近普瓦捷（Poitiers）市區的地方，擊敗來自伍麥亞西班牙的襲擊部隊。對於他拯救基督教西歐免於被伊斯蘭教吞併的說法，我們沒有必要買帳——這樣的「歐洲」在當時不僅不存在，而且穆斯林在西班牙還會再待個七百五十年；不過，這個事件的確大大地提高鐵槌查理的聲望。他的兒子丕平（Pippin，七五一年至七六八年在位）成了法蘭克王。至於將帝國之名賦予法蘭克人的王國，並盡其所能團結這個國家之人，就是西元七六八年即位的丕平之子，查理。

軍事征服時常位居查理曼功業的核心，其中包括併吞大小相當可觀的王國。他之所以能扶搖直上，靠的是攫取、分配戰利品。查理曼從法蘭克人在萊茵蘭（Rhineland）的根據地往四面八方推進，擊敗倫巴底人、薩克森人（Saxons）、巴伐利亞人（Bavarians）及其他敵人，將一度與羅馬相關的區域交織在一起。

不過，查理曼並不是以羅馬式的體系凝聚帝國。他的帝國沒有固定的都城，而是從位於戰略要地的行宮來施行統治；他就這樣帶著大批隨從在這些行宮間巡狩，讓自己氣派十足，接受那些宣誓效忠於他的領主向他致敬。權力的安排是由上而下的：查理曼之所以變得強大，是因為他有能力透過掌控隨員和他們的收入來號令貴族。隨著騎士對作戰愈發重要，武裝人員（他們得自行添購馬匹與鎧甲）財產的多寡就成為國王或皇帝權力大小的關鍵。

查理曼還創造其他控制途徑，用來監視、影響自己的中間人。有差不多兩百五十個「伯爵」（count）銜命去監督收稅、宣布命令、糾集戰士以及治理行政區。此外，查理曼也仰賴於兩組直接對他負責的官員——王室附庸以及欽差（royal envoy）。在一個文化多元的王國裡，這套體系充分體現任用會說方言、同時也在當地上下階序之中的人做行政官員所具備的優勢。與此同時，加洛林政府也力圖保持局勢均衡，避免與所有帝國同時打照面的危險——免得帝國的中間人趁勢而起。所有自由人都得向皇帝宣誓效忠。不過，跟皇帝的直接關聯只是這個政治體系中的一個面向：體系中的每個人還得擁護另外某個人。多重效忠的階級體系一方面將帝國固定起來，一方面也創造了風險：一旦體系崩解，任何一個組成部分都有可能對全體造成挑戰。

查理曼渴望為自己豐富多樣的帝國提供宗教與意識型態上的一致性。幸運的是，教宗對他的需要正好與他對教宗的需求一致。由於受制於不太尊重教宗權力的倫巴底王國，還要面對拜占庭的挑戰及教會內部腐敗醜聞的威脅，教宗利奧三世（Pope Leo III）能從查理曼擊敗倫巴底人，以及對教宗權位提供的保護中得到好處。雙方都能想見：儀式性授予皇帝稱號，能將俗世與宗教權威用一種互惠的方式綁在一起。加冕後的那一年，查理曼在羅馬待了五個月，強化自己與永恆之城的聯結。

皇帝頭銜與羅馬聯結，這兩者一同將宗教與政治權威推向最高點。在查理曼統治之下，每個伯國（county）不單有個伯爵，還有個主教。主教由皇帝任命——即使理論上不是，但實際上就是如此。國家裡到處設立大修道院（abbey），還贈予它們大量的土地與農民。將大修道院賜給忠誠的騎士既可以為他提供可觀的收入，又能為凝聚帝國的結構再添生力軍。在查理曼的帝國裡，更有超過六百間的修院（monastary）。根據某位學者的記載，查理曼這麼說過：「我們這裡沒有羅馬人或日耳曼人，也沒有哪裡是法蘭克人、巴伐利亞人或亞奎丹人（Aquitanians）的地盤。這是個基督教帝國，是羅馬的基督教帝國，不作他想。」[16]然而主教就跟其他宗教權威人士一樣，有可能不受控制，神職機構也有可能為達目的而聚集、動用資源。

就經濟上來說，加洛林帝國與羅馬有兩個不同之處。首先，它的地理重心不再是地中海，而是位於歐洲偏北的萊茵河流域，也就是涵蓋今天法國、比利時與德國的範圍。帝國以當地健全的糧食生產為立國基礎，不僅強化財富的集中程度，也強化本區輻散出去的交易路線。統一的貨幣體系還促進貿易交流。加洛林王朝無論如何都無法追上巔峰時期的羅馬帝國，不過，從西元三百年到七百年間，海陸路聯繫的衰頹至少得到一定程度的恢復。加洛林帝國與多個經濟圈都有聯結，既與北方民族（丹人[17]、盎格魯—撒克遜人〔Anglo-Saxons〕）有貿易往來，也藉由倫巴底人聯繫威尼斯，透過巴爾幹半島到達拜占庭，再經由波斯人與其他民族來貫穿整個歐亞草原。在帝國的資源中，當地的人口貿易所占分額也不在少數——買賣的都是從查理曼擴張戰爭中抓來的俘虜；這些俘虜走進由來已久的奴隸貿易路線，經由威尼斯與其他南方口岸抵達穆斯林世界；在那裡，無論是政治、家用還是農業工作都相當需要奴隸。

其次，由奴隸耕種的大型種植園、亦即一度在羅馬體系中占有一席之地的「大莊園」

16 原注：「我們這裡沒有羅馬人……」：Barbero, *Charlemagne*, 109.

17 譯注：丹人（Danes），北日耳曼部族的一支，起源自今日的丹麥地區。西元九世紀時，丹人對外擴張，英格蘭地區的諾桑布利亞王國（Kingdom of Northumbria）、約克（York）、愛爾蘭與挪威等地都曾經是丹人的勢力範圍。

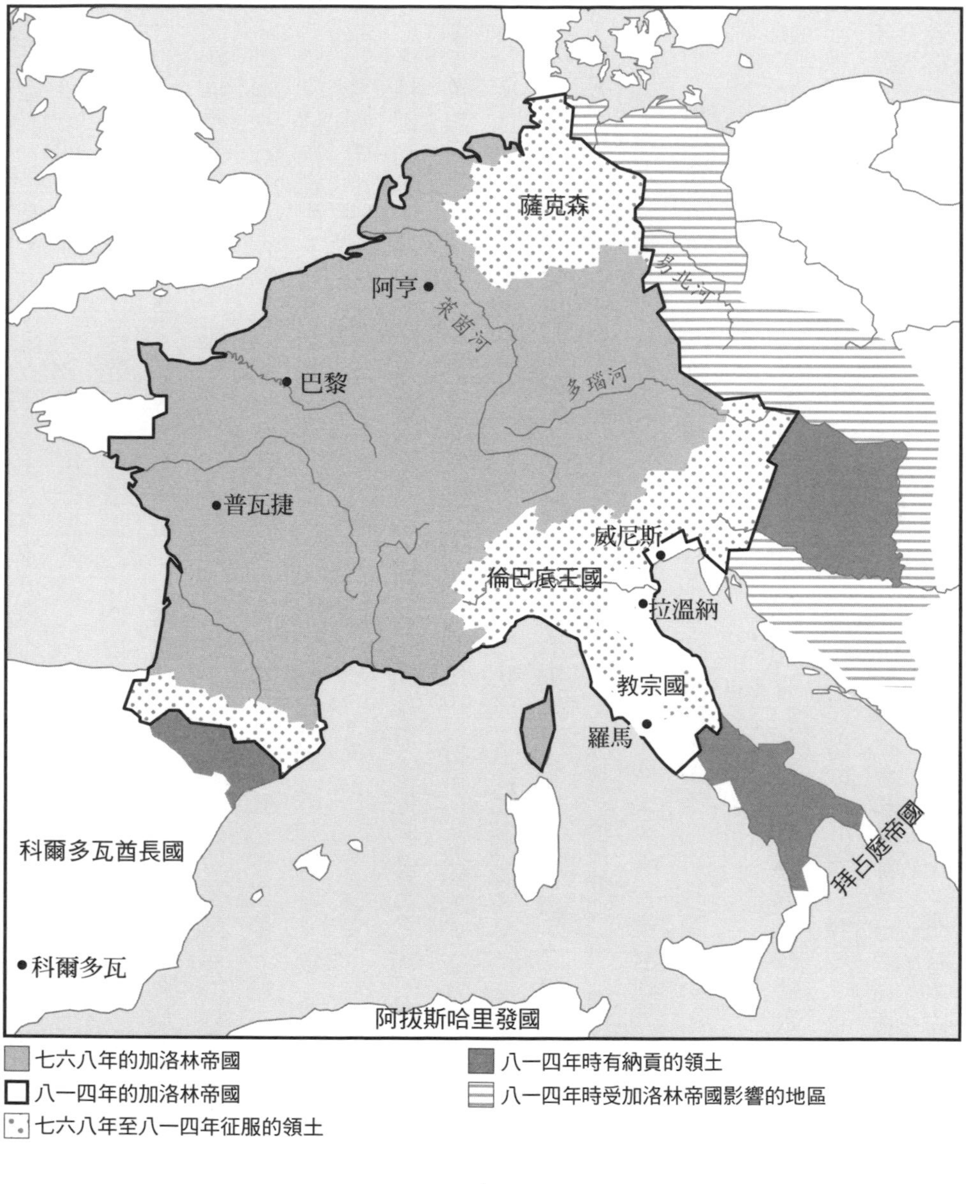

薩克森
易北河
阿亨
萊茵河
巴黎
多瑙河
普瓦捷
威尼斯
倫巴底王國
拉溫納
教宗國
羅馬
拜占庭帝國
科爾多瓦酋長國
科爾多瓦
阿拔斯哈里發國
七六八年的加洛林帝國
八一四年的加洛林帝國
七六八年至八一四年征服的領土
八一四年時有納貢的領土
八一四年時受加洛林帝國影響的地區

△
加洛林帝國，約八一四年

（latifundia），已經有一大部分轉為由各種依附關係中的人所耕作的采邑。其中雖然包括奴隸，但更常見的是束縛在土地上、作為農奴或佃農的農人。與其他成長中的帝國類似，戰利品的重新分配一開始對查理曼的權力相當重要；隨著擴張的成功讓邊境愈來愈遠，戰爭愈來愈難發動，從內部聚積財富的重要性也逐漸加深。皇帝透過征服、受贈與繼承，得到大片的土地與為數眾多的農民。查理曼開始抽稅與收通行費，雖然沒有像羅馬那麼有效率，但讓歲計收入穩定的目標則是一致的。

查理曼採取的法律措施既考慮到不同民族迥異的風俗，也將這些風俗記錄下來，同時他也嘗試讓某些法律能夠通用於整個帝國。地方習俗、皇帝詔令與基督教聖典——這一系列的權威來源，讓法律成為帝國統治的萬用工具。

加洛林王朝的法律傾向於定義臣民的法律地位，同時規定他們彼此之間的關係；對一個仰賴莊園經濟，需要在沒有像羅馬那樣充足資源的情況下，創造一批可以信賴的貴族階級，還要讓這些其心各異的貴族保持忠誠的帝國而言，這做法可說是恰到好處。貴族與神職人員位居頂端；最底層則是奴隸、農奴、佃農以及其他依附的耕種人力。夾在中間的則是一小層重要（但人數可能愈來愈少）的「自由農」階層；一種介於稅與地租之間的「財產稅」（census）和服軍役的要求，重重壓在這些人身上。

皇帝仍舊站在各種不同垂直關係的頂點，只要他能隔岸觀火，坐收漁翁之利，就能維持強大的國家權力。但這也就是皇帝的極限了，後繼者甚至連這點都做不到。時間證明，在歐洲的土地上，貴族的特權要比皇帝的力量更長更久。

加洛林王朝與拜占庭帝國曾斷斷續續嘗試重歸於好。在查理曼時代，基督教王國的統一仍然受到教士承認，他們也會討論基督教究竟意味著什麼，只是彼此之間沒有交集。查理曼曾與拜占庭攝政伊琳娜（Irene，後來成為女皇）就自己的女兒與伊琳娜之子間的聯姻開啟磋商。這次嘗試失敗後過了幾年，查理曼乾脆協商自己迎娶伊琳娜，但顯然當時伊琳娜手下的高官大臣擔心聯姻會削弱他們在宮廷裡的地位，於是發動了政變。一直要到十一世紀，東帝國與西帝國的宗教鴻溝才大到讓政治修好幾乎不可能發生。西元一二〇四年，十字軍攻陷君士坦丁堡，天主教會與正教會基督徒的分裂也大勢底定。

查理曼跟他的阿拔斯對手——哈里發哈倫．拉希德——也有短暫嘗試承認彼此權力存在的事實。從交換皇家禮物起頭，哈倫．拉希德送給查理曼一頭大象，這位加洛林皇帝無論是遠行還是打仗都帶著這頭動物。查理曼沒什麼了不起的東西足以回贈，但他也將馬匹、獵犬與織品送給了哈里發。拜占庭、伊斯蘭與加洛林統治者幾乎就要達成共識，了解彼此都是多帝國世界中的一部分；諸帝國不僅有了互動，也互相為對方設下限制，雖然每一邊都宣稱自己是上帝在俗世的代表。

西元七六八年，查理曼加冕為法蘭克王，八一四年以皇帝身分過世。拜占庭與穆斯林都承認他聲威遠播，開始用「法蘭克人」稱呼我們現在所說的歐洲人。查理曼一向是個制度與意識型態的變革者。他將帝國重整為一面由行宮、伯國、主教區與修道院組成的網，他對羅馬的喜好則成了這一切的偽裝。查理曼的行政體系就像中國皇帝一樣，依靠多元的資訊管道；但與羅馬或中國的差異在於，其帝國的結構基礎是貴族階層，貴族則用自己的土地與農民來支持、效忠皇帝。

查理曼原先有意遵從家族傳統，將大幅擴張後的疆土分給自己的兒子，但其中兩個兒子死得太早，於是整個王國就這樣交到虔誠者路易（Louis the Pious，八一四年至八四〇年在位）手裡。路易死後，帝國分為三塊。加洛林帝國仍然維持相當完整的樣貌，直到西元八八〇年代才傾覆於北、東、東南三面的敵人，以及武士貴族階級貪婪的分裂野心。但加洛林帝國在一個政治動盪的空間中屏障天主教，建立貴族制度，在未來被看作歐洲的這個地方留下了難以磨滅的痕跡。

後來，透過教宗與世俗統治者的再次攜手合作，先前的帝國有一部分再度重現江湖。西元九六二年，一名日耳曼裔的國王鄂圖一世（Otto I）被宣布為神聖羅馬皇帝（Holy Roman

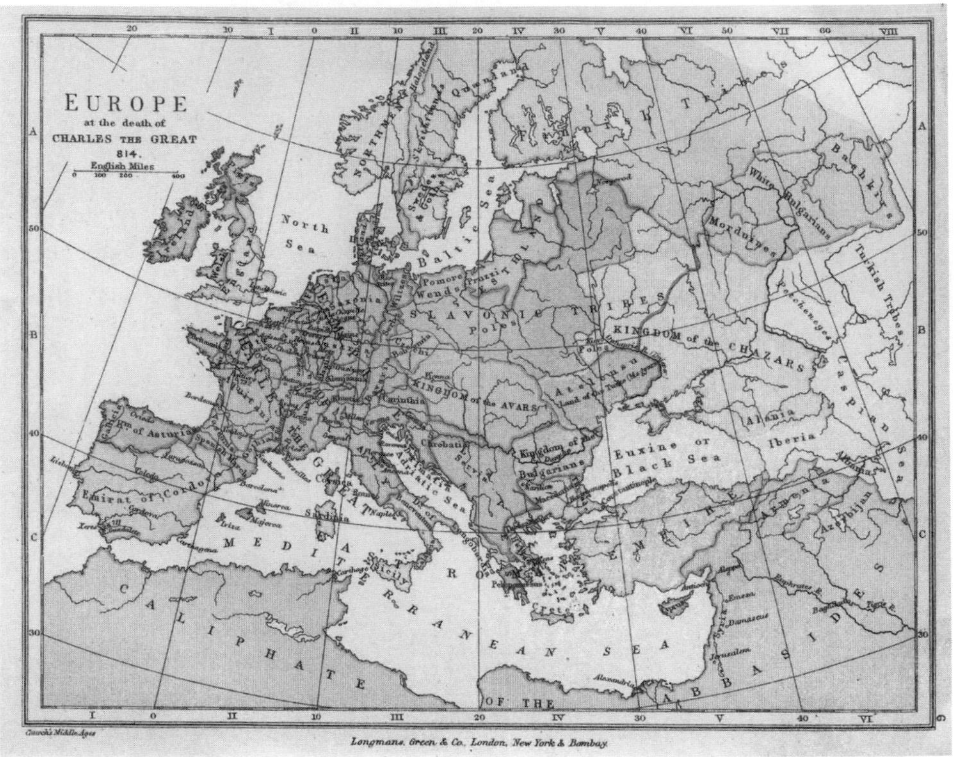

查理曼過世後的歐洲（西元八一四年）
△
查理曼被稱為「歐洲之父」，統一了大部分的西歐，
為後世的法國、德國與荷蘭奠定了政治實體的基石。

Emperor）。然而教宗勢力仍弱，各個日耳曼君主實際上掌控自己的領土，這讓鄂圖的版圖不像真正的帝國，就連這個國家宣稱自己「神聖而又羅馬」的主張也一樣不具說服力。貴族與各種地方統治者——邊境伯（margrave）、伯爵與公爵（duke）——在神聖羅馬帝國裡隱然變得比在加洛林王朝時更有權勢。從一四三八年起，選帝侯（princely elector）就不斷從哈布斯堡家族中選人來當皇帝，其中最為活躍的，則是一五二〇年成為皇帝的查理五世（見第五章）。但查理也是最後一位由教宗加冕的神聖羅馬皇帝。帝國就像個鬆散邦聯一樣延續下來，最多時可以由三百個公侯國（principality）組成；它們會合作對抗奧斯曼人，除此之外就很少團結。要等到一八〇六年，才有另一個帝國來解開這個纏結——那就是拿破崙帝國。（見第八章）

對帝國來說，一旦失去與地中海或其他邊遠地方經濟資產的安定聯繫，歐洲就是個相對貧困之地。脆弱而分裂的政治勢力不僅苦於農業地帶停滯的收入，同時還缺乏足夠資源去緊盯這塊帝國最有價值的資產；既與唯一能合法授予皇帝頭銜的教會關係緊張，大大小小的王公貴族又都謀求稱孤道寡、自立君權。在這種局勢下，把不同的政權與群體併進某種凌駕一切的實體，這個實體還要發號施令、調和鼎鼐是件相當困難的事。不過，這些日耳曼語系的國王與義大利相距雖遠、卻又想自稱皇帝與羅馬人的事實，讓我們不斷想到人們對羅馬帝國永不停歇的追憶，想到拉丁文與其他文化關聯的傳播，以及對社會菁英來說，想像身處於一個遠比自己出身的語言或文化社群還要更大的世界，有多麼重要。

多帝國世界的吉哈德與十字軍
Jihads and Crusades in a World of Empires

無論是哈倫·拉希德送大象給查理曼，還是加洛林與拜占庭皇帝間建立和親關係的失敗嘗試，都是令人惋惜、不禁佇足的瞬間。贈禮與協商聯姻都是為了穩定帝國間關係所做的努力。這些努力之所以會失敗，是因為帝國仍在彼此競爭，想方設法在對壘時占據上風，而帝國內的權力掮客可能會嘗試利用或阻止結盟，以免自己的利益受到影響。一神教的擴張則在這種屢見不鮮的結構問題上，又增添新的面向。基督教與伊斯蘭教同時為帝國的統一提供文化基礎，但也導致內部分裂的風險、以及孕育帝國間戰爭的新溫床。

至少從八世紀一路到二十一世紀，人們對於伊斯蘭信仰中「吉哈德」的概念已經爭論了幾百年。它是否指的是穆斯林向外傳教的義務？還是為了追求個人完滿而進行的內在鬥爭？又或是暗示可以壓榨、殺害或奴役每一個反抗信仰的人？伊斯蘭法學家為這類問題爭論不休，但他們自身也被捲入混合自我利益、實用思想與理想主義的帝國政局當中。將軍事勝利視為上天肯定的這種想法，一直以來都是羅馬帝國的重要支柱。不過，出現在穆罕默德所打造社群中的狂熱，以及他在敘利亞、伊拉克與埃及迅速取得的成功，卻共同創造出一項更廣為人接受的信條——聖戰，也就是「吉哈德」。聖戰士個人承擔起保衛與擴張「烏瑪」的責任，在他與社群之間沒有貴族階級的阻擋。但早期的哈里發國很快就面臨讓人大感失望的現實：拜占庭帝國有一大部分根本無法征服。接下來就是穆斯林內部的分裂。要對誰發動「吉哈德」，要試著跟誰和平共處，這些都不是簡單明瞭的事。

十字軍也是個模糊的概念。但跟「吉哈德」不同之處在於，當時人們沒有使用這個詞。人們將騎士大軍從西歐往耶路撒冷的進軍稱為朝聖或遠行探險，而且這還是源自風行於早期基督教中的朝聖傳統（他們也是第一支攻陷那座城市的騎士軍隊，時間是一〇九九年）。生米煮成熟飯後，十字軍才把丟掉基督教聖地的原因歸諸於穆斯林，說聖地不單只是個神聖的地方，而且一直以來都是泛地中海世界不可或缺的一部分，基督教正是在這裡成長茁壯。十字軍的價值觀隱含一種對人性的普遍觀點——基督教不只可以、也應該套用於所有人身上，因此那些不願改信的人都可以殺了。更有甚者，十字軍運動就像「吉哈德」那樣，很快就成了政治鬥爭與個人野心的獵物。早期的十字軍活在一個政治上破碎、卻共享基督教與階級制度價值觀的世界裡；在湯瑪士．比森[18]筆下，他們是「一群追求貴族聲名的人」。[19]

從法蘭克騎士在十字軍中扮演的關鍵角色，可以看出基督教在加洛林王朝統治時的空間擴散——神職人員已經讓朝聖與悔罪的概念遍及於該地。參加十字軍，讓這些騎士階級（尤其是年紀較小的兒子）有機會擺脫封建義務、自我證明、讓上位者另眼相看、獲得恩賜與獎賞；他們還可以遠離鄉土設下的局限，找地方來掠奪、建立新領地，並且（用中古基督教的說法）證明自己配得上尊貴的地位。教宗則從十字軍運動中找到一條擴張帝國的路，足以面對伊斯蘭信仰、拜占庭教會，以及天主教貴族與國王間的緊張與衝突。

從穆斯林自己的角度來看，是穆斯林世界內部的分裂，在聖地與其他地方造成不穩定的局勢。西方基督徒看到耶路撒冷被一小群非阿拉伯裔、信仰伊斯蘭的塞爾柱人拿下，從而促成一〇九六年第一次十字軍的誕生。十字軍響應教宗烏爾班二世（Urban II）的號召，前去拯救基督教的聖地；一方面是群眾運動，一方面則是有組織的遠征。

早期的十字軍與當時大部分的軍隊一樣，都是因地就食維生；他們也的確相當殘暴，一路打家劫舍。拜占庭跟十字軍之間的關係也很矛盾——前者找西方的基督徒來幫忙抵抗塞爾柱人時，心裡

18 譯注：湯瑪士．比森（Thomas Bisson），歷史學家，研究歐洲中世紀史，曾任教於斯沃斯莫爾學院（Swarthmore College）、安默斯特學院（Amherst College）、布朗大學、加州大學柏克萊分校以及哈佛大學，為哈佛大學榮譽退休教授。

19 原注：Thomas Bisson, "Medieval Lordship," *Speculum 70* (1995): 749.

想的是保衛君士坦丁堡，而不是奪取耶路撒冷。由於拜占庭對基督徒大軍的支援反覆無常，導致拜占庭的皇位遭到推翻與篡奪。西元一二〇四年，十字軍攻陷君士坦丁堡，拜占庭皇帝有好幾十年的時間得移駕到安納托利亞，這也造成雙方長期的敵對關係。

十字軍沿著自己前進的路線一路設立「拉丁王國」，包括一〇九九年在耶路撒冷，以及一二〇四年在君士坦丁堡所建立的王國。騎士、騎士家庭以及其他人等移居到十字軍路線上的城市，將天主教文化與西歐語言傳播到巴爾幹地區和東地中海一帶。過程中雖帶來新的交流，但這些地區並未完全融入基督教世界。

十字軍建立的王國有糾纏不清的歷史——彼此衝突的伊斯蘭君主，加上十字軍國王，以及態度反覆無常的拜占庭菁英，權力就在他們之間相互拉鋸。拉丁王國的領袖就跟他們想打倒的伊斯蘭統治者一樣，會用宗教語彙來詮釋自己的行動，利用宗教戰爭打造名聲。聖戰能夠創造「神意和平」（holy peace）的理念——打造一個世界性的社群，活在由基督教權威所推動的和諧裡；這種理念也變成一種效法羅馬前人，將帝國合理化的做法。但結局往往是更長的戰爭、更短的和平。

從基督教的分裂中現身的十字軍不僅沒有摧毀穆斯林勢力，也沒能讓拜占庭對教宗的權威俯首稱臣，但他們確確實實為穆斯林以及拜占庭對敵人的看法造成衝擊。對當地人來說，野心勃勃的領主襲擊城市不是什麼新鮮事，但勝利方軍隊的行為震撼了阿拉伯人與正教會的基督徒。十字軍在耶路撒冷的大街上殺害猶太人，把他們活活燒死在自己的猶太會堂（synagogue）裡；屠殺阿克薩清真寺（Al-Aqsa Mosque）裡數以千計的信徒，還攻擊希臘正教、亞美尼亞、科普特及其他東方基督教會。一百年後，十字軍又在君士坦丁堡殘殺正教會神父，燒毀大圖書館，褻瀆聖索菲亞大教堂及其他正教會教堂，一車車將拜占庭的珍寶載走、熔掉。對拜占庭與穆斯林的領袖來說，「法蘭克人」或「拉丁人」的野蠻行徑已經遠遠超過了正常的戰爭經驗。

西元一一八七年，薩拉丁的穆斯林軍隊摧毀耶路撒冷的十字軍王國；當地殘存的最後一個拉丁王國，也在一個世紀後終結在馬木路克王朝手上。此時，這個被宗教分裂以及世俗野心蹂躪過的地區，又要遭遇一波新的帝國衝擊。蒙古人——這支歐亞草原民族帶來全新的戰爭型態與寬容做法，而且走到哪就帶到哪，其中還包括宗教放任這劑良藥（見第四章）。西元一二五八年，他們打下巴格達，此前也已經推進到維也納郊外。只有在一二六〇年時，蒙古人才在埃及的馬木路克面前稍稍停下腳步。基督徒與伊斯蘭帝國的前景，看來晦暗不明。

小結 Conclusion

直到西元十三世紀，普世性的宗教還是沒有創造出普世性的帝國。本章曾仔細討論過三種帝國體系，它們都試圖要控制一神信仰，用以解決帝國架構與生俱來的問題：如何在一個廣闊而多元的空間中掌握眾人腦海中的想像，以及如何讓中間人沒有二心。從不列顛到埃及，羅馬曾經給各地人民充分的動機投入帝國的政府制度，同時還認同自己身為羅馬人。羅馬的分裂則為那些想繼承它的人們留下不同資源得以運用。

一神教很快就被證明有利有弊。雖然它能提供跨越地方層次的道德框架，但也因為人人都能主張擁有宗教正統性，進而打開一扇通往宗教分裂的大門。這三種帝國都得面對宗教分裂（天主教／正教會、遜尼派／什葉派）以及政教之間的緊張關係（教宗／國王、哈里發／烏里瑪、皇帝／牧首）。

在伊斯蘭與加洛林帝國可以明顯看到兩種截然不同的中間人（被保護人與奴隸／貴族），拜占庭帝國則介於兩者之間。查理曼可能沒得選擇，畢竟，從羅馬帝國分裂以來將近四百年的時間裡，領主政治早已根深蒂固。他得將貴族、貴族的武裝擁護者、以及臣屬其下的農民納入自己的指揮體系中。查理曼只能盡可能地多依賴幾條上下垂直的權力鍊結：從皇帝到伯爵、附庸、欽差和主教，以及他們每一個人的臣屬。

穆斯林統治者就不用跟盤根錯節的貴族文化相抗衡。他們為帝國收稅時，可以援用拜占庭（羅馬）的先例——一開始在敘利亞時，甚至還用拜占庭的稅吏來收稅。伍麥亞與阿拔斯王朝都費盡心力避免創造出貴族階級，並轉而倚靠奴隸與被保護人來當自己的中間人，官位則有高有低。他們或許會跟地方大族談條件，不過，就是因為哈里發與其家臣相對不受貴族干預，才使帝國能占據有利地位來面對挑戰。

帝國政府光譜上的這兩個極端都能夠產生快速擴張，其中一方利用領主中間人手下一群群的追隨者，另一端則是運用脫離社會聯結的個人；但事實證明查理曼的版本非常經不起考驗，崩潰的速度就跟建國的速度一樣快。不過家臣模式也有其弱點：一旦這些中間人發展出自己的團體認同，就有可能開始覺得自己也能做主，一如馬木路克最終在埃及的所作所為。所有帝國（包括拜占庭在內）都有繼承問題，但比起加洛林王朝的貴族體系，由中央培養的官員與軍隊更能夠世代延續下去。

一神信仰間的衝突，促使帝國在政體內的人與政體外的人（非信徒）之間畫清界線。「吉哈德」與十字軍這樣的意識型態，讓人們為建立宗教統一的帝國社群而動員，這當然也成為帝國的法寶。帝國的實際運作有其輕重緩急，而它們也不可能維持過於極端的「差異政治」。這塊屬於過去羅馬帝國的空間有著多元而流動的特性，後來的帝國也都必須應對這些特色引發的問題。拜占庭與伊斯蘭帝國統治猶太教徒、基督徒、穆斯林與其他宗教的信徒；無論作為集體還是個體，這些人都能為帝國的領袖提供有用的網絡。比起查士丁尼或哈倫的帝國，查理曼的世界在宗教上雖然沒有那麼多的歧異，但語言種類肯定不少——包括後來人們所說的法語、德語以及義大利語。

無論是基督教帝國還是伊斯蘭帝國，都無法打造出整齊畫一、無所不包的政權，但即便如此，它們仍然織了一面涵蓋自身領土內外的交流網。加洛林王朝散播基督教，贊助修道院，協助打造一個遠比自己帝國還要長久的神職人員階級體系。查理曼的征服以及後來的十字軍運動把騎士送到一大片廣闊的空間裡，其中某些戰士更是從薩克森（Saxony）到耶路撒冷到處生根，創造出羅伯特·巴特利[20]所說的「貴族的開枝散葉」。[21]隨著這些貴族而來，則是一套階級差異文化，以及從農民身上榨取收入、打造一批武裝隨從的做法。拜占庭則讓各個正教會在歐亞大陸遍地開花，並影響了俄羅斯帝國的發展。（見第七章）伊斯蘭先是隨著征服傳布，後來則沿著貿易路線流傳到征服地區以外的地方，但若不是伊斯蘭帝國在政治上的成功，這套信仰也走不了那麼遠。

處於一個正在擴張、同時還面臨競爭的帝國內處理「差異政治」的問題，可不是件容易的事；此外，這些統治者的下場也天差地別。歷史上滿是帝國的失敗嘗試，而帝國愈是成功，新帝國的機會就愈是有限。這也就是為什麼新帝國總是在既存帝國的邊緣地帶，或是等到舊帝國間的衝突為政治行動打開一條路時才開始起事。穆斯林與基督徒都試圖利用對方的威脅來建立強大的力量，但就十字軍騎士與彼此競爭的哈里發國而言，兩者的所作所為與其說是克服不團結的問題，不如說是讓基督徒與穆斯林各自的分裂攤在陽光下。只有在渴望與暴力的領域裡，才有放諸四海的基督教國度和世界性的伊斯蘭「烏瑪」。

20 譯注：羅伯特·巴特利（Robert Bartlett），歷史學家，不列顛學院院士，王家愛丁堡學會（Royal Society of Edinburgh）會士，以歐洲中世紀為研究領域，專長是中世紀的殖民、聖徒崇拜，以及十一至十四世紀的英格蘭歷史。

21 原注：「貴族的開枝散葉」：Bartlett, *Making of Europe*, 292.

有好幾條路從羅馬出發，其中有幾條是死路，其他路徑則通往讓人始料未及的十字路口。接下來幾個章節，我們會探尋興起自其他地區的帝國腳步；其中有些帝國登上東地中海的舞台，改變了帝國史的發展方向——如十一世紀的塞爾柱土耳其人及十三世紀的蒙古人。我們還會看到更多實例，能呈現出混合與多層次的帝國經驗。在本章裡，我們一直把重點放在某個重大革新——亦即把帝國跟普世性的一神信仰相結合所造成的衝擊。一神思想不僅將道德狂熱帶入包容與排他的問題中，也讓皇帝有更多籌碼主張擁有至高無上的權力。但就連以唯一神之名統治的領袖，也得面對其試圖治理的人民所交相混雜的特色。在某些案例中，統治者能運用這些差異來達成自己的目的。當基督教與伊斯蘭帝國打算在新的基礎上重建羅馬世界時，宗教狂熱與務實態度也同時影響著這兩種帝國。

第四章

貫通歐亞——蒙古諸帝國

Eurasian Connections: The Mongol Empires

十三世紀中葉，一場浩浩蕩蕩、毫不留情的征服改變了帝國世界。西元一二〇六年，一場蒙古部落首領會議宣布成吉思汗為最高領袖；到了一二四一年，蒙古軍隊已經踏平基輔（Kiev）、擊敗波蘭、征服匈牙利，更在讓人不寒而慄的拔都汗帶領下進逼維也納。三十五年後，成吉思汗的孫子忽必烈汗拿下了中國宋代的首都。城市、王國與帝國若非陷落，就是對這支無堅不摧的軍隊舉手投降；這支蒙古軍隊讓中國到黑海間的歐亞大陸統一在一個家族之下，這是頭一次，可能也是最後一次。

維也納之所以能逃過一劫，只是因為拔都聽到成吉思汗的繼承者窩闊台大汗的死訊，返回蒙古選舉新領袖的緣故。至於巴格達可就沒那麼幸運；一二五八年，成吉思汗的另一位孫子旭烈兀率領蒙古人攻陷這座城市，還殺了哈里發。黑海邊，特拉比松帝國[1]的拜占庭統治者倒是學到了教訓，和塞爾柱土耳其人一樣，同意將自己與領土交由蒙古大汗擺布。面對排山倒海而來的蒙古戰爭機器，倖存的統治者迅速派遣使節到蒙古可汗的宮廷去；在接下來的幾十年當中，商人、教士、學者、工匠與官員都能在蒙古帝國的遮蔭下擋風躲雨，得到安定與報償。

蒙古人建立的帝國並不長久，至少跟羅馬或拜占庭相比是如此。但蒙古人橫跨歐亞大陸所建立的交流，以及經修正、改變再傳諸後世的帝國統治手法，卻讓他們在世界歷史中占有一席之地。這一章裡，我們要來檢視蒙古勢力的起源、成吉思汗令人震驚的偉業、蒙古的治國之術、蒙古汗國的發展歷程，以及蒙古諸帝國對世界政局與文化帶來的衝擊。

通往權力的歐亞草原之路

Eurasian Paths to Power

羅馬人用了超過四百年的時間，才打造出自己的地中海帝國；但成吉思汗和他的直系子孫卻在七十年內，就創造出比羅馬更加龐大的歐亞帝國。是什麼樣的社會，才能駕馭這種長距離戰事的挑戰，更將歐亞大陸和散布各處的人民打造成一個物質與文化交流的網絡？一個遊牧民族不但能統治富裕的城市，還凌駕了中國、中亞存在已久的文明，這看來很矛盾，然而，正是遊牧經濟與古代歐亞帝國的習俗，為蒙古人形成了一套建立帝國的完整工具。

在先前的章節中，我們曾和歐亞草原的遊牧民族相遇，也仔細研究了他們是如何影響中華帝國的形成、制度以及弱點（見第二章）。曾經威壓漢代統治者並與其簽訂和約、向其納貢的匈奴，只是中國周遭滲透其邊防、索求好處的眾多遊牧民族之一。至於絲路的另一端，羅馬人同樣被迫付錢給那些行動狡黠的敵人——往西遷移的「蠻族」——或僱用他們來當傭兵。到了西元五世紀時，偉大的匈人領袖阿提拉[2]控制從黑海一直到中、北歐的廣大地區。他有時與羅馬人交好，有時則與哥德人攜手，有時則與兩者同時結盟，還從拜占庭皇帝那收取大批貢金。西元四五二年，阿提拉停止入侵義大利，這是羅馬城運氣好。翌年阿提拉過世，追隨者也因為他曾「同時讓羅馬世界的兩個帝國心懷畏懼」[3]而讚美他。

---

1 譯注：西元一二〇二年至一二〇四年間，第四次十字軍東征非但沒有進攻原先的目標——埃及阿尤布王朝——反而利用拜占庭帝國的繼承問題攻陷了君士坦丁堡。此後，拜占庭帝國餘臣在剩餘國土上建立了三個國家：伊庇魯斯君主國（Despotate of Epirus）、特拉比松帝國（Empire of Trebizond）以及尼西亞帝國（Empire of Nicaea）。

2 譯注：阿提拉（Attila, 406-453），五世紀中葉匈人首領，曾多次進兵拜占庭帝國，迫使皇帝狄奧多西二世（Theodosius II, 401-450）簽下城下之盟。隨後他更進攻西羅馬帝國的義大利地區，讓西羅馬帝國幾乎亡國。在其領導下，匈人帝國（Hunnic Empire）領土達到極盛，聞風喪膽的西歐人稱他為「上帝之鞭」（Scourge of God）。

3 原注：「同時讓羅馬世界的兩個帝國心懷畏懼」：Christian, *History of Russia, Central Asia, and Mongolia*, 1: 231.

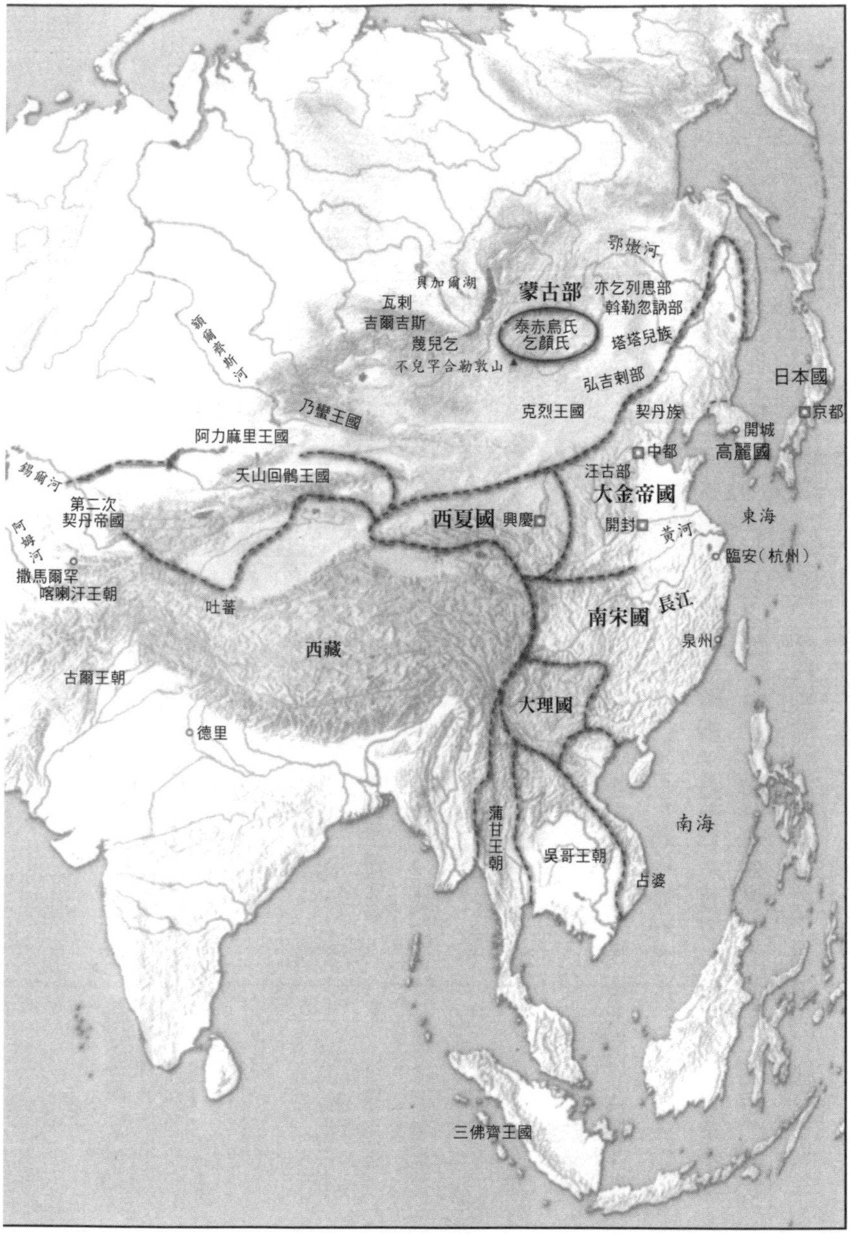
鄂嫩河
貝加爾湖
蒙古部
亦乞列思部
斡勒忽訥部
瓦剌
吉爾吉斯
泰赤烏氏
乞顏氏
塔塔兒族
蔑兒乞
不兒罕合勒敦山
額爾齊斯河
弘吉剌部
日本國
乃蠻王國
克烈王國
契丹族
京都
開城
阿力麻里王國
中都
高麗國
錫爾河
天山回鶻王國
汪古部
大金帝國
第二次
契丹帝國
西夏國
興慶
東海
阿姆河
開封
黃河
臨安（杭州）
撒馬爾罕
喀喇汗王朝
吐蕃
南宋國
長江
泉州
西藏
古爾王朝
大理國
德里
南海
蒲甘王朝
吳哥王朝
占婆
三佛齊王國

成吉思汗以前的歐亞大陸（12 世紀）

△

匈奴、匈人，以及後來的土耳其人（突厥人）與蒙古人，都來自一片肥沃的土地，亦即西起芬蘭、經西伯利亞與中亞北部，然後延伸至今日中國，綿延不絕的草原、森林與苔原。打從西元前一千年起，由於遊牧民族意欲進入氣候較為宜人的地區，農業人口同時也試圖移居到遊牧民族的生活空間，當地因此成為政治緊張與創新的區域。蒙古人登上舞台之前，其他遊牧帝國早已來了又去，也讓蒙古人具備向前人學習，採用他們的策略，並加入自己做法的優勢。

歐亞草原地勢起伏，高山、溪流橫亙其間，氣溫從冬天的華氏負四十度到夏日的一百度以上，變化極大；故此，要在草原上討生活，就不能缺少有組織的機動力。草原上的遊牧民族逐漸成為行家，能將稀少的資源分配給四散各處的人口，也習慣於跟隨草食動物移動；這些動物則成為牧民食物、衣物、遮蔽處、運輸工具的來源，也能用來交換商品。

馬與綿羊是遊牧民族最重要的牲口，而牛、山羊與駱駝也是生活體系中的一環。體型短小、能吃苦耐勞的普氏野馬（Przhevalski horse，以十九世紀的俄羅斯「發現者」為名）能夠從雪裡挖出草來吃，一天最多可以跑上六十英里。馬既可以產奶，又能用於運輸；除了提供肉食，也能做成皮革。情況不得已時，牧民會直接從馬的靜脈飲血——這種做法讓遊牧民族長期背負著負面形象；另外，馬奶也用來發酵做成酒精飲料——馬奶酒（kumis）。綿羊則是牧民肉品、衣服的來源；他們的移動式住居（我們所說的蒙古包〔yurt〕）也會用羊毛來保溫。由於單個地方草料的生長無法快到供給上述所有動物停留一整年，因此草原上的牧民每一季都要遷移，冬夏之間常常得移動個一百英里。

長距離放牧使得遊牧民族必須獲取最根本、也是歐亞大陸邊境最有吸引力的物品：補充牧民飲食的穀物，用來強化武裝的金屬，還有貿易時用得上的貴重商品、比方茶葉與絲綢。遊牧帝國也取得一些定居民的技術，其中以煉鐵尤甚；帝國也十分尊重工匠與手藝人。至於控制、保護通往中國與其他地方的絲路沿線貿易，則是取得貴重商品的額外途徑。幾千年來，遊牧與定居的人們一直在歐亞大陸上不斷互動；在貿易、外交、通婚之外，有時也會共享空間，但多少仍有讓人神經緊繃的掠奪或戰爭；一旦擦槍走火，遊牧民族恐怖的軍事能力，讓他們面對鄰居時占盡優勢。

雖然遊牧民族的精湛騎術讓人印象深刻，但他們之所以能創造出風格獨一無二的歐亞帝國，靠的是管理人民的方式。草原社會裡，家庭是最基本的單位。遊牧家庭如果要活下去，不只需要牲畜，還得與他人聯繫，才能在廣袤的土地上堅持下去。日子一久，盟約堅定的家庭就可能組成部落。一般人以為歐亞大陸上的部落是由同一個先祖的子孫組成，但部落其實會開放給各式各樣的人加入。「結拜兄弟」——安答（anda）——的習俗，讓人可以透過與有力人士變成「兄弟」，從而加入該部落。一個人也有可能決定拋棄自己的血緣繼承，成為另一個人的追隨者——稱為那可兒（noker）。與血緣團體以外的人通婚——族外婚（exogamy）——則創造另一種聯盟關係，這一類婚姻也意味著可能從其他部落搶奪女子，或是娶外族公主為妻。

這些習俗讓忠誠遠遠跨越血緣的範疇。整個部落都可以因為想要得到保護，或是被打敗而臣服於另一個部落。結安答、忠心服侍以及婚姻，都能鞏固人們的忠誠。部落領袖之間出於實際的結盟關係，有可能成長為強而有力、無遠弗屆的超部落聯盟。這種同盟關係讓遊牧民族能夠保護交通路線與放牧地，指揮強索財物的行動，或是掠奪與征服外部勢力。但是，這個超部落聯盟要由誰來指揮，並負責動員各部落來取得、分配這些資源？換言之，誰可以成為草原上的皇帝？

早在蒙古人成就帝國霸權之前，歐亞內陸的突厥人（Turkic peoples）就已經幫自己至高無上的統治者發明了詞彙。西元五五二年至七三四年間，從中國延伸到中亞的突厥帝國（Turkic empire）就是由一位突厥可汗（khaqan）所統治。後來的歐亞草原國家——蒙古地區的回鶻人（Uighurs）、高加索（Caucasus）的可薩人（Khazars），以及窩瓦河（Volga River）流域的保加爾人（Bulgars）——

蒙古帝國大汗忽必烈及其皇后的登基典禮

△

本圖來自伊兒汗國的波斯學者拉施特（Rashid al-Din）著作《史集》。

寫作於十四世紀初的《史集》以開創蒙古帝國的成吉思汗及其黃金家族的歷史為主軸，

描述蒙古帝國治下的歐亞大陸諸民族的歷史，其藝術風格融合波斯及阿拉伯特色，

充分呈現出融合多種文化的蒙古帝國在世界史上的意義。

該圖現藏於美國華盛頓的亞瑟．M．賽克勒美術館（Arthur M. Sackler Gallery）。

都採用這個頭銜的各種變音，蒙古可汗（khan）也是其中之一。在人們的想像中，授予可汗統治權力的是天空的主神騰格里（Tengri），以及所有活在天空之下的遊牧民族。

但正如前文所見的案例：天意容許各式各樣的詮釋，選皇帝的時候更是如此。羅馬人用各種不同的方式選出領袖，像選舉、出身、收養、暗殺以及內戰。伊斯蘭政權也為穆罕默德的繼承打得不可開交。蒙古人則跟著草原前輩的腳步，將戰士精神與血緣合併在一起。約瑟夫・弗萊徹[4]借用愛爾蘭的習俗，將這套做法形容為「酋長選舉制」（tanistry）。當首領過世，競爭者的圈子（包括兒子與兄弟）就得或戰或談，找出一條通往頂點的路。雖然不鼓勵手足情誼（骨肉相殘才是標準特徵），但這個制度仍然奠基於合理的前提上。在部落首領的大家族成員中，應該讓最會打仗、談外交的人領導，而不是由碰巧頭一個出生的兒子當頭。

想在層峰競爭可汗之位，就有可能得跟潛在的盟友和臣屬對壘或達成協議。結果大致出爐以後，便會召開一場大型會議——庫里爾臺（kuriltai）——以宣布新領袖人選。這種各部落領袖齊聚一堂，產生重大、一致決議的機制，至今仍在阿富汗與其他中亞政治空間中運作。可汗大去後發生的這些衝突並非繼承危機，而是一種常見而嚴謹的程序，用來選出最好的領導人。可汗必須出身重要家族，在往上爬的競爭中獲勝，再由其他大權在握的領袖選舉產生。

這種繼承制度要求卡里斯瑪（chrisma）的同時，也能創造領袖光環。人們將可汗本人及其家系的特質視為上天降福的徵兆，突厥語稱為「護」（qut）。蒙古人跟其他中亞遊牧民族一樣，深

4 譯注：約瑟夫・弗萊徹（Joseph Fletcher），研究中國史與中亞歷史的歷史學家，哈佛大學東亞語言暨文明學系（Department of East Asian Languages and Civilizations）教授。他以漢文化與伊斯蘭文化互動、滿人與蒙古人的研究聞名。

信世上滿是神靈，人類可以跟祂們說話、祈禱、討好祂們。這類信仰很容易就能接納其他宗教。遊牧民族統治者不僅保護佛教徒，也保護基督徒，就連在拜占庭治下的教義論爭中落敗的派系也不例外。蒙古人將騰格里視為包羅萬象、至高無上的神祇來崇拜；因為與天堂更為接近，他們也相信高處是神聖的所在。蒙古人的精神醫者是薩滿（shaman）；薩滿擁有特殊的力量，可以跟神靈溝通，確保祂們伸出援手。手段高明的領袖或許會仰仗薩滿，但他也可能自己直接與神明溝通。制度化的教會、宗教分裂或一神信仰的排他性都無法限制統治草原的人，這跟同時代地中海帝國的情況截然不同。

在建立、掠奪、挑戰與分裂帝國一事上，歐亞草原民族可謂經驗豐富。對彼此競爭的遊牧與半定居集團來說，漢帝國滅亡後曾經數度分裂、統一的中國向來是個巨大的誘惑。突厥汗國曾斷斷續續掌控有利可圖的絲路；當時，隋（五八一年至六一七年）與唐（六一八年至九〇七年）正力圖重新統一並治理中華帝國。突厥汗國在西元八世紀分裂以後，突厥人開始西進，朝拜占庭帝國或其他可能的帝國移動（見第三章）；回鶻聯盟趁勢而起，既幫助唐帝國擊敗敵人，同時也強索一大批絲綢作為回報。

西元九六〇年建立的宋代控制著中國經濟的發展與擴張，同時也重新定位中國的經濟；相較於修復跨大陸的貿易路線，更多則是從港口城鎮出口貨品，促進與東南亞之間的貿易。宋帝國治下的中國人口出現爆炸性成長，總數超過了一億人。不過，宋也同樣被迫仰賴或對抗另一個遊牧帝國——契丹人（Khitans）。契丹人對絲路如狼似虎的掌控，讓他們的名號在許多語言裡成了中國的代稱，比如俄文中的「Kitai」以及歐洲人口中的「Cathay」。契丹人把郵政體系（驛站〔yam〕）以及統治者的機動軍營斡耳朵（ordos）都帶進中亞的統治手法裡。

契丹人與後來的女真人（Jurchens）都屬於滿人（Manchurian peoples）。兩者都成功從宋帝國獲得大片土地，並在中國北方建立王朝——遼（九一六年至一一二五年）以及金（一一一五年至一二三四年）。蒙古人同樣來自森林遍布的滿洲地區，他們從那兒往西移動，進入後人所說的蒙古地區，居於契丹統治之下。成吉思汗的先祖就是在這裡將自家人組織成遊牧部落，有了自己的動物祖先圖騰——蒼狼與白鹿，以及自己的聖山——不兒罕合勒敦山（Burqan Qaldun）。但對後世來說最重要的，則是上述幾個民族與其他歐亞草原人民長久累積而成的政治經驗。

征服行動最重要的當然就是軍隊。契丹人和女真人都沿用了很久以前就已創建的制度，例如匈奴人以十個一數的方式組織軍隊的做法，以及統治者身邊的個人護衛（見第二章）。戰士們以十人為單位作戰；這些單位還可以合併成百人、千人甚至萬人的組織。成吉思汗打破部落群集，將戰士重新分配到不同的單位，大大改進了十進制作戰單位的戰力。在群體裡，每一個士兵都要為其他所有士兵負責；一個人失敗，所有人都要受罰。

草原上的生活則具有訓練效果——人們從幼年就開始騎馬，最受歡迎的運動為打獵，對部族或軍隊的領袖更要服從。蒙古騎士用的是短馬鐙，這讓他們速度更快，行動也更靈活。戰士得以在向前騎的同時回身射箭；蒙古西征結束後，回身騎射也成為廣受藝術家喜愛的題材。蒙古人的其他戰術還包括佯裝撤退，扯動對手，讓追擊的秩序大亂，最終落得被屠殺的下場；有假的營地，馬背上也能放假人。反曲複合弓（double-arched compound bow）則是蒙古人最標準也最可怕的武器，由動物筋骨一層層包覆在木頭框上製成；但蒙古人在征服路上還加入新的軍備——手持長槍的裝甲騎兵、中國的大砲與火藥。

十三世紀初的蒙古人不過幾十萬人，但到成吉思汗撒手人寰時，他的軍隊大概有十三萬人——人數介於羅馬軍隊全盛期的四分之一至三分之一。[5]這麼少的人口，卻控制著十三世紀時世界上大約半數的馬匹。過遊牧生活，就意味著整個社會都可以為了戰爭而動員；女人帶著補給跟著大軍，

蒙古戰士

△

馬背上的蒙古戰士，繪於一四三〇年代時拉施德丁《寰宇歷史》（*Universal History*，約一三一〇年）的波斯手稿上。
藏於法國國家圖書館（Bibliothèque nationale de France）東方文獻室（Manuscrits orientaux）。

有時也跟男人並肩作戰。戰罷返家不是目標；戰爭的目的在於掠奪、分享戰利品，然後繼續掠奪更多、分享更多。蒙古人隨軍帶著糧草，在戰爭開打前才將糧草安置好。他們也知道要上哪兒找水喝。一旦發現自己遠離補給線，也有應急的食物，包括馬血。這一切都意味著只要成吉思汗組織起他的大軍，他所指揮的就是一支讓人聞風喪膽的武裝力量。

打造蒙古式的帝國
Making Empires, Mongol-Style

到目前為止，我們已在書裡強調過帝國的制度、想像及用權套路，而非只限於皇帝的角色而已。但成吉思汗值得我們繞個路；他的生命歷程不僅勾勒出歐亞草原政治風俗的根本要素，更突顯領導人在一套個人化、家長式統治的體制中所扮演的關鍵角色。成吉思汗為自己開闢一條通往權力的道路時，也同時創造個人的神話。克服那些不可能跨越的障礙，既是成吉思汗「天命所歸」的證據，也成了其傳奇故事與個人崇拜中的一部分。

西元一一六七年左右，小男嬰鐵木真誕生於一個重要但不算強大的蒙古家族裡。鐵木真的父親曾是強大的克烈（Kerait）部族領袖脫斡鄰（Togrul）的安答；鐵木真的母親則是從另一個部族中掠奪來的女子。在很小的時候，鐵木真就跟一個來自他母親部落的女孩孛兒帖（Borte）訂了親。這一切都沒什麼不尋常，前途看起來也沒有特別光明。但在塔塔兒部（Tatar）的人殺了鐵木真的父

5 原注：「十三萬人」：數據引自Christian, *History of Russia, Central Asia, and Mongolia*, 1: 397.

親之後，其父的族人放逐他們家，鐵木真的命運也急轉直下。鐵木真、鐵木真的母親和她其他的孩子得自己採食為生。

身處如此惡劣的環境下，鐵木真處處展現強勢作風，這也為他帶來朋友、敵人與受害者。他與其中一個兄弟聯手，在一次打鬥中殺了另一個兄弟。西元一一八〇年，鐵木真被曾經與其父同盟的某個部族俘虜，幾乎被殺。經歷這次災難，鐵木真將孛兒帖的嫁妝獻給父親的結拜兄弟脫斡鄰，並臣服於他。鐵木真為事業有成的草原領袖脫斡鄰效力，跟講突厥語、保護基督徒與佛教徒的克烈人一同生活，這一切都為他提供新的資源。他有自己的忠實部下，亦即離開所屬部落前來跟隨的那可兒；他也有了自己的安答——童年時的玩伴札木合（Jamuqa），一個位高權重且握有兵馬之人。當孛兒帖被蔑兒乞部（Merkit）擄走之後，這些盟友就發揮了作用。鐵木真和脫斡鄰、札木合以及他們的人馬擊敗蔑兒乞人，救回孛兒帖，然後殘忍報復。鐵木真也得到首領的地位。

到了一一九〇年前後，幾個部族領袖推舉鐵木真為可汗，承諾無論是戰是和都聽命於他，並將征服得來的戰利品交給他分配。鐵木真開始改造前人的制度：他讓工匠、廚子，以及自己最親近的將領加入私人衛隊。後來他跟過去的安答札木合成了相互競爭的草原領袖，雙方都有大約三萬人馬。一一八七年輸給札木合之後，鐵木真逃往中國北部。他動用自己的戰士協助金以及他的保護人脫斡鄰。金王朝皇帝封脫斡鄰為「王汗」，並強化鐵木真的地位。對鐵木真來說，臣服於金給了他機會，得以沉浸於女真習俗以及中國的誘人財富。

再次回到草原時，鐵木真已經成為偉大的領袖；他重拾任務，消滅敵人，或是把他們收編到自己的控制之下。他不但智取先前的同志札木合，還打敗童年時的敵人。但當鐵木真轉而與過去的長官——王汗脫斡鄰——為敵時，卻被迫又一次撤退，退回滿洲。不過，鐵木真終究擊敗脫斡鄰——脫斡鄰死在戰場上——也殺了自己的安答札木合。在一次駭人的權力展現過程中，鐵木真還處死自己的薩滿。

一二〇六年，鐵木真在一場草原領袖的庫里爾臺大會上成為成吉思汗。成吉思這個名字，就像羅馬人的尊號奧古斯都一樣，是為了某個戰無不勝的個人而創造，好突顯他與過去所有可汗的不同。鐵木真選這個頭銜，代表了天空之神騰格里的神聖對等；成吉思是統治大地的神靈，成吉思汗就是世界之主。

成吉思汗在這整條漫漫長路上，不單是實踐，更讓遊牧民族的政治藝術超越顛峰。打從跟被逐的母親一起挖草根為食，到一路崛起成為皇帝，所憑藉的就是在一連串精打細算的同盟與毫不留情的突襲裡，徹底利用人們熟悉的習俗——結拜兄弟、宣誓歸順、族外婚、有仇報仇、雪中送炭，以及打賞。只要自己的勢力夠強大，他就會打破規矩，同時也把切斷部族紐帶當成主要策略。為了極端強調對個人而非血緣的忠誠，他處死好幾個最親近的男性親屬，或威脅要殺了他們。屠戮完反叛的臣屬之後，他才將剩餘的家族置於自己的保護之下。成吉思汗為了展現自己的領袖魅力，於是誇口說自己「跟放牛牧馬的人同衣同食」，還說自己「關心士兵就像關心自己的兄弟一樣」。[6]這種效忠個人的政治，靠的是對竭誠付出毫不吝惜的重賞；現在，成吉思汗得為此更進一步。

中國就是成吉思汗眼中最突出的目標。中國有糧食、棉麻、青銅、銅、鏡子、金子、綢緞、米酒，以及最貴重的商品——絲。十三世紀的中華帝國不只誘人，而且國土分裂、岌岌可危。宋代皇帝的統治促進貿易、都市化、科學創新、工程學（火藥）、藝術以及文化生產（例如活字）的發展，卻只能控制南方地區；金則統治北方。不過，成吉思汗採用的策略讓他與過去的草原領袖明顯不同；

6 原注：「跟放牛牧馬的人……關心自己的兄弟一樣」：引自Christian, *History of Russia, Central Asia, and Mongolia*, 1: 395.

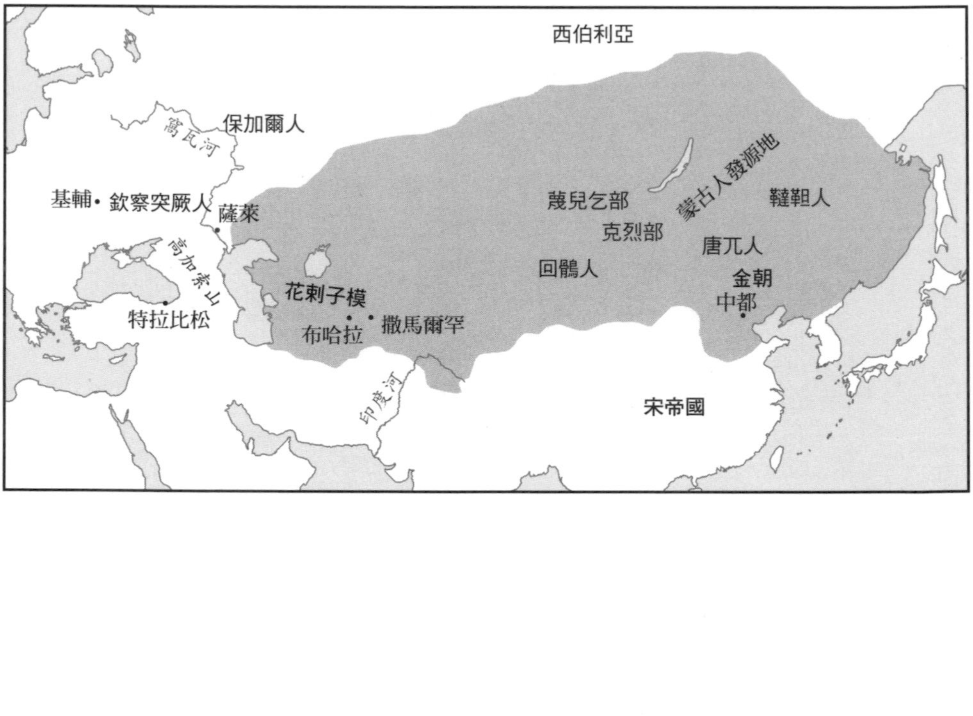
西伯利亞
保加爾人
窩瓦河
基輔
欽察突厥人
薩萊
高加索山
特拉比松
花剌子模
布哈拉
撒馬爾罕
印度河
蔑兒乞部
克烈部
蒙古人發源地
韃靼人
唐兀人
回鶻人
金朝
中都
宋帝國

△
蒙古帝國：一二二七年

他先將注意力集中在自己核心區域中問題頻仍的地點，以及貿易路線沿線的政權上，尤其是富饒的絲路。

成吉思汗派兒子朮赤去征服西伯利亞的部落，同時他本人則驅兵擊敗曾經支持札木合的部落。有些人選擇見風轉舵，例如回鶻突厥人就是自願投降。他們所使用的字母讓蒙古人有辦法記錄自己的征途，也記錄成吉思汗的各種規定。一二〇九年，成吉思汗出兵位於蒙古中心地區與中國之間的党項帝國（Tangut Empire，即西夏）。党項領袖於一二一〇年投降，送了大筆財物，希望能恢復和平。不過他拒絕派兵加入蒙古軍隊——後來證明此舉鑄下了大錯。成吉思汗見自己的大本營穩固，便向金王朝宣戰；經過漫長的戰事，他在一二一五年拿下金國首都，即位於今日北京附近的中都。這個結果不僅提供更多貢金，還讓他有個金國出身的皇后。結果成吉思汗繞了一圈，回過頭來征服了過去保護過他的國家。

成吉思汗在中國北方取得重大勝利，隨後改變方向開始朝西前進，擊敗挑戰者，得到更多人的效忠，包括穆斯林——對於蒙古人對其他宗教的寬容，他們大表歡迎。等到征服內亞各國之後，成吉思汗向花剌子模（Khwarezm，今伊朗地區）富有的統治者沙阿[7]做出外交提議。根據伊朗裔歷史學者、蒙古官員拉施德丁[8]的說法，成吉思汗部分的提議是這樣說的：「我們應該在必要時負起協助、支援彼此的責任，確保商路安全不受禍事波及，如此一來才能讓商人自由在各處移動；世上的

7 譯注：此指花剌子模統治者阿拉丁・穆罕默德二世（Ala ad-Din Muhammad II, ?-1220）。沙阿（shah）是古伊朗地區給予統治者的頭銜。

8 譯注：拉施德丁（Rashid al-Din, 1247-1318），十三世紀末、十四世紀初波斯出身的政治家、歷史學家與醫生，伊兒汗國宰相。

財富靠的就是商人間活絡的交易。」[9]然而這項提議沒有得到嚴肅看待——對花剌子模的沙阿及其臣民來說，這種態度為他們招致了不幸。成吉思汗的使者與商人也被處死。

成吉思汗從自己征服的地方糾集一支龐大軍隊來回應花剌子模，在一二一九年突然揮軍中亞。城市毀於令人喪膽的殘忍殺戮，唯有統治者對蒙古的統治俯首稱臣才能倖免。男人一批批被殺，女人與小孩淪為奴隸。由於蒙古人尊重工匠的技藝，於是大批工匠被送往蒙古宮廷服務。教士與神靈溝通的能力也很有用，蒙古人允許他們活著，這也讓反蒙古的聖戰不太可能發生。

一二二一年，成吉思汗擴大軍事行動，越過今天的伊朗與阿富汗，抵達印度河。部分蒙古軍隊繼續前進高加索、烏克蘭，最遠到達窩瓦河。這幾支軍隊在四年之內行軍一萬兩千五百英里，擊敗喬治亞人（Georgians）、烏克蘭的欽察突厥人（Kipchak Turks）、基輔地區的羅斯（Rus）大公們，以及窩瓦河流域的保加爾人。但由於察覺到行軍的極限和被包圍的危險，成吉思汗克制深入印度的衝動，掉頭返回蒙古，這也成了他最後一次行軍。

至此，成吉思汗已經讓自己成了世界的皇帝，他也不想就這麼離開。於是請道士指點他；道士們告訴他，想要活得更久就得放棄享樂——打獵、淫樂以及酗酒。成吉思汗生活不算奢侈，但他不只酒喝得多——這是蒙古人最大的愛好——而且後宮佳麗無數。成吉思汗的第一個妻子孛兒帖一直是家室中最有權勢的女性，但成吉思汗仍然透過戰爭與外交得到許多妻妾。他將其中一些女子賞給自己的兒子與愛將。這些作為蒙古戰利品的妻妾，在各自的新家也能成為像孛兒帖一樣的重要角色。蒙古人有在自家之外多婚的習俗，加上他們一場場的勝仗，也讓他們的子子孫孫遍布今日世界各地。

就在一場復仇之戰的途中，成吉思汗的生命走到了盡頭。一二二六年，他出兵攻打老敵人党項人，也就是先前拒絕提供兵丁給他的國家。翌年，成吉思汗過世，真正的死因至今眾說紛紜；蒙古人為了向他致敬，屠了党項的整座中興府。成吉思汗的遺體被秘密運返蒙古。他在掌握權力的過程中曾膜拜過不兒罕合勒敦山，現在他也被葬在附近。人們將陵寢藏了起來，周圍則成為無法靠近的聖地。

過去在歐亞草原上發展出來的價值觀、制度與統治方式，有一大部分是由成吉思汗所創造。這位草原上的將軍獲益於組織良好、機動靈活、自給自足的軍隊；並克服困難、擊敗敵人，證明自己的神聖光環；通婚策略擴大了王朝的範圍；得到保護的商人、工匠與教士為他帶來金錢、美女和安定；收入、分配以及詔令有文字記錄；還有貿易、貢金、戰爭與稅收等諸多收入來源——一言以蔽之，一神教造成的動盪排外不會是這個國家的特色。從制度面來看，十三世紀的歐亞草原能提供當時歐洲缺少的帝國元素。不過，還是需要有個人將部落、城市、聯盟和其他帝國串成（或強行弄成）一個由大汗統治的政權。

蒙古和平
Pax Mongolica

某些歷史學家曾用「蒙古和平」一詞來形容十三世紀晚期。成吉思汗曾向花剌子模的沙阿提議要「繁榮貿易」；這種「繁榮貿易」確實在整個歐亞草原發生，但在這個時候進行暴力征服，怎麼可能會產生所謂的「蒙古和平」？事實上，就跟未來的世局一樣，市場不會自己變成「全球市場」，經濟互動擴大靠的是拳頭。對於從蒙古人最初的破壞中活下來的人而言，蒙古的征服讓商業與文化

9 原注：「我們應該……」：引自Christian, *History of Russia, Central Asia, and Mongolia*, 1: 401.

的擴張出現可能性（就跟羅馬人擴張地盤時一樣），也為草原及其邊緣開啟新的政治可能與政治想像。至於對蒙古的統治者、官員和臣民來說，和平能讓各種統治手法融為一體，持續影響未來的各個帝國。

但首先，要先有和平。成吉思汗死後，這個跨洲帝國的維持得靠蒙古領袖間彼此關係穩定才行。成吉思汗對「酋長選舉制」的毀滅性風險可是知之甚詳；他宣布自己的三子窩闊台為繼承人，要求其他兒子以白紙黑字支持他的選擇。經過短暫的暗中算計之後，成吉思汗的傑出子嗣與官員在庫里爾臺盛會齊聚一堂，確認窩闊台的大汗身分。成吉思汗的家族成員──兒子、在世的兄弟，以及至少有一位女兒──都能統治一塊領土，稱為兀魯思（ulus）；大汗則在整個帝國行使協調的權力。

出於歐亞草原政治的現實傳統，長子會分配到離父親地盤最遠的牧場。在成吉思汗的時代，此舉意為「蒙古鐵蹄踏過的最西處」──對東歐的百姓來說則是個注定躲不過的分配。窩瓦河以西的草原，變成成吉思汗長子朮赤應當分到的兀魯思其中一部分，由朮赤的兒子拔都繼承。成吉思汗的二子得到中亞的土地。最小的兒子拖雷獲得蒙古的心臟地帶。成吉思汗曾經（帶著他的天命）造訪哈拉和林（Qara Qorum）；現在，作為蒙古的新首都，窩闊台大汗開始在此地興建宮室與城牆。成吉思汗至親後人之間勉強且動盪不穩的團結一直持續到十三世紀中葉，但若要讓這個帝國朝真正的跨洲型態發展，這段時間已經十分充足。

蒙古落實第二階段的擴張時，也同時結合第一次征服時用過的威嚇與外交策略。東邊，蒙古人繼續對金的攻勢，並在一二三四年完全征服中國北方。他們也在與野心勃勃的佛教喇嘛建立關係後，於一二五〇年前後併吞了部分西藏。橫亙眼前的最大挑戰，則是為征服宋代統治的中國南方而發動的戰事。不過，在獲得漢人策士的協助、並做好萬全準備之後，成吉思汗的孫子忽必烈汗終於在一二七九年擊潰南宋，並於隔年建立後繼的王朝──元。直到征服日本的野心一再受挫後，蒙古人才抵達自己在太平洋邊的極限。

到了世界另一端，野心的地理界線就沒那麼明顯。西元一二三六年，成吉思汗的孫子拔都率領蒙古軍隊，向西越過烏拉爾山脈（Urals）。部隊在五年之內推進到烏克蘭、波蘭以及匈牙利。正如我們所知，拔都在窩闊台大汗過世後返回蒙古，這臺蒙古壓路機才停了下來。拔都隨後在自己兀魯思的草原地區自立為王，掌握當地的牧地，以及與黑海、裏海、窩瓦河和跨洲貿易的交流。他將自己的國家命名為欽察汗國（Kipchak Khanate），讓人想起過去一度控制當地，現在卻臣服於蒙古人無堅不摧之力的突厥語系欽察人。後來，這個汗國以金帳汗國（Golden Horde）之名為人所知（見第七章）。

而在中國與金帳汗國之間、另外兩塊分給成吉思汗繼承人的地方，蒙古人也加強了控制。西元一二五一年，蒙哥被選為大汗；他命令自己的兄弟旭烈兀完成成吉思汗對西南亞的征服。旭烈兀擊敗什葉派伊斯瑪儀支派（Ismaili），接著朝阿拔斯人而去（見第三章）。他包圍並征服巴格達，殺了哈里發，據說連城裡的二十萬居民也一起殺了。旭烈兀的大軍終於在他揮軍埃及時，被馬木路克蘇丹的部隊擋了下來。旭烈兀以伊拉克和伊朗為根據地，自立為伊兒汗國（Il-Khans）的第一任君主。至於第四個，也就是成吉思汗次子察合台的兀魯思，則從鹹海向東延伸，環繞花剌子模地區貿易路線上的城市，讓其他三個蒙古國家——伊兒汗國、金帳汗國以及元能彼此相連。

由此可知，「蒙古和平」的其中一個源頭，就是更多的戰爭——把一大部分歐亞大陸納入成吉思汗後代統治之下的戰爭。但還有另一個來源，也就是外交。像亞美尼亞的統治者，以及莫斯科一帶想稱王的羅斯大公，只要腦筋夠好，就會了解歸順蒙古可汗能為自己取得保障的道理，有些人還能藉此獲得龐大財富（見第七章）。回到權力核心圈子裡，蒙古皇族依舊有能力分配國土的控制權，並統治超過四十年的時間。每隔幾年，成吉思汗的傳人就開始彼此設計、陰謀策反，隨之而來則是

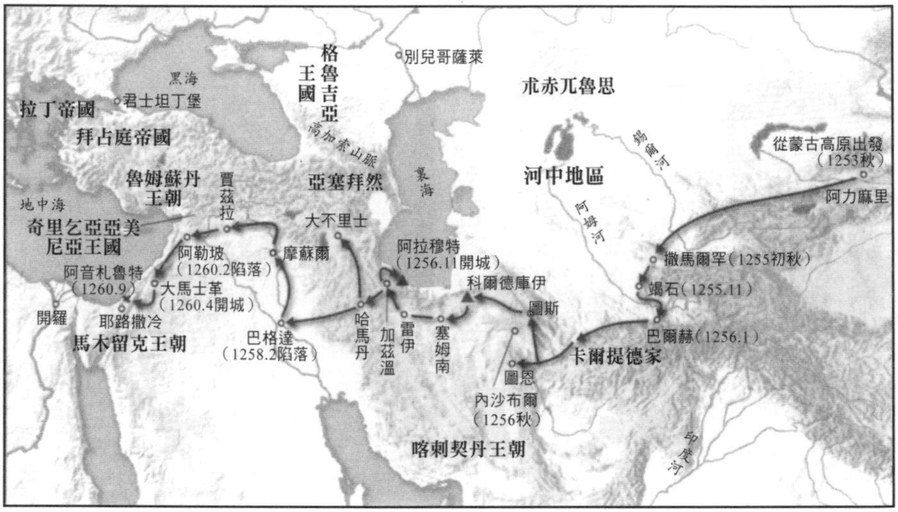

格魯吉亞王國
別兒哥薩萊
黑海
君士坦丁堡
拉丁帝國
拜占庭帝國
高加索山脈
朮赤兀魯思
裏海
錫爾河
從蒙古高原出發（1253秋）
阿力麻里
河中地區
阿姆河
魯姆蘇丹王朝
亞塞拜然
地中海
賈茲拉
大不里士
奇里乞亞亞美尼亞王國
阿勒坡（1260.2陷落）
摩蘇爾
阿拉穆特（1256.11開城）
撒馬爾罕（1255初秋）
阿音札魯特（1260.9）
大馬士革（1260.4開城）
科爾德庫伊
碣石（1255.11）
開羅
耶路撒冷
哈馬丹
加茲溫
雷伊
塞姆南
圖斯
巴爾赫（1256.1）
馬木留克王朝
巴格達（1258.2陷落）
卡爾提德家
圖恩
內沙布爾（1256秋）
喀剌契丹王朝
印度河

△
旭烈兀西征

一次次的大汗選舉；雖然這種「酋長選舉制」是以最大的規模進行，但兀魯思模式仍提供了一條免於全面戰爭的路。

從蒙古人的征服中誕生了四個成吉思汗王朝（Chinggisid dynasty）：朮赤的後人統治金帳汗國，其首都位於窩瓦河邊的薩萊（Sarai）；察合台汗國大約在今天的烏茲別克；位於波斯的伊兒汗國、由旭烈兀的後人統治；最後則是地處中國、一二六〇年到一二九四年間由大名鼎鼎的忽必烈領頭的元。窩闊台是成吉思汗之後的第一個大汗，但他的兒子們在繼承鬥爭中落敗，最後丟掉了所有領土。而成吉思汗的小兒子拖雷的子嗣（旭烈兀與忽必烈）則成功得多，最終在四個龐大的汗國裡占了兩席。

到了一二六〇年，我們就能說不只有一個蒙古帝國。一二五九年大汗蒙哥過世時，人在中國的忽必烈不等庫里爾臺召開，而是直接讓軍隊擁立自己為大汗。忽必烈將首都建在某個他稱之為汗八里（Khanbalikh）的地方，意思是「可汗之城」——也就是後來的北京。每一個汗國的蒙古統治者，都從歐亞草原的政治原則中汲取力量，同時也從被征服者身上繼承行政手腕。比起單一形式的帝國，蒙古的統治方式更能促進東西交流，改變文化、人口分布、治國方式和商業行為，也更能在擴大的世界中激起人們的雄心壯志。

蒙古作風
The Mongol Way

據說，窩闊台大汗曾經講過「可以馬上得天下，但不能馬上治天下」。這句話無疑是來自漢人幕僚的灌輸，他們對這個問題太有經驗了。一旦任務從征服轉為治國，蒙古人就得仰賴地方中間人，同時發展能控制他們的手段。蒙古汗國政權的與眾不同之處，不只是對地方情勢，包括宗教、藝術表現、科學以及生活享受方面的適應能力，也是因為汗國堅守歐亞草原權力套路中的特定元素。

到了中國，可汗得把自己重新包裝成一位皇帝。蒙古征服讓南北再度統一，還多了西藏，這讓中國達到有史以來最大的版圖。忽必烈很早就開始招募漢人謀士，迅速掌握強而有力、讓自己天威難測的帝國傳統，好突顯身為全天下統治者的地位。過去王朝選用的國號都跟地理位置有關，但元這個字代表的卻是「宇宙的起源」。這個國號能讓人不去注意蒙古人並非來自中國地區的尷尬現實。西元一二七二年，忽必烈透過一份詔書宣布自己的皇帝地位。這份讓人印象深刻的詔書，讓儒者出身的漢人官僚有了底氣，聲稱元已經合法繼承天命，為上天帶來光榮。

蒙古人根據需要，在所有征服的地方保留或改變汗國的制度與可汗的指揮體系。戶籍登記則是第二種在各地推行的統治技術——這對有效抽取人民稅收來說相當關鍵。早在開始征服大業以前，回鶻策士就已為蒙古人提供文字系統與記錄的專業服務。一二五二年，大汗蒙哥一聲令下，在中國進行史上規模最大的人口調查；欽察汗國同樣也有普查，範圍甚至包括羅斯大公的領地。組織蒙古軍隊的十進制體系也應用在人口計算以及徵兵上。在羅斯人的土地上，官員得到的頭銜都是類似於「百夫長」或「萬夫長」之類的軍隊統領職稱。蒙古人有各式各樣的稅——人丁要抽稅，交易要抽稅，牲口也要抽稅；有了跨國專家的提點，蒙古人在帝國的不同地方也會調整稅收方式。人口稅在伊兒汗國統治之處採累進稅制，富人要繳的稅比窮人高了將近七倍。

蒙古人榨取資源的方式非常實際——他們可以為了幫助某個群體而取消賦稅，也能為了懲罰另一個群體而加倍抽稅；但在幾乎所有情境裡，蒙古人都需要出身被征服地區的中間人執行他們的命令，同時收取、分配歲入與實物。在遊牧民族領袖眼裡，地方勢力引發的風險顯而易見——他們有可能從臣屬關係中自主脫離出去，並自立為王。但蒙古人也有方法應付間接統治的利弊：絕大多數

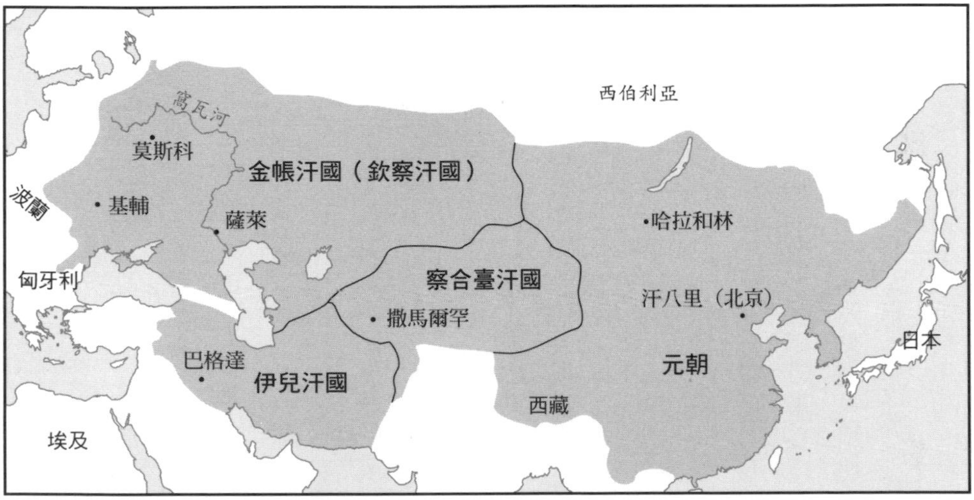
西伯利亞
窩瓦河
莫斯科
金帳汗國（欽察汗國）
波蘭
基輔
薩萊
哈拉和林
匈牙利
察合臺汗國
汗八里（北京）
撒馬爾罕
日本
巴格達
伊兒汗國
元朝
西藏
埃及

△
蒙古帝國：一二九四年

軍職都由蒙古人擔任，只有行政官位才對一般人開放，上位者則透過私人關係約束這兩種下屬。這幾套區隔與依附的體系，讓蒙古人得以運用各方人士的智慧，又能避免下放過多權力。

蒙古駕馭中間人的方法還包括在整個帝國內調動他們，同時微調自己的管理方式，以求達到特定地區的需求。在成吉思汗第一次猛烈進攻今日的伊朗地區之後，波斯人、回鶻人、蒙古小部落領袖以及猶太人都被安插在當地擔任高官。但到了伊兒汗國統治時，多數官職又重回古老波斯家族的掌握之中。到了中國，由於漢人有相當發達的行政傳統，蒙古人對於利用漢人當中間人一事可說是小心翼翼。元代統治者將地方稅收的重責大任留給低階的官員負責，同時任用外國人來當政府高官——例如來自中亞或中東的穆斯林、回鶻人以及蒙古小部落的成員。把高官位子留給非漢人的做法，或許也有把漢人菁英推向藝術與文學的作用；在元代的統治之下，這兩個領域都有蓬勃發展。為了打擊官僚勢力與強調個人忠誠，科舉曾在一二三八年到一三一五年間停辦。

至於在政治的最頂端，蒙古帝國依舊對歐亞草原王朝的準則忠心不二。皇帝——可汗——必須是成吉思汗的子孫，出自成吉思汗家族的後代。但為王朝服務的人就不受這條規則限制。不同出身與信仰的個人都能進入政府機構，像軍事將領一樣，搶著當對自己主子最有用處的人。

蒙古領袖在征途中，對宗教表現得毫不在意；當然，這是從拜占庭、伊斯蘭與加洛林帝國的統治者比較而來。後來的歐洲人將之詮釋為蒙古人對宗教多元的「寬容」，但這種「寬容」實則發源於與一神信仰非常不同的情境當中，那就是草原民族對心靈指引的興趣、蒙古人征服範圍裡豐富而多樣的宗教，以及透過族外婚完成的現實政治同盟。就以成吉思汗為例，他在某次戰後處置中，安排他的兒子拖雷娶了王汗的姪女。這個女孩名叫唆魯禾帖尼（Sorhokhtani），屬於人們所說的基督教聶思脫里派（Nestorians），是拜占庭教義衝突中落敗的教派。她也是蒙哥與忽必烈兩位大汗，以及伊朗征服者旭烈兀的母親。蒙古領袖深耕與宗教領袖之間的關係，把他們帶進自己的宮廷，教會的收入也不抽稅。在蒙古早期統治中，伊兒汗國治下的佛教徒、多個派別的基督徒、猶太教徒與穆斯林都相當活躍。

日子一久，許多蒙古人也皈依不同的宗教信仰。伊兒汗完者都（Oljeitu，一三〇四年至一三一六年在位）在他人生中的不同時期，可能當過薩滿信徒、佛教徒、基督徒，以及遜尼派與什葉派的穆斯林。蒙古人也跟西藏的佛教政權建立關係，在中國境內保護佛教徒，大汗忽必烈就是個信徒。但蒙古人改信伊斯蘭教則更為人所知。一二五八年，旭烈兀摧毀阿拔斯哈里發國，當地的伊斯蘭信仰看來是沒什麼希望了。但就在一代的時間裡，波斯的蒙古統治者就成了穆斯林，許多下屬亦然。這個選擇讓伊斯蘭文化在伊兒汗國及其後繼者的統治下，有了發光發熱的舞台。

法律也是蒙古統治手法中的一部分。成吉思汗剛崛起時，就從識字的隨從與俘虜處採納了管理的方法；他要求某位繼子在一本「藍皮書」裡，記錄他把哪些土地與人丁分配給自己的臣屬。據稱，成吉思汗的命令也都有明文記載與保存。人們所知的成吉思汗《大扎撒》（*Great Yasa*）法典雖然沒有文字留下，但一如我們對羅馬人的觀察，法律可以透過幾種方式對統治造成影響——作為規章制度與審判根據，同時也是法庭與法學家關注的焦點。蒙古可汗既頒布法令，同時也讓合法的判決成為可能。

在當代人所寫的蒙古統治史中，可汗被描繪成行使正義之人；輔佐以及提出建言的策士包括穆斯林、猶太人以及基督教的權威人士。在蒙古人的土地上，許多法律判決會直接交由宗教領域或部落中的有力人士進行；蒙古人希望他們在自己的小團體裡就把衝突解決。至於與國家沒有直接關係的犯罪，蒙古人情願將懲罰的權力交給別人，這一點在中國以消極的方式呈現：元代與先前的王朝不同，並沒有在中國制定刑法典。蒙古人不只有與人締約的習俗，也願意商討歸順、投降以及交易的條件；這也反映他們以宣誓效忠為主、契約安排為輔的法律文化。

蒙古的道路同時也是重要的貿易路線，讓可汗、官員、商人、旅人能夠聯繫整個歐亞大陸上的合作夥伴。快速的交流讓絲路搖身一變，成了訊息的高速公路。窩闊台大汗在一二三四年設立驛站體系，由一連串的中繼站組成，每隔二十五或三十英里一站，這個距離讓負重的馬匹可以在一天之內輕鬆到達。驛站為得到授權的使用者——包括外交使節、帶著皇帝命令的信差以及商人——提供馬匹與給養。旅人身上帶著一塊刻有蒙古文的銘牌，證明自己有得到官方的過境許可；這塊牌子就是護照制度的先驅。驛站有多重功能：既可以控制商人，抽他們稅，同時還能讓政府信差換匹馬繼續旅程，一天行進的距離或可到達兩百英里。蒙古人讓過去契丹人在中國北方實施的驛遞制度完全改觀，成為跨洲的行政管控、稅收與交易網絡。

蒙古人帶來的交流可以從太平洋延伸到地中海以及波羅的海，讓大量知識、思想與技術得以跨越遙遠的距離加以傳遞。波斯的佛教徒、中國的穆斯林策士以及基督教各教派深入各地的傳教士，都是十三與十四世紀民族與宗教大融合的其中一分子。就連在某個居民都安土重遷的地方，他們的日常飲食與烹飪方法、醫藥與地理知識、藝術與建築環境也會因為各種交流而改變，並同時傳遍整個大陸。一二四六年的庫里爾臺大會上，蒙古上流人士吃的或許是加了發酵馬奶的肉湯；一個世紀後，中國的元代統治者已經可以吃到小麥麵包與義大利麵、鷹嘴豆、胡桃、杏仁、開心果、茄子、蜂蜜以及糖漿。他們的傳統食物——羊肉，可以用香料調味、用滷汁滷以及火烤；端上桌時，下面還能鋪上一層鷹嘴豆泥！這種讓我們聯想到中東的烹調法，早已跟著廚子一起流傳到亞洲。烹飪方式是雙向與互相分享的。伊兒汗合贊（Ghazan，一二九五年至一三〇四年在位）統治時，米這種中國的主食就是波斯菁英趨之若鶩的食材。

蒙古的道路也讓一系列醫學體系——包括中國、朝鮮、西藏、穆斯林、聶思脫里基督徒以及其他民族——得以彼此接觸。伊兒汗國的中醫提倡針灸，應用草藥膏與水銀，並以把脈診斷。醫學的交流同樣也是雙向的：伊本．西那（Ibn-Sina，也就是歐洲人所說的阿維森納〔Avicenna〕）的《醫經》（*Canon of Medicine*）誕生在十一世紀初的中亞；一二七三年的元代皇宮藏書目錄上已經有了這本書。然而，當疾病越過草原時，這些知識卻沒法派上用場；疫情在十四世紀中葉時最為嚴重，當時中國瘟疫大流行，黑死病則在歐洲肆虐。無論古今，旅人帶來的不會只有好事。

蒙古人渴望上知天文、下通地理，於是為地圖繪製與天文學提供經費。元帝國資助成立地理學學校，由穆斯林製圖師擔任教師。這些十四世紀的專家對非洲與地中海形狀的了解，遠比歐洲人對亞洲輪廓的認識來得精確。伊兒汗促成建築在十三世紀後半葉的蓬勃發展，用圓頂建築將自己的城市改頭換面；這些圓頂裝飾有上釉瓷磚馬賽克，融合了波斯、中國以及突厥的藝術主題與技巧。在伊兒汗的治理下，手繪插圖與書法藝術得以興盛；可汗相當欣賞波斯的宮廷史詩，於是僱用漢人繪師彩繪歷史故事與神話。遊牧民族創造了地毯編織，這種實用的藝術形式在此際發展愈加精細，傳遍亞洲各地。蒙古統治者將最傑出的藝術家、工匠與學者吸引到自己的宮廷；上述藝術創作激增的關鍵，就在於財富、贊助與藝術傳統的交匯融合。

「蒙古和平」孕育的經濟擴張是文化長足進步的根本。蒙古人投資商業活動，維持橫跨歐亞草原的高速運輸與通訊體系，保護商人與工匠，同時實際調解紛爭，這一切都開拓了長途貿易的可能性與想像空間。蒙古人對商人並未表現出那種在過去中國可以看到的矛盾心態。與此相反，蒙古人的管理體系中就有促進長途貿易與地方生產力的機制，在國家與個別工商經營者之間，形成一種夥伴關係。蒙古人親商、四海一家、願意放權的做法，讓威尼斯、熱那亞商人以及黑海各港口的官員獲益匪淺，歐亞草原的貿易與東地中海也因而連成一氣。

此外，蒙古人保護宗教制度，將不同文化體系與獨特的社群納入他們的國家組織裡，再加上鼓勵貿易與文化交流，都讓當時的學者感到終於有了適合研究的大環境。拉施德丁大約在一三一〇年完成他的《史集》（*Collected Chronicles*）；他在書裡面說，只有在蒙古統治下，才終於可能「完整記錄全世界居民以及不同人種的歷史」。[10]無論是聖經中的先知、穆罕默德、哈里發、蒙古人、突厥人、漢人、猶太人、印度人還是法蘭克人，拉施德丁的目標，是要細查每一個民族的文獻與智慧，收入到一本「前無古人，融所有歷史分支為一體的大全集」裡。

拉施德丁抱持混同的人類觀：世界是由各種不同的民族所組成，每一個民族都有自己的知識與信仰、學者與文獻——世界就是個集合，不分高下與階序。互賴、多元而豐富的世界，這種大帝國式的想像，將拉施德丁這類擁有雄心壯志的人與其他學識淵博的專家聯繫在一起；而這一切之所以能緊密結合，則是蒙古可汗的保護與資助。

瓦解與重建
Meltdown and Reprise

在蒙古帝國消失許久之後，蒙古交流促成的技術轉移仍然重塑著全世界的政治、經濟與文化結構。但是，作為一套在特定王室控制下的協調體系，蒙古人建立的龐大帝國只延續了幾十年的時間。它的崩潰，也跟一開始讓帝國侵略成性的原因有關。蒙古人的霸權有賴於將資源分給戰士與追隨者，因此這套體系亟需擴張。「讓人們改變效忠的對象」是成吉思汗霸業的基礎，當然也能讓這個帝國土崩瓦解。冊封一個個兀魯思或許能避免這種下場，可一旦蒙古領袖在自己的地盤定居下來，也就失去面對敵人時所擁有的戰術優勢，同時也失去團結彼此的動機。蒙古汗國間的戰爭，就跟發生在遊牧帝國邊緣的戰爭一樣勢所必然。

四個汗國裡最安居樂業的汗國，也是最早瓦解的汗國。伊兒汗國（一二五六年至一三三五年）

被夾在兩個有力的歐亞草原式軍事政權之間——即以埃及為根據地的馬木路克人（見第三章）和金帳汗國的蒙古人（見第七章）。為了從一條經黑海、君士坦丁堡到達埃及、能讓人大發利市的路線上獲益，馬木路克王朝與金帳汗國相互達成和解；至於現在成了穆斯林政權的伊兒汗國，則是跟好些不同的「法蘭克人」聯手，但作用不大。即使伊兒汗國的末代國君不賽因（Abu Sa'id，一三一七年至一三三五年在位）與馬木路克王朝修復了關係，但到了一三三五年，這個王朝仍舊亡於自己手裡。雖然不賽因有好幾個妻子，卻沒有留下任何直系男性繼承人；更要命的是，在他死後那場常見的權力鬥爭裡，龐大皇室裡沒有哪個有資格繼承王位的人能毫無懸念地成為贏家。不賽因曾掌控的領土在後來四十年間分崩離析，許多住在當地的蒙古人，也和該地區說突厥語的穆斯林部落融為一體。

元帝國則多撐了三十年。征服者忽必烈的蒙古後人面對著不同的權力形勢。忽必烈將中國的北、中、南統一在同一個皇帝之下，但問題就跟秦漢兩代一樣，在於要如何將情況維持下去（見第二章）。對元帝國的控制來說，威脅來自多個不同的方向——蒙古群雄盤踞北方，而農民與佛教徒又在南方作亂。元代最後一個統治者妥懽貼睦爾（Toghon Temur，即元順帝）被漢人叛軍趕出北京；叛軍建立了下一個王朝，而且是個非蒙古人的王朝——明（見第七章）。

至於位居歐亞草原中心、距離紛爭不斷的草原邊緣最遠的兩個汗國，則以各自的方式獲得更長久的未來。在成吉思汗孫子拔都的統治下，欽察汗國（金帳汗國）將勢力範圍拓展到一片對養馬與貿易來說都很完美的土地上，而且距離某塊農業地區（後來的俄羅斯）也不遠；在那裡，一群爭權

10 原注：「完整記錄……的歷史」：引自Allsen, *Culture and Conquest*, 83.

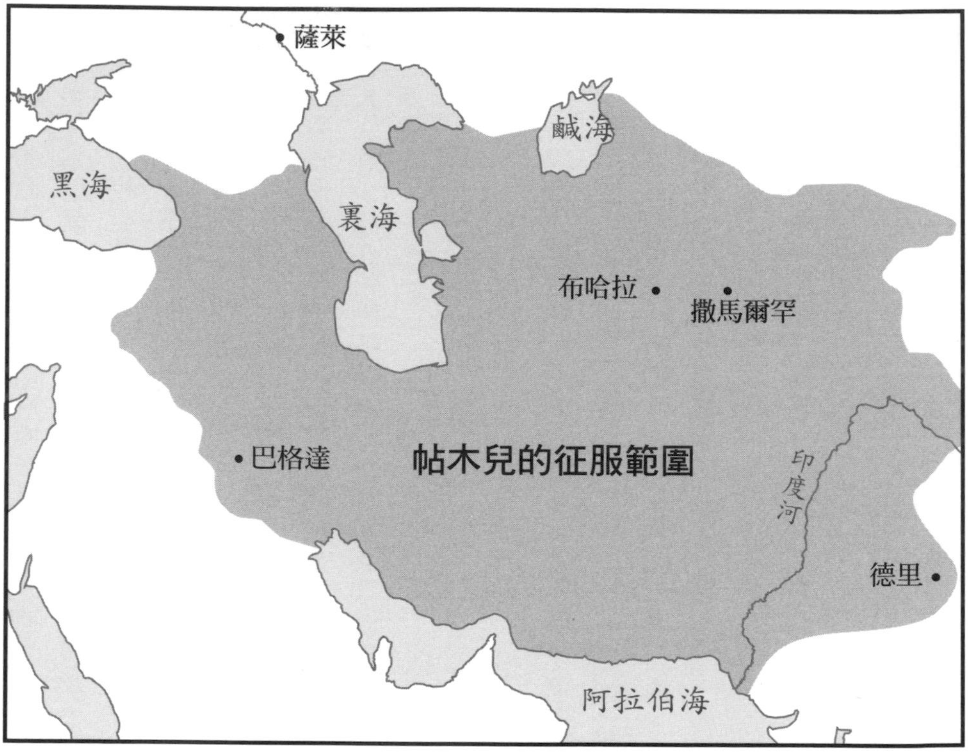

△
帖木兒的征服範圍

奪利的大公對建立從屬主權的可能性倒也心領神會（見第七章）。欽察汗國距離通往各個方向的主要貿易路線更是近到不能再近。汗國位於窩瓦河邊的都城——薩萊，以及後來的新薩萊——因而變得財富無邊。拔都的弟弟別兒哥從一二五七年至一二六七年間擔任可汗，他個人也改信伊斯蘭教；後來，金帳汗國在月即別汗（Uzbek Khan，一三一三年至一三四一年在位）統治下，變成穆斯林政權。成就金帳汗國的同一種原理，也會讓金帳汗國支離破碎——胸懷大志的領導人有能力與自己的領主決裂，組成新的同盟關係，接著跟外人（例如奧斯曼帝國）一鼻孔出氣（見第五章），一同攻擊汗國和汗國的財富。從一四三八年開始，金帳汗國在窩瓦河與黑海北濱的草原地區分裂成幾個獨立汗國；接下來的三百五十年間，這些汗國逐漸被其他帝國一個個併吞——而過程通常相當激烈。

到了十三世紀末，察合台位於中亞的兀魯思先是分裂成兩半——河中地區（Transoxiana）與蒙兀兒斯坦（Mughalistan）——最後瓦解成部落與軍事單位組成的鬆散邦聯，邦聯中各個成員跟都市與農業地區沒有太多聯繫。遊牧生活與急就章式結盟兩種傳統在當地完整保存下來，而最後一位傑出的蒙古征服者就是在此誕生。十四世紀末，蒙古人血緣、穆斯林出身、一口突厥語的跛子帖木兒[11]複製了成吉思汗登上權力顛峰的豐功偉業，無情征服一大片歐亞草原——雖然只是曇花一現。

帖木兒靠著巧妙的手腕，像花蝴蝶般穿梭在敵對勢力之間——他和其他部落的人、曾經的敵人以及侵略兀魯思的外人結盟，為的是打敗自己部落的領袖、早先的競爭對手與保護人。一三八〇年，帖木兒一個人就掌控察合台的兀魯思，坐擁富麗堂皇的首都撒馬爾罕（Samarkand）。接著征服整

11 譯注：帖木兒（Timur, 1336-1405），出身突厥化蒙古部落的帖木兒王朝創始人。他以察合臺汗國西部為根據地，征服範圍從印度、俄羅斯到地中海。由於他年少時腳曾因故受傷，因此當時的西方人都稱他為跛子帖木兒（Tamerlane）。

個波斯與阿富汗、高加索、金帳汗國的土地以及北印度，手段之兇狠令人咋舌。帖木兒的部隊在一三九三年打下巴格達，一三九六年掠奪薩萊，更在一三九八年攻陷德里（Delhi）。到了一四〇二年，帖木兒在安納托利亞擊敗奧斯曼人，終結偉大的征服者巴耶濟德一世（Bayezid I）的事業（見第五章）。卡斯提爾（Castile）的亨利三世（Henry III）、法國的查理六世（Charles VI）以及英格蘭的亨利四世（Henry IV）都祝賀帖木兒的這場大捷。帖木兒還出發前去征服中國，卻在一四〇五年中道崩殂。

帖木兒小心翼翼地把自己跟人們對成吉思汗的記憶連在一起，讓人們回憶起那個在潰敗邊緣撤退、窮愁潦倒的小伙子，以及他與神明間的直接關係。但帖木兒並非出身成吉思汗家族，這也很可能被人視為背棄蒙古人極力維護的堅定皇室傳統。為了解決這個問題，帖木兒安插一位成吉思汗家的人，讓他擔任察合台兀魯思名義上的領袖；帖木兒還娶了出身成吉思汗家族的妻子，好幫他生個有皇室血統的兒子。這步棋大獲成功，在整個中亞與南亞創造了許多繼承成吉思汗血緣的合法宣稱者。一五二五年在印度創立蒙兀兒帝國的巴卑爾（Babur，一五二六至一五三〇年在位），正是帖木兒的其中一個成吉思汗後裔。

然而，光靠皇族血脈並不足以維繫整個帖木兒帝國。帖木兒遺命將大權交給某個孫子，但國家很快就分成四塊，接著又分裂成好幾個地區；敵對勢力在這裡互相爭奪，打了十五年的爛仗。帖木兒一如成吉思汗，身邊圍繞著來自各部落、各地區的軍事將領；他也像成吉思汗那樣，用征服得來的戰利品保持戰爭機器的運轉。帖木兒有系統地將部落領袖遷離家鄉，把不同地方部隊編成混合軍隊交給新的指揮官，同時保有對軍職、文職的個人控制，藉此強化蒙古人區隔地方行政官員與軍事將領的雙元統治策略。

在帖木兒手上，這種以打破地緣網絡為基礎的極端個人化權力，運作得相當順暢，卻也把任何一個後繼領袖動員、獎賞追隨者的能力給連根拔了起來。過去那種部落領袖間彼此敵對、忠誠心不斷易幟的動盪政局也重回當地；即便到了今天，阿富汗對任何帝國來說都是個燙手山芋。帖木兒謝世以後，只有獨一無二、大權在握的統治者所領導的個人帝國神話仍然屹立不搖。這種主權觀也因為帖木兒襲捲一切的暴力，以及隨後強加於當地的秩序而在記憶中代代相傳下來。

蒙古的重要性
Why Mongols Matter

蒙古人對中亞鄰近地區政治想像的其中一項貢獻，就是讓一個由單一、強大的統治者征服、保護的帝國和平成為可能；這片和平不只占地遼闊，還能讓人大發利市。大汗並非地方子弟，而是遠道而來的高貴征服者；這個事實也與四散於草原、沙漠與山區人們的經驗相符。蒙古統治者得到勝利之後，不僅允許人們繼續保持自己的宗教習俗，更仰仗地方有力人士完成大部分的治理工作。經驗老道的官員占據汗國要地的官職，一旦蒙古人的控制開始不穩，他們也能為不同的領袖服務。若干蒙古可汗接受伊斯蘭信仰，促進成吉思汗後裔的統治，也促進他們跟受波斯影響、以城市為中心的藝術與書寫文化之間的共生關係。當汗國的勢力向外滲透，工匠與建築師的技術與設計也被人們帶到其他地區。

縱然各個蒙古帝國很快就土崩瓦解，但歐亞草原的統一仍然在未來的政權上留下印記。保護宗教習俗、以接納差異為統治慣習、沒有固定的國家中心或核心人民、培養個人化的忠誠作為統治者的控制手段、視情況需要而為之的結盟關係，以及審時度勢臣服於人、締約的做法——即便在成吉思汗的帝國消逝許久之後，這些手法仍然不斷上演。

歐亞草原周圍的世界已不再相同。未來我們還會看到，有些人不僅繼承蒙古人的經驗，克服過去偉大的征服者沒能解決的問題，更藉著融合蒙古與其他民族的傳統，打造或再造龐大而長久的帝國——例如奧斯曼、俄羅斯與中華帝國。帖木兒的傳人——即印度的穆斯林蒙兀兒帝國——統治各色人種超過兩百五十年，在沒有將自身宗教信仰強加於不同人民的情況下，仍然能強化商業交流。有了蒙古人的照管，貿易與通訊出現長足發展，開拓了統治者、商人與探險家的眼界。哥倫布就是讀了兩世紀前馬可・波羅（Marco Polo）跨洲旅途的記載之後，才在一四九二年開啟前往大汗國度的航海之路。

第五章

跨出地中海——奧斯曼帝國與西班牙帝國

Beyond the Mediterranean: Ottoman and Spanish Empires

雖然蒙古人用了比羅馬人更短的時間，就打造出比羅馬更大的帝國，但可汗們卻沒有創造能長久維持整個帝國完整的機制；然而，這恰好是奧斯曼帝國成功之處——將歐亞草原習俗，與東地中海及其腹地的帝國創建形式融為一體。而在地中海海域的另一端則產生不同種類的突破，讓統治者得以用今天部分的奧地利、德國、比利時、荷蘭、法國、義大利以及中南美洲，一塊塊湊成一個拼裝帝國。哈布斯堡王朝雖然無法克服歐洲內部分裂的傾向，但美洲地區卻讓王朝擁有一塊前景看好的土地，也提供了一條避開奧斯曼勢力範圍之路。奧斯曼家族與哈布斯堡家族催生出新的帝國種類，同時也產生和帝國統治者、從屬於下的臣民以及兩者之間的中間人有關的新問題。這一章將會探討這兩個用不同方式拓展影響力，並且互相衝突的帝國。

我們的主角群包括兩位偉大的帝國建築師，奧斯曼帝國蘇丹蘇萊曼大帝（一五二〇年至一五六六年在位）以及查理五世——從一五一六年起，他就是歐洲與美洲多塊領土的統治者，更在一五二〇年至一五五六年間擔任神聖羅馬皇帝。兩位統治者的不同信仰，以及他們對過去羅馬統治地區的衝突主張，都讓彼此的競爭更為緊張。兩位統治者也都受到天啟般的願景所激勵，認為自己的王朝將會統治整個已知的世界。對奧斯曼家族來說，一四五三年征服君士坦丁堡——第二羅馬——還有蘇萊曼擴張的領土，似乎都在實踐某種能上溯到亞歷山大帝國的命運。至於從哈布斯堡家族的角度來看，無論是一四九二年擊敗格拉納達（Granada）的最後一位穆斯林哈里發，還是神聖羅馬帝國對西班牙諸王國的統一，都是在一步步朝普世的基督教帝國前進。

雖然查理五世渴望打造一個新的羅馬，但其權力卻是產生自羅馬消亡後動盪的政治餘波中。即使有基督教作為共同基礎，數百年來許多領主、國王對權力的堅持仍然互相矛盾。而蘇萊曼建立帝國的可能性，則是從某個更加紛擾的帝國空間裡誕生。奧斯曼家族不只拿下拜占庭，更進一步跨過拜占庭的領土範圍，將蒙古、突厥、波斯、阿拉伯與羅馬等許多過去帝國的部分領土收入囊中。奧

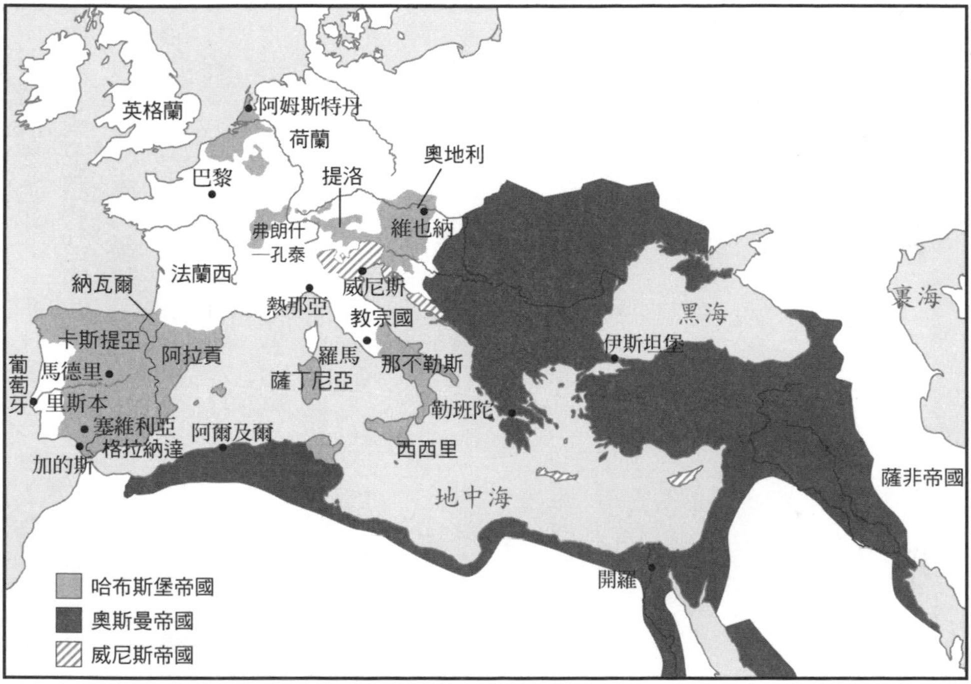

△
十六世紀的哈布斯堡帝國與奧斯曼帝國

斯曼政權遠比一神教的地中海帝國更為包容，也比蒙古汗國更為長久。由於受到奧斯曼人的封鎖與國內貴族的箝制，西班牙地區的國王們於是轉向另一個方向——海外，以尋找新資源作為帝國的力量。第六章將會繼續討論帝國向外延伸的過程，細探西班牙、葡萄牙、荷蘭、英格蘭以及法國等海上帝國的奮鬥過程；這些過程帶來的影響，也遠遠超過提出構想之人一開始設定的目標。

本章裡，我們把目光焦點放在兩種組織帝國權力的方式。在奧斯曼帝國這邊，皇帝刻意吸收奧斯曼社會以外的人，納入自己的麾下，然後再透過這些下人來統治。而在哈布斯堡治下的西班牙，皇帝則是從地方鉅子身上獲得兵源；這些地方上有權有勢之人讓自己的擁護者們為帝國事業出一份力，但也可能利用他們來抗衡帝國。奧斯曼的統治權力相對不受土地貴族勢力的控制，這讓蘇丹面對帝國人民時擁有極大的彈性。奧斯曼家族將不同文化群體中的領頭羊納為行政中的角色，將保護（以及權利主張）延伸到不同宗教的臣民身上。另一方面，西班牙的統治對宗教差異則是出了名的心胸狹窄。

帝國並非誕生於某個準備去支配另一群人的民族之中。奧斯曼帝國不是只有土耳其人，哈布斯堡帝國也不是只有西班牙人。而帝國建造的過程，也重塑了這兩個帝國的社會。

拼裝君主國與「西班牙」帝國的由來
Composite Monarchy and the Origins of the "Spanish" Empire

「西班牙」算不上帝國起家的風水寶地。群山將這塊地方切成好幾個區域，各地在文化上與政治上都傾向獨自發展。一直要到一四九二年，最後一位伊斯蘭統治者才被趕出格拉納達。在維拉斯奎茲[1]筆下的細膩畫作中，帶領西班牙走向帝國輝煌的皇帝不僅金髮碧眼，還有哈布斯堡家族的突出下顎；皇帝並非出身於伊比利地區，而是來自中歐北部。西班牙帝國並非發跡於一塊強大而統一的領土，帝國的領導班子也沒那麼西班牙。

十五世紀晚期，在過去羅馬人稱為伊斯巴尼亞（Hispania）的這塊土地上，分立著卡斯提爾、阿拉貢（Aragon）、葡萄牙、格拉納達以及納瓦拉（Navarre）等幾個王國。天主教信仰以及對君主政治信條的共同信念，讓這幾個王國的領袖（格拉納達的穆斯林國王除外）得以團結一致。血緣是政治權力轉移過程中的核心概念，也是叛變與手足相殘常見的理由；新國王繼承的不單是土地，還有一整套的階級關係，從地方領主一路向下延伸到農民。國王的「管轄權」實際上是套契約架構，承認治下地方強人所擁有的權利。查理五世不停在自己的帝國裡打轉，為的就是要撐起這些關係。

領主在自己的土地上握有武裝隨從與農民，因此同時擁有實力與收入。國王如果能提供保護或提供力量去吞併新的人群，領主們就有可能一起宣示效忠於國王，但他們也會想方設法防止國王得到太多追隨者，或是不讓國王得到太多土地。國王因此得維護這些不安分的領主對財產與人民的主張，好將他們留在自己的羊圈裡。國王的統治權就建在一層層的依附關係上——從國王到地方巨頭，接著是更小的領主，最後則是兵卒與農民。一旦王室與王室戰略性聯姻，將家族（不必然講同種語言）與土地（不一定相鄰）連成一氣，他們也就創造出約翰·埃利奧特[2]所說的「拼裝君主國」。

1 譯注：迪亞哥·維拉斯奎茲（Diego Velázquez, 1599-1660），十七世紀的西班牙畫家，西班牙國王菲利浦四世（Philip IV, 1605-1665）在位時擔任宮廷畫家，尤擅人物像。

2 譯注：約翰·埃利奧特（John Elliott），歷史學家，不列顛學院院士。牛津大學王家近代史教授、榮譽退休教授、奧里爾學院（Oriel College）與三一學院（Trinity College）院士，以西班牙帝國研究聞名。

▼從收復失地運動到哈布斯堡帝國

西元一四六九年，身兼阿拉貢王位繼承人、西西里和薩丁尼亞國王，還擁有拿波里（Naples）王位請求權的斐迪南二世（Ferdinand II），與卡斯提爾繼承人伊莎貝拉一世（Isabella I）結婚，造就兩個相鄰獨立王國之間的聯合。這對同樣也想跟伊莎貝拉結盟的法國與葡萄牙國王來說是個壞消息，於是便為了斐迪南的這場「征服」而與他開戰。人口數六倍於阿拉貢的卡斯提爾的確誘人，但這場婚姻並沒有將兩個君主國融合為單一政體。聯姻協定中明確表明，伊莎貝拉過世時，她對卡斯提爾的所有權將會交給自己的繼承人，而不是她的丈夫。

即便如此，聯姻的時間點仍然恰到好處，而這對王室佳偶也特別精明能幹。格拉納達最終被擊敗的時間點，正好就是在他們掌權的時候。他們的成就一方面有賴於卡斯提爾與阿拉貢的士兵，但同時也是動用兩個國家的統治者——尤其是斐迪南——在整個天主教歐洲的關係才得以完成：這支軍隊不只有瑞士傭兵，還用上由義大利製造、日耳曼技工操作的大砲。這場與穆斯林統治者的戰爭在天主教徒之間激發了一體感——後人稱之為「收復失地運動」（Reconquest）；斐迪南與伊莎貝拉凱旋進入格拉納達後，這種一體感更讓兩國王位聯手的合理性益發穩固。一四九四年，教宗宣布斐迪南與伊莎貝拉為「天主教的國王」，此舉不啻是將世襲權力原則與基督教結合在一起。

隨著勝利而來的，是將非天主教元素從政體排除出去的決心。大約有二十萬猶太人被迫在改信或驅逐出境之間做選擇，他們因而離開了西班牙。許多人最後落腳在對宗教多元態度更為開放的奧斯曼帝國。格拉納達當地的穆斯林一開始被允許維持自己的信仰，但在一五〇二年後，他們也接到改宗的命令，不然就得離開這個地區。偶發的暴動以及與奧斯曼帝國間不時出現的戰事，都讓改信後的穆斯林的忠誠度備受質疑；於是穆斯林被驅逐出境——一開始只有格拉納達，最終在一六〇九年，西班牙每一個王國中的穆斯林都被趕出當地。失去大約三十萬的人口，對這個地方的經濟成長來說沒什麼幫助。西班牙君主國雖然對強迫改信者的真誠度憂心忡忡，但異端的問題更讓人擔心；於是在教宗的授權下，他們設立了宗教裁判所（Inquisition），監控信仰與行為是否合於正統。一直到一八三四年，宗教裁判所才被徹底廢除。

伊比利地區的經濟主要由大地主來支撐，但卡斯提爾與阿拉貢城鎮同樣擁有大批土地以及某種形式的從屬主權。公民資格不再像羅馬時代那樣，已經失去了放諸帝國皆準的重要性。如今的焦點放在地方機構：公民必須先得到城鎮原有成員的接納，才能被賦予權利與義務。貴族與市政當局的自治權橫亙在君主與其臣民之間。因此，到卡斯提爾與阿拉貢以外的地方尋求人力、物力資源，就顯得格外重要；這點在先前的「收復失地運動」中，已經明顯呈現其作為一種驅力的重要性。

幾百年來，航海路線與商業聯繫——由腓尼基人、希臘人打頭陣，羅馬人發展，再透過晚近熱那亞（Genoa）等城市國家的人民加以活絡——一直都是地中海世界的組成部分。熱那亞人是為卡斯提爾與阿拉貢提供資金運轉的主要角色之一；在地中海上，熱那亞艦隊也幫忙抵抗奧斯曼人；此外，熱那亞還為西班牙貢獻了一位最知名的船員，哥倫布。當然，卡斯提爾與阿拉貢也曾向其他義大利城市、以及德意志地區的銀行家舉債。

但是，奧斯曼家族對東地中海的控制日漸增強，接著在十六世紀，他們往西征服整個北非，限制了在地中海海域賺錢的機會。西班牙王國還得同時考慮到鄰居兼對手葡萄牙，必須跟對方不斷成長的海外利益抗衡（見第六章）。一四八〇年代，卡斯提爾與阿拉貢軍隊冒險航向附近的大西洋海域，抵達加那利群島（Canary Islands）。這個殖民地最後用來生產糖與其他有交易價值的作物。島群上的殖民者不只有西班牙人，還包括葡萄牙人、義大利人、加泰隆尼亞人（Catalans）、巴斯克人（Basques）以及猶太人。從非洲來的奴隸很快就成了主要的農業勞力。殖民者用一些輕蔑的話語來形容被征服的島上居民，後來這些詞彙也用在美洲當地居民的頭上——異教徒、赤身裸體、野蠻。

當伊莎貝拉女王在一五〇四年逝世時，她先前嫁給哈布斯堡家族菲利浦大公（Archduke Philip）的女兒胡安娜（Juana）便繼承她的頭銜；至於鰥夫國王斐迪南，則娶了法國國王的姪女。經過幾年的王朝融合，胡安娜與菲利浦的兒子在一五一六年被宣布成為卡斯提爾國王。四年之後，他成了神聖羅馬帝國的統治者，也就是皇帝查理五世。當查理於十六歲那年成為卡斯提爾國王時，他人在哈布斯堡勢力範圍內的比利時，此前與西班牙幾乎沒有任何關係，身邊的親信與軍事將領都來自荷蘭、勃艮第（Burgundy）以及義大利。至於他的女性親屬——匈牙利的瑪莉（Mary of Hungary）與葡萄牙的胡安娜（Juana of Portugal）——則在他大部分的統治期間擔任荷蘭與西班牙的攝政。查理從哈布斯堡家族得來的父系繼承相當豐碩，不出幾年，他就成為卡斯提爾國王、阿拉貢國王、勃艮第公爵（Duke of Burgundy）、巴塞隆納伯爵（Count of Barcelona）以及神聖羅馬皇帝（見第三章）。查理還娶了葡萄牙統治者的女兒。他的統治期之長也世世所罕見（四十年），其中大約有十六年在西班牙度過。

由血源世系與物資聯繫交織而成的網絡，撐起了這個拼裝的君主國。對查理五世的帝國來說，義大利與尼德蘭領土雖然不可或缺，但兩者都沒有被併進某個統一的政體裡。皇帝從這兩個地區找來財政專家，從自己所有的領地汲取海陸軍官兵，更從帝國以外的地方招募傭兵。在歐洲內部，查理的帝國在軍事上不算侵略成性，因為光靠婚姻與繼承的政治運作，就能凝聚龐大而富有（但未必相鄰）的領土。皇帝的工作在於維持對這些地方的掌控，他得防著那些打算自立門戶的地方菁英，防著那些試圖遏止哈布斯堡併吞一切而沆瀣一氣的國王，或是意欲自己建造帝國的君主——尤其是法國國王。

等到日耳曼地區某些領地開始改宗新教（Protestantism）之後（馬丁．路德[3]在一五一七年公布了他知名的論綱），皇權的維持就變得更加複雜。改宗一事挑戰了天主教君主國的統一信條，也危害到神聖羅馬帝國的完整。即便如此，信仰天主教的法國仍然能跟日耳曼的新教徒、丹麥人、義大利的大公們等受哈布斯堡家族威脅的人聯手，甚至跟奧斯曼帝國建立同盟關係。哈布斯堡家族則試圖與英格蘭合作，還為了騷擾奧斯曼人而與波斯攜手。這種跨宗教的合作關係只是權宜之計，並不長久，但這就是歐洲帝國政治的一個面向；每一個帝國，若非領土東拼西湊，就是異質而多元的；每一個帝國也都在嘗試去支配、或防止別人支配整個大陸。在哈布斯堡家族支配的地區內，宗教問題逐漸跟地方菁英爭取自治的努力合而為一；尤其是十六世紀中葉，當時荷蘭上層社會大部分都改信了新教。荷蘭人揭竿起義一事也成了皇帝的財政無底洞。歐洲社會的分裂特色，讓拼裝帝國的維持比組建更加困難。

戰爭所費不貲，從歐洲內部的下屬政權中榨取收入也很困難，這讓查理五世與其繼承者菲利浦二世（Philip II，一五五六至一五九八年在位）在與最大的敵手——奧斯曼帝國競爭時處於下風。奧斯曼人拿下過去由羅馬人、拜占庭以及伊斯蘭帝國統治的北非，採用相對寬鬆的監管方式，與當地的統治者結盟，更在一五一九年將勢力往西延伸到阿爾及利亞。奧斯曼大軍從巴爾幹地區往北

3 譯注：馬丁．路德（Martin Luther, 1483-1546），日耳曼裔基督教神學家。路德原先為天主教奧斯定會（Order of Saint Augustine）修士與神學教授。他提倡因信稱義，認為人能得救是因為上帝恩典而賜與人對信仰的信心，不是外在的善功。路德反對教會濫用贖罪券，發表《論贖罪券的意義及效果的見解》（*Disputatio pro declaratione virtutis indulgentiarum*，即俗稱的「九十五條論綱」〔The Ninety-Five Theses〕），引發宗教改革，最後形成所謂的路德宗（Lutheranism）。

移動，一五二九年時兵臨維也納城下。哈布斯堡帝國唯一能做的，就是防堵奧斯曼人越過匈牙利，以及進犯西班牙本土。哈布斯堡家族想盡辦法，將奧斯曼艦隊——但不包括與奧斯曼人有關係的海盜——限制在東地中海，接著在一五八〇年代達成脆弱的停戰協議。光是為了保護拼裝帝國上的好幾塊補丁，就已經讓哈布斯堡家族無力擴張到維也納以東，甚或南向進入北非。

最後，海外終於有了突破，將新資源、新領土與新人民帶給了哈布斯堡帝國——斐迪南與伊莎貝拉曾贊助前往中國的海上之行，但最後卻到了美洲，而這項突破正是那次航行始料未及的結果。哥倫布曾航行至加勒比（Caribbean）地區的島群，雖然當權者很晚才注意到這個島群有多大的用處；但到了一五二〇年代，阿茲提克與印加帝國的銀與金也加大了海上探險的力度。美洲的銀礦在一五五〇年代成了西班牙的囊中物，西班牙顯然是撿到寶了。

此外，比起國內資源的掌握，西班牙君主國倒是處在控制海外資源的有利位置，儘管起步並不起眼。擘畫出讓類型分歧的帝國各部分仰賴帝國中心的制度，才是打造西班牙帝國最重要的任務；直至十九世紀。他們在設計制度的過程中不只在海外建立起帝國，同時還創造出西班牙這個國家。

▼西班牙帝國在歐洲與美洲的發展

哥倫布的發現刺激了各方敵對勢力，紛紛堅稱對現在這個看來大了許多的世界擁有權利。一四九四年，西班牙人與葡萄牙人在教宗亞歷山大六世（Alexander VI）協助下達成共識，簽訂了《托爾德西里亞斯條約》（Treaty of Tordesillas），沿著某條環繞地球表面的線來畫分勢力範圍。葡萄牙分到包括亞洲、非洲，以及投資最集中、後來變成巴西的那塊地方；西班牙則拿到加勒比海，以及南美洲、中美洲的大部分地區（見頁二二七圖）。對空間的展望是普世的，畢竟都是天主教世界，但有關空間的政治安排就得好好商量，必須在天主教君主之間區分清楚。

無論是天主教會還是天主教君主，都無法單靠一己之力為上述環球願景提供太多實質幫助。西班牙的帝國擴張，是靠探險家自己糾集軍力與資金，到海外插上國王的旗幟。一五一九年，埃爾南・科爾特斯[4]只用了幾百人便進攻阿茲提克帝國；法蘭西斯科・皮薩羅[5]則在一五三一年至一五三三年間征服印加帝國。在一五一九年至一五二二年打著西班牙的旗幟、第一個繞行地球一圈的人還是個葡萄牙人——那位先前沒能得到葡萄牙王室贊助的斐迪南・麥哲倫[6]。搜刮劫掠的期待把冒險家帶到加勒比海，黃金與白銀的消息則吸引西班牙征服者踏上美洲大陸。更有秩序的移民與剝削體系後來也發展了起來。

確保上述冒險事業的收益能有助於國家，不僅是查理五世的目標，對其繼承人菲利浦二世來說更是如此。歐洲發生的戰事與叛亂已經讓哈布斯堡家族對日耳曼、義大利以及尼德蘭銀行家欠下大筆債務，因此一船船運回西班牙的黃金、白銀，就是維持歐洲帝國的命根子；一五五〇年代之後，這樣的需求更形迫切。新世界的貴金屬與其他產品，也在愈來愈廣的金融與商業網絡裡成為主角。

4 譯注：埃爾南・科爾特斯（Hernán Cortés, 1485-1547），西班牙征服者。一五一九年時，科爾特斯招募人馬，前往墨西哥建立據點。一五二一年征服阿茲提克帝國。

5 譯注：法蘭西斯科・皮薩羅（Francisco Pizarro, 1471-1541），西班牙征服者。皮薩羅於一五三一年進兵祕魯，在與印加皇帝會面時挾持並殺害之，隨後逐步消滅印加帝國殘存勢力，並在秘魯海岸地區建立利馬（Lima）城統治秘魯。

6 譯注：斐迪南・麥哲倫（Ferdinand Magellan, 1480-1521），葡萄牙航海探險家。麥哲倫提出西向航行前往香料群島的主張，獲得當時西班牙國王查理一世（Charles I，即神聖羅馬皇帝查理五世）贊助出航。麥哲倫本人在菲律賓遇害，但船隊繼續航行完成任務，最後在一五二二年完成第一次環球航行。

一般而言，由於歐洲國家沒什麼值錢東西能賣給中國或印度商人，但歐洲人又必須向他們購買香料、紡織品與其他貨物，因此美洲的金與銀，便成為歐亞商貿最根本的要素。[7]

從一五〇〇年到一八〇〇年，全世界大約有百分之八十的銀是從西班牙屬美洲開採（另一個主要銀產地則是日本）。哈布斯堡家族只要確保所有流入歐洲的貨物（糖跟銀）以及對美洲的出口，全都由西班牙港口出入就好。銀幣鑄造受到嚴格管制，而銀幣的純度有了帝國的控制，有助於讓西班牙披索（Spanish peso）在貿易擴張時代成為最重要的全球貨幣。西班牙王室堅持壟斷的貿易架構，所有商船都必須經由加的斯（Cadiz）的港口卸貨，後來這項專利權則轉到塞維利亞（Seville）。這些城鎮的卡斯提爾官員能就近監控貿易，執行稅收工作。

至於在美洲，一旦殖民取代掠奪與原始的以物易物，而歐洲人的擴張也超越先前被征服的帝國從首都所能及的範圍，西班牙王室便隨之設計出將這些廣土眾民併吞進來的方法。西班牙統治者已經是歐洲內部權力分割的老手，他們把領土分成好幾塊，用雙層的方式來管理公共事務——亦即總督轄區（viceroyalty）與上訴法院（audiencia）。到了殖民地，王室就不用再面對於歐洲所受到的某些箝制：不用顧慮那些早已盤根錯節、擁有土地與人民的地方勢力，也不用擔心城鎮和它們的市政組織。新世界被視為卡斯提爾的領土，皇帝只任命卡斯提爾人出任地方行政管理職。但君權在美洲的發展機運也不是毫無限制。王室得面對維持遠距離控制的挑戰，要能控制殖民者、原住民、奴隸以及雜居的人口，同時還要處理地方官員、出身當地的中間人、商人寡頭集團和教會組織分裂出

7 原注：「美洲的金與銀」：引自Carlos Marichal, "The Spanish-American Silver Peso: Export Commodity and Global Money of the Ancien Regime, 1550-1800," in Steven Topik, Carlos Marichal, and Sephyr Frank, eds., *From Silver to Cocaine: Latin American Commodity Chains and the Building of the World Economy, 1500-2000* (Durham: Duke University Press, 2006), 28.

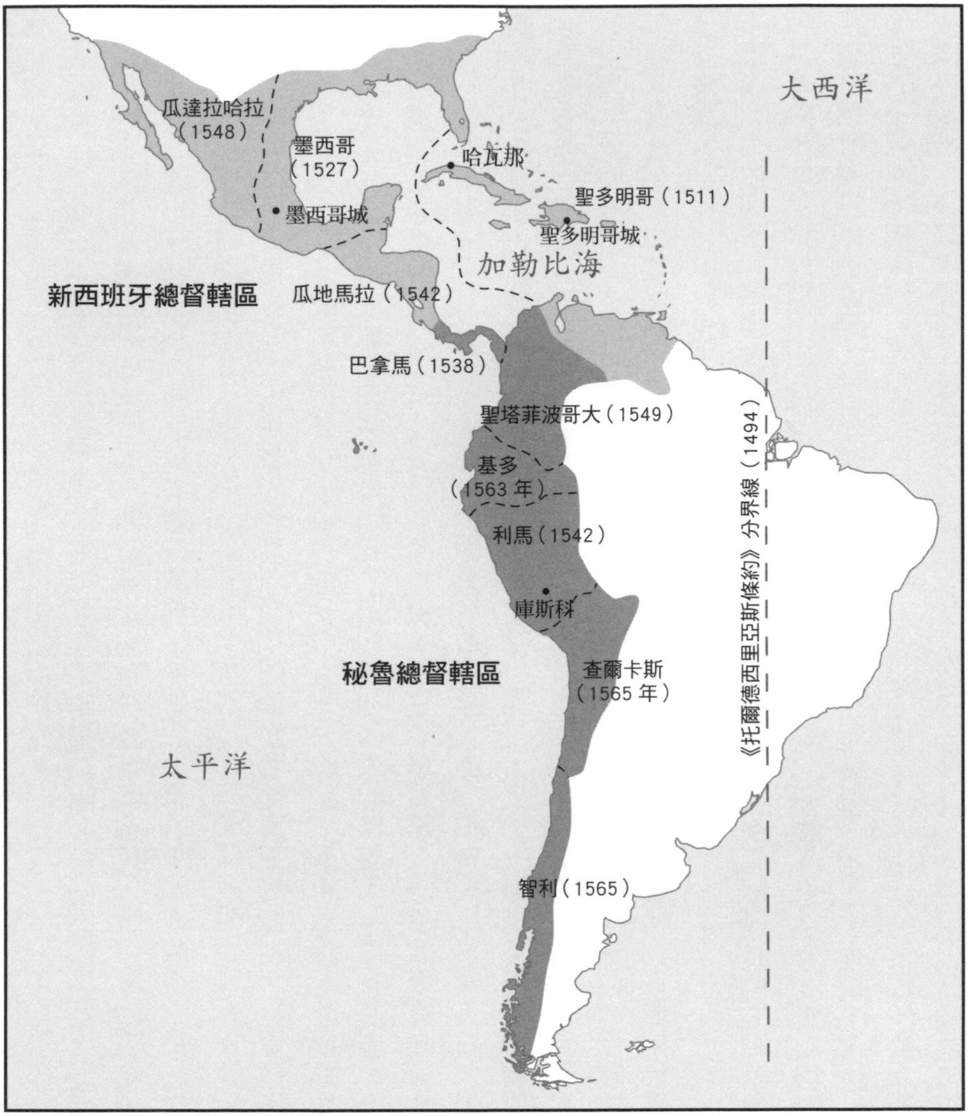

△
美洲地區的哈布斯堡總督轄區與上訴法院轄區

去的可能性。

殖民的速度一開始較為緩慢；截至一五七〇年，可能只有十二萬西班牙人到達美洲；到了一六五〇年時，則差不多超過四十萬人。西班牙王室也想要控管移民人數：十六世紀末，王室頒布法令，只允許「西班牙諸王國」的臣民搭船去美洲。從這個「諸」字就很清楚，當時的西班牙不是個單一國家，而是由眾多西班牙人混合而成的存在，如今西班牙更是延伸至美洲。

不過，那些移居新世界的人既然野心勃勃，為什麼還會遵從國王的控制？無論是西班牙屬美洲還是其他地方，移民對帝國的依附都是有條件的。但在十六世紀，尋求政治上的聯結比追求自治來得有利。首先，其他帝國可能是個威脅，因此移民們需要強大的保護人。更有甚者，全球市場距離自我調節的機制還遠得很，長途貿易既是商業投機，也是軍事冒險。一旦愈來愈多人加入戰局（也讓情勢更「像個市場」），就會有人想用武力來奪取商品。海盜猖獗加深了商人對保護的需要。載銀貨船一年一度從美洲開往西班牙，一方面是為了提供保護，另一方面則是王室試圖要控制貿易。帝國也為住在被征服人民間的基督徒帶來文化上與精神上的連結。隨著移民人口跨越海洋，遍布於廣大的空間，此時西班牙便能提供比城鎮或地區文化更深刻、也更普世的東西。簡言之，忍受國家壟斷貿易的做法和行政管理權，相應地便會得到更多利益。帝國有其道理——至少對移民來說是如此；至於帝國對原住民與奴隸來說又是什麼，將在下一章深入探討。

帝國成了行政與法律機構，也是貿易與情感的紐帶。要同時管理不斷成長的海外事業、神聖羅馬帝國，以及哈布斯堡歐洲轄下的各個政體，可是個艱鉅的工作；桀驁不馴的尼德蘭以及德語地區新教徒的挑戰讓情勢變得更加困難。一五五六年，也就是查理五世過世前兩年，他決定遜位，把帝國分割開來。他的弟弟斐迪南一世（Ferdinand I）得到哈布斯堡家族原先在中歐的土地。哈布斯堡帝國的這一支後來不僅被宗教戰爭撕裂，還把相當可觀的領土輸給信仰新教的諸侯，但帝國最後採用更海納百川的存在方式，並延續到一九一八年（見第十一章）。至於查理五世的其他領土則留給自己的兒子菲利浦，包括卡斯提爾、阿拉貢、米蘭、拿波里、西西里、尼德蘭，以及美洲。

菲利浦二世與自己的父親不同，他幾乎都住在西班牙，也沒有自稱為皇帝。一五五四年，就在菲利浦繼承王位不久前，他娶了瑪莉・都鐸（Mary Tudor）；只要瑪莉的父親亨利八世過世，瑪莉就能成為英格蘭女王。直到一五五八年瑪莉未盡天年而亡以前，菲利浦都可以自稱為英格蘭國王，雖然他不曾統治過英格蘭，而且根據婚姻協定，瑪莉的頭銜也不會轉移給他。隨後，峰迴路轉的王朝繼承以及英格蘭國內的政治操作，將伊莉莎白推上王位——她也成了菲利浦的敵人。一五八〇年，歐洲的某個重要部分及其下的海外殖民地（見第六章）因為一場發生在葡萄牙的王室危機，而被併進菲利浦這一系的哈布斯堡領土中；但一直到一六四〇年以前，菲利浦與其繼承人都是分開統治這些領土，而不是把它們當成西班牙的組成部分。[8]菲律賓的征服也發生在菲利浦統治之時。這時，葡萄牙、西班牙、部分今義大利、尼德蘭，大西洋、太平洋、印度洋的港口城市，以及從巴西到墨西哥的美洲土地都是由單一的王室所統治——等於是將當時人們所說的「地維四方」都納入天主教君主國控制之下。現在，除了君主國本身之外，還有傳教士、商人、官員與探險家在這個密布全球的網絡中行動；他們統治各式各樣的民族，跟這些民族做生意，令其改信——而在把自己的看

8 譯注：一五七八年，葡萄牙國王賽巴斯提奧一世（Sebastião I）在出兵摩洛哥的凱比爾堡戰役（Battle of Alcácer Quibir）中溺斃，沒有留下任何子嗣，由他曾經擔任攝政王的叔祖父繼任為恩里克一世（Henrique I, 1512-1580）。原為大主教的恩里克希望還俗娶妻以留下繼承人，但站在哈布斯堡一方的教宗額我略十三世（Gregory XIII, 1502-1585）不同意解除恩里克的獨身誓言。一五八〇年，恩里克逝世，一直主張自己有權繼承葡萄牙王位的西班牙國王菲利浦二世成功出兵奪取了葡萄牙王位，跟西班牙組成了伊比利聯盟（União Ibérica，一五八〇年至一六四〇年）。

法強加在別人身上時，他們也得面臨自己能力的極限。

菲利浦必須保護的還有很多。一五七一年，其麾下海軍得到盟友的幫助，在勒班陀（Lepanto）的大戰⁹裡擊敗地中海的奧斯曼人，但這場失利無法長久削弱奧斯曼的勢力。菲利浦也得處理本國的叛亂，例如一五八〇與一五九〇年代的阿拉貢暴動（他的繼承人未來還得面對加泰隆尼亞發生的其他暴動），以及一五六六就已在尼德蘭掀起的叛變，而且這些叛亂還會持續八十年。武裝的人民以及嚮往自治的菁英，都參加了這場新教徒對抗天主教徒的動亂；這不僅威脅到這個拼裝君主國體系，更妨礙西班牙取得糧食、木材以及其他來自北歐的貨物。數十年來，尼德蘭的反抗沸沸揚揚，不時爆發，雖然不一定都會阻礙貿易進行，但代價總是十分高昂。

菲利浦在重繪歐洲地圖方面最驚人的嘗試，則是為了消滅某個快讓自己喘不過氣的新教對手——英格蘭——所付出的努力。要是一五八八年無敵艦隊（Armada）成功的話，歷史對此就會有不同的評價；而且無敵艦隊距離成功也僅一步之遙，但還是輸給了英格蘭艦隊。與此同時，菲利浦仍舊透過控制總督與移民，鞏固卡斯提爾對美洲帝國的統治。但為這一切埋單才是他最大的問題，尤其與英格蘭的戰爭和鎮壓尼德蘭最是花錢。美洲的銀礦對菲利浦的財政至關重要，但到了一五九〇年代，美洲勞力短缺（還伴隨著人口的大量損失），再加上移民逐漸傾向自行合夥經營、甚至繞過西班牙貿易壟斷的舉措，都減少了王室收入。一五九六年，西班牙不再付錢給銀行家（這也不是第一次發生了），但終究還是達成協議，承擔起還債的責任。

一五九八年，菲利浦二世過世，身後留下的遺產是個跨洋大帝國。這個帝國不僅掌握貿易、葡萄牙的「飛地」帝國以及後來的荷蘭（見第六章），還將歐洲以外的領土與非歐洲民族一同納入一個以歐洲為基礎的君主國裡，同時更意圖維持自己的中心地位。但回到歐洲本身，這個帝國就沒什麼可以運作的空間了。

無論是查理還是菲利浦，都無法摧毀歐洲地方菁英所擁有的權利，無法掌握與這些權利有關的土地與人力資源，也同樣無法克服拼裝君主國裡變幻莫測的繼承安排、婚姻以及叛亂。兩位統治者都身陷一面他們無法完全掌握的歐洲交易網中——控制不了荷蘭與熱那亞的金融家，控制不了瑞士傭兵，也控制不了羅馬教廷。實際上，他們對領土的權力在美洲、菲律賓和西班牙最為穩固，而菲利浦其他的歐洲領土就沒那麼聽話了。王室，則是連接上述所有部分的共同元素。

我們還會在下一章探索帝國海外勢力的範圍與局限。在這一章裡，我們已經見識到彈性的繼承安排，以及從歐洲不同地區獲取資金、人力和其他資源的能力，都讓政治上的迅速擴張在歐洲內外成為可能，但同時也帶來治理這樣一個廣土眾民的海陸帝國、並支付其開銷的挑戰。查理五世與其繼承人就是無法實現他們當初的願景——將過去的西羅馬帝國重新凝聚在單一的天主教君主之下。他們完成的是別的東西：他們創造了一套新的長距離交流，重新定義歐洲人想像自己世界的方式——從智利一路到菲律賓——更將西班牙放在這個想像的中心。

打造奧斯曼帝國
Making the Ottoman Empire

奧斯曼人現身於帝國雲集之處。他們並非一股與「西方」碰撞的「東方」力量，而是將相鄰的

9　譯注：指勒班陀戰役（Battle of Lepanto）。一五七一年，奧斯曼帝國出兵欲奪取威尼斯的塞浦路斯島。教宗庇護五世（Pius V, 1504-1572）出面，召集地中海的海權國家，以威尼斯共和國為首，在西班牙帝國與其他國家協助下組成神聖同盟（Holy League）對抗奧斯曼人。雙方在勒班陀近海地區交戰，神聖同盟獲勝。

歐、亞、非三洲當中，屬於過去帝國與自己對手的策略洗牌，並改為己用的政治組織。

從地理條件上來看，奧斯曼人坐享位於帝國邊緣的優勢，而且還是兩個帝國的邊緣。一直到哈布斯堡家族從海外事業賺了大錢為止，奧斯曼人所經營的地方都比他們更為富有，也更為多元。東地中海地區的陸地、水域，以及它們和中亞、埃及、印度的聯結，都帶來廣泛的政治經驗、社會風俗以及財富資源。奧斯曼人就是用這些材料創造龐大的海陸帝國。這個帝國不僅因為占地遼闊而成為「面」的帝國，同時也是個「點」的帝國——以長短程貿易路徑上的港口和商業中心為帝國的基礎。而奧斯曼人在邁向權力的迢迢長路上發展出的技巧，正好能用來把帝國維繫在一起。

▼重組歐亞之路

拜占庭統治下最後幾個動盪不安的世紀裡，許多突厥語系族群在安納托利亞你爭我奪，奧斯曼人則是其中最成功的一群。我們知道內亞地區幾世紀來的騷亂，迫使突厥遊牧民族一波波進入中亞，隨後又跨出中亞的邊界（見第四章）。其中一群講突厥語的塞爾柱人在一〇五五年攻占巴格達，此後遊牧民移入安納托利亞的移民規模也愈來愈大，其他族群則繼續他們西向的行程。野心勃勃的部落領袖有著大把機會可以用來結盟、毀約、跳槽，也能為前景看好的主子效力，更可以在這片被十字軍、拜占庭皇帝、行省長官、威尼斯商人與海軍、阿拉伯哈里發、蒙古可汗，以及對他們叛服無常的人群一再重畫的政治風景中，取代自己的主子。

比提尼亞（Bithynia）是拜占庭帝國的內陸省分，位於馬摩拉海（Sea of Marmara）南方；奧斯曼王朝（Osmanli dynasty）的奠基者奧斯曼[10]在他通往名利的路上，就是以比提尼亞的掠奪者、勇士與部落領袖身分起家。當地雖然不是拜占庭人最關心的焦點，但卻密布著城鎮與村落，為胸懷大志的部落酋長提供獨一無二的可能性。奧斯曼在一三二〇年代中葉曾擊敗一小支拜占庭軍隊，占領好幾個拜占庭堡壘。到了一三二六年，奧斯曼之子奧爾汗（Orhan）拿下布爾薩（Bursa），這座城也成為奧斯曼人的第一個首都。奧爾汗在一場拜占庭權力鬥爭中選邊站，支持勝者，娶了他的女兒，得到在加里波利（Gallipoli）的土地，來自安納托利亞的土耳其人也跨海進入了色雷斯（Thrace）。直到一三六二年奧爾汗過世為止，他已經同時掌控亞洲與歐洲的多個城市與海岸地帶——包括西安納托利亞，以及達達尼爾海峽（Dardanelles）和北愛琴海（Aegean）沿岸。

奧斯曼與其後裔在打造帝國的過程中，運用了希臘與拉丁城市的公民文化，也用了基督徒、穆斯林、猶太教徒與其他宗教群體所創造的風俗習慣，拜占庭的分封，以及來自阿拉伯帝國的軍事與行政管理方法。從歐亞草原的前輩那裡，奧斯曼人也把神聖領袖「可汗」，以及其「天命所歸」與立法權的概念引進自己的體系中；此外還有族外婚、戰略通婚以及聯盟或歸順的靈活政治操作。但上述最後一種打造帝國的做法並不穩固。奧斯曼的曾孫巴耶濟德讓拜占庭皇帝曼努埃爾二世（Manuel II）與塞爾維亞大公史蒂芬．拉扎列維奇（Stephen Lazarevic）成為自己的附庸，並擊敗保加利亞沙皇，把團結一致對付他的十字軍打得落花流水，還深入安納托利亞，一路推進到幼發拉底河處；之後，他卻遇到另一個歐亞草原征服者。帖木兒，這位講突厥語的穆斯林與蒙古帝國的再興之主（見第四章）把歸順巴耶濟德的部落領袖及其跟隨者從軍隊裡離間出來，接著俘虜了巴耶濟德；巴耶濟德成了階下囚，並在一四〇二年過世。

10 譯注：指奧斯曼一世（Osman I, 1258-1326），他在一三〇一年成為奧斯曼帝國首任蘇丹。一三二六年，奧斯曼的軍隊成功攻占小亞細亞的布爾薩（Bursa），占據了進兵君士坦丁堡的有利地位，但奧斯曼本人不久後便因病去世。

奧斯曼帝國：一三五九年

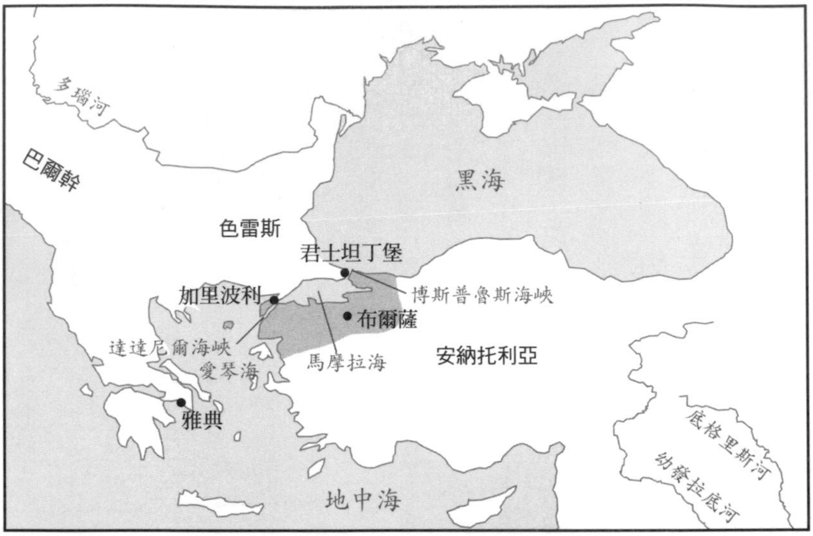

奧斯曼帝國：一四八一年

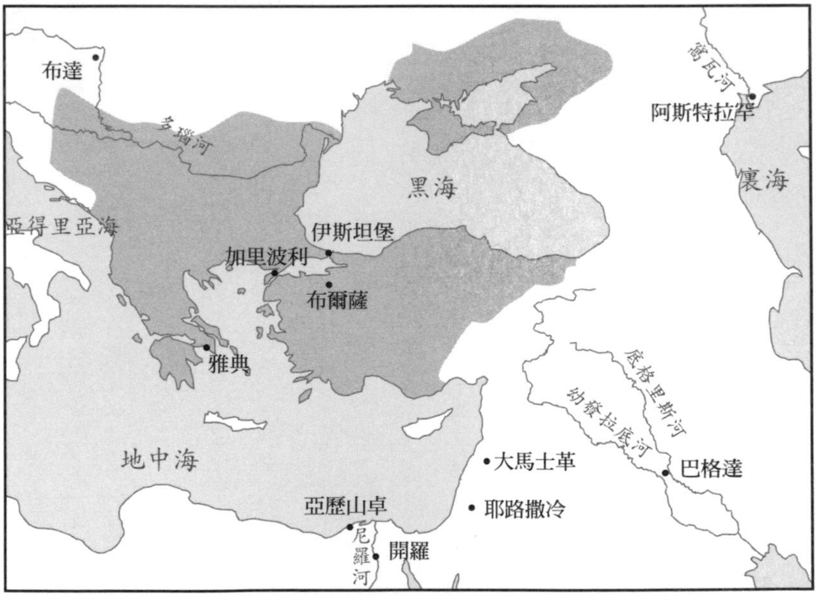

△
奧斯曼人的領土擴張

奧斯曼帝國：一五六六年

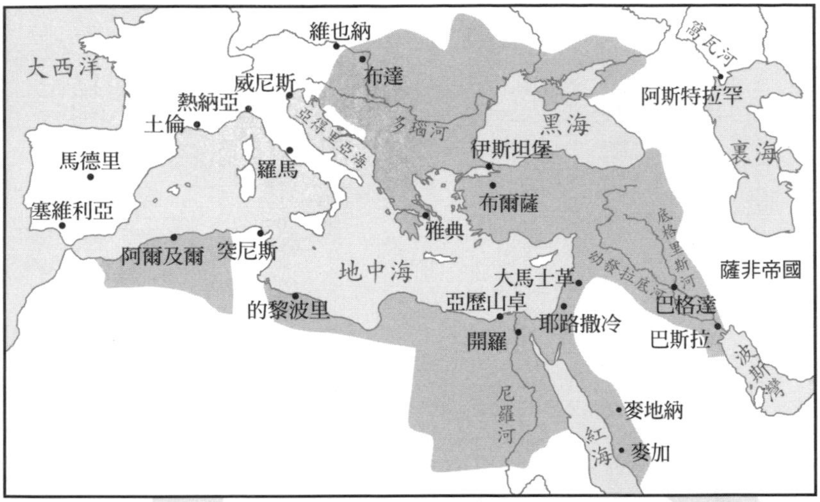

奧斯曼帝國：一六八三年

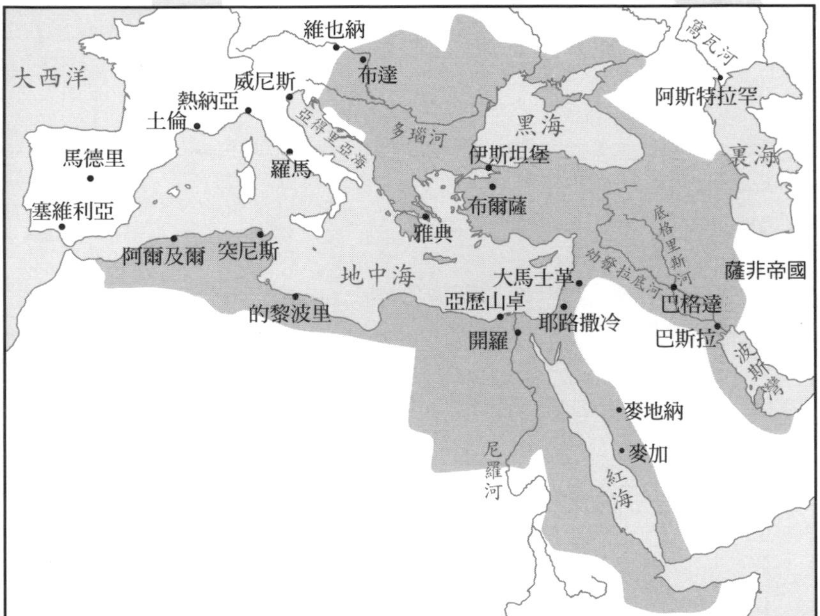

△
奧斯曼人的領土擴張

▼包山包海的帝國

或許正是因為帝國的建立過程既緩慢又曲折，才讓一個接一個的奧斯曼統治者和大臣有機會反芻經驗，從別人身上吸取戰術，等到權力一鞏固就採取新的應對之道，最終使奧斯曼帝國能夠延續到一九二二年。巴耶濟德的子孫在他敗死後的半個多世紀重新征服丟失的疆土，組成更大、更有彈性的帝國。這一路上用過的策略包括戰略性聯姻——例如一四三五年與塞爾維亞公主瑪拉（Princess Mara of Serbia）的婚姻——以及鎮壓由變節神職人員或其他政治暴發戶所領導的叛亂。帝國的控制力在四種情況下最為脆弱——彼此為敵的皇子爭奪皇位、帝國的敵人與叛變的封臣從帝國兩側同時進犯、奧斯曼海軍與技術更為先進的威尼斯人對壘，以及奧斯曼蘇丹直屬的特殊精銳部隊「耶尼切里」（Janissaries）決定自己掌權時。不過，奧斯曼的領導人也發展出對付上述所有威脅的策略。

對於打造奧斯曼帝國的人來說，去把自身世界裡那座宏偉的帝國之城占為己有，可說是勢在必行之舉。奧斯曼帝國征服君士坦丁堡的行動在陸上與海上同時進行，還有效利用希臘水手、塞爾維亞士兵、匈牙利籍大砲鑄造師等的支援。奧斯曼人藉由占領愛琴海沿岸地區與島嶼上的義大利貿易城市，以及運用這些城市的專業人士與工匠，增進了自己的航海技巧與技術。他們在加里波利建造船隻——這個地點讓他們可以控制達達尼爾海峽——更在博斯普魯斯海峽岸邊蓋了兩座堡壘。早在一四五三年，蘇丹穆罕默德二世（Mehmed II）朝君士坦丁堡進軍以前，奧斯曼人的船艦就已經從兩翼切斷了拜占庭首都的去路。當拜占庭人試圖用他們有名的浮鍊保衛首都時，奧斯曼人卻把船隻裝上貨車，用輪子載著船繞過城市北面的山丘，再放回鎖鏈包圍內的港灣。同時，陸軍則打破城牆入侵。東方的羅馬帝國在持續一千一百年後，也走到了末日。

奧斯曼人一個接一個，將安納托利亞、巴爾幹、色雷斯、環東地中海地區、黑海以及愛琴海圈進單一帝國空間中，成功把大地與海洋置於同一個政權下。等到奧斯曼統治者一掃黑海的敵對海盜勢力後，他們就能安頓下來，對自己的領土與貿易進行更有效率的剝削和開發。

有了博斯普魯斯海峽的控制權，奧斯曼人就能確保形形色色的商貿群體通過，並支付他們該付的費用。安納托利亞吸引來自地中海各地的商人，他們的到來激勵農民種植棉花與其他可供出口的穀物。陸上貿易路線從亞洲出發，穿越黑海，而威尼斯人、熱那亞人與其他商人則將這條路線一路延伸到地中海。希臘商人的足跡遍布整個地中海，其中許多人還是奧斯曼帝國的臣民。印度洋貿易路線則大多掌握在古吉拉特人[11]、阿拉伯人、穆斯林商人，以及亞美尼亞和猶太貿易商手裡；這些路線也跟波斯灣與紅海貿易路線連在一起。埃及自一五一七年以後就是奧斯曼帝國的行省，連接著紅海、尼羅河以及地中海，是歐亞兩洲交易的重要節點。奧斯曼帝國的影響力從埃及沿著北非海岸向西延伸，及於離西班牙不遠的阿爾及爾（Algiers），更取代或併吞當地的部落、殖民地、王國、酋長國與敵對帝國。奧斯曼人的地位難以撼動，他們不僅掌握歐洲、中亞、北非與印度之間的交流，更迫使歐洲航海家繞過非洲最南端航行，但這樣的長距離嘗試也無法與奧斯曼人的海陸路線爭輝。

若要讓這些星羅棋布的網絡保持運作，就需要軍事力量來控制港口、支配城市，同時還要有法律來保護從事貿易的人民。猶太人、亞美尼亞人、希臘人與其他民族間的宗教與親族紐帶，帶來傳遞資訊、商業信用與信任的方法，能夠跨越遙遠的距離、漫長的時間，就連在與其他族群互動情勢不穩之處也能克服。奧斯曼帝國允許以宗教畫分的社群自行解決多數法律糾紛，採取自己的領導形

11 譯注：古吉拉特人（Gujarati），印度—亞利安（Indo-Aryan）族群中的一支，主要居住在今天印度西部的古吉拉特（Gujarat）地區。

式——他們只須承認蘇丹的宗主權，繳該繳的稅，維護好和平就行了。意識到自己散居各地的事實與益處，就能讓商人與各個貿易、轉運與文化的節點建立交流。與此同時，安納托利亞、巴爾幹、敘利亞與尼羅河谷都能提供農業資源與賦稅，有助於支付行政機構之所需。奧斯曼帝國的特色並非是讓同質文化在地方菁英之間流行，而是讓多元性能為政權所用。

西歐帝國企圖推行寡頭壟斷，西班牙屬美洲與塞維利亞間的護銀船隊就是個例子，但奧斯曼帝國的包容經濟與此大相逕庭。奧斯曼人多管齊下的做法與多元網絡的危險則呈現在別的方面：帝國的組成分子有可能認為帝國中心對自己的活動並非必要，或是覺得跟其他霸權能談出更好的條件。變節與爭奪主導權的戰爭從東邊打到西邊再打到中間，充斥整個奧斯曼帝國。我們先前看到哈布斯堡帝國為了得到地中海沿岸的土地與港口而打了好幾仗；至於威尼斯人，他們一下是奧斯曼帝國的盟友，一下又成了敵人。到了東邊，奧斯曼人最主要的敵人有一段時間是伊朗的薩法維帝國（Safavid empire，一五〇二年至一七二二年）；該國是絲的產地，同時也是陸地交流的重要節點。奧斯曼人的宗教寬容對薩法維人起不了作用：他們雖然是穆斯林，但屬於什葉派（見第三章）。就像西歐，理論上是普世宗教的社群卻出現分裂，既讓帝國爭得不可開交，也限制它們的野心——只是這次分裂的情況輪到了伊斯蘭之域。各種在奧斯曼帝國廣大地盤上造反的人——海盜、邊境的王侯與土匪——無論有沒有宗教動機，都希望能從中分一杯羹。

奧斯曼帝國裡海陸交流的財富以及保護這些交流的必要性，都讓奧斯曼人專注在自己創造出來的世界。奧斯曼人的國家沒有特別的理由要在十六、十七世紀時大力投入跨大西洋或好望角周遭的貿易競爭；帝國的好運氣還在繼續。

▼王位繼承中的性政治

王朝的鞏固需要運氣和創新。如果想要產生一名能有效建立起聯盟的戰士領袖，「蒙古—突厥式」的繼承辦法有著不可思議的效果，但這個方法對於維繫帝國來說卻又糟糕透頂。奧斯曼的下一個繼承人在他父親過世後活了三十八年，這對帝國的發跡來說可是天大的好運。奧斯曼人最重要的繼承條件不僅排外、神聖，而且還極具歐亞草原風格：王室中只有一名成員能夠繼承死去的蘇丹，而蘇丹的每一個兒子都有權繼承自己的父親。但是，奧斯曼的繼承制度有個重要之處，與蒙古的習俗大大不同，那就是帝國領土不會在皇室兄弟之間分割，也不會選出一個大汗來當最高君王；反之，每個競爭者都為整個帝國而戰。在走向帝國的好幾個緊要關頭，奧斯曼領導人的死都在敵對的子嗣間創造大規模的權力鬥爭；拜占庭、巴爾幹、安納托利亞各地的領袖以及後來的薩法維人，都迫不及待要在這些戰爭裡為了自己的好處選邊站。

從兄弟及其武裝擁護者與盟友之間的戰爭中，有一種王朝繼承手段冒出頭來，就是同室操戈。穆拉德一世（Murad I）在一三六二年創下先例，他繼承王位之後就殺了自己所有的兄弟。穆罕默德二世的父親穆拉德二世（Murad II）死於一四五一年，身後留下兩個不同母親生下的兒子。一當上蘇丹，穆罕默德二世旋即下令處死他父親的另一個兒子——死時還是個嬰兒。十六世紀時，故去的蘇丹送葬行列（新蘇丹繼承王位後才會舉行）後頭，可能會跟著幾個年幼王子的小小棺材。還有法律被制定出來，以「世界應有的秩序」為名，將王朝繼承中的兄弟相殘合法化。[12]

12 原注：「世界應有的秩序」：the "Law Book" of Mehmet II: 引自Imber, *Ottoman Empire*, 109.

這些小王子是誰？在帝國興起的頭幾個世紀裡，奧斯曼蘇丹與王子會跟他們所覬覦領地的上流家庭通婚，而且通常是跟非奧斯曼人結婚——包括希臘人和其他基督徒，為的是促成同盟以及創造家族部屬網絡。然而，這類政治婚姻很少會帶來子嗣。當有人考慮讓拜占庭皇帝君士坦丁十一世（Constantine XI）娶蘇丹穆拉德二世的遺孀、塞爾維亞公主瑪拉為妻時，某位外交官曾告知有關方面瑪拉跟蘇丹「沒有發生過關係」。[13]這一類婚姻到了穆拉德的時代後也功成身退，奧斯曼人改用「蘇丹妾室制度」（sultanic concubinage）取而代之。

這種用妾室取代妻子來創造蘇丹繼承人的做法，是將穆斯林家庭法與「突厥—蒙古式」族外婚交織成一種新的王朝保障制度，與西歐王室的內婚政策大異其趣。就當時的伊斯蘭法律而言，一個男人根據自己的財產多寡，最多可以娶四名妻子與任意數字的奴隸妾室。婚生子都是繼承人，但若是奴隸主願意，他與妾室的小孩也能有繼承權。奴隸的小孩得到合法地位，便能為自己的母親帶來特權，等到主人過世她就能恢復自由。在蘇丹家的情況裡，他與妾室的兒子如果擁有好運和母親的指引，還可以更進一步登上王位。

另一條由伊斯蘭法律編成的規定進而限制了蘇丹的性生活。蘇丹的配偶一旦生下潛在的繼承人，就不能再跟蘇丹同床共枕，而是要陪著自己的孩子——既是王子，也是蘇丹大位或謀殺案的候選人——外放地方，這個男孩也會得到總督的位子。成為下一個蘇丹的競賽是在一個還算平等的比賽場地進行——沒有哪個兒子是由正室妻子所生，每個兒子都有個奴隸母親。

這些孩子的母親則從奧斯曼人的另一個機構——後宮（harem）——裡學來她們的技巧。蘇丹的皇宮就像中國紫禁城，是個由層層屏障與藩籬隔絕組成的半神聖場所：先是公諸於世的外廷以及接待官員與使者的內廷；接著是後宮前院，獲選為帝國服務的男孩在此接受閹人衛士的訓練；最後才是蘇丹家室的後宮，同樣也由閹人把守。住在後宮的女子——尤其是蘇丹的母親蘇丹皇太后

（valide sultan）以及寵妾哈塞基蘇丹（haseki sultan）——更是身處奧斯曼帝國的權力中樞。蘇丹皇太后打從自己的兒子出生伊始就捍衛著他的利益，謀畫他的平步青雲與生存，指點他，有時還會在繼承鬥爭中為他創造情勢。

奧斯曼的繼承制度強化了蘇丹的控制力。透過妾室（通常來自基督徒俘虜）產下後代，能夠將新血帶進單一基因的王朝血脈裡，也讓輩分高的女子能在奧斯曼變型的「酋長選舉制」中發揮影響力。「蘇丹妾室制度」同時也能解決帝國的典型難題——控制臣下。精打細算的聯姻曾經在奧斯曼人征服與擴張的歲月中幫上大忙，但帝國一旦有了遼闊的版圖以後，要是再跟帝國內的大族結盟，就很有可能帶來危險的結果。蘇丹靠著關上藉姻親通往王朝世系的大門，排除掉一整串和他爭權奪利的潛在敵人。

要等到與蘇丹的女兒有所關聯時，婚姻手段才會再一次躍上檯面，而且還能再次強化蘇丹對社會上層的控制。從十五世紀中葉起，奴隸所生的公主與後宮侍妾就開始被許配給蘇丹最重要的左右手。維齊爾與其他大權在握、可能帶來威脅的人就這麼「結為連理」，成為王室成員；不過，用的卻是一種極端隸屬的方式。後宮女子的丈夫必須與所有先前的妻子離婚，成為「達馬德」（damad），也就是蘇丹的養子。他的孩子也不會是皇室成員。

奧斯曼帝國的王朝繁衍制度能夠避免西歐式王室聯姻的潛在問題，以及無止境的戰爭與宮廷大戲。但即使是蘇丹定下的規矩也能打破——被蘇丹自己打破；尤其當破壞規矩的蘇丹是蘇萊

13 原注：「沒有發生過關係」：Leslie Peirce, "An Imperial Caste: Inverted Racialization in the Architecture of Ottoman Sovereignty," in M. R. Greer et al., *Rereading the Black Legend: The Discourses of Racism in the Renaissance Empires* (Chicago: University of Chicago Press, 2007), 43-44.

曼一世，女主角是亞歷珊德拉．利索夫斯卡（Aleksandra Lisowska，也有人稱呼她為羅克塞拉娜〔Roxelana〕或許蕾姆〔Hurrem〕）時就更是如此。許蕾姆是出身西烏克蘭的基督徒，當時那裡還是波蘭帝國的一部分。她被韃靼人俘虜，接著被進獻給蘇萊曼，時間很可能是在蘇萊曼即位的一五二〇年。當時肩負帝國重任的蘇萊曼已經和另一個妾生了個兒子，但他還是愛上了許蕾姆。一五二一年，就在他們的第一個兒子誕生之後，蘇萊曼棄絕其他所有性伴侶，將剩餘妾室許配給大臣與親信，震撼了整個後宮。蘇萊曼和許蕾姆在十年內至少生了六個孩子。接著他在一五三四年前後又一次打破規則，娶許蕾姆為妻。

許蕾姆就像其他大權在握的後宮女子，既是蘇丹的消息來源，也是其外交官與宣傳家。為了帝國間的和平與共通利益，她和波蘭國王齊格蒙特一世（Sigismund I）以及薩法維帝國君主的姊妹保持私人通信。許蕾姆也遵從伊斯蘭信仰的規定，虔誠行事，用屬於她的土地與賦稅所帶來的收入資助建築計畫，其中包括伊斯坦堡著名的公共澡堂與清真寺建築群。就在奧斯曼的融合脈絡下，古老的「蒙古—突厥」傳統——即執掌大權的頭號妻子與可汗之母——在此時此刻再次重現。

▼蘇丹的奴隸

任職於帝國最高所在的奴隸不單只有皇宮內苑的妾室而已；陸軍統帥、海軍將領、行省總督、國庫和稅收機關的負責人，以及帝國議會的成員也全都是庫爾（Kul）——蘇丹的私奴。奧斯曼人在建立帝國的數百年間，將奴隸制最根本的元素融入統治技巧——讓一個人從其社會環境中脫離。

奴隸在奧斯曼帝國的核心區域十分普遍。由於伊斯蘭律法禁止奴役穆斯林與住在穆斯林土地上、受庇護的基督徒，於是穆斯林統治者被迫從自己的領土外取得奴隸。長久以來，奴隸都是從黑海以北進口到地中海、北非與中亞等地，其中許多奴隸（slave）都是斯拉夫裔（Slavic）；軍隊在這些地方打了勝仗，也常常讓戰敗的群體成為奴隸。奴隸用在許多方面——苦力、家奴以及士兵。阿拔斯人和塞爾柱人也都曾在自己的軍隊裡使用奴隸部隊；十三世紀時阻擋蒙古人前進的「馬木路克」本身就是奴隸士兵，而「馬木路克」這個名字，就來自阿拔斯王朝對奴隸軍隊的稱呼（見第三章）。一五一七年擊敗「馬木路克」的奧斯曼人，則進一步發展出募集士兵與政府高官的新方法。

在奧斯曼帝國不停變動的邊界沿線——尤其是在高加索地區，擄人為奴可是門興旺的生意。可土地一旦被併吞進帝國，奴隸的來源也就隨之枯竭；奧斯曼人於是放寬伊斯蘭的禁令，轉從自己的人民當中找人來當蘇丹的僕人。從十四世紀到十八世紀，他們有系統地、而且幾乎都是從基督徒臣民那募集男孩，這種做法稱為「德夫希爾梅」（devshirme），意思是「徵募」。許多社群被要求提供一定數量的男孩，作為蘇丹的儲備官員，年紀甚至可以小到八歲。獨生子不會被「徵募」，不然其父親就沒有幫手，也沒有足夠的資源付自己的稅。至於不招募土耳其男孩，則是因為不同的原因：他們並未為奴的穆斯林家屬可能因此聲稱自家與蘇丹有所聯繫，藉此得到類似免稅的特權。之所以要從基督徒裡找人，是為了讓蘇丹的侍童成為宮廷中的局外人；這就像蘇丹與奴隸妾室生孩子，是為了避免與奧斯曼大族產生同盟關係一樣。

「德夫希爾梅」的招募過程是件非常嚴謹的事。男孩們集合在一起，登記，往伊斯坦堡出發，割掉包皮，然後接受即將決定他們命運的選拔。多數男孩展開多年的訓練，成為「耶尼切里」——也就是蘇丹禁衛軍。「耶尼切里」或許是以「馬木路克」為樣板，招募來的都是信仰基督教的巴爾幹人。還有一小群男孩會被選入蘇丹的家室與政府中為奴，或是在閹人衛士的監督下遁入皇宮；在公眾面前，他們必須不發一語，接受伊斯蘭信仰教誨與法律、奧斯曼語以及治理上層社會相關手段的教育。有些男孩長大後成了蘇丹手下最高級的僕從——總督、外交官、大臣，甚至是國家最高的

德夫希爾梅：為服務蘇丹而招募來的小孩
△
一名官員（坐著，戴頂高帽）監督記錄孩童資料的過程，畫裡的孩童則拿著裝著個人物品的袋子。
鎮上的居民在旁看著。畫的背景暗示地點是在巴爾幹地區的基督教村落。
徵引自托普卡匹皇宮博物館藏《蘇萊曼之名：蘇萊曼大帝插圖史》（*Suleymanname: The Illustrated History of Suleiman the Magnificent*）。Bridgeman Art Library.

行政長官大維齊爾（grand vizier）。

對於那些被帶到皇宮的男孩來說，「徵募」為向上流動提供管道，能實現許多基督徒農民家庭的夢想。對於蘇丹而言，他讓依附他的外來人士成為行政與軍事領袖，這可是解決皇權維持難題的創新方法。蘇丹能開除、撤換每一位大臣或幕僚，掌握他們的生殺大權。蘇萊曼一世曾有八位不同的大維齊爾。處決這類大權在握的人，就跟皇室兄弟彼此相殘的習俗一樣稀鬆平常。這兩種做法要的都是倖存者的效忠。

皇家的妾室制度，以及將「徵募」來的、改宗的基督徒男孩選為高級幕僚的做法，意味著蘇丹是透過自己打造的家室來統治國家。既不受世家大族牽絆，又有唯命是從的官員輔佐，蘇丹得以在自己的奴隸以及整個帝國間，推行一種極端形式的父權統治。

▼鞏固菁英部屬的忠誠

這套依附而沒有人身自由的官員體系有兩個缺點。其一是，禁衛軍必然是手持兵器、能攻善戰，而且就在身旁的人——其他帝國同樣也有這個問題。戰時，「耶尼切里」要在戰場中心拱衛蘇丹，確保他的安全；回到宮裡，「耶尼切里」也要保護蘇丹，但他們也有可能背叛蘇丹。一六二二年，就在蘇丹奧斯曼二世（Osman II）採用過於苛刻的處罰方式，還違反「耶尼切里」的意願持續與波蘭的戰爭，拒絕處死被控貪汙的大臣，更計畫要用其他不同的武裝部隊取代「耶尼切里」——在各個方面都激怒「耶尼切里」後，因而被自己的「耶尼切里」暗殺。

體系的第二個缺點則是帝國大戲中的典型劇情，我們已經在西地中海以及中國看過了。奧斯曼人需要徵集足夠的歲入與兵丁以保護自己的帝國，同時還不能讓各省那些有可能造反、總是貪得無饜的貴族有機會發展勢力。在奧斯曼人對外擴張的頭幾個世紀裡，蘇丹對付世家大族的方法，是把他們從故鄉土地上遷走，到邊遠地區當領主。但等到帝國在十六世紀晚期達到最大規模時，控制地方領主的問題也不斷重現。與此同時，保衛帝國也變得愈來愈花錢；擁有足夠的資金，才能把軍事策略與技術上的革新帶給奧斯曼陸軍與海軍——尤其是野戰大砲以及新的船艦設計。

關於在獲取資源的同時保持帝國菁英忠誠有效率、又不會在自己的地盤太過安逸的難題，奧斯曼人找到兩種解決方法。理論上，蘇丹可以根據自己的意思分配、管理所有土地，而第一條解決的原則便源自於此。奧斯曼人以拜占庭軍人的授田制度為基礎（見第三章），將一地收稅、收規費的權力與一塊塊能作為私用的土地賞賜給軍人。到了十六世紀晚期，這套制度已經轉變為包稅制；把包稅的資格賣出去，就能為伊斯坦堡宮廷裡的官僚帶來收入。包稅雖然沒有辦法創造新的資源，但卻給了菁英們一個很好的理由，尋求蘇丹對自己的恩賞。

第二條原則則是讓人官位坐不長久。蘇丹可以隨意替換官員，獎賞忠誠服務，懲罰無能的人。任命官員的做法也能將叛亂者納入成為體系的一分子。勢力龐大的土匪還會試著討價還價，意欲進入國家的官僚體系，請求蘇丹讓他們成為合法收稅、徵召人丁的官員；這足以證明在奧斯曼帝國當官有多麼吸引人。

奧斯曼統治者之所以沒有辦法用同一套方法管理或控制自己的中間人，有部分是因為帝國實在太大了。個人化的權威讓彈性、妥協與實事求是變得比較容易。對於難以防守的邊境地區，奧斯曼帝國會承認當地統治者的頭銜與權力。庫德斯坦（Kurdistan）就是個例子，蘇丹一直無法將當地的部落酋長跟宮廷的統治方式連接在一起。至於在更接近中央的地區，無論是把豪門世族遷移到偏遠地區，招募外來者擔任最高職位，任命總督—將軍（王子與蘇丹的高階奴僕都可以擔任），還是操縱、重畫各省省界，這些做法對於抗衡勢力深植的地方強人都很有效。只是隨著時間過去，世家大族為了自己的好處，仍然成功地與權力搭上線；奧斯曼統治者只好將地方菁英統合進統治階級，讓這些權貴負責有利可圖的國家職能。將人帶進官僚體系，才能避免他們鞏固與國外的聯繫。這套體系最有效的工具就是慷慨的賞賜——當官可是能賺大錢的。

▼捍衛多元信仰政策

就一般百姓的角度來看，如果跟蘇丹的政府有繳稅或提供人力以外的直接接觸，可是件不尋常的事。那麼，對於絕大多數沒有被拉去服務國家的臣民來說，帝國還能為他們做些什麼別的事呢？

奧斯曼人管自己的帝國叫「固若金湯的國家」，強調蘇丹有保護臣民的責任。其中一種保護是對抗侵略——無論是來自國外還是國內的盜賊。奧斯曼法律還為帝國形形色色的臣民提供另一種庇護。各個教派的基督徒、猶太教徒，以及其他非穆斯林的臣民在家庭或宗教事務上，都要受自己社群領袖的法律權威所管理。有一種個人卻又官方的紐帶，將這些族群以及他們不同的法律習慣和蘇丹至高無上的權力繫在一起。大拉比（chief rabbi）、希臘正教會的都主教（metropolitan）、亞美尼亞正教會，以及其他基督教群體的領袖都是接受蘇丹的特許才保有自己的職位。作為效力蘇丹的回報，他們不僅不用交稅，還能獲得掌握各種收入與資源的權利。保護、利用不同信仰的神職人員，是蒙古與其他帝國在這些地方的習慣做法，這也成為奧斯曼制度中的一環。

伊斯蘭信仰在幾百年來的擴張與衝突中（通常是跟其他穆斯林領袖的衝突），發展成為帝國各種宗教間首屈一指的宗教。奧斯曼人一開始出現在安納托利亞土地時，當地滿是聽從各式教誨、精神領袖的基督教與伊斯蘭教社群。跟被征服者或同盟的統治者（包括信仰基督教的軍事強人）維持關係，同時選擇性接納不同文化的傳統（而不是訴諸於好戰的伊斯蘭信仰），有助於奧斯曼、奧爾汗和他們的後人擴張帝國。奧斯曼人把自己的印記蓋在先前由阿拔斯人、塞爾柱人以及伊兒汗國所發展出來的「伊斯蘭—伊朗」式的行政文化上，但仍舊從拜占庭城市與巴爾幹貴族中找來勢力龐大的基督徒，加入奧斯曼人的社會上層。打了勝仗的奧斯曼勇士們既不會要求基督徒俘虜改信，也不會因為信仰而殺掉他們。他們用的辦法實際多了——索要釋放俘虜的贖金，有時則是解放改信伊斯蘭教的奴隸，還將吃了敗仗的基督徒貴族派去邊境擔任行省總督。更何況，奧斯曼人成功的帝國事業開啟各種可能性，人們對此也會有所回應；不需要強迫，改宗伊斯蘭也會發生。

巴耶濟德一世的治世（一三八九年至一四〇二年在位）可說是基督徒與穆斯林和諧互動的頂峰；巴耶濟德還把自己的兒子取名為耶穌、摩西、所羅門、穆罕默德與約瑟。就算某個穆斯林傳教士認為耶穌與穆罕默德是同等重要的先知，這個觀點也可以在巴耶濟德的首都布爾薩公開討論。但這種宗教融合的文化在一四一六年時面臨嚴峻考驗；安納托利亞當地的伊斯蘭托缽僧伯爾盧傑・穆斯塔法（Borkluje Mustafa）在一場反抗奧斯曼統治的大規模叛亂中，表現出一種各宗教普世團結的情懷。他呼籲基督徒與穆斯林之間平等以待，相互分享財產。伯爾盧傑・穆斯塔法兩度擊敗奧斯曼大軍，但後來仍被穆罕默德一世（Mehmed I）的維齊爾巴耶濟德帕夏（Bayezid Pasha）無情擊潰；據說，巴耶濟德帕夏「殺了一路上所有的人，男女老少，一個都沒放過」。[14] 一四三〇年代後，伊斯蘭信仰被重新強調為奧斯曼王室與社會上層的宗教。

薩法維人的什葉派王朝首都位於伊朗，他們就是在這裡主張自己的王朝擁有伊斯蘭世界的領導權；奧斯曼蘇丹塞利姆一世（Selim I，一五一二年至一五二〇年在位）經歷與薩法維人經年累月的戰爭，在一五一六年結束了薩法維帝國在安納托利亞的統治。隨後繼續腳步，跟馬木路克人作戰，將他們的蘇丹殺死在戰場上。隨著塞利姆的勝利，奧斯曼帝國在埃及、敘利亞、黎巴嫩、巴勒斯坦與阿拉伯半島得到大片新領土，其中也包括聖城耶路撒冷、麥地那與麥加。奧斯曼蘇丹至此可以自稱是伊斯蘭的守護者，地位高於所有其他穆斯林君主。這個舉動針對的不是基督徒，而是奧斯曼人的穆斯林對手——薩法維人，以及其他宣稱得到神意指示或神授權力的人。

讓皇帝來當信仰的守護者有好處也有壞處，就跟西歐基督教領袖面臨的情況一樣。後來的幾百年間，政治暴發戶、心懷不軌的臣子與其他挑戰者，都有可能拿對加齊（gazi，為正信而戰的人）的崇拜以及伊斯蘭領導權的爭論來對抗奧斯曼人，其中又以什葉派的薩法維人最不留情。但蘇丹對伊斯蘭事務的管理與指引（包括監督伊斯蘭法律執行），同樣也在許多地方強化蘇丹的權力。

《伊斯蘭教法》不是單一的立法體系，而是一套傳統，是相互競爭的各個法學派，依據《古蘭經》和先知言行為基礎所做出的詮釋。奧斯曼人援用哈納菲學派[15]的遜尼派法律——這在塞爾柱人治下的安納托利亞是主流——並設立一系列的學校，訓練出哈納菲傳統的法官。大多數穆斯林的法律糾紛都交由這些法官來仲裁。但《伊斯蘭教法》對帝國的許多工作而言並不合用，尤其是因為《伊斯蘭教法》把社會上主要的違法行為，都當成團體間的民事問題來看待。奧斯曼人於是用上第二種法律——法典（kanun）——讓蘇丹能實踐他身為保護者的角色，同時也能管理稅務與財產相關事務。

奧斯曼的法典在要繳稅的臣民（占大多數）以及為蘇丹服務之人——也就是拿國家薪水、或是從分配到的土地獲得收入的「阿斯卡里」[16]——之間做出區隔。審判「阿斯卡里」的不是一般的法庭，

14 原注：「殺了一路上所有的人……」：引自Imber, *Ottoman Empire*, 21.

15 譯注：哈納菲學派（Hanafi school），遜尼派四大法學派別之一，擁有最多的追隨者，在當時的奧斯曼帝國、中亞、印度次大陸與中國西北有極大的影響力。哈納菲學派之名來自創始人阿布・哈尼法（Abu Hanifa, 699-767）。

16 譯注：「阿斯卡里」（askari），即阿拉伯文的「士兵」。

而是蘇丹的官員。包括騎兵、蘇丹的男女奴隸、法官、教授、「穆夫提」[17]以及這些人的家屬全都是蘇丹的奴僕，蘇丹擁有合法權力對他們處以肉刑或死刑。把人民區分成繳稅的人跟僕人，並各自擁有不同權利的做法，跟羅馬公民繳稅一視同仁的理念有著強烈對比。

奧斯曼的律法是一套法律制度大全——有世俗法、伊斯蘭法、其他宗教的法律以及風俗習慣——而且全都有位居中央、至高無上的權力加以認可。法典的編纂也反應出這種異質性。一四九九年的法典記錄了帝國各地以詔令、地方紀錄、伊斯蘭教令（fatwa）與其他規條為基礎制定的稅賦責任。不同信仰的人民可以用自己的宗教當局所認定的方法來解決比較小的法律案件。奧斯曼帝國的法律也有普及的一面，絕大多數臣民都能在某種法庭接觸到法條；但並非所有案件，也不是所有人都得接受有如查士丁尼在羅馬／拜占庭帝國所頒布的那樣一套放諸四海皆準的法律。

包容差異的行事原則非常重要，這讓帝國有能力統治一大片住著非穆斯林的領土，同化離散各地的少數族群，並對抗其他帝國在宗教上的不寬容。奧斯曼法律在巴爾幹與匈牙利為希臘人、塞爾維亞人以及新教徒提供權利，這在天主教的哈布斯堡帝國，或是波蘭統治者的領導下簡直是天方夜譚。而且，不只穆斯林，就連在宗教審判時期被趕出西班牙的猶太人，也都能在奧斯曼帝國裡找到新家以及法律地位的保障。蘇丹也會為了自己的目的而利用基督教國家的分裂；蘇萊曼在軍事行動上與信仰天主教的法國國王合作，蘇萊曼的繼承人則跟信仰新教的英格蘭女王伊莉莎白貿易與協商，以削弱哈布斯堡帝國。

奧斯曼人也把「不同民族應當根據他們自己的法律來審判」的這種觀念，用在帝國裡討生活的外國人身上。他們對加拉達（Galata）一地的做法就是個範例；熱那亞人在伊斯坦堡這個最國際化的城區有塊殖民地，一四五三年的詔令中，蘇丹穆罕默德二世允許熱那亞人仲裁自己的內部事務。這一類協議也及於那些在奧斯曼帝國境內各處擁有商業殖民地的不同政權。法律案件上的「治外法權」早已根植於奧斯曼人與拜占庭過去的習俗中。作為保護歐洲人（奧斯曼人稱他們為法蘭克人）的交換條件，他們也堅持其他地方的國君必須允許奧斯曼商人能以安全的方式在當地落腳。奧斯曼人透過所謂的特權與豁免協定（把「外事」法律訴訟的權力授予外國人），以及堅持保護商人與外交官的做法，將過去歐亞草原的外交原則帶進了歐洲人的國際慣例中。

小結：兩個帝國，一段神話
Conclusion: A Tale of Two Empires

神聖羅馬帝國皇帝、卡斯提爾暨阿拉貢國王查理五世和奧斯曼蘇丹、「立法者」與萬王之王（「Kaysar」，即凱撒）蘇萊曼一世，這兩人都渴望重現羅馬帝國的輝煌與版圖。查理跟羅馬的基督教往昔顯然有點關聯，雖然他跟教宗的關係遠遠稱不上水乳交融。但蘇萊曼同樣也有理由宣稱自己能繼承羅馬的權柄。奧斯曼人擊敗並取代帶領東羅馬帝國前進的拜占庭人，征服羅馬在地中海的一大塊地方，還接掌巴爾幹地區基督徒保護者的位子。科爾特斯征服阿茲提克人時，奧斯曼人也擴張到敘利亞、巴勒斯坦、埃及與阿拉伯。到了十六世紀中葉，奧斯曼人統治著三分之一的歐洲以及一半的地中海海岸。此外，伊斯蘭還是三大一神信仰中最新的一個，承接了猶太教與基督教；奧斯曼人也不像過去多數的伊斯蘭和基督徒統治者，他們會在不損及帝國中心領導地位的情況下，從法

17 譯注：「穆夫提」（mufti），為解釋《伊斯蘭教法》與伊斯蘭教法學的學者，也是「烏里瑪」的一分子；他們有向當局提出法律見解的權利。

律與行政兩方面找到方法來接納這兩種信仰，甚至是它們大多數的支派與變體。跟西班牙宗教審判的排外意識型態一比，還有哪個國家能比蘇丹保護下的寬容政權更大度——至高無上、無所不包？

在此同時，基督教卻在歐洲把自己給撕得粉碎——有法國的宗教戰爭（一五六〇與一五七〇年代尤甚）、荷蘭的八十年戰爭（Eighty Years' War），以及英格蘭與蘇格蘭的衝突。人們雖然表示要團結來對抗想像中的伊斯蘭威脅，但宗教排外與稱帝野心的有毒結合，仍然讓追求權力的歐洲人分裂成東方與西方的基督徒，分裂成新教徒與天主教徒，導致血流成河。一五七〇年代時，一些像讓・博丹[18]這樣的政治思想家曾想像有個君主制的領土國家，能從割據勢力與派系鬥爭中脫穎而出；但現實並非如此，現實裡出現的是拼裝帝國及其敵人。

奧斯曼帝國與西班牙帝國之間的敵對關係，讓他們在陸上和海上打了好幾十年的仗。查理一直沒有辦法把奧斯曼人趕出阿爾及利亞，也無法阻止那些時不時跟奧斯曼人同一陣線的海盜攻擊西班牙在西地中海的船隻。至於在哈布斯堡勢力範圍的另一端，奧斯曼人也推進到維也納的外圍。查理與自己的弟弟，即哈布斯堡家族的奧地利國王斐迪南，也為了匈牙利和蘇萊曼打得難分難解；到了一五四七年，斐迪南不僅得放棄自己想成為匈牙利國王的主張，還為了要統治某部分的匈牙利領土而向奧斯曼人支付貢金。和約裡稱查理為「西班牙國王」，而不是皇帝；就是靠著這份和約，蘇萊曼得以宣稱自己是「羅馬人的凱撒」。

然而，蘇萊曼在東邊也有他自己的問題，亦即主張擁有伊斯蘭統治地位的薩法維人。這兩個伊斯蘭政權間不平靜的邊界，削弱了奧斯曼帝國的控制力。十六世紀中葉，查理五世試圖跟蘇萊曼的敵人——薩法維王朝的沙阿結盟，而蘇萊曼則反過頭來協助法國國王（從一五二〇年代晚期到一五五〇年代）以及信仰新教的日耳曼公侯們。奧斯曼人在一五四三年派遣一支海上遠征軍，幫助法國與哈布斯堡人作戰；這支艦隊在土倫（Toulon）過冬，在蘇萊曼的請求下由法國負責補給。查理與菲利浦二世一度擔心西班牙可能會成為這支艦隊的攻擊目標。一場對羅馬昔日帝國的爭奪在西歐上演，查理在一五五六年的遜位也沒有改變這件事的發生。一五六六年，蘇萊曼在最後一次征戰匈牙利時去世，但他的軍隊仍然在當地取得勝利。兩個大帝國在一五七〇年代脫離全面對抗的態勢，這也反映兩國面臨的挑戰與機運——奧斯曼人需要鎮壓叛亂，鞏固他們在阿拉伯語地區得到的新領土；而哈布斯堡人則需要照料美洲有利可圖的事業，應付跟法國的衝突，還要在自己的歐洲領土上凝聚各個難以駕馭的國家。

奧斯曼人在東南歐及地中海占有至關重要且靈活的地位，這並不讓人意外。一五二〇年代時，蘇萊曼握有將近九萬人的常備軍，其騎兵主要是由國家賜予的土地來供養支持，至於全軍核心則是蘇丹的親衛隊——「耶尼切里」。查理五世與其他西歐統治者則得透過地方要人或傭兵等管道糾集軍隊，所費不貲。到了蘇萊曼的統治結束時，從布達（Buda）到麥加，從阿爾及爾到巴斯拉（Basra）都是奧斯曼帝國的範圍。這個帝國掌握龐大的資源，並透過一套能吸引、規訓並抑制潛在政治新貴的統治體系來運用這些資源。而西班牙人則帶著他們叛服無常的手下，揹著自己在外國商人那欠下的債，若還想對付奧斯曼帝國這座自給自足的大山，那可是場硬仗。

面對奧斯曼人戰略地理上的優勢以及自己領地上難治的騷亂，西班牙的因應之道就是海外擴張。他們在遠洋貿易上是有點成就，但要保護對歐洲的控制權，就意味著錢無法留在西班牙。奧斯曼人在蘇萊曼統治時也曾試圖擴張勢力範圍，於一五四一年派遣艦隊前往印度的蒙兀兒帝國，但他

18 譯注：讓・博丹（Jean Bodin, 1530-1596），法國法學家、政治哲學家。雖然身為天主教徒，但對新教抱持較為開放的態度，並反對教宗有高於法國政府的權力。著有《共和六書》（*Les Six livres de la République*），認為承認國家的主權才是保障國家秩序的關鍵。

們無法將葡萄牙人及其更為先進的船隻逐出印度洋貿易航線。無論查理、蘇萊曼，還是他們手下最有遠見的策士，都無法預見遠洋貿易與帝國長久之後的結果。他們只知道對方的勢力範圍有多大，由此了解自己的極限。

讓我們再次回頭看看這兩個帝國和它們的成就。查理五世及其繼承人所打造的帝國，遠比最初起步之際更為「西班牙」。由於在歐洲受到主權不穩定的限制，他們只能訴諸於共同的君主、宗教的親和力、國家的強制力與管理能力，以及保護人民抵抗其他帝國等方式，將歐洲的西班牙與美洲的分支綁在一起。西班牙語成為上述空間中的強勢語言，而國王任命的卡斯提爾人在美洲也比在查理的歐洲領土上能行使更多的權力；天主教則被當作共同宗教來推廣。單一的教會與單一王朝間，以及君主和土地貴族間充滿摩擦的互動，事實上導致一種奠基於單一、基督教、歐洲文化的嶄新普世主義擴展到新大陸；只是擴張的過程要交由誰來掌控，仍是未定之天。但對奧斯曼人來說，普世帝國的根本原則卻是在於蘇丹統治下因地制宜的包容性，在於對臣民既存宗教與民俗習慣的保護，在於伊斯蘭律法與帝國法律的微妙融合，以及（理想中）超然於所有世家大族影響的官僚組織。

這些不同的策略，讓我們不禁開始深思建構帝國權力的兩種截然不同方式。馬克斯・韋伯（Max Weber）所說的「理想型」（ideal type）雖然無法呈現真實存在的政治體系有哪些複雜的運作過程，卻有助於我們思考統治者們面臨的廣泛問題，以及各式各樣（但仍有限度）的解決之道。接下來我們要比較「階級制度體系」及「家產官僚體系」；當然，我們也不會忘記，實際存在的政權會同時運用這兩種原則。

在「階級制度體系」裡，平民之間（包括窮人）出於共同的生活經驗而彼此有所聯結。貴族則仰賴於對彼此地位的承認，以及一套社會與法律體系來支撐他們的特權——包括取得土地、武器與踏入國王宮廷的管道，當然也包括下位者對他們的尊敬。階級制度意味著階級內部有較強的凝聚力，階級之間的聯結則弱些。在想當國王或皇帝的人眼裡，讓貴族階級掌握特權有其用處，但也會出現問題：在蒐集統治所需的人力與財力，讓外敵不敢輕舉妄動，以及讓底層人民乖乖工作、維護秩序時還挺有用；可是，由於貴族們有可能一個鼻孔出氣，抑制國王的權力，所以也是個問題。

而在「家產官僚體系」中，權力是從家族成員與王室中延伸出去。國王就是人民的父親，為人民提供保護，要求人民服從。他會尋求跟支持者之間直接、垂直的聯結；另一方面，支持者也跟依附自己的人有個人的聯結。「家產官僚制」的統治者會努力讓各種依附自己的人彼此間關係愈少愈好。如果說階級模式強調水平的聯結，那麼家產官僚模式靠的則是垂直的紐帶。「家產官僚制」統治者最害怕的，莫過於自己的臣屬把依附他們的人帶往另一個方向——加入敵對統治者，或是在新國王底下複製另一個「家產官僚體系」。他得提供某些較小的或敵對的政治單位所無法提供的資源。統治者的策略就是要確保這些垂直關係鏈都集中在自己身上，同時還要用直接依附於己的人來建立王室，而這些人還不能有其他垂直或水平的社會聯結。

查理與蘇萊曼的帝國都同時擁有「階級制度體系」與「家產官僚體系」的元素，但查理在歐洲的帝國運作方式比較接近「階級制度體系」，蘇萊曼的帝國則更接近「家產官僚體系」。查理仰賴於相對同質性的宗教與法律制度來維持階級制度的穩定，其優越地位能在這個制度裡得到承認。但他沒有辦法完全控制自己權力的基礎，物質上或意識型態上皆然。無論是城鎮中充滿自覺的公民秩序，有追隨者支持、擁有武力的大地主，還是覬覦帝國權力、但又備受基督教內部分裂挑戰的教會，查理都得跟他們打交道。反之，奧斯曼蘇丹則藉由掌控與各自不同且獨立的宗教、法律和文化群體的關係來統治帝國。

西班牙帝國在歐洲及美洲領土成形的經過，可以一路上溯到羅馬——以及讓羅馬西部疆域分崩離析的過程。儘管羅馬有著有容乃大的國家形成過程，晚期的帝國卻在國內創造一種單一的羅馬文化；這種文化滲透一般人日常生活的程度並不一致，但對社會菁英卻非常有影響力。行省裡的優越地位，以及在帝國制度架構中的社會流動，就是選擇羅馬文化之人所能得到的最佳報償。一旦帝國中央失去對資源的控制並隨之瓦解，貴族階層也變得更加地方性，緊抓著土地與農民以求生存，同時也更八面玲瓏，透過與其他地主結盟或為前景看好的上位者服務以獲得保護。這種充滿暴力與有條件忠誠的動盪局勢持續了好幾百年。

對於想在昔日西羅馬帝國土地上稱帝的人來說，如果希望能擊碎橫向關係對權力設下的限制，就得訴諸於家產官僚式的統治策略，但此舉工程浩大。許多西班牙大地主控制著可觀的土地收入，坐擁龐大武力，而哈布斯堡帝國其他潛在的支持者也都擁有類似的資源；故此，要想打破階級制度簡直難如登天。大地主與地方社群都會限制皇帝把「自己人」放進政府職位的程度，試圖藉此讓貴族信條持續凌駕在家產官僚統治之上。

對於大西洋邊上的歐洲這一側來說，在遠方建立帝國似乎更有吸引力。國王和卡斯提爾貴族得以在美洲擺脫地主的勢力。總督轄區與上訴法院體系（以及王室對這些職位的派任）就是想在海外成就自家無法完成之事而做的嘗試——透過類似蒙古可汗或奧斯曼蘇丹使用的、更加「家長官僚制」的方式來治理帝國。然而，信仰基督教的歐洲人所創造的制度能多有效也還是個問題。他們有辦法對美洲原住民與移民穩定行使職權嗎？

奧斯曼人則在不同的空間裡創造自己的帝國。他們從安納托利亞起家，而且從一開始就靠著把地方領主遷往各地的方法，讓領主們無法就地坐大。奧斯曼帝國的文化結構非常駁雜，擊敗拜占庭人之後更是如此：他們要統治的有貿易前哨、歷史悠久的城市、握有土地的軍閥與離散各地的行商。維繫多元文化的要訣並非讓文化變得一致，而是在官員的監督下，讓不同社群用不同方式處理自己的問題；官員和蘇丹則保持著垂直且盡可能緊密的關係。帝國的核心組織真的就是字面上所說的家產官僚——蘇丹的家室；蘇丹用類似於突厥、蒙古、波斯與阿拉伯世界的布局來建立家庭，但其中仍有關鍵性的差異。蘇丹藉由奴隸妾室產下自己的後代，從突厥語系的穆斯林人群外招募自己的左右手和禁衛軍，這些都是用來抵擋貴族的屏障。奧斯曼人就是靠著讓高官、甚至是讓蘇丹部分血脈的來源朝外發展，才得以避免創造出某個可能會要求自治、索求資源的社會階層。

承認帝國中各個不同社群內部的等級制度，以及承認他們的法律、信仰、語言與領導人，同樣有助於奧斯曼的家產官僚制發揮作用。伊斯蘭信仰不必然比基督教更能促成這種精心架構的寬容——「吉哈德」與十字軍運動其實相當類似；雖然蘇丹宣稱自己是神在地上的隨從，但無論是在帝國內外，穆斯林間的分裂也會對其主張帶來挑戰。不過，奧斯曼人不需要面對隨著教宗世系發展出的體制化宗教權威。蘇丹用歐亞草原務實的統治模式打下基礎，同時占據文化多元的拜占庭空間；他既能扮演哈里發的角色，又能為其他民族的宗教提供庇護。

無論是查理統治時的西班牙人，還是蘇萊曼時期的奧斯曼人，都無法避開治理帝國的所有風險，但他們的確打破自羅馬衰亡以來、以地中海為基礎打造帝國者所面臨的限制。其中一個皇帝將勢力範圍延伸、鞏固於東地中海地區的陸地與海洋，另一個皇帝則望向大海另一端。他們朝著不同的方向努力，影響了往後數百年間的權力分布。

第六章

大洋經濟與殖民社會——歐洲、亞洲與美洲

Oceanic Economies and Colonial Societies: Europe, Asia, and the Americas

十五與十六世紀，人們從西歐跨海出航，但可不是為了打造「商業帝國」或「西方殖民主義」而出發。他們是要在大陸的局限之外尋找財富；在那塊大陸上，領主和君王間的緊張關係、宗教紛爭，再加上奧斯曼人在東地中海上的封鎖，都扼制著他們的凌雲壯志。

海上探險家對世上的權力鬥爭與交流深有所聞，這些見聞也塑造他們的野心。蒙古人、阿拉伯人、猶太人與其他民族創造並維繫橫跨歐亞大陸的聯結，這在哥倫布為大汗的迷人帝國動身啟航時深深鼓舞著他。他身邊帶著一位改信基督教、操阿拉伯話的猶太人，以便在跟中國朝廷溝通時有個人翻譯。[1]但哥倫布和他的船員抵達的卻是加勒比海島嶼，是時，「歐洲」探險家對「美洲」人吐出的第一個字眼，用的是伊斯蘭世界的語言。

雖然像哥倫布這類人抱持的觀點，反映的是那個時代的世界秩序，但這些航海家行動的後果卻遠遠超越了他們的意圖。歐洲國家為了通往亞洲貿易網絡的路而彼此競爭，爭相在貿易網絡的關鍵位置修築軍事化的轉口港，逐漸延伸政治力量與殖民地的範圍。新大陸的意外發現，讓新的殖民型態也應運而生。一五一〇至一五五〇年間，跨大西洋貿易成長了八倍；到一六一〇年前，又再增加了三倍。[2]

先是葡萄牙，接著是荷蘭、不列顛和法國的商人、公司與國家代表，他們促成一種新型的武裝貿易，入侵印度洋與東南亞原有的經濟體系。從十五世紀末開始，歐洲人出現在亞洲的次數日漸增加——比起「打通」當地、進入長程貿易的說法，這個現象跟武裝貿易入侵的關係更大。不過，若要跟十六世紀蒙兀兒人控制的大半個印度、龐大的明代中國，或是滿洲人於十七世紀時重建的清代中國相比，歐洲人十六、十七世紀時在亞洲所建立的武裝港口（在某些地區則是更大的殖民地）不過只是危危顫顫的嘗試。看看那些政治與經濟行動，在自身所屬的獨特時空中發展成形的樣子，也看看這些行動在美洲、非洲和亞洲的不同結果，我們就更能了解歐洲海上帝國建立過程中的創新與局限，而不是把歐洲強權在十九世紀的明顯優勢倒果為因，看成「歐洲擴張」的單線故事。

有些歷史學家主張十六世紀是歐洲歷史上「最好戰」的一個世紀。[3]雖然地方領主彼此暴力相向的情況沒有過去那麼盛行，但基督徒與穆斯林、天主教與新教徒間的宗教緊張，卻因為一小撮捍衛或主張擁有帝國支配權的參賽者間的衝突而更形嚴重。歐洲帝國間的競爭促進了三重動力：將經濟資源控制在帝國疆域中的努力，透過技術革新與國家掌握的人力和財政資源發展軍事力量，以及將這些資源投入到可用之地——最終遍及全球海洋。

海洋帝國就是力圖打通長距離貿易的產物——延伸自己的交流時，還要阻止別人的交流。由軍隊維持的武裝商船運輸，以及設置在非洲、亞洲與美洲當地的一系列機制，則是人們殫精竭慮的關鍵：在重重包圍中，將經濟網絡中的關鍵節點納入帝國控制下的貿易殖民地——「飛地」；種植園式的殖民地，在這裡，少數殖民者利用當地或進口的勞力開發土地與礦藏；除此之外，還有來自歐洲本土，取代、殺害當地人，或是把他們強制併入新的社會秩序——殖民架構——當中的移民。

當帝國跨出地中海地區、跨海過洋時，在歐洲以外發展的各個帝國要如何互動、較勁？我們在這一章要強調的就是其中的主要變化。我們要探討帝國力量的運作方式，包括打造帝國的人綜合運用「飛地」、種植園與移民策略的方式，以及這些策略的先後順序。我們還要指出這些海洋帝國的力量局限：包括各帝國間破壞性的衝突，帝國內部的弱點（尤其是保持對政治中間人的控制上），

1 原注：關於哥倫布的翻譯，引自John Tolan, "The Middle Ages," in Henry Laurens, John Tolan, and Gilles Veinstein, *L'Europe et l'Islam: Quinze Siècles d'histoire* (Paris: Odile Jacob, 2009), 113.

2 原注：「貿易成長」的數據來自Kennedy, *Rise and Fall*, chapter 1, 27.

3 原注：「最好戰」：傑克・S・列維（Jack S. Levy）一九八三年語，轉引自Parker, *Military Revolution*, chapter 5, 1.

以及亞洲、非洲當地政權與網絡的力量及適應能力為帝國造成的限制。

貿易「飛地」與彼此間的網絡、種植園與礦藏，再加上農業移民——這些都是初來乍到的歐洲人跟當地居民，以及從跨洋體系中的一部分轉徙到另一部分的奴隸三者相遇的場所。美洲是最晚才加入長距離交流的地區，卻經歷了殖民過程中最為慘痛的影響——包括人口、政治與文化的影響。但即便是在美洲，帝國的締造者仍無法抹去舊有的經濟和社會組織形式，也不能不仰賴中間人（歐洲人或當地人，又或者兩者兼用）來保持對於這些領土的控制。

帝國的行政官員、神職人員與其他來自歐洲的代理人，他們所遇到的原住民並非活在不受時間影響的文化現實裡，而是擁有社會互動關係與政治經驗的民族，其中也包括和帝國交手的經驗。雙方角力過程中浮現的模式，不只反映強加其上的權力，也有當地民眾的主動作為；當地人會利用新的可能，而非放棄自己曾有的一切。

你可以稱呼這些十五世紀晚期、十六世紀的歐洲帝國締造者為「海上的蒙古人」——機動性、集中資源的能力與能順應特殊情勢的軍事技術，就是他們的優勢。只要能去哪，他們就去哪，還懂得避開困難重重的地區。不過，他們沒有蒙古人那種和相遇的民族務實互動的能力。宗教與種族間嚴重的水火不容在海外浮現，但跨越界線的融合也出現了；當帝國在海外樹立合法統治時，關於「我們究竟是用多麼雙重標準的態度，來把帝國內的剝削與歧視變得名正言順」的爭論也同樣冒出頭來。

這一章會跟好幾段互相交錯且彼此重疊的歷史有關——有壓迫、通商和改宗的歷史，有帝國向外發展、遭遇限制的過程，還有嘗試在多個地方遠距離行使力量所導致日積月累、始料未及的後果。

多中心的貿易世界？
A Polycentric World of Trade?

長久以來，來自各地的商人就在印度洋與東南亞的海面上往返：有來自西印度古吉拉特的印度人，南阿拉伯哈德拉毛（Hadramaut）的阿拉伯人，以及猶太人、亞美尼亞人、中國人和馬來人（Malays）。荷姆茲（Hormuz）、馬六甲（Melaka）、馬尼拉等轉口港市為商人社群提供根據地，每個社群在城裡都有自己的城區，同時和其他以民族為基礎組成的貿易網絡有所聯繫。有些港口是小型政治實體的一部分——這些政治實體和義大利的城市國家或波羅的海沿岸的「漢薩同盟」[4]，在性質上頗為相似；但某些港口則處於帝國統治者的支配之下，例如鼓勵貿易、卻不直接參與的蒙兀兒人。伊斯蘭教傳布到東南亞，帶來法律與相互了解的框架，促進馬來半島與印尼群島貿易路徑沿線蘇丹國的發展——但這些國家不免與彼此不和，也避不開跟鄰國的衝突。在東南亞的大陸地區，有相當規模的王國紮根，例如緬甸與泰國；這些國家從貿易拓展中獲益，但不打算支配貿易。可以說，歐洲人來到印度洋與中國海之前的時期，就已經是該地區「自由貿易」的輝煌時代了。

直到十五世紀前，奧斯曼人都安居在黑海、東地中海與阿拉伯地區，把持著連接東南亞與歐洲的咽喉之地。靠胡椒與香料、中國來的絲綢和瓷器，以及來自印度的布匹貿易，就可以坐享其成。相形之下，歐洲能給的不多。由於缺乏穩定的交易媒介（中國長久以來都在使用紙幣），再加上亞

4 譯注：一三五八年，德意志北部地區與海外商業團體以呂北克（Lübeck）為中心組成商業同盟，鎮壓搶匪、海盜，促進航海安全，甚至為商業利益發動戰爭。波羅的海地區在十五、十六世紀的商業活動都受到「漢薩同盟」（Hanseatic league）的主宰。

洲貿易的活絡，歐洲對於某種美洲貨物的需求也因而水漲船高——那就是銀；有了銀，歐洲人才能在十六世紀時為更多進口貨物埋單。

亞洲最大牌的帝國演員倒是對海外貿易有著錯綜複雜的心態。明帝國專注於自己的稅基——龐大的農民階層上，同時涉足於橫跨歐亞的大規模陸上貿易；它一方面對靠近西北邊界的遊牧民族憂心忡忡，另一方面則試圖征服或使周遭國家就範。皇帝身邊的宦官兼海軍司令鄭和，在一四〇五年到一四三三年間航行遠達東非，甚至比葡萄牙人還早到達該地；這趟旅程部分是探險，部分是通商，有部分則是為了宣揚國威。但明政府終止了這類海上遠征，更有一段時間下令禁止中國人民從事遠洋貿易，並緊密監視從事海上貿易的各色人等。明帝國從海洋擴張抽身的原因雖然成謎，但這個舉動也讓人注意到空間與政治脈絡的重要性。十五世紀的歐洲探險家從一塊割據分裂的大陸邊緣起航；他們的統治者想在本地或區域性的權力架構外另尋其他收入與權力。但中國的統治者卻沒有跨海探索或把國家資源耗費在海軍上的必要。

雖說贊助長途貿易在鄭和的時代後，就不再是中華帝國的野心所在，但長途貿易仍是許多華人個人與家庭的事業。華商活躍於東南亞；由於中國政府對商人在本國周邊變成不受控制、卻又富甲一方的群體深感戒懼，於是一些商人定居到馬尼拉或馬六甲等地。即便海外貿易沒了國家的挹注，中國的經濟——以及它那讓人垂涎三尺的絲綢、瓷器與茶葉出口——仍然是東南亞海上貿易的重要因素。

但對西歐人來說，關鍵的問題不是獲取從東方來到歐洲的商品——畢竟陸路依舊繁榮，走海路也未必比較便宜。真正的關鍵在於控制。歐洲逐漸投入長距離海上貿易的過程是齣典型的政治故事，敘述著建立與保護自己的貿易聯結，同時干涉或摧毀別人貿易聯結的來龍去脈。

國王、商人與歐洲人的海洋帝國

Monarchs, Merchants, and European Maritime Empires

從羅馬跨越歐亞草原再到中國，我們已經了解到：當統治者和想成為統治者之人在跟自己出身的社會對抗時，「獲取外部資源來強化自身實力」對他們來說有多麼重要。我們現在就來看看將國內社會緊張關係具體轉變為海外經濟行動的兩種方式：一種是十五世紀時葡萄牙國王贊助的方式——當時他試著跟自己的貴族保持距離，同時還要保持對海外領土、節點網絡與收入的掌控；另一種倒不是國王起的頭，而是由一間貿易公司和一位有錢、有商業頭腦的荷蘭菁英人士在一個多世紀後實施的做法。如果跟哈布斯堡家的西班牙相比，十五、十六世紀的葡萄牙和十七世紀的荷蘭都是實力有限、人口也不多的小國，更別提與奧斯曼帝國或中國相比。是形勢迫使它們向外走；而建立長距離貿易網絡過程中的先鋒角色，也為它們帶來快速的成功。但如何維持這種新帝國型態，才是難處之所在。

歷史學家現在把唐・佩德羅[5]跟比他更有名的弟弟航海家亨利王子（Prince Henry the Navigator）放在一起，視為葡萄牙早期海上探險、貿易與征服的擘畫者，但重點仍然是王室對外部財富與權力資源的需求。亨利在一四一五年帶領軍隊遠征北非，但他本人從未去過比北非更遠的地方。葡萄牙探險家相當擅於應用其他民族的知識：他們的卡拉維爾帆船（Caravel）結合北歐橫帆船

5 譯注：指葡萄牙國王若昂一世（João I, 1357-1433）三子、科英布拉公爵佩德羅王子（Infante Pedro, Duke of Coimbra, 1392-1449）。由於他酷愛旅行，遊歷範圍之多，讓他得到「七方世界的佩德羅閣下」（Dom Pedro das Sete Partidas do Mundo）的稱號。

與地中海船隻的大三角帆，讓船又快又好操作。磁石羅盤是中國人的貢獻，阿拉伯航海家讓星盤臻於完美，義大利水手將導航與地理知識帶到葡萄牙，「蒙古和平」則讓他們有了與歐亞草原貿易體系交流的可能（見第四章）。

對西非的探險始於一四三四年，於一四四四年時抵達維德角（Cape Verde，位於今塞內加爾〔Senegal〕）。探險一開始的目標是非洲香料，亞洲香料要到後來才成為貿易大宗。從一四四〇年代起，買賣奴隸已經能開始賺錢，但真正的好貨其實是金子，是非洲人從距離海岸有段距離的地方開採而來。海路交流讓葡萄牙人能避開穆斯林掌握的撒哈拉黃金交易，到了一四八〇年代，西非沿岸的貿易「城垛」便成了交易的重要集散地。由於西非當地需要進口奴隸，於是葡萄牙人便從更東、更南的非洲海岸找來奴隸。葡萄牙人也在大西洋東側的小島上建立小型殖民地：馬德拉（Madeira）、加納利群島（後來被西班牙人搶去）、亞速爾群島（Azores），後來還有聖多美（Sao Thomé）、普林西比（Principe）以及費爾南多波（Fernando Po）。

葡萄牙王室也設立幾內亞公司（Casa da Guiné）與米納公司（Casa da Mina）這兩個機構，非洲的奴隸貿易都受其管理。這套體系的運作，得仰賴當地統治者跟葡萄牙人的「飛地」做生意；對地方領袖來說，利益以及在地區衝突中能用上的武器最是吸引人。而在中非的剛果王國，葡萄牙籍天主教傳教士促成國王改信，更是在當地政權與歐洲人海上網絡的交流間，增添了文化層次。

糖在島嶼殖民地上一開始只是小規模耕種，但很快就逸脫葡萄牙人的控制，最後更造成全球經濟的轉變。甘蔗有著古老的跨帝國歷史，先是經由波斯與美索不達米亞到達埃及，然後在十世紀時被穆斯林引入地中海世界與西班牙。糖種植的突破是跟兩項帝國事業一同發生——占領比西班牙更適合種植的地區，還有系統化的奴隸獲取；後者逐漸成為葡萄牙人在自家非洲轉口港從事大西洋貿易的焦點所在，等到甘蔗也開始在西屬加勒比海地區和葡屬巴西種植以後就更是如此。一五九五年

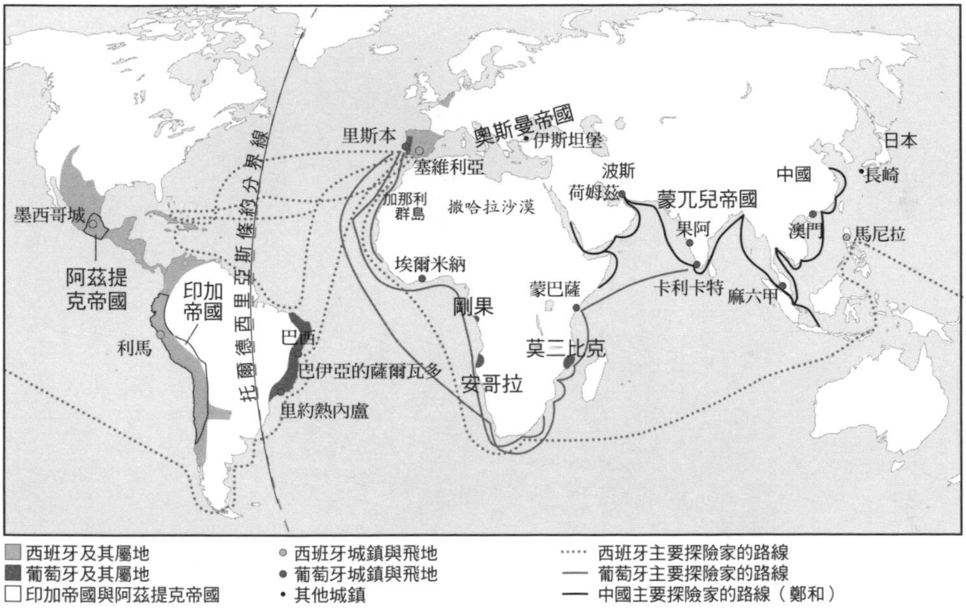

△
西班牙與葡萄牙在十五世紀末與十六世紀初的探險與征服

沿非洲幾內亞海岸以物易物
△
由盧特格爾·凡·蘭厄菲爾特（Rutger van Langerfeld）於約一六九〇年所繪的鋼筆畫。
柏林國家博物館（State Museum in Berlin）館藏。
Bildarchiv Preussischer Kulturbesitz, ArtResource.

起，西班牙政府給予葡萄牙商人販奴合同（asiento），用來為西班牙人位在新世界的殖民地提供奴隸之用。十七世紀的奴隸貿易從葡萄牙人在安哥拉（Angola）固若金湯的基地開始成長，日益窮兵黷武的非洲王國與美洲種植園體系彼此的聯繫也隨之得到強化——橫行於西非與中非大片地方的暴力行為，則是這些聯繫所付出的龐大代價。

打從一開始，真正有價值的東西就在遙遠的東方——在其他民族的貿易體系裡。葡萄牙探險家瓦斯科．達．迦馬[6]於一四九七年航行繞過非洲，抵達印度。他在當地與印度洋商人網絡相遇：古吉拉特人、阿拉伯人、馬來人、中國人，以及將非洲貨物（象牙）與亞洲商品（香料）運到歐洲、中國和其他南亞、東南亞範圍內的商人，都在其中遊走。葡萄牙艦隊能做的就是集中火力（裝有大砲的船艦），把傷害與恐懼帶給住在有發展潛力地區的居民，接著建造堡壘，開始從內陸購買農產品。「飛地」帝國之所以成為可能，有一部分原因在於火砲技術與堡壘設計的革新，但如果要繼續成功下去，再怎麼樣也得依賴一小撮能從跟葡萄牙人交流中得利的當地居民。

從西非的埃爾米納（Elmina）到東非的莫三比克（Mozambique）與蒙巴薩（Mombasa）、波斯灣的荷姆茲、西印度的果阿（Goa），以及馬來半島的馬六甲與中國的澳門——這些貿易「飛地」的核心就是武裝貿易據點，貿易站（feitoria）。葡萄牙統治者就跟西班牙國王一樣，能在海外殖民地發展那些無法在本國發展的國家機構。大權在握的總督身旁有軍事將領、司法長官與宗教領袖的簇擁，統治著葡屬印度（Estado da India）、貿易「飛地」網絡，以及非洲東南到中國海岸一路上

6 譯注：瓦斯科．達．迦馬（Vasco da Gama, 1460-1524），葡萄牙航海家。一四九七年至一四九九年，他率領船隊繞行非洲，開闢往印度的航路。在葡萄牙國王的支持下，他在沿途鞏固葡萄牙勢力，更在一五二四年被任命為印度總督。

的軍隊。里斯本的印度公司（Casa da India）則壟斷來自亞洲的進口貨物。

這種類型的帝國不只得仰賴戰略要地的貿易站，更要讓帝國的存在對那些本來就會生產、販賣高價貨物的人來說變得不可或缺。事實上，亞洲內部貿易仍然比對歐洲的貿易繁榮許多。葡萄牙人的武裝船隻以及有防禦工事的「飛地」構成了一種收保護費的行當，來自各地的印度洋商旅付了該付的錢，接著從這個體系中能拿多少就拿多少。這讓人不禁想起住在歐亞草原與其他貿易路線沿線的各色人群強索貢金的做法，但葡萄牙國王卻用自己對教宗詔書的詮釋，創造一種新理論來合理化自己的行動：葡萄牙是「海洋的主宰」，擁有實施壟斷、徵收關稅、發行通行證，以及透過司法程序行使職權的權力。這種全球性的魄力掩蓋了實際上頗為受限的行動可能。葡萄牙雖然能集中力量在貿易體系的重要節點上，但在別的地方仍是如履薄冰。就算是葡萄牙十六世紀的黃金時代，蒙兀兒人、亞齊（Aceh）、緬甸與泰國等地的亞洲帝國都握有比他們更龐大的軍隊，國家的發展也更為快速。但只要葡萄牙的買賣還能為別人帶來有用的貨物（包括軍火，還有後來新世界的銀礦），各個帝國就能共存。

唯有抵擋住私人干預者與敵對帝國，並保持各個「飛地」步調一致，葡萄牙帝國才有未來。轉口港在當地統治者眼裡仍舊不堪一擊——如薩法維人在一六二二年奪走荷姆茲，日本則在一六三八年將葡萄牙社群驅逐出境，這些都是實證。儘管如此，葡萄牙作為第一個把自己送進亞洲已發展網絡中的歐洲國家，還是有其輝煌時刻。國王拿到朝思夢想、不受國內鉅子控制的資源：葡萄牙國王若昂三世（João III）在一五二〇年代的收入，有半數來自海外貿易。[7]里斯本有段時期還是從亞洲、非洲到歐洲的香料貿易中心。

因為缺少能資助無數貿易航行的資金，王室在能力所及的範圍內賜予王家許可的獨占權，試圖將各地商人跟「公司」體系和「飛地」綁在一起。但「飛地」本身卻受制於官員（許多是葡萄牙貴族長子以外的兒子）、士兵與水手，他們大部分甚至不是葡萄牙人，多半從本地招募。事實證明，中間人是個嚴重問題：行政官員有能力把殖民「飛地」變成私人采邑，然後做自己的貿易。殖民地的葡萄牙人跟當地人通婚，接受地方風俗，開始形成愈來愈不受葡萄牙控制的「葡萄牙」社會。這些措施雖然能讓歐洲小國有辦法經營一個龐大帝國，並在某些地區堅持數百年，但也讓里斯本的王室更難將歲入與控制權掌握在自己手裡。葡萄牙帝國沒有中國的官僚體系，也沒有奧斯曼人的蘇丹親族控制，他們靠的是家產官僚策略（見第五章）：官位與指揮權由國王分派，殖民「飛地」裡的菁英則把自己變成保護人制度（patronage）的中心。

有些學者將「飛地」帝國視為葡萄牙人的特色，與西班牙人建立殖民地的發展方向做對比。葡萄牙人在亞洲的人數的確很少，行政官員與軍隊在十七世紀時可能只有一萬人。葡萄牙也沒有多少移民可以往海外送。但海運帝國不會在海上停滯不動：只要機會之門一開，葡萄牙帝國的範圍也會跟著擴大。殖民者在莫三比克尚比西河谷（Zambeze Valley）（見頁二二七圖）以及錫蘭（Ceylon）（見頁二三五圖）的大農場安身立命。葡萄牙人也會往印度貿易節點的腹地遷移。從「飛地」中面積最大的例外——巴西來看，海運帝國確實也可以變得相當龐大。初來乍到的葡萄牙人在這裡遇到的居民遠比東南亞來得稀少，而他們帶來的疾病還讓人口數掉得更多。當地的政治勢力算不上問題，巴西的位置也比亞洲更靠近葡萄牙。葡萄牙人在大西洋兩端的聯結還帶來決定性的人力因素：奴工。巴西東北部成為美洲最大的蔗糖種植園殖民地。一六九〇年代開始，巴西內陸米納斯吉拉斯（Minas Gerais）的金礦創造了新一波的繁榮以及更多的非洲奴隸需求。截至十八世紀中，已有超

7　原注：「若昂三世」一語的數字引自Tracy, *Rise of Merchant Empires*, 29.

過百萬名非洲人被迫移居巴西。

現在我們看到推動帝國的幾股力量：葡萄牙靠著自己在非洲的「飛地」，以及從各大洋與各大洲高壓政治和商業活動中得來的資源與經驗，用征服的方式在美洲攫取大片領土，更從非洲勞力、美洲土地與歐洲市場的聯結中賺取大量財富。從歐洲人的角度來看，擄人為奴的實際行動是發生在非洲政權所造成的戰爭與劫掠中，但無論是監控種植園殖民地的奴隸、防範叛變，還是圍堵奴隸在內陸地區建立的逃亡社會，都需要一支時刻戒備的全職軍隊。跟「飛地」帝國或殖民領地大不相同，種植園體系是建立在一定範圍內所有人群的順從之上。

將近三百年的時間裡，巴西——尤其是東北部的糖產地區——一直是世界上最大的奴隸買主。葡萄牙（以及未來的荷蘭、法國與英格蘭）一開始用王室的親密關係、提供王家特許狀給特定公司與課徵關稅等方式來獎勵商人，試圖掌握奴隸買賣與運輸、種植園的生產以及帝國內的糖類供應。但常見的禍根很快就從帝國對商業的控制中冒了出來：無照經營以及聯合起來插手部分帝國事業的商人、其他帝國的武裝攻擊，以及面對歐洲本國時逐漸自行其事、日益富有的殖民地人民。最後一個因素在巴西的例子中尤為顯著。以巴西為根據地的貿易商雖然效忠於葡萄牙，卻獨立運作自己的政府，更開始建立跟非洲的直接交流。富有的殖民地開始壓過往昔曾生養殖民地的歐洲王室。

雖然加勒比海地區糖業種植園的競爭和荷蘭人後來的攻擊，都讓巴西的陸地帝國苦不堪言，但巴西仍比葡萄牙海運帝國的節點與網絡更能承受打擊。武裝貿易並不便宜，保護制度也不是全球規模營運的有效方法；而且，其他的帝國也在學習葡萄牙人的做法。

葡萄牙也被捲入歐洲各帝國的政局紛擾當中。過去，葡萄牙曾經在教宗主持下與西班牙於一四九四年簽訂條約，分出兩個天主教國家的利益區，葡萄牙也得以從中受惠（見第五章）。但在一五八〇至一六四〇年間，葡萄牙國王之位傳到哈布斯堡家族手上，葡萄牙也因此受到西班牙的敵人——英格蘭的阻礙（一五八八年吃了敗仗的無敵艦隊就是從里斯本出航的），而哈布斯堡家族在尼德蘭的省分也對菲利浦二世舉起叛旗。戰爭耗盡歲入，打亂了貿易。

到了一五九〇年代，西屬尼德蘭大部分的地區已經實質獨立，雖然脫離西班牙的事實還需要六十年的時間才能得到相互承認（見第五章）。荷蘭菁英們開始打造出一種新的帝國，直接與葡萄牙人的利益發生衝突。

過去在哈布斯堡的統治下，荷蘭城市就已經成了經濟活動的中心，特別是安特衛普與阿姆斯特丹。銀行業、紡織業，再加上連接歐洲南北、英格蘭與歐洲大陸、波羅的海／北海地區的貿易網絡在此匯聚，帶來資本與商業技術的積累。雖然美洲的財富要先通過西班牙，但最終大多數還是送到了荷蘭。一五八一年，幾個不同荷蘭城市的菁英宣布從西班牙獨立，組成聯合省（United Provinces）。他們幫自己找了個國王來統攝全局——奧蘭治的威廉（William of Orange），但多數權力仍保留在各省議會與聯合省議會的手中。當時所有歐洲國家都在經歷中央統治者與貴族或地方菁英的緊張關係，荷蘭卻強烈傾向於分權給盤根錯節的家族或地方集團，既跟十六世紀起君權日漸高漲的法國對立，也跟西班牙王權放眼海外、與貴族勢力保持距離的做法不同。

在各省，一小撮巨頭利用親屬、聯姻以及保護人關係將資源握在手裡。這些家族既有野心又有商業頭腦，想方設法為長距離海上航行集中資源，終於在一六〇二年創立荷蘭東印度公司（簡稱ＶＯＣ，荷蘭文 Vereenigde Oost-Indische Compagnie 的縮寫）。ＶＯＣ是家股份有限公司，由十七位紳士（Heeren 17，十七名董事）代表六座不同城市的股東來經營這間公司。建立帝國者不是荷蘭政府，而是ＶＯＣ，靠的則是把股份有限公司募集資金的能力，跟葡萄牙人最先發展出來，武裝、高壓的貿易手段合而為一。

由於荷蘭和西班牙的衝突，以及一五八〇年後葡萄牙因為與荷蘭的衝突而對荷蘭商人關閉里斯本香料市場，VOC也因此非得加入帝國賽局不可。公司派遣自己的武裝艦隊前往香料群島（spice islands）[8]，小心翼翼與貿易體系遠端的當地生產者打交道。VOC在航程中段比較好戰，會攻擊葡萄牙商業帝國的船隻與貿易集散地。一六一九年，VOC在爪哇島上的小鎮查雅加達（Jayakarta）建立根據地，並改名為巴達維亞（Batavia，今雅加達）；隨後在一六四一年，VOC從葡萄牙人手中拿下東南亞貿易的重要轉口港馬六甲，迎來突破性的發展。

好幾個王國、蘇丹國割據當時的印尼群島，其中大多數都是有百年以上歷史的穆斯林國家；這些國家過去已透過印度、中國與馬來商人，跟囊括東南亞大部分地區與中國的貿易圈間，發展出一套自己的交流方式。VOC為當地的統治者提供遠距離的商業交流，以及某個歷史學家所說的「力量與金錢，讓他們可以在自己位於印尼的某個小角落成就自己的野心」。[9]巴達維亞的勢力開始凌駕周圍國家：鎮上人口從一六二四年的八千人增長到一六七〇年的十三萬人。VOC也逐漸有能力施壓當地統治者授予其獨占關鍵出口項目的權力，強迫其人民栽種更多的胡椒與其他香料，並為公司提供勞力。某些例子裡，VOC甚至只因為對方拒絕配合公司的獨占做法，就摧毀果樹、屠殺整個社群的人。一六二〇年代，VOC在當地大部分地區建立對肉豆蔻的壟斷，到了一六五〇年還獨占丁香。到了十八世紀，VOC也在自己的地產上用奴工種植作物。這套體系的運作有賴於VOC同時獨占對歐洲，以及對該地區內中國、馬來、印度與爪哇商人的交流。

有了巴達維亞總部，以及在孟加拉、錫蘭、馬六甲、泰國、中國與臺灣的重要據點，再加上

8 譯注：指東南亞地區的摩鹿加群島（Maluku Islands）。
9 原注：「力量與金錢……」：Jean Gelman Taylor, *Indonesia: Peoples and Histories* (New Haven: Yale University Press, 2003), 198.

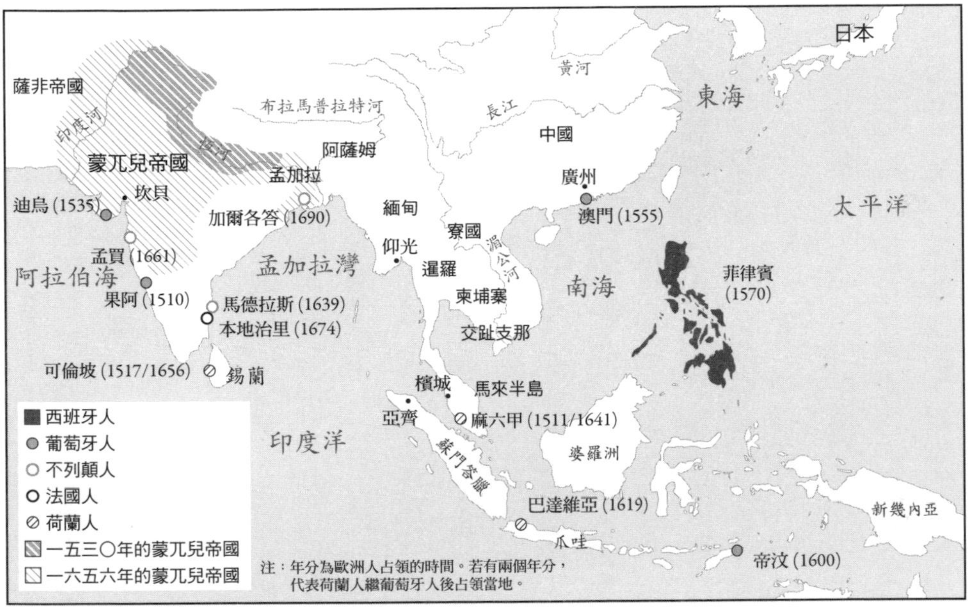

△

十六世紀與十七世紀的南亞與東南亞

南非好望角的遠航補給基地，VOC採取的行動也比葡萄牙轉口港的貿易商更為主動。跟葡萄牙或西班牙的國王們不同，VOC不用操心對抗貴族。公司的法人組織也是種創新。荷蘭政府給了VOC特許，批准它行使那些通常與主權有關的職能——先是動用武力奪取轉口港，後來則是開疆拓土，治理、控管這些領土，以及跟外國統治者談判的權力。VOC也隨著這些職權的行使，變得愈來愈像個國家，但同時仍是個賺錢的企業。

一六六九年時，VOC已經是世界上最有錢的法人團體，更是東南亞不可小覷的軍事力量，擁有一百五十艘商船與四十艘戰艦，僱有五萬平民與一萬士兵。公司從東印度地區累積的龐大財富，孕育了十七世紀時阿姆斯特丹繁榮的社交與藝術生活。VOC對抗爪哇與蘇門答臘當地的王國——雖然大部分都信仰伊斯蘭教，卻仍四分五裂——壓制它們重奪巴達維亞的企圖。VOC也監管著各通商口岸日益多元的社會，大量荷蘭人與當地婦女通婚，生下許多混血兒，其中有不少人利用父系關係在競爭激烈的貿易世界中走出自己的路。

VOC體系跟任何一個帝國一樣，都需要讓自己的代理人與中間人（荷蘭人或當地人）聽命於體系的頂端。荷蘭與巴達維亞，以及東南亞各個貿易集散地之間的距離讓問題尤其尖銳。一開始的威脅，是那些利用對VOC與當地商人、生產者間商貿網絡的熟稔，從而跳過公司，把利潤留在自己手裡的代理人。後來隨著不列顛東印度公司在孟加拉站穩腳跟，代理人的變節也成了VOC的危機——不管代理人和中間人是不是荷蘭人，只要競爭對手出更多錢，他們都有可能把貨物交給對手，跟敵人建立關係。

第二個弱點則從曾經的強項中浮現——VOC的財政與治理彈性。VOC是一間私人公司，並不具備國家所能動用的軍事資源深度——跟比荷蘭更大、更中央集權的國家相比時尤為如此。VOC的強迫壟斷策略意味著公司有更高的軍事支出、更低的農產出口價格，還要給公司控制的東南亞地區的農民與其他生產者更高的進口價格。從加勒比海到中國海，VOC跟英格蘭都有衝突，也因此導致損失。VOC沒有辦法把更多護衛與更具侵略性的挑戰所造成的成本轉嫁給納稅人。私人投資跟國家不同，就算情況走下坡，還可以選擇轉身走人：投資人可以試著到別的地方，或是透過別的網絡賺錢。

時至十八世紀，競爭升溫，VOC卻沒有不列顛運用各種帝國策略套路與資源的能力。一七二〇年代時，不列顛利用貿易調節與海上力量，將大部分的大西洋貿易與北海／波羅的海路線掌握在自己手上，荷蘭也開始走下坡。VOC也在一七八〇年代的「英荷戰爭」[10]中失去船隻與市場。一七九八年，VOC宣布破產。一度由VOC支配的爪哇、蘇門答臘與其他地方成了荷蘭政府的殖民地。

葡萄牙跟荷蘭沒有中華帝國與奧斯曼帝國那樣的大小與凝聚力，但也已經盡可能地打出手上的好牌，像是機動性、優越的航海技術、資金管道，以及在長距離貿易要地集中力量的能力。對於更靈活、資源更多的荷蘭公司來說，葡萄牙人的網絡節點帝國顯得不堪一擊，但反過來VOC也在面對來自強國的競爭時，達到一間公司的能力極限——可是，若沒有這些作為先驅的帝國重組大半個東南亞，以及部分大西洋政治與經濟關係，這一切就不會發生。不只如此，葡萄牙人與荷蘭人的海外冒險也促成殖民情境的誕生。

10 譯注：「英荷戰爭」（Anglo-Dutch Wars），十七至十八世紀間，英格蘭與荷蘭為了控制貿易路線、鞏固海洋勢力，而在北海、英倫海峽、挪威、義大利與荷蘭等地發生了一連串的戰爭。荷蘭在一七八〇年代的英荷戰爭中落敗，此後再也沒有能力挑戰不列顛的海上霸權。

海外帝國建立過程中的土地、社會與道德——西班牙在美洲

Land, Society, and Morality in the Making of an Overseas Empire: Spain in the Americas

我們已經看過立基歐洲的拼裝君主國「西班牙帝國」（見第五章）。現在讓我們把焦點移到海外，去仔細了解一樁時間上與葡萄牙和荷蘭的海洋事業重疊的帝國大計；一開始是為了尋求前往亞洲的新航路，最後卻登上美洲海岸。

西班牙王室既沒有經營也沒有資助海外貿易，但的確曾試圖確保貿易成果會途經加的斯或塞維利亞，讓國家也能賺一份。雖然王室把海外領土交由卡斯提爾總督轄區管理，鼓勵來自「西班牙諸王國」的人們移居美洲，但王室將當地居民併入天主教君主國的合法權益，卻不一定跟征服者和移民認為「必要時可以剝削當地人」的願望相符。

哥倫布在他二度航向加勒比地區時，帶了一千五百名殖民者；對伊斯蘭的戰爭以及加納利群島的征服行動，使這些人習慣把被征服的民族看成不信神的人或下等人。早期的殖民者掠奪當地資源，而歐洲的疾病對島上居民更是二度傷害。西班牙政府旋即努力調節殖民地的發展狀況，往農業生產邁進。總督們試圖讓當地酋長提供勞工，但隨著人口銳減，他們只好從附近其他島嶼尋求勞力。嘗試過不同的作物後，西班牙人在一五一五年前後開始從事糖種植。加勒比海有了非洲勞力的加入，糖業便在幾年後開始起飛。與此同時，殖民行動也因為追求更能立即取得的財富——金與銀——而受到催化、加速進行。

美洲大陸的征服經常被描繪成歐洲人體現陽剛武勇的故事：阿茲提克帝國被大約六百名西班牙人擊潰（一五一九年至一五二一年），後來（一五三一至一五三三年）印加帝國也被不超過兩百名征服者拿下。品質精良的武器、馬匹與機動力都讓這兩次征服易如反掌。人們也把西班牙人帶來的

疾病當成原住民帝國被擊敗的一項因素；就在科爾特斯對阿茲提克首都發動最後的圍攻前，這裡才剛遭天花肆虐。

關於征服之迅速，「鋼鐵和病菌」的解釋[11]仍然沒能說服所有專家。[12]這些乍臨當地之人所擁有的技術優勢還不足以作為解釋，而且這些優勢都只是暫時的；居民的差別死亡率（differential mortality）[13]是種長期的變化過程，不是某種在外人入侵瞬間所發生的現象。思考一下帝國常見的弱點，有助於我們了解當時的情勢。阿茲提克與印加本身都是發展相對較晚的帝國組織，權力與財富高度集中於帝國中心，跟其帝國邊上尚未完全同化的民族經常關係齟齬。歐洲人到來時，當地民眾無法確定這些新來的人是敵人、是神，是妖魔鬼怪——還是對抗壓迫勢力時能帶來幫助的潛在盟友。由於對情勢一無所知，這些不確定性讓統治地方民眾的人難以有效反應。科爾特斯與皮薩羅從心懷不滿的民眾中招徠盟友，藉此讓自己的軍隊跟即將對上的阿茲提克或印加軍隊旗鼓相當。但即便有當地盟友，加上阿茲提克皇帝蒙特祖馬[14]的優柔寡斷，這場與阿茲提克人為敵的戰鬥依舊慘烈，西班牙人傷亡慘重。

---

11 譯注：一九九七年，賈德・戴蒙（Jared Diamond）發表了《槍炮、病菌與鋼鐵：人類社會的命運》（*Guns, Germs, and Steel: The Fates of Human Societies*）一書，探討歐亞大陸的文明之所以能在人類歷史中延續，並征服其他地區文明的原因。他透過對環境史的研究，反對歐亞文明優於其他文明的說法。書名就暗指某些地區（如中南美洲）之所以會被歐洲人征服，是因為歐洲人的軍事技術發展（槍）、對病原體的免疫力（病菌），以及讓工業革命得以發生的的可靠運輸方式（鋼鐵）。

12 原注：「鋼鐵和病菌」是Jared M. Diamond, *Guns, Germs, and Steel: The Fates of Humans Societies* (New York: Norton, 1998) 一書的論點。（亦見注11說明）

13 譯注：指同一時間、同一範圍內不同族群死亡率的差異。

14 譯注：指阿茲提克帝國末代國君蒙特祖馬二世（Monctesuma II, 1466-1520）。許多對他的描述都出自於西班牙人之印加帝國比阿茲提克帝國更為中央集權，因此當地遭到其統治排擠者大有人在；歐洲人把這些人變成盟友，進而加速對印加帝國的征服。出其不意、欺騙、靈活調度再加上冒險精神，讓歐洲入侵者和他們的盟友殺了印加（皇帝的稱號），褻瀆印加權勢的象徵，搶走大量金銀。但完全征服印加社會，則是一段更漫長的過程。

如果說人口數的崩潰並非阿茲提克或印加帝國戰敗的原因，至少也是戰敗所造成的後果。比起在美洲土生土長的民族，西班牙人更常四處遊走，也對更多疾病免疫。根據某些統計，墨西哥地區人口在征服後的半個世紀中，從兩千五百萬人跌落到兩百六十五萬人，秘魯地區則從九百萬人減少到一百三十萬人；但也有人反對，認為一開始的數字基準是出於假設，而疾病的衝擊仍然不易估算。[15]儘管如此，征服過後的遍野哀鴻卻是不爭的事實。

征服者著手摧毀阿茲提克與印加社會的頂層，並剝削底層人民，但對於社會中堅分子則得細心以對。對征服者而言，阿茲提克與印加的中央集權政體是種利多，等於是將早已習慣上下階級關係的人民交到西班牙人手裡。收取稅賦（對衰頹人口來說是個重擔）以及徵集勞力（金礦、銀礦尤重）都需要當地出身的中間人。曾經在印加統治者與當地社群間擔任中間人的人，也為西班牙人扮演類似的角色；這些「卡西克」[16]一方面能得到一份稅賦，但他們也會試著寬減對自己同胞的苛刻要求。在「米塔制」[17]底下，安地斯山的印地安社群仍要輪流派人在銀礦的嚴酷環境中工作：每七名成年男子就有一人為銀礦工作，一年輪換一人。西班牙人雖然將印加人的家產官僚階級體系修改成由上而下的殖民權力體系，但他們很少做到印加皇帝將資源重分配給其子民的角色。

某些印加王族一度採取合作態度，但西班牙人的傲慢與褻瀆聖物的行為卻讓他們忍無可忍。一五三六至一五三七年，曼科・印加[18]仍然有能力動員多達五萬兵力對抗西班牙人，包圍古老的印加國都，最後還是敗在部分盟友的變節。各種反抗與陰謀更一直持續到一五七〇年代。

從跟著科爾特斯在墨西哥起家的人馬開始，入侵者大多是男性，當中有很大比例的人與本地菁英的女兒通婚——至少是跟她們生小孩，開啟「麥士蒂索」（mestizaje，意為混合）的過程。知名的印加帝國與西班牙征服編年史家加西拉索．德拉維加（Garcilaso de la Vega），就是征服者與印加公主的兒子；對於讓人知道自己的「麥士蒂索」出身，他感到相當自豪。但「被殖民」社會仍然是個支離破碎的社會。菁英群聚於國家的權力中心，與之共存則是原住民社群，並且主要從強加於他們頭上的勞役與納稅中體會殖民過程。這些族群大多未被同化，陷入貧窮。另一種混合的人群則是由因為戰亂、疾病與剝削而失去社會地位的人所組成。非洲奴隸又是另外一群，但西班牙移民會透過婚姻、強暴或介於兩者之間的方式與許多非洲人相互結合，從而產生另一種混血族群。西班牙當局與教會試圖維持一種名為「印地安人共和」（República de los Indios）的行政架構，用來將印地安人與西班牙移民各自分開，但現實中這兩種社會分類既不完整，且彼此重疊。

手，多半都說他性格無法斷事。但在西班牙人尚未入侵以前，阿茲提克帝國仍有能力擴張，商業活動依舊發達。

15 原注：關於人口與征服的爭論，見Raudzens, *Technology, Disease and Colonial Conquests.*

16 譯注：「卡西克」（cacique）原本是指泰諾族（Taino）給巴哈馬、大安地列斯群島（Greater Antilles）與小安地列斯群島（Lesser Antilles）酋長的稱呼。西班牙人把這個詞用來當作被征服民族領袖的頭銜。

17 譯注：「米塔制」（mita system），原為印加社會中的強制公共服務制度，宗教服務、道路建設與服兵役都包括在內。西班牙人沿用、擴大了這個制度，作為徵集勞力的方式。

18 譯注：曼科．印加（Manco Inca, 1516-1544），印加帝國末代皇帝，皮薩羅與另一位征服者迪耶哥．德．阿爾馬格羅（Diego de Almagro, 1475-1528）利用他當傀儡統治者。他在一五三五年逃離皮薩羅的控制，領軍反抗，雙方拉距甚久。阿爾馬格羅與皮薩羅後來有了嫌隙，其追隨者於一五四四年刺殺了皮薩羅後，逃往曼科．印加處尋求庇護，後來卻在一五四四年刺殺了曼科．印加。

〈種族體系〉（“Las Castas”）。十八世紀時的無名畫作
△
摘自一系列西班牙裔、印地安裔與非洲裔父母及其子嗣的不同陳列圖像組合——這是西班牙屬美洲常見的繪畫主題。
框格裡說：一個卡斯帝索人（castizo，印第安人與西班牙人的小孩）與一個西班牙女子所生的小孩為西班牙人；
西班牙男子與黑人（摩爾人［Moore］）女子所生的小孩為穆拉托人；
奇諾人（chino，黑人與西班牙女子的小孩）跟印地安女子所生的小孩為返祖人（salta atrás）；
返祖人與穆拉托人所生的小孩為羅沃人（lobo）。
墨西哥特波祖特蘭（Tepoltzotlan）新西班牙總督轄區國家博物館（Museo Nacional del Virreinato）館藏。
Schalkwijk, ArtResource.

比起印加高地的人民，住在中南美洲低地的人比較少定居，某種程度上來說也比較難征服。結夥打劫的人、商人、傳教士與掠奪土地的移民，推動著緩慢且程度不均的轉變，轉變的範圍則是從今天的智利一直到加州。反抗與暴動都很稀鬆平常。一旦印地安人擁有馬匹，就能更有效地反擊，還能利用西班牙的文化資源保護自己——例如上法院控告虐待。以智利南部為例，入侵者一直到一五九〇年代都還無法在某些地方遂行己意。而在其他地方，西班牙領袖開始學著降低對稅收與勞力的要求，將相當程度的自治權留給地方社群，並不斷尋找能為自己工作的中間人。西班牙人得接受當地低人口密度的事實，而他們自身對此也有部分責任。

想用付得起的價格找來足夠人手統治分散各處的人口，這可不是件輕鬆的差事。「委任徵稅制」（encomienda system）這個方法一開始也只是權宜之計。委任徵稅是以「領主對依附之人民握有權力」的歐洲觀念為基礎，但這個制度實際上對印地安人卻是份大禮。國王將某塊特定土地上（通常很大一塊）向原住民收稅、要求勞役的權力交給手下的附庸；這些忠心耿耿的人被稱為委任監護主（encomendero），他們在蒙受恩惠的同時則有保衛王室、用天主教信仰教化人民的義務。透過這種方式將土地與人民分割，可以打破當地原本的政治單位，同時還能促進人民對委任監護主的依賴。但在實務上，委任監護主需要和血緣團體領袖或地方酋長合作以徵集稅款與勞力，他們除了跟這些人討價還價之外也沒什麼選擇。委任監護主也會陽奉陰違，讓自己的利益先於王室官員以及遠在天邊的國王。一五四二年，國王試圖讓委任徵稅變成非世襲制，但努力卻無法成為現實。

在墨西哥與其他征服地區，君主把權利與義務的結合體授予西班牙移民，從而在其僑民中得到一些能為帝國服務的中間人，同時也將美洲人納入政治階級體系。「委任徵稅制」在整個西屬美洲開始往不同方向發展，在某些地方逐漸形成土地階級，領導依附的工人與農人；至於在其他地方，則演化成混合原住民、西班牙與「麥士蒂索」的不平等社群，各自受到不同程度的國家監控。委任徵稅地區的印地安人、擁有一定程度完整性的原住民社群、與西班牙保持密切關係的上位菁英、低地種植園裡的奴隸、高地社群裡的農民，以及在邊境養牛，帶有強烈個人主義的牛仔——他們並非形塑共同的西班牙文化，而是一個個破碎的社會，各自與帝國體系和天主教有著不同程度的關聯。

我們已經知道（見第五章），若要為造船、武裝軍隊、資助貿易探險這一整套事業提供資金，就非常需要來自西班牙以外的資本。外來資金的募集、保衛歐洲領土為國家帶來的債務，再加上新世界移民的消費品需求造成對西班牙本地以外的資源依賴——三者的結合意味著從金礦、銀礦賺來的巨大收益有一大部分會通過伊比利半島，最後抵達尼德蘭與日耳曼地區。一五五〇年代時，王室的那一份收入——也就是課徵於美洲金、銀礦出口上的王室五一稅（royal fifth）——不僅數額相當龐大，也會用於保衛歐洲和海外領土；但西班牙國內的資本形成卻不突出，至於改善國內經濟結構的努力則更是罕見。隨著把西屬尼德蘭留在哈布斯堡家族控制內的戰爭愈演愈烈，就連秘魯與墨西哥的銀礦也不足以讓西班牙在一五九六年脫離破產的境地。

十六世紀時，「征服者正在創造天主教帝國」可說是人們的共識，但對於「這意味著什麼」卻是眾說紛紜。傳教士開始漫長的戰役，靠著與偶像崇拜、犧牲獻祭對抗的做法來傳播信仰。原住民社會的聖地被有系統地摧毀。由於印加、瑪雅或阿茲提克統治者與當地宗教間有所聯結，這表示西班牙人的征服也同時削弱宗教習俗的凝聚力。沿著西班牙人在美洲擴張的邊緣，傳教站成了信仰轉變發生的地點，但它們同時也是農業前哨；教士們在此嘗試打造出信仰基督教、多產、順服的農民階層——或許，這也是在印地安人的土地上保護他們免於委任監護主最為殘酷的暴行，免於其他未歸順印地安人對他們所造成的索求與危害。

君主一如往常，總想在美洲得到比在本國更直接的控制，企圖掌管神職人員的任命，並密切監控他們的活動，但教會傳教體系跟政府行政階級體系從來就不是同一回事。一五七一年後，政府赦免印地安人免於異端審判，但仍鼓勵其他旨在宣揚或強迫原住民接受信仰的機制：由本地人擔任的代理主教、印地安人組成的宗教裁判所，以及原住民法庭。奴隸的非洲祭儀也是教會與國家鎮壓行動的目標。

但改宗不一定會創造出傳教士渴望的、那種聽話的印地安基督徒。事實證明，地方宗教習俗比印加帝國那一類的國王崇拜更為持久。當宗教信仰與風俗在地理分布上擁有極大歧異的時候，光憑互動無法造就天主教與原住民宗教習俗的普遍融合。多神信仰的印地安人能夠將基督教的元素融入自己的習俗，例如聖人崇拜。雖然傳教教育相當有限，但仍然能為某些印地安人提供一些竅門，不僅讓他們能試著進入教會階級體系，還能利用羅馬字母將聖歌改為納瓦特語[19]，或是用混合西班牙語和奇楚瓦語[20]的語言重新寫出秘魯的歷史發展。有些原住民出身的人還成了博學多聞的天主教神學家。在高壓的殖民情境下，宗教皈依能促進人們適應以西班牙為主的文化體系，但也能保留記憶與集體儀式，讓西班牙的霸權不再必然，也無法成為常態。

西班牙王室在美洲設置的國家機構與統治管理都比在歐洲來得有效。王室創造了地方行政機關，畫出幾個總督轄區，其下再進一步分為若干上訴法院轄區（見頁一八七圖）。這些官職牢牢掌握在理論上效忠國王的卡斯提爾人手上。許多法條與詔書蓋上國王的蠟封，越過大西洋，沿階級制度層層而下。當時滿懷基督教目標的羅馬法深深影響西班牙的法學家，他們從裁判權（見第二章）的角度詮釋這些飄洋過海的法律與制度。印地安人被納入帝國的符號與制度架構中，他們也能試著

19 譯注：納瓦特語（Nahuatl language），流行於中美洲的原住民語言，也是阿茲提克人使用的語言。
20 譯注：奇楚瓦語（Quechua language），南美洲安地斯地區使用的原住民語言，印加帝國通用語。

利用這些象徵與規條來阻止重稅或勞役——只是成效有限。叛亂的威脅潛伏於暗處，不時爆發。官員也因此感受到自身統治能力的局限。

來自西班牙諸王國的移民愈來愈多，慢慢重塑著殖民世界。一五〇〇年到一六五〇年間，有四十三萬七千名西班牙人和十萬名葡萄牙人來到新世界，這個數字遠比前往這兩個帝國在亞洲前哨的人還要多。奴隸貿易也改變美洲的人口組成：截至一五六〇年，西屬美洲的非洲人已經超越西班牙人的人數，巴西奴隸交易的規模甚至還要更大。奴隸來到伊比利美洲的許多地方，但都集中在少數種植園地帶，例如加勒比群島與巴西東北部。殖民地社會裡不同部分所能汲取的，則是關於非洲、原住民帝國與西班牙的不同記憶。

被征服的原住民遭到剝削沒多久，就有人提出質疑，神職人員也說服伊莎貝拉女王停止奴役島上的印地安人。一五一〇年代到一五六〇年代間，西班牙對待印地安人的態度所受到最為持續不斷、廣為周知的攻擊，是出自道明會修士巴托洛梅・德・拉斯・卡薩斯。他認為，殖民地與殖民母國理所當然共同組成單一政體，也同屬一個道德空間。他的論證訴諸於天主教君主國一邊宣稱有義務拯救印地安人的靈魂、一邊虐待他們身體的偽善，同時也訴諸對印地安人的同情態度。拉斯・卡薩斯肯定印地安人許多文明成就，尤其是印地安人的帝國。但非洲人並不適用於他的論點，在他眼裡，非洲人沒有達到同樣的高度；而且，他的觀點也不代表國王所有的臣民皆為平等。不過，拉斯・卡薩斯沒有把殖民地切割成合法成員與侍奉這些合法成員的人。他所展望的，是個由臣民——跟國家以及基督教文明各自有著不同、不對等關聯的人類——所組成的帝國。

「一五四二年法律」（laws of 1542）[21]是以先前反對奴役印地安人的教宗勸諭為基礎所制定的法條，目的則是限制委任監護主剝削印地安人的方式，也有部分是為了回應拉斯・卡薩斯所掀起的論戰。但王室的這些命令從未執行，只是裝模作樣。到了下一個世紀，隨著國家與教會鞏固自己的權力，以及愈來愈多移民和「麥士蒂索」移入與重塑過去的原住民社群，拉斯．卡薩斯對印地安宗教的同情看法在西屬美洲的共鳴也日漸微弱。但拉斯．卡薩斯對虐待印地安人行為的控訴實在中肯。就連在其他與歐洲有關脈絡中批評帝國的人，也都像西班牙的情況一樣，會援引拉斯．卡薩斯的指控（拉斯．卡薩斯的著作在一五八三年翻譯為英文）。

一直以來，馬德里或塞維利亞當局都並未下令占領或剝削「美洲」。征服者是自己招募人馬，數量也不算多。對水手、移民以及海外官員來說，帝國帶來了機運。帝國也為君主國體制提供方法，好在海外建立本國無法實現的政府機構。只是隨著時間過去，將數百萬新人民——亞洲人、非洲人、美洲人——納入帝國的做法也帶來爭議：這些人可以作為次等人種對待並供人剝削嗎？還有，在一個以階級制度、君主制，以及基督教普世主義為基礎的帝國社會中，他們是不是其中的一部分？

公司、種植園主、移民與國家——打造不列顛帝國
Companies, Planters, Settlers, and the State: The Making of the British Empire

除非你倒著看歷史，不然不列顛帝國的故事怎麼看，都不像是「不列顛人建造帝國或從事資本主義活動的方式，注定都會成功」。十六世紀時，不列顛王室對於將資源投入海外事業興味索然。

21 譯注：一五四二年，西班牙國王查理一世以西班牙美洲殖民地為對象，頒布《為善待、保存印地安人而定的印地新法律》（*New Laws of the Indies for the Good Treatment and Preservation of the Indians*），簡稱《新法》（*New Laws*）。《新法》明定大地主的權力與所有權範圍，保護印地安人不受剝削，但種植園主反對《新法》，群起暴動，殺了實施《新法》的秘魯總督布拉斯科．努涅斯．貝拉（Blasco Núñez Vela, 1495-1546），其他總督因此決定擱置《新法》實施。

商人將貨物帶進、帶出英格蘭，並穿梭於其他國家控制的地方——例如威尼斯、東地中海以及中亞。理查．哈克盧伊特[22]與山謬．珀切斯[23]等名嘴大力鼓吹傳教與貿易，但他們的努力並沒有得到什麼響應。「不列顛」的概念在一七〇七年英格蘭與蘇格蘭組成聯合以前，並不具有任何意義；而在十六與十七世紀時，「帝國」一詞則是用來指英格蘭的「自成一格」，不受任何更高權威所掌控。[24]

然而，一旦別人都在建立帝國，就成了一場非得加入也非得贏下來的比賽——不然就得冒著補給線失去控制的風險。在很長一段時間裡，人們看不出英格蘭是否有辦法玩得下去：一五八八年，西班牙無敵艦隊幾乎就要擊潰不列顛海軍。一世紀後，不列顛君主政體深陷危機，分裂成新教與天主教陣營，結果讓荷蘭人奧蘭治的威廉得以成功介入新教徒一方對王位的主張。而且，信奉天主教的法國一直是個勁敵：法國是歐洲人口最多的國家，國王藉由指派（或買賣）官職給地方貴族或政治新星的方式，在龐大的領土上行使強大的家產官僚權力。除了在海峽對岸虎視眈眈以外，法國也嘗試在北美建立貿易殖民地與移民社群、在加勒比海建立種植園殖民地，以及在印度建立貿易前哨。

心思各異的人們創造了不列顛帝國。英格蘭海盜總是為了自己的好處掠奪葡萄牙與西班牙船隻，王室有時候還會默許這些行徑。商人敢憑一己之力冒險，但最遠也只能前往不會與其他帝國的限制政策起衝突的地方。我們必須看看不列顛群島上比鄰而居的各個國度，看看私人公司扮演的角色、移民居住的殖民地與種植園殖民地，才能藉此深入了解不列顛帝國的發展軌跡。

英格蘭與蘇格蘭王國的合併（這個過程最終在一七〇七年完成），涉及讓蘇格蘭菁英在不列顛體系裡有個位子。蘇格蘭叛服無常的下層階級讓蘇格蘭領主們非常願意跟不列顛君主合作，但假使帝國沒有在海外為許多蘇格蘭人（不局限於上層階級）提供比家鄉更優越的位置與利潤，合併的過程或許就不會那麼順利。英格蘭國王詹姆士一世（James I）／蘇格蘭國王詹姆士六世（James VI）一度想以「不列顛全島的皇帝」自居，但他無法統一英格蘭與蘇格蘭的法律、教會，或是兩國各自版本的歷史，也無法接受自己王國裡的多樣性。所以，只好滿足於一個人當兩個王國的國王；加上威爾斯的話，就是三個王國的國王。

威爾斯是蘇格蘭模式的低調版本，但信奉天主教的愛爾蘭並非如此，而是被迫成為更加臣服的政體。在愛爾蘭，有權有勢的英格蘭新教徒設立他們所謂的「大莊園」，從英格蘭、威爾斯或蘇格蘭帶著新教徒移民，在這些大塊的田地裡當佃客。政府與新教徒菁英口口聲聲表示，這些大莊園不只能提升農業生產，遠超愛爾蘭人落後的生產力，還能像羅馬設置殖民地、教化不列顛人那般教化愛爾蘭人。光是一份來自一五八五年的規畫，就涉及三十五名英格蘭土地領主與兩萬名移民；到了一六四一年，已經有多達十萬人跨過愛爾蘭海。[25]「大莊園」這個詞會讓人想起羅馬帝國的「屯墾地」：把人民從一個地方挪到另一個地方，同時忽略或輕視那些把該地當成家的居民所提出的主張。不列顛菁英也在愛爾蘭推行「差異政治」與主從關係。把英格蘭或蘇格蘭移民放到愛爾蘭的土地上，此舉意味著愛爾蘭的天主教徒像許多帝國都鄙視的「遊牧民族」一樣，不僅沒有合法權利，也無

22 譯注：理查・哈克盧伊特（Richard Hakluyt, 1553-1616），英格蘭作家、神父。他積極提倡北美洲殖民，著有《英格蘭民族的重要航海、旅程、交流與發現》（*The Principal Navigations, Voiages, Traffiques and Discoueries of the English Nation*），並鼓吹英格蘭國王詹姆士一世將經營殖民地的特許給予合股公司，促成維吉尼亞殖民。

23 譯注：山謬・珀切斯（Samuel Purchas, 1577-1626），英格蘭教士、旅行作家。一六一三年起，他陸續出版了多本以《珀切斯的旅記》（*Purchas His Pilgrimage*）為名的巨冊系列遊記，獲得極大的成功。

24 原注：「自成一格」一詞來自Act of Restraint of Appeals, 1533, 轉引自MacMillan, *Sovereignty and Possession*, 21-22.

25 原注：移民人數的統計引自Jane H. Ohlmeyer, "'Civilizing of those rude partes': Colonization within Britain and Ireland, 1580s-1640s," 收錄於William Roger Louis, Alaine M. Low, Nicholas P. Canny, and P. J. Marshall, eds., *The Oxford History of the British Empire*, Volume I (New York: Oxford University Press, 1998-99), 137.

法依附於土地。與此同時，天主教在愛爾蘭也遭遇嚴重的歧視（被稱為「教宗與其黨羽」〔popery〕）。不列顛的「他者特性」也開始跨越愛爾蘭海。雖說當時英格蘭的制度在某種程度上也複製到了愛爾蘭，但有影響力的制度都是為新教徒所準備（特別是愛爾蘭國會）。愛爾蘭天主教徒成為不列顛帝國的一部分，他們有時是可用的勞力資源，有時則是暴動的泉源。政府擔心愛爾蘭叛黨可能跟天主教法國共謀；也因為如此，雖然事實上許多愛爾蘭人早已在軍隊裡服役，但一直要到十九世紀，愛爾蘭士兵才正式被允許加入不列顛軍隊。他們最終也成為不列顛軍事力量在印度的棟樑。

特許公司則為殖民行動提供第二種模式。十九世紀時，人們將印度視為不列顛王冠上的瑰寶，但印度在一八五八年以前可不屬於王室。印度是由私人公司，也就是不列顛東印度公司（East India Company，簡稱EIC）所殖民。EIC成立於一五九九年，跟著黎凡特公司（成立於一五八一年）的步調前進；早在西班牙與葡萄牙顯然無法支配地中海地區的商業活動時，黎凡特公司就已經加入東地中海貿易的行列。黎凡特公司、英格蘭官員和奧斯曼帝國就商業協定進行協商，表示願意為奧斯曼人提供大砲需要的錫與鉛。這雖然不太能算進女王與蘇丹曾簡短討論過、用來對抗天主教哈布斯堡家族的「新教徒—穆斯林聯盟」，但絕對是一場帶有帝國間交流意味的商業行動。一六〇〇年，女王伊麗莎白一世（Elizabeth I，一五五八年至一六〇三年在位）將特許賜給EIC，給予它獨占英格蘭人在好望角以東貿易的權利。EIC最早的一百二十五名股東開始跟荷蘭的VOC競爭，雖然他們在東南亞無法跟VOC的力量和網絡抗衡，但在印度卻幹得相當不錯。

EIC股東在印度與另一個帝國相遇，其人口甚至比奧斯曼帝國還要多。蒙兀兒人——也就是帖木兒末代蒙古帝國的傳人——在宗教歧異但多為印度教徒的人民頭上，又加上一層受到伊斯蘭權威與波斯文化影響的菁英文化。蒙兀兒皇帝遵循蒙古模式，同時為當地宗教領袖與地方統治者留下相當的空間。在蒙兀兒人之前，印度次大陸就經歷過一層又一層的帝國建築，過往的模式在次大陸南部尤其歷久不衰。為帝國統治者效勞的機會，讓特定家族不僅發了財，還拓展與遠方的交流。當歐洲人第一次出現在印度洋上時，蒙兀兒帝國仍然在形成的過程中；一五七〇年代初期，蒙兀兒帝國拿下印度西部的古吉拉特，幾年後又打下了孟加拉（見頁二三五圖）。

蒙兀兒畢竟是個陸地帝國，考慮到蒙兀兒轄下龐大而交流密切的人民，光是稅收來源就已足夠供其所需。他們也提供道路、信用與融資機構，更保障一大片地區的安全。多數情況下，蒙兀兒皇帝心甘情願讓心態進取的商人（例如古吉拉特人）自己行動，就像當時的奧斯曼蘇丹也同樣心滿意足地看著商業活動在亞美尼亞人、希臘人、猶太人與其他非穆斯林商人手上進行。可一旦有新的保護人躍上舞台，這些群體與個人也有可能改旗易幟。

EIC與重要的歐洲市場有直接關聯，的確能為蒙兀兒皇帝與地方領袖提供好處，而公司的行動也不能沒有印度菁英有條件的接納。超過一個世紀，這間公司都沒有去挑戰蒙兀兒人的統治權。EIC初期的有限成功來自於公司與印度生產者、商人以及印度信貸來源的交流。而公司從印度出口最重要的貨物則包括絲綢、靛藍、硝石、茶葉以及棉織品——當時印度最成功的工業產品之一。EIC因為獨占英格蘭對印度的貿易而獲利——這一開始是靠不列顛政府的批准，後來則是用收買競爭對手的方式來維持壟斷；EIC也試著從蒙兀兒皇帝那得到在重要港口進行貿易的獨占權。

到了十七世紀末，EIC主要仍是家貿易公司——也是合股公司與遠距企業活動愈來愈成功的模範。EIC的職員也從公司位於加爾各答、馬德拉斯（Madras）與孟買戒備森嚴的據點，留意到蒙兀兒帝國正失去對旗下次級政體的控制。於是EIC在這些政權中挑了幾個盟友，持續為蒙兀兒皇帝提供收入，然後談條件。

印度人擔任記事員與會計人員，直接效力於公司，同時也透過他們在印度內外的商業網絡——非洲、阿拉伯、波斯、俄羅斯、中國與東南亞——間接為公司服務。儘管印度菁英會購買英格蘭商品，但英格蘭（或者該說是整個歐洲）為亞洲提供的卻沒有亞洲能給歐洲的多，因此必須拿美洲的白銀來完成這個貿易循環，在亞洲其他地方也是如此。EIC最大的顧慮，就在於有人（尤其是法國人）可能會擾亂該布局，就像EIC曾經打亂荷蘭人一樣。

對「公司的人馬」來說，EIC涉足亞洲貿易網絡已被證明相當有利可圖，大量報酬滾滾而來。EIC職員中最突出的就是蘇格蘭人，他們的成就也有助於讓許多蘇格蘭家族與不列顛帝國的利益保持一致。運作EIC行動的人沒有打算讓印度變成「不列顛的」，沒有像征服者與總督那樣把部分美洲變成西班牙的美洲。直到EIC在十八世紀晚期的做法，與其他帝國實施的高壓行政和金融手段愈來愈像，公司處理地方居民的政策才成為英格蘭國王與國會的議題（見第八章）。

公司模式的帝國有政府的特許狀允許其獨占，讓私人合法行使政府職權，只是得從資本市場找錢來付大部分的帳單；這個模式也被不列顛人用到世界上的其他角落。皇家非洲公司（Royal African Company，設立於一六六三年）便在非洲發展遠洋船隻的基礎建設，建設「貿易站」，並為供給奴隸給加勒比海不列顛殖民地的事業提供融資。但無照經營的個體戶在開拓貿易與降低價格上的成功，卻讓王室相信，開放奴隸供應的競爭，會對種植園體系的整體利益更有好處。

維吉尼亞公司（Virginia Company，設立於一六〇六年）則為另一種殖民行動的開展——往北美洲的移民行動——提供資金與野心。這間公司許多出身上層的投資人，認為自己正在新世界創造「共和國」——在這個有道德的政治群體裡，反映出較多羅馬共和的價值觀，而不是羅馬帝國晚期的貪婪與腐敗。但要在王室特許的局限下，以及維吉尼亞初期的貧困與衝突中實踐這樣的典範，看來是不太可能。一開始，王室只授予維吉尼亞公司有限的所有權（dominium），也就是擁有領土的權利，而不是裁判權——統治的權力；這是英格蘭法學家從羅馬法中拿來的觀念。是時間、經驗以及與原住民衝突的累積，才讓殖民地的法律與行事往裁判權的方向演進。

其實，移民北美洲並非不列顛王室起的頭，王室主要是試圖控制特許公司、控制個人與宗教異議組織所鼓動的殖民過程。但國家的角色在兩個方面卻舉足輕重。第一，教宗在一四九〇年代的分配讓西班牙國王擁有所有沿大西洋西部的土地，而不列顛王室的加入能為反對西班牙人的主張提供法律論點。不列顛法學家否認教宗有權分配這些土地，主張只有文明國家的實效占領才能創造出裁判權；對北美洲的人民與土地行使權力是立論的根本，此論點也同時鼓勵了權力的行使。第二，國家的外交與軍事力量也能為這些主張提供潛在基礎。整個十八世紀，英格蘭與法國（有時跟西班牙結盟）之間的戰爭，有一部分也是在海外的「屬地」上為這些「屬地」而戰。

北美洲的「大莊園」由於依賴私人財源，發展不僅相當緩慢、脆弱，且拿出獲利的步調也很遲緩。維吉尼亞從一六二五年公司倒閉之後才有點成長，而且還得歸功於煙草、契約勞工與奴隸——對殖民地建立者的「共和國」理念來說，實在是個不太名譽的關聯。不過，前往不列顛屬北美洲的移民仍舊穩定，規模也比從西班牙去西屬美洲的移民更為龐大。第一批移民啟航的八十多年後，大約有二十五萬出身歐洲的人生活在不列顛屬北美洲；相較之下，在差不多的時間長度中，早期從西班牙出航後至今仍只有十五萬歐洲人住在西屬美洲，而且散布的地域更廣。但在西班牙帝國內承認原住民在國內的地位這一點上，西班牙人走得更遠。

與西班牙征服者戲劇性襲捲阿茲提克與印加帝國的情形不同，北美洲印地安人的社會更為分散；有位歷史學家說，殖民北美洲過程中的「滲透」要多於「征服」。[26]早期移民對他們遭遇的原

26 原注：「滲透」一語：George Raudzens, "Outfighting or Outpopulating? Main Reasons for Early Colonial Conquest, 1493-1788," 收錄於Raudzens, *Tecnoogy, Disease and Colonial Conquests*, 39.

住民社會有兩類想法。維吉尼亞的移民願意承認強而有力的印地安聯盟領袖包華頓（Powhatan，稱號）。包華頓就是皇帝，要求許多社群承認他高人一等的權力，其聯盟也稱為包華頓。至於其他的印地安人，移民看他們就像看愛爾蘭人，也就是並非定居在土地上的遊牧民族；有些移民形容他們生活的地方是「荒蕪、淒涼的曠野，滿是野獸與野人」[27]——因此，對這些用籬笆與農場來彰顯所有權的移民來說，這裡誰都能搶。

然而，有許多年的時間，移民實際上需要印地安人當他們的貿易夥伴，而且也沒有能力趕走他們。某些印地安社群將自己與移民的關係視為平等互惠，而非主從關係。有時印地安人也會訴請英格蘭國王的權威來對抗移民的虐待，雖然成功的機會不多。殖民地政府逐漸接受要跟印地安人購買土地的事實，但土地觀念的不同，再加上來自殖民者的壓力，這些情形都讓土地市場遠遠稱不上「自由」。但從南卡羅萊納（South Carolina）與維吉尼亞以奴隸為勞力基礎的米、菸草種植園，到經營穀物與漁業的西北地區，再到毛皮交易的內陸，殖民者也得適應新的物質、社會地理與經濟發展性。要是少了跟印地安農人、捕獸人與獵人之間的心照不宣和貿易關係，羽翼未豐的殖民地恐怕無法生根。

一旦美洲大陸上的殖民地站穩腳跟，不列顛馬上就在一六五五年時從西班牙人手中拿下加勒比群島，其中最有價值的就是牙買加（Jamaica）。這些島嶼一開始是劫掠西班牙人與其他對手的基地，後來糖種植與大量非洲奴隸的移入改變了這個地方。雖然在一六五〇年時，南美洲、北美洲與

27 原注：「荒蕪……」：William Bradford, *History of Plymouth Plantation, 1620-1647, in Two Volumes* (New York: Russell and Russell, 1968), 1: 156.

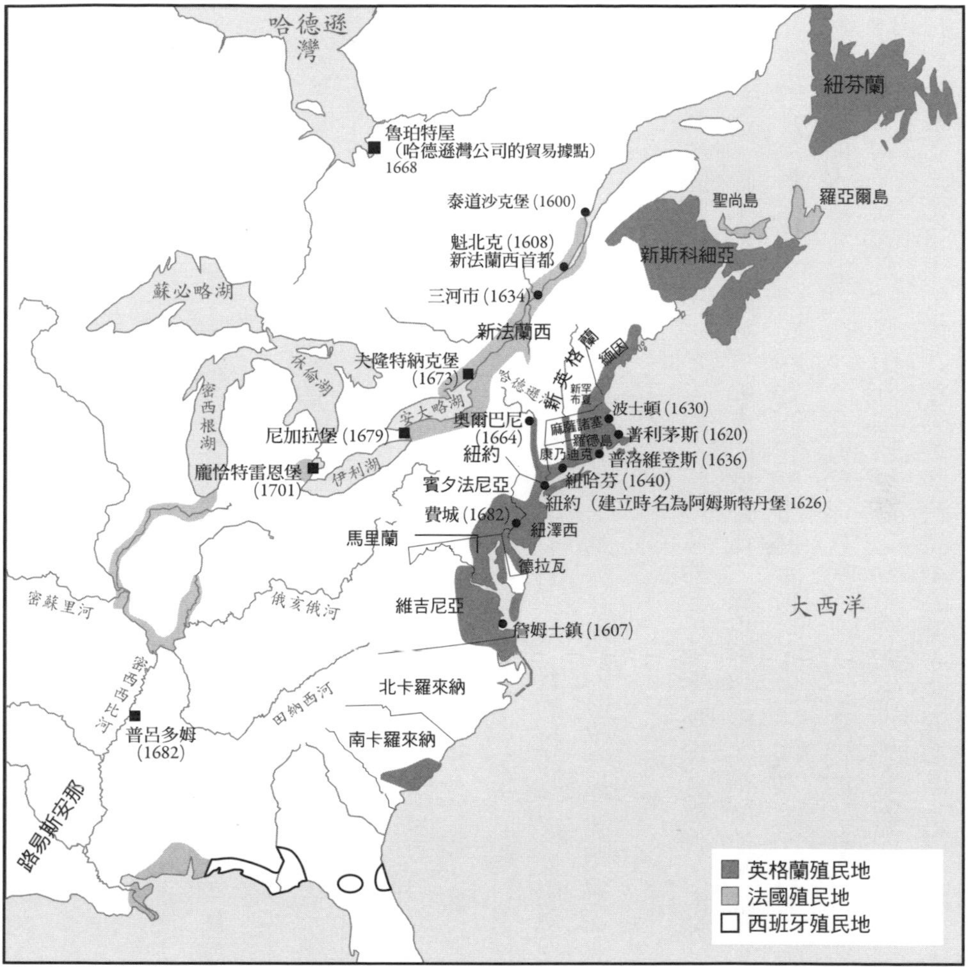
哈德遜灣
紐芬蘭
魯珀特屋
（哈德遜灣公司的貿易據點）
1668
泰道沙克堡（1600）
聖尚島
羅亞爾島
魁北克（1608）
新法蘭西首都
新斯科細亞
三河市（1634）
蘇必略湖
新法蘭西
新英格蘭
緬因
休倫湖
夫隆特納克堡
（1673）
哈德遜河
新罕布夏
密西根湖
安大略湖
波士頓（1630）
奧爾巴尼
（1664）
麻薩諸塞
普利茅斯（1620）
尼加拉堡（1679）
羅德島
康乃迪克
普洛維登斯（1636）
紐約
龐恰特雷恩堡
（1701）
伊利湖
紐哈芬（1640）
賓夕法尼亞
紐約（建立時名為阿姆斯特丹堡 1626）
費城（1682）
紐澤西
馬里蘭
德拉瓦
密蘇里河
俄亥俄河
維吉尼亞
大西洋
詹姆士鎮（1607）
密西西比河
北卡羅來納
田納西河
普呂多姆
（1682）
南卡羅來納
路易斯安那
英格蘭殖民地
法國殖民地
西班牙殖民地

△
十七世紀北美殖民行動

各個島嶼上大多數的移民都是白人，但到了一七〇〇年，大陸上白人與黑人的比例已經來到七點五比一，在西印度群島上則是一比三點六。[28]不過，種植園島嶼是種相當不同的殖民地——我們之後再回到這個主題。

什麼樣的國家才有辦法領導這個由移民、糖種植園主、特許公司、商人、印地安人、奴隸與海盜所組成的錯綜複雜群體，並治理住在夢寐以求的宗教牧區或新家的英格蘭人、蘇格蘭人與愛爾蘭人？這非得是個已經發展出相當多手段來行使權力的國家不可——而之所以會有這麼多方法，正是因為它得在各個廣大的空間中行使職權，還要對抗棘手的敵人。由於情勢複雜，國家不只要面對「用不同方式治理不同民族」這種常見的帝國問題，還要統治那些認為彼此身分相同、但生活地點不同的人民。

帝國體制賦予不列顛政權手段與必要性，將自己強化為約翰．布魯爾所說的「軍事財政國家」[29]：這個國家專注於戰爭與海路的保護，高額的賦稅與強大的銀行機構能承受同時挹注公、私領域的龐大開銷。十八世紀時，百分之七十五至八十五的政府年度支出都流向軍事開銷，或是清償先前的戰爭債務。[30]不列顛也發展出有能力執行法律的財政管理部門與司法機關——尤其是與財產有關的法律。

「軍事財政國家」既不需要，也不想要像葡萄牙國王那樣直接涉入海外貿易；國家跟不列顛東印度公司的關係，也不像荷蘭與荷蘭東印度公司之間那麼糾纏。相反地，國家將自己對商業與殖民在軍事、法律與外交層面的支持與國會的約束力合而為一作為替代方法，確保帝國經濟中各種不同的元素都要透過不列顛本身才能結合。一六五〇年代與一六六〇年代的《航海法案》（*Navigation Act*）都禁止亞洲、非洲或美洲的貨物經由外國船隻進口到不列顛，不列顛的公司行號因而能在轉口業中占有優勢地位，還能將蒸蒸日上的大西洋經濟與跨波羅的海、北海地區，以及歐洲大陸的貿易聯繫在一起。

而在不列顛內部，國家也從寡頭獨占轉向允許競爭。國家如是插手全球商業循環，強化國內與海外經濟的聯結，增進本國的財政健全。荷蘭政府缺少類似的強制力與約束力，這也有助於解釋為什麼國家與公司間的交流，沒有在荷蘭創造出類似的帝國勢力擴張。

就像西班牙君主國在美洲的做法，英格蘭政府也急著建立一套制度化的機構，同時作為國家力量的象徵與實質——其中有總督、有法庭，還有用來監管跨大西洋貿易的「貿易與種植園委員會」（Board of Trade and Plantations）。國王對殖民地的行政組織擁有王家特權[31]，彷彿殖民地是國王手上各塊不同領地組成的拼裝君主國中的一部分。

這種類型的國家對商人與移民裨益甚多，但也會約束他們、抽他們稅。而且，不只是倫敦，就連帝國的其他地方也提出「要在哪些人的手裡留下多少主權」的問題。有產階級在一六四〇年代與一六八〇年代的「英格蘭」革命裡，為自己開闢出至關重要的權力空間——能制衡國王旨意的國會，由有產選民經營的地方政府，以及一套讓跟當事人同階級的人組成陪審團、審判當事人的司法體系。這些年裡出現的憲章與法律解釋成為英格蘭實際上的「憲法」——不是一份，而是很多份以

28 原注：白人與黑人比例引自：Findlay and O'Rourke, *Power and Plenty chapter*, 1, 232.

29 譯注：約翰・布魯爾（John Brewer），社會學家，不列顛社會科學院（Academy of Social Sciences）院士。一九八九年，他出版了《權力的命脈：戰爭、金錢與英格蘭政府，一六八八年至一七八三年》（*The Sinews of Power: War, Money and the English State, 1688-1783*），書中把挹注財政資源於軍事，以便在衝突不斷時維持力量的國家，稱為「軍事財政國家」（fiscal-military state）。

30 原注：政府開支數據引自Brewer, *Sinews of Power*, 40.

31 譯注：「王家特權」（royal prerogative），指在習慣法、民法以及其他各種法律中畫歸給君主，而且是君主獨有、無須與國會或其他機構分享的權力。

對基本、共同法律的信念為基礎的文件。人們逐漸認為這樣的法律源於「政治身體」[32]本身，而不是國王的賜予。

海外移民人口不斷增加，他們無法理解為什麼「英格蘭人的權利」在自己身上不適用：他們可是帶著財產保障與參與治理的信念飄洋過海。倫敦方面既要求海外移民參與公共事務，同時也抵制他們參與的程度。政府要求殖民地為自己的行政管理付帳——包括來自大不列顛的行政官員的薪水，但徵稅也讓殖民地有了治理政府的經驗。當不列顛對自己的帝國愈要愈多時，就冒犯了殖民者對於自己在主權層級中的地位感受。一六八〇年代，國王試圖緊抓對北美洲以及西印度群島殖民地的控制，安插與當地地主沒有什麼關係的人擔任總督，因而激起殖民地一方支持一六八八年至一六八九年間，發生在本國的「光榮革命」。[33]當國會始終堅持擁有決定稅額的權利時，移民們則援引王家特許狀以及移民沒有國會代表的事實，試著主張自己是國王的子民，而非國會的子民。即使不列顛就是以帝國來自我定位，但在這整個不平等的帝國空間裡，權利與政治參與的問題正製造著緊張，情勢總有一天會爆發。

有一段時間，奴隸在帝國裡根本沒有地位可言。印地安人的情況則相當模糊。無論西班牙建立的「印地安人共和」有多少缺點，不列顛可是連相應的組織都沒有。在美洲大陸殖民地邊緣的印地安人仍舊沒有被征服，也依然是很有價值的貿易夥伴；至於在殖民地內，印地安人也可以要求國王提供保護。當法國與西班牙帝國還在北美大陸上活動時，英法兩方都會尋求印地安政權作為有價值的盟友，從而擺弄彼此。然而不列顛在十八世紀中葉擊敗對手，則讓印地安人的日子愈來愈難過，美國獨立後更是每況愈下；我們會在第八與第九章重回這個主題。

比起十七世紀的法國，大不列顛允許殖民地有更多自治空間，而不列顛的本國與帝國經濟體系間的互動，也比法國、葡萄牙或西班牙的情形來得活躍。到了十七世紀末，不列顛已經發展出一系列與原住民、移民和奴隸進行互動，以及統治與剝削他們的手段。接著就在無意之間，不列顛的領導人們創造出一塊帝國大小的空間；他們身處其中，經受挑戰。

奴隸貿易、奴隸制度與帝國
The Slave Trade, Slavery, and Empire

對不列顛、法國，以及部分的葡萄牙與西班牙帝國而言，是奴隸制讓帝國賺了錢，也是帝國讓奴隸制變得可能。巴西東北部在大規模糖種植園上拔得頭籌，但不列顛與法國也逐漸成為糖業經濟中的積極參與者。自非洲引入美洲的總人數從一五〇〇年的每年少於一千人，經歷過一六〇〇年的每年一萬人，到了幾乎整個一七〇〇年代，都維持在每年超過六萬人的數字。奴隸貿易讓其他所有跨大西洋的移民方式都望塵莫及：十六世紀時飄洋過海的人裡，奴隸大約占百分之二十五，

32 譯注：「政治身體」（body politic）是一種隱喻（metaphor），把國家比喻成人的整個身體，而國家的各個組成部分，就像是身體的手腳、器官等。類似的比喻在歐洲中世紀相當流行，其中也包括「國王雙體論」（King's two body），區分國王的政治身體與血肉之軀，將王權抽象分離出來。

33 譯注：自英格蘭國王亨利八世因婚姻問題而掀起宗教改革以來，英格蘭的信仰便漸漸脫離天主教。一六八〇年代中期，信奉天主教的英格蘭國王詹姆士二世（James II）／蘇格蘭國王詹姆士七世（James VII）違反政府過去制定的規定，開始任命天主教徒擔任政府官職，加上詹姆士與法國關係良好，商人群體擔心法國勢力影響其收益，種種原因導致新教徒與商人的不滿。一六八八年至一六八九年，國會議員邀請詹姆士的女婿——奧蘭治的威廉前來擔任英格蘭國王。由於過程並未發生內戰，因此史稱「光榮革命」。

十七世紀時為百分之六十，到了十八世紀則超過百分之七十五。[34]奴隸的主要目的地有不列顛屬加勒比群島（尤其是牙買加）以及法屬加勒比群島，其中最惡名昭彰的就是法屬聖多明戈（Saint Domingue）。由於奴隸的死亡率高得嚇人，種植園主對奴隸的胃口因而永不饜足。在不列顛的情況裡，推動整個大西洋企業運作的就是糖業殖民地。投入甘蔗園的工人數愈來愈多，不僅創造日用品需求，也刺激了十七世紀晚期新英格蘭地區的食物出口經濟。而在同一時間，糖和來自中國與印度的茶攪在一起，開始為英格蘭工業勞工提供所需的大部分熱量；這些勞工生產的產品則送往北美、加勒比地區以及帝國範圍以外的市場，包括非洲。

由於帝國是種靈活的政治形式，這讓它能在沒有潛在勞力居住或潛在勞力不願前往的地方，創造對勞工的需求。奴隸制度是種將人帶離家鄉的過程——讓人跟他或她的社會根源疏離的過程。在某些我們曾深入探討過的帝國裡，疏離與錯置能讓奴隸成為有用的士兵、高官以及僕從；而從希臘、羅馬以降的其他帝國，以及非洲、亞洲的各種不同情況中，奴隸則是勞動單位。但帝國擴張所造就的聯結——尤其是跟生態豐富、人口稀少的美洲熱帶地區的聯繫——卻將奴隸制導引到前所未有的規模。帝國勢力對奴工體系的創造與維持至為關鍵；至於嚇阻或擊敗奴隸叛變，以及保護土地、奴隸、機械，還有護衛船隻不受其他帝國或海盜攻擊，則需要組織性的武力。加勒比地區產糖的島嶼即是上述所有威脅的目標。

在第八章，我們將會深入了解帝國、奴隸與資本主義發展的關聯。此處要探討帝國中的奴隸與海洋帝國疆域之外——非洲——的關係。十五與十六世紀以前，非洲就已經有奴隸制度與奴隸交易存在，但規模從未達到跨大西洋交流發展出來後的程度。由於社會性與地理性的因素，阿爾伯特·赫希曼所說的「叛離選擇」[35]對非洲大部分地區的人們來說相對容易達成。[36]有些地方提供的資源足以維持社會的繁榮發展，但這些社會周遭的資源卻只夠人勉強活著，而非洲的親族結構又讓社會流動變成一種集體的過程。想稱王的人要是過度壓榨自己的人民，就會面臨人民逃跑或利用集體力量來抵抗主從關係的危險。他的權力得建築在控制、剝削自己社會之外的人，吸引追隨者從原先的團體中脫離，或是強迫社群外的人為自己效勞之上。

我們面臨一場糾結的歷史悲劇。歐洲人決心讓自己的新土地步上軌道，但勞力卻來自其他地方。在非洲的某些地方，國王會藉由奪取別人的人力資產來獲得資源（槍械、金屬、衣物以及其他有再分配潛力的物品）。只要從另一個政體擄人為奴，再把他們賣給外來買家，就能把監督管理與吸納新成員的問題丟給外人。隨著時間過去，將俘虜送往海外的做法為非洲最窮兵黷武的國家帶來優勢——如阿散蒂（Asante）、達荷美（Dahomey）、奧約（Oyo）與貝南（Benin）等國——同時也創造出更有效的奴隸交易機制。某些王國的軍事化也讓沒有跟上腳步的鄰國風聲鶴唳。販賣戰俘的可能性驅動擄人為奴與奴隸交易的龐大體系。非洲的奴隸貿易靠的是一開始發生在大西洋帝國體

---

34 原注：奴隸貿易數字引自Philip Curtin, *The Atlantic Slave Trade: A Census* (Madison: University of Wisconsin Press, 1972), 7. 數字的修正見David Eltis and David Richardson, eds., *Extending the Frontiers: Essays on the New Transatlantic Slavetrade Database* (New Haven: Tale University Press, 2008).

35 譯注：阿爾伯特・赫希曼（Albert Hirschman），知名經濟學家，專研政治經濟學與政治思想，開創發展經濟學（development economics），以未開發、發展中國家為主來探討國家發展方式，並提出不均衡發展（unbalanced growth）概念，認為開發中國家應該將資源投入關鍵部門，讓該部門的發展帶動國家整體經濟成長。赫希曼著有《叛離、抗議與忠誠》（*Exit, Voice, and Loyalty*）一書，用來說明團體成員在面對團體獲益下降或環境惡化時的不同選擇。「叛離選擇」（exit option）就是離開團體。

36 原注：「叛離選擇」：Albert O. Hirschman, *Exit, Voice, and Loyalty: Responses to Decline in Firms, Organizations, and States* (Cambridge, MA: Harvard University Press, 1970).

系外、發生在非洲的壓迫行為，但推動貿易的則是帝國體系對奴隸的渴求、體系中的越洋貿易機制，以及帝國式國家建立制度以控管龐大勞動力、將他們連根拔起並帶進殖民地社會的能力。

交流、領土與帝國
Connections, Territories, Empires

十六世紀時，整個世界變得愈來愈互相依賴，但世界不是因為誰下了決心才變成這樣。在葡萄牙人、西班牙人、荷蘭人、法國人與不列顛人的主導下，國家力量不僅會被用來增加獲取新商品的管道與移民的新地點，還會用來阻止別人有樣學樣。沒有哪一個帝國政權有能力維繫自己所追求的獨霸地位，也沒有哪一個帝國政權能成功施壓其他政權以打造海外帝國，更沒有任何一個帝國，或世人所說的歐洲帝國（假使我們把某種倒錯的統合性質強加在它們頭上），有能力讓世界成為自己的囊中物。奧斯曼帝國與中華帝國都強大到難以落入歐洲人的網羅裡，至於非洲內陸卻又難以深入。歐洲海上帝國還得依賴與非洲、亞洲貿易網絡的聯繫；歐洲人既無法控制這張網絡，對它們也不甚了解。十八世紀的世界仍然是個多極的世界。

我們得特別當心把十六世紀視為「『全球化』降臨」的看法。從互相交流的歷史來思考，反而能讓我們專注於這個時代特有的變化。我們要從帝國的觀點出發，先回顧全球各地勢力與商業網絡的重組，再來看看主權本質有什麼變化，以及主權改變的限度。

在昔日羅馬帝國的西半部，重振帝國霸權的使命牽動著各個新興國家，讓各國為了資源而在歐洲內部和海外相互競爭。歐洲的各個帝國與世界各地的各個政權互動，有時手段相當暴力；但它們在行動的同時，也仍然身處與彼此較勁的脈絡中。不是每個帝國都加入了這場比賽。奧斯曼帝國與中華帝國能夠選擇置身事外，在很長一段時間裡繁榮依舊。

彼此相爭的帝國必須發明新的權力套路。造船、航海與軍備的創新則是關鍵手段。貿易「飛地」、特許公司的壟斷、種植園以及移民群居的殖民地，都成了海外帝國的標準特色。這些來自歐洲的帝國締造者可以非常有破壞力——造成的影響連他們自己都始料未及。即便如此，原住民有時也能讓他們妥協，操弄來犯的帝國，讓帝國彼此對立，並把握貿易機會取得新工具與農產品，時不時還能從入侵者的宗教組織與社會習慣中找到一些有價值的東西，與自己的宗教與社會融合。

世界上的交流在這段時間裡確實愈來愈頻繁。從貿易路線的長度就能看出來（例如從阿姆斯特丹到巴達維亞），帝國的行動拓展了與各地的聯繫，讓市場間的關係變得更為緊密；就像某個大洲開採的銀礦，會成為另一個大洲貨幣體系中不可或缺的東西。

帝國路徑的拓展也為在路徑沿途與權力縫隙間行動的希臘人、亞美尼亞人、猶太人、阿拉伯人、古吉拉特人等貿易社群帶來機會。貿易網絡不只將貨物帶往整個世界，還攜帶了基因——人的基因、作物與動物的基因；至於瘟疫、梅毒與天花等疾病更是不在話下。貿易交流更傳播思想與社會習俗。隨著交流成長而傳播得更為快速的可不只有基督教，伊斯蘭信仰在更久以前就已經跨越了印度洋。穆斯林年度的麥加朝聖之行與學者間的交流網絡，都讓人們持續在不同的空間中移動。儘管海上帝國懷抱一神教的目標與原則，但這些帝國無法控制自己促成的路徑與風俗；就連在各個網絡重疊之處，這些網絡也沒有被編成同一套文化與物質交流的模式。

或許有人會事後諸葛，說正是因為西歐帝國的弱點（它們的激烈競爭）迫使它們增強自己的軍事與行政管理能力，而奧斯曼帝國與中華帝國終究因為過往的成功而遭殃。但沒有誰能在十八世紀初料中這一切。當時的人只知道自己生活在充滿帝國的世界裡；從中國到葡萄牙，每一個帝國都盡其所能地運用物質與精神上的手段，戮力建構並維繫權力。

各個帝國在這些環境下都得跟中間人合作，玩「差異政治」手法，交替使用融合與分化策略，一如既往。到了亞洲，無論歐洲帝國喜不喜歡，它們都得跟各式各樣的地方勢力打交道——從蒙兀兒皇帝到地方商人、生產者，以及提供貸款的人。有時候，歐洲帝國會摧毀整個社群，就像荷蘭人在試圖確保獨占香料時的所作所為，但這不一定能讓整套體系更有效率。高壓統治的代價極其高昂。在美洲殖民過程中有意無意造成的毀滅，讓西班牙統治者遭逢勞力短缺的問題，但帝國空間也能為這種自己製造的問題提供解決方法——將勞力從一洲引入到另一洲；在美洲的例子裡，就是非洲奴隸。

假使有哪個崛起的勢力——從葡萄牙到英格蘭，再到蒙兀兒帝國——打算根據「自由」市場的規則來比賽，以為自己可以免去經營帝國的花費與重擔，那恐怕很快就會被邊緣化，或是消失在舞台上。正因如此，講述那種「經濟發展」或「西方崛起」的故事，才無法讓我們領悟得更深。

儘管所有的主權理論都把國家當成抽象來看待，但沒有任何一個理論，不會聚焦在各個國家（正如它們實際存在的情況般）如何對彼此從不同人群與領土中汲取資源的能力進行掣肘這點上。有些學者把著重個人對君主忠誠（中間可能透過階級體系中的領主與地方大員）而非領土的前現代政治，與用國界線涵蓋領土來定義政權的現代政治分得涇渭分明。這種政治上的轉變最有可能發生在我們在這一章討論的時代。但相較於把世局畫分成幾個時代，我們更應該了解到：當時還有其他關於屬地與統治權的觀念存在，這些觀念不僅受到討論，也在力爭一席之地。我們不該把某位職業政客對領土的主張，或者把某個政治思想家對領土原則的一家之言錯當成某個時代的定義，或是當成政治實踐轉變過程的特徵。

從十六世紀到十八世紀，最為戲劇性的變化不是統治者對特定領土的控制程度，而是行使權力的空間跨度。在美洲，葡萄牙與西班牙國王建立起政府機構，由王室直接掌握領土與貿易，這是他們在本國無法做到的事情。到了十八世紀早期，國家的海外事業促成英格蘭發展成「軍事財政國家」。從大西洋到印度洋，英格蘭人都在跟西班牙、荷蘭與法蘭西帝國對壘，這代表在國家不得不為的事情當中（如簽訂《航海法案》），有一大部分是為了確保英格蘭從全球的海上路線到美洲的糖種植園，再到印度的貿易前哨，都是各地經濟活動的中心。在路易十四（Louis XIV，一六四三年至一七一五年在位）的統治下，法國政府開始盡其所能地創造控制嚴密的制度；有部分是因為國王試圖控制的區域是塊相對緊密的地區——也就是今天人們所說的「六角型法國」（hexagon）。但就連法國也像個帝國一樣，在各個帝國之間行動；法國有自己的海外投機事業與衝突，跟自己的鄰國玩著繼承政治，同時仰賴和地方菁英間的家產官僚關係；法國也因此沒有像「絕對君主制」（absolute monarchy）這個名稱所指陳的那麼絕對。

在世界性的帝國脈絡中，歐洲國家得重新調整自己，但人們還是很容易誇大歐洲內部改變的幅度。一六四八年的《西發里亞條約》常被視為新式統治方式的濫觴，象徵歐洲主要國家接受了彼此互相承認、各國皆然的領土主權原則。但條約內容沒那麼新穎，影響所及範圍也不大。歐洲勢力（有神聖羅馬皇帝、神聖羅馬帝國諸侯、法國與瑞典國王）齊聚西發里亞，試圖結束宗教與王朝衝突的漫長時代——也就是眾所周知的日耳曼地區三十年戰爭（Thirty Years' War），以及哈布斯堡西班牙與尼德蘭間的八十年戰爭（Eighty Years' War）。荷蘭人取得獨立——但他們早就在東印度群島發明了一種不同的主權。條約雖然承認神聖羅馬帝國治下大約三百個諸侯對領土的主權，但此帝國仍然是個介於邦聯和帝國間、支配一切的政治實體，並如此持續了一百五十八年。而瑞典與法國分配到的新領土不一定跟本國說同一種語言，也不一定對國家保持忠誠。

條約上簽名的各方不僅沒那麼像國家，也不完全由領土所界定；它們在接下來的三個世紀裡投入帝國的霸業，同時也是帝國野心征服的對象。一六四八年後，各種不同、不對等的國家形式仍持續了一段很長的時間，例如法國和西班牙的強大君主國、荷蘭商業共和國、波蘭的貴族共和國、瑞士邦聯，以及義大利商人共和國。歐洲還是有教宗、皇帝、國王、公爵、伯爵、主教、市政當局和土地貴族。皇帝分別與他們互動，各方則一如既往為自己的重要領土而戰，交來換去。法國通常是英格蘭的對頭，但兩國有時也能聯手對抗聯合省。而在一六八八年至一六八九年的英格蘭內戰中，荷蘭援助了其中一派攆走了另一派。一七〇〇年還出現新的王朝融合（雖然不列顛曾試圖阻止）——系出法王世系的波旁家族（Bourbons）成了西班牙的國王。

人們原先期待《西發里亞條約》能促進天主教、路德派與喀爾文派信徒間的宗教寬容，同時限制諸侯試圖藉個人的改宗改變「他們」領地裡宗教信仰的能力。但宗教衝突並未停歇，更有甚者，領土主權原則既不是一六四八年的新發明，一六四八年後也同樣未受重視。到了十九世紀，皇帝對國王、國王對諸侯這種一層層的統治權仍然是可行於歐洲的選項；我們還會看到新的分層主權形式在二十世紀發明出來。比起一六四八年，「西發里亞主權」的理念——世界是由有邊界的單一制國家組成，各國在其中與其他對等國家互動——跟一九四八年的關係還更為接近（見第十三章）。

各個不相等、複合且不穩定的帝國彼此間的互動，的確促進了外交與法律上的革新。我們曾在第五章中看到，奧斯曼人讓國內的外國社群有權用自己的規則自行治理，並堅持保護本國在其他國家的使節與使館。正當荷蘭東印度公司與不列顛東印度公司各自擺好對抗的架式時，胡果・格勞秀斯[37]在一六〇九年完成他的論文〈海洋自由論〉（"Freedom of the Seas"），文中借用印度洋的海洋傳統——將海洋視為對所有人開放的道路。但比起十五世紀，十七世紀的海洋就沒有那麼自由了。與此同時，為了面對蒙兀兒統治者有能力阻礙或加強貿易行動的事實，歐洲人打破教會法禁止跟非基督徒勢力簽定條約的規定，並承認自己的協商夥伴擁有正當性。這些後人所知的「國際法」當中的變革，都是發生在各帝國與各自不同的法律傳統（羅馬、基督教、奧斯曼、穆斯林與蒙兀兒）互相接觸之時。外交與法律並非著眼於規範對等國家間的關係，而是將正當性與秩序賦予高度不對等的世界。

雖然帝國的存在總是隱含著「用不同方式治理不同民族」的觀念，但美洲大陸上的帝國卻將「差異政治該是什麼樣子」的尖銳辯論帶了出來。拉斯・卡薩斯堅決認為天主教帝國必須包括美洲原住民：即便原住民是傳教改宗的目標，但他們的文明程度也應該得到承認。殖民美洲的人則信仰齊一性政治——他們堅持自己的地理位移不會影響身為英格蘭人的權利。儘管這兩種論點除了都把奴隸當成勞力單位以外，就不太把他們當回事，但多數帝國至少在口頭上還是有最低的行為規範；如果奴隸主想被別人看成社會秩序裡值得尊敬的一分子，就得遵守這些規範。帝國的制度讓某些次等人民有些許機會，能要求從國王那得到保護來抵抗地方政府和地主，只是這些機會幾乎不足以拯救他們於菁英們的貪婪與殘忍之中。但是，並不是所有帝國菁英都認為可以隨意羞辱、剝削被征服者或淪為奴隸之人；同化與分化之間的關係不一定一成不變。

從十五世紀到十七世紀，帝國在世界各地的擴張並非由結構穩定的歐洲進行單方面的征服，而是多面向的轉變。當統治者將勢力延伸到遠方、尋找中間人、操弄上下階級關係時，社會跟政權就會出現動盪與重組，同時也會創造出新的社會與政權。這一路上，只有一些像巴托洛梅・德・拉斯・卡薩斯這樣的人會停下來問：「我們到底幹了些什麼？」

37　譯注：胡果・格勞秀斯（Hugo Grotius, 1583-1645），荷蘭法學家，在荷蘭獨立進行時出生。新生的荷蘭占地甚小、資源甚少，勢必要往海洋發展。格勞秀斯於一六〇九年出版的〈海洋自由論〉提倡公海上的航行自由，提供了英格蘭、荷蘭等新興海權國家擴張的論述依據。一六二五年，他出版了《戰爭與和平法》（*De iure belli ac pacis*），成為未來國與國互動的法律根據。

第七章

跨出草原——俄羅斯與中國的帝國創建

Beyond the Steppe: Empire-Building in Russia and China

當歐洲統治者在鄰國領土周圍晃蕩，拿下地方貴族，甚至為了資源而把手伸到歐洲大陸以外時，有兩個帝國——一老一少——也正打算將控制力延伸到廣大的歐亞草原空間。十五世紀開始，莫斯科就是帝國權力擴張的中心，俄羅斯探險家就是從這裡往東遊歷，越過窩瓦河，最後遭遇另一個也在行動的帝國——只是前進的方向正好相反。十七世紀時，清帝國再度統一中國，並向西北推進，進入西伯利亞。夾在這兩個帝國間的群體，則是為了放牧路線、與定居鄰國的貿易獨占權，以及超部落領導權而彼此競爭的蒙古人與其他遊牧部落（見第四章）。

帝國在陸地上的競爭就跟在海上一樣，都會讓帝國的地理形勢與政局大為改觀。當西班牙與不列顛爭奪海洋的最高控制權時，羅曼諾夫家族（the Romanovs）帶領的俄羅斯與清代治下的中國，正併吞著各自的遊牧民族挑戰者，關上在歐亞大陸中心建立帝國的空間。本章將深入了解從九世紀到彼得大帝（Peter the Great）統治時的俄羅斯，以及元衰亡之後一路到十八世紀的中國。我們會著重於俄羅斯與中國統治者如何將新的策略與自己的統治套路混合，如何管理手下的中間人，以及如何各自將差異轉變為帝國的財富。最後我們會以三個帝國（蒙古、中國與俄羅斯）彼此在中亞與西藏高原的相遇做結。

俄羅斯的歐亞帝國

Russia's Eurasian Empire

▼羅斯之路

若與中國相比，俄羅斯算是新興的國家，而且沒有人能事先料到會出現這個國家。俄羅斯政權在十四與十五世紀間成形，當地沒有名字，因為沒有哪個大國在乎該地。就像羅馬的擴張得自靠近地中海、但偏離中心的位置所庇蔭，當俄羅斯的王公貴族為了在聶伯河（Dnieper）與窩瓦河間的林地取得小規模優勢而調兵遣將時，他們也因為距離世界政局主要地點相當遙遠而得益。這讓胸懷大志的王公們在往權力邁進時，得以萃取好幾個帝國曾經使用過的策略。俄羅斯的領袖將突厥、拜占庭以及蒙古治國術的元素融為一體，也因此能在一片滿是森林、沼澤、人們漂泊分散之地迅速打造出一個帝國。

俄羅斯之名及其帝國文化中的某些特色，得自於九世紀在基輔建立國家的武勇王公們。當時，維京人（Vikings）正忙著襲擊歐洲海岸，羅斯船夫則往東去尋找財富。羅斯人避開中歐烽火連天的國家與互相較勁的領主，開拓從波羅的海港口、沿窩瓦河順流而下到達黑海與拜占庭的新路線，而且還有聶伯河作為備案。羅斯人在遠行的路上遭遇了突厥人，後者擁有的技術對於積極進取、機動靈活的部族來說相當有用。當羅斯人接觸到拜占庭帝國，以及帝國的財富、市場與通往跨歐亞大陸貿易的路線時，報酬也隨之而來。

羅斯人穿越的這片森林地帶，為他們提供可供輸出的商品：琥珀、毛皮、蜂蜜、蠟、木料與樹脂，以及可供出口的人——打從古代就被抓來當作奴隸買賣的斯拉夫人。到了西元九百年，羅斯人已經透過掠奪、貿易與控制商品運輸而致富。在自己的首都基輔，羅斯王公們搖身一變，成為歐亞草原風格的統治王朝，既與周圍地區的斯拉夫農民天差地遠，也跟聚集在聶伯河畔繁華都市的手工業者截然不同。

羅斯王公們逐漸以留里基德（Riurikids）之名為人所知，意思是留里克（Riurik）之子。幾百年後的基督教編年史家寫下留里克兄弟的建國神話，當中解釋了外人是如何成了統治者：「留里克和他的兄弟們受到斯拉夫部落的邀請，前來統治斯拉夫人的土地，為他們帶來和平。」來自遠方、有能力創造並維持和平的偉大領袖，成為該地區帝國想像中歷久不衰的要素。羅斯大公就像突厥可汗一樣，採用橫向的繼承方式——兄弟繼承（見第四章）；但理論上，當這些兄弟們在他們王冠上的至寶——基輔城——裡排隊等著繼承時，每個兄弟都能得到一塊公國來統治，藉此緩解手足相殘的鬥爭。每位王公都有自己的武裝隨從。王公們帶著這幾夥依附自己的保鑣，彼此暴力相向，在公國間輪流當王。

隨著羅斯人落地生根，統治基輔，他們也訴諸於某種常見的策略來鞏固自己的權威——建立國教。一開始，他們就跟斯拉夫人一樣是多神信仰，同化、融合各種神祇，和古代羅馬人的所作所為相去不遠。最偉大的羅斯領袖弗拉基米爾（Vladimir，九八〇年至一〇一五年在位）在基輔的山丘上蓋了一座宏偉的萬神殿，奉祀挪威、芬蘭、斯拉夫與伊朗的神祇。但或許是受了跟君士坦丁堡交流的影響，弗拉基米爾後來偏向一神信仰，也因此得做出抉擇。東方的基督教強化了拜占庭及其炫目的儀典與建築，為帝國的權勢立了光彩耀人的榜樣。黑海北邊的遊牧民族可薩人（Khazars）接受了猶太教，而伊斯蘭信仰以及義大利商人信奉的拉丁化基督教也是個選擇。

俄羅斯的編年史裡提到弗拉基米爾下決定的故事。由於猶太教是個丟掉自己國家的失敗民族所信奉的宗教，因此被排除；畫掉伊斯蘭信仰，則是因為信仰中對酒精的禁令。史書上說，「喝酒是俄羅斯人的樂趣」。一夫一妻制的基督教則有另外的問題，弗拉基米爾的妻子不只一個，還有許多妾。但國家的考量一定占了上風——弗拉基米爾放棄妻妾，改信東方基督教，接著很快就跟拜占庭皇帝的妹妹結了婚。又或者說，是酒精戰勝了性。

弗拉基米爾非常歡迎拜占庭神職人員的到來，於西元九八八年，這些神職人員也在聶伯河畔為基輔民眾施洗。一名都主教從君士坦丁堡被派來管理教會事務。拜占庭教士們帶了翻譯成斯拉夫語的經典而來，他們為此還發明了一套字母（稱為西里爾字母〔Cyrillic〕），以寫下翻譯後的語言。

北冰洋
鄂畢河
北德維納河
芬蘭人
波羅的海
諾夫哥羅德
普斯科夫
窩瓦河
蘇茲達爾
弗拉基米爾
保加爾
梁贊
聶伯河
維斯瓦河
欽察人
窩瓦河
基輔
頓河
可薩人
佩切涅格人
多瑙河
黑海
鹹海
裏海
拜占庭帝國
君士坦丁堡
雅典

△

基輔羅斯，約一〇一五年

九世紀時，東方教會拒絕羅馬式的堅持，不認為只有某些語言（拉丁文為主）才配得上用來表述上帝的道。選擇多語言的基督教，可說是與拜占庭的帝國野心相當符合（見第三章）；後來證明，這對羅斯人的帝國大業也很有用。但就和羅馬人碰到的情況一樣，弗拉基米爾個人的選擇不代表每個人都會立刻變成基督徒。斯拉夫人民繼續崇拜他們的地方神祇，有時還會為了反對強迫改宗而暴動，更在接下來的幾百年間創造出各式各樣混合的宗教習俗。

拜占庭風格的基督教將整座基輔城，以及城裡統治者的文化調調改了頭、換了面。建築師、聖像畫家、鐵匠、石匠、陶工、金匠、銀匠和造瓦工人，都因為羅斯大公的建設計畫而來到基輔。至於諾夫哥羅德（Novgorod）、蘇茲達爾（Suzdal）、弗拉基米爾等北方城鎮則興建教堂，發展出別具一格的聖像繪畫風格。教士們在羅斯人的土地上寫下聖人的生平故事、編年史以及講道集——有些是從希臘文翻譯來的，有些則是當地教士的創作。

然而，想要支撐羅斯人打造的帝國廣廈，光靠宗教是不夠的。首先，輪替制度造成連綿不休的繼承鬥爭。羅斯王公們在努力跨過親人的頭頂或取而代之時，也會跟草原地區的遊牧民族與掠奪者合作。其次，當君士坦丁堡在一二〇四年被十字軍攻陷且局勢開始不穩的同時，基輔城以連接各個貿易樞紐為基礎的經濟體系也跟著衰頹。王朝的裂痕加上低迷的經濟，等到蒙古人開始他們無堅不摧的征途，橫跨歐亞草原，進軍留里基德的地盤時，這些王公根本無法與之匹敵。各公國一個接一個吃下敗仗；一二四〇年，基輔被圍，隨即陷落。

▼在蒙古可汗治下

蒙古的征服標誌著基輔對羅斯之地的最高權力於焉結束，同時也啟動一股新的帝國推動力。

一二四二年，蒙古領袖、成吉思汗的孫子拔都班師回朝，參加大汗選舉（見第四章）；此後，倖存的留里基德們重新回到各公國，繼續跟自己的鄰國打仗。幾個勢力最強的王公之中，有位亞歷山大．涅夫斯基（Alexander Nevskii），他是北方城鎮諾夫哥羅德和普斯科夫（Pskov）的領袖。一二四〇年，他阻止了瑞典奪取通往波羅的海貿易路線的野心，又在一二四二年擊退入侵的條頓騎士（Teutonic knights）。

等到繼承問題解決，蒙古人又殺了回來，但這一次他們帶來的政治安排最終卻加強了留里基德管理國家的本領。窩闊台大汗死後，拔都分配到其父朮赤的兀魯思，並改名為欽察汗國，也就是後來所說的金帳汗國（見第四章）。從大約一二四三年到十四世紀晚期，蒙古人所統治的金帳汗國，權力行於基輔、弗拉基米爾城、未來的莫斯科，以及窩瓦河與聶伯河航線。薩萊是拔都設在窩瓦河邊上的首都，地理位置良好，對蒙古人控制貿易路線、從中獲利有很大的貢獻。但是，汗國勢力範圍西部的森林地帶對蒙古人來說，就沒那麼有吸引力；他們靠指派官員來統治、剝削這些地區，而且經常需要當地勢力的協助。於是，蒙古的最高領導班子給了留里基德第二次治國的機會。王公們以自己的小城鎮為根據地，為了討可汗歡心、為了幫可汗收稅，也為了成為凌駕其他人的大公而互相競爭，就像當初在基輔時一樣。

蒙古可汗使用的歐亞草原認證方式，讓留里基德更容易重返統治者的地位。每個地區的王公都要前往薩萊，得到可汗對其領地統治權的承認。作為對忠誠心以及毛皮、牲畜、奴隸、銀的回報，可汗會發給他們一種稱為「札兒里黑」（iarlyk）的職權特許狀。第一份「札兒里黑」在一二四三年頒給弗拉基米爾城的大公，雅羅斯拉夫．弗謝沃洛多維奇（Iaroslav Vsevolodovich）。在可汗面前俯首稱臣實屬無奈之舉，因為沒有表現出臣下應有舉止的王公都被處死了。蒙古人與羅斯人都服膺於透過血緣繼承的領導權——蒙古可汗都是成吉思汗的子孫，而羅斯王公也都是留里克的傳人。

當留里基德彼此間起了衝突，便訴請可汗仲裁。只要在可汗帳下效勞，這些王公級稅吏就能為自己留一手。如果成功透過婚姻躋身可汗家庭，就算是能達成的最好交易了。

蒙古征服過後，東方的基督教教士很快就學到識時務者為俊傑的道理。薩萊城設立有正教會主教的職位，兀魯思裡的正教會教士就像留里基德王公那樣，從蒙古人那得到他們的權力，享有蒙古人的保護，並從教會的免稅權中得到好處。十三與十四世紀間，基督教的神父會為可汗的健康祈福，教會領袖還會行旅到薩萊，成為可汗和可汗家族的幫手。由於基輔的地位逐漸衰落，位於過去羅斯之地的正教會階級組織先是播遷到弗拉基米爾，接著在十四世紀初再遷往莫斯科。

莫斯科地區的王公們在三條帝國之路匯聚處兢兢業業，成為建立帝國之人。作為王朝世系中的成員，他們的統治合法性來自於先祖——羅斯人。從拜占庭人處，王公們得到用斯拉夫文字寫下的實用版東方基督教。他們也藉由親身經歷，從自己的蒙古主子身上學到如何管理，並靠四散各地的人民營生。莫斯科王公崛起成為人民的領袖，並根據這幾種傳統來做決定，同時也改變這些傳統，創造出綜合有彈性、還能自我調節的帝國政治。

▼莫斯科的統治

人們經常用達尼爾洛維奇（Daniilovichi）來稱呼莫斯科的王公，這個名字來自於王公們最有名的祖先，亞歷山大．涅夫斯基的兒子達尼爾（Daniil）；一二六三年，蒙古可汗讓他成為莫斯科王公。一三一八年，達尼爾的兒子尤里（Iurii）得到任命，成為弗拉基米爾大公（Grand Prince of Vladimir）；尤里同時也是蒙古人的忠實僕人，綽號多爾戈魯基（Dolgorukii），意思是「長手」——這是因為他擁有無所不能的收稅技術。達尼爾洛維奇的家族領地是以莫斯科與河畔的堡壘（俄文中的克里姆林〔kremlin〕）為中心。為了至高無上的權力，好幾個留里基德與蒙古人之間出現競爭，過程中彼此也會互相結盟；經年累月的競逐之後，各個留里基德之中，在控制自家地盤、擴張統治範圍至其他公國，以及在朝帝國發展的路上，就屬達尼爾洛維奇家族最為成功。

讓王公生存下來最關鍵、最根本的要件，就在於保持蒙古可汗的青睞，這點可以靠收買可汗、發揮儀式功能以及為軍事行動提供部隊來達成。其次，達尼爾洛維奇家總要有點什麼才能抽稅，但身處資源不足、人口稀少的地盤，也就意味著要從自家的莫斯科根據地向外擴張，才能將更多的土地、河流、人民，還有跟北方以及後來往窩瓦河下游的交流都納入自己的控制之下。第三，達尼爾洛維奇家族擅長婚姻政治。他們設法讓兒子高攀進入汗國，同時還把女兒嫁給敵對王公的兒子；這是蒙古人族外婚的家父長式變體，能將其他的留里基德納入達尼爾洛維奇家的家產官僚體系軌道中。最後，在王朝血緣延續的比賽裡，莫斯科的王公可說相當幸運。他們都活得很久，有助於維持家族影響力，但又沒有生太多兒子，這代表達尼爾洛維奇家有能力打破子嗣間分割領土的習俗——過去，基輔的菁英就是被這個過程給分化的。

由於欽察汗國封鎖東方交易的要道，因此成了野心勃勃的帝國建造者的主要目標；汗國的這個弱點，莫斯科人都看在眼裡。特別是一三九五年，帖木兒將欽察汗國首都薩萊夷為平地後（見第四章），莫斯科大公（Moscow Grand Princes）就開始將稅款留下，並向歸順的人要求貢金。到了十五世紀中葉，欽察汗國一分為四——喀山（Kazan）、阿斯特拉罕（Astrakhan）、克里米亞與殘餘的欽察汗國。一四六二年以後，莫斯科大公就不再是由欽察可汗任命。

當葡萄牙、西班牙、荷蘭與不列顛在接下來的兩個世紀飄洋過海，建立「飛地」與殖民地時，莫斯科的王公們也在想方設法拓展對四面八方土地上人民與資源的控制，打造出一個多民族、多宗教的帝國。居住在核心地帶的有芬蘭人、斯拉夫人的部落；在還沒有併入莫斯科公國（Muscovy）

以前，他們大多都是異教徒。社會階層的頂端混雜著各種出身背景的人，這是因為蒙古家族也已經加入莫斯科陣營。

一四七八年，因為對諾夫哥羅德及其腹地的征服，有更多芬蘭人被納入莫斯科的統治之下。為了北方這塊地區與通往波羅的海的路徑，俄羅斯人得和其他擴張主義勢力競爭——如立窩尼亞人（Livonians）、瑞典人與波蘭人。莫斯科人過去曾經把人嫁進立陶宛王公的家庭，到了一四三〇年，立陶宛的大公維托夫特（Vitovt，一三九二年至一四三〇年在位）過世，也給了莫斯科人向西擴張的契機。至此莫斯科人開始艱辛的迢迢長路，併吞過去由立陶宛統治的斯拉夫人口與土地，而立陶宛與其波蘭夥伴還在繼續阻擋莫斯科的前進。透過與烏克蘭地區哥薩克人的協議，烏克蘭在十七世紀中葉被兼併進來。羅馬天主教徒也因為西向的擴張而受到莫斯科統治。至於南邊，莫斯科人的最終目標則是黑海與其交通路線，但奧斯曼的力量限制了俄羅斯的擴張。

對莫斯科人來說，往東的方向前景最為看好。俄羅斯的軍人、探險家與商人橫跨西伯利亞尋找毛皮，強迫當地民眾服從莫斯科的統治權、獻上錢財，並支援軍隊與要塞。往東南方，沿著窩瓦河進入中亞，莫斯科的目標則是控制貿易路線。就連喜怒無常的蒙古汗國宣稱擁有的地方，莫斯科也開始能扭轉情勢，對付昔日的君主。

莫斯科大公試圖併吞窩瓦河畔的喀山汗國，把自己陣營的候選人推上韃靼人的王位，但等到企圖失敗、可汗找來幫手要對付莫斯科時，伊凡四世（Ivan IV，恐怖的伊凡）便揮軍進攻。一五五二年征服喀山，莫斯科公國也隨之變成一個更為多樣化的政權。喀山汗國的上層階級有塔塔兒人與穆斯林，以及說突厥語、芬蘭—烏戈爾語（Finno-Ugric）和其他語言的民族。這些其他語系的人有些是穆斯林，有些是多神信仰，基督徒則占少數。伊凡繼續著他對草原政治的成功逆襲，讓莫斯科推派的人成為阿斯特拉罕可汗，隨後併吞該汗國。現在，莫斯科宣布自己掌握了窩瓦河與通往亞洲的

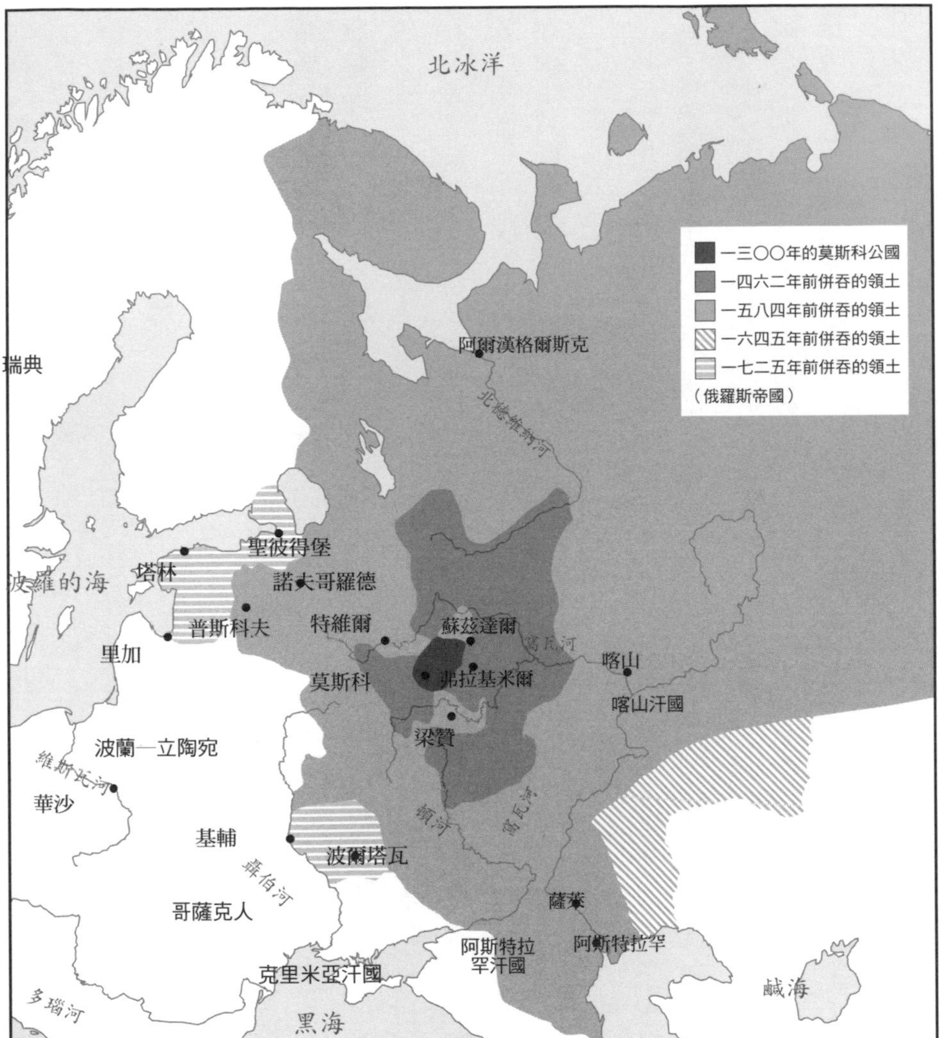
一三〇〇年的莫斯科公國
一四六二年前併吞的領土
一五八四年前併吞的領土
一六四五年前併吞的領土
一七二五年前併吞的領土
（俄羅斯帝國）
北冰洋
阿爾漢格爾斯克
北德維納河
瑞典
聖彼得堡
塔林
波羅的海
諾夫哥羅德
普斯科夫
特維爾
蘇茲達爾
窩瓦河
喀山
里加
莫斯科
弗拉基米爾
喀山汗國
梁贊
波蘭—立陶宛
維斯瓦河
華沙
頓河
窩瓦河
基輔
波爾塔瓦
聶伯河
哥薩克人
薩萊
阿斯特拉罕
阿斯特拉罕汗國
克里米亞汗國
鹹海
多瑙河
黑海
裏海
君士坦丁堡／伊斯坦堡
拜占庭帝國／奧斯曼帝國

△
俄羅斯的擴張

草原路徑間重要的聯繫——欽察汗國正是在這個地方一度興盛。

征服、貢金、農業人口帶來的稅收以及貿易的掌控，讓莫斯科王公們得以創造出帝國，但他們有辦法維持局面超過幾代人的時間嗎？蒙古人的「酋長選舉制」與留里基德的橫向繼承法——無論哪一個典範，都無法為角逐權力者彼此間的暴力鬥爭提供解決之道，反而經常破壞歐亞草原王朝的統治。還有一個更根本的稱帝難題與此有關——如何讓菁英們對王朝的君主忠心不二？時間一點一滴過去，俄羅斯人創造出幾種極為有效的方式，讓他們的中間人對統治者服服貼貼。

莫斯科的王公們將聯姻習俗的範圍，擴及於被吸納進他們擴張政權中的菁英身上，藉此帶來關鍵的革新。新加入的家族以「波雅爾」[1]為首；各個家族被安排進上下階級體系中，而這個體系決定了官位的分配。由「波雅爾」組成的議會以集體的方式，對統治者提出建言。大公會娶出身歸順家族的女子，而非以外國人為妻；這種做法能將整個家族引入王朝世系中，王朝對他們來說也因此有了極為重要的利害關係。大公只能由達尼爾洛維奇家的人擔任，而這種婚姻制度中最薄弱的一環，就是家族的低生育率。只要大公生不出兒子，或者生出的是個弱智或短命的兒子，那麼過去比賽輪流稱王時的優勢就會轉為劣勢——機率問題不僅有可能，也的確曾讓帝國陷入危機。

第二招則完全是物質性的。莫斯科的大公們宣稱自己是擴張範圍內所有土地的領主，這與欽察可汗的做法如出一轍，但他們會根據忠誠心與貢獻程度，將大部分領土交給手下的菁英——不論先來後到。有兩項家產官僚制的原則，在俄羅斯歷史大部分的時間中，一直都是俄羅斯人治國的根本——統治者對所有資源的最終所有權，以及有條件的土地授予。菁英們得到土地，為自己的家族剝削這些土地上的人民，但他們是依附於大公的個人，不太可能形成團結的貴族階層。在儀式中，「波雅爾」要在大公的面前磕頭，稱自己是大公的「奴隸」。隨著帝國擴張，這種「奴隸」也會因為大公的任命而富有起來。

當婚姻與土地賜予讓社會上層持續依附於莫斯科時，莫斯科大公除了保護與苛捐雜稅以外，還給了老百姓什麼？正教會派別的基督教逐漸變成帝國的一種意識型態，提供宮廷與平民在精神與儀式上的橋梁。隨著汗國衰落，正教會的教士轉投莫斯科公國，以壯大教會聲勢，這樣的情況在一四五三年君士坦丁堡陷落之後尤甚。一四四八年，在沒有徵求君士坦丁堡牧首的情況下，一名來自梁贊（Riazan）的主教獲選為莫斯科都主教。正教會的教士自然會希望莫斯科人一如過去的蒙古人那樣對待他們。

一旦莫斯科王公們看來已凌駕過去的主子，備受拜占庭楷模影響的教士們便試圖讓教會成為莫斯科王座後方的一股勢力。走這步棋，需要將帝國的象徵符碼從歐亞草原轉為基督教模式，還要為莫斯科提供一個更實用的過去。教會人士為俄羅斯統治者創造一份令人滿意的家譜，宣稱莫斯科大公的權力得自於拜占庭的皇帝，也因此是奧古斯都．凱撒的傳人。可汗的領主地位過去對莫斯科的崛起至關重要，現在卻變成「韃靼之軛」[2]。

伊凡四世在未成年時，曾以大公的身分進行統治；一五四七年，他採用「沙皇」——也就是凱撒——作為新的頭銜，把自己跟羅馬的過去連在一起。西元八百年，查理曼在自己的加冕儀式上也做了一樣的聯結；伊凡的同時代人查理五世與蘇萊曼，以及十九世紀的德國皇帝（Kaiser）也都是

1 譯注：「波雅爾」（boyar），指保加利亞、莫斯科、基輔羅斯、摩爾達維亞（Moldavia）、瓦拉幾亞（Wallachia）封建體系中僅次於王公的貴族。

2 譯注：從十三世紀到十五世紀之間，羅斯人的土地都處於蒙古人的控制之下；蒙古人並未直接統治，而是讓羅斯王公代行統治。這個過程雖然在當時帶給羅斯王公許多統治國家的經驗，但在蒙古勢力消退後，這一段時間裡蒙古人對羅斯人土地的控制，卻被稱為「韃靼之軛」（Tatar yoke）。

如此。俄羅斯的沙皇後來還把「獨裁者」的稱號也加進自己的頭銜裡，典出拜占庭賦予至高統治者的字眼。沙皇的皇冠也以拜占庭皇帝，一夫當關的君士坦丁（Constantine Monomachus）之名，重新命名為莫諾馬赫之冠（Monomakh's Cap）。其實，這頂王冠是在中亞打造的，跟拜占庭毫無瓜葛；只有莫斯科教士們發動的這場卓有成效的假情報戰，能跟拜占庭有點牽連。

一五八九年，莫斯科領導人商議，將莫斯科都主教徹底改為俄羅斯自己的東正教牧首。同年，在一場類似庫里爾臺的「地主會議」之後，沙皇頒布新法典，宣布所有子民皆有訴請沙皇保護其榮譽與福祉的權利。可汗同時成了凱撒與神的僕人；沙皇為其臣民帶來一幅基督教社會的景象，由獨裁者領頭，教會作為嚮導。

▼鞏固家產官僚帝國

以沙皇為中心的家族政治、授地制度，加上教會與其一致的意識型態，就是莫斯科國家的三大支柱。對莫斯科的帝國發展來說最為要緊的，是在沙皇位居高位的僕人頭上維持家產官僚制的原則。我們先前已經看到，遍布西歐各地的貴族有效遏止當時國王與皇帝一展身手的抱負；而在同一時間，奧斯曼人則調整自己的權力中樞，防止貴族階級形成、奪取權力。莫斯科則走向另一條路，力求創造出既離不開獨裁者，又和帝國大業步調一致的貴族階級。

由於土地授予是保持菁英僕從們忠誠的關鍵，向外擴張就成了莫斯科帝國機器的潤滑油與燃料。新征服的地區及其資源支應沙皇、沙皇的家人、為沙皇效勞的人以及教士階級的開銷，這些地方也常常比帝國中心更能賺錢。但成長也會創造許多弱點。擴張行動迫使莫斯科公國面對其他同樣有帝國野心的勢力——瑞典、「波蘭—立陶宛」、奧斯曼帝國、中國、蒙古以及草原上其他部落邦聯。就連成功的征服，也意味著把許多不同文化的人民給帶了進來，其中某些民族還會利用莫斯科來對付其他帝國。

十六世紀晚期，莫斯科獨一無二的家產官僚政權，就在一場沙皇本人推動的危機後差點土崩瓦解。外號「恐怖」、讓人打從心底畏懼的伊凡四世將領土一分為二——一半由「波雅爾」與教會管理，另一半則交給他忠心耿耿的手下。這項策略，連同伊凡短暫指派某個成吉思汗直系出身的可汗坐上他王位的做法，以及他對正教會道德訓誡的排斥、對自己敵人的殘酷迫害，全都是為了增強他個人的至高地位、打破教士與「波雅爾」影響力的蒙古式嘗試。身為統治者，伊凡最大的敗筆與他的至親家人有關。據說，他在一時盛怒之下殺了其中一個兒子，只剩一個腦袋有問題的繼承人留了下來，也就是人們所說的敲鐘者費多爾（Fedor the Bellringer）[3]。費多爾死於一五九八年，留里基德世系也同時斷絕。

當時，繼承體系已經內建了自保的零件，其中包括莫斯科王公的聯姻政策。「波雅爾」選出他們當中的一員——娶了費多爾妹妹的鮑里斯・戈東諾夫（Boris Godunov）——來當沙皇。但鮑里斯本人不是留里基德，也因此少了王朝血緣的正統性。費多爾的死在俄羅斯貴族間開啟了一場大規模的權力鬥爭——有在伊凡統治下遭殃的貴族，也有把寶押在伊凡這邊的貴族；外部勢力也藉此加入——波蘭與瑞典都在覬覦沙皇攢積來的土地與財富。事實證明，一五八四年至一六一三年的「混亂時代」期間，「王室後裔」的意識型態，成了非常強大的動員力量。有兩個人宣稱自己是伊

3　譯注：指俄羅斯的費多爾一世（Feodor I, 1557-1598），恐怖伊凡之子。他天生有心智障礙，沒有子嗣，留里基德王朝絕嗣。根據傳說，他喜歡到各地的教堂去敲鐘，因此稱為被敲鐘者費多爾。

凡的兒子德米特里（Dmitrii），並運用血緣的號召力試圖染指王位。經過多年的慘烈戰事，「波雅爾」選了新沙皇，把皇位交給年僅十六歲、出身家族相對弱勢的米哈伊爾・羅曼諾夫（Mikhail Romanov）。年齡與家族勢力的特點，讓其他家族傾向於同意羅曼諾夫出任沙皇。新的帝國世系在原則上雖然延續到一九一七年，但基因上可能沒有（原因是凱薩琳大帝的婚姻問題）。

「混亂時代」之後過了半個世紀，年輕的羅曼諾夫王朝用與勞動力有關的新法律幫了俄羅斯貴族一把。長久以來，沙皇跟貴族都苦於沒有能力把人民留在「他們的」土地上做工，農民傾向打包走人到帝國擴張的領土去，那裡會有人歡迎他們來工作。為了回應貴族的抱怨，政府先是限制，接著又在一六四九年完全取消農民離開貴族封地的權利。這種權利的重分配，披露沙皇及其貴族之間達成的協議——他們要的是忠誠的農奴。

限制農民的流動，讓貴族有很好的理由支持沙皇，但俄羅斯帝國的另一群中間人——位居高層的教會人士呢？沙皇從正教會和諧的意識型態、有容乃大的儀式和傳教使命中獲益匪淺，而且還不用跟羅馬教宗體系化的權威打交道。但打從受蒙古人保護時起，教會就擁有自己的地產、農民、莊園與法庭，而在一五八九年之後，有時還會出現妄自尊大的牧首。正教會在第二位羅曼諾夫王朝沙皇，即阿列克謝・米哈伊洛維奇（Alexei Mikhailovich）統治時（一六四五年至一六七六年在位）因內部分歧而衰落。阿列克謝一開始支持盛氣凌人的牧首尼孔（Nikon），而尼孔一心想「淨化」俄羅斯正教會，將教會帶回其希臘根源，並將俄羅斯的習俗跟基輔的高階教士連成一氣，這也很自然地加速莫斯科在烏克蘭境內的擴張。但在俄羅斯，除去本土風格儀式的運動卻激起針對尼孔的動亂以及對「古老信仰」的熱愛。沙皇阿列克謝在一次運用個人權勢的巧妙行動中，將不受歡迎的牧首撤了職，卻仍繼續執行他的改革。沙皇的權力得到加強，分裂的教會勢力變小，教士們也變得更加聽話。

▼把歐洲加進熔爐

根據俄羅斯歷史的傳統說法，彼得大帝扮演的角色是推動西化的偉大人物——這位沙皇掌握西方的技術，讓俄羅斯開始步上往歐洲發展的全新道路。有鑑於此，後來幾個世紀的俄羅斯，就被詮釋成「落後」國家牛步「追上」歐洲的過程。但這種觀點有個問題——人們心裡認為俄羅斯理應追上的那個「歐洲」，其實是個有許多國家、社會與文化的地方，不是個有自我意識的整體。用更為世界性的觀點，把世界各地的帝國與其多樣、互動的歷史都納入考量，能夠讓我們看見彼得跟他的策士、官員與臣民，仍舊在他們的帝國之路上運用實事求是、包容、混合以及與時俱進的俄羅斯統治方式，步步前進。

彼得大帝，也就是沙皇阿列克謝·米哈伊洛維奇之子，從他父親兩名妻子的親族血腥鬥爭中活了下來。一六九六年，時年二十四歲的他成了唯一的沙皇，此前他曾跟自己的異母弟兄共有這個職位。彼得還是個孩子時，曾經在莫斯科的外僑區生活過；後來他成了「西方」技術的擁護者，尤其是造船、航海、數學與軍事戰略。身為沙皇，他曾兩度遊歷歐洲；其中一次還微服假扮為普通的工人，這讓他能在荷蘭當一名造船學徒。彼得的軍事野望激發他的多項改革措施，包括每年在每二十個家庭中就徵召一人入伍。經歷一開始的阻力與數十年的戰事，他達成了自己的主要目標——擊敗瑞典人，確保俄羅斯位於波羅的海的港口。面對俄羅斯另一個主要對手奧斯曼人，彼得也打了場勝仗回來；他接著在莫斯科蓋了羅馬風格的凱旋門，拱門上飾有凱撒的格言——「我來，我見，我征服」（VENI VIDI VICI）。

彼得大帝在波爾塔瓦會戰（Battle of Poltava，一七〇九年）中的畫像
△
天使在彼得戰勝瑞典國王卡爾十二世（Charles XII）那一刻為他加冕。
畫作藏於莫斯科特列季亞科夫畫廊（Tretyakov Gallery）。
GettyImages.

彼得用「元老院」取代「波雅爾杜馬」[4]的地位，一七二一年時更讓這個元老院（而不是教會）宣布他為「皇帝」；他還設立科學院（Academy of Science），發行俄羅斯第一份報紙，依「職級表」將公職分級，更將行政機關改組為「執行管理委員會」（collegium）——許多革新措施，都展現他對過去在歐洲各國觀察到的做法有多麼著迷。但嘗試取得敵對勢力軍事與文化資源的做法並不新潮，也不特別俄羅斯；彼得實現自己要求的方法，那才叫俄羅斯。他興建了一座全新的都城，以自己的主保聖人之名來命名致敬，要求貴族在當地興建住居，離鄉背井；他還刮掉鬍子，舉辦男女都可加入的舞會——彼得下令執行這些大規模且突然的措施之能力，得自於長時間建立起來的皇帝權威，尤其是對帝國菁英的成功管教。

彼得並不打算用歐洲統治者嘗試過的方式，將他的多信仰帝國變成基督教帝國。他就像伊凡四世，同時對教會人士與身居高位的貴族炫耀自己至高無上的權勢。他終止了讓沙皇在聖枝主日（Palm Sunday）牽著牧首的馬走過紅場的習俗——這是沙皇順服於上帝意志的儀式性象徵。彼得與好友聯手捏造出許多粗鄙的儀式——「猶大修會」[5]、假的教宗王子、假面婚禮、淫蕩的宗教聖禮打油詩——顯然是設計用來給教士以及想當貴族的人看，讓他們了解：他可以無情地踩過他們心中對於指點權力的期待。

皇帝用行政上的改革為這種人身攻擊撐腰，設立用來管理教會財產與向教會收稅的機構。一七二一年，彼得頒布針對教士的章程，並用委員會——聖議會（Holy Synod）——取代牧首。教

4 譯注：「杜馬」一詞原指思考、考慮。「波雅爾杜馬」（boyar duma）是由「波雅爾」組成的諮議會，為俄羅斯王公或沙皇提供建議。未來，尼古拉二世召開的國會也使用了「杜馬」這個名字。

5 原注：「猶大修會」：Zitser, *Transfigured Kingdom*, 99.

會沒有還手。教士們就跟俗世官員一樣，對皇帝個人擁有的保護、獎勵與懲罰的力量深有體會。但在另一方面，彼得對正教會習俗的誇張嘲弄，也讓他成了眾人抨擊的箭靶；這個古怪的沙皇，該不會是「敵基督」[6]吧？彼得跟正教會儀式的公開決裂，不斷為接下來整個帝國時期帶來與教會不同派別且自封為王的沙皇。

事實證明，彼得在文化上的許多創見相當有吸引力——尤其是要求臣下要有教養這一點。歐洲的建築師重塑了住家與城市的空間；劇場、學院、博物館以及外語學習都讓娛樂與學術徹底改頭換面。不同時期的歐洲語言風格，被拿來點綴或是疊加到早期的歐亞草原主題上，創造出來的混合文體在今天看來既引人注目又晦澀難解。俄羅斯貴族們陶冶自己的「西方」姿態，當作跟廣大的文明世界的往來方式，還能在面對帝國內的下層人民時強化自己的地位。

但彼得跟貴族所抱持的家產官僚式權力觀念作對的程度也有極限。彼得試圖確立皇帝指定自己繼承人的自由。他還用法律禁止將貴族的土地分割賜予諸子，這項改革是以英格蘭的長子繼承制為模範，跟過去給每個子嗣一點活路的古老「基輔／蒙古／莫斯科」模式直接衝突。但在彼得過世後，貴族破壞了這兩項改革。餘下的整個十八世紀，貴族中地位最崇高的幾個家族會透過協商、暗殺與陰謀，設法聚集在能帶給他們最多好處的未來皇帝或女皇身邊，並除掉或阻止那些想把他們勒得緊緊的皇帝。帝國的擴張，讓俄羅斯的各個家族能相對輕鬆地不斷將封地分給自己的孩子。

彼得在聽話的貴族幫助下，吸收、操縱或去除基輔、蒙古、拜占庭以及西歐的各種習俗，將這些習俗轉變為一套強大的帝國制度，直到他一七二五年過世為止；在其他國家眼裡，則成了一股龐大而有威脅的勢力。家產官僚制的原則勝過了階級（見第五章結論）。貴族因為自己忠心的付出，得到土地與勞力作為獎賞；他們沒有試著從獨裁政治中脫身，而是努力接近皇帝或跟國家的高官攀上關係。蒙古治國術的強大殘餘影響了皇帝與其臣下的關係；達官、顯貴、教士，他們的地位全都仰賴於私人的指揮體系。

官方的意識型態混合世俗與宗教的主張。皇帝是立法者，是將權利與財物分配給臣民的人。正教會根據皇帝的規定而行事。貴族可以創造自己客製化的正教與「西方」文化混合物，為小孩聘請法語家教，讀外文書，自視有教養。即便正教會是官方宗教，有著至高無上的地位，但帝國內多樣的人民也會用許許多多的方式來敬拜。這個帝國最突出的特色不是與「歐洲」的差異，而是有效且實用的多元帝國文化融合；對於住在帝國裡的人來說，這一切都沒什麼不對勁，也沒什麼問題。

中國——充滿轉折的帝國治世
China: Punctuated Evolution of Imperial Statecraft

因為相對年輕的國祚，也或許是因為海納百川的特性，俄羅斯帝國自十五世紀中葉以降便開始從莫斯科的領土斷斷續續向外發展，在留里克王朝以及繼承它的羅曼諾夫王朝統治下維持政治上的連貫性。但更為古老的中華帝國，卻沒有如此一貫地維持其領土或王朝的延續。當國家分裂、遷移、重組以及遷都時，是強而有力的帝國傳統，以及自覺的、老練的治世才能，才能讓中華帝國得以延續舞台生命。王朝一個個興亡，它們的後繼者在訓練有素的官員輔佐下，成功宣示著自己的天命。

要維持中華帝國的前進軌道，就需要調整與創新，還需要萬世一系不曾中斷的幻覺。中國歷史

6 譯注：在基督信仰中，耶穌雖然在復活四十天後升天，但仍將在最後審判時再臨。《聖經》中有若干章節曾提到，在耶穌再臨以前，會有敵基督（Antichrist）、假救世主（False messiah）出現，破壞信徒與上帝的關係。

中有一種觀點，即宣稱非漢人出身的領袖很快就會被「漢化」——被「中國」歷史中存在已久的制度與規範給同化。這種民族同質性的論點，跟俄羅斯主動表現為多民族組成的做法形成強烈對比。但實際上，中華帝國在發展歷程中，始終與非漢民族頻繁往來，對文化差異非常敏銳，而文化差異正是中華帝國生氣蓬勃的原因之一。在這一節，我們會先簡短討論元與明的統治，接著把焦點放在十七到十九世紀；是時，一個王朝從對中國的虎視眈眈中誕生，奪得了皇位，打造出一種有效的「差異政治」型態。清（滿洲）的皇帝們，將中國的版圖擴張到比所有前人成就都還要遠的地方，並將這個擴張帝國中的文化多樣性，轉變為帝國的統治技巧。

▼王朝繼承者：元與明

我們已經在第四章中看到，成吉思汗的孫子忽必烈先是征服中國北方，接著擊敗南方的宋代，將首都遷往北邊並重新命名為北京，然後建立新的統治王朝，元（一二七九年至一三六八年）。元人所促成的通訊網絡、對實用技術的偏好、對貿易的鼓勵，都大力推動商業上的積極進取，並增進棉與絲的生產。元人拿下西邊先前由党項人統治的地區、金人統治的北方與宋代控制的南方，重新統一帝國，大大拓展了版圖。

元人混合漢人與蒙古人的做法，保持社會階級的明顯差異，但根據帝國新的優先順序來重新排列。蒙古勇士占據最高的社會階級，後頭跟著來自西亞、中亞，擔任稅吏的穆斯林，接著是對蒙古統治有比較多經驗的北方漢人，最後是來自南方宋代統治地區的漢人。同時，元也將整個疆域分為各省，由中央指派的官員與軍事將領統治，試圖讓治理變得更有組織。

元代也跟先前的王朝一樣，必須面對邊界上的遊牧民族。如今問題不再是收買強大的掠奪

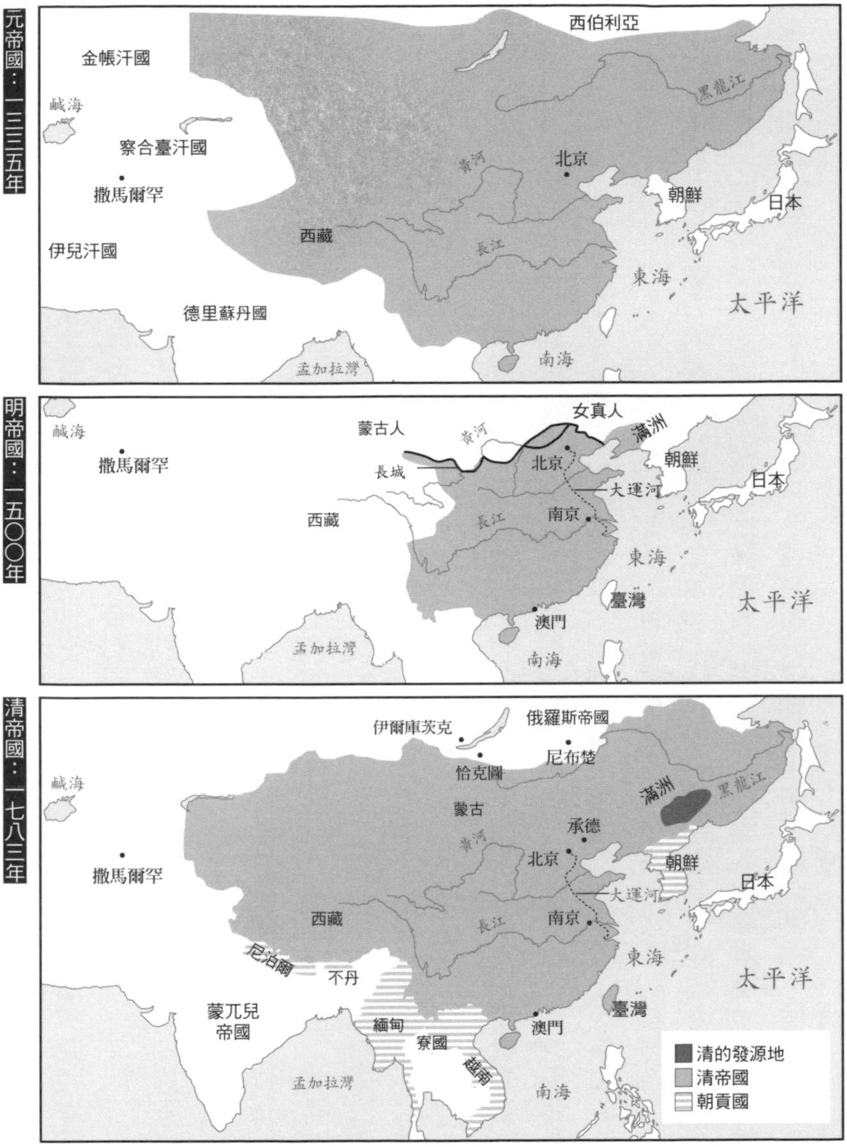
元帝國：一三三五年
西伯利亞
金帳汗國
黑龍江
鹹海
察合臺汗國
黃河
北京
撒馬爾罕
朝鮮
日本
西藏
伊兒汗國
長江
東海
太平洋
德里蘇丹國
孟加拉灣
南海
明帝國：一五〇〇年
女真人
鹹海
蒙古人
黃河
滿洲
撒馬爾罕
北京
朝鮮
長城
日本
大運河
西藏
長江
南京
東海
臺灣
太平洋
澳門
孟加拉灣
南海
清帝國：一七八三年
俄羅斯帝國
伊爾庫茨克
尼布楚
恰克圖
鹹海
滿洲
黑龍江
蒙古
承德
黃河
撒馬爾罕
北京
朝鮮
日本
大運河
西藏
長江
南京
尼泊爾
東海
不丹
太平洋
蒙兀兒
帝國
臺灣
緬甸
澳門
寮國
清的發源地
越南
清帝國
孟加拉灣
南海
朝貢國

△
元帝國、明帝國與清帝國

者——現在蒙古勇士們已經是從內部來保衛中國——而是獎勵為元帝國持續提供馬匹的遊牧部落。大汗有了新的角色——將糧食、金錢與牲口特別賜予部落領袖，部落領袖則會用這些資源來協助並控制手下的臣民。這種「家產官僚」策略——也是另一種貢金體系——把外部的遊牧群體變成渴求大汗施恩的人，他們理所當然得看大汗臉色，又被迫與帝國保持一定的距離。

元也開始一項行動，這在後來變成中華帝國的長期計畫——控制西藏。在這一片蒙古人眼中地勢險惡之地，元帝國策略性地運用他們的宗教庇護政策。就在最終擊潰宋之前，忽必烈將西藏喇嘛八思巴收入自己的羽翼之下。八思巴宣稱忽必烈是普天之下所有佛教徒的統治者，還為他提供了一套文字系統，用來統一蒙古語。一二七〇年，忽必烈封人在西藏的八思巴為帝師，支持這位「被保護人」的宗教大權，以換取政治上的歸順與（理所當然的）稅金。作為帝國的統治手段，「喇嘛—保護人」的制度也有其弊端，不僅導致佛教各派鬥爭，影響到蒙古人（因為許多蒙古人信仰佛教），後來也威脅到大汗的威信。

但對元帝國來說，統治家族出身的王公彼此之間的蒙古式內鬥，以及對中國農業資源的糟糕管理，才是更為直接的威脅。社會上層的分裂與農民的重稅，削弱元代應付中華帝國根本性挑戰的能力——在物產豐富的地區維繫政權；當地有影響力的中間人，手上握有脫離中央自立的資源，甚或還嘗試去挑戰中央。一三五〇年代，農民起義、佛教徒的陰謀以及野心人士的叛變都在挑戰元帝國的權力。有個富有領袖魅力的漢人農民——朱元璋——也加入這場亂鬥；他出身貧寒，還當過小沙彌，但是仍有對時局不滿的知識分子幫他出謀畫策。朱元璋先是跟各個政敵攜手合作，然後又在戰爭中擊敗或殺了他們；經歷十七年的戰爭，建立新的王朝——明，建元洪武。他的統治時間是西元一三六八到一三九八年。

洪武皇帝的穩固實力將元的戰士菁英與追隨者趕回蒙古，他們在蒙古跟中國的新統治者重新建立起朝貢關係。明代皇帝對戰敗的元帝國大打「野蠻人」牌，把元代末年的剝削與動盪分裂歸咎於元人的蒙古出身。洪武再次遷都，往南遷到長江邊的南京（古金陵）這個稅賦匯集之地，並用銀取代實用的紙鈔。明帝國還重新恢復元代時廢止多時的科舉制度。

但是，明帝國這種反外國人的策略並不徹底，也不持久。永樂皇帝統治期間（一四〇三年至一四二四年在位），國都又移回北京。永樂皇帝重建忽必烈的首都，在城中建造了富麗堂皇的紫禁城。在短暫抵制元代的經濟措施後，明代又重新回頭提倡技術革新與貿易——但更為著重國內各個地區的聯繫與交流。為了增加糧食產量與運輸量，明代將大量資源投注在大運河的興建與維護上，連接北京與黃河以南的區域。

我們已經在第六章看到，明代一開始還支持海上遠征，不僅在東海與南海附近，還越過印度洋，到達波斯灣、阿拉伯與非洲。但明帝國不像領土受限的歐洲統治者那樣，把長距離航行以及海外殖民「飛地」當作榜樣——沒那個必要。他們往南、往西擴張控制範圍，運用熟練的方法收服當地的酋長及其人民，與此同時，中國農民則漸漸移入綏撫區域。跟東南亞原有華商社群的交流以及澳門的葡萄牙人所付的租金，都讓明從中獲利，而且還不用負擔直接統治或打擊海盜的開銷。擴張進入越南以及在西藏實施「喇嘛—保護人」制度，這兩種做法都是自元代而始，但仍然是明帝國計畫中的一部分。

明是一個非常富有、極具創造力的文明，將餐具（瓷器）、飲料（茶）和奢華的紡織品（絲綢）傳播大半個世界，且時間長達兩個半世紀。歐洲人用來交換中國產品的東西，絕大部分是銀，這就是他們在美洲打造帝國後的產物。對明而言，帝國的主要任務就和宋、唐以及更久以前的王朝一樣，在於管理國內的經濟與社會空間，以及應付邊疆遊牧邦聯提出的要求和帶來的紛擾。

明一方面強調本朝的漢人出身，一方面也仰賴過往元所創造出、雜揉的統治手法，不但保留了元使用的省級架構，並透過官員與帝國的法律重申治國的傳統。普及的識字率與先進的印刷技術也對帝國的日常運作大有助益。政府花錢發行中央與各省的公報；派到偏遠地區的官員也寫出了「當地人」的民族誌。明代的官僚體系更發展成世界上最大的官僚體系。

中國家庭也許會冀望讓自己的孩子爬上官僚的最頂層，但要出人頭地還有其他方法。大地主因為生產糧食與物產，透過整合過的國內市場而致富；商人在城鎮中享有高水準的生活；帝國的行政機構也經營自己的工坊。明代瓷器體現了中國的文化融合：使用進口鈷料的白底藍紋設計用上來自中亞與印度的花樣，而新的生產流程——流水線式的排程——得以帶來巨大產能，同時供應國內外市場。明代也維持元代的宗教多元性：穆斯林、猶太教徒、基督徒皆能用自己的方式敬拜自己的神；清真寺、佛教與道教的塔廟以及孔廟都是文化風景中的一部分。

這個幅員廣大之地在明帝國治理下成功地整合經濟，帶來生活方式的改變，這讓人想起羅馬的地中海帝國所造成的影響。就像在羅馬一樣，窮人跟增加的福利沾不上邊，但帝國卻為上層菁英提供了富足與精緻的文化。元代促成鮮活的城市文化，在明的統治下，這樣的文化演進為學養與創造力的有力融合。男孩長年念書，學到通過國家考試的技巧。文人雅士創造出全新的藝術風格，包括小說與戲曲。上流人士住在設計優雅而舒服的房子裡，品嚐精緻佳餚，討論繪畫詩詞。縉紳家庭的女子也得到文藝栽培；人們期待女侍也要精通詩詞與音律。文化產業也相當蓬勃——紙張以及油墨、書籍的活字印刷。明代中國都市生活的品質，讓來自歐洲的訪客神魂顛倒。明的品味與生產的商品——雕漆的屏風、畫紙、錦緞，當然還有瓷器——為全球表現了何謂奢華，更吸引各地商人來到這個當時最富庶的帝國。

▼明的失算，成就滿洲

和羅馬一樣，明帝國最顯著的問題也跟帝國的邊陲有關——充滿財富利益的必爭之地。漢人的商貿活動透過跟近海離島、東南亞與遙遠海外的交流，在綿長的太平洋海岸蓬勃發展開來；但太平洋海岸同樣是裝備精良的日本軍隊、海盜，以及逃離中國、日本、葡萄牙控制的亡命之徒所襲擊的目標。到了西北與遊牧民族接壤的地方，明又必須兼併那些愛惹麻煩的部落，或是招撫他們，又或者雙管齊下。一如過去的王朝（見第二章），明得籌措經費好給軍隊去打仗，付錢給外人以避免打仗，或是付錢給外人來幫忙跟國內外的敵人打仗。想要實現這些目標，就得仰賴稅收以及有效管理稅吏，這情況跟過去沒什麼兩樣。

明帝國面臨的是管理上的絕大挑戰——保持世界一大部分人口的忠誠以及控制他們一部分的物產。官僚機構與龐大的宮廷也增加農民的負擔與其他人的賦稅。其他讓人頭痛的壓力則來自氣候變遷（「小冰河期」的低溫）、傳染病（可能是與外國人接觸頻繁的結果）以及淹沒大型灌溉設施的洪水。這一切都可能讓民間鄉里充滿不安而難以維生。但對這個世界上最有錢的國家，以及它那些學養深厚的官員與老練世故的城裡人來說，他們並未意識到世界末日即將到來。

國家體系中的弱點，在於皇帝與官員的關係。從十六世紀晚期開始，明帝國的菁英內部出現了極深隔閡。萬曆皇帝（一五七三年至一六二〇年在位）深居於紫禁城內，把難測的天威推到極限。更糟的是，他不再徵詢內閣大臣與學者的意見，反而靠宮裡的太監充當他跟官僚組織的傳聲筒。太監們抓準機會，把自己安插到權力階層中，找他們幫忙行賄，他們還從官員與各地貴族那奪取稅收與收稅的權力。士人則仍仰賴飽學的官員領導，組成東林黨號召回復儒家倫理，來反抗這樣的改變——但一小群宦官在十七世紀初鎮壓這場批判運動。逮捕、謀殺及能臣的自殺讓朝廷聲望大損，也間接影響明帝國本身。太監干政的這起事件讓維持帝國權力的關鍵表露無遺：皇帝的中間人為國效勞時，一定要超越自己的切身利益。中國的士人了解這一點，宮裡的宦官則不然。

對明帝國的致命一擊，來自大明邊境上的民族；中國多的是他們覬覦、想要獲得的東西，而且需求程度更勝以往。一開始，明擔心的重點是熟悉的威脅——長城西北的蒙古部落——並試圖處理這個問題。明往東北擴張，進入我們今天所說的滿洲地區，控制當地的各個女真部落；這似乎試圖利用蒙古與女真的宿怨，同時還鞏固與朝鮮盟友間的交流。永樂皇帝在十五世紀初派兵進入滿洲，運用漢人所說的「羈縻」策略來收服部落領袖，並將女真人編入郡縣與衛所。女真部落酋長得到明的官銜，成為這些軍事單位的領袖。

「羈縻」政策為女真人與其他部落，留下在貿易許可與朝貢關係裡上下其手的空間。隨著明代的經濟成長，這些貿易機會和保護費餵養新的跨部落聯盟，而這正是明最必須避免的。到了十六世紀晚期，努爾哈赤這個來自女真人部落的傑出戰略家，巧妙利用其父與祖父在明帝國軍事行動中的意外死亡要求賠償——他帶走幾支順服明的女真部眾所擁有的貿易與納貢許可。

努爾哈赤迅速獨占女真人跟明之間的所有貿易，將蒙古、女真及其他部落拉進自己的勢力範圍。滿洲以外的地方，則透過聯姻、條約以及軍事威嚇來強化自己的指揮權。一六一六年，努爾哈赤建立了自己的帝國。他將之命名為「金」，讓人想起那個曾在元代以前統治中國北方的女真人政權（見第四章）。面對努爾哈赤的威脅，明帝國醒悟得太晚；一六一九年，他擊敗了明帝國十多萬大軍，奪取好幾座邊界上的中國城池。

努爾哈赤為自己帝國而選的名字，指的並不是他的家族血緣，而是先前諸多傳統的混合；其部落語言與當初女真語不同的事實，並不妨礙他挪用前朝榮光。種族特性不像我們今天以為的那樣固定不變；真正有影響的是盟主地位與貴族出身。除了金這個政權名稱，在一六〇六年將控制範圍延伸到蒙古後，努爾哈赤也享有可汗的稱號，後來稱號前還加上各式各樣的形容詞——「聰睿」、「恭敬」、「英明」等等。「金」與「可汗」都帶有至高無上的光榮，同時也標誌著女真人與蒙古人統合在努爾哈赤的領導之下。

至於在最關鍵的帝國組織——軍隊方面，努爾哈赤則將明設置在滿洲的郡縣與衛所，重新調整成一套稱為「八旗」的制度。將女真部隊連同其家人組織成幾個獨立的單位，每個單位都有自己特別的旗幟；這種做法打破原先的血緣團體，更為皇帝與自己的八旗軍提供輻射狀的聯結。旗主也是努爾哈赤議政會議中的成員。這個制度是過去帝國風俗的又一綜合，讓人想起成吉思汗與帖木兒分斷原有效忠關係的做法。根據遊牧民族的風格，「八旗」也包括士兵的家屬在內，每個士兵也同樣分配到一小塊土地，用來耕作、提供給養。這臺嶄新的戰爭機器為金的第二位可汗——皇太極——提供攻克朝鮮（一六三八年）的手段，進一步擴大金的年輕帝國。

皇太極在其父死後，依舊得經歷激烈鬥爭才獲選為汗。而皇太極與其他皇子不同之處在於——他識字。皇太極聽從過去曾助他建立功業的漢人策士，以中國的行政管理為榜樣建立官僚體制，新創兩套旗制，一由漢人士兵及其家屬組成，一由蒙古人組成，並設立處理蒙古事務的衙門「理藩院」（一六三四年）。他在努爾哈赤的命名基礎上更上層樓，重新為女真族與王朝命名。從一六三五年起，所有女真人都被稱為滿洲人。一六三六年，皇太極從敗戰的蒙古可汗的遺眷手中拿到元帝國傳國玉璽之後，他再次為自己統治的王朝命名——「清」，這個名字洗刷女真人作為明帝國附庸的過去。清帝國現在是滿洲、蒙古人與朝鮮人的最高統治者，而且名單上的名字還可以繼續增加。努爾哈赤和皇太極已經拿掉中國的「羈縻」，創造了一個民族——滿洲，一個王朝——清，以及一個帝國。

明代控制力的衰弱，為清通往中華帝國世界的中心打通了一條路。一六四四年，漢人流寇占領北京，明代皇帝崇禎悲憤自殺，一名忠於明的將領央請清派兵助他奪回首都。當時，清的皇帝是皇太極的第九子，年僅五歲的小男孩福臨（即順治帝）在叔父多爾袞的攝政下治國。多爾袞看準機會；滿人、蒙古與漢人各旗在清的指揮下策馬進入中國，克復首都，拋下他們的明帝國盟友，然後就不願離開了。

清自認繼承中國的天命，重新扛起統一中國的大任。隨著清擊敗反明流寇以及復明死士率領的軍隊，接著征服臺灣、大半的蒙古、西藏以及部分中亞，「八旗」在接下來的半個世紀裡證明了自己的價值。到了十八世紀末，清已經將他們從明承繼而來的領土擴大了兩倍，中國的領土大小僅次於俄羅斯。帝國人口爆炸性成長，雖然實際的成長率仍有爭議，在一八五〇年達到四億兩千萬人，[7]而王朝則延續了兩百六十七年。

▼滿人之治

清代還在中國的帝國傳統上融合出另一種變體。統治的重要元素——制定法律的皇帝及其大批官僚——都被漢人與滿人之間刻意強調的民族區隔給徹底轉變。清帝國使「差異」能為帝國所用，加強皇帝作為全帝國百姓保護者的角色。

掃蕩完掌握皇位路上的抵抗後，清帝國的頭一件工作就是避免歐亞草原帝國常見的問題發生——也就是由於皇帝的子孫或其他貴族，造成帝國分裂成更小的單位。一六七三年至一六八一年的「三藩之亂」，對帝國的存續來說是一次關鍵考驗。這三個地區的領袖都是漢人軍事將領，曾經助滿洲征服者一臂之力，因而得到大片領土作為獎賞。這些藩王想保留自己的領地，當作他們個人的領地——這麼一來，中國可能就會像西歐那樣，分裂成一個個王國；但年輕的康熙皇帝（一六六一年至一七二二年在位）根本不買帳。等到血腥的軍事征服完成以後，這些犯上的傢伙握有的行政區就全都被廢除了。

防範國家分裂於未然的關鍵，在於「八旗」制度、充滿威嚇的軍事力量、軍事組織，以及將民族差異融入清帝國的社會結構與治理中。滿洲的旗人被派去駐防地與城鎮服役，在當地住在與漢人有明顯區隔的居住區，還會得到米糧、武器、個人花用的俸銀以及養馬的馬銀。與此同時，旗人也被要求必須保持他們跟北京的關係；只有滿洲的旗人能住在北京內城。將滿人移入中國城市中心以取代漢人居民等城市生活的轉變，都讓新的國家秩序變得清楚明白，碰得到摸得著，而且毫不留情。

清帝國的族群分離做法被魏斐德[8]稱為「滿洲民族隔離」（Manchu apartheid），但這個做法並非針對大多數漢人；而是為了解決中國過去的統治者、奧斯曼帝國，以及其他同樣靠著戰士聯盟的軍事力量建立起的帝國，都得面對的特殊難題。來自關外、過去靠掠奪與貿易為生的軍隊，如何才能搖身一變，成為帝國內非掠奪性、讓人心安的部隊呢？清代的答案是遊牧、官僚以及民族。靠著將軍人編組成駐防於帝國各地的單位，由帝國支餉維持，清帝國保有部隊的機動性，以及部隊跟皇帝與其宮廷的聯結。滿洲的旗人被期待從小開始磨練自己的戰鬥技術，過軍旅生活，但現在他們要為帝國的宏大目標盡一份力——不只是征服，還要殖民、保家衛國以及維持治安。

雖然比起漢人，民族區隔跟掌握滿人比較有關，但這仍然成了清帝國體系的一部分。滿人的旗制與軍隊有漢人的綠營與之相當。滿洲軍人與漢族行政官員為皇帝提供兩套情報與交流體系，而且還能彼此監視。我們在此看到了帖木兒雙元統治的又一個版本。以民族區隔原則為基礎的平行階級

7 原注：「達到了四億兩千萬人」：Mote, *Imperial China*, 905-6.

8 譯注：魏斐德（Frederic Wakeman），歷史學家，曾任加州大學柏克萊分校教授與美國歷史學會（American Historical Association）主席，專長領域為東亞近代史。

體系，能將權力集中在皇帝身上。

清廷藉由創造雙元品秩體系，在官僚體系的頂層同時為漢人與滿人留了位子：一個滿人首長搭一個漢人首長，有一個滿人副手，就有一個漢人副手。在這樣的條件下維持科舉制度，就需要有平衡措施來幫助滿人與教育程度較高的漢人競爭——如預備課程與特別加分。由於漢人競爭者遠比滿人來得要多，因此考慮到滿人的人數比例，這套制度畢竟算是獨厚滿人，但學識最優的漢人還是留在帝國政府頂層。科舉制度並非唯一一條通往權力的路。打了勝仗也能得到高官顯爵之位作為獎賞，這點也對滿人有利。

▼皇帝的世界

在這些情勢下拿民族作為標準，並不算是違反平等原則——因為等級與差異就是清代社會的基礎——而是一種將不同民族納入皇帝治下，並在帝國的行政機構中任用、控制各族野心人士的方法。明、元及更久以前的歷朝歷代，都有創造出將「化外之民」融入中國的前例——將部落酋長納入麾下，期待他們管好「他們的」人民；在漢人地區任用非漢人的官員；把前景看好的個人從邊疆地區帶進官僚體制中。明代官員在一種把民（漢人臣民）與蠻（化外之民）一分為二的觀念，以及「外人想要而且也能過漢人生活」這種羅馬式觀念間舉棋不定。他們按等級畫分文明的理論提到各種未開化的異族——當然，漢人位居頂點；但明人在任用、獎賞非漢人出身的個別領袖時也不會有所遲疑。

獎勵化外之民是一回事，被其統治又是另一回事。清帝國想出了一種絕妙策略來化解這個挑戰。他們首先操作「差異政治」，建立自己的滿人生活。清人接著把皇帝發展成中國各種不同民族全體的保護人，將文化差異的觀念轉為他們的意識型態優勢。皇太極的後人將可汗統領一切、統治所有人民的特質賦予中國皇帝。團結在皇帝領導下的這個「家庭」，結合儒家的父權原則，以及對家族成員間差異的明確承認。

儘管有這種家庭價值訴求，但清代並未延續明代將皇位傳給長子的做法。就像一七二二年俄羅斯的彼得大帝廢止過去的繼承規則一樣，康熙皇帝也拿到了權力，自己選擇最有能力的繼承人。他或許是希望保護辛苦打下來的江山不受不確定的遺傳因素所害（常見的中國問題），同時避免歐亞草原式「酋長選舉制」滿盤皆輸的危險。為了對超級家父長制的皇帝有利，讓皇帝能自由指定自己的傳人，這兩種模式都被予以排除；這讓清代的諸皇子始終戒慎恐懼，也讓廷臣與權力的源頭聯結在一起。家產官僚主義也與官僚圈互相交錯：以皇帝為中心的部院都得根據皇帝的意思辦事。清代的皇帝也把不少時間用在自己跟臣子的聯絡、寫信，以及讀、批閱奏章上。

為了跟帝國多民族的組成相襯，清代的布告至少會使用滿語及漢語兩種語言寫就，通常會用三種語言，有時是四種，包括蒙語、藏語和維吾爾語——這種突厥語族的語言使用阿拉伯字母來標記，許多中亞穆斯林都使用這個語言。清代除了出版《蒙古秘史》（一六六二年）和其他蒙文材料外，還贊助藏文詩詞與宗教典籍的發行。康熙皇帝懂滿文、蒙文與漢文；乾隆皇帝（一七三六年至一七九五年在位）甚至連藏文都懂。

清帝國的頭幾十年裡，皇帝與其他滿人都受到中國文化如小說、詩詞等所吸引，但同時心裡也在提防。一六五四年，順治皇帝似乎要收回自己對漢人的支持，寫道：「朕思習漢書，入漢俗，漸忘我滿洲舊制。」[9]但這個立場沒有堅持下去。在政府頂端的滿人與漢人，都需要跟彼此以及皇帝

9 原注：「朕思習漢書……」：轉引自Elliott, *The Manchu Way*, 292.

流暢溝通。一七二五年，所有政府高官都得了解漢人的學問。一八〇〇年，朝廷保持滿語為旗人口語的努力宣告失敗，愈來愈少人在北京的文化世界裡使用滿語。但這些逐步的轉變並不代表民族隔離的結束，當時的旗人開始講一種受到滿語影響的漢語，仍使他們顯得與眾不同。

語言是帝國內差異的一種標誌，但差異也能藉由髮型、衣著與體態等其他方式來表現、推行、利用，或是消弭。征服後一開始的日子裡，滿人曾經試行將全國均一化的政策。攝政多爾袞下令所有漢人男子改採滿人的髮型——前額剃光，頭髮在腦後編成一條「辮子」（這還帶來一條揶揄的評語——「留髮不留頭，留頭不留髮」）。多爾袞還試著推行滿人的服裝，用滿人扣到肩膀處的高領外衣，取代具有不便作戰的長袖子且寬鬆的明代袍服。長期下來，這條政策大部分雖獲得成功，但政策並未用在所有人身上。當滿人往西征服到有許多穆斯林居住的地方時，穆斯林就無須改用滿人的髮式。

女子的髮型當然也很重要，腳型亦然。滿人女子不裹小腳，這符合遊牧社會中女子的活躍角色。當清人取得對中國的控制時，也試著宣布禁止所有人裹小腳，但漢人族群沒有遵守這個規定。對漢人家庭來說，纏足一向都是女子美麗與福氣的象徵。一六六八年，清廷放棄自己的政策，纏足則成了一種文化標誌：漢人女子纏足，滿人女子則否。不過，勢不可當的流行力量，也削弱這個差異的標記。滿洲女人開始穿起有跟的鞋子，讓她們未經雕琢但自然的雙腳離了地，藏在衣袍底下，也迫使她們用跟裹了小腳的漢族女子一樣搖搖晃晃的方式走路。

滿人女子也擁有別人沒有的法律權利，這或許是遊牧民族性別政治帶來的又一項變異。極端尊崇家父長的漢人並不鼓勵寡婦再嫁，但滿人卻鼓勵年輕的寡婦組織新家庭。清廷把這兩種規範都變成法律，藉此讓差異化的生育政策成真，幫助滿人生下更多孩子。後來到了十八世紀，民族區隔的情況已經削弱許多，守寡的規範變成同時用在漢人與滿洲女子身上。

清人與莫斯科人一樣，都會利用婚姻來加強其統治，但在清人的例子裡，這麼做的目的在於防止人口占少數的滿人與占多數的漢人混血，進而消失在漢人多數中。他們禁止滿洲女子嫁給漢人，但滿洲男子可以找漢族女子當二房或小妾。未婚的滿洲旗人婦女必須表現得像有機會成為「貴婦」，讓人舉薦入宮，漢人婦女則不需要如此。精挑細選過的女孩得在皇宮服侍；五年之後，她們可能會嫁給滿人貴族，可能會成為皇帝的後宮，或者被送回家，要有旗主的允許才能嫁人。這種限制性的婚姻制度代表清帝國不再採用蒙古式的族外婚，至少旗人是如此。

清一如元與明，同樣嘉獎、鼓勵藝術，而且還加上清人的武勇印記。清代皇帝將打獵發展成儀式性的運動；大型游獵、軍事行動與皇帝出巡的場面，都被描繪在捲軸畫裡。官史講述、美化帝王家的故事以及皇帝英明有遠見的領導能力。紀念用的廟宇、承德行宮的戶外博物館、刻有多種文字的巨大紀念碑、國家傑出將領氣勢磅礴的畫像以及皇帝本人軍功紀行的彙編，這一切都加深帝國在戰爭、擴張以及併吞各民族等成就的神秘色彩。

對於將不同民族帶進一個以皇帝為首的帝國大家庭來說，儒家提供了一種在此政治局面中相當有用的父權道德理論。康熙皇帝在一六七〇年公布《聖諭十六條》[10]，致力於將漢文化的經典跟自己的官方布告融為一體。內容意在為儒家道德價值做總結：上下有序、寬以待人、服從、節儉，還有吃苦耐勞。

10 譯注：康熙視人倫教化為治國的重要方法，希望提倡道德教育，並整理過於繁複的刑罰。他在給禮部的上諭中提到「敦孝弟以重人倫，篤宗族以昭雍睦，和鄉黨以息爭訟，重農桑以足衣食，尚節儉以惜財用，隆學校以端士習，黜異端以崇正學，講法律以儆愚頑，明禮讓以厚風俗，務本業以定民志，訓子弟以禁非為，息誣告以全良善，誡窩逃以免株連，完錢糧以省催科，聯保甲以弭盜賊，解讎忿以重身命」等原則，後稱《聖諭十六條》。

清廷續了元與明的多元信仰政策，允許穆斯林、佛教徒、道教徒與基督徒從事宗教活動、興建廟宇，只要他們不擋朝廷的路。康熙對耶穌會籍的顧問相當友善，聘用他們為製圖師、翻譯與醫生，但他不承認教宗有權指點中國的基督徒。清代對宗教的態度也與他們的帝國性格相符：各種不同信仰都能得到清代皇帝而非外部勢力的保護。但清人在西藏卻是反其道而行，藉由重新恢復清代皇帝與達賴喇嘛的「喇嘛—保護人」關係，以促進清廷在該地的利益。

清帝國本身則從來沒有宣布哪種滿人宗教為國教，而是把他們從滿洲帶來、能上達天聽的薩滿習俗，跟能彰顯自己武勇精神的神聖儀式搭配在一起。清人就像蒙古統治者，對自己的宗教偏好抱持兼容並蓄的態度。雍正皇帝（一七二三年至一七三五年在位）就是個虔誠的佛教徒，會跟好幾個不同宗派的宗教專家徵詢意見。此外，也有信奉道教的清代皇帝。

清廷執行法律時同樣也結合個別與通盤的做法，作為根本的原則。皇帝的法律並非一體適用於所有人民。有某些罪行，旗人即便犯了也不用交付有司；士人有了一定的品秩，就可以不上肉刑；許多邊境地區的民族則是由特別的機關來審理。清律裡四海一家的原則是：所有臣民最終都是由皇帝、皇帝的法律與決定所保護，就像俄羅斯。清代皇帝也像奧斯曼蘇丹，理論上是所有死刑的裁決者。清帝國領土上的外國人同樣也在清律的涵蓋範圍內，這個前提後來演變為與外人爭議的焦點。不列顛、法國與美國商人在中國沿海的繁忙口岸做買賣，他們期待自己粗野的水手能得到特別待遇（一如他們在伊斯坦堡那樣）。結果卻不如預期；要是不把犯人交給其衙門，清代皇帝可是有終止所有外國貿易的決心。

這些涉及外國人的訴訟，清楚顯示出從歐洲帝國發展出的法律與法理學觀念，跟清代司法體系的基本元素互相是衝突的。清代的法官由皇帝指派；律師在法院審理程序中也不存在；法律則是由法庭的官員來詮釋。西方人同時也訝異於人們居然可以花錢來免刑——儘管這並非中國獨有的特色。但不管外人怎麼想，中國法律的現實就是：法律網羅了所有臣民，而皇帝就是法律的來源。

時光荏苒，清代的民族差異制度與皇帝無所不包的權威也帶來意料之外的影響。我們已經看到，滿洲女子可能會努力讓自己看起來更像時髦的漢族女子，而滿洲的旗人或許也會覺得「中國」文化有許多面向，都比馬鞍上的生活來得更吸引人。征服中國以後，很快就開始有人批評旗人變得軟弱——走路拖拖拉拉、忘記如何整備弓矢、披戴綢緞和貂皮衣、花大把時間聽曲看戲，甚至花在更糟糕的事情上。而從另一個方向來看，胸懷大志的漢族男子也有可能試著躋身享有特權的旗籍——讓國家預算更添重擔。雖然在理論上，漢人將軍要備集糧草，而滿洲將軍則帶兵打仗；但實際情勢卻變成滿人負責組織性的工作，漢人將軍領導軍事行動。而在國家體系的頂端，漢人與滿人領袖則一同列席於皇帝的軍機處。

這些越界的傾向並非出於民族區隔制度的缺陷，而是運作其中的人採用的方法所致。清人在檯面上把各民族區隔為不同的群體，將帝國的人民象徵性地統合成一個多元文化的家庭，這不僅一直延續到王朝的結束，更為繼承他們的民族主義者與帝國建造者提供了目標與工具。

定下帝國邊界
Closing Up the Space of Empire

到了十七世紀末，清帝國碰上另一股跨洲而來的龐大衝擊力——來自俄羅斯的軍隊、探險家與外交官，他們也正為了征服突厥與蒙古遊牧民族，以及鞏固自己對歐亞草原的控制而奮鬥著。這場帝國間大範圍衝突的發生時間，比歐洲帝國間的對抗晚得多。歐洲的皇帝和他們的臣屬打從羅馬時代開始，就一直在爭奪同一塊土地；不過，這次的衝突比發生在美洲的來得早。一直要到進入十九

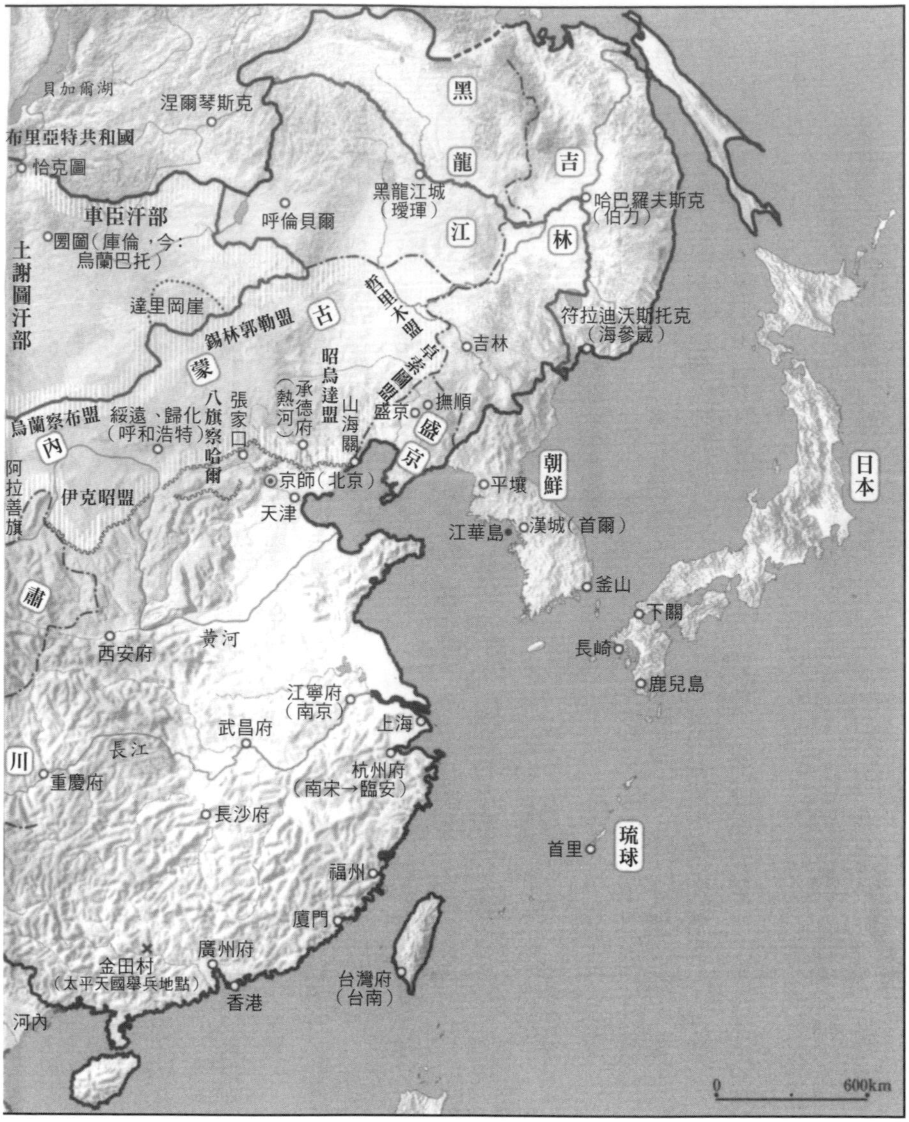
貝加爾湖
涅爾琴斯克
布里亞特共和國
恰克圖
車臣汗部
庫倫（庫倫，今：烏蘭巴托）
土謝圖汗部
呼倫貝爾
黑
龍
江
黑龍江城（瑷琿）
吉
林
哈巴羅夫斯克（伯力）
達里岡崖
錫林郭勒盟
古
蒙
內
哲里木盟
卓索圖盟
昭烏達盟
承德府（熱河）
山海關
吉林
符拉迪沃斯托克（海參崴）
撫順
盛京
盛
京
張家口
八旗察哈爾
綏遠、歸化（呼和浩特）
烏蘭察布盟
阿拉善旗
伊克昭盟
京師（北京）
天津
朝
鮮
平壤
江華島
漢城（首爾）
釜山
日本
下關
長崎
鹿兒島
肅
西安府
黃河
江寧府（南京）
上海
武昌府
長江
川
重慶府
杭州府（南宋→臨安）
長沙府
琉
球
首里
福州
廈門
金田村（太平天國舉兵地點）
廣州府
香港
台灣府（台南）
河內
0
600km

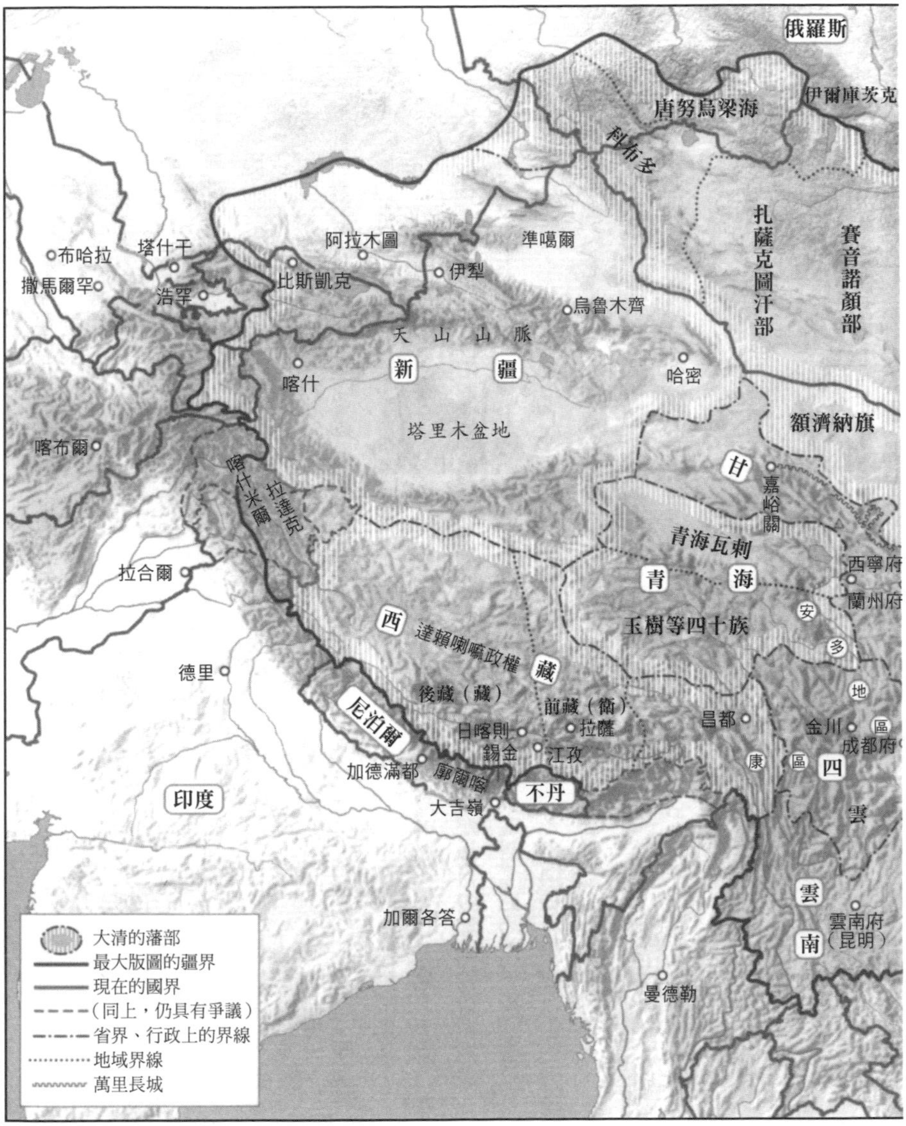

大清帝國關係地圖

△

跨越明修築的長城、入主中原的清，在乾隆皇帝的時代中平定準噶爾，統治了蒙古至西藏一帶的廣大領土。

圖為參考《中國歷史地圖集》（中國地圖出版社）製作。

世紀之後，帝國在美洲的領土界線才會緊緊連接在一起（見第九章）。

代表清帝國參加這場大陸帝國之爭的主角，正是康熙皇帝。他就跟他同時代的彼得大帝一樣，剛開始統治時還是個小孩，幾個攝政控制著朝廷權力。康熙皇帝的父親死於天花，而能夠從這種疾病中挺過來的孩子，似乎是掌握宮廷權力的好選擇。（清人已經發展出天花接種，這個技術啟發了後來歐洲人的成就。）到了十六歲這年，年輕的皇帝逮捕自己的頭號攝政鰲拜，擺脫問題重重的官員，並掌握權力。接著正如前面所見，他成功擊敗三藩，搶先一步化國家的分崩離析於無形之中。

終其一生，康熙皇帝都在南征北討，朝幾乎所有可能的方向去拓展這個帝國。往東，他派了一支海師遠征臺灣，當時的臺灣正由一個侵擾沿岸城鎮的反叛漢人家族統治著。一六八三年，臺灣被納入中國的行省體系內。清帝國沒有繼續越過海洋，也沒有以此為根據地，沿著東南亞沿海地區擴張政府的勢力。他們轉而對外國進口貨物課稅，允許葡萄牙人付錢保留在澳門的轉口港，支持太平洋沿岸的貿易，並在港口城市設置海關，控制法國、丹麥、不列顛、荷蘭，以及最晚來到的美國商人和他們的公司（見第六章與第十章）。

到了西邊與北邊，清帝國遭遇兩個看來更難打敗的對手——俄羅斯人，以及最後一位蒙古大汗噶爾丹（一六七一年至一六九七年在位）所率領的的準噶爾人。面對俄羅斯帝國，康熙戲劇性地先發制人。從十七世紀初開始，俄羅斯人就已經在尋求到中國貿易的權利；他們也移入黑龍江流域，在那裡建有城垛，還和清帝國打過幾場仗。在這片人煙稀少的地區，面對那些從稅收制度中脫身之人時，俄羅斯人與清人都深感頭疼。兩個帝國都主張自己的權力高於對方，而在經歷幾次事故、丟了幾次臉後，這兩個競爭者都了解到合作對彼此更為有利：雙方為了逃稅而越界的人都會被遣返，兩個帝國也都能從長距離貿易中受惠。一六八九年，在清帝國的耶穌會顧問與蒙人翻譯的幫助下，俄羅斯人跟清廷代表在尼布楚簽訂條約，畫定國界，同意人民繳稅給自己這一側的國家。初步的國界線則用俄文、中文、滿文、蒙文及拉丁文標記出來。俄羅斯人和清人都畫了地圖來界定自己的征服範圍。教宗把美洲分給兩個天主教帝國，而這次的事件或許可以看成是歐亞大陸的同等版本。

《尼布楚條約》足以穩定北方，讓清帝國能轉而對抗噶爾丹以及準噶爾人。噶爾丹就像過去的草原部落領袖，曾經試圖獨占中國邊界上的貿易權利。他過去曾經當過喇嘛，跟西藏的宗教權威關係很近。在噶爾丹挑戰清人對達賴喇嘛的保護關係後，隨之而來的，是一場既熟悉又致命的劇碼，演的是談判、干涉、策反、兩面手法，以及讓追隨者背離的努力。

有了敵對蒙古部落領袖的幫助，清人在一六九〇年對噶爾丹發動攻擊。噶爾丹同樣利用清代藩屬間的不和，並讓清帝國大軍有七年的時間無暇他顧，直到一六九七年他過世為止——很可能是被下毒。康熙皇帝在北京慶祝「徹底粉碎蒙古的威脅」。費盡千辛萬苦，康熙從其中一個準噶爾人的對手處把噶爾丹的屍首強索過來，將這位可汗挫骨揚灰。

平定噶爾丹為清人打開一條路，在未來成為新疆的這個地方強化他們對突厥與蒙古族群的掌控，並繼續對西藏的干預。但即便如此，準噶爾蒙古仍然持續騷擾清帝國，游曳於他們的控制。當準噶爾領袖噶爾丹策零（一七二七至一七四五年在位）試圖施展自古以來的故技，從清帝國的對手——俄羅斯帝國——那尋求支援時，兩國的邊境協定就派上了用場。一七二七年簽定的《恰克圖條約》鞏固了《尼布楚條約》的原則，兩國邊境也用界石標記出來。俄羅斯人打算控制西伯利亞與滿洲的遊牧民族，而中國人則在自己這條兩千六百英哩長的邊界裡，負責喀爾喀蒙古。兩個帝國都不會為對方的敵人提供庇護，也不會援助越過邊界的逃犯。

直到一七五七年，準噶爾人的領袖糾集其他蒙古部族叛清，乾隆皇帝才下令全面屠殺準噶爾。對於清廷形式上併吞、然後跟戰敗領袖達成協議的政策來說，這次的例外也算符合新的領土情勢：清帝國在自己的西部邊境上，已經不再需要依賴蒙古或其他盟友。歐亞大陸中間的遊牧民族，已經

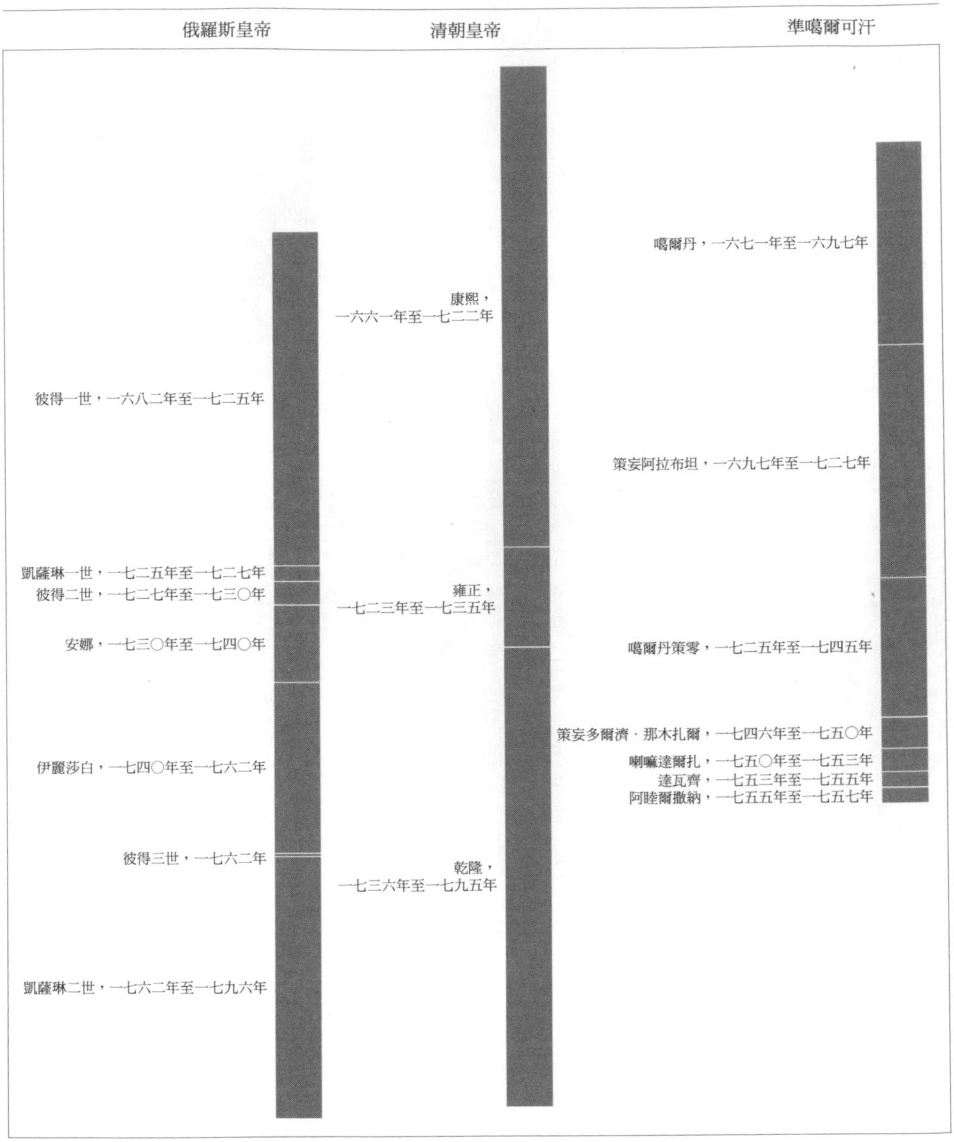
俄羅斯皇帝
清朝皇帝
準噶爾可汗
噶爾丹，一六七一年至一六九七年
康熙，
一六六一年至一七二二年
彼得一世，一六八二年至一七二五年
策妄阿拉布坦，一六九七年至一七二七年
凱薩琳一世，一七二五年至一七二七年
彼得二世，一七二七年至一七三〇年
雍正，
一七二三年至一七三五年
安娜，一七三〇年至一七四〇年
噶爾丹策零，一七二五年至一七四五年
策妄多爾濟·那木扎爾，一七四六年至一七五〇年
喇嘛達爾扎，一七五〇年至一七五三年
伊麗莎白，一七四〇年至一七六二年
達瓦齊，一七五三年至一七五五年
阿睦爾撒納，一七五五年至一七五七年
彼得三世，一七六二年
乾隆，
一七三六年至一七九五年
凱薩琳二世，一七六二年至一七九六年

△
俄羅斯、清朝與準噶爾領袖：歐亞大陸帝國相遇的世紀

被兩個帝國給吞沒了。

參與競爭的蒙古人、俄羅斯人與清人都懷抱著自己的帝國或稱帝願景，靠的都是在歐亞草原上、在遊牧與定居民族間的互動中發展出來的策略。俄羅斯與清代各自和歐洲帝國在海上與陸上有了交流，也各自打算要管好治下的蒙古人，並透過協商來解決彼此的歧異。準噶爾人靠的則是歐亞草原遊牧民族的傳統資源——務實的聯盟政治與策馬勇士們自給自足的機動力，但到了十七世紀，準噶爾人已經失去四百多年前蒙古人一度享有的技術優勢。俄羅斯與中國有其複雜的經濟體系與外部關係，能為心悅臣服的人帶來更多收穫；兩國也最終得到軍事力量，將他們對歐亞普世帝國的特別改良成果強加在遊牧民族身上。

這兩個成功的帝國從內戰、失敗的繼承以及外部攻擊中活了下來，每一次都能重振過去帝國手法中的元素。就像其他成功的帝國，它們設法控制各自不同且經常距離遙遠的居民，同時還將歸順的人跟帝國大計緊緊綁在一起。叛變者要的是奪取，而不是摧毀這些帝國。年輕的俄羅斯帝國與古老的中華帝國成功的關鍵，在於它們對統治手法的創意結合，對中間人問題獨樹一幟的處理方式，以及運用差異來加強帝國力量的做法。

對俄羅斯人來說，貴族的依附是制度的核心；家族與婚姻政治、土地授予體系和皇帝的好惡將貴族跟統治者連在一起。躋身這個團體的權利並非用民族出身來決定：韃靼人從俄羅斯龍興之時就已身處團體之中，隨後日耳曼人、波蘭人和其他民族也會加入。接受差異並視其為帝國生活裡的常態，能夠加強家產官僚統治方式的彈性。只要還有新的土地可以分配，帝國菁英就能吸收新人；新人就跟舊人一樣，可以透過他們跟國君的個人關係而受到控制。這是一種別出心裁的調整方式，讓可汗式家產官僚制配合俄羅斯領土擴張的契機，還能免去類似歐洲貴族對君權造成的威脅。

清人的配方不太一樣——靠的不是貴族地主，而是官員以及幾個世紀以來不斷融合、精進的治國之道。古代中國的文化等級觀念並不妨礙滿洲征服者緊抓漢人的制度，也不影響漢人官員幫助自己的新主子。軍事與行政指揮體系的實際控制，算是一種歐亞草原的元素，另一個元素——和俄羅斯人一樣——則是跟皇帝這個榮辱生死的最終源頭建立個人關係。清人利用八旗制度，把「差異」一這把工具磨得更為銳利，別具一格地創造出民族化的單位，也在某種程度上把滿人與漢人分了開來。

適應差異而非抹去差異，是這兩個政權的標記。兩套帝國體系都發展出富有彈性的意識型態，與天主教以及新教帝國一統宗教的打算天差地遠。俄羅斯統治者提倡正教信仰，但讓正教會保持在掌控之下；他們很早就擴張進入穆斯林的領土，但並未嘗試把所有人都變成基督徒（見第九章）。至於清，天命這個正統性就已足夠神聖；皇帝會改變自己的信仰，維護帝國內部各個不同的宗教組織，把外來的宗教領袖置於自己的積極保護之下。

這兩套體系也都創造神話，掩蓋自己歐亞草原的出身。俄羅斯人不承認自己的蒙古過往，當草原變成他們打算征服的地區時更是如此。統治中國的人在展現政治的傳承時，會表現得遠比真實的情況來得更有延續性，連那些堅持自己與眾不同之處的統治者亦然。即便如此，這兩個帝國還是將歐亞草原的絲線織進了帝國的治國手法中。這兩個帝國的皇帝，都像統攝一切的可汗一樣統治不同族群、制定法律、仰賴受過教育的官僚，將官銜與特權賜給忠心的臣僕、隨意除掉他們，務實地對待外人，並把不同的民族當成建立自己至高權力的磚石。

第八章

革命年代中的帝國、民族與公民權

Empire, Nation, and Citizenship in a Revolutionary Age

我們在第六章裡已經說明過，主權在十七世紀的歐洲並沒有重大變革：統治者、人民以及領土間的關係依舊模糊而動盪。但到了十八世紀，主權的觀念卻有了革命性的發展。思考革命與帝國的關係是件相當困難的事，因為我們都希望革命是具顛覆性的。課本告訴我們，國王與皇帝的「時代」讓位給民族國家與人民主權的「時代」。但新的主權觀念之所以重要，正是因為這些觀念與既有的制度和慣例大相逕庭，在歐洲如此，在海外帝國亦然。這些觀念頗有爭議，激起辯論。光是在歐洲內部，君主與貴族的特權在整個十九世紀，都跟「人民」對權利的主張與呼籲保持著緊張關係。一七八九年的法國大革命揭櫫共和統治的原則，隨後的一個世紀裡，法國大約有三分之一的時間是共和國；大多數時候，則是由某個自稱為國王或皇帝的人所統治。直到二十世紀中葉，「哪些人負責當家作主」的議論依舊懸而未決。

十八世紀的政治思想新武器，讓人們有可能想像出某種非帝國的存在：由單一的民族統治單一的領土。打從一開始，這種構想就不是在歐洲內部民族輪廓清晰的政權裡，而是在某個更大、更難以捉摸的空間中想像出來的。帝國並非十八與十九世紀初革命的受害者，而是革命上演的舞台。

但是，帝國內部（或用來對抗帝國）的政治選項的本質，卻是以非常徹底的方式在改變。在倫敦與巴黎這種豐裕的都市——部分得自海外貿易與賺了大錢的糖業殖民地——商人、手工業者以及少數的下層貴族發展出一種新型態的互動式政治生活，打破君主制度所培養出的垂直關係模式，同時還挑戰著「『權利』來自上位者，由上而下交給特定個人或集體」的觀念。至於英格蘭、法國和其他地方的政治思想家，則主張主權屬於一群「人民」；透過制度的設計，人民的意志得以表達，而由於統治者的權力來自這些人民，他也因此得回應人民的意志。人民擁有權利，權利源於他們屬於某個政體的事實，而這些權利限制著統治者的選擇。

在帝國的脈絡中，自然權利（natural rights）與社會契約（social contract）的觀念還開啟了一

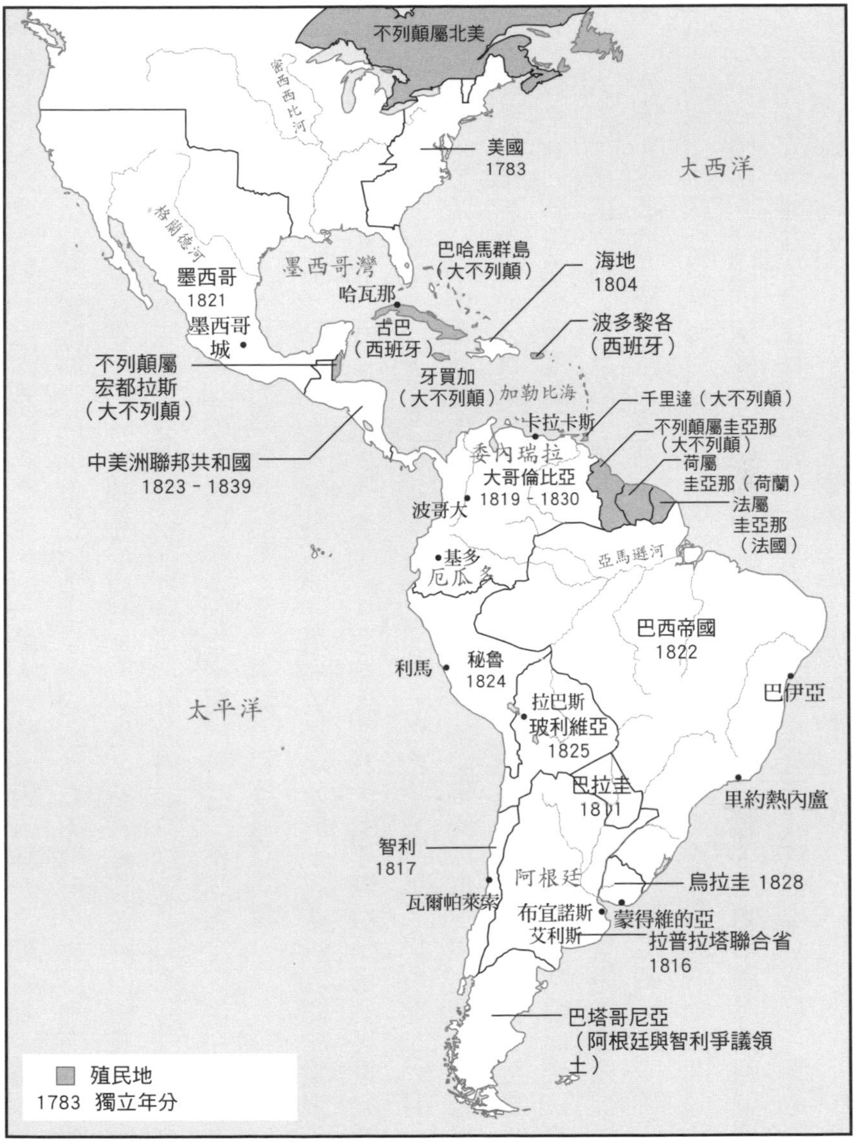
不列顛屬北美
密西西比河
美國
1783
大西洋
格蘭德河
墨西哥灣
巴哈馬群島
（大不列顛）
海地
1804
墨西哥
1821
哈瓦那
古巴
（西班牙）
波多黎各
（西班牙）
墨西哥
城
不列顛屬
宏都拉斯
（大不列顛）
牙買加
（大不列顛）
加勒比海
千里達（大不列顛）
卡拉卡斯
不列顛屬圭亞那
（大不列顛）
委內瑞拉
中美洲聯邦共和國
1823－1839
大哥倫比亞
1819－1830
荷屬
圭亞那（荷蘭）
波哥大
法屬
圭亞那
（法國）
亞馬遜河
基多
厄瓜多
巴西帝國
1822
利馬
秘魯
1824
巴伊亞
太平洋
拉巴斯
玻利維亞
1825
巴拉圭
1811
里約熱內盧
智利
1817
阿根廷
烏拉圭 1828
瓦爾帕萊索
布宜諾斯
艾利斯
蒙得維的亞
拉普拉塔聯合省
1816
巴塔哥尼亞
（阿根廷與智利爭議領土）
殖民地
1783 獨立年分

△
一七八三年至一八三九年間，美洲地區的帝國與獨立國家

個新問題：人民是由誰組成？公民權應該屬於「民族」——只集中在代表單一語言、文化與領土社群的某群人——還是屬於「全帝國」，包含組成一國人口的各色人種？又或者說，在政府機構中有所參與，就可以（至少在帝國的一些地方）創造出一個國族性質的社群？移居到海外屬地的人，應該有自己的代議機構，還是在中央的代議機構占有一席之地？不管是將帝國內所有的人全面納入公民身分當中，還是把被殖民群體完全限縮為沒有權利、可供剝削的對象，抑或為自己並不屬於其中的某個民族服務——任何一種極端的立場都無法獲得絕對的接受。不同出身、住在同帝國不同地方的人身上帶有哪些權利，以及他們歸屬的程度，至今仍是受到熱議的問題。

在這一章，我們要看一系列互有關聯的革命。革命的循環始於一場帝國之間的衝突：一七五六年至一七六三年的七年戰爭（Seven Years' War）；有些人認為，七年戰爭是第一場世界性的戰爭。普魯士（Prussia）、漢諾威（Hanover）與不列顛聯手，法國與奧地利、俄羅斯（只有一開始）、瑞典、薩克森、葡萄牙和西班牙結盟，戰事則在跨越大洋的美洲與印度，也在歐洲進行。戰費迫使戰爭的勝者不列顛加強控制，從海外的版圖汲取更多資源，造成北美洲十三個殖民地菁英間高漲的怒火與組織動員，同時也讓印度的領土控制愈發嚴格。喪失殖民地與戰爭欠款則促使法國上緊本國的螺絲，更加深法國對自己僅存的、最賺錢的殖民地聖多明戈的依賴。這些是往革命形勢邁進的重要兩步。西班牙就跟不列顛一樣，看見「改革」的需要，好讓自己對美洲殖民地的控制更有章法、更徹底，結果這也讓西班牙跟自己仰賴的帝國中間人鬧翻關係。法國革命的推動力則因為拿破崙的關係，以另一種建立帝國的積極形式做結；拿破崙對西班牙的征服，加劇歐洲與西屬美洲菁英間的鬥爭，這又促成其他的革命行動。假如一七五六年時的外交官們能夠更小心翼翼，避免捲入一場帝國間的戰爭，或許革命就不會發生在不列顛、法國以及西班牙帝國；至少不是以這種方式、在這個時候發生。

革命在法國造成國王的死，而非帝國的終結。「個人以及公民所擁有的權利，是否應該延伸到帝國裡不同階級種類的人身上」——這是個難以逃避的問題。在不列顛屬北美洲，革命是把十三個殖民地從君主體制以及不列顛帝國裡帶了開來，卻沒有帶走帝國塑造政治局勢的影響力。美國的愛國者主張建立一個「自由的帝國」——然而，他們卻不認為帝國裡的所有人都能享有其自由（見第九章）。雖然國家的「民族」觀點更像是西屬美洲革命的結果，而不是原因，但這樣的觀念既無法阻止某些野心領袖稱帝，也無法抹去昔日帝國在上下階級與文化差異中造成的嚴重緊張。巴西之所以踏上從葡萄牙帝國出走的條路，是為了運用自己的權利來主張巴西是個帝國——統治這個帝國的人，則跟里斯本統治的王室系出同門。

讓這個年代變得激進的，不是某個特定的結果，而是過程。新思想、新的可能與新的抗爭浮上檯面，但在與其他帝國的關係中採取行動，以及從整個帝國的不同空間裡招募菁英從事日常治理工作，仍然是帝國要面對的老問題。只要我們從民族中心史觀以及「歷史勢不可當地朝一國一『民族』的配對發展」這種定見中抽身，就能專注於「到底民主、公民身分和民族群體是什麼意思」以及「這些觀念要用在何時、何地及何人身上——是用在帝國內，用在帝國的敵對關係中，還是對抗帝國的行動裡」等經久不衰的論辯上。

我們需要考慮的不單是在獨立紀念日（Independence Day）或巴士底日（Bastille Day）慶祝的革命，還有那些並非其創造者有意創造的、其他形式的革命：十八與十九世紀的工業、農業革命和資本主義的爆炸性發展。對於某些政治思想家與激進分子來說，帝國主義是從資本主義裡誕生出來，但正如我們所見，帝國這種政治形式在資本家的時代並不新穎。而帝國如何影響資本主義，資本主義又是如何影響帝國的問題，更激發出另一個觀察經濟與政治發展互動的方式。在我們的故事裡可以看到，直到十八世紀，歐洲國家一面擴張，一面嘗試限制長距離交流；它們從其他民族，尤其是亞洲民族的生產與商業活動中獲利；它們在各個帝國的周圍，特別是奧斯曼與中華帝國的四周行動，因為這些帝國強大到讓它們無法直接進犯；它們也沒能深入非洲的大部分地區以及東南亞。資本主義在歐洲，尤其是在大不列顛的發展，以及這個發展所創造出來的財富與技術改良，真的造成歐洲和世界上其他地方，包括中國、俄羅斯與奧斯曼的帝國分道揚鑣了嗎？這項經濟上的轉變，真的有讓帝國間互相影響與競爭的故事，朝向新的方向發展嗎？

人們不能把資本主義單純理解為市場交易、甚或以僱傭勞動為基礎的生產體系。資本主義也是想像的產物。在將「民族」呈現為政治自然單位的表面下，其實還有一層複雜而衝突不斷的歷史；資本主義的發展也是這樣，既是創造貨物與勞力新市場的歷史過程，也是讓這些市場看起來相當「中性」的意識型態過程。而關於「什麼樣的政治與經濟行為模式，才是正常且合理的模式」——這個爭議也隨著各帝國在十八與十九世紀的衝撞與競爭而尖銳起來。我們進入第十章時會證明：要讓僱傭勞動成為不列顛社會的常態，得靠不列顛社會放棄其他的勞動形式——特別是奴隸；而將一種勞動從另一種勞動中區分出來的過程，也發生在不列顛帝國的空間裡。

我們要在本章裡說明：那種「對國家有權利與義務的法式『公民』概念」，是在法蘭西帝國的空間中構想出來的。這種政治理念在美國與法國革命中得到顯著的力量，而在對於「誰在什麼地方有什麼權利」的長時間對抗中，這個理念也為不同的陣營提供用以抗爭的方法。革命的年代沒有為這些問題提供一錘定音的答案。接下來的篇幅裡，我們要來看看十八世紀晚期與十九世紀早期的革命中雖然模糊、但仍然存在的帝國空間，還要看幾場政治運動，看它們是用帝國的體制還是用對抗帝國體制的方式來自我定位。

法國—海地革命
The Franco-Haitian Revolution

研究法國大革命的學者有一大票，幾乎所有學者都對作為國家的法國十分關注，於是關於殖民地的革命之討論也就因此不見蹤影。但革命在一七八九年發生時，聖多明戈——這個生產西方世界半數糖與咖啡的地方——對法國經濟及其有產菁英而言，卻有著極高重要性。革命也旋即變成帝國的問題。

▼帝國歐洲裡的國民與革命

今天的學者並不認為法國大革命是某個群體的傑作——管它叫「布爾喬亞」（bourgeoisie）還是「大眾階級」（popular classes）——而是由許多帶有不同利益與渴望的行動者彼此互動所推進的動態過程。這個強大的君主國已經發展出國家機構與聯結全法國菁英的家產官僚制紐帶，其程度遠比十八世紀大部分歐洲地區都來得徹底。但貴族對王權感到不滿，非貴族的資產業主對貴族階級的特權不滿，而農民則對要付給地主的費用與勞役不滿。法國社會古老、注重階級的父權制觀念，以及王室與貴族保護人的贊助人身分，都愈來愈跟不上城市裡專業人士或貴族女性日益提昇的自信，他們可是把自己看成社交空間裡（如咖啡廳、沙龍與政治聚會）的消費者與主動參與者。雜誌、報紙、書籍與八卦小報迅速增加，將啟蒙思想家的理念傳播到識字人口，以及那些有別人為他們朗讀這些文字的人當中。隨著政治辯論場域的擴大，「公民」的觀念也脫穎而出。

單就把公民群體跟「外國人」區分開來這點，法國舊政權做的比其他歐洲國家都要徹底，但法國的行政官員把公民視為國家主權的從屬，而不是主權的來源。十八世紀晚期的政治激進分子則發展出不同的看法。他們訴諸於過去公民能參與政治的古老觀念，從希臘城市、羅馬共和以及文藝復興的城邦國家那找來前例。就跟過去一樣，政治性的公民概念並非來者不拒，畢竟這個概念暗示著要有投身於公共事務的能力與意願。在某些特定時候，巴黎的「群眾」會強迫政治領袖往激進的方向前進；至於其他時候，就只有菁英改革家會將這些理念發展到極致。

讓法國革命時機加快腳步的因素，不只是國內政治意識與政治組織的變化，還有帝國間衝突所造成的壓力。法國輸掉七年戰爭，也輸掉在加拿大的殖民地，只保住南亞的幾個通商口岸而已；但它留住了獲利甚豐的糖業島嶼，最耀眼的就是聖多明戈。戰爭的贏家跟輸家都欠下大筆債務；如果說不列顛可以試著從自己的殖民地裡多壓榨一點——雖然不列顛的領袖們沒有預料到後果——那法國就得轉而向國內勒索。

隨著繳更多稅的要求沿著法國的階級體制而下，反抗行動也跟著往上衝擊。情勢岌岌可危、迫切需要合作的路易十六（Louis XVI，一七七四年至一七九二年在位）在一七八九年召開諮議性會議——三級會議（Estates General）；自一六一四年以來，法國國王就因其影響力愈來愈大而中止這個會議。教士、貴族與平民組成法國的社會，而這三個「階級」的代表拒絕了過去三級會議召開的集會條件，更將會議改為國民制憲議會（National Constituent Assembly）。而在議會裡傳揚出來的主張是：人民才是最高統治者，國王不是。

一七八九年七月十四日，群眾襲擊並搗毀巴士底監獄（Bastille）；而在農村地區，許多農民也拒絕向地主交租，劫掠莊園。制憲議會逐漸成為實際上的政府；議會廢除貴族這個階級，並改革鄉間的租稅體制。八月，議會通過《人權和公民權宣言》（*Declaration of Rights of Man and of the Citizen*），宣言裡宣布：「主權的本源在根本上屬於全體國民。任何團體、任何個人都不得行使任何不是直接源於國民的權力。」這份宣言特別強調法律之前人人平等與代議統治。然而，什麼是法國國民？

這場革命很快就跟歐洲政治非關民族的本質撞個滿懷。一七九一年，奧地利（法國皇后瑪麗・安東妮〔Marie Antoinette〕就來自這個國家）與普魯士威脅進軍法國。這些恐嚇激起人民「國難當頭」（la patrie en danger）的感受，導致人們努力組建公民志願軍。但國民意識不夠有力。到了一七九三年招募士兵時，除了公民精神以外，還要加上強制力的幫助，系統性的徵兵也隨之而來。外來威脅以及愈發激進的本國革命政權（包括處死國王與皇后的做法），都是動盪混亂中的一部分，帶來一波波恐怖統治與反恐怖統治的浪潮，後來則轉向更為保守的方向。與此同時，人們已經表明法蘭西既是個民族，也是個共和國；共和政治的意識型態被憲法和眾多的革命著作奉為神聖，此後不斷有人援引，也有人企圖將之顛覆。人民透過自己選出來的代表，讓權力回歸於己；國家是一體的、不能分割的；自由、平等、博愛則是國家的中心德目。

這種新的主權是種大無畏的主張，但人們對於公民平等的界線從一開始就莫衷一是。女人雖被視為公民，但卻不是能「起作用」的公民——直到一九四四年，她們才取得投票權。而共和理念是否意味著社會、經濟以及政治上的平等，也備受爭議。許多財產主擔心，如果有太多無產者參與政治，不僅會威脅自己的利益，就連社會秩序也會朝不保夕。對混亂的恐懼，掩蓋了從背後躡手躡腳走入後革命政局的獨裁統治；一七九七年，新的行政當局——也就是督政府（Directory）——拒絕接受在選舉中敗選的事實。緊張的情勢不斷升高，直到一七九九年的政變讓拿破崙・波拿巴（Napoleon Bonaparte）將軍上位才停了下來。一八〇四年，這位將軍用驚人的反革命詞彙宣布自己為皇帝。

▼法蘭西帝國裡的公民權與「差異政治」

現在讓我們來看看故事裡通常漏了些什麼。人們沒有辦法在歐陸法國外圍畫出一條明確的界線。無論是啟蒙哲學還是革命實踐，都沒有辦法為「法國人民由誰組成」或「歐洲的法國跟海外的法國之間該是什麼關係」帶來明確的概念。某些政治思想家堅持將理性應用在社會上，並發展出人類群體的分類方式，以解釋為什麼非洲人與亞洲人無法參與公共事務。其他人則拒絕承認眾人中有特殊性的存在，並認為自己這種四海一家的觀點可以用在所有人身上。還有一些人則運用自己啟蒙過的理性，對人類的差異提供更細緻的觀點。

對德尼．狄德羅[1]來說，信奉普世價值，就必然要承認不同文化的完整性。從他的角度來看，歐洲人主張殖民別人的權利就於理不合——象徵歐洲國家的道德破產。格利古瓦神父[2]則反對當前進行的殖民行動。他憎恨奴役，但並不討厭促進改宗與「教化」其他民族。一七八八年，引領風騷的啟蒙人士成立「黑人之友協會」（Société des Amis des Noirs），為法蘭西帝國裡的奴隸奔走請命。這些理論家與激進分子雖然不同意文化差異的重要性，但熱切擁護全人類發自根本的平等，也反對任意奴役、剝削殖民地的人民。而大多數廢奴主義者則偏好漸進釋奴，在不激起社會動盪的情況下，讓帝國經濟逐漸擺脫其可恥的做法。

但是，對殖民地跟革命之間的關係有興趣的人，可不只有殖民母國的知識分子。聖多明戈的白人種植園主就把公民權信條化為主張自治的方法。他們派出代表團前往巴黎遊說，希望能讓殖民地議會擁有管理殖民地內部財產事務與社會地位的權力，並堅持殖民地雜居著奴隸與自由人、非洲人與歐洲人，因此不能用統治歐陸法國的相同原則來治理殖民地。但巴黎的革命議會也聽取加勒比群島上擁有財產與奴隸的有色人種（gens de couleur）居民的意見，這些人通常是由法籍父親與奴隸或前奴隸母親所生。他們在聖多明戈是主要的群體，擁有殖民地三分之一的種植園和四分之一的奴隸——其中許多人不缺錢、不乏教育或是跟巴黎的關係。他們堅持，公民資格不該被膚色限制。巴黎當局只好行緩兵之計。

當奴隸在一七九一年八月加入戰局時，包括巴黎革命分子在內的相關人等全都得重新思考自己的立場。聖多明戈的奴隸有三分之二是在非洲出生，非洲宗教的相似性塑造了奴隸間的網絡；而一知道巴黎發生的事件，反抗行動就從這個網絡中爆發出來。造反者在整個島區放火焚燒種植園，暗殺種植園主。聖多明戈的革命迅速變成許多起同時發生的鬥爭：保王派與愛國者的鬥爭、白人與有色人種的鬥爭，以及奴隸與奴隸主的鬥爭。每個類別下的小團體會彼此結盟，且經常改旗易幟。政治行動不會受社會群體的成員身分所局限。

革命派的法國政府深怕將這塊極具價值的殖民地輸給保王派的反革命行動，或是敵對的英格蘭或西班牙帝國。在法蘭西共和的領袖們眼裡，有色人種現在似乎成了必要的盟友。一七九二年三月，巴黎當局同意宣布所有自由人為當然的法國公民，擁有平等的政治權利。反抗成員之一的讓－巴蒂斯特・貝雷[3]作為聖多明戈的代表，在法國的國民制憲議會中得到一個席次。通往全帝國公民權的

1　譯注：德尼・狄德羅（Denis Diderot, 1713-1784），十八世紀法國文學家與啟蒙哲學家。一七四五年至一七七二年間，狄德羅領銜各領域專家，編寫了《百科全書，或科學、藝術和工藝詳解詞典》（*Encyclopédie, ou Dictionnaire raisonné des sciences, des arts et des métiers*），對啟蒙思想的流傳影響深遠。

2　譯注：亨利・格利古瓦（Henri Grégoire, 1750-1831），十八、十九世紀法國天主教會神父。格利古瓦神父立場開明，傾向讓法國天主教會服從於法國政府的領導。他不僅是廢奴主義者，支持普選，還創立了法國經度局（Bureau des Longitudes）。

門，現在終於開了條縫。

等到法國政府發現，要是少了奴隸的支持就無法控制多邊的衝突時，這條門縫就開得更大了。一七九三年，共和國在聖多明戈的長官決定解放奴隸，並宣布他們為公民。巴黎的革命力量這時也進展到更激進的階段，於是批准他的公告，更在隔年推行到其他殖民地。一七九五年的憲法宣布殖民地是法國「不可或缺的一部分」。至少有那麼一度，法國成為一個公民的帝國。

在帝國的歷史裡，需要奴隸來強化軍力一點並不新鮮——伊斯蘭帝國與其他帝國都用過這項策略。過去帝國在加勒比海的競爭中，就曾使用奴隸作為戰士。但現在的現實情況的確符合一條相當新穎的原則——公民身分。跟作戰的奴隸與奴隸主之間的私人依附關係不同，投身法國軍隊的聖多明尼戈前奴隸們，是跟自己的新身分連在一起的。

在還沒有成為對抗帝國的行動前，聖多明戈的革命原先是場在帝國內爭取自由的運動。最受人尊敬的奴隸領袖，杜桑．盧維杜爾（Toussaint L'Ouverture），就是這個模糊情勢的化身。他是個識字且有一技之長的釋奴，很早就加入奴隸叛變，迅速爬上領導階層。他一度考慮要與西班牙聯手，但當法國——而不是西班牙——朝向廢奴發展時，他便加入法國陣營，當了共和政府的官員，更在一七九七年成為法屬聖多明戈實質上的統治者，與保王派以及敵對帝國作戰，並保護前奴隸們剛剛才得到的自由。一八〇一年，仍然表明自己忠於法國的杜桑，為聖多明戈寫下新的憲法。

無論是法國的領袖還是杜桑，都不希望看到糖業的終結，但在當地地主與官員提防的眼神下，他們也別無選擇，只能等待前奴隸學到「自由身」工人的自律精神——至少他們是這麼認為。只是，並非所有前奴隸都同意他們的做法；在這場革命中，有為了勞工與自治議題而起的動亂，也有前奴隸為了試圖掌握自己的勞動生活，以及堅持國家用對待白人公民的方式來對待他們（例如官方的姓名、婚姻與死亡紀錄），而日夜抗爭。

雖然聖多明戈人民的行動迫使巴黎的革命家一再反思這些人對公民資格來說意味著什麼，但歐洲帝國的推動力對殖民地的影響也難以估計。拿破崙一掌權，就把往全帝國公民權前進的蹣跚步伐調轉了頭。對於帝國的海外領土，拿破崙就是個徹底的復辟主義者，這也反映在他跟加勒比海舊政權殖民者的私人關係上（包括他第一位妻子——約瑟芬〔Josephine〕——那蓄奴的家族，而且還不止這些）。拿破崙不僅想恢復殖民地在革命前的特殊地位，還想重建奴隸制。一八〇二年，他派了支軍隊到聖多明戈來達成這個目的。他也把自己想誘捕杜桑的盤算藏得很好，而當時杜桑的所作所為仍在帝國公民的範圍之中。之後杜桑被送往法國監禁，不久就過世了。終結杜桑對法蘭西國內的解放願景，是拿破崙版本的帝國——不是國民的，也不是共和版本的帝國。

其他奴隸出身的將軍們繼續這場戰鬥。事實證明，前奴隸組成的大軍加上黃熱病的肆虐，對這位偉大皇帝來說實在太過沉重。一八〇三年，他放棄了。隔年，勝方宣布海地共和國成立。

一場在革命帝國內為自由與公民權而起的抗爭，隨著海地從帝國自行脫離而畫下句點。而在法國其他糖業殖民地——瓜德羅普（Guadeloupe）與馬丁尼克（Martinique）——的叛變則被鎮壓下來，這些殖民地還得多忍受四十四年的奴役；直到另一次歐洲法國的革命情境，與各個種植園殖民地的另一輪反抗結合在一起，才將法蘭西帝國剩餘的奴隸徹底轉變為公民。

海地的獨立對世界上各帝國帶來新的問題。海地是解放與去殖民化的先驅嗎？或者這象徵非洲奴隸失去控制的危險性？不只是法國，就連其他帝國的政府，也都有強烈的理由繼續把海地人當成

3 譯注：讓—巴蒂斯特・貝雷（Jean-Baptiste Belley, 1746-1805），塞內加爾裔，原先在法屬聖多明戈為奴。一七九一年海地革命時，貝雷擔任步兵指揮與殖民者作戰，一七九三年獲選為聖多明戈北部的代表，前往參加法國國民會議。一七九七年，他失去會議席位，回到聖多明戈，卻在當地遭到逮捕並押解到法國，一八〇五年時死於監獄。

賤民，而不是先驅。一直要到一八二五年，海地同意為法國的可能損失提供賠償，法國才有條件承認海地為主權國家。一八三八年，完全的承認才終於到來。美國則是於一八六二年，在自身的內戰中承認海地。

出生於不列顛曾經的奴隸殖民地千里達（Trinidad）的C・L・R・詹姆士（Cyril Lionel Robert James），在一九三八年寫下有名的聖多明戈革命史，《黑雅各賓黨人》（*The Black Jacobins*）；當時，他試著將海地放回到自由先鋒的地位上，用海地的例子來呼籲終結全世界的殖民主義。利奧波德・桑戈爾（Léopold Senghor），這位獲選進入法國位於巴黎的立法機構的非裔政治領袖，也在一九四六年提到一百五十年前、法國承認黑奴公民權的那個時刻。透過這樣的呼籲，試著打動其他代表回歸法國革命的承諾，讓所有殖民地的人民成為公民，擁有跟歐裔法國人同等的權利。一七八九年至一八〇四年的法國─海地革命把問題帶到全世界的面前，這個問題關係到公民權與自由之間的關聯——帝國內外皆然；時至今日，這些議題都還在熱議當中。

拿破崙的挑戰

Napoleon

拿破崙曾用凱旋門這個紀念碑，來紀念自己以及征服大半個歐洲的輝煌戰役；現在，拿破崙躺在他位於巴黎富麗堂皇的墳墓裡，距離凱旋門不過幾公里遠。法蘭西民族也不出所料，將拿破崙的傳奇挪為己用。但將拿破崙的故事用在顛倒歷史以宣稱法國是民族國家時，就顯得格格不入。拿破崙的征服人盡皆知——在征途的高峰期襲捲歐洲大約百分之四十的人口——所以，我們專心於兩個問題就好：他的帝國是否更不貴族、更不分階級，更為集權中央、更官僚政治，表現出一種新的、後革命的帝國政治觀念？在拿破崙統治下，法蘭西帝國又有多法蘭西呢？

拿破崙對於將啟蒙時代的理性主義化為經合理計畫過的完整、中央集權的行政體系，並根據能力與對國家的忠誠選才任用而不考慮其社會地位，有著人盡皆知的偏好；這個新型帝國就新在這裡。科學——包括地理學、製圖學、統計學與民族誌——都能帶領國家官員，影響人們對自己的看法。靠著一套單一的法律制度，《拿破崙法典》（*Napoleonic Code*）體現國家界定、控管社會的角色。這部法典遠比六世紀時查士丁尼的法律彙編更有系統（見第三章）；法典裡同時羅列公法與私法，司法機構會用一致、不偏不倚——更重要的，是用可以預料的方式來執行這些法律。稅很重，但由於有系統性的土地登記，讓稅基相當透明。公民與統治者之間直接的關係，即將要取代貴族與教士根深蒂固的特權、前革命君主制度的專斷腐敗，以及對地方菁英與地方傳統的順從。拿破崙為了在歐洲宣稱擁有無遠弗屆的至高權力，因而廢除某個象徵性的、老早就沒有影響力的對手——神聖羅馬帝國。拿破崙當然是個獨裁者，而非擁護民主的人；但就此論點而言，他的帝國政權卻又體現法國公民的理想，在政權的領袖與合理化的官僚組織（革命與啟蒙的兩項產物）背後結合這些理想，更越過歐洲，延伸到俄羅斯的土地上。

另一方面，說帝國又倒回去比較古老的模式，則要從拿破崙所援用的國家權力象徵說起；沒有什麼能比他用皇帝的頭銜，公開展示王座、袍服與皇冠，還有凌駕教宗、主導加冕儀式來得更引人注目——拿破崙甚至讓這場典禮有了轉折，把皇冠從教宗的手中拿過來，放在自己頭頂上。這一切明顯都是有意要跟一千年前查理曼的加冕典禮呼應，就如同拿破崙的凱旋門繼承羅馬的遺產。

有兩種重要的做法淡化了法國革命與貴族統治的決裂。首先，拿破崙將貴族頭銜和贈與（dotations，給那些為政權效力的人、可以透過男子世系繼承的財產）分配給他麾下許多將領與帶頭的支持者，包括曾在舊政權擁有頭銜的人；某些征服地的菁英也得到分配，這創造出（或是重新創造出）某位學者所說的「帝國貴族」。[4]其次，則是他在征服地區用了皇帝們的另一項經典策略：差別統治不同地方。這意味著在某些環境裡（例如北義大利）將新領土納入法國基本的行政架構，推行標準化的法律與實施官僚制度，在其他情況中（如華沙大公國〔Duchy of Warsaw〕）則指派當地貴族統治，而非將他們取而代之。這些策略都跟革命所提倡的平等觀念有所牴觸。而且，《拿破崙法典》是部家父長式的法典，加強了公民家庭內男性的權力。

帝國式的觀點能避免讓我們錯把延續與變遷給一刀兩斷。拿破崙面對的挑戰，對每一個帝國來說都很常見：權衡需求，拉攏敗於自己手下的國王與大公，以便對抗有系統的上下權力關係，同時還要在「創造一群同質性的菁英」與「分別統治帝國各地」兩者間找出一套行得通的策略。世界各地的其他皇帝，也曾試圖利用那些與自己治理的社會或多或少保持距離的官員；早在啟蒙時代以前，中國人就已經開闢出細心招募、教育出來的官僚制度。拿破崙在典型的帝國策略中融入了新的統治觀念。

麥可・布羅厄斯[5]主張：拿破崙擘畫了一個「內帝國」——不含旺代省（Vendée）的今日法國、尼德蘭、萊茵河流域的國家、瑞士、北義大利的大部分地區——並在「內帝國」裡極為嚴格地推行一套文明化、集權化與官僚化的統治模式。接著則是「外帝國」，當地貴族在此扮演更為吃重的角色，而拿破崙的改革也被減弱——特別是跟貴族特權有關的部分。[6]拿破崙安插自己的親戚為君主，哥哥約瑟夫（Joseph Bonaparte）在那不勒斯與西班牙，弟弟路易（Louis Bonaparte）在荷蘭，傑羅姆（Jerome Bonaparte）在西發里亞，妹夫若阿尚・繆拉（Joachim Murat）則在貝爾格（Berg）。至於在萊茵邦聯（Confederation of the Rhine），則有十六個王侯在名義上掌管特定的領土；他們鬆散地結盟，與拿破崙的官員交雜在一起。實際上，拿破崙是跟比較小的王國或公國組成一個大型的單位，且全都在拿破崙帝國的勢力之下。

一如過去，皇帝是萬王之王，有多重的權力管道在這個架構中發揮作用——以羅馬模式為基礎的總督，就是架構中下情上達、上意下達的主要（但並非唯一的）路徑。拿破崙的潛在盟友、附庸君主或敵人中，就有哈布斯堡家族——他們也有自己對帝國的主張。哈布斯堡統治者有時跟拿破崙發生衝突，有時則承認他高人一等的實力，與他攜手合作。就在拿破崙與約瑟芬離婚後，一位哈布斯堡家的公主成為他的皇后。在拿破崙的優勢武力下，哈布斯堡對皇帝地位的主張也成了空中樓閣。但對奧地利的菁英們來說，拿破崙還是個可以忍受、服從的皇帝，比他們邊上其他如奧斯曼、俄羅斯等帝國來得順眼。

拿破崙這套機制的關鍵在於軍隊的給養。甚至在拿破崙掌權以前，革命的理想——為國家效命的公民軍隊——就已經變質了。人們為自己的國家而戰，是因為不得不這樣做。拿破崙就跟一個世紀前俄羅斯的彼得一世一樣將徵兵體系化。想達成這個目標，就需要深入到村級層次的國家軍事與行政力量，因為大多數的應徵兵員都來自鄉村地區。除了有總督的治理外，拿破崙還讓他的憲兵——軍事化的警察部隊——駐防在每一塊領土區畫裡。

徵兵不只實行於前拿破崙時期的法國疆域，也同樣適用於征服來的領土上。法國中部山區村落對徵兵的抵抗，比起非法語區如萊茵河流域、部分義大利與西發里亞來得激烈許多。但國家機器大致消滅了抵抗，創造出一支與其說是「法軍」，還不如說更具帝國色彩的軍隊。一八一二年進攻俄

4 原注：「帝國貴族」：Woolf, *Napoleon's Integration of Europe*, 129.

5 譯注：麥可・布羅厄斯（Michael Broers），歐洲近代史學者，專攻十八、十九世紀的義大利與法國史，尤其是拿破崙的時代。

6 原注：「內帝國……」：Broers, *Europe under Napoleon*.

羅斯的龐大軍隊裡，只有三分之一的人來自「法蘭西」。

這為我們帶出了第二個問題：法國究竟有多帝國？行政工作用語是法語，許多（但不是全部）在非法語區安插的總督與軍事將領都來自法國。漸漸的，當地菁英也被招募到這些由法國占領者所定義的職位上。有些學者提到在類似義大利的地方所推行的法國「文化帝國主義」[7]：拿破崙的官員認為當地人民落後，需要有文明的影響——法國的法典、有能的公僕與科學的態度——才能跟教士以及反動的貴族對抗。但在此同時，大半個「法蘭西」，也正和講義大利語、德語和波蘭語的各地區一起「接受教化」。由於法國西部部分地區（特別是旺代地方）被認為是不受控制且危險的地區，因此統治並不嚴厲，波蘭受到的統治也不嚴苛——這是為了吸納波蘭的貴族。

某些被征服地區的菁英有很好的理由去效法羅馬以降、許多帝國裡曾經採用的做法——有條件的配合。拿破崙行政管理中理性的那一面，至少曾一度吸引心態自由、有商業頭腦的特定人士，他們熱切擁護反貴族、反教士的觀點。但拿破崙極力將穩定的社會秩序與土地所有權——雖然不是保王派與封建領主的所有權——畫上等號；因此，擁有土地的菁英們也往往順理成章接受拿破崙治下的和平，而不是跟他兵戎相向。許多曾擁護拿破崙的自由派人士逐漸對其體制感到幻滅；有些人以民族為基礎，反抗法國的統治。西班牙或許是最接近與入侵者展開大規模游擊戰的地方，但就算在西班牙，也有部分的組織動員針對的是壓迫農民的西班牙貴族。西班牙不同省分的鬥士們沒能用持續、協調的方式一起行動，而且，有部分「西班牙」對抗拿破崙的戰事還是由不列顛將領主導。

拿破崙的帝國有時被視為大陸帝國，而非海外帝國——但這只是因為他的海外事業沒有成功。拿破崙唯一的重大失利就發生在聖多明戈奴隸、前奴隸與身為自由民的有色人種共同組成的雜牌軍手上；這些人得到法國的帝國對手、美國商人與黃熱病相助，後來更演變為一場民族解放運動。事實證明，拿破崙稍早的另一次海外冒險——一七九八年對埃及的征服也不長久。不列顛的介入幫助這塊領土重回奧斯曼帝國手中。在埃及，拿破崙打算把自己的帝國譜系上推到法老王，同時還試圖將科學與理性的規範，帶到「落後的」奧斯曼帝國部分領土上。他還希望以聖多明戈以及路易斯安那（Louisiana）為基礎，打造一塊橫跨加勒比海與墨西哥灣的廣大帝國海域。但無論是埃及還是聖多明戈，結果都不是他說了算。據說，當拿破崙在一八〇三年將路易斯安那賣給美國，以換取現金來支援另一個帝國大夢時曾經這麼說：「該死的糖，該死的咖啡，該死的殖民地！」[8]

過度擴張是拿破崙之所以失敗的傳統解釋，也是個難以讓人信服的解釋；在帝國的歷史中，沒有一條清楚的界線能夠區分過度擴張與擴張。拿破崙試著駕馭中歐的資源，也取得一定的成功，但俄羅斯可以運用西伯利亞與烏克蘭的資源，而不列顛不僅有海外的領土，還有世界首屈一指的海軍。拿破崙不是輸給對抗帝國反動勢力的民族情感，而是屈服於其他帝國，尤其是不列顛與俄羅斯帝國。就在拿破崙於一八一二年入侵俄羅斯遭遇慘痛失利後，他的軍隊也失去掌控能力；而征服來的各個組成部分則以一種多少不同以往的形式，以幾個君主與王室人物為中心，重新將自己組織成能有所作為的政治實體。在拿破崙的最高政權統治之下，類似像巴登（Baden）與巴伐利亞（Bavaria）的政權吸收周圍更小的政治單位，隨後脫穎而出，成為更強大也更穩固的政治實體。當普魯士國王在一八一三年試著組織對抗拿破崙的戰爭時，訴請的不是「日耳曼人」，而是「布蘭登堡人（Brandenburgers）、普魯士人、西里西亞人（Silesians）、波美拉尼亞人（Pomeranians）與立

7 譯注：「文化帝國主義」（cultural imperialism），指帝國主義者利用自己優越的政治、經濟或軍事力量為後盾，讓其文化在弱勢社會中占有高於當地原有文化的做法。

8 原注：「該死的糖……」：引自Jon Kukla, *A Wilderness So Immense: The Louisiana Purchase and the Destiny of American* (New York: Knopf, 2003), 249.

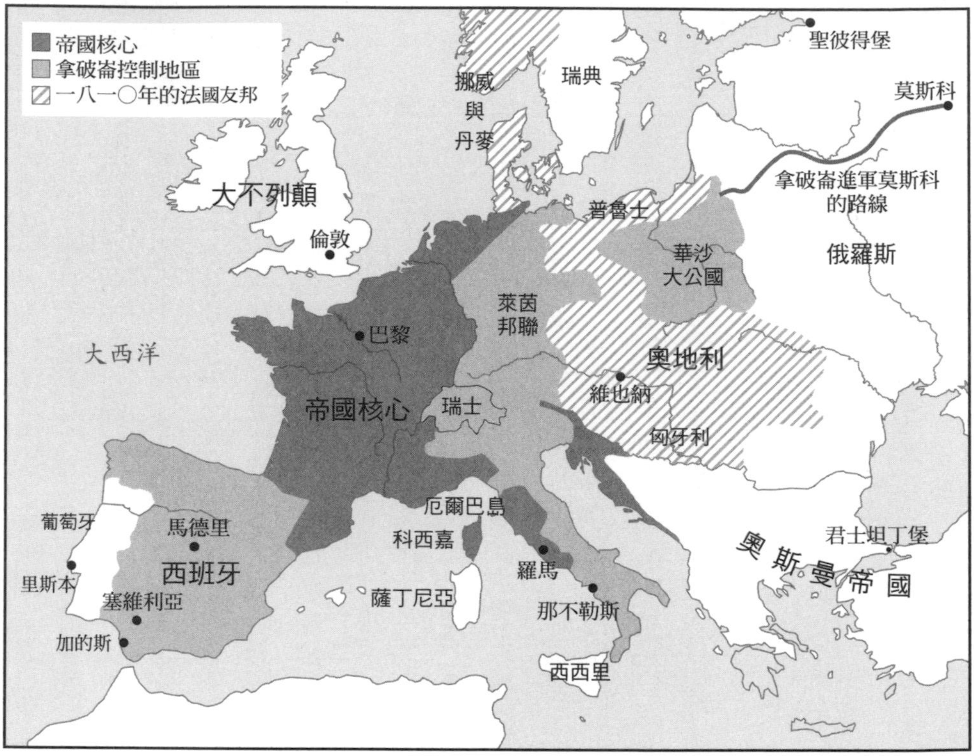
帝國核心
拿破崙控制地區
一八一〇年的法國友邦
聖彼得堡
莫斯科
挪威
與
丹麥
瑞典
拿破崙進軍莫斯科
的路線
大不列顛
普魯士
倫敦
俄羅斯
華沙
大公國
萊茵
邦聯
巴黎
大西洋
奧地利
維也納
帝國核心
瑞士
匈牙利
厄爾巴島
葡萄牙
馬德里
科西嘉
君士坦丁堡
西班牙
羅馬
奧斯曼帝國
里斯本
薩丁尼亞
塞維利亞
那不勒斯
加的斯
西西里

△
歐陸拿破崙帝國

陶宛人」。[9]

組成帝國的幾個地方裡，最接近被法國併吞的地區（北義大利、萊茵河流域、低地國〔Low Countries〕）也受到拿破崙帝國最深的影響，包括統治菁英逐漸的專業化。拿破崙的失利，讓曾經被他征服的政權之間能有一定程度的合作，組織起來成了對抗他的夥伴。在整個歐洲，曾經一度被拿破崙有條理的行政規畫與法律編纂改變的菁英們，將會影響後來的政治路徑。後拿破崙的歐洲仍舊是由少數幾個強大的參賽者所主導：俄羅斯、奧地利、普魯士、大不列顛以及法國——就跟以前一樣。一八一五年，在維也納協商的和約強化了君主國的團結一致。幾個大的贏家保留自己的皇帝；至於法國，則是在革命大概二十五年後又走了回頭路，有了個國王。

拿破崙的征服、統治以及戰敗，對國家建構有著深遠的影響。但國家與民族在拿破崙的帝國裡並未重疊，而且，與拿破崙作戰也沒有讓國家與民族在他的敵人之間走到一起。拿破崙不是最後一個差一點就讓整個歐洲大陸組成一個大帝國的統治者；此外，即便十九世紀晚期的帝國締造者著眼的是海外，但他們的行動仍然只是一小撮集中於歐洲的帝國式國家彼此競爭的一部分。法國在經歷君主、革命和一個新共和國（一八四八年至一八五二年）等插曲之後，又受到一個自稱第二帝國（Second Empire）的政權統治，由拿破崙三世（Napoleon III，拿破崙一世的姪子）所領導。第二帝國撐到了一八七〇年，而且也跟第一個帝國一樣，其末日來自於另一個帝國的行動；這一回，則是剛剛統一的德意志帝國（German Reich）。兩個拿破崙的起落留下一個由帝國式國家組成的歐洲，

9 原注：「布蘭登堡人、普魯士人」：引自Clive Emsley, *Napoleon: Conquest, Reform and Reorganisation* (Harlow, U.K.: Pearson/Longman, 2003), 65.

融合君主的權力與公民各式各樣的呼聲，結合或遙遠或相鄰的領土，以及文化各異的人口（見第十一章）。

不列顛帝國的資本主義與革命
Capitalism and Revolution in the British Empire

我們已在第六章中看到，「不列顛」並非某個單一民族的精心規畫，而是從國家與私人在面對困難時，所採取的各種逐步結合在一起的行動中浮現：其中有座落在不列顛群島的拼裝君主國、海盜、特許公司、貿易飛地、種植園殖民地，以及海外的移民殖民地。這個「軍事財政國家」與強大的銀行機構結合起來，提供的收入足以讓海軍保護殖民地與貿易路線，還能引導全世界貿易活動中一大部分通過不列顛的船隻與港口。英格蘭也曾發生兩敗俱傷的衝突，但代表土地仕紳與貴族階級的國會都能夠成功限制王權，讓王室的帝國大業有可能與仕紳大賈的利益相輔相成，而非互相牴觸。隨著「君臨國會」（King in Parliament）統治體制在一六八八年的內戰後鞏固下來，不列顛也在一連串與法國長期作戰的壓力下——這是為了對抗路易十四支配歐洲的企圖，以及將天主教國王強加在英格蘭的可能性——發展出有能力處理海外各種冒險事業，以及國內社會、經濟變遷的政府。

▼英格蘭、帝國與資本經濟發展

對不列顛帝國來說，十八世紀不只在一個地方，而是在許多地方都很顛覆。糖業經濟前所未有地擴張時，海外一系列的種植園奴隸體制，以及國內的農業、工業發展也全都上緊發條。原先私人公司對印度一聲不響進行的殖民行動，也加速發展為併吞領土的過程，王室在其中則扮演更緊密的監督角色。發生在北美殖民地發生的革命既突顯帝國的局限，也顯示不列顛政治原則飄洋過海散播的程度。

不列顛在資本主義發展上的主導地位和其帝國勢力（儘管考慮到它在一七八〇年代丟掉十三個北美殖民地）有什麼關係？彭慕蘭[10]為中華帝國與不列顛帝國的經濟體系，提供了一個深具啟發性的比較；前者是個交流橫跨歐亞大陸的陸地大帝國，後者則從海洋汲取自己的力量。彭慕蘭的觀點是：在十八世紀時，這兩個帝國——尤其是在核心區域——的經濟成長與工業發展潛力並沒有顯著的差別。它們的農業、手工業、商業機制與財政機制大致都能相提並論。所謂「大分流」（great divergence）是在十八世紀末才發生。

透過奴隸貿易與糖業生產所累積的資本雖然一如往昔的可觀，但卻不能解釋這些帝國不同的發展方向。把不列顛經濟推到前頭的，是母國資源與帝國資源之間的互補性。糖種在加勒比地區，勞力則來自非洲；英格蘭工人的給養因此不會受到本國土地與勞力極限所限制。而糖與帝國的另一項產物——茶——互相結合，對於讓工人長時間在棉紡織廠工作也的確大有助益，而且還不用將不列顛的資源投入馬鈴薯、小麥或甜菜等可能的熱量替代來源。同樣的情況也發生在提供工人衣物的棉

10 譯注：彭慕蘭（Kenneth Pomeranz），歷史學家，美國文理科學院（American Academy of Arts and Sciences）院士，曾任美國歷史學會主席，主要的研究方向為明清時期中國經濟與社會史，以及中國與西歐的比較研究。《大分流：現代世界經濟的形成，中國與歐洲為何走上不同道路？》（*The Great Divergence: China, Europe, and the Making of the Modern World Economy*）是其最有名的著作。

花上：英格蘭原本也能種植其他的纖維作物，但有了十九世紀初期來自美國南方的奴工棉花，就無須動用不列顛群島的土地或不列顛本土的勞工。

中國的帝國體系是從土地汲取收入；土地與勞力都是這套體系的一部分。不列顛得天獨厚的煤礦取得，在其工業成長中有著吃重的戲分，但是，把機會成本轉嫁給海外土地與勞工的能力，才讓不列顛得到獨一無二的優勢。其他不同點之所以能開始發揮作用，只因為不列顛是個海洋帝國：比方說，不列顛對於股份有限公司的運用，就沒有給國內生產帶來多大優勢，但要維持遠距離的威壓措施，就需要有運輸與作戰能力，而股份有限公司卻可以把所需的龐大資源集中在一起。

不列顛已經讓自己成了貨物集散中心，來到這裡的不僅有來自西印度群島、北美與印度等屬地，還有世界上許多地方的貨物。到了一七七〇年代，不列顛有半數以上的進出口貨物是來自或運往歐洲以外的地方。[11]有了工業與金融、貿易制度的成長，不列顛的經濟力量逐漸能靠一己之力延續下去。它可以丟掉北美殖民地而沒有丟掉貿易，可以緊緊抓著有利可圖的糖業島嶼，還能將勢力所及的寬度與深度延伸到亞洲去。截至十八世紀末，美洲、非洲，甚至連亞洲人都想購買不列顛產業製造的商品。

不列顛經濟體系的發展軌跡，不能單單歸功於包括種植園奴隸制在內的帝國事業。假使奴隸制是決定性的因素，那在這方面的帝國先驅——如葡萄牙或西班牙——就應該在工業化過程中獨領風騷。唯有用殖民母國與帝國各因素間的共生關係，才能解釋不列顛為什麼能這麼有效地運用這個帝國。在國內經濟沒那麼熱絡的地方——如西班牙或葡萄牙，將貨物出口到殖民地的利潤就會有大半流到帝國領土之外的金融機構。葡萄牙與西班牙用了很長一段時間，才脫離土地貴族與依附農民所構成的制度，而法國的農民則相對安土重遷。而在不列顛的例子裡，十七與十八世紀的地主則開始削減佃農與其他土地耕種者對土地的取得，並在農業活動中起用更多的僱傭勞工。

根據卡爾・馬克思（Karl Marx）的詮釋，資本主義制度的特出之處不僅僅是自由市場，將大多數的生產者跟生產工具分離也讓這個制度與眾不同——馬克思也不得不承認資本主義所帶來的物質成就。英格蘭小農對土地的使用被暴力終結，這讓大多數人別無選擇，只能出賣唯一的所有，也就是他們的勞力，然後離開土地；而工廠主除了利用這些勞力外也別無選擇。長期來看，資本主義比家內生產、農奴制或奴隸制——今天你還能加上共產主義——都來得成功，因為它能迫使擁有生產工具的人彼此競相僱用勞工，還要跟別人一樣有效率地運用這些勞工。

有產者僱用勞工的能力以及僱用的需求，都不是市場或強制力的必然結果，還需要有能為所有權賦予合法性的司法與政治機制。不列顛先是撐過內戰，調集資源來對抗西班牙與法蘭西帝國，最後成就一套制度穩定的國家體系。這個體系在保守的西班牙貴族特權與法國的君主中央集權制度間取得了平衡。不列顛的商人階級就跟荷蘭商人一樣極富企業精神，但不列顛商人的國家更為強大。不列顛的情況，讓它能發展出彈性的用權套路，一度無人能及。

▼帝國勢力與北美洲的革命

以大不列顛為中心的商業鏈結，將埃德蒙・伯克[12]所說「強大且多元到不可思議的群眾」聯繫

11 原注：貿易數據引自Marshall, *Making and Unmaking*, 13.

12 譯注：埃德蒙・伯克（Edmund Burke, 1729-1797），十八世紀愛爾蘭政治家、演說家、政治理論家與哲學家。伯克在不列顛下議院（House of Commons）任議員多年，對美國革命以及天主教解放運動抱持同情的立場，但對法國大革命則相當反感。

在一起，包括蓄奴的糖業生產者、新英格蘭（New England）的農夫、印度的「納瓦卜」[13]、水手、漁夫、商人、傭農和奴隸。一七〇〇年到一七七〇年間，北美殖民地的歐裔人口從二十五萬人成長到兩百一十五萬人——超過不列顛本土四分之一的人數。從英格蘭與威爾斯出口到十三個殖民地的貨物，在一七三五年至一七八五年間（正當政治衝突時）翻了三倍。一七七三年，第一次有人提及「在這個廣大的帝國裡，永遠不會日落」。有些英格蘭作家自視為羅馬共和的繼承人。大衛・阿米蒂奇[14]曾經指出，不列顛這個國家「既不單是殖民母國，也不全是帝國各省所能成就；它是整個不列顛帝國所共享的概念」。[15]

在加勒比海地區這種奴隸人數占據優勢的地方，對奴隸暴動的恐懼意味著白人需要確保與帝國的聯繫——而且，富庶的島嶼也難以抵禦其他帝國。北美洲移民面臨的原住民人口相當可觀，但他們跟帝國卻有不同且衝突的選擇。原住民可能很危險，因此移民需要帝國軍隊存在；不過，原住民也是很有幫助的貿易夥伴，能在帝國經濟體系裡扮演互補角色。然而，移民對原住民的土地垂涎三尺，帝國當局因此被捲入它們不一定想要的衝突當中。不列顛政府將殖民地的原住民視為國王的臣民，殖民地邊界以外的部落則受到國王的「保護」。法國與不列顛在七年戰爭中為了與印地安族群結盟而激烈競爭，同時也跟站在對方那邊的印地安人作戰；不列顛政府在戰後畫了條線，禁止殖民者移居到界線以西的地方，希望能消弭土地的衝突，同時將所有與印地安人協商的權利保留在王室手上——而不是當地政府。這樣的安排變成移民與政府之間衝突的來源，而熱切想購買或攫取肥沃內陸河谷地的移民不停違反規定，也讓情勢更為惡化。

讓不列顛帝國既不列顛又帝國的理念，終究造就對不列顛帝國的反叛。不列顛的克里奧爾人[16]希望無論自己是住在帝國的哪個地方，支持有產階級的議會政府體制都會照樣搬到那裡——這就代表每個個別殖民地都有議會。雖然殖民地議會沒那麼像是迷你版的國會，反倒像是個特別的創造，但他們的期盼還是得到某種程度的滿足。約翰・亞當斯[17]甚至認為不列顛的首都可以設到北美洲去。假使當時的美洲殖民者果真得到他們想要的權力，不列顛帝國或許就會變成邦聯——每個部分都有自己的政府組織、政治一體感，以及喬治・華盛頓（George Washington）與其他人於努力取得對內陸河谷的控制時，那種昭然若揭的帝國野心。

然而，不列顛法學家對羅馬法知之甚詳，因此明瞭美洲殖民者的做法有創造出羅馬法中所謂的「imperium in imperio」，也就是「帝國中的帝國」的風險。一直到革命前夕，殖民者都還很珍惜跟不列顛之間的聯結，只是不贊同其做法，且希望至少有最低限度的地方政府，並承認移民的權利。有些殖民者主張，成立殖民地的特許狀是讓他們成為國王的臣民，而不是國會的臣民。但國會的想法完全不同，而且還非常堅持只有國會有收稅的權力；而且，透過《航海法案》與其他法案達成的

13 譯注：「納瓦卜」（nawab），原先是蒙兀兒帝國皇帝賜給南亞王公的榮譽頭銜，後來也授予其他大權在握的個人。他們半自治地統治著自己的國家，與中央政府保持聯繫。在不列顛印度的某些省分，某些重要的部落領袖也得到了這個稱號。

14 譯注：大衛・阿米蒂奇（David Armitage），歷史學家，以全球史、思想史聞名。著有多本以不列顛帝國為主題的專書。他也是王家歷史學會（Royal Historical Society）的成員。

15 原注：「強大且多元……」：引自Marshall, *Making and Unmaking*, 204; 人數與貨物增長數字引自Hancock, *Citizens of the World*, 27, 29, 387;「在這個廣大的帝國裡……」：喬治・馬戛爾尼勛爵（Sir George Macartney）一七七三年語，轉引自P. J. Marshall, Introduction to in William Roger Louis, AlaineM. Low, Nicholas P. Canny, and P. J. Marshall eds., *The Oxford History of the British Empire*, vol.2 (New York: Oxford University Press, 1998-99), 7-8; Armitage, Ideological Origins, 9.

16 譯注：克里奧爾人（creoles），指殖民地白人移民彼此之間或與當地人通婚生下的後代子孫。

17 譯注：約翰・亞當斯（John Adams, 1735-1826），美國開國元勳，曾任美國第二任總統。

貿易控管，本來就是為了將帝國的各個領地跟不列顛本土綁在一起。七年戰爭、對東印度公司侵略立場的支援，以及與美洲原住民的衝突都產生大筆債務，也讓倫敦加強官員對行政事務的控制，同時還課徵更重的稅——包括加在北美臣民身上的稅。進了美國革命傳奇裡的《糖稅法案》（*Sugar Act 1764*）與《印花稅法案》（*Stamp Act 1765*），就是這整個帝國財政問題的一部分。這些措施最是直接影響美洲的菁英們——商人、律師與大地主等帝國政權裡不可或缺的中間人——他們也帶頭領導愈演愈烈的抗爭行動，最終帶來戰爭。

從帝國的觀點來看，美洲革命是場不列顛內戰。在十三殖民地（Thirteen Colonies），有許多居民對自己在不列顛群島上的同胞有著強烈認同，抑或是看到跟帝國有足夠多的共同利益，所以將自身有條件的效忠交給王室。「保王黨」是這場戰爭中相當重要的面向。不列顛跟任何一個卓有成效的帝國一樣，會試圖利用分化來留住自己的屬地，用自由為獎賞來慫恿奴隸背棄主人，然後為不列顛而戰。奴隸們也自稱為「保王黨」，在自己的陣營輸掉戰爭以後，其中許多奴隸便沿著帝國的交通路線，去了新斯科細亞（Nova Scotia）與獅子山（Sierra Leone）。一如在七年戰爭中的做法，不列顛嘗試爭取印地安盟友，也有了一點成效，這也讓許多起義者開始把印地安人當成自己的敵人。從更廣的角度來看，革命就成了另一場帝國間的戰爭：法國與西班牙加入起義者的陣營，奪走一些在加勒比海與佛羅里達地區的領土，將不列顛的武力轉移到西印度群島，而且還對不列顛海軍帶來相當的挑戰，讓它們難以提供支援或再度補給陸軍，對戰爭結果造成重大影響。

而在起義陣營，領導人對統一的渴望激勵他們做出聲明，表示無論階級差異，家徒四壁的白人移民也可以成為美洲政治社群的一分子。他們的做法讓種族的分野更加尖銳。愛國的奮鬥大業讓窮困與有錢的白人同心協力；而奴隸的命運就只有勞動（見第九章）。

一七六三年，不列顛的領袖勝過對手法蘭西帝國，之後卻馬上就敗在殖民地叛軍的手上，這迫使他們認真面對帝國的局限。看起來，讓不列顛勢力在海外確實紮根的方法——也就是安頓好不列顛的臣民——仍舊迴避不了帝國的老問題：中間人可以運用他們跟殖民母國在意識型態與政治上的相近之處，但不是用來維持跟母國的關係，而是將這份關係扭轉到新的方向。

▼革命後的帝國

到頭來，不列顛的統治者並不願意犧牲國會主權來滿足克里奧爾造反者的要求，也不願為了將他們帶回帝國懷抱而付出繼續戰事的代價。不過，雖然失去北美殖民地讓不列顛政府損失稅收，但不列顛仍繼續跟美洲人做生意，也繼續坐享大西洋兩岸的商業利益。失去兄弟帝國後，現在的不列顛只剩下人煙稀少、財富不多的移民殖民地——加拿大，再加上幾個多數居民都是奴隸的加勒比海島嶼，以及透過私人公司的安排而得到的部分印度。對許多英格蘭人來說，要將帝國剩下的地方維繫在一起，就沒那麼需要訴諸於共同的「不列顛性」，而是要更直接將權力施加在他們認為落後的人民或專橫的菁英身上。但不列顛實施這種更嚴苛控制的能力還是有限，一來是需要在帝國事業裡給當地菁英留份好處，二來是最受壓迫的奴隸社會也有叛變的危險，三來則是因為至少有某些帝國當權派的成員，深信帝國在政治上與道德上之所以可行，靠的是承認政權內部所有臣民的地位。

印度既是更為徹底的殖民行動焦點所在，也是「對不列顛本身的政治制度架構來說，加深涉入的程度意謂著什麼」這個愈發困難的問題中心。有個公司在貿易中賺了錢，受惠於印度與東南亞既存的貿易網絡，接著逐漸發揮愈來愈多主權職能；這個原本漸進的殖民化過程在十八世紀中葉後開始加緊腳步。一七五六年，孟加拉的「納瓦卜」幾乎就要把東印度公司給趕了出去；這成了東印度公司運用其軍事實力與地方盟友的大好機會，接著公司便在一七五七年的普拉西戰役（Battle of

Plassey）[18]裡大敗當地統治者。與此同時，七年戰爭也讓不列顛本國投注大量新軍事資源，好讓東印度公司與其印度盟友得以在支配南亞的爭奪中擊敗法國人和他們的印度盟友。賭注愈下愈大。

由於自身勢力大大衰退，加上公司實力的增強，蒙兀兒皇帝在一七六五年將「底瓦尼」（diwani）——也就是在孟加拉、比哈爾（Bihar）與奧里薩（Orissa）管理與徵集稅收的權力——讓渡給東印度公司。現在，東印度公司在印度一塊以農業生產（米與出口農作物）、布疋與其他製造業，以及老練世故的貿易與財務菁英而聞名的地區，享受著由大約兩千萬人所帶來的歲入。絕大多數被定義為「印度居民」的人們受到法院的管轄；法院由公司監督，但法院執行的則是官員們認定的伊斯蘭或印度教法律。在印度次大陸的大部分地區，政府的工作——也就是實際上的主權行使——從今以後就是營利活動。

成功的關鍵，在於把花費轉嫁到被統治的人民身上。東印度公司利用當地招募來的軍隊，稱為西帕依（sepoy）。印度的政治地圖也成了塊拼花布：包括公司從孟加拉延伸出來的統治區域、仍然由蒙兀兒人統治的地方，以及獨立自主的土邦。舉個例子：東印度公司在南亞與海德拉巴（Hyderabad）統治者合謀對抗勢力強大的邁索爾（Mysore）蘇丹提普（Tippu），打了一連串的仗，直到一七九九年提普被殺、邁索爾成為盟邦才收手。但東印度公司擴張到孟買與馬德拉斯的企圖，卻受到擔心增加七年戰爭債務的不列顛政府、當地政權的力量，甚至是合作統治者對公司行動施加的限制所束縛。在蒙兀兒帝國制度與皇帝的正統性能發揮作用的地方，東印度公司就會利用之；而

18 譯注：七年戰爭期間，孟加拉「納瓦卜」西拉傑・烏德—達烏拉（Siraj ud-Daulah, 1733-1757）得到法國支持，與不列顛東印度公司交戰。結果達烏拉戰敗被殺，東印度公司併吞孟加拉地區。

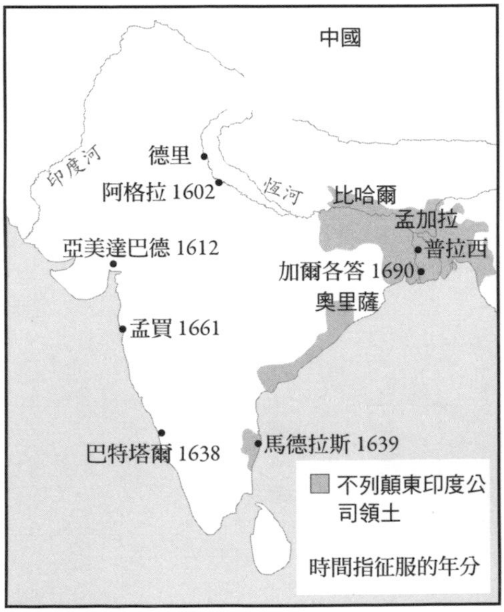

一七六七年

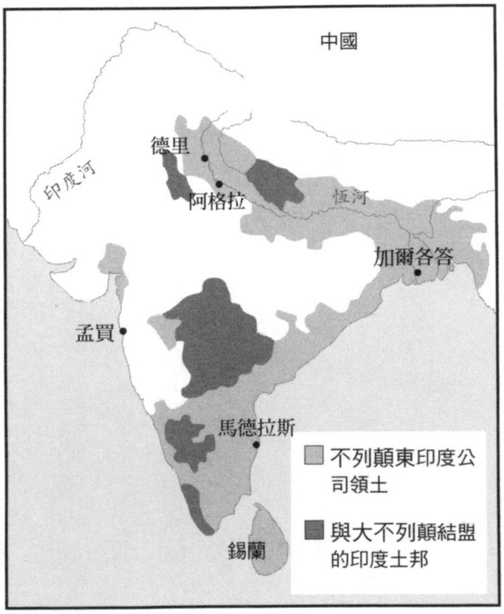

一八〇五年

△
印度，一七六七年與一八〇五年

公司收稅的行動，也要有當地官員階級體系的支撐，這些官員得到的獎勵也足夠讓他們願意合作。東印度公司仍然維持一開始的原貌——投身於貿易的合股公司；但與此同時，它的行動也愈來愈像個國家，能夠收稅、與區域統治者締約或開戰，並行使司法權。有些公司職員就在這個半獨占的貿易體系，以及「收稅」這種典型的非市場活動中成了鉅富。

東印度公司愈發張揚的用權行為漸漸傳回英格蘭。從一七七〇年代起，不列顛政府就對自己監管這間公司的角色更加嚴肅以待，印度也已經成了不列顛菁英夢想世界中的一部分。從一七五〇年到一七八五年，大概有三百種與印度有關的出版品出現在不列顛。[19] 殖民體系也很容易形成濫權。就像十六世紀時西班牙的拉斯．卡薩斯，兩個世紀後的埃德蒙．伯克挺身而出，反對東印度公司的濫權行徑；他的主張，便是以「帝國是一塊統治者應為其行動負責的道德空間」為前提。伯克指控自一七七三年起擔任印度總督的沃倫．黑斯廷斯（Warren Hastings）縱容對平民的暴行、跟地方統治者敲竹槓，窮了國家、富了自己。

黑斯廷斯在國會前受審——審判過程持續七年。最終他獲得無罪開釋，但伯克的控訴就正好緊接著美洲的革命而來，這也開啟一大堆關於「不列顛統治的是哪一種帝國」的問題。政府試圖讓東印度公司清整其行動程序，為公司指派新任總督（這個位子除了對抗美洲起義軍的最後戰役輸家——康沃利斯勛爵〔Lord Cornwallis〕——之外，不做第二人想），並堅持東印度公司調整其收稅手段。所謂的《一七九三年永久居留法》（*Permanent Settlement of 1793*）規定「柴明達爾」（zamindar）——也就是印度地主——要交給國家的稅額，並確保他們從自己的佃戶那獲得這些該付的錢，不然就得承受賣地還債的風險。不列顛官員需要中間人，這也讓印度社會中的等級秩序更加僵化——但官員僅僅對印度社會的階級特色做了點批評。我們會在第十章回頭來看這些策略的長期後果。

伯克不是唯一質疑不列顛帝國統治手法的名人。亞當・斯密[20]同樣也批評東印度公司，而且還全面抨擊帝國與奴隸制。斯密認為，發展開放的市場而不是受限的市場，才符合不列顛的長期利益。他懷疑不列顛的生活方式是否是前進的唯一道路，因而傾向用更有同理心、更謙虛的態度對待非歐洲社會，採取不那麼挑釁的態度面對其他歐洲政權。一場反對奴隸制與奴隸貿易的運動，就是以向國會請願停止不列顛在這種貿易中的參與為始，在十八世紀的最後二十年間發展成形。這類異議人士說得很清楚：就算受到影響的人住在遠方，就算他們跟國王的英格蘭或蘇格蘭臣民在文化上幾乎沒有類似之處，但無論帝國裡發生什麼事，都是本國必須關注的問題。

與此同時，不列顛也還有其他的皇帝與帝國需要對付。法國大革命這種激進主權模式的發展，有吸引不列顛內部貴族階級與君主制度敵人的潛在可能；法國隨後在一七九九年至一八一五年重新開始打造帝國，這也挑戰著不列顛的帝國成就。而不列顛群島以外的資源，以及不列顛先前發展出來、在一整片廣大海洋空間裡保護貿易的海軍，都是限制與最終擊敗拿破崙帝國野心的關鍵。

不列顛戰勝拿破崙，為本國帶來位於地中海的新資產（馬爾他島〔Malta〕，還有在埃及擴大其影響力），以及——由拿破崙的附庸夥伴荷蘭埋單——在南非、錫蘭、部分印度、爪哇與加勒比海的新領土。不列顛曾設法掌握並擴張這個大帝國，現在更是往鞏固自己對這個帝國的權力前進，而非向北美共和主義與法國公民權示弱。

一七九八年愛爾蘭發生暴動之後，這座島也隨著《一八〇一年聯合法案》（*Union Act of*

19 原注：出版數字來自Marshall, *Making and Unmaking*, 199.

20 譯注：亞當・斯密（Adam Smith, 1723-1790），蘇格蘭倫理學家、政治經濟學者，著有《國富論》（*Wealth of Nations*），支持自由貿易，反對壟斷與政府過度干預。

1801）更加徹底併入不列顛。這項法案廢除由新教徒主導的愛爾蘭國會，把愛爾蘭議員帶到倫敦來，在倫敦成了少數。一直要到一八二八年的「天主教解放運動」（Catholic Emancipation）後，天主教徒才得到允許參加國會選舉；但即便如此，投票權的財產資格卻讓大多數天主教徒無法選舉。英格蘭有濟貧措施——當然很小氣——但愛爾蘭沒有。愛爾蘭人在英格蘭尋求救濟，就有可能被驅逐出境。愛爾蘭不是殖民地，不是郡，不是個被合併的王國，也不像加拿大或牙買加。愛爾蘭是帝國的一部分，這個帝國會用不同的方式，統治不同的人民。

十八世紀晚期，不列顛王室就已經開始對東印度公司擴張的領土採取更直接的控制。拿破崙戰敗，讓不列顛王室得到無人能挑戰的海洋控制權。到了十九世紀的頭十幾年，大不列顛已經能運用經濟力量來面對某些形式上獨立的國家，藉此平衡嚴密管理手中某些領土所帶來的花費（見第十章）。不列顛領導人已經知道——特別是從北美洲的當頭棒喝裡——帝國的直接控制有其危險。在加勒比海與印度，附庸與併入帝國的領土彼此間的緊張關係也變得愈來愈明顯。帝國與資本主義的結合，創造出活力前所未見的經濟體系，隨之而來的，則是人們對不列顛統治下所發生的破壞性做法的質疑。

西班牙屬美洲的帝國、民族與政治想像
Empire, Nation, and Political Imagination in Spanish America

帝國——無論名稱還是實質——都沒有隨著法國或北美洲的革命而從歐洲絕跡，而且還成了剛獨立的合眾國的雄心抱負。但「民族國家」有浮現出來，成為另一種選擇嗎？根據班乃迪克．安德森[21]的詮釋，北美洲與南美洲的「克里奧爾革命」是民族主義的嚴峻考驗，反映出這些移居殖民地

並生養後代的克里奧爾人，是沿著什麼樣的「路線」前進，並繞過倫敦或馬德里等帝國中心。這幾個殖民地裡的報業發展也強化了民族想像。帝國再也無法局限克里奧爾人的政治論述，而他們在美洲的殖民領土也就變成「想像的共同體」——這是安德森的著名論點。[22]

但民族社群只是當時政治想像中的一種元素。我們已經在聖多明戈與十三殖民地的革命裡看到：最積極的政治行動者也會使用帝國的用語，擁護帝國的制度；只有在情況證明帝國的衝突已經無法化解時，分離才會浮現並成為目標。南美洲的情況亦然，安德森認為「水平的相似性」足以構成一個由平等公民組成的民族，但若跟殖民過程創造出來的分化社會一比，這個相似性就沒這麼突出了。自由人與奴隸、四海一家的菁英與局限地方的農民，這些都是垂直社會秩序必然會有的關係。只有在帝國架構無法處理帝國式國家的內部衝突時，民族主義才會浮現成為一種維護不平等社會秩序的意識型態。

當西班牙屬美洲的克里奧爾革命發生時（一八〇九年至一八二五年），也跟不列顛屬北美洲一樣，是在帝國的結構裡開始抗爭的；不過，這是個君主制而不是國會的結構。西班牙君主國（見第五章）一向是大西洋兩岸忠誠心的焦點。就跟北美洲一樣，造成海外衝突的，是「改革」與鞏固歐洲皇權的企圖。一七〇〇年開始掌權的波旁王朝，已經與拼湊的君主國形式不再相襯。波旁家族就

21 譯注：班乃迪克・安德森（Benedict Anderson），國際關係與政治學家。安德森有關民族主義與所謂的「想像的共同體」的研究最為出名，他認為資本主義體系下發展的印刷出版業對民族想像形成有著極大影響力。隨著經典語言（script language，如拉丁文）衰落，方言興起，民族想像也隨之出現並得到傳播。著有《想像的共同體：民族主義的起源與散布》（*Imagined Communities: Reflections on the Origin and Spread of Nationalism*）。

22 原注：Benedict Anderson, *Imagined Communities: Reflections on the Origin and Spread of Nationalism* (New York: Verso, 1991).

跟不列顛與法國一樣，必須面對七年戰爭的沉重債務；他們將阿拉貢、加泰隆尼亞與其他省分置於更直接的權力之下，加緊財政控制。在西屬美洲，波旁家族以犧牲國家官員與當地菁英間的默契為代價，大力介入人口多為印地安人的地區。歐裔與「麥士蒂索」出身的移民朝過去屬於印地安人的土地移動，引發關係緊張，更在一七八〇年代造成大規模動亂，犧牲眾多人命才鎮壓下來。

一七九〇年代發生在歐洲的漫長戰事，增加控制美洲緊張局勢的開銷。從這個無法再擴張的帝國裡，西班牙政府能擠多少就擠多少。十九世紀初，有遠見的西屬美洲菁英先是尋求將重商主義體系的限制放寬，藉由各主要轉口港的行會來規定誰可以參加貿易，而不是西班牙加的斯港的商人所主導的單一控制機制。改革人士透過私人關係、親族以及信用構成的越洋網絡，來試圖活絡經濟聯繫。

拿破崙帶來立即的推動力，將這個早已破爛不堪的帝國結構撕成碎片。一八〇八年，他征服西班牙，安插自己的兄弟為國王。西班牙領導人為了躲避拿破崙的勢力而流亡到加的斯，建立國會（Cortes），藉此試圖維持西班牙政府的樣子。立身海外的西班牙臣民會擔心自己的保護人關係與重商主義貿易體系受到威脅也是情有可原。法國革命與大不列顛國會體制等先例，都是西班牙君主國與拿破崙帝國以外的可能選擇，但西屬美洲的菁英還擔心會有海地式革命的風險。在西屬美洲的大部分地方，奴隸沒有像加勒比海那麼多，而且奴隸也是一系列上下階序、勞力管理制度當中的一部分：當地人口包括了印地安人、非洲人與歐裔出身等不同民族的混合，還夾雜交錯著非常不平等的社會地位。克里奧爾菁英們多半認為自己熟悉當地習俗，這也意謂著他們比歐裔西班牙人更有能力管理這個階級體系。

國會變成「半島人」（Peninsulares，來自伊比利半島之意）與美洲代表之間，就席次分配、如何看待殖民地出身的非白人或混血人民、憲法的條文以及貿易控制等議題角力的場所。君主國與國會的拮据與孱弱，讓這些議題愈來愈接近零和處境。「半島人」擔心自己可能被過去的殖民地、被那些沒那麼「西班牙」的人殖民。我們還會在帝國勢力重組的其他時刻遭遇到類似恐懼，例如後來一九四〇年代的法國，當時，殖民地人民正要求在巴黎有更多的政治發聲權（見第十三章）。

在美洲西班牙人眼裡，歐陸西班牙變得愈來愈沒用，也愈來愈累贅。事情的順序很重要：在新西班牙（New Spain）、新格拉納達（New Granada）或其他美洲領土上，此前並沒有什麼早已鞏固的「民族」情感，有的只是漸進的趨勢：從要求在帝國內擁有更完整的發言權，到地方的自治主張，再到脫離西班牙的大範圍呼聲。加的斯的立法機構用包容的姿態，在一八一二年的憲法中聲明「西班牙民族是兩半球所有西班牙人的結合」，試圖維繫整個帝國。[23]但這個構想造成的問題遠比解答的要多。形式上，印地安人也包括在這個民族裡，但他們卻不是在平等的條件下參與其中，非洲出身的人則更被排除在外。更有甚者，在「半島人」堅持不放棄自己掌握控制權的情況下，國會也沒有辦法順應海外西班牙人在經濟與政治上的要求。一八一四年國王斐迪南七世（Ferdinand VII）復辟時，不是用妥協來回應衝突，反而升高壓迫的程度——否認一八一二年自由派憲法的合法性。

就在將西班牙帝國拼回來的爭議向上發展的同時，從帝國脫離的企圖也在美洲生了根。西蒙・玻利瓦[24]冒出頭來，為「遵循理性有序發展與自由的啟蒙理念、打造講西班牙語的美洲民族」的宏大計畫擔任首要的發言人。玻利瓦的願景同樣也是排外的。不會講西班牙語或沒有與菁英共享價值觀的人，就不能全面參與這個新秩序。

---

23 原注：一八一二年的憲法轉引自Elliott, *Empires*, 284-85.

24 譯注：西蒙・玻利瓦（Simon Bolivar, 1783-1830），委內瑞拉政治家與軍事將領，是十九世紀初拉丁美洲獨立戰爭中的重要人物。玻利維亞之名就是為了紀念玻利瓦而得名。

在美洲內部，伊比利西班牙仍然有其支持者，也有軍隊以及行政機構。結果就是內戰：一系列發生在美洲不同地方的衝突。西班牙阻止分離的努力難免有過頭之處，這也疏遠許多一度支持帝國凝聚的人民。這些衝突帶出殖民社會內部的緊張，尤其是針對高度不平等的社會結構。由於雙方都試圖爭取奴隸為他們作戰，於是奴隸制就無法在西屬美洲大陸上繼續存在。奴隸制的終結，不是因為自由信念的傳播或是奴隸叛變，而是因為奴隸主與政治領袖無力抑止奴隸捲入革命衝突所造成的影響。在美洲大陸上，玻利瓦與其他人糾集起來的幾股不同軍隊一路打仗，直到一八二〇年代。

不出所料，西班牙還能堅持的地方，是屬於種植園島嶼的古巴與波多黎各。由於聖多明戈奴隸解放之後競爭減少，當地的奴隸體系規模與強度都在成長（而且還因為不列顛廢止奴隸貿易而得到新一波的鼓舞，這會在第十章中討論），而奴隸體系不能沒有帝國政府的保護。

財政短缺的西班牙帝國政府被打倒，克里奧爾軍隊最終也獲得勝利，但結果既沒有帶來地理上的統一——沒有帶來西班牙語美洲民族的聯邦，也沒有創造出平等人民組成的獨立共和國。一八二〇年代拉丁美洲國家的憲法是堆文件的混合，憲法接受奴隸制終結的既成事實，對印地安人做了些讓步，卻不打算讓新共和國沾染太多的民主與太多的文化多樣性。但是，從一個舊帝國裡出現這麼多新的獨立國家，對各個帝國之間的權力平衡來說影響重大：不列顛的資本與商業影響力會滲透這些新興國家——這正是法國、俄羅斯與美國的領導人所害怕的事。我們會看到，不列顛的帝國套路現在更強調經濟實力，而且背後還有不列顛海軍撐腰。

巴西的模式則有所不同。十九世紀初，巴西的菁英就已經獲得美洲西班牙菁英所追尋的自治權。看起來，巴西就快要壓過了自己的母國。他們獨領風騷的糖業經濟所創造的資本，是歐陸葡萄牙所辦不到的；巴西人就用這些資本，配置直接與非洲貿易的奴隸船。當拿破崙拿下葡萄牙時，葡萄牙國王就在巴西安頓下來，讓巴西成了沒有殖民母國的殖民地。巴西的經濟實力正在成長，它是十九世紀上半葉最大的奴隸進口國。等到拿破崙兵敗滑鐵盧，葡萄牙想把國王要回來的時候，王室便就此分裂；而且，許多巴西人早就認為自己是帝國的中心。唐・佩德羅決定留在巴西，把葡萄牙留給自己的親戚，讓巴西無須經歷分裂戰爭而獨立。一八二二年，唐・佩德羅起用巴西皇帝的頭銜——老帝國創造了第二個帝國，一個由蓄奴的寡頭政權統治的龐大國家。這稱不上什麼社會變革。巴西菁英就像委內瑞拉、阿根廷與其他地方的同伴一樣，在隨後幾十年裡戮力創造出民族意識型態，用來遏止那些隨著獨立而結束的抗爭中浮現的衝突。

政治中的可能性與緊張關係
Political Possibilities, Political Tensions

據說，中國共產黨領導人周恩來被問到有關法國大革命在政治上的重要意義時，曾經做過這樣的回應——「下結論言之過早」。但大多數評論家就沒那麼謹慎。法國大革命以及那些發生在北美洲與南美洲的革命，已經在各自的國家裡轉變為建國神話，人們認為這些革命標誌著公民權、國民經濟、以及（最重要的）民族概念的出現。但在革命自身的年代，革命帶來的教訓卻沒有定論。法國大革命似乎這麼保證，其揭櫫的自由價值將不只適用於歐洲國家，也會實施在跨洲的帝國上，讓非洲出身的奴隸與歐洲出身的公民一起攜手並進。但隨之而來的海地獨立，以及拿破崙在法國其他島嶼上恢復奴隸制這兩個事實，卻至少暫時排除了公民帝國出現的可能性。

建立美國的愛國者們宣稱：自行組織為政治社群的人，有權決定自己的集體命運；但奴隸得不到這種權利，印地安人的權利也被剝奪，征服印地安人的戰爭可是打得比十八世紀不列顛帝國統治時更起勁（見第九章）。南、北美洲的革命起於對英格蘭自由理念、法國公民權的運用，或是因為西班牙君主國重新定義主權與帝國政權內的權力而起；但革命卻是以新興國家的誕生做結，這些國家則與重組後的帝國共享世界空間。各國從不列顛、法蘭西與西班牙帝國脫離，這雖然創造了一個由對等國家組成的世界，卻沒有創造出由對等公民所組成的國家。

美國、哥倫比亞或海地等國家是從帝國脈絡中誕生，而不是從某個此前人們已經廣泛接受的民族觀念裡出現，但這個事實不會削弱這些國家的重要性，也不會削弱它們對未來的影響。每一個國家都用自己的方式，表現出以一群「人民」組成主權國家的可能性。每一場抗爭的錯綜複雜——打造政治社群的嘗試中就已預設的排外性，以及對於這個社群要走向何方的不確定性——都迫使人們不停爭論自由、民族、主權與人民到底代表著什麼。人民主權遠非西歐廣為接受的常態；至於「承載權利的個人」的觀念，會是帝國海外空間內廣為流傳的主張，還是嚴格挑選出來的少數人提著心、吊著膽，守著不讓人碰的見解——這就很難說了。

帝國的誘惑與習慣做法，仍然在為這個問題的不同解決方法設定脈絡——後革命時期的法國，重新恢復一七九〇年代曾短暫廢止的殖民地主從關係，而且還著手為一場新的帝國大業展開冒險，直到一八一五年為止；美國則是從國王手中將自己解放出來，接著在從印地安人那搶來的土地上安置奴隸。南美洲國家不把原住民當成對等的人看待；不列顛帝國則在世界的不同角落，運用各式各樣的的策略組合。民族已經成了世界政局中可以想像的可能性。儘管法國、大不列顛、西班牙與美國的領袖並不希望將自己的政治領域局限在民族疆界裡，但他們也沒有辦法阻止人民主權的觀念飄洋過海散布出去，進而為歐裔移民、奴隸與當地原住民提供一種新的語言，讓他們配合其他表述方式，提出主張來對抗帝國。

第九章

跨洲帝國——美國與俄羅斯

Empires across Continents: The United States and Russia

在十八與十九世紀，美利堅帝國與俄羅斯帝國在北半球向東、西發展，跨過兩大洲，越過了太平洋。俄羅斯人和美國人都相信自己有統治大片領土的「昭昭天命」[1]，但它們的擴張策略與統治手法是從不同的帝國經驗裡發展出來的。本章就是要探討這兩個帝國隨著對空間與人民的控制擴張而調整、精進過的各種「差異政治」變體。

北美洲的不列顛移居地將「生而自由的英格蘭人」帶到了新世界，但革命人士不僅證明所有人都生而自由，還打倒了國王，接著更著手進行自己的宏圖大業——「自由的帝國」。各地隨著美利堅合眾國向西擴張而被併吞，接著從領地變成各州，每一個州都是平等的政治單位。理論上，憲法保證美國公民有其自然、平等的權利；但實際上，公民權卻局限在特定的人群之內。奴隸因為其非洲出身，從一開始就被排除在外。美國人最初在政權裡承認各個不同的原住民「民族」，後來卻驅逐他們，把「印地安」人民限制在保留區內。

而在歐亞大陸上，俄羅斯統治者沒有跟他們從蒙古人、拜占庭以及過往歐洲繼承來的統治手法決裂（見第七章）。羅曼諾夫家族從善如流，接受治下人民的多樣性。他們採取的「差異政治」，得以選擇性地獎勵被併吞地區的菁英，在監督下適應各種宗教與民俗習慣，以及務實地將權利與義務分配出去。差異統治的原則同時應用在帝國的新舊區域。俄羅斯用不同方式統治不同民族的做法，讓皇帝與官員能調整臣民的權利，而無須經歷那種幾乎就要摧毀年輕美利堅帝國、因奴隸制而起的血腥內戰。

北美洲的空間與帝國
Space and Empire in North America

▼貿易、土地、勞力與新世界的社會

讓我們重新放眼過去，便會發現這個「新世界」可不是白板一塊。在歐洲人登上舞台之前，帝國與部落群體早已在整個南、北美洲星羅棋布，達兩千年之久；它們試圖控制貿易路線，管理安家落戶的人民及其生產活動，適應各種可能的環境。歐洲人則是從濱海殖民地起家，透過海路與農業殖民地朝內陸延伸，帶來技術（鐵與黃銅）、動物（馬）與貿易需求（毛皮），在美洲大大拓展財富、權力以及衝突的可能性。

歐洲人同樣用自己的方式來詮釋他們接觸的社會。不列顛殖民者有一種混合的意識型態：其中有英格蘭人的權利觀念，但也有用「文明」介入的想法；相較於務農的人與財產主，英格蘭人相當鄙夷「遊手好閒」的愛爾蘭人；而用「文明」介入的觀念，就是從這種鄙夷心態和英格蘭人對愛爾蘭的占領行動中發展而來。儘管有些人讚許拉斯・卡薩斯保護印地安人、對抗西班牙人壓迫，但他們仍然認為北美洲印地安人沒有能力掌握自然，缺乏印加人或阿茲提克人的文化成就，自然也就沒

1 譯注：一八四五年，政論家兼民主黨支持者約翰・路易・歐沙利文（John Louis O'Sullivan, 1813-1895）撰文支持美國併吞德克薩斯州與奧勒岡國（Oregon Country），他在文中提出了「昭昭天命」（manifest destiny）一詞，表示美國人民有其特出的德性與制度，向西擴張兼併該地以及占領美洲大陸，都是美國的神聖職責。此後這個詞便在美國流行起來。

那麼有權利反對英格蘭人關於資源所有權的主張。

但其他拓荒者與移民看到的印地安人，卻生活於定居村落，由受人敬畏的酋長或國王統治，不僅生產歐洲人想要的商品，也購買歐洲人拿來賣的其他東西。當不列顛移民從大西洋岸邊往內陸移動之際，他們大多數的土地都是透過購買得到的——雖然不一定是在買賣雙方平等的條件下，但仍然是對印地安人土地權利的實質認可。有人視印地安人為社群，在擴張的帝國政權中擁有一席之地；有人則主張印地安人未開化且危險，可以驅之別院；這兩種看法間的緊張關係貫穿了殖民過程最初的幾個階段。

當歐洲人到來時，印地安人的人口已經比過去少了很多。西元九〇〇年到一三五〇年間較為宜人的溫度，已經被沒那麼友善的氣候取代。印地安人以狩獵、採集、耕作，以及在沿海與內陸水路捕魚維生。到了平原上，他們獵捕水牛與其他動物；而在北美西南部，各個部族則將狩獵與農業生活加以結合。居住點極為分散；比起歐洲的日耳曼語族（Germanic languages）和羅曼語族（Romance languages），或是遍布整個歐亞草原的突厥語族（Turkic languages），其語言群體彼此間的共通性也更少。印地安社群規模多半很小，但有時會結合成區域性的聯盟。北美洲與阿茲提克和印加帝國形成的地區不同，沒有為原住民提供支持極大規模政權所需的密集資源。就在新來乍到的人帶著與歐洲、非洲和其他地方的交流進入印地安人的世界後，這種對帝國建造行動的資源限制也開始改變。

一四九二年，大概有兩百萬人住在密西西比河以東。由於西班牙起頭的歐洲人所帶來的疾病，讓這個數字急遽下跌，削弱了許多印地安群體的社會結構。儘管如此，北美洲的歐裔人口比起印地安人還是相當稀少；一七〇〇年時，北美大陸上只有約二十五萬歐洲人。但到了一七五〇年，密西西比河以東的歐裔與非裔美洲人已經超過原住民的人口，達到約一百二十五萬之譜。[2]

歐洲人在十六世紀的遊記中形容印地安人的方式，混合了對印地安式生活的好奇，對他們怯懦無用、失敗且未能馴服自然的藐視，以及「可以控制這些人，他們對新來美洲的人會有用處」的想法。對雙方來說，帝國都是這場相遇中的一部分。歐洲人所傳述、代代相傳的寶嘉康蒂[3]的故事——說她與約翰．史密斯船長（Captain John Smith）墜入愛河，救下被她父親包華頓（史密斯稱他為「皇帝」）下令處刑的史密斯，其實是用浪漫傳奇的方式，來重述包華頓企圖藉著收攬史密斯為附庸，進而併吞英格蘭移民的儀式性努力。後來的故事版本模糊了包華頓的政治力量，還將他那種家父長式的統治改頭換面，變成一種鬆散的性秩序；但這仍然能讓人想到移民在自己的小小「飛地」裡，有多麼依賴原住民的善意。

印地安人抓住新的貿易契機，充分利用與歐洲人接觸所帶來的商品。拓荒者——無論是維吉尼亞的英格蘭人，還是在後來加拿大的法國人——都曾描述印地安人對參與交易的渴望。可以再製為工具、飾品與武器的金屬最是讓人垂涎三尺。印地安人漸漸將歐洲的產品納為己用——包括衣物、毛毯、斧頭、刀劍、壺、槍枝以及動物。雖然弓箭仍然是打獵時最可靠的武器，但印地安人很快就學會用槍，歐洲商人也很樂意賣槍給他們。印地安人也有東西可以用來回敬——森林物產，尤其是北方的海狸皮，後來則是平原上的水牛皮。當毛皮貿易驅策著俄羅斯人先是橫跨西伯利亞，後來則越過北大西洋到達阿留申群島（Aleutians）與阿拉斯加時，英格蘭與法國拓荒者則是從大西洋海岸

2 原注：「二十五萬……一百二十五萬」：統計數據引自Richter, *Facing East*, 7.

3 譯注：寶嘉康蒂（Pocahontas, 1595-1617），包華頓之女。根據約翰．史密斯的說法，她在史密斯即將被包華頓下令處死時為他求情，讓他得以脫身。學者多半視史密斯的說法為虛構。寶嘉康蒂曾被英格蘭移民擄獲，她也在此時學習英文、接觸基督教信仰，並與菸草商約翰．羅爾夫（John Rolfe）成婚，最後死於英格蘭。

往內陸行腳，建立起一連串通往五大湖（Great Lakes）、甚至更遠地區的貿易據點。

與帝國的聯繫慢慢轉變了環大西洋地區及其腹地的政治與經濟潛能。不列顛群島的經濟艱難與宗教、政治的緊張局勢，驅使蘇格蘭、愛爾蘭與英格蘭移民源源不絕地到來。不列顛用新英格蘭的物產——在近海捕的魚——養活加勒比海糖業島嶼上的奴工，以及為地方菁英們效勞的財務人員。新商品也在不列顛大西洋體系中找到立身之地——例如維吉尼亞的菸草與南卡羅來納的米。作為商業主體、供應者以及消費者，北美洲也被納入大西洋奴隸貿易體系當中（見第六章）。

奴隸制是推動北美洲殖民地社會成形的要素。對紐約等城市的貿易擴張來說，奴隸與奴隸貿易居功厥偉。奴工讓加勒比地區與美洲大陸部分地區的種植園經濟，可以在不依賴獨立且流動的原住民的情況下發展。讓我們簡單來看一下十七世紀的維吉尼亞。

維吉尼亞的領袖們自視為大家長，統領著女人、小孩、僕人與奴隸，並抵抗印地安人——但也跟印地安人交流。一開始，奴隸與貧窮移民（尤其是契約勞工）的生活相互重疊，而在白人殖民者（起先多為男性）與女奴和印地安人之間也有相當數量的雜居，包括合法婚姻。但隨著菸草生產與奴隸制度愈來愈穩固，這些領袖們就打算更明確地畫出分際，利用法律來建構種族階序。當歐洲出身的婦女被看成丈夫的附屬品與家庭生活的泉源時，非洲血統的女性則被定調為勞工，一如非洲男性。一六六二年的一份法律彰顯過去的做法：奴隸母親生下的孩子無論其父系出身，都要當奴隸（跟伊斯蘭律法有著強烈對比）；另一份法律則表明改宗基督教不必然代表自由。非洲奴隸跟印地安戰俘在法律上是有分別的。一六九一年的一項法律還要求把跟「黑人、穆拉托人[4]或印地安裔男女奴或自由人」[5]結婚的白種男女從殖民地放逐出去，無論其身分。而在殖民地內，非裔自由人也不允許參與政治。

有錢的男性地主一開始就主宰了維吉尼亞殖民地，但家父長權力如今則是沿種族界線來畫分。

奴隸不僅是地位標籤，也是種族標籤；奴役的情境則代代相傳，不會因為改宗、文化適應或婚姻而改變。殖民地領袖費了九牛二虎之力，才確保窮白人能找到房子住，投身殖民地防務，並自視為該政權中的一分子。有了被排除在外的印地安人、居於人下的非洲人，再加上用來在社會階層間強加界線的法院，一種新的社會也於焉誕生。這樣的社會後來也成為美國革命中政治動員的跳板——華盛頓、傑佛遜與詹姆士・麥迪遜[6]都是維吉尼亞的奴隸主。

十七世紀時，北美洲整體的地理與政治新秩序輪廓雖還稱不上清楚，卻也遠非一成不變。與浩瀚帝國世界的交流，影響了印地安人之間的政治與軍事關係。就像蒙古部族為了從中國當局得到貿易權利而競爭，北美印地安人也會為長途貿易的好處而大打出手。西班牙人將馬匹帶到這個半球，徹底改變印地安人的經濟、戰爭與政治局勢。蘇族（Sioux）運用與馬相關的技術，成為水牛獵人，並移入北美大平原取代其他部落。而在五大湖區，操易洛魁語（Iroquois）的民族攻擊講阿爾岡昆語（Algonquin）的人，為的是獲得狩獵海狸的獵場，以及取得能彌補自己戰時與其他損失的俘虜。

帝國的監管也被印地安人用來當作對抗移民的工具。在新英格蘭，納拉甘西特族（Narragansett）與其他印地安人主張自己與英格蘭國王有協定，他們是國王的臣民，理當不用服從私人利益取向的移民當局。殖民者虐待印地安人的做法，一度造成王家官員更為直接地行使職權。

4 譯注：穆拉托人（mulatto），指黑人與白人的混血。

5 原注：「黑人、穆拉托人……」：Colony of Virginia Law, 1961, 轉引自Brown, *Good Wives, Nasty Wenches*, 197.

6 譯注：詹姆士・麥迪遜（James Madison, 1751-1836），美國開國元勛，曾在第三任美國總統托馬斯・傑佛遜執政時擔任美國國務卿，並繼任成為第四任美國總統。麥迪遜是美國憲法與美國權利法案的起草人，也因此被尊稱為「憲法之父」（Father of the Constitution）。

只是隨著殖民者勢力愈發穩固，態度愈發強硬，局勢也開始對印地安人不利。

印地安人身處帝國之間時，就會有某些操作的空間。在十七世紀晚期與十八世紀早期，五大湖周遭的毛皮貿易地帶構成了理查·懷特[7]所說的「中間地帶」，互相競爭的印地安政權與敵對的帝國勢力——法國與不列顛——在當地尋求同盟與貿易關係。拓荒者與商人人數甚少，他們得仰賴印地安人對環境與部落政治的了解，且當地也沒有歐裔女子，再加上歐洲帝國之間的競爭，這一切都讓這片廣大地區的社會關係變得多方牽扯、動盪不穩。新來的歐洲傳教士、軍人與毛皮貿易商會跟印地安族群結盟對抗易洛魁人，成為對抗過去占主導地位的印地安聯盟時的關鍵因素。在五大湖區與俄亥俄（Ohio）河谷，血緣背景各異的印地安社群與「歐裔—印地安」混血出身的人，圍繞著貿易中心發展起來。年輕人有能力販賣毛皮與得到歐洲商品，並挑戰家父長的支配權。

法國人起初比不列顛人更熱衷於跟印地安聯盟攜手，但他們沒能維持這些關係——當衰弱的法國經濟能給的好處愈來愈少時就更是如此，而這也導致法國在七年戰爭中吞下敗仗。這場戰爭——尤其是戰爭後有個勝利者的事實——讓印地安人大難臨頭。法國的戰敗終結英法雙方尋找印地安盟友的需要，並促使英格蘭移民加速滲透內陸。

美洲原住民發現，帝國間的競爭既是轉機，也是危機。過去，歐裔美洲移民並沒有統一的聯合陣線；相反地，印地安人一直到十八世紀，都在帝國對手間的空隙遊刃有餘。但由於歐裔美洲人不停到來——而且擁有世界性的連結網絡——權力與影響力的天秤因而倒向歐洲人那一邊。

7 譯注：理查·懷特（Richard White），歷史學家，專研美國西部開發、原住民以及環境史。他曾任教於華盛頓大學、猶他大學、密西根州立大學與史丹佛大學，也曾擔任美國歷史學家協會（Organization of American Historians）主席。

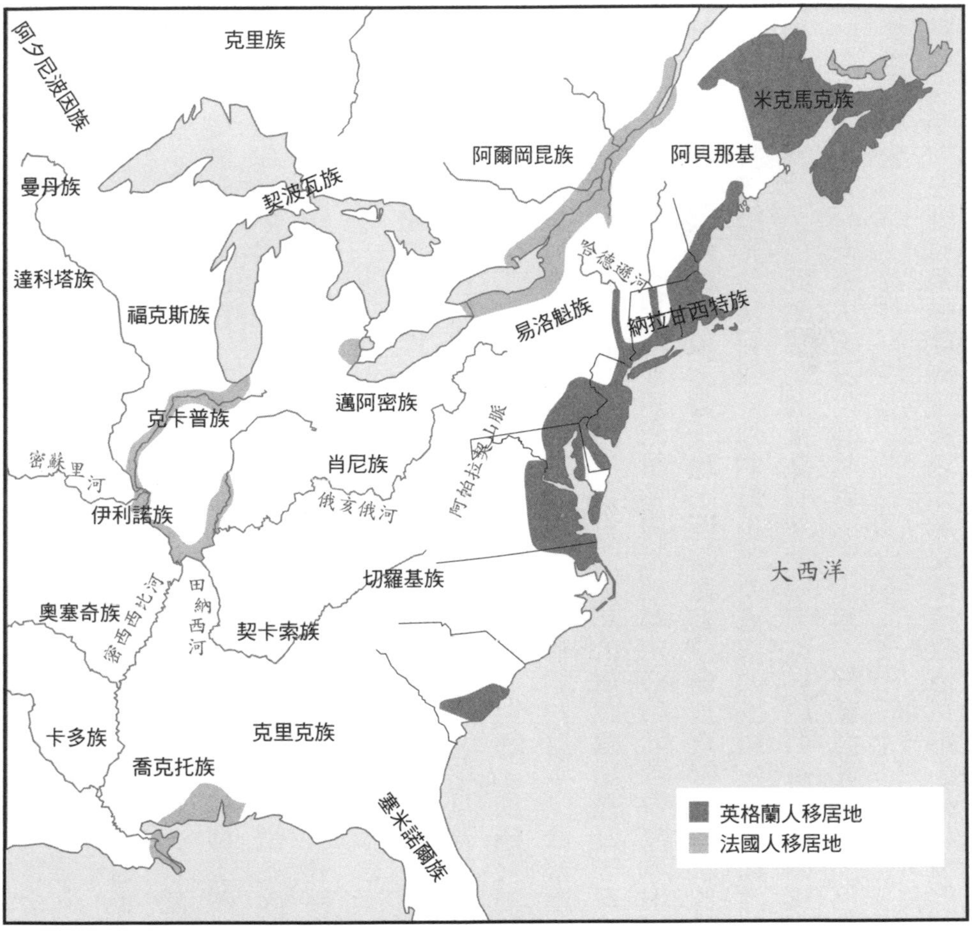

△

十七世紀時移民與美洲原住民分布

▼美洲的原住民與移民

歐洲人到來時，印地安人駁雜、順應環境的經濟體系也陷入重重包圍。歐裔美洲人的農耕是種影響深遠的土地使用方式，遠比歐亞草原的經濟活動影響還大。過去印地安人會輪換使用他們的耕地，而移民則是年復一年犁著同樣的田。一旦地力枯竭，移民就砍倒樹木來擴張耕種區域；他們還帶來馴化的動物，吃掉鹿與加拿大馬鹿（elk）賴以為生的草料。歐洲人跟印地安人同時都過度獵捕毛皮動物，以達到在全球市場上的獲利需要。這些做法深深打亂過去印地安人利用資源與保護資源並行不悖的生態平衡。

七年戰爭結束時，自法國贏來的土地上的歐裔居民雖然大多是天主教徒，但還是被併入成為不列顛政權的臣民；另一方面，當地的印地安人沒有得到臣民的地位，但官方仍宣布其受到國王的「保護」。印地安人沒有跟其他人一樣的土地權利，只有土地的使用權。翻越阿帕拉契山脈後，有條多次調整過的界線；在這條線以西的印地安人只能將土地轉移給政府——政府則將核准殖民與否以及販賣土地給歐裔農民的權利收歸己有。據說，一七六三年的處理協議是為了保護印地安人不受移民的干擾，才會把印地安人從一個以財產所有權與處置權為中心的社會與政權中畫出去。

歐洲移民推進西部地區，違法購買或搶奪土地，同時還期望帝國政府會保護他們。不管移入俄亥俄河谷的移民有多麼單打獨鬥、冒險犯難，他們還是需要國家的支援。不列顛沒能滿足移民的期待，導致移民和他們的帝國主子彼此疏遠，並渴望有個能堅定站在他們這一邊的國家。而在同一時間，俄亥俄河谷的印地安人不只漸漸失去謀生的基礎——土地、狩獵與貿易——也丟掉了在不列顛帝國裡保有一席之地的機會。

至於在北美洲的西南部，則有多個歐洲帝國跟印地安部落政治交錯在一起。一五三五年後，新西班牙總督轄區就從位於墨西哥城的首都，強行宣稱握有從中美洲一路往北延伸，直到今天的加利福尼亞州、新墨西哥州、亞歷桑納州與部分德克薩斯州的土地。等到法國拓荒者從中央水系而下，西向進入平原地帶時，西班牙與法蘭西帝國就開始直接的較勁。該地的印地安人有阿帕契族（Apaches）、普韋布洛族（Pueblos）、納瓦霍族（Navajos）、卡曼契族（Comanches）、蘇族以及威奇塔族（Wichitas）；他們與歐洲人結盟，彼此對抗，一有機會就換夥伴。阿帕契族也為那些可以賣給西班牙人的俘虜而戰。

由西班牙殖民者設立、印地安勞工負責運作的傳教站與莊園，為周邊游移的部落帶來機會，就像歐亞大陸農業帝國對邊界上遊牧民族的誘惑，只是規模要小得多。阿帕契族人也會掠奪西班牙移居點的牲畜與進口貨物，而西班牙人則想辦法讓他們乖乖聽話，和他們談條件，或是把他們抓來當奴隸。當法國將路易斯安那這一大塊密西西比河以西的土地割讓給西班牙時——這是七年戰爭的結果，西班牙人漸漸與某些印地安人達成和平共識，但並非所有印地安人都如此。一七七一年至一七七六年間，光是一個墨西哥省，阿帕契族就殺了一千六百七十四人，擄走一百五十四人為俘虜，迫使西班牙人拋棄一百一十六座大莊園與大農場，還偷走六萬八千兩百五十六頭牲畜。[8]

隨著時間過去，信奉天主教的西班牙人想方設法，讓遭遇到的許多吵吵鬧鬧的人安靜下來，這也為印地安人帶來災難性的後果。在加利福尼亞，傳教體系把印地安人變成勞工，不僅讓他們改宗，教他們規矩，還剝奪他們的資源。經歷了加利福尼亞的傳教高峰期（一七七一年至一八三〇年），聖地牙哥（San Diego）與舊金山之間的印地安人口從七萬兩千人掉到一萬八千人。[9]墨西哥百轉千

8 原注：「阿帕契族就殺了……」：一語的數據來自White, *It's Your Misfortune*, 30.

迴，於一八二一年從西班牙獨立，造成傳道團在一八三三年的還俗，但並未削減地主菁英的權勢。這些菁英們在包括加利福尼亞在內的部分墨西哥土地上，開設新的大農場，許多印地安工人最後成了依附於這些農場的勞工。

美洲原住民為何會在自己的土地上逐漸輸給入侵者？答案涉及技術力的不平衡，但回過頭來，這又跟與帝國相遇的時機以及特定的空間可能性有關。歐亞草原遊牧民族之所以能蓬勃發展，甚至屢屢成為大帝國的領袖，是因為他們是當時最有效率的戰士，也是因為他們有東西能維生或是掠奪——最重要的就是農耕中國的財富。有了這些具發展潛力的因素，匈奴、蒙古人與其他遊牧民族至少從西元前二世紀起，就逐漸發展出能在大規模征服與統治間協調的政治技術（見第四章）。十五世紀的北美洲印地安人雖然擅於打仗與掠奪，但他們沒有中國來誘使彼此進行大規模的合作；印地安人也沒有發展出跟馬有關的技術與政治組織，但蒙古政權正是因為馬才有了實現的可能。

歐洲人一開始就像來自海上的遊牧民族，帶著先進的武器。等到人數一多，便推行自己的意識型態與統治方式，並設法利用帝國開疆拓土的能力。移民闖入這片土地，削弱印地安人自給自足的能力。即便印地安人迅速採用馬匹與新式武器來掠奪或創造新財富，但歐洲人卻控制著對外貿易，保衛私有財產，還能指望政府來執行他們的主張。歐洲地區因帝國而起的競爭，以及越洋機動力與移民經驗，都大大增長歐洲人的政治籌碼；事實也證明，這樣的籌碼對印地安人社會極具毀滅性。

▼合眾的原因

當美洲的愛國者在一七七六年齊聚一堂並宣布從大不列顛獨立時，他們的不滿都跟壓迫性的重稅、與「世界各地」貿易時受到的限制，以及王室處理印地安人的態度有關。印地安人領袖則以忠實臣民的身分，向國王的代理人請願來幫助他們抵抗移民的陰謀；忿忿不平的殖民者宣稱「他（指國王）在我們之間煽動內亂，並竭力招徠我們邊境上的那些居民，也就是殘忍的印地安野蠻人；眾所周知，他們的作戰準則就是不分男女老幼、不問是非，一律格殺勿論。」[10]

美國獨立起義一成功，維繫十三個前殖民地隨即成了新領導班子的任務，這十三個前殖民地的人民還各有不同的利益與不平等的關係。起義人士念茲在茲的還是帝國。傑佛遜期待有個「自由的帝國」。喬治・華盛頓則呼籲「塑造與建立一個帝國」。但革命的成功並不會自動帶來帝國的凝聚。當和約在一七八三年簽訂之後，美國的領袖們擔心由《邦聯條例》（*Articles of Confederation*，到了一七八一年才得到一致通過）鬆散結合的各州，已經失去作為一個政權的內聚力——他們也確實有擔心的理由。各州當局無法就如何支付戰爭帶來的債務達成共識；他們沒有錢，也沒地方借錢。有位不列顛評論家在一七八一年寫道，美國人永遠無法「團結成一個緊密的帝國，不管在哪一種政府統治下都不行。他們看來注定只會是群團結不起來的人，直到世界末日」。[11]

團結的迫切性隨著當時帝國間的競爭而來。美國的起義者過去已經對抗過一個帝國，當時還得

---

9 原注：「傳教高峰期……」：一語的數據來自White, *It's Your Misfortune*, 33.

10 原注：「世界各地」以及「他在我們之間煽動內亂……」：Thomas Paine, *Common Sense, ed.* Edward Larkin (Buffalo: Broadview Press, 2004), 219.

11 原注：「自由的帝國」：Robert W. Tucker and David C. Hendrickson, *Empire of Liberty: The Statecraft of Thomas Jefferson* (New York: Oxford University Press, 1990);「塑造，建立一個帝國」：引自Norbert Kilian, "New Wine in Old Skins? American Definitions of Empire and the Emergence of a New Concept," 收錄於Armitage, *Theories of Empire*, 319.「團結成一個……」引自Hendrickson, *Peace Pact*, 4.

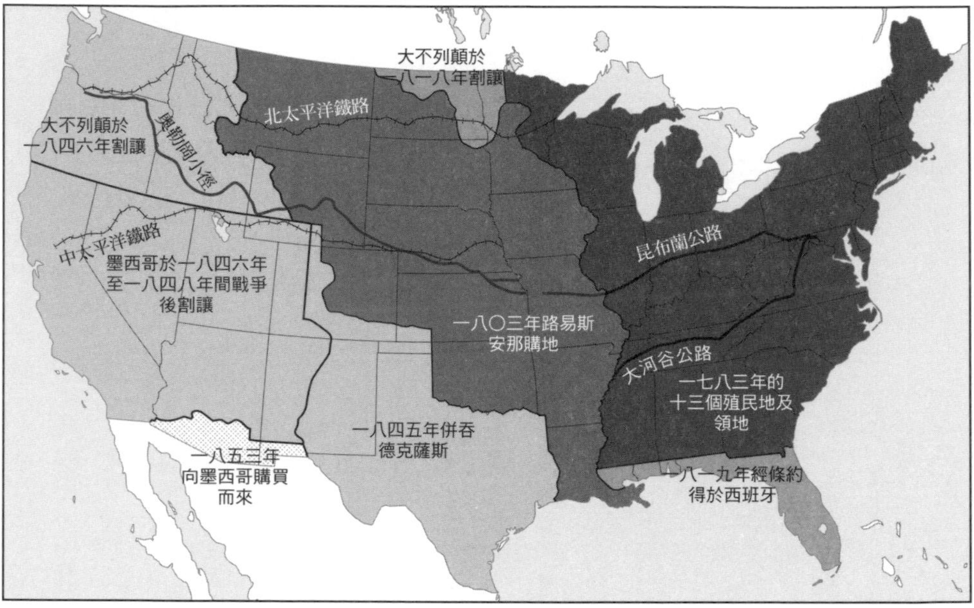
大不列顛於
一八一八年割讓
北太平洋鐵路
大不列顛於
一八四六年割讓
奧勒岡小徑
中太平洋鐵路
墨西哥於一八四六年
至一八四八年間戰爭
後割讓
昆布蘭公路
一八〇三年路易斯
安那購地
大河谷公路
一七八三年的
十三個殖民地及
領地
一八四五年併吞
德克薩斯
一八五三年
向墨西哥購買
而來
一八一九年經條約
得於西班牙

△
美國的擴張

到此帝國的敵人助一臂之力，現在則擔心再度被某個帝國的勢力範圍給併吞。歐洲的帝國不只強大恐怖，在競爭心方面也同樣危險。倡導聯邦制的人擔心，歐洲人打了幾百年的帝國戰爭會延燒到美洲來。他們主張：要是沒有統一的行動架構，國家恐怕會分裂成兩或三個部分——蓄奴、以種植園為本的南方地區，北方的貿易與移民地區，以及情況不明的中部地區。要是前殖民地變成分裂的幾個國家，就會被併吞或被人鼓動起來彼此對抗。

留給美利堅帝國締造者的主要問題，就是如何建構出一種新的政權，既不會以無情鐵蹄踏過其各部組成——也就是各州——的權利，也不會踐踏他們過去宣稱個別公民所擁有的自然權利。鼓吹各州結合的人呼籲要組成聯邦體制，並以各組成單位地位對等、將權力分置於不同層級的政府為其原則。反聯邦派則在帝國的歷史裡看到前車之鑑：大權集中於皇帝個人手中。權歸中央會造成獨裁，但太過強調均一性——像全體公民共用一套法律的羅馬帝國晚期，那也行不通。

對各州四分五裂的擔憂，以及對大一統帝國專制統治的恐懼，此等情緒一時之間，都為之後的成功統合塑造了良好條件；其展現出來的成果，就是一七八七年擬定、並在隔年審議通過的美國憲法。這些後革命時期的安排創造出單一的政權，不但認可組成各州的既有權力，同時也為公民提供一個能平等表述的公開園地。各州在參議院內都能有兩名參議員，而眾議院的席次則是以人口來決定。

但不是所有人都會受到同一種方式來計算或治理。奴隸不會是公民，也不能投票，但計算眾議院代表人數時，有奴隸居住的各州可以把每個奴隸算成五分之三個人（這個比率也同樣用在納稅評估上）。代表額的分配也會排除「沒有納稅的印地安人」，這種表達方式或許是將他們區分為仍住在「部落」裡的印地安人，以及那些已經與歐裔美國人群融合、跟著其他所有人一起繳稅給政府的印地安人。排外與部分整合的計算方式，是美利堅帝國統治初期的一部分。

這個新政權的名字——美利堅合眾國——就暗示是移民支配著美洲，消弭所有大陸原住民先前的統治權，也否定征服與強奪的記憶。「印地安人」這個標籤留了下來，原本應該是用來提醒歐洲人過去對地理的無知，但實情不僅不是如此，反而是讓原住民——而不是那些新來乍到的人——變成異邦之徒。

▼公民、印地安人與美利堅帝國的形成

這個美利堅新聯邦的熱烈擁護者就像古代的羅馬人一樣，並不認為共和體制與帝國擴張有何牴觸之處；分權制度就是構思用來避開過去帝國往獨裁前進的發展方向。創始的立法者靈機一動，想出一種能讓這個政權穩定朝和平方向成長的方案：一七八七年的《西北地域法令》（*Northwest Ordinance*）宣布，新成立的州能夠以「無論在哪一個方面，都能與創始各州同樣地位」的姿態加入這個聯邦。[12]人們理所當然認為，組成各州的是領土，而不是種族、宗教或任何一種人民的社會特性。這種合眾國加盟條件的平等，不僅跟承認殖民地、公國、領地或其他不同層級的政治組織完全相反，也讓美國與其他組合出來的政權，有著截然不同的區別。

但是，住在各州的領土上，並不等於就被包容進這個政體、成為其中一員，或享有平等的權利。一七九〇年的《歸化法案》（*Naturalization Act*）讓所有在這個國家裡住滿兩年、品性良好且宣誓效忠新憲法的「自由身白人」[13]有了成為公民的可能。故此，這個新國家的公民權對歐洲移民相對開放，但對非洲人與美洲原住民則相對封閉。在接下來的篇幅裡，我們要描述原住民在新共和國的頭一個世紀中被邊緣化的過程，接下來則轉而探討奴隸。共和國建立時，奴隸權利遭否定的情況看來有些模糊，但在一場差點摧毀這個政權的衝突裡，他們卻成了焦點。

雖說在獨立戰爭中，印地安人（包括同一個部落的成員）都曾為雙方陣營而戰——或試圖置身

事外，但歐裔美國人把對大不列顛的勝利詮釋為自己「得到了對印地安土地的支配權」。「你們是被征服的人」，易洛魁人被如此宣告。不列顛人在巴黎條約裡背棄他們的印地安盟友；一整塊五大湖以南的「不列顛」領土就這樣交給了美國人。賓夕法尼亞州的約翰．迪金森[14]對此下的結論是，現在一整片「內陸地帶和全部的堡壘」都在美國手裡，印地安人「要是想活命，現在就得看我們的臉色」。他還宣稱，要是印地安人沒有「馬上停止他們的野蠻行徑」，共和國就應挾其勝利的大軍，「把他們從之前出生和現在居住的地方給除掉」。華盛頓要求手下的將領攻擊易洛魁人，還要「搗毀所有居住地……不能只是統治這塊地方，而是要摧毀才行」。傑佛遜相信，印地安人的「殘忍野蠻就是滅絕他們的正當理由……他們在戰爭裡殺了我們幾個人；我們就毀了他們全部」。[15]

合眾國政府一度堅持印地安人早已失去了主權以及對土地的所有權。後來，由於預見到按此原則行動可能造成的血腥暴力，美國的政策退回到某種類似不列顛的做法：印地安人有土地的使用權，但沒有所有權。這後來成為人們所說的「印地安人的權利」（Indian title）。只有政府能從印地安人手中得到土地，並且重新分配之。

12 原注：「無論在哪一個方面……」：Northwest Ordinance of 1787, 轉引自Hinderaker, *Elusive Empires*, 231.

13 原注：「自由身白人」：naturalization law of 1790, 轉引自Hinderaker, *Elusive Empires*, 261.

14 譯注：約翰．迪金森（John Dickinson, 1732-1808），美國開國元勳，因撰寫《來自賓夕法尼亞農民的信》（*Letters from a Farmer in Pennsylvania*），在十三殖民地流傳甚廣，凝聚了殖民對不列顛政府多項法案的不滿之情而被稱為「革命代筆者」（Penman of the Revolution）。美國獨立戰爭前後的多份請願書與宣言皆出自其手筆。

15 原注：「你們是被征服的人」：引自Hinderaker, *Elusive Empires*, 233;「內陸地帶……給除掉」：John Dickinson, 轉引自Richter, *Facing East*, 224; 華盛頓與傑佛遜的話引自Mann, Dark Side of *Democracy chapter*, 2, 92.

一七九〇年代的《印地安人貿易與交流法案》（*Indian Trade and Intercourse Acts*）就從根本上假定印地安人是各自為政的民族，連在創始的十三州內亦然，也因此只有聯邦政府擁有跟他們打交道的權利。印地安人一直是合眾國境內唯一一支政府得透過條約與之互動的民族，這樣的關係持續到一八七一年。

雖然印地安社群可以被當成美國政治常態架構外的合作群體來看待，但印地安人仍然住在移民們覬覦的土地上，尤其是龐大的水系與河谷沿線——如莫霍克河（Mohawk）、俄亥俄河、密西西比河與五大湖。新政府藉由建造要塞保護嚮往西部的公民、對付印地安人，鞏固這些公民對政府的支持，並在過程中發展通訊、貿易以及具有強烈區隔性質的種族秩序。這個「自由帝國」正發展出一條異於不列顛的帝國之路——更能反映那些被定義為公民者的意志，而比較不受重商主義的貿易規制所拘束；帝國最關心的，是那些想占領大陸空間的白種男性新教徒選民，至於美洲原住民，則承擔著這個新式帝國愈來愈沉重的負荷。

為了明確表現出印地安人沒有主權，人們連法律文件與家父長式的詞彙都用上了。一七九五年，美國跟幾個原想用不列顛靠不住的協助來保護俄亥俄領土的部落簽訂《格林維爾條約》（*Treaty of Greenville*）；在條約的約束下，印地安簽字者發誓他們「從今而後，承認美利堅十五聯合州為我們的父。」安東尼・韋恩將軍[16]則致答：「我以美利堅十五道熊熊火炬的領袖之名，從此刻起接受你們全體為其子女。」[17]

對歐裔美國人來說，格林維爾及其他跟印地安人簽定的條約，為的都是土地；這些正式聲明常常只是認可早已發生的侵占行為。個人與各州早在聯邦政府購買印地安人的土地以前，就已經在炒作土地了，而在歐裔美國人前進西部時，出售印地安人的土地則有助於為政府提供資金。美國在一八一二年的戰爭中阻止了不列顛帝國及其印地安盟友，此後，美國的領袖就有理由相信自己的政權能撐過外敵入侵，也就可以隨心所欲對付印地安人。對安德魯・傑克遜[18]而言，跟印地安人簽條約是件「弔詭的事」，因為印地安人是「美國的子民」，而主權力量是不會跟人民協商的。[19]與各個印地安群體的條約仍然有在簽訂，但這種掩蓋大規模土地掠奪的法律外衣也愈來愈不重要了。

官方形容印地安人地位的說法，也表現這種從政體中排擠印地安人的作為。十九世紀初，官方清楚將印地安人定義為「外族居民」（resident foreign nations），這個法律信號表示：即便印地安人的確住在這塊大陸上，但他們並非美國人。一八二三年，最高法院重複並加強過去的家長式修辭宣布印地安人是「人民中低等的種族，並不擁有公民獨有的權利，且處於政府的永久保護與監管之下。」首席大法官約翰・馬歇爾（John Marshall）則在一八三一年形容印地安人是「國內依附族群」（domestic dependent nations），跟美國的關係就好比「被監護人與監護人」。[20]這樣的做法將印地安人視為特殊族群，身處一個只有美國才握有主權的空間裡，且認為印地安人不能自我管理。

整個十九世紀的頭十年，印地安人被推到不斷擴張的移民人口邊緣，但在某些地方，則是被想要他們土地的移民給團團包圍。一八〇三年的「路易斯安那購地」（Louisiana Purchase）[21]提供了

16 譯注：安東尼・韋恩（Anthony Wayne, 1745-1796），美國將領，從革命戰爭中開始自己的軍旅生涯，同時也是眾議員。他也是一七八五年至一七九五年西北印地安戰爭（Northwest Indian War）的重要將領之一。

17 原注：「我以美利堅十五道熊熊火炬……」：引自Meinig, *The Shaping of America*, 2: 184.

18 譯注：安德魯・傑克遜（Andrew Jackson, 1767-1845），美國政治家，歷任眾議員、參議員，以及第七屆美國總統。

19 原注：「弔詭的事」：安德魯・傑克遜等語引自Richter, *Facing East*, 234.

20 原注：「人民中低等的種族……」：*Johnson v. M'Intosh*, 1823；「國內依附族群」：*Cherokee Nations v. Georgia*, 1831.

21 譯注：一八〇三年，美國以約一千五百萬美金為代價，向法國購買了法屬路易斯安那。與今天的路易斯安那州不同，當時的路易斯安那地區幾乎涵蓋今日美國本土中部各州在內。這次購地讓當時的美國領土直接擴增兩倍。

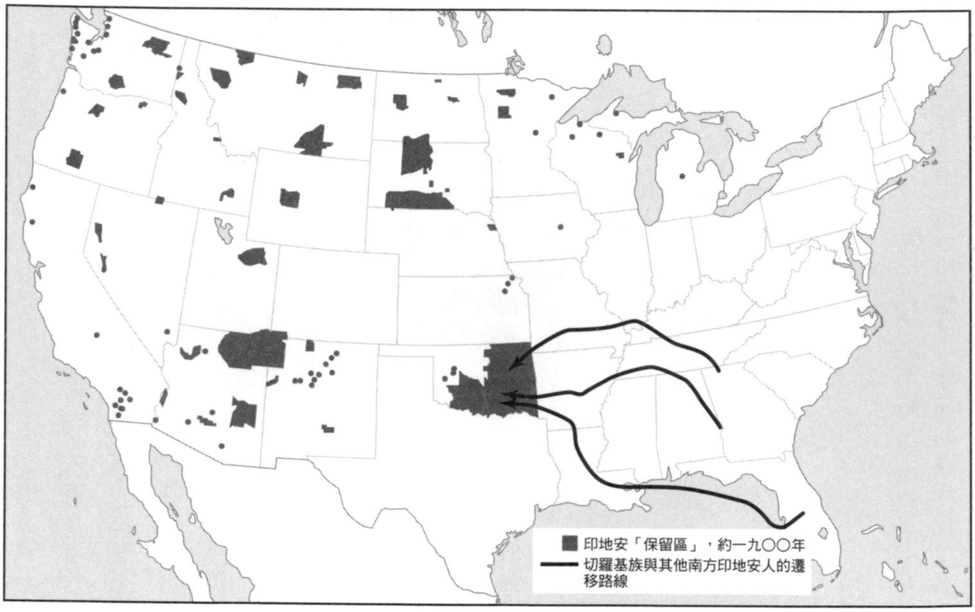

△
印地安人遷徙路線與「保留區」位置

一條出路：不僅為移民，也為從東部「遷走」印地安人開啟一片新天地。在國會於一八三〇年通過的《印地安人移居法案》（*Indian Removal Act*）之下，總統有權締約並終結印地安人在國內任何地方的領土主張，並依法給予他們密西西比河以西的土地作為交換。

這條法律直接針對的，是那些已經接受移民文化中的許多特點、組織自己的政府，還為本族寫了部憲法的切羅基族（Cherokees）。切羅基族的這些舉動似乎證明他們在政治上相當成熟，有能力為自己的民族建立法律架構；但人們認為切羅基族的自信極具危險性，而白種美國人也覬覦切羅基族在喬治亞州界內的土地。雖然最高法院已經裁定只有聯邦政府擁有處理印地安事務的權利，但當總統安德魯·傑克遜核准喬治亞對切羅基族四百六十萬英畝土地的索求時，切羅基族還是得被趕走。一八三五年，切羅基族的代表簽署了一份條約，承諾部落會離開喬治亞。三年後，一萬六千名切羅基族人被迫朝奧克拉荷馬進發。在他們遷移的過程中，每八人就有一人喪命。[22]

一八五一年的《印地安遷移法》（*Indian Appropriations Act of 1851*）把圍起來的土地指定給被趕到奧克拉荷馬的印地安人，「保留區」體系也隨之成形。「保留區」是種特別的帝國體制——不像在「印地安人共和」裡，原住民雖被當成與人不同、低人一等，但仍是西班牙帝國不可或缺的一部分，共和體系內的宗教事務與法律地位也都由國王處置；「保留區」也不同於在十九世紀晚期，成為不列顛與法蘭西帝國建設重點的「屯墾地」，那裡不存在一大堆的移民，原住民等於是住在自己的土地上，雖然地位低下，但帝國臣民的地位還是得到承認。「保留區」是個排外區——在一塊多半跟祖傳領土沒有關聯的土地上，被排除於美利堅「國民」之外，隔絕於其他美洲原住民。「保

22 原注：「每八人就有一人喪命」：數字引自White, *It's Your Misfortune*, 87.

留區」裡的印地安人就算能保有部落的認同，但他們仍然是軍人、官員或移民一想到就會來索要土地的對象。

移民們急著越過平原、衝到加州及其黃金面前，但將水牛皮提供給美國商人的大盤商——蘇族——卻擋住了這條路。一八五一年的《馬溪條約》（*Horse Creek Treaty*）雖然畫定蘇族的領地，但卻允許美國修路、建立軍事據點，還讓移民可以通過領地。政府會支付五萬美金的年金給每一個部落，為時五十年。這份條約就跟其他條約一樣，都被締約雙方削弱、重新解釋，還造成印地安部落內部或不同部落間的分裂。到了一八六〇年代，北美大平原已經成了移民與印地安人之間、印地安人與印地安人之間，以及美國軍隊與印地安人之間征戰殺伐之地。雖然有過幾次了不起的軍事勝利，但印地安人還是無法抵抗不斷猛攻的軍事行動，以及對移民壓倒性的擁護與支持。

擴張主義的動力不只為美國帶來與美洲原住民的衝突，也讓美國跟另一個帝國（西班牙）產下的另一個國家（墨西哥）發生衝突。往北美洲西南移遷徙的移民，希望政府給他們如同在美國控制下的領土中所受到的保護。某些地方的移民自己組了政府——如德克薩斯的建立；而在某些情況中，他們則造成有關奴隸制是否應在移民區得到許可的對立情勢。到了一八四六年，邊界沿線的衝突更將美國軍隊捲入與墨西哥的戰爭。

說穿了，美國的戰備目標就是領土。在一場有關美國應該深入墨西哥多遠的辯論中，某位來自密西根的參議員說道：「我們要的不是墨西哥人民，管他是公民還是臣民。我們要的就只是一些他們名義上持有、多半沒有住人，即使有住人也是人煙稀少，人口很快就會衰頹，或是居民認同我們的土地。」[23]但這些土地上當然有人，而他們跟聯邦政府的關係則取決於他們的身分。兼併區內的墨西哥公民得到了美國公民權，這實際上是透過一八四八年的《瓜達盧佩—伊達爾戈條約》（*Treaty of Guadalupe Hidalgo*）[24]而來的集體入籍。而印地安人只有在脫離自己部落的情況下才能成為公民，至於奴隸與他們的後代，則完全不具備公民資格。一八五七年最高法院的判決（德雷・史考特案[25]）加深了奴隸與前奴隸所受到的排擠——最高法院認為各州即便願意，也不能將公民權賦予奴隸——並容許領地（territory）[26]存在奴隸制。

對待印地安人的這種北美式支配權，打亂了西班牙擴張時期發展出來的複雜財產制度。在今天的新墨西哥州與科羅拉多州，西班牙印地安出身的移民以佃農或計日工人的身分，在占地廣大的恩賜土地（land grants）裡為自己的保護人工作，並獲得耕作小塊土地的權利。但美國國會拒絕承認《瓜達盧佩—伊達爾戈條約》中的一項條款，而該條款承認在墨西哥法律下享有的這些財產權。領土的接收打著「完全擁有地權」與「自由勞動」的旗號進行——與美國領導人嘲笑為「封建主義」的做法完全相反；但這樣的接收不僅剝奪墨西哥女性昔日支配自己財產的權利，也趕走了那些失去使用保護人地產權利的印地安人。

隨著大陸帝國向西擴張，歐裔美籍的「拓荒先驅」也一路前行，成就完整的政治參與生活和各

23 原注：「我們要的不是……」：引自Montoya, *Translating Property*, 87.

24 譯注：結束美墨戰爭的和約。美國透過戰爭勝利以及補償金等方式，從墨西哥政府手中得到加利福尼亞、內華達與猶他全部地區，以及科羅拉多、亞利桑那、新墨西哥和懷俄明部分地區。

25 譯注：德雷・史考特（Dred Scott, 1799-1858），美國出生的非裔奴隸，曾隨主人從蓄奴的密蘇里州前往其他禁止蓄奴的自由州，娶了自由身的非裔女子，他的兩名女兒出生地也都在禁止蓄奴的自由州內。等到主人過世，其遺孀繼承史考特一家為財產。史考特試圖向其購買自由但遭拒，於是向聯邦法院提起訴訟，主張他曾經因為主人的因素到過自由州，且在自由州居住數年時間，再加上其女也是在自由州出生，因而全家應該都是自由人，而非奴隸。但由於最高法院不願意碰觸各州奴隸制差異所造成的敏感問題而判史考特敗訴。

26 譯注：指美國在擴張的過程當中已納入國土範圍但尚未建州的地區。

〈夏安族前往自己的保留區〉（"Cheyennes Going to Their Reservation."）
△
一八七四年《萊斯里月刊》（*Leslie's Monthly Magazine*）裡的插圖。
圖片裡這種難過但認命的撤退行動，並未呈現出許多夏安族對移民入侵與美國陸軍攻擊的抵抗。
這幅畫面出現的兩年後，夏安族參加了小大角戰役（Battle of Little Bighorn），
是役，卡斯特將軍（General Custer）和他的部隊遭到殲滅。
紐約公共圖書館（New York Public Library）館藏。

州地位；印地安人走在通往保留區的路上；黑人則被困在隧道裡，只能通往國家裡分布日益廣泛、程度日益增加的奴役。不過，一開始蓄奴者雖然在德雷・史考特的案子裡大獲全勝，但這個案件卻激起關於奴隸制的政治衝突，最終爆發為內戰。

北方在內戰中獲得勝利的同時，還強化了國族的天命觀以及聯邦政府推動此觀點的力量；但對印地安人來說，這是朝長久的窮困又跨了一步。戰爭結束讓經驗豐富的軍官想找門路來彰顯自己；對其中許多人而言，這門路就在西邊。鐵路網的擴張、金礦與其他礦物的發現，加上水牛瀕臨滅絕的事實，都讓原住民社群在私有財產與自由的帝國裡只剩下卑微且邊緣化的地位。

蘇族在一八六八年簽字的條約裡，除了包括有年金、三十年的衣物配給、四年的食物配給、放棄博茲曼小道（Bozeman Trail）沿線的碉堡以外，還有縮小「保留區」的禁令。被控犯罪的印地安人要移交給美國法院，而且還規定六歲到十六歲的所有小孩都要上學。當拉柯塔族人拒絕以六百萬美金的價格賣掉黑山（Black Hills）之後，所有蘇族人都被命令向美國政府轄下機構報到。北美大平原再度爆發戰事，蘇族、夏安族（Cheyennes）、阿拉帕霍族（Arapahoes）、波尼族（Pawnees）與休休尼族（Shoshones）或與美國陸軍並肩作戰，或是對抗他們。「坐牛」[27]帶著許多蘇族追隨者，遠走「老祖母的國家」加拿大。他在一八八〇年代回歸，但在一八九〇年被逮捕、殺害。蘇族的偉

27 譯注：「坐牛」（Sitting Bull, 1831-1890），蘇族洪克帕帕・拉科塔（Hunkpapa Lakota）部落領袖。由於受到西向擴張的美國移民壓迫，已經被限制居住在保留區的蘇族人紛紛開始抵抗。一八七六年，坐牛與蘇族奧格拉拉・拉科塔（Oglala Lakota）部落戰士「瘋馬」合作，在小大角（Little Bighorn）殲滅由喬治・阿姆斯壯・卡斯特（George Armstrong Custer）領軍的美國第七騎兵團（U.S. 7th Cavalry Regiment）。此後，「坐牛」先是帶領人民遁入加拿大，但因為糧食不足而投降。一八九〇年，擔心「坐牛」加入反抗運動的美國政府槍殺了「坐牛」。

大戰士「瘋馬」[28]在一八七七年五月七日投降，四個月後就被人謀殺。

一八七一年，美國國會再度修改原住民的法律地位，宣布「今後合眾國領土內的印地安民族或部落不再被承認，或者被視為合眾國應以條約與之締結的獨立民族、部落或勢力」。[29]雖然表面上不合邏輯，但這條法律正表現出美國政策中徹頭徹尾的否定態度：印地安「民族或部落」既沒有被接納進這個政治體系中，也不被承認有自治權甚或部分主權。政府的代理人一再重申，等到時間合適，就會跟友好的部落領袖——如果他們找得到這樣的人的話——達成「協議」；但「保留區」就是把印地安人的位置畫到這個政治體系之外。

到了一八七〇年代，慈善團體開始投身於同化、改變印地安人的運動，許多團體成員都是東岸的新教徒。印地安事務局（Bureau of Indian Affairs）迅速發展為規模齊整的行政官僚體系。傳教士與其他人為印地安孩童興建學校，剪掉他們的頭髮，強迫他們服從於老師的管教觀念。根據一連串的協議，美國必須為「保留區」內的印地安人提供食物——每天定量的啤酒、麵粉、糖、豆子與咖啡，「直到印地安人能自給自足為止。」[30]這項承諾就跟其他承諾一樣，都是可變的，但原則已經夠清楚了——留給印地安人的明白選擇就是接受基督教、定居務農與美國文化，或是在國家裡當少數、異類。只有不當印地安人，他們才能成為美國人。

▼戰爭、奴役與共和制帝國

把印地安人從政體中排擠出去，搶奪他們的土地——這些舉動也在其他地方上演。從一八二〇年代到一八五〇年代間，夏威夷原住民大部分的土地都落到對他們宣揚白人文明之美、基督教價值與私人財產原理的美國投機客與傳教士手上。既然如此，那將人看作私人財產的情況又如何呢？革命前夕，除了羅德島以外，奴隸制在所有殖民地都是合法的。雖然美國革命領袖們注意到英格蘭新興的反奴隸制運動，但還是從《獨立宣言》裡刪去了廢除奴隸制的草擬條款。超過八十年的時間裡，奴隸制與美國共和的制度與理念一直並行不悖。但對於奴隸制造成的根本問題，憲法的解決方式——下放部分主權給各州，以及為了國會代表權而將奴隸諷刺地算進人頭裡——也漸漸土崩瓦解。

帝國與奴役之間的關聯，在美國內外都鬧得沸沸湯湯。橫跨大西洋的帝國網絡與競爭不只富了奴隸主，還掀起跨帝國的反奴役運動。一七九一年至一八〇四年的海地革命，以及一八三〇年代不列顛加勒比地區的解放，都對奴隸、種植園主與廢奴主義者捎來多重訊息——既削弱奴隸制的理所當然，也讓奴隸主清楚看到自己該怕些什麼（見第八章與第十章）。至於在美國國內，一向看來能確保聯邦和平擴張的做法——從情勢穩定的領土創建新州的可能性——卻將奴隸制的痛處帶進了聯邦層級的政治衝突。新設立的州應該要「允許蓄奴」還是「讓他們自由」呢？奴隸制得靠強制性的措施來為種植園主的權力撐腰，而南方人堅持聯邦政府要協助遣返從南方脫逃的奴隸，也讓「自由州」（free states）成了奴隸制度的共犯。

美利堅政治體制內一致性與差異性之間的緊張惡化為內戰。隨著南方各州脫離，剩餘的「聯邦」則為了把它們帶回來而進兵，美國幾乎就要分裂成至少兩個以不同原則為中心組建的聯邦。有六十二萬人在四年的內戰中失去了性命。

---

28 譯注：「瘋馬」（Crazy Horse, 1845-1877），蘇族奧格拉拉．拉科塔部落領袖。曾在一八七六與「坐牛」合作，取得小大角戰役（Battle of Little Bighorn）勝利，但隨後也因為糧食問題投降被捕。一八七七年在監禁中被殺。

29 原注：「今後合眾國……」：Indian Appropriation Act of March 3, 1871.

30 原注：「直到印地安人……」：Ostler, *The Plains Sioux*, 130.

對美國總統來說，這場仗首要是為了將國家組織維繫在一起，至於奴隸制則在其次。亞伯拉罕·林肯（Abraham Lincoln）就明言，只要他辦得到，他願意「挽救聯邦而不放走任何一個奴隸」。[31]但他辦不到，就連他的政府都曾考慮過把奴隸驅逐到其他國家殖民地的方法——這是不情願接納黑人成為公民的又一個象徵。等到聯邦軍能吸引、利用奴隸士兵與勞工的情勢愈來愈清楚，總統與國會也逐漸朝廢奴而去。

▼美利堅式的土地與自由

奴隸制讓聯邦瀕臨崩解；而將聯邦重組回來的戰爭，則推著最後的勝方領袖打開公民資格的大門。前一年才被眾議院駁回的憲法「第十三條修正案」（Thirteenth Amendment）於一八六五年十二月正式生效，禁止美國各地的奴隸制度。黑奴為自己的自由而戰、甚至丟掉性命，這的確有助於帶來自由。但是，是哪一種自由？四百萬名前奴隸所期待的，是足以獨立自主的自由，但前奴隸主則決心緊抓著他們的勞動力不放。某些南方州採用「黑人法令」（Black Codes），強迫前奴隸在種植園主的條件下接受種植園的勞動工作，但這些法令都因為聯邦層級的一八六六年《民權法案》（*Civil Rights Act*）而宣告無效。

主要的問題就像美利堅帝國其他眾多問題一樣，還是土地。有些反奴隸制的政治人物曾經提議將蓄奴叛黨的田產重新分配，給每個前奴隸「四十英畝和一頭騾子」，但這種言論僅是空中樓閣。奴隸主的財產被看作私人財產，美國政府正忙著剝削印地安人，不打算拿同一套來對待奴隸主。正如一八六五年，羅伯特·V·理查德森[32]將軍所言，「解放的奴隸什麼都沒有，因為我們給他們的除自由外就別無他物」。[33]

前奴隸們覺得自己該得到更多，許多人奮力爭取某種程度的經濟獨立，更趁聯邦政府實行的法律還足以讓他們這麼做的極短時間內投身於政治。種植園主則運用恐懼——三K黨[34]、訴諸財產法以及其他合理與不合理的手段還擊。在聯邦軍隊的監視下，有黑人參與的「重建」政府在過去的邦聯各州設立，有些政府機構還在先前種植園主寡頭統治的地區取得可靠的、少說也有一定程度的改革成就。

但重建的過程仍然受制於北方選民搖擺的意志、南方各州白人所運用的恐懼與對種族焦慮的操弄，以及美國政治中普遍對財產主的偏袒。當聯邦對憲法與法律立場的推動在一八七〇年代中期動搖時，南方菁英顯然就能得到對從屬勞力決定性的控制權。在種植棉花的南方，前奴隸在大部分地區最終的命運就是成為土地上的佃農，受前奴隸主的僱用。

雖然對不同人群（印地安人、墨西哥人、黑人、種植園主、對政府忠誠或不忠者）採取差別待遇是種經營政權常見的帝國手法，但這場戰爭也是朝更統一、更舉國一致的合眾國邁進的一步。戰爭進行時，總統與聯邦政府得到新的權力。國家銀行體系與標準貨幣、國稅以及全國性徵兵，都是

---

31 原注：「挽救聯邦……」：Howard Zinn, *A People's History of the United States: 1492-Present* (New York: HarperCollins, 2003), 191.

32 譯注：羅伯特・V・理查德森（Robert V. Richardson, 1820-1870），美國內戰時美利堅邦聯（Confederate States of America，即南北戰爭時的南方）的軍事將領。

33 原注：「解放的奴隸什麼都沒有……」：引自Foner, *Nothing But Freedom*, 55.

34 譯注：美國內戰結束後，全國進入重建時期（Reconstruction Era），但戰爭結束並不代表種族歧視隨之結束。一八六五年，六名邦聯退役軍人以三K黨（Ku Klux Klan, KKK）為名，用恐怖手法殺害解放的奴隸，試圖反移民，推動白人至上與白人民族主義。此後類似的組織在美國南方層出不窮，一直到一八七〇年代才漸漸消失。

這場衝突帶來的結果。戰後，曾經舉起叛旗的各州在軍事指揮下被當作占領地來管理。戰後憲法的修正不僅宣布奴隸制為非法，同時還聲明不能以「種族、膚色或過去受奴役的狀態」否定公民的權利，沒有什麼比這更能清楚呈現華盛頓當局的新權力了。「將全國性的公民權對黑人與白人開放」大概有十年的時間都還是個鄭重的承諾，此後也一直是人們期盼與主張的焦點。

雖然一致的公民資格是憲法「第十四條修正案」（Fourteenth Amendment）的宗旨，但這號修正案仍然對「沒有納稅的印地安人」有差別待遇：他們在計算全國性的政府代表權時並不算數。一直要到一九二四年，才有聯邦法律確認所有印地安人都受到美國的司法管轄，也因此是美國公民。

除此之外，女人也同樣被排除在平等與權利宣言之外；「第十三條修正案」草案中雖特別指出「法律之前人人平等」，卻因為這會讓女人跟她們的丈夫平起平坐而被否決。到了前奴隸也加入公民的國度時，改革者還是認為得到自由的人應當是家庭的主宰，也應該是妻子與小孩依附的對象。國會早已在內戰期間，便針對許多摩門教徒定居的猶他領地通過《摩里爾法案》（*Morrill Act*），禁止一夫多妻制，藉此伸張其處理婚姻制度的特權。戰後，一位心向聯邦的法學家抱怨，摩門教徒一夫多妻的家庭會造成讓人無法接受的「國中之國」。不同於其他帝國——包括俄羅斯，美國只允許一種婚姻制度：女人從屬於她的丈夫，她的丈夫則掌控著家庭的財產。

內戰之後，一種新的「國族」修辭逐漸成形，取代了「合眾」。美國囊括大半個北美洲。鐵路從此岸到彼岸、由北到南延伸。商業交流、報章媒體、電報通訊與服務全國範圍的公司行號，都讓政府在主張團結時有了底氣。沒有外部競爭者要來跟美國搶領土，移民們也在跟北美印地安人，以及其他與之家庭觀、權力觀不同者的鬥爭中贏得勝利。透過對土地、財產所有權、一夫一妻的家庭生活與女性服從的堅持，對開明、先進文明的信心，對「美式生活不只優越，而且是立足於受世人普遍歡迎的普世價值之上」的堅定信念，以及默默對這塊大陸上原住民主權進行的抹殺，戰爭、法律與擴張不僅明確宣示，更強化美利堅帝國的特有風格。在一個主要由其他帝國組成的世界中，美國已經準備好要掌握自己的地位了。

俄羅斯的統治
Russian Rules

當美國在十八與十九世紀往西發展時，俄羅斯帝國則繼續朝三個方向擴張。往西邊，他們涉入歐洲的帝國爭奪，讓羅曼諾夫家族的帝國得到更多波羅的海沿海地區、部分波蘭以及立陶宛的土地。往南邊，俄羅斯為了控制烏克蘭、高加索、黑海一帶的人民與土地，以及最終的目標——伊斯坦堡（俄羅斯人堅持稱之為君士坦丁堡）和通往地中海暢通無阻的管道，而與奧斯曼人征戰不休。十九世紀後三分之一的時間裡，俄羅斯軍隊擊敗中亞的幾個汗國，接著繼續挺進，與不列顛帝國在印度與巴基斯坦對抗。往東邊，羅曼諾夫家族漸漸鞏固對遊牧民族（見第七章）以及西伯利亞前哨的控制。拓荒者在十八世紀前往海外，在加利福尼亞與阿拉斯加建立殖民地。一七〇〇年至一九〇〇年間，俄羅斯成為一個龐大的跨洲帝國，也是世界上最大的帝國（見頁三八四圖）。

正如同美國對印地安人與奴隸策略的演變幫助美國徹底改變、澄清共和帝國的立國根本，俄羅斯領袖與從自家核心地區延伸出去的土地上眾多民族的互動，也同樣展現和影響這個歷久不衰的帝國政局。俄羅斯統治的首要原則，就是務實地承認差異。俄羅斯菁英們並不執著於讓自己征服的臣民與單一的文化風格、財產制度達成一致。西伯利亞各部落、哥薩克軍隊、波蘭貴族以及中亞穆斯林都可以擁有自己的法律、習俗以及宗教信仰；這是個與生俱來的事實，在每個可能的地方也都如此統治。多數情況下，俄羅斯鞏固帝國勢力的方法，就是讓既存的社會關係與規則保持原狀，接著

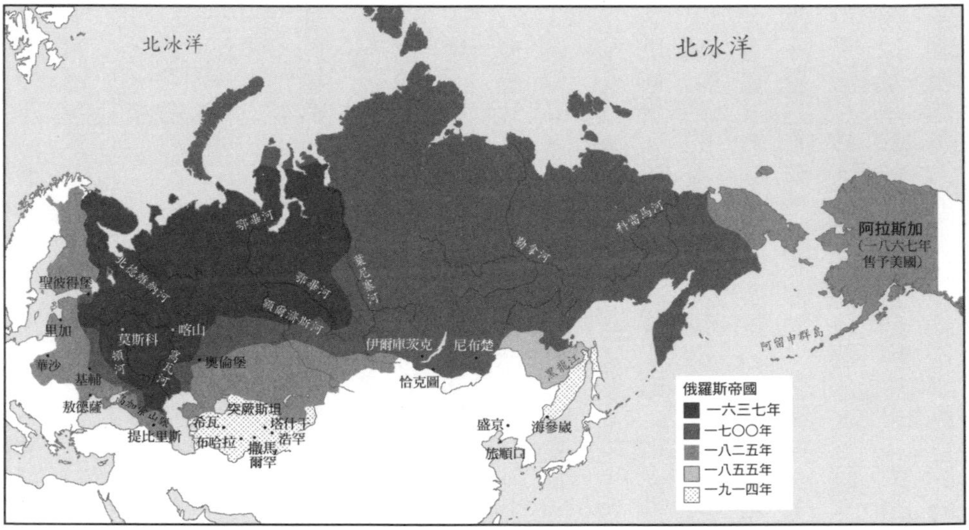
北冰洋
北冰洋
聖彼得堡
里加
華沙
基輔
敖德薩
提比里斯
莫斯科
喀山
奧倫堡
鄂畢河
葉尼塞河
伊爾庫茨克
尼布楚
恰克圖
突厥斯坦
希瓦
布哈拉
撒馬爾罕
塔什干
浩罕
盛京
旅順口
海參崴
黑龍江
勒拿河
科雷馬河
阿留申群島
阿拉斯加
（一八六七年
售予美國）
俄羅斯帝國
一六三七年
一七〇〇年
一八二五年
一八五五年
一九一四年

△
俄羅斯的擴張

讓當地民眾完成國家的許多基本任務——維護治安、司法審判與收稅。

第二條規則，就是「規則不一定要適用於所有人」。獨裁政體不用像美國人一樣，為了找到一種能皆大歡喜、接納領地進入政體中的方法而費盡思量。每一塊新征服的領土都可以根據其特殊需求與可能性來評估、討論、畫定邊界和管理。在穆斯林的地盤，獨裁政權可以下令根據《伊斯蘭教法》來裁決民事衝突與家庭糾紛；至於在其他地方與其他人民身上，它也能接納當地的習慣做法，作為解決法律問題的基礎。一八〇九年，芬蘭被俄羅斯併吞，當作跟拿破崙短暫聯手的獎勵；而芬蘭就保有自己的國會、官僚與司法體制，同時還一度擁有一小支自己的軍隊。

規則可以改——這就是第三條規則。由於不受法治主義中的契約統治、憲法原則與代議機構所限制，沙皇的官員可以隨時為任何一個、甚至是所有地區與族群調整規範。實際上，與皇帝關係密切的官員只要還身在家產官僚勢力的小圈子裡，就能對帝國政策帶來極大的個人影響力。政局的不確定性也能讓菁英們上緊自己的發條。

雖然許多俄羅斯知識分子成為「自然權利」理論的愛好者，但帝國仍然是依據「進行分配、可以轉讓的權利都是出自國家」這個大原則在治理。這些權利都是分配給群體，而非個人：允許在特定年齡結婚、從事特定種類的財產處理、生活在特定地區，以及擁有農奴的權利。對個人來說，帝國的權利制度畫出可能性的範圍，設下界線，也為雄心壯志提供了目標。舉例來說，某個農夫要是想「成為」商人，也是有法律途徑可以辦到。官員同樣藉由這套權利制度來進行改革、獎勵與懲罰：決定是不是要給某個群體與其他群體一樣、更好或更差的權利。

皇帝透過這種權利管理方法來獎勵、控制手下效力的菁英，將新加入的人民在先前統治者底下享有的特權賞賜給他們，從做錯事的人那把權利收回來。至於人數更少的群體，俄羅斯帝國則提供其他套權利與制度，包括層級較低的法庭，臣民可以在裡面為小事打官司，而且官司多半根據既有的做法與規範來進行。把「風俗習慣」拉進帝國法律的保護傘下，可以讓地方民眾參與基本的自我管理工作。這是維護和平、把稅捐徵收發包出去的省錢方法。

有好幾張充滿差異的地圖鋪在這個帝國上面。宗教是一張——這個帝國囊括了各種各樣的基督徒、穆斯林、猶太教徒、佛教徒與泛靈論者；民族則是另一張——某些觀察家在十八世紀時計算出，在帝國內有大約六十到八十個「民族」。[35]地理位置、過去擁有的統治權、部落忠誠與職業分類都為觀察全體人民提供其他的角度。俄羅斯官員不是從整體，而是從部分著手。然而，部分是變動的，不能期待有穩定的民族、空間與信仰分布。遷徙、再移民以及長距離的交流持續混合著人民。最重要的是：畫出永久的領土界線，以及將權力永遠留在部落、民族或神職人員的手上——並不符合統治者的利益。權利被分派給各個群體，但權利跟群體都在俄羅斯帝國領導人的手掌心裡。

▼讓差異派上用場

正如我們在第七章中所留意到的，俄羅斯帝國的統治者不僅創造，也利用了俄羅斯位處東西之間的條件。蠶食大部分的烏克蘭與波蘭一事，則提供關於俄羅斯彈性帝國策略的一個例證。

俄羅斯一點一點吞掉了波蘭與烏克蘭的領土。十七世紀時，莫斯科公國用戰爭與計謀勝過敵對的帝國——一五六九年成立的「波蘭—立陶宛聯邦」（Polish-Lithuanian Commonwealth）。俄羅斯外交官靠著將特權賜給哥薩克菁英，以及將實質的自治權交給最有權勢的領袖——蓋特曼[36]，說服聶伯河地區的哥薩克領袖與莫斯科聯手。神職人員從烏克蘭來到俄羅斯的首都，在這裡把自己與古代基輔攀親帶故的聲望，以及對抗天主教的經驗加進帝國的百寶箱裡。但當蓋特曼伊萬．馬澤帕（Ivan Mazepa）——歐洲最有錢的幾位富人之一——在一七〇八年跟瑞典國王聯手對付彼得大帝時，俄羅斯就跟自己的哥薩克盟友粉碎馬澤帕的軍隊，迫使他遠走高飛。此後，俄羅斯的皇帝對哥薩克酋長國（Hetmanate）的控制就愈來愈嚴密，但同時仍將俄羅斯貴族的權利賜予忠心的哥薩克菁英。至於該地區的其他地方，以及愛沙尼亞與立窩尼亞，沙皇則放手讓當地貴族負責行政與司法工作，向他們擔保「過去合法取得的特權」不受影響。[37]

隨著普魯士、俄羅斯與奧地利等帝國私相授受瓜分波蘭，波蘭的大塊領土在一七七二年至一七九五年間落入俄羅斯人的控制之下（接下來的兩個世紀裡還會更多）。以土地與農民勞力為基礎的「波蘭—立陶宛聯邦」貴族，將階級力量發揮到極致。他們選出自己的國王，並要求一定要在國會裡獲得全票通過。這個分歧的帝國住滿波蘭人、白俄羅斯人、烏克蘭人、日耳曼人、拉脫維亞人、亞美尼亞人、韃靼人、猶太人（這是歐洲最大的猶太群體）與其他民族，一神信仰與分裂的政治局勢則交錯其上。天主教徒、正教會信徒、路德派信徒與聯合東方天主教派信徒（Uniates，接受教宗指導但採用東方教會禮儀的人）——各種基督徒間的衝突為俄羅斯打開大門，自居為非天主教少數群體的保護者。但波蘭的其他鄰國——普魯士與奧地利反對俄羅斯對聯邦的積極「保護」，同時也想要分一杯羹。一七七二年的第一次瓜分將大約三分之一的波蘭人口以及百分之三十的土地分配給三個強權。一七九一年，波蘭貴族受到來自法國的消息所鼓舞，給了自己一份成文憲法——這

35 原注：「六十到八十個『民族』」：數字引自Johann Gottlieb Georgi and Heinrich Storch, 轉引自Kappeler, *Russian Empire*, 8, 141.

36 譯注：蓋特曼（Hetman），十六至十九世紀間波蘭、立陶宛、捷克、波希米亞、烏克蘭等地賦予軍事強人的頭銜，有時也會賦予國家內的最高政治領導人。

37 原注：「過去合法取得的特權」：引自Kappeler, *Russian Empire*, 73.

是歐洲第一個正式宣布成立的代議政府，也是全世界的第二個；但他們也為虎視眈眈的外人提供現成的事端，結果是第二次瓜分。在一場為期甚短的「解放」戰爭後，就是一七九五年整個聯邦被俄羅斯、奧地利與普魯士「徹底的、最後的、無法挽回的」[38]瓜分。

十八世紀幾次瓜分的結果，讓俄羅斯得到大片領土以及超過七百萬的新臣民。七百萬人裡只有一些是波蘭人，一些是天主教徒，也只有一些是貴族。俄羅斯帝國的管理得靠能駕馭多元的菁英才行，於是前庫爾蘭公國（Duchy of Kurland）的波羅的海日耳曼人重獲過去的特權地位與地方自治機構，其中有許多人成了俄羅斯政府的高官，享有極端忠誠與嚴謹的盛名。波蘭貴族們也同樣得到誘人的條件。即便一度曾是「波蘭人的」領土現在成了帝國的行省，國會也被廢止，但貴族出身、忠心耿耿的波蘭菁英也得到俄羅斯貴族地位的賞賜。一七九五年時，有百分之六十六的「俄羅斯」世襲貴族是波蘭人出身。[39]波蘭權貴也進入女皇與皇帝的統治圈子裡，包括札托里斯基親王（Prince Czartoryski）；他是亞歷山大一世（Alexander I，一八〇一年至一八二五年在位）在一八〇四年至一八〇六年間的外交大臣。

瓜分波蘭的三國曾經說好要將「波蘭王國」從歷史記憶中抹去。儘管有這樣的事實，但俄羅斯在前波蘭領土的行政管理仍然是以波蘭語進行。波蘭貴族運作自己的地方行政機關，甚至身處白俄羅斯地區時也能如此。帝國中樞的俄羅斯官員們相當認同前波蘭地區令人讚賞的教育機構所具有的潛力，並以波蘭為模範來改革俄羅斯的大學。

宗教在好幾個世紀裡，一直都是「波蘭—立陶宛」一地內外毀滅性衝突的根源。俄羅斯人將宗教習俗「不受限的自由」許諾給該地區的新臣民，但這並非那種「怎樣都可以」的自由。帝國統治者試圖掌握每一種信仰的階級體系。他們不等教宗的許可，就把該地的天主教會置於莫吉廖夫城（Mogilevthe）唯一一位主教的管理之下。猶太人則得到他們原有的、信奉自己宗教以及擁有財產的「自由」；他們稱為聚會（Kahal）的集體組織也得到認可，並被交付常見的管理與財政任務。在一七七〇年代與一八八〇年代，俄羅斯行政官員廢止猶太人作為種族群體的地位，並賦予他們有如商人或鎮民的公民地位。這樣的安排讓俄羅斯官員被捲入猶太人跟貴族與農民、波蘭人與烏克蘭人，以及俄羅斯商人之間的衝突，他們都對猶太人的「特權」感到氣憤難耐。

這些緊張關係正是一八〇四年時官員試圖為猶太人指定居住區、澄清其權利與義務的核心原因。猶太人一度得交兩倍的稅，但他們（與基督徒鎮民不同）也一度享有派人充軍抵稅的權利。無論是這一次的裁定還是未來對猶太人特權與義務的判決，都沒有超過公民資格的準則，而是對某個群體做出差別規定的典型做法。

正教會的神職人員經常採取較主動的態度，某些菁英更是陶醉於建設一個更為全面的正教會社會。沙皇也不時推動大規模的改宗。但對多元信仰現況的務實接納，讓俄羅斯統治者避免將基督教的統合變成國家的信條。就連正教會神職人員堅持控制聯合東方天主教派信徒的嘗試，也是收效甚微。各種基督教派信徒的控制與再改信競爭，在烏克蘭地區持續進行著；而在蘇聯時期的長期中斷後，一九九一年起這樣的競爭才又重新恢復。

帝國在「波蘭人」的土地上一如其他地方，跟不同的民族在不同的時間打不同的牌。俄羅斯帝國就是這樣運作的——前後不一，但依法統治。然而，從這種明顯因地制宜的流程中，還是有某些模式浮現出來。第一，貴族會被承認、併入這個以特權地位構成的政權，好用來統治各個地區，協

38 原注：「徹底的、最後的、無法挽回的」：條約內文引自Kappeler, *Russian Empire*, 80.
39 原注：「……波蘭人出身」：數據來自Kappeler, *Russian Empire*, 83.

助整個帝國的運作。第二，俄羅斯並未懷抱那種讓西歐與美洲生靈塗炭的、對宗教同質性的要命野心。有許多方法可以處理宗教的多元，而帝國的統治藝術，就在於能維持和平的謹慎監督，並在情況可能時增加國家的力量與財富。

▼女皇與法律

幾度瓜分波蘭時，俄羅斯皇帝都是同一個女人——凱薩琳二世（Catherine II，一七六二至一七九六年在位），也就是凱薩琳大帝（Catherine the Great）。（對十八世紀的俄羅斯來說，女皇不是例外，而是常態。）凱薩琳的統治是俄羅斯帝國文化綜合多變的高峰，標榜西式風情與細密分配的權利，用誇張的方式表現獨裁者身邊的家族政治。

凱薩琳——這位來自普魯士小公國的王室成員靠著弒君登上皇位，取代她那疏遠宮廷貴族的丈夫，彼得三世（Peter III）。彼得先是被一場成功的政變給罷黜，隨後被凱薩琳的一名親信殺掉。貴族階級——特別是權貴們——在凱薩琳的統治下發光發熱。征服南方草原地區為他們帶來土地與農奴；擴張的軍事控制減少逃跑的人數；這位對於讓她登上皇位的情勢非常敏感的女皇，更在一七八五年頒布《貴族特許狀》（*Charter of the Nobility*）。這份文件使貴族們免於服公職或遭受肉刑，給了他們到海外旅行、保有私人印刷機、以及把土地當作家族財產的權利。凱薩琳備受討論的性生活，則是跟有影響力的貴族維繫關係的另一種方式。凱薩琳用官爵與大片土地賞賜愛人與前任愛人，避免公開再婚會遭受的責難。她秘密嫁給了她的真愛、策士與軍事將領，波坦金親王（Prince Potemkin）。

帝國在凱薩琳的執掌下挺過兩回巨大挑戰。第一回挑戰從一七七二年持續到一七七四年，原因是窩瓦河中游地區實施的帝國管理策略——操弄各個不同的群體彼此對抗、試圖不讓遊牧民族倒向清帝國、延伸俄羅斯的防禦工事、運用哥薩克軍隊，以及鼓勵俄羅斯人和外國人在此居住——所造成的緊張情勢。一名哥薩克領袖——葉梅利揚．普加喬夫（Emelian Pugachev）——組織一支由農奴、正教會異議者、哥薩克人、韃靼人、巴什基爾人（Bashkirs）與其他原住民群體構成的軍隊。普加喬夫許諾「土地、水、牧場、武器與彈藥、鹽、糧食與鉛」，宣稱自己是真正的彼得三世，還模仿帝國組成自己的宮廷。然而，凱薩琳的部隊終究掌握了局勢，普加喬夫則在被關在籠子裡展示之後，被殘忍地處死於紅場。

第二回挑戰則是法國大革命（見第八章）。凱薩琳靠著選擇性操作她過去承諾給貴族的自由，控制住這場對君主勢力的威脅。那些驕傲過了頭的知識分子被流放，報館被關閉，財產也被沒收。俄羅斯人的權利是可以被抽掉的。

凱薩琳為自己作為「立法者」的身分感到驕傲。她在統治期間的前半段讀了歐洲的法律理論，與伏爾泰（Voltaire）通信，寫劇本，寫論文，寫法典，還鼓勵科學與藝術發展。一七六七年，她召集「立法委員會」，會上的代表來自各個階層——有貴族、城鎮居民、農人、哥薩克人，也有來自烏克蘭、白俄羅斯與波羅的海地區的代表，還有韃靼人、楚瓦什人（Chuvash）、摩爾多瓦人（Mordvinians）、切列米斯人（Cheremis）、沃吉亞克人（Votiaks）、巴什基爾人、卡爾梅克人（Kalmyks）與布里亞特人（Buriats）。他們的任務，是探討她本人為新法典所撰寫的「訓令」，以及提交他們對帝國立法步驟的建議。

女皇與人群中的代表開會磋商的做法，讓人想到過去在莫斯科公國或蒙古庫里爾臺的集會；這種多民族的諮議會，是西班牙、不列顛或美利堅帝國的統治者一直想像不到的光景。凱薩琳的訓令中宣布刑求為非法，將死刑減到最少，也不鼓勵奴隸制度。社會契約論則是被徹底拒之於門外。此外，出於對孟德斯鳩[40]的一種扭曲，她堅持：由於俄羅斯幅員廣大，所以需要將絕對的權力賦予唯一的個人，一位依法而治但並非暴君的君王。

立法委員會每隔一年半召開一次，但新法律並非直接出自委員會。大多數非俄羅斯人都是維持現狀——也就是君主答應給他們的權利——的代辯者；期待有所改變的，則是俄羅斯裔的移民：他們希望朝拿走非俄羅斯人的權利與土地方向來進行，而這正是凱薩琳選擇不去走的路。相反地，她頒布的法律是用來同時支持俄羅斯統治中制度化與差異化的兩種傾向。凱薩琳繼續鞏固彼得大帝統治時開始的社會分類，並透過法律，讓差異變得體系化；她將社會分成四個主要的階級群體——農民、市民、教士與貴族，每一個群體都有各自的權利。整個王國被分成五十個省分，每個省有三十萬居民，其下再細分為有三萬人口的行政區，每個行政區都有自己的都城。所有這些法令中的機關巧妙，都是為了將行政管理的那面網撒到各省與鄉間。

但凱薩琳與手下謀士並未持續追求一致性。光是省級的管理就沒有推行到全帝國，只及於烏拉爾山脈以西、人們認為是「歐俄」的地方，而且就連在歐俄也不是完全如此。在宗教事務上，凱薩琳的立法則是朝確立多樣性的方向發展。面對帝國裡的眾多宗教，政府一開始推動的做法典型地缺乏連貫性，在找得到聽話教士的地方就傾向用這些教士，支持正教會在東方的傳教活動與大規模改宗；至於在政府打算鼓勵人們移居的東南草原地帶，則會禁止興建新的清真寺。普加喬夫的叛亂，促使凱薩琳讓宗教多元成為法律原則與受到支持的做法。她停止正教會在窩瓦河地區的傳教事業，鼓勵興建清真寺，並以「包容所有信仰、語言與宗教的全能上帝」之名，於一七七三年頒布法令，宣布「寬容所有宗教」。[41]

▼俄羅斯與伊斯蘭

寬容的另一面則是管理，要管理，就得反過來把宗教權威人士拉攏進統治體系裡，還要好好打賞他們。但將這種策略用在帝國裡為數眾多的穆斯林人民身上時，可就不見得一定有效。打從一開始，伊斯蘭信仰就沒有將教士制度化為單一架構。宗教權威建立在宗教社群之中——或者應該說，是隨著宗教社群（也就是各地的「烏里瑪」）與個別的精神領袖、學者、法學家及其門徒而流動。穆斯林宗教領導權的流動性跟遊牧社會機動靈活的政治生活相當搭配，但對俄羅斯的統治方式來說卻是個問題。

解決之道，就是從無到有、創造一套神職階級體系。俄羅斯官員有兩套模式可以讓他們嘗試：他們的對手——奧斯曼人——對伊斯蘭信仰的管理，以及本國正教會的宗教組織。行政官僚在「伊瑪目」[42]與神父、「穆夫提」與主教，以及「宣禮員」[43]和教堂司事（sacristan）之間觀察到共通點；某些俄羅斯人還指出，這兩種宗教都是以一神信仰及聖典為基礎。要求那些想保有權利、土地與農奴的穆斯林改信基督教，是過去的常態；彼得大帝與這種做法決裂，為《古蘭經》的俄文翻譯提供

40 譯注：指孟德斯鳩男爵（Baron de Montesquieu）夏爾・德・塞孔達（Charles de Secondat, 1689-1755），啟蒙時代的政治哲學家、律師。一七四八年，孟德斯鳩發表《論法的精神》（*De l'esprit des lois*），提出行政權、立法權、司法權三權分立的政府權力分配主張，並在美國制憲時不斷被援引。

41 原注：「寬容所有宗教……」：引自Crews, *For Prophet and Tsar*, 45.

42 譯注：「伊瑪目」（imam），指在清真寺主持禮拜的穆斯林。

43 譯注：「宣禮員」（muezzin），指每到禮拜時，在宣禮塔上呼喚穆斯林做禮拜的人。

資金，並在一七一六年出版。但俄羅斯先是在一七七一年征服，後來在一七八三年併吞高加索、黑海以北的草原地區以及克里米亞的擴張行動，讓俄羅斯人跟穆斯林領袖有了直接接觸；其中有些領袖希望政府承認其特殊的司法或其他權力，這才刺激出不同的做法。

伊奧西弗．伊格爾斯特羅姆[44]男爵是位出身於波羅的海的日耳曼人，在草原地區擔任總督；他尋求凱薩琳的支持，希望能規畫一種幫助穆斯林定居的手段，用來替代遊牧生活。政府則用印刷、分發《古蘭經》給穆斯林，以及在一七八九年設立一個掌控教士的機構，即穆斯林宗教會議（Muslim Ecclesiastical Assembly）作為回應——其地點位於奧倫堡（Orenburg），也就是普加喬夫被圍投降的堡壘城鎮。會議由一名「穆夫提」領導，國家也付他優渥的薪水。會議的任務在於監督穆斯林教士與法官，同時作為上訴委員會，應下層穆斯林所請來裁決案件。這個「穆夫提國」（muftiate）最後隸屬於內務部，一直維持到一九一七年。

俄羅斯當局就是用這樣的方式，將伊斯蘭信仰整編到世俗權威之下。當局同樣鼓勵穆斯林臣民，以圍繞其清真寺而組織起來的社群為基礎，參與地方行政的運作。在當地負責監督家庭事務與宗教儀典的「穆拉」[45]，則是維持秩序的重要角色。與此同時，穆斯林也可以透過法院、警察、各省長官與軍事首長，跟沙皇當局投訴「他們的」穆拉。但反過來，「穆拉」也能找行政區內的法院以及奧倫堡宗教會議，來核可自己的所作所為。

教區民眾、教士與行政和司法當局之間的多重關聯，讓俄羅斯政府與其穆斯林臣民嵌合在一起，而這些臣民也能利用政府機構來追求自己的（時常衝突的）目標。當穆斯林學者對於俄羅斯是否是個「伊斯蘭之家」還存有異議時，大多數穆斯林領袖已經接受了俄羅斯的國家權力。從十八世紀晚期開始，為皇帝及其家人禱告，就是全帝國的清真寺在禮拜五以及其他聖日的敬拜中必要的義務。

▼教化原住民入帝國

除去正教會高層的片面之詞，從結果來看，伊斯蘭信仰仍然是一種能融入統治的宗教。與此同時，有些俄羅斯官員認為，窩瓦河地區以及更東邊的西伯利亞多神信仰民眾，或許會被帝國偏好的基督教形式所吸引。楚瓦什人、馬里人（Mari）、摩爾多瓦人、烏德穆爾特人（Udmurt）以及其他「少數民族」便成了一七四〇年代正教會施洗運動的目標。基本上，人們認為這些大規模改宗是個敗筆；一七六四年，凱薩琳廢止了喀山的「新信徒部」（Office of New Converts）。

到了十九世紀，由於尼古拉一世（Nicholas I，一八二五年至一八五五年在位）認為正教信仰是俄羅斯統治的根本支柱，於是在其統治下，俄羅斯對傳教行動的興趣又重新恢復（見第十一章）。喀山設立了一所神學院，為帝國東部訓練中學教師。學生要學習韃靼語、蒙古語、阿拉伯語和當地的主要語言卡爾梅克語（Kalmyk），以及與這些語言相關的文化，這為俄羅斯卓越的「東方」研究傳統打下基礎。重要的正教會文獻被翻譯為韃靼語，並在一八五一年由喀山大學發行。喀山神學院一位很有影響力的畢業生——尼古拉・易爾明斯基（Nikolai Ilminskii）——推動以其他原住民語言

---

44 譯注：伊奧西弗・伊格爾斯特羅姆（Iosif Igelstrom, 1737-1817），出身瑞典貴族家庭的俄羅斯將領。他在拉脫維亞首都里加（Riga）與日耳曼地區受教育，一七五三年加入俄羅斯軍隊，歷經一七六八年至一七七四年的俄土戰爭（Russo-Turkish War）、一七八八年至一七九〇年的俄瑞戰爭（Russo-Swedish War）；一七八四年至一七九二年間擔任西伯利亞總督，後來也擔任多個地方的總督。

45 譯注：「穆拉」（mullah），指教授伊斯蘭神學與教法的人。許多地方的穆斯林教士與清真寺領袖也會得到這個稱號。

進行的宗教教育，而不是只限於韃靼語，目標則是訓練當地人自己推動宗教教育。易爾明斯基的建議，成為一八七〇年教育部對帝國內非俄裔臣民的教育方針——這個方法能讓非俄裔人士成為正教會信徒，又無須讓他們成為俄羅斯人。

▼俄羅斯式的土地、法律與權利

宗教只是帝國人口多元組成的一個面向。領土，以及人們如何利用領土，則是另一個面向。我們已經在第七章中看到，俄羅斯與中華帝國消滅他們的蒙古挑戰者——準噶爾人，並收攏各自的國界。許多官員視定居為優於遊牧的生活方式。然而在這個議題上，俄羅斯的立法者又一次沒有採取絕對的立場，這或許只是單純因為沒有那麼多的移民，來打造一個可能成形的農耕帝國。俄羅斯中部的農奴制度對於「誰能成為移民」設下了限制。就像在美國，人們把草原想成可以「自由進入」的地方，但在這裡，凱薩琳卻是找外國人來拿起鋤頭耕田。日耳曼人、保加利亞人、波蘭人、希臘人，以及許多其他地方的歐洲人，來到黑海北方的「新俄羅斯」地區。哥薩克人、從軍隊和農奴主處逃跑的人、舊禮儀派[46]、從高加索地區重新安置而來的人與監獄逃犯，都讓移民人數大為增加。

就跟貫串俄羅斯大多數歷史的情況一樣，這樣做的目的在於用能討統治者歡心的做法，將土地與人民以有生產力的方式搭配起來。這裡沒有《宅地法案》[47]，也沒有為牧民保留的土地。取而代之的是政府用一份份詔令發出去的土地賞賜、移民補貼、租稅減免，當然還有各種相關義務。外國人得到的待遇最好，包括資金周轉、進口貨物免稅、剛抵達時的免費臨時住宿；如果他們占領「無主」土地的話，還可以得到三十年的租稅減免，以及擁有農奴、根據自己宗教規條生活的權利。有幾群來自聶伯河的哥薩克人重新定居到黑海北方或草原的其他地方；正教會的異議者也會被重新安置到帝國的不同角落，有時是出於他們自己的意願。俄羅斯的「殖民者」是外國人，以及沒那麼討喜的帝國臣民。一如在奧斯曼帝國的情況，把一整群人遷走是種常見的帝國策略。

雖然凱薩琳認為定居農業要優於遊牧生活，但她堅持應以「透過展現善意與公正」[48]誘使原住民改變其生活方式，而非武力強迫遊牧民族安定下來。一八二二年時，法律專家、未來的西伯利亞總督米哈伊爾．斯佩蘭斯基[49]起草了一部要用在西伯利亞原住民身上的規章典籍；而他將這些原住民畫到「inorodtsy」，也就是「其他（非俄羅斯）出身的民族」。西伯利亞原住民被歸入幾個類別——「四處遊蕩」的獵人、採集者與漁民、牧民以及定居的原住民。每一種類別都分配到特別的權利與義務：到處遷徙的人只要獻上毛皮，不用繳稅；牧民必須管理他們以氏族為基礎的地區，用毛皮與稅款的形式納貢；定居的原住民則跟同等級的俄羅斯人有相同的權利與義務，但他們不需要為軍隊提供新兵。每一類的人都能擁有自己的自治組織；長老要得到俄羅斯官員的認可，但他們可以在當地法律與風俗的基礎上決策斷事。

---

46 譯注：十七世紀時，俄羅斯的正教會宗主教尼孔（Nikon, 1605-1681）發動了一連串改革。不願意接受改革的人就稱為「舊禮儀派」（Old Believers）。

47 譯注：《宅地法案》（*Homestead Acts*），指美國國會一八五〇年代起通過的一系列公地放領法案，讓經濟基礎不穩的移民以極低的金額，甚至是免費的方式，得到聯邦政府手中的公有地。

48 原注：「透過展現善意與公正」：引自Sunderland, *Taming the Wild Field*, 64.

49 譯注：米哈伊爾．斯佩蘭斯基（Mikhail Speranskii, 1772-1839），沙皇亞歷山大一世與尼古拉一世手下的改革家。斯佩蘭斯基傾向自由主義，在其改革計畫中，俄羅斯各地都將設立不同層次的杜馬，由下級的杜馬選出代表組成上級杜馬，由市鎮、地區開始，一路向上推行到國家杜馬。一八一〇年，俄羅斯成立國家層級的議會，地方自治體系也因此建立起來。

主要的難處，在於非俄羅斯人依據自己各自不同的規範參與帝國的權利制度，但俄羅斯人本身卻有將近一半的人在這套制度中不上不下。帝國有百分之四十的人口是農奴，在貴族的土地上工作或繳錢給貴族，又或者兩者皆是。擁有農奴的權利只授予貴族，而貴族在十九世紀中大約只占百分之一點五的人口。一小撮的權貴就掌握超過百分之四十的農奴；不過，擁有農奴就是貴族的生活方式，就連小莊園也是如此。[50]一如我們所見（見第七章），發展農奴制度是為了不讓農民脫離自己的主子、逃去俄羅斯不斷擴張的空間所因應的法律手段。貴族若在新「開放」的草原地帶得到地產，也可以把自己的農奴一起帶過去，或是試著在該地獲取新的農奴。但無論是哪種情形，移民的過程都不像美國那樣，是由根據自己意思行動的自耕農家庭所實行。

控制農奴的流動不過是貴族行使的眾多權力之一。貴族就像政府的行政官員一樣行事——核可農奴的婚姻、規定他們在莊園內外的工作以及裁決程度輕微的司法案件。地主從自己的農奴身上收稅，拿他們抵押、送人，甚至買賣他們。日子一久，農奴也失去莫斯科公國下層人民一度擁有的權利——向君王投訴自己受到的待遇，要求伸張正義的權利。隨著貴族加強自己的力量，農民與國家的法律紐帶也被削弱；就連皇帝登基時，農奴也都不用對他宣示效忠。

各個皇帝對於農奴制度的看法，以及他們介入此制度的能力都有著極大差異。反對以及支持農奴制的論點，都曾在凱薩琳的立法委員會開會期間出現，但她沒有立場反對貴族們最有價值的特權。凱薩琳規定自己只能去設定「什麼情況下能把人變成農奴」的法律限制。也有人在法國大革命之後以及與拿破崙作戰時提倡改革農奴體系。從一八一六年到一八一九年，波羅的海各省分的農民在沒有土地的情況下獲得自由。尼古拉一世則捍衛貴族對農奴所握有的權利。但尼古拉過世後才兩年，他那位將災難性的克里米亞戰爭結束的兒子亞歷山大二世（Alexander II，一八五五年至一八八一年在位），就設立「農民問題秘密委員會」（Secret Committee on the Peasant

Question），目標是要「匡正」農奴制度的「惡行」。四年過去，在一連串的考察工作、調查、諮詢與皇帝的介入後，沙皇在大齋期將農奴解放簽核為法律，希望貴族與農民能在這段時間遠離酒精，冷靜接受這次激進的立法。

儘管無論是貴族還是農民，一八六一年的農奴解放都沒能滿足他們的期待，但除了極少數的案例外，解放仍然在雙方都沒有發生暴力行為的情況下生效。沒有戰爭，不管是內戰或其他什麼都沒有。俄羅斯農奴解放主要提供的條件，是賜予前農奴在公地上生活的農民權利，包括自己的管理與司法制度；大多數人能夠得到家宅用地以及農耕用的土地配額，由自己的村子統籌管理。他們多半早已債務累累的前主人，則能因為這次大約占其半數土地的大規模重分配，而得到來自國庫的資金補償。前農奴則要以四十九年為期，按時為自己剛得到的土地支付清償費給國家。又或者，前農奴也可以只拿土地分配規定的四分之一，之後不用再付給國家任何東西。

雖然絕大多數的貴族都反對這次對他們權利的大範圍縮減，但「由上而下的改革」在俄羅斯之所以能成真，有部分也是因為貴族再也無法讓農奴制度合理化。他們對國外的廢奴風潮非常了解，儘管有許多人仍期望俄羅斯政治一貫的漸進作風能為他們延緩解放的步調。但是，平等既不是亞歷山大二世時改革者的目標，也不是他們的成就；他們只是根據帝國的權利制度，再度對土地與人民進行調整，終結貴族對農民的私人越權掌控，重新把前農奴放回帝國行政管理的階級體系，同時讓他們一如其他臣民，成為依附於沙皇的個人。

50 原注：統計數據引自Hoch, *Serfdom and social Control*, 3.

自由之外
Something Other Than Freedom

在美國，亞歷山大二世被廢奴主義者尊為偉大的解放者。經歷內戰的恐怖，有些美國改革家把俄羅斯的土地處置視為可以仿效的典範。但這麼做是行不通的，而兩個帝國有別於彼此的習慣做法，則有助於我們了解為什麼行不通。首先，共和帝國在制訂法律時賦予其菁英的決定權，遠比專制的俄羅斯來得更多。俄羅斯的專制君主能夠選擇性地讓貴族加入改革的過程，根據自己的意思採納意見，藉此避開貴族的阻力，但在以獲得合法授權的各州代表為基礎的美利堅共和制度裡，這種處理菁英的方式是不可能的。

第二，儘管兩個帝國都同時使用法律與暴力，但雙方的法律程序卻極端不同。俄羅斯帝國的運作，是透過將權利與資源非永久性分配給各個群體來進行的，因此就算把土地從農奴主那拿來分配給前農奴，也不會有法律上的障礙。美國人則得想辦法修改自己的憲法，因為他們的憲法允許奴隸制，保障財產權，還訂了將主權分享給各州的規定。內戰時的部分法律措施，就是為了讓任何前奴隸主要求補償其損失的主張失去效力。憲法「第十四條修正案」也禁止各州在沒有「適當法律程序」的情況下剝奪公民的財產。

第三，種族也是個問題。俄羅斯農奴大多是斯拉夫人，帝國的官員本身則不屬於單一的種族群體；民族的多樣性在這個地方是常態，而非問題。美洲的奴隸則是非裔，每當菁英們跟英格蘭國王主張自己的政治自由時，也都同時突顯出這些異族被排除在政權外的事實。打了場規模浩大的內戰，才讓奴隸們贏來美國的公民權，但他們是否應當得到對土地的權利仍意見紛紜。過去的奴隸們得為了進入前邦聯各州政體、為了獲得一定程度的經濟自主而奮鬥，也一度得到些許成果。但南方菁英與其白人支持者的暴力行為，再加上幾年後聯邦政府不願意推動憲法條文，都讓前奴隸們無法維持住辛苦贏來的收穫。

最後則是資本主義與私有財產。俄羅斯人對這兩者懷有矛盾的情緒。農奴解放雖然重新分配土地，但並不是分配給個人。許多官員對「自由勞動」的後果有著深刻懷疑。前農奴有義務成為集體組織的成員——集體組織堪稱是俄羅斯帝國的第二天性；這樣的地方政府組織，意味著村落與當地長老能用家父長式的手段控制年輕人與其家庭，以及他們集體且可重分配的財產。對美國人來說，私有財產是神聖不可侵犯的——至少對白人是如此。美國要是真的做了俄羅斯行政官員所執行的這種大規模集體財產轉移，就是侵犯基本權利。

這兩個帝國都將控制的範圍拓展到整個大陸，也都將移民視為繁榮與權勢的基礎。但它們的「差異政治」並不相同。美洲原住民先是被定義為不列顛國王治下不同於殖民者的臣民，接著又成了要交由合眾國政府來打交道的「民族」。美國的革命分子並未將印地安人視為潛在的公民。到了十九世紀，當移民為了自己而要求更多的土地時，政府則同時利用法律與戰爭來搶奪印地安人的領土，還把他們限制在「保留區」的範圍內。包括印地安人、黑人、來自征服領地的墨西哥公民，以及來自部分歐洲、亞洲的移民在內，有許多的「他者」都得一代接一代地努力，才能用共和政治的方式擠進這個共和國。美國人要到了二十世紀晚期，才能歌頌自己的多元。

對俄羅斯人來說，帝國從一開始就是不同民族的拼湊組合，雖然有些民族在官員的眼裡沒別人來得先進，但所有民族都能增添國家的偉大。只要征服任何部落、任何民族，就要研究他們，秤秤他們的斤兩，一有可能就將他們的領袖收入帳下、安排在適當的位置，而且還要懲罰、遏止造反的人，利用他們的宗教，或是用關懷與教育挑戰這些宗教。這跟平等無涉，也跟人權無關。但無論男女老幼，神是大是小，都能夠收進俄羅斯帝國斑斕的羽翼下。

第十章

帝國的統治套路
與近代殖民主義迷思

Imperial Repertoires and Myths of Modern Colonialism

十九世紀為帝國政治帶來一個新的時代。哦，真的是這樣嗎？那些唾棄或讚美殖民帝國的歷史學家，都傾向於接受帝國建造者的論點——說他們正在打造的，是一幢與昔日凱撒和拿破崙建立的帝國有所不同的高樓廣廈。世界上的確有更多地方，在十九世紀時被納入少數國家的勢力範圍之下（見頁四〇五表格）。這些國家比起其他地方是有錢得多，尤其是跟自己的殖民地比較的話：西歐地區的人均所得與非洲相比，一八二〇年代不到三倍，但來到一九二〇年時已經增長為五倍。[1]這種差距，同樣也是想像力的差距。歐洲菁英對自己文明的優越與支配他人的能力都充滿信心：「歐洲」跟落後的殖民世界有著天壤之別。長久以來，奧斯曼帝國與中華帝國都是歐洲人施展野心的障礙，現在卻成了機會。

在那個近代殖民主義獨領風騷的時代裡，像是保羅・勒華—博留[2]一八七四年那本《論近代民族的殖民》（*De la colonisation chez des peuples modernes*）之類的出版品，也隨之提出相關的配套理念；一九〇八年時，這本書已經出到第六版了。根據這套說法，近代殖民主義所涉及的不是征服者的行動，而是工程師與醫生的工作；它帶來的不是剝削，而是一塊人們相互提攜前進的領土。十九世紀時，歐洲各個帝國在海外的領土上，以及在彼此關係中行動的可能方式與局限，就是本章的主題。

許多歷史學家現在會談十九世紀的不列顛「第二」（或第三）帝國，談新的法蘭西帝國和新帝國主義。我們並非要肯定或否定這些主張，而是要藉助用權套路的觀念（見第一章），分析帝國政治在此時的變化。西歐各個帝國——尤以不列顛為甚——增長的財富帶給它們更多選擇：既可以讓

1 原注：收入統計數字來自Findlay and O'Rourke, *Power and Plenty*, chapter 1, 414.

2 譯注：保羅・勒華—博留（Paul Leroy-Beaulieu, 1843-1916），十九世紀法國經濟學家，鼓吹殖民，並為法國的殖民行動辯護。

年代	殖民土地占 全世界土地的百分比	殖民人口占 全世界人口的百分比
1760	18	3
1830	6	18
1880	18	22
1913	39	31
1938	42	32

資料來源：統計出自 Bouda Etemad, *La possession du monde: Poids et mesures de la colonisation* (Brussels: Editions Complexes, 2000), 172.

△
殖民更多的世界
（西歐國家、美國與日本的殖民地）

海外領土納入直接的控制之下，也可以不那麼直接地行使權利，改靠全球經濟與金融網絡來確保自己的影響力。技術的發展——如蒸氣船、電報、機關槍與治瘧疾的藥物，都讓歐洲人能更輕鬆、更便宜且更安全地滲透各地；尤其是非洲，過去歐洲人多半都待在非洲的邊緣。但技術不必然會轉變為對征服領地有系統與有效的治理；技術只代表歐洲人有能力當個更好的蒙古人——移動迅速，帶來恐懼，要求資源與服從，接著繼續前進。

人們有可能會把專業官僚制度、依法按規矩來的統治形式、透明的行政司法制度，以及由上而下的指揮體系安置到殖民領地頭上，不然就是認為這些制度「僅限白人」；至於當地社群，則是透過與地方菁英的默契，以及根據「風俗民情」畫分領土來管理，在這些領土上行使權力的不是歐洲人，而是地方菁英。權力的傲慢可以用各式各樣的形式呈現——例如，用歐洲的意象來轉變被征服的社會，強行讓「低等」民族服從，或是為那些受到特別看待的民族提供不同於他人——而且也不平等——的晉身之路。以上所有策略，都在十九世紀歐洲帝國的手法中占有一席之地。

在這段期間中最引人注目的，是十九世紀社會與技術革新為帝國統治者帶來的揮灑潛力，以及能夠實際應用新方法的有限空間，兩者之間所產生的落差。環顧世界歷史整體軌跡，那些看來擁有最多資源、能夠用來宰制其從屬臣民的帝國，都是那群最短命帝國中的一員。把大半個世界跟歐洲的理念、歐洲的政治制度以及歐洲的資本主義經濟掛鉤，並不會像「全球化」的意象所暗示的那樣，把全世界的人都編織進唯一的一張網裡。歐洲帝國在自己經過的路上所留下的，是一個又一個支離破碎的社會，以及差距顯著的經濟狀況。

在大不列顛的帶領下，資本主義的發展確實在西歐社會與其他地方的經濟力量間創造「大分流」（見第八章），但這種發展依然得在帝國的政治框架中發揮；一八〇〇年時如此，到了一九〇〇年仍舊不變。海外殖民帝國就跟它們的前輩一樣，都受到帝國間的行動與衝突所影響。歐洲的十九世紀始於拿破崙統治歐洲的野心，結束於歐洲帝國為對手尚未併吞的領土而相爭的行徑；這些競爭的地點，主要是在非洲以及東南亞。「近代」殖民是一波搶占領土的主張，而提出主張的人雖然趾高氣昂，卻也沒有辦法完全併吞或徹底剝削這些地方。

法國、大不列顛、比利時與葡萄牙的殖民事業，都是追求歐洲本土帝國權力的一部分（見第十一章）。德國在朝海外移動之前，首先併吞了歐陸的非日耳曼領土；而像不列顛這樣活躍於「海外」的殖民者，則是在競爭海外領土的同時，還跟俄羅斯、奧地利、奧斯曼人，以及歐亞大陸另一端的中華帝國打照面。少數結合各種領地、殖民地、被保護國與自治領的帝國合縱連橫，到了二十世紀早期，它們依舊是帶來衝突的政治單位。這些主要強權忙著在西歐奮力爭霸，也因此並不樂見新參賽者——日本——加進比賽當中，更別說占有重要的一席之地。

新概念同樣在帝國的框架中蓬勃發展，它們影響了這個框架，但沒有摧毀框架。在歐洲人理解自己與他人的眾多方法裡，有兩種將人分類的模式變得愈來愈明顯：民族與種族。這兩者之所以突出，跟人們自治的可能性，也跟難以明確回答「哪些人有可能自我管理」及「又有誰該被管理」等問題大有關聯。民族自治的觀念增加了決定誰「屬於」這個政體與誰「不屬於」這個政體的成本，而帝國的海外擴張則預設並加強殖民者與被殖民者之間的界線，同時又維持著這條界線的撲朔迷離。國家與民族並沒有在十九世紀時達成一致。

用權套路的多樣化以及遠方地區利益的歧異，都讓殖民強權難以發展出前後連貫的帝國想像。不同殖民者期許非洲人或亞洲人扮演不同的角色：次等勞工、改信基督教者、「傳統的」部落領袖、盡責的士兵、體魄強健的農夫。歐洲人對種族的論點——科學的、行政管理的或一般流行的——不僅不再像對民族的看法那樣是人們共識的焦點，同時也得面對經營帝國的實際問題。帝國得跟被併吞的菁英達成和解，但極端的種族從屬關係，不就會抹煞這種和解嗎？而且日子一久，被殖民的人——尤其是那些學到殖民者手段的人——對於帝國官員來說，不就會變得太過優秀或太過危險，無法將他們限制在界線分明、低人一等的類別裡嗎？殖民地的行政官員、傳教士與僱主看待、對待亞洲人與非洲人的方式，不能就這樣化約成「近代」歐洲的普遍特質；面對人們抵抗的事實，帝國的策略也會有所回應。

帝國與解放
Empire and Emancipation

十九世紀伊始，大不列顛人能想像出什麼樣的帝國？一七八九年，就在美國革命以及關於不列顛東印度公司的醜聞激起公眾情緒後不久，威廉・威伯福斯[3]便在國會中譴責奴隸貿易；他在當時提出這樣的問題：「大不列顛的人民，是否應該關心那些與自己差距甚遠、住在一個沒什麼人看過的小島上的人所遭受到的壓迫？」反奴運動發起時所訴諸的，是一種包容的人性觀——其宣傳主打的意象是一名黑人跪著問，「難道我不是個人，不是個同胞嗎？」廢奴主義者把某個一直延續到二十世紀的問題放上檯面：如果不同民族在某種意義上都是不列顛人的話，那統治他們的方式又該多麼不同呢？

這麼做的代價不小；我們在第八章曾經探討過，不列顛經濟在十八世紀的突破源於殖民地與母國的共生關係，一方面倚靠前者的糖與奴隸，另一方面則立基於後者在工業與農業領域方面的僱傭勞動。有些學者認為，國會之所以在一八〇七年決議禁止不列顛人民參與奴隸貿易，以及在一八三三年廢止不列顛殖民地內的奴隸制度，一定有其經濟上的解釋：這種說法認為，對不列顛資本家而言，奴隸貿易與奴隸制終究是不再有經濟價值的事物。但即便有亞當・斯密等人為僱傭勞動的經濟優越性提出理論證明，糖在當時的不列顛屬加勒比地區仍然相當賺錢；等到不列顛殖民地廢除奴隸制以後，西屬古巴的奴隸種植園就成了全世界糖業生產的動力來源。

大衛・布里翁・戴維斯[4]轉而尋求不同類型的解釋，他著重於資本主義的意識型態基礎，而非其經濟需要。不列顛本土的菁英抗拒對工人採取家長式保護，並捍衛僱傭勞動與市場的道德優越性。新教徒相信個人與上帝直接的關連，也相信受規訓的行為對救贖至關重要；對許多遵奉資本主義的農場主與工業家而言，自發性的市場紀律與這兩者都有密切關聯。反奴運動清楚表現出一幅有序、放眼未來的社會願景，堅定反對「過去的腐敗」——亦即留戀過去的菁英，其中就以奴隸主為最鮮明的代表。

廢奴積極分子就像拉斯・卡薩斯與伯克，在這個他們認為是政治的、道德的帝國空間中徐圖緩進，對抗奴隸制。到了一七九〇年代，前奴隸奧拉達・伊奎阿諾[5]的自傳以及他在大不列顛的巡迴之旅都擄獲許多人的想像，將「不同」民族受到的剝削與壓迫帶回了不列顛群島。

奴隸制對某些批評者而言，是種可以完全割捨掉的特殊做法，而對其他人來說，奴隸制的惡行

3 譯注：威廉・威伯福斯（William Wilberforce, 1759-1833），十九世紀英格蘭政治家、慈善家，同時也是廢奴運動的領導人之一。

4 譯注：大衛・布里翁・戴維斯（David Brion Davis），思想史、文化史學家，專研西方世界的奴隸與廢奴議題。

5 譯注：奧拉達・伊奎阿諾（Olaudah Equiano, 1745-1797），出身南奈及利亞的非裔作家。伊奎阿諾年幼時在家鄉被綁架，淪為奴隸。一七六七年，他贖獲自由，旋即前往英格蘭，並遊歷世界各地投入廢奴運動。其回憶錄《非洲人奧拉達・伊奎阿諾（即古斯塔夫・瓦薩）一生的有趣故事》（*The Interesting Narrative of the Life of Olaudah Equiano, or Gustavus Vassa, the African*）成為當時的熱銷書，也是奴隸文學的代表作。

則能開啟對富人與心狠手辣之人所宰制的社會更激進的批評。一八三三年，當國會通過法律要在不列顛的殖民地禁止奴隸制時，勝出的是保守版的廢奴方式——要先讓奴隸經歷一段半自由的「學徒期」才能通過。而同一時代的人也見證對英格蘭窮人愈來愈嚴苛的對待。負責主持不列顛加勒比地區奴隸解放的官員，把一種監護的意識型態也帶到當地。前奴隸必須接受有關自制、認真工作與適當男女角色的訓誨。這種思維認為非洲人的學習能力是個可以討論的問題：非裔奴隸是能夠成為「理性的」經濟要角，或者只能表現出某個官員所說的「野蠻懶散」？[6]

不單只有倫敦在書寫廢奴的故事。奴隸在加勒比地區的周期性暴動，也讓情勢變得很清楚：為了保住一個蓄奴的菁英，就得要有更多雙不列顛人的手沾染上更多血腥。奴隸解放之後，前奴隸也不必然會照著分配給他們的劇本來演。許多前奴隸在自己還是奴隸時所耕作的土地上種田，在島上的市集作小買賣，間或當個臨時工；他們試著結合這一切，而不是服從於僱傭勞動的規訓。在不列顛屬牙買加，糖產量一如人們擔心的那樣下跌。湯瑪士．霍特[7]與凱薩琳．霍爾[8]已經呈現出：在對「自由勞力」的期待與前奴隸運用自己自由的方式之間的差距，是如何在一八四〇年代以前造成對前奴隸日益高漲的敵意。更為苛刻的種族意識型態，就是建立在這個背景之上。在許多官員與傳教士眼裡，非裔族群似乎是經濟規律中的種族例外。

種族意識型態的加深，強化了西印度群島政府的殖民特色。雖然少數擁有田產的前奴隸參與當地的立法機關，而且一度看來是理所當然隨廢奴而來的結果，但到了一八六五年，在牙買加的前奴隸於一場流產的革命中試圖捍衛自己對土地的取得管道之後，倫敦便接手直接管理。曾經為自己的臣民廢除奴隸地位的不列顛帝國，現在清楚表明前奴隸並沒有走上完全融合與平等的道路。他們將成為種族化的統治體系與勞動規範的對象。

世界性帝國的能耐，就在於尋找種植園勞工的替代來源，而這主要是從印度（以及中國，但人數較少）招募來的契約勞工。契約工為了薪水必須工作一定的年限。不列顛的領袖在比較誠實的時候，會稱契約勞動為「新的奴隸制度」——新就新在用拜物教化的合約，以及轉往亞洲而不是非洲的勞力來源掩飾其行動；這個制度與奴隸制類似的地方，則在於仰賴將人帶離家鄉的做法，以及在合約期間用強迫的方法維持紀律。經歷幾十年來不列顛駐印度官員的憂心忡忡，以及因為印度政治運動而節節高升的抗議行動，這套制度終於在一九二〇年結束；在此之前，它已經將大約一百三十萬名印度人帶到帝國各地。[9]

同一時刻，不列顛的外交與海軍力量也對其他歐洲國家造成壓力，促使它們反對跨大西洋的奴隸貿易；即便如此，奴隸貿易還是延續到一八五〇年代。一八〇二年，拿破崙在法國殖民地重新恢復奴隸制（見第八章），此後，這個世界還需要歐洲的另一回革命情境（一八四八年），以及在法國的一場反奴運動與法屬加勒比地區的一次暴動，才能將解放帶給殖民地。法屬加勒比地區的前奴隸沒有經過某個中間階段，而是直接加入公民的類別。在法國公民權的大纛之下，種族歧視與奴役的記憶理應都要消失才是，可結果卻都沒有。縱使一八四八年的公民與其他法國公民在法理上地位相當，也能參與法國選舉、派遣代表前往巴黎的立法機構，但法國在其「舊殖民地」仍然保持著特

6 原注：「野蠻懶散」一詞語出不列顛殖民官員亨利・泰勒（Henry Taylor）一八三三年語，轉引自Holt, *Problem of freedom*, 74.

7 譯注：湯瑪士・霍特（Thomas Holt），歷史學家，以非裔離散（African diaspora），也就是非洲人因為被迫為奴，或是自願遷移而在世界各地開枝散葉的現象為主要研究方向。

8 譯注：凱薩琳・霍爾（Catherine Hall），歷史學家，研究重心為殖民母國與殖民地之間的互賴關係。

9 原注：契約工統計數據引自Metcalf, *Imperial Connections*, 136.

殊的行政架構。解放奴隸、公民權以及持續的歧視，都是帝國政府用來回應壓力、在其統治的各民族中調整包容與分化平衡的方式。

十九世紀的西班牙帝國則沿著另一條路走去。西班牙在失去大部分的殖民地後，緊緊抓著古巴與波多黎各不放（還有菲律賓），而且剛開始時還變得更加投入殖民地的奴隸制度。糖業在西屬古巴蓬勃發展，這跟「自由勞動」比奴隸更有效率的主張互相牴觸。奴隸制度的問題，逐漸跟古巴與波多黎各在帝國中所處地位有關的辯論緊密結合在一起。在歐陸西班牙，殖民地對西班牙的繁榮不可或缺的論點受到自由派的挑戰，他們不僅想以法國和不列顛為範本，建立一個更進步的國家，而且也不認為奴隸殖民地有什麼未來。

某些身在古巴與波多黎各的民族主義者發展出一種觀感：在這種觀感中，加勒比地區文明且獨立的的白種民族，受到眾多黑人奴隸的存在所威脅。他們的觀念同時是反帝國、反奴隸以及種族主義的。「民族」、「種族」與「帝國」間不穩定的關係，助長了一八六〇年代與一八八〇年代發生在古巴的內戰。擁護帝國與支持分離的雙方不只會找奴隸與前奴隸當工人，還會找他們當支持者與戰士。古巴的奴隸問題最終以廢奴的方式在一八八六年解決，至於殖民的問題則轉而朝一八九〇年代反西班牙暴動的新方向發展，最後導致美國的介入。巴西最終也在一八八八年廢止奴隸制度，當時龐大的歐洲移民不僅提供勞力的替代來源，還帶來替代的政治理念。

奴隸制跟帝國之間不是只有一種單一的關係。帝國過去捍衛疆土、保護海路與防範奴隸叛變的能力，曾經讓奴隸種植園成為可能，但如今讓廢奴得以實現，同樣也是帝國的力量。在美國，從帝國脫離而來的自由，讓奴隸制多維持三十餘年，超越奴隸制在不列顛剩下的其他殖民地裡的生命跨度。不列顛、法國與西班牙在母國與殖民地的菁英都因為奴隸暴動與越洋的社會運動，而被迫面對其人民同胞遭受的苦難與剝削。但等到獲得自由，加勒比地區的釋奴用來面對帝國統治者的可能做法，卻讓政府指導「發展」的盤算不如預期那樣發揮。這些前奴隸融入國家制度與帝國經濟的情況，在帝國的生命過程中——以及帝國結束之後，始終是個政治議題。

自由貿易、殖民的蔓延與帝國世界的重組
Free Trade, Creeping Colonization, and the Refashioning of Empire Worlds

一般認為，在失去美洲殖民地和百年後的非洲征服行動之間，不列顛帝國的建造有過停頓期；羅納德・羅賓遜與約翰・加拉格在一九五三年一篇知名的論文中，對此觀點提出異議。[10]他們提到，此時期正是大不列顛加強自己海外行動實力的時候：不列顛最具威脅性的敵人——拿破崙帝國——已經在一八一五年屈服，而不列顛優越的海軍、經濟成長與工業也跟著起飛。羅賓遜與加拉格主張：帝國主義——亦即影響力跨越空間的延伸——不只是個將殖民地正式納入統治制度的議題而已。帝國主義的關鍵在於如何讓人們做符合不列顛利益的事：保持低關稅，確保不列顛商人能接觸市場。大不列顛不用靠征服、併吞世界的不同角落，也有能力完成大部分該做的事。

拉丁美洲是個好例子：一八二〇年代，拉丁美洲出現了一連串新興國家；它們雖不再是其他帝國的一部分，但它們的脆弱也讓世界上的超級強權有了可乘之機，無須採取併吞的策略也能遂行己意。時不時派艘砲艇，就足以讓滿心不情願的統治者配合有利於不列顛商人的貿易待遇；比方說，

10 譯注：羅納德・羅賓遜（Ronald Robinson）與約翰・加拉格（John Gallagher）皆是歷史學家，專研不列顛帝國歷史，也都是不列顛學院（British Academy）院士。兩人合著的〈自由貿易帝國主義〉（"The Imperialism of Free Trade"）一文是經濟史研究的經典之作。

一八五〇年不列顛政府就曾派海軍到里約熱內盧，要巴西人停止奴隸貿易。這種帝國主義在法律上承認其他國家的主權，但實際上卻將該國當成只有部分自治來對待。

不列顛的銀行家、鐵路工程師與進出口公司也能為拉丁美洲、中國、非洲海岸地區與奧斯曼帝國的統治菁英提供一些甜頭。資金的來源、運作技巧與流動性，在建構雙方互動的條件時給了不列顛人遠超過對等的力量，而且他們的後頭還跟著不列顛海軍的強制力。然而這樣的貿易往往會造成衝突，帶來交易體系的崩潰，還會誘使勢力較為強大的一方前往占領並撥亂反正。十九世紀一路下來，這樣的結局愈來愈常出現，這都要歸功於歐洲工業大規模的擴張；而世界貿易的成長——尤其是一八六九年蘇伊士運河開通之後——更加劇工業化國家之間的競爭，對保護原物料與市場通路的要求也因此更為迫切。這些發展都會造成殖民行動四處蔓延——並帶來對領土與資源更為積極的控制。

▼歐洲勢力與亞洲帝國

數百年以來，中華帝國與奧斯曼帝國限制了歐洲人發揮力量的地點與方式；到了十九世紀，這兩個帝國先是得面對不列顛帝國，之後還要面對該帝國的歐洲對手，而歐洲人能有效利用的權力套路更多元，也讓人更加不得不低頭。清人與奧斯曼人為了趕上腳步，非得從歐洲購買武器與資本財不可；隨著貿易的軸心轉向西方，這兩個帝國裡的商人也愈來愈沒有興趣跟自己的統治者密切合作。

我們先來看看歐洲帝國對中國關係的改變。我們已經看到（見第七章），清帝國一直以來都在跟其沿海地區的歐洲貿易「飛地」打交道，他們憑藉的是將貿易獨占權賜給特定群體，將歐洲人限制在港口城市，控制能流入中國的貨品，以及堅持將清律用到外國人身上。但到了十九世紀，隨著海港地區的權力平衡倒向有利於歐洲人的方向，這種朝貢體系的變體也已經無法維繫下去。不列顛跟中國在一八三九年至一八四二年，以及一八五五年至一八六〇年的兩次「鴉片戰爭」就是經典的案例，說明一國如何用軍事手段迫使另一國同意採納不樂見的貿易形式。

鴉片在開發全球性消費市場時是個重要的貿易項目，若再加上茶、咖啡、菸草與糖——上述所有商品都能用各種方式，讓消費者「上鉤」。日漸增加的鴉片貿易拓展貿易商的網絡，連接印度、中國與兩者間的各個地方，帶來銀行與保險公司的成長，並促進加爾各答、香港、廣州與倫敦的資金集中。不列顛東印度公司是中國茶葉的主要買家，而東印度公司則視賣給中國的鴉片為挽救貿易平衡的關鍵。

對中華帝國而言，鴉片是種危險的商品，而且原因不單只是公眾的健康問題。中華帝國內的交易使用白銀，而白銀流失才是清代皇帝在一八三〇年代試圖禁止鴉片商品化與使用鴉片的主要原因。禁令威脅到不列顛的東亞貿易——雖然這禁令根本沒有成功過。戰爭接踵而來，不列顛則藉此試圖強迫中國根據不列顛的條件開放口岸。

第一次中英戰爭中，不列顛的勝利對清廷來說是個重大衝擊。這場戰爭以《南京條約》（一八四二年）做結，不列顛為條約訂下的條款包括：由清廷支付主要的戰爭花費、人命損失與物品損害賠償；開放五個「通商口岸」，不列顛臣民能在此居住，受自己的法律管轄，在自己決定的時間從事貿易；將香港割讓給不列顛王室。而在第二次戰爭中，入侵的不列顛與法國部隊用燒毀皇家園林的方式羞辱了中國。鴉片戰爭暴露出軍力的天秤已經倒向歐洲這一方：不列顛人有機關槍與更精良的船隻——包括像是蒸氣動力軍艦這樣的重大突破，以及更好的通訊工具，還有不列顛的工業產品與金融制度在背後撐腰。

座落於中國廣州的的歐洲商館

△

J．丁格（James "J." Tingle）根據一八四三年托馬思．阿羅姆（Thomas Allom）所繪的畫作進行雕刻；
阿羅姆的畫作發行於《中國系列景象》（*China, in a Series of Views*），
附有G．N．萊特（George Newenham "G. N." Wright）的文字說明。
各個貿易站與轉口港貿易網絡，在歐洲人的海外貿易行動裡彼此交匯著。
紐約公共圖書館館藏。

美國與法國則仿效不列顛，提出自己的要求。到了十九世紀中葉，外國人就已經有了「治外法權」——用自家法律接受審判的權利，就連發生在中國領土上（而不只是通商口岸）的刑事案件也不例外。

清帝國現在得面對所有帝國面臨的局勢中最糟糕的處境——當國內控制正在走下坡時，又遭受來自其他帝國的侵襲。這兩場危機互有關聯。經過幾百年的擴張，清人創造出一個陸海邊境綿長的國家（見第七章），為地方菁英帶來與外在世界交流的機會。與信奉伊斯蘭信仰的中亞接壤的西部地區，以及往緬甸和越南方向發展的南方地區，都沒有跟漢人地區所使用的行政體系完全整合。在西邊，「伯克」制[11]將大部分地方行政工作留給當地的穆斯林領袖，滿人與漢人士兵則集中在要塞；到了南邊，各種部落領袖仍然行使著權力。多元的用權手段為當地菁英與清代地方官提供自己留一手的機會——所以才有了大規模的走私，其中也包括鴉片。不光是跟歐洲強權在海路的接觸，現在連陸路邊疆也成了大問題。

清廷還在用自己的老規矩來玩帝國遊戲——專心控制中國廣大的領土和惱人的邊疆——但其他人已經另闢戰場。有些中國知識分子與有心人士意識到這個問題，試圖與其他非西方帝國裡志同道合的人——尤其是奧斯曼帝國——以及其他處在承受歐洲帝國霸業那一端的人建立關係。但歐洲強國不僅擁有在自己設定的地點作戰的機動性與軍事實力，還跟中國與其他地方的人有經濟利益上的聯繫。

11 譯注：「伯克」為新疆、中亞一地的傳統官名。原為世襲，清廷將之改為任命的官職，將不同任務交給不同的伯克，一方面保留當地原有習慣，一方面把「伯克」納入清的統治體系。

經過鴉片戰爭的失利後，中國得根據別國訂的條件來貿易，還要試著應付基督教傳教士，他們宣揚的道理挑戰著帝國的意識型態。中國的領導人還得處理邊疆竄起的盜賊以及國內的叛亂。到了十九世紀中葉，這幾股威脅則匯聚在一起（見頁四一九圖）。從一八五〇年代到一八七〇年代，中國西部的穆斯林地區爆發了一波造反浪潮。但一八五一年至一八六四年間，由洪秀全引起的太平天國之亂則更加危險；這人受過一點傳教訓練，飽受科舉落第之苦，對滿人更是深惡痛絕。洪秀全創了個教派，在遭受饑荒打擊的中國東南地區吸引到許多人；他將追隨者變成有紀律的軍隊，建立他稱之為地上天國的國家。洪秀全的軍隊攻陷了南京，更威脅著北京。清帝國花費許多年——還死了上百萬人——才克服這場叛變；這個事實既反映清廷在控制地方菁英時的無力，同時也是這種無力所導致的惡果。

到了世紀末，清廷面對外國人時展現的軟弱促成了一場反基督教的排外暴動。與武術和民防團體有所牽扯的人帶頭掀起「拳亂」，這一方面是忠於中華帝國價值觀的表現，另一方面則是對現存政權的否定。造反者強占了北京。由於慈禧太后贊成與外國人開戰，再加上各省督撫對於遏止動亂既有所猶豫，也力有未逮，於是各股外國勢力聯手，決定自己來掌握情況。不列顛、法國、德國以及——最新的帝國成員——日本的軍隊加入對義和團的血腥鎮壓，跟之前的拳匪一樣占領北京。

雖然歐洲帝國締造者的侵襲以及千瘡百孔的邊界，都對中國政府構成威脅，但也能為潛在的中間人帶來機運。不列顛在第一次鴉片戰爭中併吞香港，香港的華商出了力，將這個過去冷冷清清的沿海小鎮變成中國、東南亞、跨太平洋與印度洋間的自由港與主要貿易轉口地。不列顛的利益靠的是這些商人對中國貿易網絡的熟門熟路；香港最有錢的居民當中，就有一些是華人。等到一八四〇年代晚期，華人開始移民美國西部時，香港的企業家也從安排人們的行程，以及隨後將中國貨物供應到美洲土地上的中國「飛地」而大發利市。

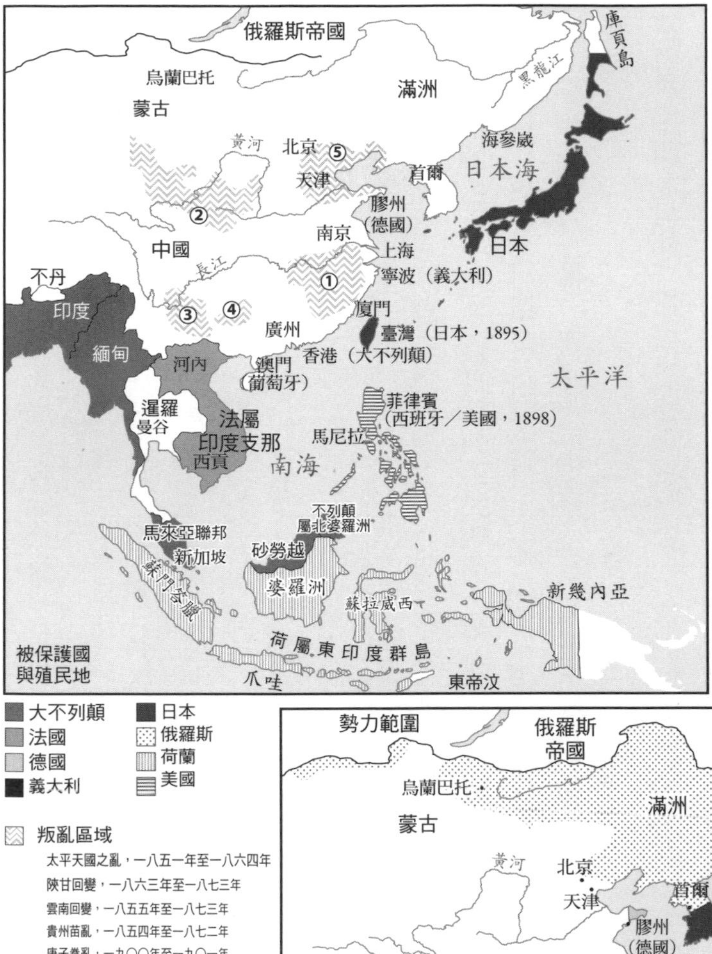

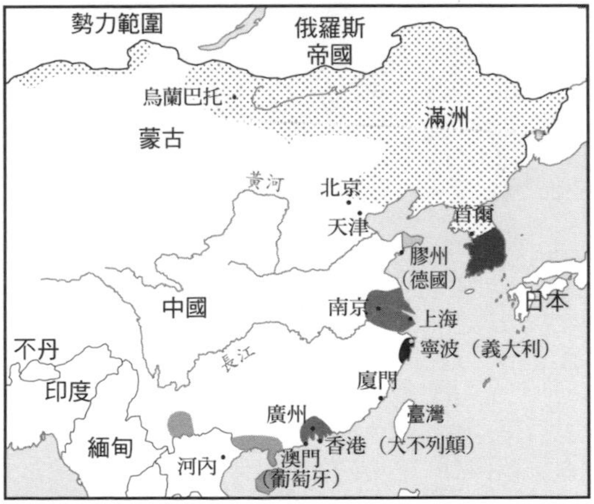

△
帝國的鯨吞蠶食：十九世紀晚期的中國與東南亞

香港社會不是個平等天堂，不列顛居民就堅持住在隔絕外人的地方，過著不同的社交生活。但香港並不適用於那種把抵抗跟合作切得一乾二淨的殖民模式。對帝國勢力的有條件歸順同樣能為十九世紀時選擇來到香港的華人提供致富機會，打造一種能運用其身處帝國間有利位置的社會環境，就像過去前往馬尼拉或馬六甲的華商。

中國的脆弱為廣大的亞洲地區帶來許多契機。長久以來，這個帝國在這裡發揮巨大的經濟與文化影響力，越南、柬埔寨與寮國等王國過去都要向中國進貢；它們的統治手法也表現出中國的影響力，最明顯的就是「官」——受過教育的官僚階級——在政府職位上扮演的角色。但無論是在第二帝國還是第三共和時代的法國，人們都看見了進入該區域經濟體系的機會。

與不列顛為香港制定的「門戶開放」政策完全不同，法國在它稱之為印度支那的地方發展「大河政策」，試圖獨占介於其領土與外界之間的重要出海口。從一八五八年到一八八〇年代中期，法國漸次將寮國、柬埔寨的君主國與越南中、北部納入「被保護國」範圍，並對越南南部（也就是交趾支那〔Cochinchina〕）進行直接的殖民統治。跟在「被保護國」這個分類（後來也用到了突尼西亞與摩洛哥）後面是冠冕堂皇的謊言——雖然被保護的國家透過條約將許多政府專屬的權力讓給保護國，但仍然享有主權、保有其統治者。過去為越南統治者效勞的官員，現在有一大半是為法國人服務。

越南地主擴大交趾支那稻米盛產區的產量，越南也因此變成中國主要的外部稻米供應者之一，對新加坡、荷屬東印度群島、日本來說也是稻米輸出者，更繼緬甸之後成為世界第二大稻米出口國。華人與印度商人是印度支那的經濟要角，特別是在金融與貿易領域。一直要到二十世紀，橡膠種植園靠著剝削來自該地區更加偏遠地的廉價勞力而成長之後，大量的歐洲移民才來到這裡。錫、煤與其他礦藏和重要的金融中心地位，讓越南跟法國資本主義結合在一起，也讓越南成為法蘭西帝國中最賺錢且人口最多的地區。

印度支那殖民地與保護國加在一起，創造出一種特別的殖民社會。根據估計，一九一三年在越南一千六百萬人的總人口中，有兩萬三千七百名歐裔法國人。[12]越南殖民地一方面非常法國風情，卻又明顯是個殖民地。河內與西貢的移民堅持其法國式的生活方式，同時又讓自己周遭的環境充滿異國情調，要求越南人順從與提供服務。這些移民很少意識到：殖民地靠的不只是當地人民的卑躬屈膝，還需要地方菁英的創新求變與幹練管理。大量歐裔法國人——尤其是殖民權勢等第中低階或中階職位的人——會跟越南女子暗通款曲，有時也會步入婚姻。這樣的關係帶來為數不少的混血人口，同樣也造成關於「在一個壁壘分明的社會中，這些人的子女應該要被接納為『法國人』還是當地人」的緊張問題。憂心忡忡且想在歐裔與當地人之間維持清楚界線的殖民政府，在實務上多半會採取「中庸的」選項，但不會給予這些子女法律上的認可。

至此，我們在香港和越南見識到幾種「飛地」殖民與領土型殖民的不同版本。越南的出口密集型經濟靠的是當地地主、法國移民、集體勞動種植園與礦藏；香港則是透過華人企業家發展出的網絡致富。貿易中心與農產地區的經濟利益終究都得仰賴它們跟中國的連結，但日本、荷屬東印度群島、西屬菲律賓、葡萄牙在澳門、東帝汶、果阿的「飛地」、以及更遙遠的不列顛屬印度也不可或缺。在十九世紀的發展中，不列顛也在這套體系中得到幾塊重要的「飛地」與領土——亞丁（Aden）、緬甸，以及一系列最後變成馬來亞的蘇丹國。蘇伊士運河在一八六九年開通，這也讓歐洲跟印度洋

12 原注：越南人口統計引自Pierre Brocheux and Daniel Hèmery, *Indochine, la Colonisation Ambigue, 1858-1954* (Paris: Découverte, 2001), 175.

地區與東亞有了更緊密的交流（見頁四四二圖）。

一七八八年，不列顛政府在後來組成澳洲的幾塊領地上設立了第一個官方殖民移居地，此後還有一系列的拓荒者探險之行。這些殖民地變成處理部分不列顛罪犯的地方，把囚犯隔得遠遠的、懲罰他們，還能為建造一個前景不明的移居地提供勞力。法國先是用圭亞那（加勒比海），後來則是拿太平洋上的新喀里多尼亞（New Caledonia）作為類似的用途，俄羅斯在西伯利亞也有自己的罪犯殖民地。在此，我們看到另一種讓遠距離領土控制也能派上用場的做法。

到了後來，澳洲的自由移民變得比罪犯還要多，一套統一的行政體系也終於在一八五〇年代建立。不列顛王室與移民本身，都不怎麼注重這塊大陸上原住民的土地需求與權利主張，還把在愛爾蘭培養的盛氣凌人延伸到澳洲原住民身上，認為就是要把「遊蕩者」占用的土地給搶過來。至於在紐西蘭，移民就不能不謹慎以待，因為毛利人不僅勢力穩固且很有組織。一八四〇年的《懷唐伊條約》（*Waitangi Treaty*）雖然總是被政府與移民所濫用，但總歸承認了原住民存在的現實，留給毛利人少許土地，也讓島上的毛利人，留下比他們的澳洲同伴更加強烈的文化完整感。

到了十九世紀中葉，澳洲與紐西蘭就和加拿大一樣，正在形成對自己跟不列顛的歷史與「親戚」關係很有自覺的社群。某些作家與政治人物想像出一個由白種人、新教徒、思想自由且事業有成的人們所組成的「大不列顛」，這些人從澳洲到南非再到蘇格蘭，遍及全球；工業化在不列顛本土創造愚昧的唯物主義與社會主義威脅，而他們高尚的愛國心正是這兩者的解毒良方。但他們的「白種」帝國與不列顛視野，也沒法讓官員知道自己實際上該如何統治一個多元而不平等的帝國。

不列顛政府在剩下的移民殖民地裡沒有重蹈一七七〇年代北美洲的覆轍，而是允許它們在帝國的範圍內緩步走向能擔負責任的政府。不列顛藉此創造另一種版本的拼湊政體，更適合一個（雖然是有排他性的）民主起飛的年代——這個政體混合了各個政治單位，每一個單位都行使著主權職能，但承認有另一層主權存在於帝國的高度上。自治領（dominion）這個詞最早用在加拿大，後來也用在紐西蘭與澳洲；這個詞來自拉丁文的「所有權」，反映一種過去的帝國屬地觀（見第六章）。既非完全從屬亦非完全獨立的自治領，是帝國複雜用權套路中的一部分。

東南亞的荷蘭帝國因為荷蘭東印度公司在十八世紀末破產，以及荷蘭政府對這個帝國的正式接管而完全改變。該國政府加深對印尼控制的做法，不僅造成爪哇一八三〇年代的戰爭，還導致一八七〇年代至一九〇〇年代初期其他島上的血腥征服與叛亂鎮壓。從一八三〇年代起，荷蘭政府就在「定植制度」（Cultivation System）下將種子配給當地農民，監督作物的播種與照料，並取走部分收穫為己用。一八六〇年，光是一百九十名荷蘭人——和許多印尼中間人——就指揮了大概兩百萬名農工的活動。[13]一些有企圖心的農人把這套相當高壓的制度轉變為優勢，擴大種植範圍，發展出深具活力的市場體系；至於其他農人在面對政府與地主的剝削，以及天氣與市場的波動時，則變得愈來愈無力回天，許多人更陷入窮困。到了十九世紀後期，私人的採礦與種植園，在荷蘭人的直接管理下已經發展起來。這個多元的島群就在沉重的殖民制度下，得到某種程度的共同經驗。

即便歐洲國家對東南亞與東亞施加更強的政治影響力，幫自己占據能賺錢的經貿位置，但他們沒有將地方菁英的角色從生產與貿易活動中抹去——幾百年前，就是這些活動把歐洲人的注意力吸引到亞洲來。與此同時，不列顛、法國、荷蘭以及之後的德國與俄羅斯則環繞在中國四周——把自己擠進中國市場，在附近的領土與沿海港口殖民，並在整個東南亞開枝散葉的華人事業中獲利。但

13 原注：定植制度的統計數據引自Jean Gelman Taylor, *Indonesia: Peoples and Histories* (New Haven: Yale University Press, 2003), 240.

在中國的邊緣，還有另一個同樣有能力在這個帝國競技場中行動與破壞的政權——日本。

▼新的帝國

一八七〇年代，日本加入了一場規則早已訂好的帝國主義競賽中。不過，身為一個類型不同的參賽者，日本帶起的影響力卻在七十年後來了個戲劇性的轉折。

日本在本土鞏固了國族性質更加強烈的政權，比起歐洲國家，日本也更能配合帝國的擴張模式。人們很容易誇大日本在一八五三年美國海軍叩關以前的「鎖國」，但在這次事件之後，日本並沒有立即投入對外征服，全國人民也沒有變得相對團結。在過去德川家的統治之下，權力被廣泛下放給地方領主。日本若要在全球市場擁有競爭力，若要從上而下策動交通運輸、基礎工業與製造業的徹底變革，就少不了政治上的重新改組；事實證明，一八六〇年代新的明治朝統治，就是政治重建的推動力量。

日本的領導人不僅意識到美國對日本經濟「開放」的要求，也注意到東亞帝國勢力的重新洗牌。由於中國在一度曾掌控的地方失去控制，而法國、德國、大不列顛與俄羅斯又將自己的勢力範圍延伸入當地，因此日本統治者莫不憂懼歐洲人進一步的入侵，將會限制他們的影響力。一直到世紀末，日本都在發展工業化，而該國產品的市場通路，以及這座資源貧瘠的島嶼缺少的原物料取得，都讓領導人憂心忡忡。

一八七六年，日本派了自己的遠征軍要求朝鮮「開國」。中國與日本都想在幕後操縱朝鮮，到了一八九四年，雙方為此起了衝突，接著開戰。中國政府原先認為日本不是對手，但最後卻被迫求和。而日本在一八九五年的驚人勝利，不僅使日本能對朝鮮實行更緊密的控制，還兼併臺灣，取得部分滿洲地區，拿到一大筆賠償。日本一度能對朝鮮進行類似自由貿易式的帝國主義做法，但當朝鮮合作者被證明無法滿足日本所有的需要，再加上西方帝國為朝鮮人提供另外的合作選擇，於是日本提高了入侵層級，終於在一九一〇年併吞朝鮮。

日本有意識打造帝國的計畫，是跟著本土工業化與軍事化一起發生的。由於日本的軍事冒險得仰賴從西方買來的戰艦，其經濟發展又需要大量利用國外的資本市場，因此打造帝國算是步險棋。日本領袖本身也怕西方人的入侵——直到一九一一年，他們才讓國家成功脫離最後一份讓西方國家在日本港口擁有特權的條約。日本對自己的帝國對手則採取友好讓步的態度，並在一九〇〇年加入它們鎮壓中國義和團之亂的行動。為了彼此的野心衝突，日本在一九〇五年與俄國在歐亞大陸東部開戰，並獲得勝利；正是這場勝仗讓歐洲國家注意到，有個新角色即將進入他們原以為專屬於自己的比賽場地。日本非常努力，要讓歐洲國家知道自己在跟俄羅斯發生衝突時有遵守比賽規則——確保戰爭有其正當性、遵循傳統來對待戰犯、透過日本紅十字會表現人道關懷、允許外國人觀察戰爭行為，並在美國的調停下，於新罕布夏州的朴次茅斯（Portsmouth）議訂和約。

雖然日本的領導人認為他們必須在歐洲人的眼中，樹立起自己作為一股帝國勢力的正當性，但他們仍然大大證明自己是亞洲人，對朝鮮人與臺灣人表現出一副「老大哥」的樣子。日本的子民間雖然並不平等，但他們畢竟不是「外人」，政府更期許這些人民的配合能創造出團結的亞洲集團，足以在日本的領導下抵抗西方對土地與資源的主張。一些日本領袖渴望帶領其他非西方國家——包括逐漸四面楚歌的奧斯曼帝國——組成同盟，對抗西方殖民主義，但日本在臺灣、朝鮮、滿洲與中國眼中看來，實在跟歐洲與美國帝國主義者沒有什麼兩樣。不管是在表面上還是實際上，國家力量、經濟交流，以及文化與族群的相似性，都正在改變、重組著亞洲的帝國。

▼奧斯曼人與歐洲人

過往的歷史證明，奧斯曼帝國是另一個對歐洲人的帝國野心來說太過棘手的大國。我們還會在第十一章中解釋，奧斯曼帝國的情況雖然不是沒有變化，但就像中國一樣，其統治者並沒有放眼海外尋求資源的需要，而他們的帝國大計也不曾為那種發生在十八世紀不列顛的經濟革命提供刺激或手段。一旦貿易的軸心從東地中海地區轉往西歐，人們沒有伊斯坦堡的施恩也能賺到錢時，奧斯曼人跟商人社群——例如猶太人或希臘人——之間的密切關係，就再也派不上用場了。奧斯曼人在巴爾幹與北非特別不堪一擊，這些省分不像安納托利亞以及地中海東緣住著阿拉伯人的地方，並未整合入常規的行政管理當中。

我們來看看歐洲人入侵奧斯曼人原有領土的兩個例子，其一與殖民蔓延的模式相吻合，其二則是完完全全的征服。在埃及，奧斯曼總督早已從伊斯坦堡那裡取得一定程度的自治。靠著不列顛的幫助，奧斯曼人中止了拿破崙在一七九八年對埃及的占領。穆罕默德・阿里（Mehmed Ali），這位阿爾巴尼亞裔的總督漸漸讓自己遠離奧斯曼人的控制；在其領導下，十九世紀初的埃及成了一塊活躍之地，軍容壯盛，在歐亞市場間的貿易中心角色也仍舊重要。埃及挹注相當多的財力與人力讓蘇伊士運河竣工，結果卻讓不列顛對該地區控制的話語權大為增加，也不利於埃及人和奧斯曼人的利益。埃及債務等級的迅速提高，成為不列顛代理人介入統治的理由——也可以說是藉口。在這次事件中，會計人員與銀行家成了改頭換面的帝國主義代理人——一八八二年時差不多有一千三百人，他們是來確保國家的收入會流向債務償還。[14]這導致不列顛跟埃及間升高的緊張局勢，埃及人覺得自己正失去對自家資源的掌控。

一八八二年，一系列的事件導致群眾攻擊歐洲人，並掀起一場反奧斯曼人領導地位的叛變。一名「埃及—奧斯曼」軍隊的軍官帶頭發動了這場叛亂。不列顛部隊介入，留下一座軍事要塞——是占領，但不是完全征服。不列顛對埃及實施一種「委婉的被保護國制度」（到第一次世界大戰期間才明確宣布其「被保護國」的地位）。蘇丹的代理人「赫迪夫」[15]逐漸落入不列顛「居民」控制之下；在埃及視野開闊、有教養的菁英眼中堪稱是個痛處。但在大部分埃及人看來，這個議題並不像傷痕累累的奧斯曼主義[16]——奧斯曼主義認為伊斯坦堡在保護埃及不受不列顛介入時，應當採取更加積極的作為——所宣稱，是保衛「民族」疆土的頭號大事。一八八二年後，埃及幾乎沒了主權，但還沒有被征服。不列顛的實質控制延續到一九二〇年代，深遠的影響力則到一九五〇年代才結束。

法國早就在北非咬了奧斯曼人一口，時間是拿破崙在埃及慘敗的三十多年後。入侵阿爾及利亞（見頁四四二圖）的行動開始時，法國還是由國王統治，後來的共和政府（一八四八年至一八五二年，以及一八七一年後）與第二帝國（一八五二年至一八七〇年）都用不同的手法強化了入侵行動。

法屬阿爾及利亞並非是以建立一種新殖民體制的計畫起頭，而是歐洲君王與地方統治者算計謀權所開啟的又一篇章，但干預主義者帶來的動力，很快就讓整體情況變了樣。奧斯曼人治下的阿爾

14 原注：會計人員人數來自C. W. Newbury, *Patrons, Clients, and Empire: Chieftaincy and Over-Rule in Asia, Africa, and the Pacific* (New York: Oxford University Press, 2003), 84.

15 譯注：穆罕默德・阿里掌握埃及的權力之後，開始使用「赫迪夫」（khedive）作為頭銜，意為總督。

16 譯注：西元一八六五年，一群奧斯曼帝國知識分子組成了青年奧斯曼黨，他們認為「坦志麥特」時期的改革並不徹底，因而提倡讓帝國內各個宗教社群取得平等地位，承認各民族的存在，擁有同等公民權；過去以宗教為單位組成的社群仍然留下，但所有宗教社群皆擔負一樣的責任與義務。這種受到啟蒙思潮影響的價值觀，就是「奧斯曼主義」（Ottomanism）。

及利亞只有受到鬆散的統治。該區域以地方性的貿易與掠奪網絡為基礎；到了十九世紀初，奧斯曼人的控制已經是氣若游絲。海盜行為的控訴、貿易的衝突，加上與阿爾及爾總督間的債務糾紛，都被法國人看成侮辱，也讓法國國王需要展示些愛國的行動來表現自己，這才導致法國在一八三〇年時攻擊阿爾及爾。法國政府還在猶豫是否要繼續深入時，軍人就先起了頭，攻擊多半獨立的內陸地區領袖。因為怕丟臉，同時也擔心不列顛人會進占權力真空，法國征服的力度因此不斷加大，造成數十年間極端的暴行——焚毀村莊、消滅牲畜與破壞糧食，還屠殺平民與軍人。

但阿爾及利亞會成為哪一種殖民地？那裡不會是法裔移民的目的地——法國國內沒有迫切的移民需求。而在法國人的監管下前往阿爾及利亞從事商業與農耕的殖民者中，最主要的是義大利人、馬爾他人、西班牙人以及猶太人。法國為這群新近重新混合的泛地中海居民提供了各自不同的權利。非法裔的基督徒移民可以成為法國公民，但穆斯林與猶太人則被認為要服從伊斯蘭法律與摩西律法，除非他們同意轉而接受法國民法，才能要求法國公民權。

法國很早就主張要尊重阿爾及利亞穆斯林管理內部法律事務的權利，算是回應奧斯曼人的做法。但法國公民權跟奧斯曼人多樣複雜的制度相去甚遠。公民權概念的差別應用，使阿爾及利亞穆斯林被定義為法蘭西帝國社群的次等成員，沒有政治權利，更是任意處罰的對象。公民與國民的分野在阿爾及利亞細心建構起來，這種做法也逐漸成為帝國大部分地區的統治措施。一條一八六五年生效的法律清楚表明阿爾及利亞穆斯林是法國國民，但除非他們放棄自己在伊斯蘭律法下的個人地位，過著「法國」式生活而得到政府的接納，不然就不是法國公民。

這一回，法國再次自詡為帝國，而法國的統治者拿破崙三世道出了一幅經典的帝國統治願景：「阿爾及利亞不是殖民地，而是阿拉伯人的王國……我是阿拉伯人的皇帝，一如我是法國人的皇帝。」[17]到了一八七〇年，阿爾及利亞的猶太人也變得能擁有公民資格。讓特定群體的人民在體系中分一杯羹，以加強控制那些被認為會帶來最大危險的人——這也符合帝國常見的策略。

一八七一年法國再次變為共和國時，過去那種「國家是各種不同領土與人民的集合」的老觀念並沒有跟著消失。阿爾及利亞處在一個特殊的位置上：人們把阿爾及利亞的領土，當成法蘭西共和國不可或缺的一部分，但只有一些阿爾及利亞人是共和國全體公民的一部分。移民充分利用自己在母國與阿爾及利亞當地機關的政治權利，被犧牲的則是大多數穆斯林。

▼帝國的統治套路

就這樣，我們在十九世紀見識了一整套能讓帝國力量運作其中的模式——從經濟誘因和強制力的周期性展現，到財政控制、條約口岸、被保護國、自治領以及殖民地。主權——不是國際法學者論文裡寫的那種主權，而是實際上的主權——是種不穩定、不一致的現象，不是那種「社會要麼有，要麼沒有」的東西。國家的形式也並非相等。生活在拼湊、分層或重疊權力制度中的人，可能會體驗到程度各異的種族不平等，也備受日常生活中的歧視與折磨，但也存在強化個人勢力或經濟交流的可能性。一名香港商人或許會同時經歷到機運與羞辱；在阿爾及利亞，多數的穆斯林國民只看到屈從、土地掠奪和剝削；到了越南，一窮二白的工人、殘存的舊官僚菁英和事業有成的種植園主，都在殖民社會中扮演他們不平等的角色。

自由貿易帝國主義總是會變成什麼別的東西——這就是為什麼要叫做帝國主義，而不只是貿

17 原注：「阿爾及利亞……」：轉引自Stora, *Algeria*, 5.

易。它依賴的是帝國間競爭情勢的洗牌重組。大不列顛手上有最好的牌能打，將非官方的權力與影響力延伸到舊帝國與新興國家；但法國在阿爾及利亞與越南，還有荷蘭在印尼，則都採取領土形式的殖民。或許有人會誇大歐洲人的殖民衝動——事實上直到一八七〇年代，這種熱潮才徹底擄獲歐洲公眾的心，但整個十九世紀下來，企業家、傳教士與軍人不僅是積極主動的殖民者，而且還自豪地宣傳自己的成就。就算人們心裡沒有認真且清楚地打算去殖民這個世界，少數歐洲帝國式國家之間的敵對、奧斯曼帝國與中華帝國的孱弱以及日本的帝國大業，仍然會改變帝國的地緣政治情勢。下一節，我們要轉而討論殖民統治的加強與擴張。

帝國升級——十九世紀的不列顛屬印度

Empire Intensified: British India in the Nineteenth Century

一直以來，印度在不列顛體系中占據著獨特的位置，而且是個不穩定的位置。東印度公司在十八世紀時，就已經成了大半個次大陸上的實際權威，對餘下的部分也有強大的影響力（見第六章與第八章）。不列顛領袖用了一個有意模糊且非常帝國風的詞——「最高權威」——來避免對印度主權做出強硬主張。東印度公司的統治突顯出蒙兀兒皇帝的衰落，讓中間人能得到資源，不受皇帝控制。公司擴張的勢力，創造了一塊塊由名義上擁有主權、但被不列顛人盯著的統治者所統治的「土邦」（princely states），以及更多直接統治的領地。由於公司的職員需要當地的中間人在不同土邦裡管理複雜的稅收體系，因此他們試著讓從裙帶關係、擔保人與被擔保人關係，以及學徒中招募來的眾多抄寫員與會計人員，能更有規律地工作。但這一類的人卻能利用自己的職位，或是認證公文所掌握的威勢，來行使某種程度的權力。

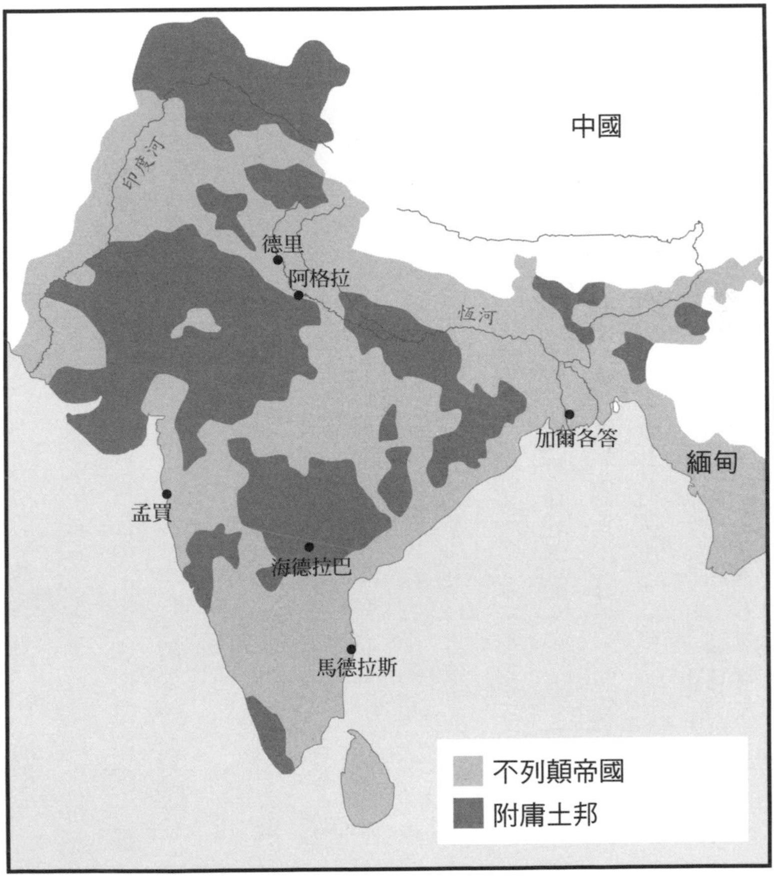

△
不列顛屬印度，一八五七年

到了十九世紀前半，東印度公司與政府官員對於「應該要透過印度中間人做事——也就是在蒙兀兒人的基礎上鞏固不列顛的統治神話——還是要更直接行動，將印度一勞永逸納入『文明的』統治之下」有著不同意見，但他們兩者都沒能做到。克里斯多福．貝利[18]更指出，就在人們把奧斯曼人當成老骨董的這個年代，不列顛人將「飛地」轉變為龐大的領土帝國時，卻創造出跟奧斯曼帝國差不多的東西，這不能不說是極大的諷刺。[19]不列顛屬印度就跟奧斯曼帝國一樣，最是仰賴土地收益。這個政權並未削弱當地的階級體系，反倒還強化了它，而且也沒有在這塊土地上推動工業化或全面開放市場。

東印度公司在自己十九世紀早期的大部分領地上仰賴「常駐代表體系」（Residency System），靠官員緊緊盯著王公們。王公有可能被罷黜，他們的財庫也有可能受到嚴密監控，但仍然可以分配歲入，對臣民收稅，維持國內的法律，以及贊助文化人士。一個常駐代表再加上一個歐裔助手，大概就是土邦裡僅有的非印度裔官員。在不列顛屬印度，雖然不列顛人在某些地區的統治更為直接，也更為獨裁，但遲至一八八〇年代，歐裔官員對總人口的比例還不到一比二十五萬。管理所有官員的，則是不斷成長的「榮譽東印度公司文官機構」（Honourable East India Company's Civil Service）；人們期待這個機構能將官僚制度與公共服務的規範，帶進一個長久以來因官職員貪贓枉法，且與其所仰賴的印度中間人間充斥私相授受且不穩定的關係，而聲名狼藉的公司。

十九世紀伊始，不列顛對印度抱持著典型「東方主義式」（orientalist）的看法——印度一度是個偉大的文明，但現在是個衰落的文明。一個帝國菁英對另一個帝國菁英——沉浸在自個兒光榮裡的大君[20]——久久不去的敬意，與「一切創新的嘗試都源自於不列顛人」的信念和高傲態度同時並存。有些不列顛學者學了梵語，成了古印度文化的學生。「東方主義式」的觀念合理化帝國的統治，但也讓印度人有了機會——尤其是婆羅門；婆羅門藉由宣稱自己保存古人的智慧、法典以及掌管較低種姓的權威，因此得以用有利於自己的方式，操弄不列顛人對東方家父長制的敬意。這個過程讓印度社會受家父長統治的程度遠超過以往。今天有某些學者主張種姓觀念並非印度古代的發明，而是婆羅門與不列顛人交流的產物。

整個十九世紀，不列顛人對印度菁英與文化的觀點，可說是愈來愈不留情面。英格蘭本土的自由派人士，對於英格蘭人有序的生活方式優於其他民族這點，愈來愈有信心。但終究還是有某些領導人懷抱著希冀，認為其他「種族」與「文化」的人，也有在不列顛人領導下改善自我的可能性。根據這種觀點，差異就不再是帝國裡不得不接受的現實，而是可以改造的現實。英語授課的「印度學院」（Hindu College）在一八一八年成立。過去的行政語言是波斯語，反映出蒙兀兒帝國複雜的過去，但行政語言在一八三五年時換成了英語。有些印度人清楚察覺這些政策帶來的機會，但其他人則排斥這種文化侵略，還有些人試著在這兩種不同的等級體系中尋找交集。

在軍事方面，東印度公司仍舊依賴「西帕依」，一八〇五年時大約有十五萬五千人。他們的薪水由當地稅收來支應，而且他們不只在印度，也在錫蘭、爪哇以及紅海一帶服役。而在印度內部，

18 譯注：克里斯多福．貝利（Christopher Bayly），歷史學家，專研不列顛帝國史、印度史與全球史。不列顛學院院士，王家文學院（Royal Society of Literture）院士。他是約翰．加拉格的學生。

19 原注：Christopher Bayly, "Distorted Development: The Ottoman Empire and British India, circa 1780-1916," *Comparative Studies of South Asia, Africa and the Middle East* 27 (2007): 332-44.

20 譯注：大君（maharajah），源出梵文，意指「偉大的統治者」、「偉大的國王」，印度各地其他印歐語系的語言也吸收了這個詞，用來當作統治者的代稱。在一九四七年印度獨立以前，當地有許多土邦，土邦的統治者就被冠以大君頭銜。

要解除地方統治者的武裝，處罰所有反叛者，以及讓那些合作的人維持自己的地位與象徵性權力，都能用上「西帕依」。

新教徒和一些天主教傳教士在印度的努力沒能創造多少新入教者，但他們反映了不列顛人在宗教層面上對殖民地的社會秩序與發展的看法。傳教士對印度社會產生的批評，就跟對不列顛帝國其他地方奴隸制度的批判頗為類似。娑提（sati）——也就是寡婦自殉——以及其他被看作野蠻的習俗，特別讓他們感到不悅。不列顛官員與生意人則發展出一套區別彼此的行為規範，標榜他們的積極男子氣概，跟他們認為印度人所具有的軟弱、陰柔天性形成對比。

不列顛的統治並不等同於將資本主義帶給印度的系統性嘗試。雖然不列顛種植園主的土地掠奪還在繼續，但對於將土地完全變成市場商品，不列顛與印度菁英心裡都還有矛盾。他們都需要現狀的支持，仰賴從地方上的地主，也就是「柴明達爾」那收取來的稅收；「柴明達爾」擁有向農業生產者收稅，並將部分移交給東印度公司的世襲權力——一七九三年，不列顛人在「土地協議」裡也清楚表明這一點。收稅是個既高壓又疊床架屋的過程，反映東印度公司治下主權的分層。不列顛屬印度採取十八世紀奧斯曼人的方式，透過中間人向農民收取大部分的稅收。出口貨物也創造出財富，在整個十九世紀裡，棉、鴉片、靛藍和茶的產量也因此擴大。同時，東印度公司還鼓勵印度進口不列顛當時以低成本大量生產的布料，此舉摧毀了印度一度充滿活力的紡織業。

農民之間瀰漫不滿的情緒，地方菁英不時亦然，而不滿之情偶爾會爆發成暴力行為；許多印度士兵也因為被派到遠方而心懷怨懟。這樣的緊張情勢終於在一八五七年釀成一場大規模暴動，還被冠上誤導性的「譁變」（The Mutiny）之名。士兵對於軍隊忽視其宗教禁忌的憤怒，是暴動的直接因素。有傳言說，在士兵得用牙齒撕開的彈藥紙上塗了印度教徒與穆斯林不能碰的動物油。這場「譁變」暴露一套仰賴受壓迫群體出身之人擔任其脅迫力量的制度，有多麼脆弱；士兵跟自己出身社群

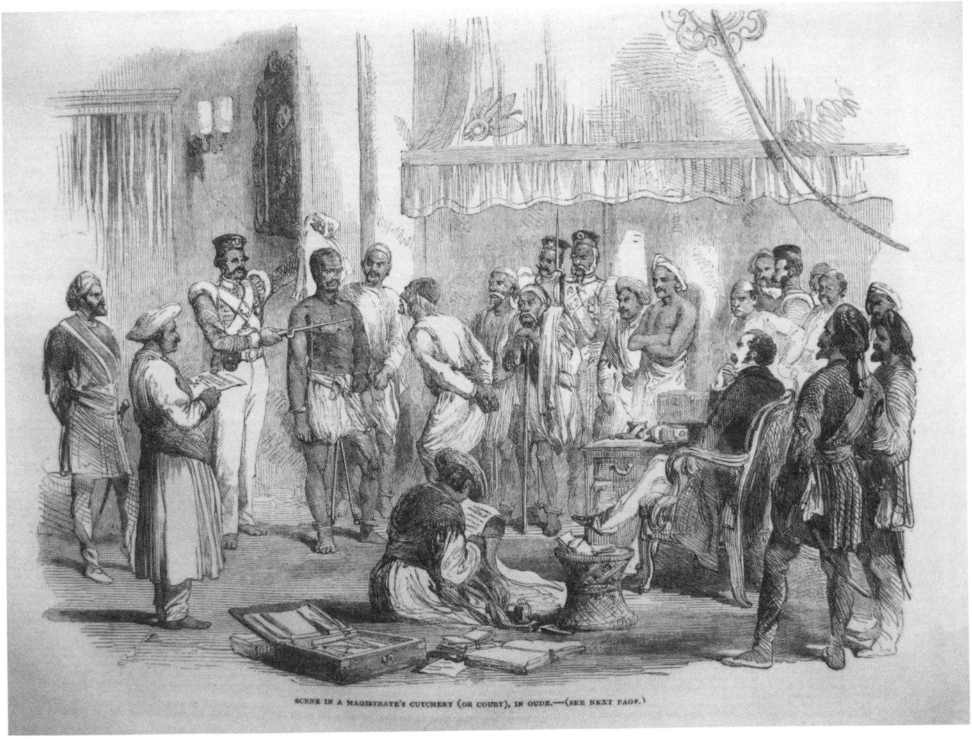

SCENE IN A MAGISTRATE'S CUTCHERY (OR COURT), IN OUDE.—(SEE NEXT PAGE.)

治安官在印度烏德（Oude）進行庭審

△

《倫敦插圖新聞》第二十二期（一八五三年五月十四日），頁 361。
這張版畫呈現出當地的「支持者」協助一名不列顛官員（坐著）斷案的景象。
雙手被綁住的被告出現在畫面的中央。
紐約大學法勒斯圖書館（Falles Library）館藏

中的不滿與憤怒是分不開的。對於不列顛人打算將更直接的控制延伸到土邦的擔憂，或許也迅速引發某些地區的反抗。有些土邦統治者選擇與反叛的士兵合作，也有許多農民加入反抗行列，但其他的土邦領袖與農民，則對這場反抗運動袖手旁觀。對不列顛人重掌大局的能力來說，印度內部的分化至關重要，但不列顛人還是要經過一場漫長且慘烈的戰鬥，才能逼使那些不列顛領袖重新思考其統治權力的根本為何。

不列顛用三管其下的方式回應這次暴動。第一，當局認定東印度公司已經成了笨重的活化石，印度也終於在一八五八年落到不列顛政府的管轄之下。一八七六年，維多利亞女王起用印度女皇的頭銜，這是不列顛君主第一次被正式承認為帝國的統治者。第二，要更嚴格管理印度：相較於印度土生土長的部隊，要提高來自不列顛群島部隊的比例，還要有積極促進發展的步驟——蓋更多鐵路，設立更多教育設施，這樣或許就能減輕緊張的經濟情勢。第三，要更小心統治印度。土地稅降低了，處理土地移轉時也要謹慎以對。政府保證：除了那些曾加入「譁變」的土邦以外，政府不會再併吞更多的土邦；不列顛政府最終在印度承認了大約六百個土邦。

馬努．古斯瓦米[21]主張，在「譁變」後的數十年間，不列顛政府的措施將印度塑造成一個凝聚的實體，而印度的政治積極分子也開始對該空間提出主張。不列顛人打造的鐵路網將印度前所未有地聯繫在一起，來自各地的中產階級印度人體驗了長距離快速旅行的可能，同時也在列車車廂裡經歷種族隔離的羞辱。印度文官機構（India Civil Service）是個整合的機關，不僅從英格蘭招徠高階文官，也從身在印度的不列顛、歐亞大陸或印度籍人士中，招募比較低階的人員。印度人在公務體系中扮演重要但卻不平等的角色，他們在全印度各地輾轉奔走，擔任稅吏與人口稽查員。

領土的整合跟領土內人民的內部分化是一起出現的。不列顛人根據種姓與宗教類似程度，把印度看成一個個分開的「社群」——印度教徒、錫克教徒、帕西人[22]與穆斯林都被清清楚楚地彼此分離開來。

早在一八一〇年代，印度知識分子就已經注意到世界各地的憲法發展——如自由路線的一八一二年西班牙憲法。印度人開始用演說與寫作的方式，要求在立法機構軋上一角，終結東印度公司限制性的經濟政策，並建立更在地的行政當局。也有人提倡進步版的印度教。到了十九世紀晚期，隨著印度人的公開積極行動愈演愈烈，不列顛對於「統治」（Raj，就跟這個政權同個名字[23]）的看法，就和同樣條理清晰、但截然不同的「印度母親」[24]願景起了衝突。對印度教的知識分子來說，「印度母親」的概念擁抱印度所有的人，但在印度人核心價值與共同歷史的組成方面則帶有印度教的傾向。為了支持古代梵語文明與當代印度教文化的直接聯結，大量的穆斯林以及他們跟蒙兀兒帝國的關聯就被人忽視了。

印度激進分子也用不列顛人的方式來批評不列顛政策——說不列顛人沒法實踐在學校裡教導印度人的自由價值。當印度人正在要求擁有英格蘭人該享有的權利時，不列顛統治者卻擺出一副亞洲

---

21 譯注：馬努・古斯瓦米（Manu Goswami），南亞史歷史學家，主要研究領域為十九、二十世紀印度史、經濟思想史、政治經濟學與社會理論等。

22 譯注：西元八世紀時，由於波斯落入伊斯蘭教的勢力範圍，部分瑣羅亞斯德教徒便從波斯移民印度，他們的後代就稱為帕西人（Parsis）。

23 譯注：不列顛一八五八年至一九四七年間對印度的統治，稱為不列顛統治時期（British Raj）。其中「Raj」一詞來自印地語（Hindi），有「統治」、「國君」或「效忠」等多個意思，端視語脈而定。

24 譯注：十九世紀晚期，印度獨立運動興起。「印度母親」（Bharat Mata）的形象開始在文藝界出現。祂融合了印度宗教中所有女神的特質，以難近母（Durga）為主要造型，身披藏紅色紗麗（sari），手持印度旗幟，成為印度民族的擬人化象徵。

封建主的樣子，對印度的王公與大君政權虛以委蛇，這不能不說是極大的諷刺，也讓這些激進人士更感憤憤不平。

對殖民主義的政治批評則跟對經濟的批評一道出現，印度知識分子在批評經濟體系時，用了「陰溝」（the drain）這個詞，意指讓印度人的勞動成果集中流到大不列顛的各種手段。「內政規費」（Home charges）意味著印度人在為自己所受的壓迫埋單：包括官員的薪水與退休金，再加上倫敦的印度事務部（India Office）職員全體，以及用在鐵路與其他建設的資金利息。印度經濟評論家主張全球貿易是用來服務不列顛，而不是為印度的利益服務；這不僅讓印度過度暴露在全球市場的波動中，就連乾旱情況威脅到人民生計時，卻還是被強迫生產用來出口的作物。這麼做的結果，就是十九世紀晚期好幾場屍橫遍野的饑荒。今天的經濟史家同意評論者的看法，不列顛的印度政策創造的經濟成長確實少之又少。根據一項統計，一八二〇年至一八七〇年間，印度平均每人的國內生產毛額完全沒有成長，接下來到一九一三年間，每年僅增加百分之零點五，到了印度獨立時更處於一九一三年的水準之下。[25]

印度對帝國的批評只能占據殖民政策容許的小小空間——如自一八六一年起運作的議會，會中混合選舉以及指派出來的議員。不列顛人為「少數」保留了席次，這個詞讓人想到包括穆斯林在內的人——他們的宗教會讓人想起前一個帝國，對這些人來說，這是個哀傷的轉變。

就這樣，印度人發展出「國族」概念——視某些民族為他們政權的核心，某些人在外圍，而某些人在邊陲。隨著一八八五年印度國民大會黨（Indian National Congress）成立，這種「國族」觀念也以組織的型態出現。國大黨進一步發展對不合時宜的政治代表制、公務體系內的歧視、財富的流失以及土地稅收體系不公的批評。國大黨的國族觀脫胎於帝國——來自帝國的統治架構，來自印度人在帝國其他地方當兵做工的付出，也來自對帝國的交流有所貢獻、同時從中獲利的印度商人與金融家。

即便女王成了女皇，更穩固地建立國家機構，不列顛人也沒有完全放棄過去的分層主權。印度主權歸於印度人民的想法被否決了，或者說，至少是無限期推遲。截至一八八五年，印度知識分子就已經了解到新的統治體制有多麼重要；這個體制關係到一個稱為印度的實體以及這個實體的不列顛統治者——正是這些統治者，用政治的手段建構了這個實體。

帝國擴張——逐鹿非洲

Empire Expanded: The Scramble for Africa

到目前為止，我們已經探究帝國在十九世紀用來擴張、強化控制，以及展現主權不同程度、形式的許多方法。相較於此，許多人則認為非洲的殖民更像是「近代」殖民主義的縮影：將全然來自外部的力量，強加在被打上原始標籤的人身上。帝國的階級高下，真的有變成法蘭茲．法農[26]稱之

25 原注：平均每人國內生產毛額引自Angus Maddison, *The World Economy: Historical Statistics* (Washington, DC: OECD, 2003), 表5a-5c, 180-85.

26 譯注：法蘭茲．法農（Frantz Fanon, 1925-1961），法籍非裔心理學家、哲學家。他的作品對後殖民研究、批判研究與馬克思主義皆有重大影響。除了學術研究之外，法農也實際投身阿爾及利亞民族解放陣線（Algerian National Liberation Front），支持阿爾及利亞獨立運動。最有名的著作為《黑皮膚，白面具》（*Peau Noire, Masques Blancs*）。

為「摩尼教世界」（Manichean world）[27]、清清楚楚一分為二的殖民體系嗎？[28]

一直以來，歐洲商人與探險家都跟撒哈拉沙漠以南的非洲海岸有所接觸（見第六章），但南非以及葡萄牙移居地，也就是今天的安哥拉與莫三比克一帶則是明顯的例外，那邊在一八七〇年代前，已經有少量入侵內陸的行動。當奴隸貿易在十九世紀前半衰退之際，諸如棕櫚油、可可油、丁香與花生等商品的貿易則有成長，大部分的非洲人也將農產品留在自己手裡。緊接著大概二十年的時間，除了賴比瑞亞與衣索比亞外，幾乎整個下撒哈拉非洲[29]都被殖民——不列顛、法國、德國、比利時、西班牙與葡萄牙瓜分了這整塊地方。

二十世紀的帝國主義理論家認為，他們在這場殖民行動大爆發中，看到的是歐洲經濟變化所帶來的結果。列寧在一九一六年主張資本主義已經進入最高階段，能更有效率地製造更多商品，創造更多利潤，但卻發現難以投資於更多的生產活動：這是因為付給工人的薪水愈少愈好，所以就沒有足夠的消費。[30]金融資本不會跟任何特定的生產活動綁在一起，而是在全世界尋找投資的機會。但投資需要保護——好免於受到當地人民與歐洲競爭者的傷害，也因此需要國家像個殖民者一樣行動。這種對非洲殖民行動的解釋有兩個實際存在的弱點：事實上很少有人在非洲投資，而且歐洲資本家也找到許多別的地方可以投資，像是本國、別的國家，以及歷史較為悠久的殖民地。

對政治與經濟行動間的相互關係有更精確的理解，才是解答此一問題的根本。帝國並非控制資源的唯一道路，但市場畢竟存在於政治脈絡之中。在十九世紀的歐洲，這個脈絡就是各個帝國所組成的競爭世界；帝國的數量不多，每一個都汲取著超越國家範圍的資源。到了十九世紀晚期，主要的參賽者一如往常有法國與不列顛；還有個新帝國，也就是擴張到日耳曼語區、波蘭語區、丹麥語區、法語區並鞏固之而形成的德意志國（見第十一章）。比利時與葡萄牙都是小國，也正是因為這個原因，才會對帝國特別感興趣。在整個北美，以及俄羅斯與中國之間的地方，大多數帝國擴張的前沿都已經封閉了，非洲是唯一一個還不是哪家帝國的一部分，且有人煙的開闊空間。

德國是這場遊戲的新玩家。在一八七〇年擊敗法國之後，德意志國的幾個鄰國對其工業實力與軍事力量可說是再清楚不過。但第一個工業國家，也就是有一大堆財產和勢力範圍要保護的大不列顛仍然是個標竿。對不列顛或德國經濟而言，由國家控制的桑吉巴（Zanzibar）或比夫拉灣（Bight of Biafra）其實並不重要——只要沒有其他對手也這麼做。假如歐洲是由許多更小、更民族性的國家所組成，那就代表沒有哪個國家擁有能領先於別國的資源；但歐洲的帝國現實，卻意味著每個帝國都在試圖阻止其他帝國獨占縮小中的全球資源儲備。

至於在這場遭遇中的非洲一方呢？一般人認為非洲是由與世隔絕的部落所組成，這是個錯誤的印象。非洲的確形成不了中國，但十九世紀中葉的非洲包括有與海岸比鄰的強大王國，如達荷美、阿散蒂等——其實應該稱它們為帝國，因為它們很少同化自己征服的人群；有跟跨撒哈拉貿易緊密聯繫的伊斯蘭帝國；有像是布干達（Buganda）或祖魯（Zulu）等，因為對外擴張以及人口、資源重分配而繁榮的好戰王國；還要加上各種規模較小的政權。而某些海岸地區的社群，已經跟歐洲人（西非）或阿拉伯人與印度人（東非）有幾百年的貿易經驗；在濱海城鎮也有文化與種族混合的人群。歐洲人一度偏好某種自由貿易帝國主義的變體，這跟把非洲內陸留給非洲人的做法也不衝突。

27 譯注：西元三世紀，波斯人摩尼（Mani, 216-274）融合了佛教、索羅亞斯德信仰與基督教，創造了人稱摩尼教的信仰體系。摩尼教的世界觀以善惡、光明二元對立為中心，因此法農以此做為比喻。

28 原注：Frantz Fanon, *The Wretched of the Earth, trans.* Constance Farrington (New York: Grove Press, 1965).

29 譯注：下撒哈拉非洲（sub-Saharan Africa），指撒哈拉沙漠以南的非洲地區。

30 原注：V. I. Lenin, *Imperialism, the Highest Stage of Capitalism* (1916; New York: International Publishers, 1939).

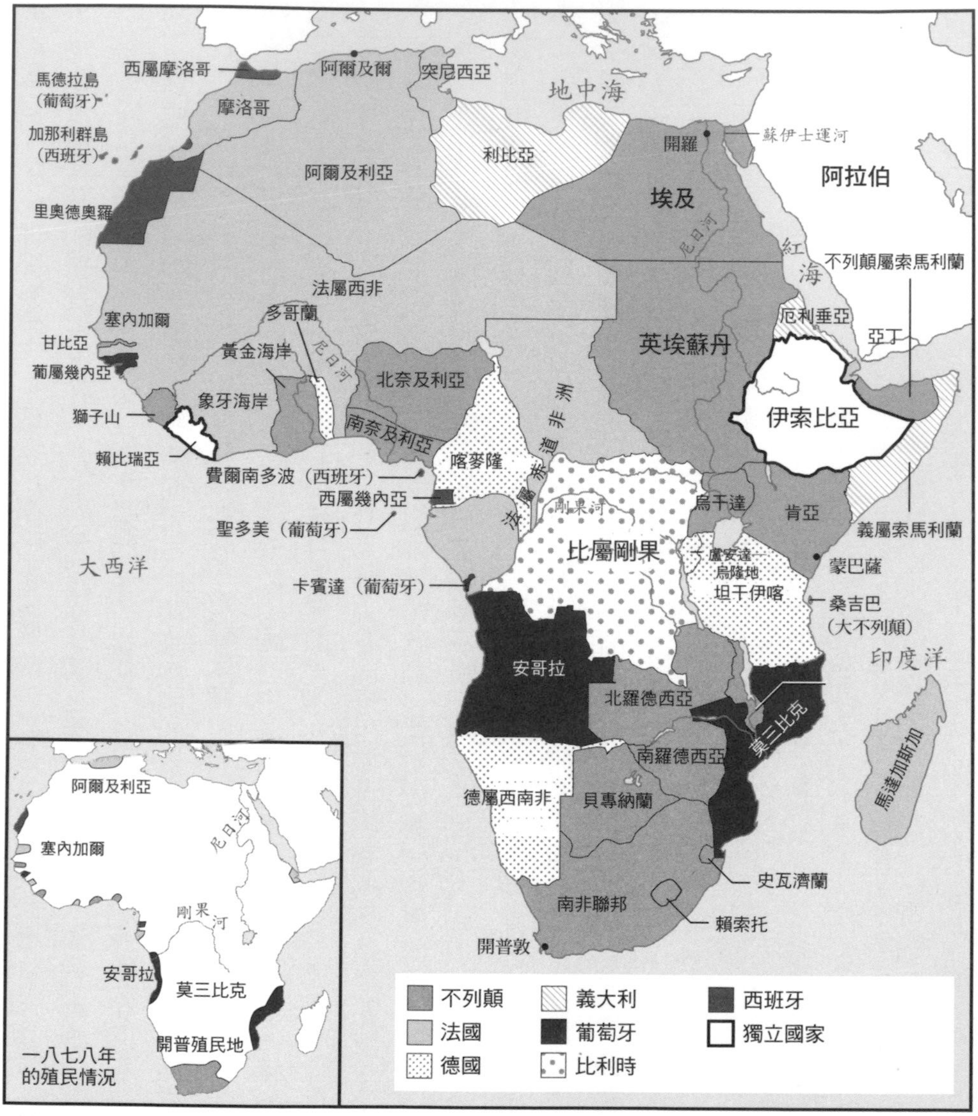

非洲殖民情勢，約一九一〇年

△
瓜分非洲

但這樣的安排有好幾個問題。首先，太難以預料。從歐洲人的觀點來看，互相衝突的非洲政權加上互相競爭的歐洲政權，很可能會造成局勢不穩、貿易壟斷，乃至於原物料流通的中斷，但這卻是本國工業與社會穩定之所繫。第二，歐洲與非洲之間的技術落差已經拉大，有了更好的武器、通訊與醫藥，進占非洲的廣大空間也變得更為可行。帝國在其他地方的發展以及改良過的運輸方式，都能夠降低征服成本：不列顛人利用印度人部隊來征服非洲，接著全力拉攏非洲盟友。非洲王國曾挫敗歐洲軍隊——祖魯王國曾在一八七九年短暫抵擋不列顛人，衣索比亞則在一八九六年擊退義大利人——但大勢已去。第三，歐洲公眾起初不願意涉足這椿看來對中產階級社會太過冒險、對民主制度又太過邪惡的事業，但非洲形象的改變卻克服了大部分的不甘不願。在善心人士、探險家與搞宣傳的人，以及一八六〇年代以降的各個廢奴社團所鼓吹的非洲圖像裡，非洲是奴隸貿易與暴君橫行之地，需要善意的介入。最後一點：殖民行動已經勢不可當。位於非洲的前哨站——如沿岸地區的德國與不列顛貿易「商館」（factory）——能用相當低的成本，為政府創造帝國式的氣派與一定程度的貿易行動，而政府也漸漸被捲入非洲社會與全球經濟交會處所浮現的緊張情勢。當地的特許公司就跟早期的東印度公司一樣，乃是踩在兼併之道的半路上。不列顛政府授權皇家尼日公司（Royal Niger Company）與不列顛南非公司（British South African Company）對領土行使行政權，讓主權的定義變得模糊。但特許公司經常成效不彰，行政的擔子總是會回到政府的身上。

不列顛——自由貿易帝國主義的領袖——雖然不是第一個對非洲提高干預的歐洲強權，但最後仍然收穫滿滿：奈及利亞、黃金海岸、肯亞以及南北羅德西亞。法國有什麼就要什麼——大部分是撒哈拉沙漠邊緣的不毛之地，再加上沿海地區的一些好料。德國動作積極，也征服一些前景看好的領土，尤其是喀麥隆、西南非洲以及坦干伊喀（Tanganyika）等地。比利時國王利奧波德二世（Leopold II，一八六五年至一九〇九年在位）拿下剛果，有部分是因為比利時實在夠小，所以其他國家才願意讓比利時國王擁有一塊位置居中的龐大領土，而不是交給更危險的對手。

雖然歐洲人相互敵對，但他們仍同意為發生在彼此間的對抗制訂特定的守則。自一八一五年起，就有一系列用來試圖控管歐洲政治秩序的會議（見第八章與第十一章），一八八四年至一八八五年的柏林會議（Berlin Conference）就跟著前者的步調，制訂出關鍵的原則：一國必須表現出對某塊領土的實質占領，才能主張擁有這塊領土。一八八九年至一八九〇年間，歐洲領袖在布魯塞爾達成協議，表示每一個殖民國家都應致力於終結非法的奴隸、武器與酒類交易。由於這兩次會議召開的前提，是出於一群國家為了在其他地方行動而訂定規則，因此也有助於明確畫出「歐洲」的範圍。歐洲自詡為理性規範與國際法的知識庫，要跟未開化的非洲人民畫清界線。

柏林會議的東道主，德國宰相奧托・馮・俾斯麥（Otto von Bismarck）不希望發生在非洲的衝突脫序成為一場大戰，影響到在中歐鞏固德意志帝國的漫長過程。在歐洲人傲慢的十九世紀裡，他比大多數的領袖都更清楚帝國的極限。這些會議是為了讓帝國間的競爭變成循規蹈矩的舉動所做的嘗試，但卻沒能終結幾百年來的根本問題——也就是少數有力參賽者為了支配歐洲而起的衝突。並非所有的領導人——包括德國的領袖在內——都擁有俾斯麥的自制力；接下來，就是災難性的後果。

雖然這幾場國際會議似乎表示歐洲人打造帝國的最新階段，會是一個有秩序、有組織且有所進步的時期，但現實卻背道而馳。征服非洲還算容易（如果夠心狠手辣的話），管理非洲則很困難。「近代」帝國政府實施的管理寥寥可數；發達資本主義[31]也沒什麼投資；教化的使命最後也變成支持保守的部落酋長，並擔心社會鉅變將危及秩序。

殖民者擊敗各個王國後，多半都會試著壓抑當地的最高領導層，接著跟中階的有力人士合作。到了別的地方，他們則尋找能合作的酋長；雖然這些酋長在那些地方的權力多半是被創造出來的。

在酋長之下，當地出身的治安人員與翻譯也得到一定程度的地方權力。白人官員只要心血來潮，就能罷黜酋長，後面還有殖民地的軍隊撐腰。反抗的確存在，有幾場的反抗者還動用遠遠超越地方程度的網絡，但分化的殖民策略與殖民統治通常都能遏止這些叛亂，手段也極為暴力。一九〇五年，德國鎮壓了一場發生在坦干伊喀的暴動，有多達十萬名非洲人身亡；到了西南非，赫雷羅人（Herero）暴動所得到的回應，幾乎等於計畫性的種族滅絕。法國用殘忍的方式，在西非薩赫勒地區（Sahelian west Africa）進行軍事行動，時間長達數年。但在面對非洲人集體行動時，人們有時也有必要減少系統性剝削的殖民野心——德國人在坦干伊喀就有此體悟。

不列顛人後來給透過酋長統治的做法起了個名字——間接統治，但這不過是藉由地方中間人來統治的一個版本，這在古今之間的帝國都曾用此或彼的形式上演過。殖民者要求酋長收稅，動員勞力來修路，有時還得為了修築鐵路或白人移民的需要而糾集工人。他們在「習慣法」的掩護下維持地方秩序與正義，這些「習慣法」就好像亙古不變的習俗，但其中早已排除掉歐洲人討厭的元素。法國則傾向更有同化力的政策，打算塑造出一小群受過法式教育的非洲人。比利時與白人移居殖民地在監管非洲人時特別有幹勁，但殖民勢力不會偏離間接統治太遠，免得遭遇殖民者不願承受的代價與風險。

各個殖民政府都沒花什麼錢在教育上。傳道會則彌補了部分缺失——甚至在特別反對教會介入的法國當局下亦然。傳教士通常擁護本國，而且要有政府的允許才能做事，但來自一國的傳教士有

31　譯注：如果在某個社會裡，資本主義經濟模式已經有長久發展的歷史，與該社會緊密結合，這種狀態便稱為發達資本主義（advanced capitalism）。發達資本主義的社會已經超越了主張經濟干預的重商主義（mercantilism）、改進技術以擴大生產的工業資本主義（industrial capitalism），而邁入以金融資本主義（finance capitalism）為主的社會狀態。

法國籍軍官與非裔士兵在塞內加爾，約一八八五年
△
殖民地軍隊在征服戰爭中大量使用非裔招募兵。
Adoc-photos, ArtResource.

時也會在另一國的殖民地工作。許多傳教士自許要為高於各個敵對帝國的力量服務，捍衛更寬廣的人性觀，對抗移民張牙舞爪的剝削。

法國政府視那些新征服的下撒哈拉非洲人為臣民，與公民有別。公民包括移民非洲的歐裔法國人、西印度群島的非裔人民，以及塞內加爾幾個「早期」殖民地（稱為「四市鎮」[32]）的原始居民——這些原始居民幾乎是整個法蘭西帝國裡唯一擁有公民權，又無須放棄伊斯蘭人民身分的人。臣民跟公民不同，他們受到特殊且專斷的司法體系——「當地居民法」（indigénat）——所管轄，而且常常被迫勞動；他們也幾乎沒有什麼政治影響力。情況跟阿爾及利亞一樣，公民資格的大門，只對那些受過法式教育、服務於法國的利益、放棄受伊斯蘭或習慣法審理個人事務的權利，並通過官員考核的非洲人開一條小縫。擠進門內的人少之又少，但這些人卻有助於法國的共和派政客說服自己，說道義是有可能跟殖民行動並行不悖的。

第三共和有一些像茹．費理[33]的領袖，對法國有極為「國族本位」的構想——由法國政府對海外的落後民族行使權力，可以滿足法國的利益與聲望，長久下來也能散播法國文化。商業遊說團與帝國夢想家編織出一場「大法蘭西」美夢，認為帝國的每個部分都會為了法蘭西民族的利益而扮演安排好的角色。但除了這種願景以外，就沒有更多共識了。有些政治家認為殖民根本就是錯的，或是認為殖民不過是為短期利益提供一塊受保護的獵場；也有許多政治人物對此漠不關心，只是因為

32 譯注：「四市鎮」（Four Communes），指法國在西非的殖民行動中，於塞內加爾一地最早建立的四個城鎮——聖路易（Saint-Louis）、達卡（Dakar）、格雷島（Île de Gorée）與呂菲斯克（Rufisque）。

33 譯注：茹．費理（Jules Ferry, 1832-1893），法國政治家，在普法戰爭後兩度出任法國總理。他支持建立法蘭西帝國、對外擴張以取得殖民地與原物料，並將法國文化帶到殖民地。法軍對印度支那的征服就發生在他的第二次任期中。

殖民事業便宜才跟進。讓一種更包容的公民權觀念成真的立法行動沒有成功，但從塞內加爾「四市鎮」的非洲人身上剝奪公民權的企圖，也同樣沒有得逞。

無論是在法國還是不列顛的殖民地，最為嚴重也最有系統的種族歧視都發生在移居殖民地，例如南羅德西亞、肯亞以及阿爾及利亞。即便在其他能進一步得到歐式教育、職場晉陞與較高地位的地方，非洲人也會碰上歧視的阻擋。帝國從來就不會平等對待自己的臣民，但是，把種族區隔跟歐洲人民主、進步的論調並陳，仍然是非常危險的一件事。

早期的殖民者大多是男人，其中許多人認為跟非洲女子私通以及承認自己子嗣的權利——或者也可以選擇不承認——都是屬於自己的男性特權。許多殖民地的菁英，以及移民到殖民地或返國活躍於殖民遊說團的女人，都對這種版本的男性霸權所創造出的社會感到愈來愈擔心。殖民體制因此朝減少混血、強化種族隔離的方向發展——安．斯托勒[34]說，彷彿要聲稱代表歐洲文明，就必然得「在有節制的性事裡自我克制與自我約束」。[35]

殖民地領袖同樣也擔心自己統治的人民會為社會帶來風險：像是不受「傳統」權威影響的年輕男子，以及脫離家父長控制的年輕女子。非洲男女對性別關係的改變有他們自己的想法，既跟長輩的標準不同，也不符合殖民官員的理念。僱傭勞動時代足以讓年輕人有機會結婚，在父母親的控制範圍之外建立家庭，城市也變成打造新家庭型態的實驗場所。無論在城市還是鄉間，受到長輩的控制或是不被控制，人們都能在一生當中經歷到種類各異的社會關係。

殖民經濟也有不同型態。不列顛與法國當局在西非大部分地方利用早已與海外貿易整合的農產與交易網絡。歐洲商號緊抓著進出口部門，但要在黃金海岸、奈及利亞以及之後的象牙海岸擴大像可可之類的作物出口，需要的不是強迫殖民措施，而是非洲人自發性的行動——種植新作物、移居到適合農耕的區域，透過親屬與保護人關係動員勞力。這幾個地區的一些非洲農夫得到一定程度的繁榮。採礦——中非的銅礦與南非的金礦——由歐洲公司掌控，這些公司創造出以僱傭勞工為主的「飛地」，從周圍更大的地方招募勞工。

殖民地政府對白人移居地也有著複雜情緒。移民式殖民是種讓歐洲人免於失業、滿足野心與幻想的出口，也是種確保可預期出口生產的方法，更是歐洲人社群在戰略要地的堡壘。但移民也要求歐洲的生活水準，並期待殖民政府在非洲人因為土地掠奪、勞工剝削與種族虐待而怒氣沖天時保護他們。為移民創造工作，通常就意味要限縮非洲生產者的機會，即使後者比較不花政府的錢，也比較不抱怨。在肯亞、南羅德西亞以及某段時期的象牙海岸，白人農夫從政府那得到他們需要的鎮壓部隊，代價就是高度的社會緊張。

一場資本主義革命以種族化的形式發生在南非。革命發生的可能性源於南非的過去。荷蘭人（後來自稱為阿非利卡人〔Afrikaner〕）建立的殖民地可以回溯到一六五二年，這個殖民地也創造出大批根深蒂固的白人居民。歐洲的帝國戰爭把南非送到不列顛的統治之下，一些大的酋長領地隨後被征服，不列顛移民也加入阿非利卡人索求農耕地的行列。有一段時間，非裔農民仍然是活躍的生產者，多半在白人攫取的土地上當佃農。阿非利卡人則在不列顛的最高政權下建立半自治的共和國。後來隨著一八六六年發現鑽石、一八八六年發現金礦，大量的投資都集中到南非的礦場，勞力需求孔急。

34 譯注：安・斯托勒（Ann Stoler），人類學與歷史學家，專研殖民文化、性別研究、政治經濟學與批判性種族理論。她也是知名的左派大學新學院（New School）批判性社會研究中心（Institute for Critical Social Inquiry）的創始主任。

35 原注：Ann Laura Stoler, *Race and the Education of Desire: Foucault's History of Sexuality and the Colonial Order of Things* (Durham: Duke University Press, 1995), 177.

礦場工人的增加、都市化以及運輸的改進，為以資本主義為基礎的糧食種植創造了刺激。白人農夫把佃農從土地上趕走，同時也愈來愈仰賴僱工。失去土地的非洲人加入大型礦場與城市的勞動力，而這股力量必須受到嚴密監控——大部分是由南非的白人住民來監督，而不是在整個帝國中流動的官員。礦場裡的男性工人被留置在遠離家庭與社群的營地裡；非裔男子被迫攜帶通行證，如果不是工作時間卻出現在「白人的」區域，還會被逮捕；居住區域也同樣是在隔離開的空間。在下撒哈拉非洲由白人統治的各個政府當中，只有南非有官僚與警力能推行這種勞動體系與種族控制。

讓不列顛宗主權下的阿非利卡共和國適應資本主義體系迫切需求的做法造成衝突，更在一八九八年演變成不列顛政府與共和國之間的戰爭。在一場艱難而苦澀的戰鬥後，權威主義的殖民政府取代了十九世紀的分層主權。事實證明，「布爾戰爭」[36]中人命與金錢的損耗出人意料的高，這也造成某些人對殖民計畫的懷疑——這在約翰．阿特金森．霍布森[37]的《帝國主義》（*Imperialim*）一書中表現得尤為清楚。[38]幾百名愛爾蘭激進分子前去加入阿非利卡人陣營，對抗不列顛帝國主義，但這些志願者卻是跟一大堆在不列顛軍隊裡服役的愛爾蘭人作戰。俄羅斯的報紙支持阿非利卡人，試圖突顯不列顛人的背信忘義，某些中國知識分子也認同阿非利卡人據稱反殖民的立場。

但在南非，鑽石與金礦產業創造的財富確保人們能找到方法，克服所有疑慮。在短暫的「重建期」裡，不列顛人試圖展現經營政府的「先進」方式，對阿非利卡人以及不列顛菁英都能同樣有利；重建期過後，有錢的阿非利卡農夫、不列顛官員與國際資金的合作發展了起來，足以在一九一〇年將南非轉變為自治領。與此同時，非裔男性則在僱傭勞動場所與貧窮的鄉村來回穿梭，留下一大群老弱婦孺，期待他們能照料所有不曾離鄉工作的人。

南非的資本主義轉型位於殖民經濟光譜的一端。光譜的另一端則是掠奪式的剝削；比利時國王利奧波德治下的剛果就是最惡名昭彰的例子。利奧波德就像舊時代的國王，把剛果當作私人采邑，指派公司管理，收集每一個地區的物產與稅收。非洲社會的延續不在公司的長遠利益中，再加上全球天然橡膠市場的蓬勃發展，公司於是制定一套殘忍的壓榨制度。它們僱用守衛，包括來自邊遠地區的非洲人，接著給每個村子定下橡膠交貨量的定額。沒能完成定額，就有可能面臨殺雞儆猴式的斷手斷腳與處刑。

結果就是場國際大醜聞，幫助歐洲人區分他們認為合理的殖民與無法容忍的暴行。一九〇八年，利奧波德被迫將剛果從私人領地轉變為正式的比利時殖民地，並表示要徹底澄清當地吏治。橡膠供應的枯竭也為受害者減輕一些負擔。但特許公司在法國、葡萄牙與不列顛屬非洲還是安居其位。對處於公司管理之下的非洲人來說，這是個痛苦的結果，但特許公司這種殖民統治或做生意的方法，也很少能夠長長久久。

隨著瓜分非洲的競爭關閉尚能殖民的最後邊界，歐洲帝國似乎也已經重塑全世界的形勢。光是一個不列顛，就足以宣稱全世界有四分之一的人生活在它的旗幟底下。[39]現在看來，殖民確實是個

36 譯注：「布爾」（Boer）是荷蘭語與阿非利卡語（Afrikaans）指南非開普（Cape）地區荷蘭後裔的詞，原意為農民。他們在十九世紀時為了避免與不列顛人的衝突，漸漸離開開普殖民地（Cape Colony），向北移動，建立了奧蘭治自由邦（Oranje Vrystaat）與南非共和國（Zuid-Afrikaansche Republiek）。十九世紀末，不列顛為鞏固在南非地區的勢力，不斷試圖併吞之，因而在一八八〇年至一八八一年，以及一八九九年至一九〇二年間與布爾人發生兩次「布爾戰爭」。包含南非地區的平民在內，約有十萬人傷亡。

37 譯注：約翰・阿特金森・霍布森（John Atkinson Hobson），經濟學家、社會學家，同時也是帝國主義批判家。他的研究集中在帝國主義、貧窮以及失業問題。

38 原注：J. A. Hobson, *Imperialism: A Study* (1902; Ann Arbor: University of Michigan Press, 1965).

39 原注：「全世界有四分之一的人……」：Kennedy, *Rise and Fall*, chapter 1, 225-26.

全球性的現象，將世界上大部分的人都納入外來統治底下，同時只有少數由非洲人與亞洲人組成的跨帝國網絡，能在同樣的全球規模上開始動員對抗殖民主義。不過，無論是譴責還是頌揚歐洲明顯支配全世界的人，都無從得知這個組建帝國的階段會有多麼短命。

沒有殖民主義的殖民行動？美利堅帝國的神話與現實

Colonization without Colonialism? Myths and Practices of the American Empire

一八九八年，歐洲勢力在非洲與亞洲的帝國式土地掠奪到達頂點，美國則與西班牙開戰，相對輕鬆地拿下西班牙在古巴、波多黎各與菲律賓的殖民地。我們已經討論過（見第九章），整個十九世紀，美國都在一種特殊的帝國模式中行動——打造一個大陸帝國，明確區分被排擠的人與被接納的人，從而誕生出一個自我定義、屬於「國族」共有的政權。對美國來說，十九世紀晚期是一段培養實力，以便像帝國般行動的時代，但也是個為了「是否要像其他帝國一樣在海外行動」而爭論不休的時代。法國與不列顛琢磨著取得殖民地是否合乎道德與有無價值，但到了世紀末，歐洲內已普遍接受「殖民地、被保護國與其他形式的從屬統治，在帝國裡都有長遠的必要性」；這些屬地也有專門的部會監督。但美國國內的爭論卻不是用同樣的方式來解決。

古巴很快就成為名義上的主權國家，但美國仍保有在非常狀況下，依其選擇條件進行干預的權利。菲律賓被美國占領、治理了四十八年，但早在一九一〇年，美國政府就宣稱其意圖在於將菲律賓推向通往獨立的道路上。波多黎各始終都是附屬領地，標榜波多黎各為「自由邦」（Commonwealth）的做法便點出其不尋常的特質。從一九〇三年到一九七九年，美國都控制著巴拿馬運河所需的狹長土地——這塊土地被稱為「區」。一度是種植園主與傳教士興趣焦點的夏威夷被併吞，最後卻被放到帝國的另一條發展軌道上——完全併入美國政權，成為第五十州。美國同時還選中幾個「飛地」殖民地，例如關島。挑上關島主要是因為軍事上的重要性，因此也用軍事的方式統治之。最後，美國用專橫的方式，藉由一連串的武裝干預實踐屬於自己版本的自由貿易帝國主義，尤其是在拉丁美洲。這些行動有時會帶來占領，不過通常是用更友好或更容易操縱的選擇來取代原有的政府，但這無法在美洲政治秩序中創造擁有穩定位置的殖民地。

美國在一八九八年的古巴發展出一種善意干預的神話——高壓且墮落的西班牙被趕出西半球，讓美洲人民得以行使自由。當時的西班牙正面臨敗在古巴造反派手上的局面，而造反派則是由對來自馬德里的統治感到憤怒的愛國派菁英，加上前奴隸與其他想脫離經濟與社會壓迫的勞工所組成的薄弱結合。美國大眾對古巴自由鬥士抱持相當大的同情，但威廉・麥金利（William McKinley）[40] 政府卻擔心，若由拉丁裔菁英與非裔群眾的大雜燴統治古巴，將會帶來混亂失序，並威脅到美國在當地的資產。美國的入侵不是為了試圖支持解放運動，而是要將另一種選擇同時強加在衰弱的西班牙和它激進的敵人身上。

雖然某些美國人一直很渴望併吞古巴——古巴的近距離與種植園經濟吸引著許多南方人——但這種解決方式很難讓整體美國輿論買帳。替代方案則是用美國的力量，促成由有錢的白種古巴財產主所支配的社會秩序；比起讓美國持續占領、或是乾脆來場社會革命，這些財產主更加偏好某種有限的主權。他們所獲得的有限主權如下：法律上，古巴被禁止與其他國家締結條約，被迫移交土地

40 譯注：威廉・麥金利（William McKinley, 1843-1901），美國政治家，曾任兩屆美國總統，但在第二任任期甫開始時遭到暗殺。他支持高關稅與帝國主義擴張，古巴、波多黎各、關島、菲律賓以及夏威夷等地都是在他任內占據的領土。

（關達那摩〔Guantanamo〕）給美國作為海軍基地之用，還要允許美國有「為了保護生命、財產與個人自由」而干預的權利。美方官員與宣傳人員將這些事件，重述得像是美國支持從外來獨裁者手上解放古巴，並協助健全政府的發展。就連批評美國干預做法的人，也把這起事件看成誤入歧途的理想主義，不僅忽略戰爭之所以爆發的貪婪脈絡，也忽略了美方政權支持的政府所抱持的種族觀念。

在菲律賓，美國也同樣踏進革命的情境裡。多半由西班牙後裔組成的民族主義者，對於自己被排除在西班牙帝國的權力與影響力之外感到憤怒，試圖脫離帝國。美國已經透過夏威夷將自己的影響力延伸到太平洋地區，現在同樣也有經濟上的動機，要找一塊與中國貿易的墊腳石，這是美國與其他歐洲帝國的共同目標。一八九八年美軍在馬尼拉對西班牙軍隊的閃電勝利，很快就證明這場入侵的欺瞞性質。一八九九年爆發一場反美統治的暴動，而在血腥的鎮壓過程中，美國大兵和領導人發展出愈來愈種族化的看法，認為菲律賓人不能信任，也不配自我統治。菲律賓菁英也免不了遭遇類似非基督徒（有時是某些島上的穆斯林居民）所受到的偏見。即便美國人聲明自己正推行友好的帝國主義，但無論是私人投資還是國會對管理所做的挹注，都無法讓人滿意（更別說經濟發展了），帝國官員被迫依賴菲律賓合作者（大多出身於既有的菁英），以確保行政與經濟體系的運作。帝國式的階級體系，便層層出現在美國人與菲律賓菁英視腳下人民為無物的構想之中。

雖然菲律賓人在一九一〇年就曾獲得承諾，但菲律賓自治還是被推遲到不特定的時間點，直到菲律賓人已經證明自己有能力實行自治為止。然而，菲律賓畢竟是美國的領地，美國的領導人擔心這個事實會創造太多血統不純正的美國人。美國在菲律賓不能沒有菲律賓人的合作，但菲律賓人可能會要求得到美國人的權利或前往美國領土各地，尤其是到美國本土工作——這樣的可能性就沒那麼討喜了。

帝國政治因此同時生下散播美國文明的帝國主義使命，以及種族主義式的反帝國主義。有些美國政治領袖認為帝國主義很腐敗，其他人則試圖在本國與海外領土帶來改革。有些人覺得不列顛屬印度是個好榜樣，其他人則不作如是想。看起來，海外殖民活動是美利堅大陸帝國的延伸，但同時也威脅到過去大陸擴張所創造的神話。「隨著各領地陸續朝建立州的資格邁進，美國正在鎔鑄出一個均質化的民族」，這個概念是靠把那些無法與之協調的民族激進地排除出去而得來。這種均質化的願景，跟統治海外不同族群社會的事實格格不入。在古巴，檯面下的統治似乎緩解了這些緊張。到了菲律賓，被推遲的獨立則提供解決之道。美國在波多黎各有更直接的經濟利益——尤其是製糖業，但人們認為波多黎各菁英相當落後，這對經濟發展是個阻礙，於是就需要某種更耐久、更包容版本的帝國主義——「自由邦」。

在此同時，美國承認拉丁美洲國家的主權，但只要當地菁英不聽話，或是革命的威脅超過特定危險值時，美國就會介入。這種策略會帶來入侵——如一九一六年的墨西哥[41]，也會帶來占領；而占領行動明確的暫時特性，則讓它們有別於法國或不列顛所從事的殖民行動。海地、巴拿馬、多明尼加共和國、多數的中美洲共和國，一個接一個遭到干預——美國軍事介入鄰國的名單可長了。從一八九八年以降，美國的征服行動造就美國新的自我形象——強而有力且具關鍵意義的海外行動者。但在美國國內的菁英輿論圈裡，一部分有影響力的人過度專注於化大陸帝國為白種基督教國

41 譯注：一九一〇年開始，墨西哥出現反對總統波費里奧・迪亞斯（Porfirio Díaz, 1830-1915）獨裁的聲浪，國內政府軍與革命軍彼此傾軋。一九一六年，美國政府與政府派的貝努斯蒂亞諾・卡蘭薩（Venustiano Carranza, 1859-1920）合作，出兵墨西哥打擊革命人士龐丘・維拉（Pancho Villa, 1878-1923），稱為龐丘・維拉遠征行動（Pancho Villa Expedition）。

家的任務，所以沒有完全發展出殖民地統治者的自我形象。「不列顛殖民地部」（British Colonial Office）清楚表現了不列顛在海外用不同方式統治人民的做法，而且也希望這種做法能夠長久；但美國並沒有設立類似這樣的機構。

小結 Conclusion

法國、德國、不列顛、葡萄牙與比利時將新技術與高漲的帝國優越感，融入其十九世紀晚期的殖民征服當中。它們的統治手法不拘一格。就說不列顛吧，自由貿易帝國主義在十七世紀可說無用武之地——在海洋帝國的暴力世界中，這種戰術鐵定是輸家。到了十九世紀早期，有了不列顛的經濟變革，這項策略才首次成為現實；但等到其他帝國縮小經濟落差，自由貿易帝國主義也開始出現愈來愈多問題。十七世紀時，奴隸制度是帝國稀鬆平常的一部分，但幸虧有奴隸的奮鬥與廢奴運動，奴隸制才能在十九世紀時從統治手法中被排除出去。相較於一百多年前，新的技術讓非洲征服行動在十九世紀晚期變得更容易達成，而在同一時間，工業化也讓歐洲強權得花更多心思，在大半個世界裡確保原物料與市場的門道。十九世紀的政府正在發展「善治」（good governance）理念，這與過去那些秉持階級制度的老派政權有所不同。

這些變化，跟帝國非做不可的事——確保中間人的合作、讓帝國統治在本國政治要角眼裡顯得很有吸引力或是很正常、以及有效地與其他帝國競爭——有什麼關聯嗎？機關槍與電報，跟十三世紀在大半個歐亞大陸鋪天蓋地的蒙古武裝騎士與驛站接力不同，但在廣袤的非洲，速度與火力不一定能轉化為歷久不衰或是能扭轉乾坤的統治。

十九世紀的殖民征服行動就跟過去一樣迅速且血腥。在某些脈絡下，殖民統治會跟有效的監控與懲罰機構水乳交融，但出現在其他地方的殖民統治則很不穩定且專斷，不時還相當殘暴。殖民政權有時會清楚展現出「讓『傳統』社會改頭換面」的雄心壯志，也常常在被殖民的人們反抗時撤出這些社會。大帝國之所以有辦法大規模地如此行事，那是因為他們有更多的用權手段，也能不讓自己的敵人壟斷重要資源。

那麼，伴隨歐洲人對自己在科學、經濟與統治上頂尖地位的確信而來的文化與種族優越感，又是怎麼一回事？人們經常把十九世紀看成帝國「差異政治」出現重大轉向的時代，一旦種族變成把人類分門別類的關鍵（就算不是唯一的關鍵），粗糙的「白人—黑人」二分法就會取代沒那麼非黑即白、更仰賴人際關係的階級制度與不平等性；在這套有「科學」論證撐腰的做法中，各個種族不僅截然不同，而且也不能平起平坐。打從十八世紀晚期開始，歐洲思想家就對物質與文化差異之間的關係感到著迷。有些思想家主張各個人類群體反映不同的文明「階段」。隨著愈來愈多歐洲人前往非洲或亞洲探險、剝削以及統治，征服與宰制的經驗似乎能益發合理化這種種族階級理論。

但這並未減少殖民情境中種族主義論述與實踐的狠毒。人們殘忍地忽視「原住民也是人」的事實，在征服戰場上，或是在礦場、種植園的剝削中屠戮他們；而被征服的人們所體驗到的痛苦歧視，則顯現出歐洲人在種族方面的思考與做法有多麼含糊、前後不一與反覆無常。種族在殖民政治中究竟要如何運作，端視偶發事件與各種自相矛盾的政治需求而定；所有帝國都得面對這個問題。在十九世紀晚期與二十世紀，行政官員費了九牛二虎之力強行推動種族隔離，也不讓殖民代理人創造出混血群體或「變得本土」；但正是因為種族藩籬有縫可鑽，官員才得這麼費力。

不管殖民統治者多麼看不起印度王公或非洲國王，他們都需要中間人。唯有殖民情況已經足夠穩固且能獲利（例如南非），可以支持歐式的官僚體系、軍隊與警力時，帝國統治者才能放掉當地菁英的支持。帝國並沒有一套恆久不變、用來招攬中間人的政策——它們得運用、重組自己創造出來的權力結構。有一些地方菁英會守護自己的人民、土地與生活方式；許多人反抗殖民行動中掠奪土地、強迫勞動與非正義的那一面；其他人則在帝國的環境中為自己尋找新的機會，有時更是做到殖民當局所能容忍的極限。經濟上的中間人就跟政治上的一樣不可或缺：在種植園與礦場區外，殖民地的歲入就得靠當地的農夫與商人——或是靠適度富裕起來的企業主，以及被剝削的勞工。

帝國不僅得提供一種權力願景來激勵自己的代理人，也必須得到本國公眾的支持，至少也得是默許；人們現在不僅對自己的政治權利很有自覺，同時也著迷於追求人類完美與進步的意識型態。與殖民地有利害關係的政府與私人團體花了許多力氣做宣傳，發展一種清晰、正向的殖民行動形象，至於這些舉措深入人心的程度則不得而知。宗教與慈善組織愈來愈有辦法取得與散布資訊，披露不正之風，呈現殖民社會所應如是的另一個版本。發生在殖民地的醜聞比起拉斯·卡薩斯或伯克的時代還散播得更廣。即便各個殖民地政府戮力維持種族界線，並試著讓種族差異看來就像事物自然形成的秩序，但發生在本國與海外的社會、政治變遷，仍然讓打算殖民別人的做法備受質疑。

不過，將種族體系付諸實踐的最大障礙，則來自殖民地人民本身——來自他們為了讓殖民政權無法控制大部分空間而採取的措施，以及用自己的方式來利用帝國網絡所提供機會的能力。殖民政府還沒站穩腳跟就面臨挑戰，不只是反叛，還有一名住在非洲傳教站附近的學校老師所默默採取的行動——他用歐洲語言記錄下自己社群的傳統，並因此拒絕「歐洲先進而非洲傳統」的二分法；有人提倡改良過的印度教或現代化伊斯蘭信仰，也有基督徒在西非建立自己的教會，實踐自己所認知的信仰，而不是受白人傳教士所控制——他們都在挑戰殖民政府。隨著傳教團體與殖民政府著手訓練足夠的非洲人或亞洲人在低階職位效力的同時，這些中間人也模糊了殖民政權試著想建立的界線。地方上受過教育的菁英很了解歐洲的文化資源，對自己遭遇的排擠也很敏感；他們的存在讓殖民地的二元主張變得複雜糾葛，而他們也透過殖民者的語彙以及自己社群的語言與網絡，進行口語和文字的干預，從而創造出對殖民統治的批評。

種族化的意識型態也在帝國的全球規模上受到挑戰。比方說一九〇〇年時，第一屆泛非洲會議在倫敦召開，來自非洲、歐洲、美國與西印度群島的活躍人物齊聚一堂，討論共同的歧視與壓迫經驗，並展開對抗歧視與壓迫的鬥爭。一九〇三年，非裔美籍思想家兼政治領袖杜波依斯（W. E. B. DuBois）精確且具洞見地這麼寫道：「二十世紀的問題，就是種族界線的問題。」[42]白人與黑人間的差異不僅當時不是，後來也始終不是現代性的本質，但卻是質疑、爭辯與動員的焦點，不時也是暴力的焦點。

雖然種族是爭論的焦點，而不是一套有邏輯的統治意識型態，但歐洲人在十九世紀與二十世紀施行的統治若與過往相比，其明顯不同的程度遠比當時的人（或後來的學者）願意承認的還來得少。十九世紀帝國的問題不是缺少監視與控制的新技術，而是在大範圍的空間裡，以低成本將這些技術應用在廣大人群身上的挑戰。在非洲大部分的地方，第一次的人口普查——獲得人口資料最基本的方式——一直要到一九四〇年代後期才實施；這比中國官員開始蒐集這類資料晚了大概兩千年，比不列顛開始在印度進行普查晚了將近一個世紀。殖民政府並未投入財政手段、人力或意志去追求其理論上的極限，無論是露骨的剝削，還是精細的社會調控皆然——除非該地的重要性異常得高。歐洲人有能力經營一座礦場，規畫一座城市，讓移民在裡面就像在本國一樣；他們也能維持一支軍隊或一所監獄。但技術與社會調控所創造的結果，是許多分崩離析的社會，而不是穩固控制「被殖民者」身心的一道柵欄。

42 原注：「二十世紀的問題……」：W. E. B. DuBois, *The Souls of Black Folk* (Chicago: A. C. McClurg, 1903), 1.

各個殖民帝國被夾在統治、利用「非洲人」或「印度人」的渴望，以及透過中間人行事的需求之間，從而發展出某種對部落與社群的願景；它們期盼每個部落或社群都能藉由其特殊性來加以理解，並透過匯集於層峰的垂直權力線來治理。殖民政府不願意承認自己的臣民有能力彼此合作，組成大型的政治實體。如此一來，帝國的想像便不斷回歸到過去帝國所採用的家產官僚式策略，也距離歐洲發展出來的、能推舉自己代表的公民觀念愈來愈遠——當然，公民也是社會福利措施與社會監控的對象。

帝國構成中的最新要素，在於殖民母國統治帝國的方式。不管推行的地點在哪裡，要在十九世紀時把由上而下的權力關係視為天經地義，無論如何都比在十七世紀時要難上許多。人們將殖民統治定義為一套特殊的做法，並為此辯護——在此同時，它也成為批評與攻擊的對象。歐洲國家並沒有把自己國內的人民主權理念運用到殖民地上，但對受過教育的亞洲人與歐洲人來說，人民主權是個標竿——某個他們知道卻得不到的東西。

可以確定的是，啟蒙思想與民主在歐洲的勝利並不徹底。可以行使實權的皇帝與國王一直維持到二十世紀，即便在共和國裡，菁英們也試圖確保農人與工人不會對政府造成太多影響。但就連主權公民出現的可能性，都隱含著界線的問題。光是誰該擁有公民權——本國與海外皆然——就在一七九〇年代至一九五〇年代的法國爭辯過好幾回。種族排斥不只是占領、剝削殖民地的立足點，也是人們之所以反對去占領、剝削的出發點——這種論點常常在美國出現——為的是避免非白種人進入政體，甚或主張擁有公民權利的風險。

十九世紀的帝國霸權只能從自家臣民身上期待有條件的配合，這跟幾百年前沒有兩樣。許多歐洲人過去或許以為，他們的先進能使其對底下的臣民為所欲為——毫無節制地剝削這些臣民、或是根據歐洲人的形象予以改造——但他們辦不到。

在十九世紀晚期的帝國思想家眼裡，「殖民是先進的」這種主張是一種道德論點——一種能夠造就更好帝國的論點。今天有某些學者提出另一項道德論證——殖民行動中的惡行可以用「現代性」和「啟蒙思想」來解釋。當然，歐洲殖民主義既然存在於某個特定的時代，自會從當代的意識型態潮流中汲取一些正當性。但正如我們所見（下一章還會進一步探討），現代化與啟蒙的觀點有各式各樣的內涵。它們能激起對殖民措施或殖民行動整體的批評，但同樣也能帶來正當性；而對於現代化和啟蒙觀點應用範圍的衝突詮釋，也會影響到這些觀點。把殖民問題局限為現代性的問題，其實是用抽象概念來推卸責任。有些人不停血腥屠殺、殘忍對待工人，而且還有系統地貶抑非洲或亞洲文化；他們不僅蓄意選擇這麼做，而且還創造一套脈絡，讓這些選擇看起來順理成章。他們是當著其他反對者，當著那些殖民母國和殖民地不時出現的、有道德的少數人面前這麼做。

歐洲菁英在二十世紀之交的洋洋得意，與他們從經驗中產生的焦慮同時存在著：國內有資本主義發展和政治參與的衝突，到了海外，則是為了處理類別差異與階級關係之間的緊張情勢所苦。但在十九世紀驅使歐洲人彼此競爭、又在二十世紀撕裂歐洲的，不僅不是歐洲人與非歐洲人為了宰制或獨立而展開的鬥爭，也不是中產階級與無產階級之間的抗爭，更不是均質民族與國族群眾間的鬥爭。這些都是帝國間的衝突，每一個帝國都有組成複雜的人民，都用不同的方式結合從歐洲空間內外得來的軍事與經濟力量。一小撮歐洲國家就像在十六世紀那樣，在十九世紀驅策著彼此，從海外以及相鄰的領土上獲取更多資源，至少也要在別人試著這麼做以前先占據那些地方。歐洲人一度能控制這些競爭所引起的衝突，但根本的問題依舊存在。

殖民統治不僅沒有、也無法符合「歐洲人根據自己的形象，或為了一己之用而改造世界」的整體想像。與近代歐洲殖民主義的幻想相比，帝國需要做出的妥協可是真實得多了。

第十一章

主權與帝國——十九世紀的歐洲及其近鄰

Sovereignty and Empire: Nineteenth-Century Europe and Its Near Abroad

歐洲在一八一五年的維也納會議[1]到第一次世界大戰爆發之間這段時期中，始終是帝國相爭的動盪場所。彼此對抗的精神不僅驅動海外殖民地的追尋，也讓歐洲的地圖不只一次改頭換面。十九世紀時，有個新的帝國在中歐拼湊成形（德國）；東邊有個帝國仍在擴張（俄羅斯）；長壽的帝國縮了水，但仍然保有其核心、並為它添磚加瓦（奧斯曼帝國）；錯綜複雜的哈布斯堡君主國則用同樣錯綜複雜的方式，再次自我重組。帝國領袖們面臨一連串的挑戰，而新的意識型態與新的社會連結，似乎就要打亂處理臣民與菁英的既有方式。大不列顛（現在是個超級海外強權）與其他身處資本主義先鋒行列的帝國，把它們大量膨脹的資源投入歐洲與鄰近的土地和人民的爭奪上。本章聚焦於帝國間的競爭與帝國內部改革兩者間充滿活力的交界。我們會特別著重俄羅斯、奧斯曼、德意志與哈布斯堡等帝國，它們都在調整自己的「差異政治」，好配合帝國勢力分布的改變。

無論是在帝國之間還是帝國之內、歐洲以內還是歐洲以外，戰爭都在這些帝國勢力重組的過程中扮演著重要角色。俄羅斯人與奧斯曼人受到歐洲對手的引誘，繼續他們一系列漫長的戰爭，間或夾雜一些無法一勞永逸的和解。普魯士與丹麥、奧地利以及法國作戰；哈布斯堡則要對抗造反的義大利人、日耳曼地區的對手以及奧斯曼人。對抗俄羅斯、奧斯曼與哈布斯堡統治權的動亂以及蠢蠢欲動的革命，都會威脅統治者對人民的掌控，也為帝國級別的敵人提供可乘之機。俄羅斯、奧斯曼、不列顛與法蘭西帝國在十九世紀中的一場重大衝突——克里米亞戰爭——就奪走了四十萬條生命。

雖然說戰爭是帝國最明顯的互動方式，但經濟實力對維繫帝國的控制範圍或試圖延伸影響力來說也必不可少。新的財富、新的生產進程以及組織勞力的新方式在這塊大陸上的分布並不平均，讓帝國統治者與其臣民、臣民與臣民間，以及帝國之間的關係變得變幻莫測。不列顛帝國拿「自由貿易」當作武器，對付歐洲邊上脆弱的競爭者，德意志國則駕馭其下各個歧異地區，成為工業強國。新的政治、文化與知識潛能越過了帝國邊界；諸如廢奴運動者、自由主義者、社會主義者、無政府主義者、民族主義者、宗教改革家與女性主義者，都能彼此聯繫，提倡自己的理想。「為了你我的自由」[2]是一八三〇年波蘭反抗軍對抗俄羅斯時的口號。這一類的橫向動員是帝國統治者的噩夢，對他們來說，縱向掌握臣民才是其偏好的控制工具。

綜觀整個十九世紀，主權的基礎與功能都尚待釐清。十八世紀的思想革命已經削弱合理化國家權力的傳統方式，而法國與美洲革命則拓寬了政治想像的界限。雖然只有短短幾年，但如果法國公民都能殺了國王並建立羅馬式的共和國，這對皇帝與蘇丹，以及他們跟現有或潛在子民間的關係而言，又意味著什麼？帝國沒有因為革命而死絕——有兩位拿破崙在十九世紀的法國稱帝，還有一個新的日耳曼統治者稱自己為凱撒；但帝國統治者和他們的敵人都知道，政治正當性與政治權利的替代來源，已經出現在許多人的心裡。

但是，在建立國家或重建國家時，誰的權利才稱得上有分量？在十九世紀的歐洲，有好幾種合適的方式能重塑政體。宗教、歷史、階級、族群、文明與政治傳統——每一項都為人們提供創造共同目標、對統治者提出要求、或是堅持自己統治權利的基礎。會利用這些主張的，不只是造反者或民族心旺盛的愛國者。帝國也會主張各式各樣的正統觀念來對抗彼此，並選擇性地把這些觀念用到自己的人

1 譯注：一八一四年，奧地利、俄羅斯、不列顛與普魯士四國簽定《肖蒙條約》（*Treaty of Chaumont*），共同出兵對抗拿破崙，約定在戰後的維也納開會討論歐洲局勢安排。一八一四年九月至一八一五年六月，維也納會議（Congress of Vienna）召開，歐洲各政治體（包括法國波旁王室）派出代表參加，決議法國須放棄所有拿破崙征服的土地，回復一七八九年的疆界，並重建波蘭（由俄羅斯統治），更將部分領土交給荷蘭、普魯士等國以強化對法國的包圍。維也納會議是歐洲各國第一次派代表前往一地就局勢進行協商，是次會議也成為未來歐洲協商的典型。

2 原注：「為了你我的自由」：Porter, *When Nationalism*, 22.

民身上。人們就常常用民族或宗教權利的觀念，讓干涉其他帝國的行為顯得合理。

為了對抗帝國敵人的軍事與經濟力量，俄羅斯帝國、哈布斯堡帝國與奧斯曼帝國領袖都採取行動——增加歲入、鞏固忠誠，以及讓軍隊更加壯盛——來活化政權。每一個帝國都拿自己的政治機構——包括國會在內——來做實驗，調整臣民的權利，以回應新的主權觀念。每一個帝國都用充滿成見但又專注的雙眼，看著不列顛與法國的「殖民」政策；每一個帝國都在實踐自己的那種教化使命；每一個帝國都提出「差異政治」的新變體；每一個帝國提升其人民與資源的嘗試，也都遭遇始料未及且造成動盪的回應。集權中央的做法結合自由派對於均一且有實權的公民身分的提倡，在宗教或族群團體之間、以及其內部激發一觸即發的敵意。但與第一次世界大戰勝方所做的傳統回顧完全相反：俄羅斯、奧斯曼、德意志與哈布斯堡帝國就跟它們的競爭者一樣，都走到了一九一四年，手握近代化軍隊，盼望一場短暫的衝突，倚賴自己人民的愛國心，且都期待下一輪的帝國戰爭會是一場順己意發展的戰爭。

俄羅斯與歐洲——重塑中的帝國

Russia and Europe: Redesigning Empire

我們就從拿破崙帝國大戲的最後一幕開始吧。一八一四年三月，俄羅斯皇帝亞歷山大一世與普魯士的腓特烈．威廉三世（Frederick William III，一七九七年至一八四〇年在位）揮軍進入巴黎。拿破崙就像羅馬時代以來許許多多的人一樣，不敵這塊大陸上多個勢力重新調整結盟關係、對抗一個想當世界皇帝之人的力量。這一次，俄羅斯在這場重塑歐洲的鬥爭中扮演關鍵角色。

早在統治初期，亞歷山大一世——凱薩琳大帝之孫——就已按拿破崙的部會制度重建俄羅斯的中央行政體系。一八〇七年，在對抗拿破崙的多國聯盟失敗後，亞歷山大就跟拿破崙締結典型的帝國和約，把歐洲畫分成俄羅斯與法國的勢力範圍。到了一八一二年拿破崙進攻俄羅斯之後，由奧地利、大不列顛、俄羅斯與普魯士領軍的新反法聯盟也隨之成形。俄羅斯對聯盟的勝利有著決定性的貢獻，這也實現了彼得一世的野心——俄羅斯帝國無疑是歐洲舞台上的強權。

在維也納會議上，勝利的帝國瓜分了歐洲，以便保護、拓展自己的利益；它們創造荷蘭王國，為普魯士添上萊茵河畔的領土，將奧地利的統治權延伸到北義大利與阿爾卑斯山，重新調整波蘭的瓜分，還恢復普魯士與奧地利對許多王國、公國與侯國的最高統治權。俄羅斯留下芬蘭與比薩拉比亞（Bessarabia），這些地方在一八一四年前已經為其所併吞。波蘭被建立為王國，有自己的憲法，還有俄羅斯皇帝當最高統治者。這不叫回復原狀，這叫歐洲動盪地圖的典型帝國式重畫。只要哪兒方便，就把哪兒的主權給降格；一塊塊的領土交來換去；有些王國被合併，其他則被瓜分。

這場會議創造出兩個建立在不同原則上的正式同盟。亞歷山大在戰爭的折磨後變得相當虔誠，希冀透過「神聖同盟」（Holy Alliance）來推動其救世計畫。同盟的成員必須發誓：自國事務以及與其他成員彼此間的關係，都要以「吾等救主上帝之不朽信仰」以及「正義、基督仁愛與和平之信條」為基礎。[3]在某些外交官眼裡，這是份荒唐可笑的宣言，但除了梵蒂岡、奧斯曼人與不列顛人外，大多數的歐洲國家都簽字同意這些基督徒的行事規範。另一個同盟，則是延續由奧地利、大不列顛、俄羅斯與普魯士所組成，為了與拿破崙一較高下而建立的「四國同盟」（Quadruple Alliance）。這

3 原注：「吾等救主上帝……」：Barbara Jelavich, *St. Petersburg and Moscow: Tsarist and Soviet Foreign Policy, 1814-1974* (Bloomington: Indiana University Press, 1974), 42.

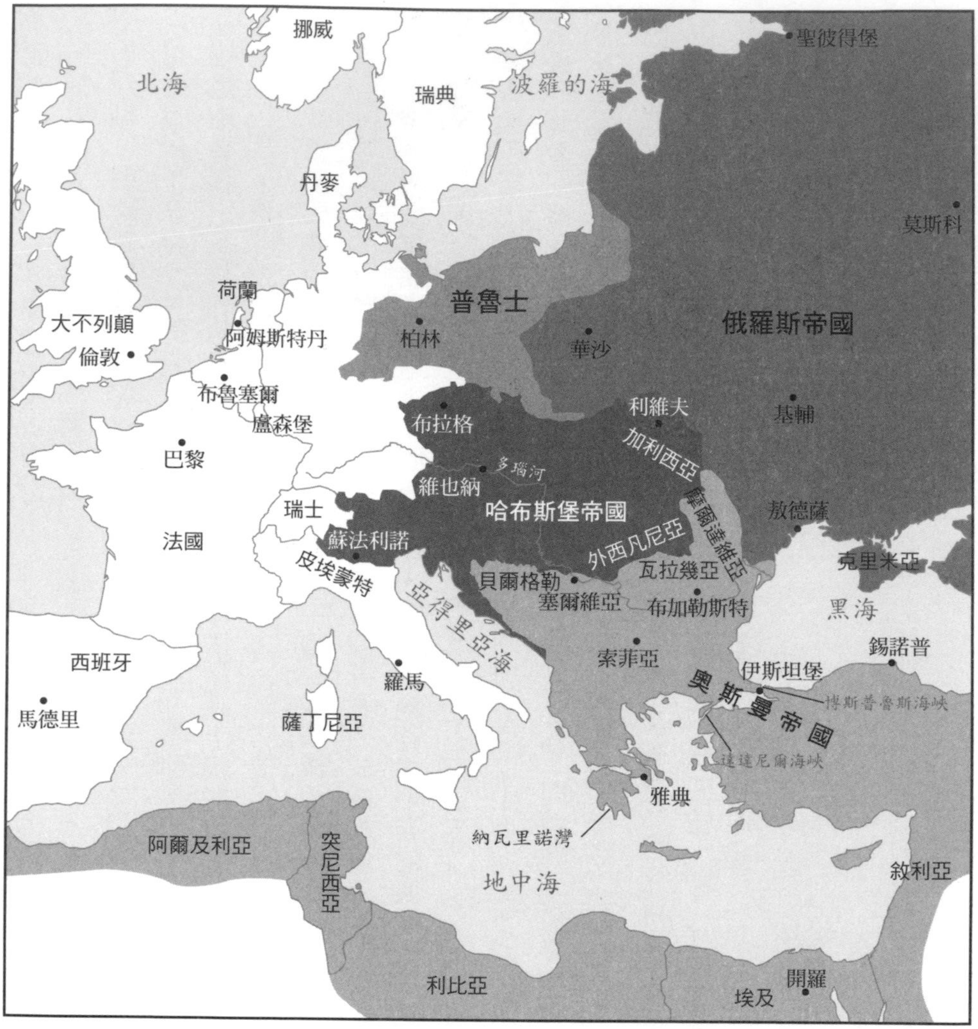

△
一八一五年歐洲內與歐洲周邊的帝國

幾國的代表同意每隔一段固定的時間開會，就共同利益進行磋商，並討論能強化歐洲內部繁榮與和平的措施。雖然同盟的成員有所更動——法國在一八一八年加入，後來不列顛則離開同盟，但這個同盟實現了後來所說的「會議體系」（congress system）——由歐洲大國共同擔起集會與協調的責任。

這幾個協議一同表現出歐洲從地理空間往政治實體的轉變，為有自覺的歐洲人帶來遠比條約本身存在得更久的意識型態平台。「神聖同盟」清楚表現新歐洲秩序的基督信仰基礎，而歐洲內部領土政治的危險性也在會議體系中得到承認。一八八〇年代，當歐洲人試圖調節他們在非洲因殖民地而起的競爭時，協調的承諾就派上了用場（見第十章）。

亞歷山大的軍隊已經證明俄羅斯是個強權，但這個帝國巨人真的成了歐洲的一部分嗎？十八世紀的旅行者與哲學家在公認的歐洲文明和東邊的半野蠻社會之間畫了條界線。俄羅斯人對拿破崙的勝利與沙皇鋪張的軍隊展示，呈現一種軍武風的俄羅斯形象。羅曼諾夫帝國讓人害怕，雖富有異國風格，但不受歐洲世界歡迎。

在俄羅斯，亞歷山大選擇性採用歐洲做法，貴族統治中的討價還價也限制他所能採納的方式（見第七章）。他的統治是從血泊中開始——貴族暗殺了他不受歡迎的父親——但他也有若干改革。亞歷山大那個時代的年輕貴族對西歐制度與政治理論都相當熟悉，他們也都曾向沙皇提議解放農奴與憲政改革。他的立法措施在地主對勞工的權力上設下一些限制；波羅的海省分的農奴也得到解放。新的大學開辦，承擔起改造行政管理的目標。但在皇帝獨一無二、不受約束的權力問題上，亞歷山大與許多貴族高官還是沿用舊的做法。一如既往，家產官僚式的權力調節——由沙皇的親信對沙皇提出建言——能防止貴族沆瀣一氣要求下放權力。

皇帝手下菁英近臣之間的齟齬，在一八二五年十二月無情地披露開來。許多軍官在當時密謀策畫，打算在一八二五年亞歷山大猝逝後奪取政權；他們之中有許多人從歐洲凱旋歸國，為制憲計畫而躍躍欲試。但軍隊的將領仍舊忠於沙皇，稱為「十二月黨人」（Decembrist）的造反派在幾小時內就被弭平。五名領袖被處死，其他密謀人士則被流放到西伯利亞。新沙皇尼古拉一世將這場胎死腹中的宮廷政變，詮釋為對專制統治原則的反叛。

由於堅信與「西方」（這個詞愈來愈流行）的接觸造成這場叛變，尼古拉於是透過惡名昭彰的「第三廳」（Third Department，蘇聯國家安全委員會〔KGB〕的先驅）來加強控制。有潛在顛覆可能的個人就用逮捕、國內流放或驅逐出境的方式來處理。尼古拉還發動意識型態的攻勢，來打擊他認為具有破壞性的思想。為了回應唯心主義哲學，以及風行於後拿破崙時代歐洲的古老民族根源神話，尼古拉高舉人們所說的俄羅斯傳統價值——道德、服從與基督教。一八三〇年代，尼古拉的教育部副部長發表口號，「正教信仰、專制與民族性」。皇帝在各個裝腔作勢的儀式裡，用家父長的關懷、浪漫之愛以及孺慕之情當榜樣，引領著對帝王之家的懷舊崇拜。這個王朝雖然因為尼古拉的普魯士人母親與妻子而有了異國的成分，但仍想方設法維繫俄羅斯的過去、現在與未來。

皇室崇拜並非改革的替代品，但尼古拉要確保改革措施都來自皇帝與其部會首長，而不是掌握權利的人民。一八三〇年代，皇帝出資贊助俄羅斯法律的編纂與出版；一所法學學校被設立以訓練未來的官員。雖然尼古拉沒有廢止農奴制，但他的政府仍然改善了住在國家（而非貴族）土地上的農民所受到的管理（這大約是全帝國半數的農民）。帝國地理學會開始有系統地研究帝國內的多元民族。至於宗教，尼古拉則選擇手下留情：他允許正教會在西伯利亞與其他地區開始新的傳教行動，但「外國」宗教信仰仍受到政府的保護與管理。

即便尼古拉試圖打壓可能的動盪源頭，但知識分子在俄羅斯的大學、沙龍與學院裡的生活依然多采多姿，同時也因為方興未艾的報業而更加盛行。與俄羅斯的命運及其別樹一格的歷史有關的論辯，推動了富有想像力的歷史重構。皇帝的口號也把「民族性」（雖然更正確的翻譯應該是「人民性」）當成國家的中心德目。不過，這個詞指的是俄羅斯民族，抑或是俄羅斯的全部民族，還是別的？學者為了他們認為的定義以及帝國的贊助而競爭。究竟俄羅斯是要往歐洲價值「前進」（這是「西化派」的立場），還是說，從古代斯拉夫傳統中也能夠找到一些社群的共同泉源與養分呢（這是「親斯拉夫派」〔Slavophile〕的論點）？

在帝國的土地上創造民族
Making Nations on Imperial Terrain

對民族本質及其可能性的熱烈討論不是俄羅斯的專利。身處跨帝國交流的年代，整個歐洲的人都在追尋藝術表現、歷史成就與公眾美德的正確結合方式，好在人們重新定義文明世界時，也能在這個世界裡占有一席之地。赫爾德[4]、費希特[5]與其他將自身所處民族視為一種文化而非政體的日耳曼人，他們的作品激起泛歐洲範圍裡對語言、歷史以及特定民族群體習俗的興趣。歐洲人同樣也在努力回頭跟早先的基督教時代與羅馬搭上線。

這些對民族文化以及派得上用場的基督徒系譜的追尋，都成了帝國競爭中的武器。新「希臘人」

4 譯注：約翰．哥特弗里德．赫爾德（Johann Gottfried Herder, 1744-1803），十八世紀日耳曼裔哲學家、神學家與詩人。他支持以文化而非政治疆界來定義民族，是日耳曼浪漫主義的領導人物。

5 譯注：約翰．哥特利普．費希特（Johann Gottlieb Fichte, 1762-1814），十八世紀日耳曼裔唯心主義哲學家。與赫爾德一樣都是浪漫主義的重要人物。著有《對德意志民族的演講》（*Reden an die deutsche Nation*），試圖團結日耳曼民族主義者以對抗拿破崙。

國家的出現，就是個很好的例子。不列顛與俄羅斯帝國都宣稱跟希臘的過去有光榮的關聯：不列顛人想攀附的，是今天人們所定義的古典希臘文明——這無疑是引領歐洲的文化；俄羅斯人則訴諸於源自拜占庭的正教會基督教美德。這兩個帝國都藉由支持那些在一八二〇年代起義並自稱希臘人的民族主義者，來試圖削弱它們的共同敵人——奧斯曼人。

發生在歐洲零和地帶的動亂，將其他帝國迅速拉上舞台。一八二六年，俄羅斯與不列顛領袖同意共同處理造反派與奧斯曼蘇丹之間的衝突，一年後，法國也加入這種帝國式協調；不列顛外交大臣喬治·坎寧（George Canning）稱之為「和平干預」。但等到這三個盟國將奧斯曼艦隊困在納瓦里諾灣（Bay of Navarino）並摧毀該艦隊後（一八二七年），不列顛人開始擔心自己正在支持錯的帝國——比較強的那個，也就是俄羅斯——於是決定讓別人來打這場仗。法國部隊將埃及軍隊從未來變成希臘人國家的部分領土上趕了出去，俄羅斯則開始進行外交行動（俄羅斯人的代表還在一八二七年獲選為希臘總統）與軍事突襲。一八二八年，俄羅斯部隊已經準備好朝君士坦丁堡開拔，但最終尼古拉撤軍了。比起毀滅蘇丹並將該地區解放為自由競爭的情勢，留住奧斯曼帝國但讓其分崩離析，對尼古拉會更為有利。

一八二九年的《亞得里亞堡條約》（*Treaty of Adrianople*）將俄羅斯從十七世紀起就垂涎三尺的地區交給了它——高加索地區的領土、黑海的部分海岸，以及多瑙河出海口的控制權。俄羅斯占領多瑙河沿岸的摩達維亞（Moldavia）和瓦拉幾亞（Wallachia）公國，表面上是為了保護基督徒；俄羅斯也旋即在當地安插由大地主把持的政府。俄羅斯裔的希臘總統在一八三一年被暗殺，希臘人接著在一八三二年有了自己的國王——巴伐利亞國王之子，是個天主教徒；但不是所有地方的愛國者都想要有個國王。幾個大國因為擔心會激起奧斯曼臣民進一步的分裂主張，於是堅持國王奧托一世（Otto I，一八三三年至一八六七年在位）應稱為「希臘國王」，而不是「希臘人的王」，藉此將民族特性綁在領土上，以符合自己的利益。

歐洲強權仍執著於限制彼此掌握一切的企圖，但這項策略無法保護統治者不受帝國內政治動亂的影響。一八三〇年爆發多起革命：比利時的天主教徒與新教徒揭竿反抗荷蘭的統治，北義大利人反抗哈布斯堡家族，法國人則是反對自己的國王。俄羅斯的問題在於波蘭：一八三〇波蘭貴族試圖領導起義，對抗俄羅斯的統治。尼古拉剿滅叛亂之後取消一八一五年的波蘭憲法，讓波蘭成為俄羅斯的一部分。俄羅斯人一直難以讓高加索山區的人民順服，來自達吉斯坦（Dagestan）與車臣（Chechnya）地區的伊瑪目沙米爾（Shamil）開啟一場對抗俄羅斯侵略的漫長戰役，從一八三〇年代一直延續到一八五九年沙米爾投降為止。

經歷一八三〇年代的動亂後，俄羅斯、奧地利與普魯士統治者達成協議，在面對「內部問題」或「外部威脅」的情況下對彼此出手相助。這項協議在一八三三年的柏林會議（Convention of Berlin）中正式成形。同年，俄羅斯部隊前去幫助奧斯曼蘇丹對抗突然崛起的挑戰者，埃及的穆罕默德．阿里。俄羅斯得到的回報是《蘇丹碼頭條約》（*Treaty of Unkiar-Skelessi*），確立俄羅斯作為奧斯曼土地上基督徒保護者的角色。為了報答俄羅斯的幫助，奧斯曼人同意在戰爭時封鎖武裝船隻進入達達尼爾海峽。

尼古拉在本國的圍堵政策，把鬥敗的菁英（尤其是波蘭人）與心懷不滿的知識分子（例如亞歷山大．赫爾岑[6]）驅逐到西歐。這些人在當地加深俄羅斯鎮壓異己的壞名聲，還加入政治激進分子

6 譯注：亞歷山大．赫爾岑（Alexander Herzen, 1812-1870），俄羅斯作家、政治活動家。他因為對社會主義的偏好而在一八三四年至一八四二年間遭流放。

的圈子裡；但即便如此，到了一八三〇年代中期，尼古拉似乎已經在王室權利的基礎上鞏固了帝國主權。將尼古拉帶回帝國間政治衝突的並非俄羅斯，而是發生在歐洲其他地方的革命。一八四八年，另一波政治風暴突然在整個歐洲大陸爆發，尼古拉自願當起「歐洲憲兵」。他決定出手干預，在巴爾幹與匈牙利協助奧地利，於是有二十萬俄羅斯部隊介入支持哈布斯堡的控制。

一八四八年後，帝國政權在歐洲復辟，但尼古拉擔心會有第二波的革命蔓延。俄羅斯學生與流亡人士過去曾參與好幾場動亂，最有名的就是無政府主義者米哈伊爾．巴枯寧[7]跟他那句極為激進的口號，「破壞的熱情就是創造的熱情」。在巴黎，曾有俄羅斯貴族提倡波蘭人與俄羅斯人結盟，以對抗俄羅斯的「暴政」。巴枯寧最終還是被奧地利人交了出去——他一直待在俄羅斯的監獄裡，直到尼古拉過世為止。

鎮壓危險思想成為尼古拉晚年反覆出現的主旋律。大學課程遭到變更，去掉憲法與哲學；檢查制度也愈收愈緊。在一次造成臣民心靈創傷的皇權展示中，包括作家費奧多爾．杜斯妥也夫斯基[8]在內的社會主義讀書會成員被判處死刑，直到行刑的前一刻才獲得緩刑。切斷與西方的聯繫，是俄羅斯帝國以及後來的蘇聯一再使用的防禦性策略，每一次使用都耗竭了國家資源——政治與物質上皆然。

克里米亞的帝國戰爭

Empire War in the Crimea

尼古拉一世，這個花了這麼多心思讓俄羅斯帝國壯大的沙皇，卻在國外下錯了手，讓國家陷入一場（居然）贏不下來的戰爭之中。點燃導火線的事件背景，是基督教帝國之間為了各自在奧斯曼領土上的權力而引發的衝突。法蘭西皇帝拿破崙三世為了和天主教支持者拉攏關係，因而宣稱自己有權照管伯利恆（Bethlehem），以及其他位於巴勒斯坦幾個聖地的教會，而尼古拉則自視為蘇丹國度中所有基督徒的守護者。

這場十九世紀帝國競爭的目標其實很古老——控制海峽（達達尼爾海峽與博斯普魯斯海峽）以及控制地中海、黑海與其他地方之間的聯繫。尼古拉期待會議體系會肯定他的特權，也期待那些在一八四八年革命後被他挽救面子的皇帝會站在他這邊，但不列顛、法國與奧地利現在都選擇支持奧斯曼人。被稱為「歐洲病夫」的奧斯曼帝國備受內憂外患所威脅，這時，帝國相爭的基本規則就發揮作用了。若想要遏止強大的對手——尤其是遏止對關鍵的海陸路交流握有地利之便的俄羅斯人時——孱弱的帝國可說是特別有效。

一八五三年，當奧斯曼人拒絕承認尼古拉一世為帝國內正教會基督徒的合法保護者後，尼古拉命令其部隊越過邊界，進入巴爾幹地區的大公國。奧斯曼人於是對俄羅斯宣戰。情勢一開始向著俄羅斯——俄羅斯人在黑海的錫諾普（Sinope）幾乎毀滅了整支奧斯曼艦隊。作為對戰爭行為的回應，這場勝利在大不列顛與法國被宣傳成「錫諾普大屠殺」。雖然「歐洲病夫」是穆斯林，「歐洲憲兵」是基督徒，但不列顛民眾的帝國幻想中對病夫有著比對憲兵更多的同情。一八五四年，不列顛人帶

7 譯注：米哈伊爾・巴枯寧（Mikhail Bakunin, 1814-1876），俄羅斯無政府主義者，曾投身一八四八年的革命浪潮，在德國被捕，引渡回國後遭流放西伯利亞。

8 譯注：費奧多爾・杜斯妥也夫斯基（Feodor Dostoevsky, 1821-1881），十九世紀俄羅斯小說家，作品關注罪惡議題、自由本質以及對信仰的渴望。著有《罪與罰》（*Crime and Punishment*）與《卡拉馬助夫兄弟們》（*The Brothers Karamazov*）等書。

著自己的帝國大軍——法國亦然——加入對抗俄羅斯人的戰爭。

某些帝國對領土的不安全感與其他帝國的海上實力，決定了戰鬥發生的地點。奧地利人深知，如果參戰，就會威脅到自己的南方地區，因此拒絕加入對抗俄羅斯人的聯盟。普魯士與瑞典同樣與俄羅斯接壤，也都因此裹足不前。經過幾場在波羅的海的小規模衝突後，不列顛與法國海軍經由雙方都在爭奪的海峽將部隊送到克里米亞，以及用來保衛克里米亞的俄羅斯要塞跟前。

爭奪克里米亞是為了海陸貿易路線、文明的優越性以及插手奧斯曼經濟體系的特權。速射步槍與改良的火砲讓戰鬥格外致命；情勢證明，在遠方打三年仗對各方來說都難以承受。尼古拉對鐵路建設的保守態度擺明是個天大錯誤：俄羅斯的補給居然要透過馬車拉到前線。不列顛人與法國人雖然有技術與後勤上的優勢，但也無法持續提供軍隊充足的食物。死在這場衝突裡的士兵，大約有三分之二是死於疾病。

戰爭吸引也震驚各方民眾的目光，他們透過蓬勃發展的報業而關注這場戰爭。不列顛人一度認為對付落後的俄羅斯人，這場仗馬上就能贏下來——事實證明這是錯誤的判斷。俄羅斯人自豪於自家部隊的堅忍不拔，他們可是曾經打敗拿破崙啊！但忠誠心在不列顛更為精良的武器面前，也證明俄羅斯的力有未逮。擔任軍官的托爾斯泰（Leo Tolstoy）寄了好幾篇關於慘烈傷亡的文章回國；他就是在克里米亞成了和平主義者。在不列顛的報紙上，真正成為英雄的人是個護士——南丁格爾（Florence Nightingale）。她為士兵設立的野戰醫院，成為後來建立國際紅十字會的典範。

發生在克里米亞的殺戮，刺激出帝國間的規範以及應用規範的新觀點。戰爭結束後，俄羅斯外交官帶頭致力於制定戰爭行為規範以及對敵方戰鬥員的人道待遇。一八六八年的《聖彼得堡宣言》（*St. Petersburg declaration*）呼籲各國限制使用會造成嚴重傷口的武器。經過另一場流血帝國衝突，也就是法國與哈布斯堡軍隊在北義大利進行的蘇法利諾戰役後，與傷員待遇有關的第一部《日內瓦公約》（*Geneva Convention*）也在一八六四年簽署。國際法在這時成為有著學科意識的一門專業。帝國間的敵對關係不只正創造開戰的形勢，也在帝國發現自己利益受威脅時，創造出能限制與終結戰爭的情勢。

一八五五年尼古拉一世死後，克里米亞戰爭才終於畫下句點。面對奧地利終究會參戰的可能性，亞歷山大二世——尼古拉之子——宣布願意配合新形勢，與奧斯曼人談條件。一八五六年，《巴黎和約》（*Peace of Paris*）簽訂，這是歐洲帝國勢力於一八一五年後首次召開大會。法國、俄羅斯、不列顛、奧地利、薩丁尼亞（在最後時刻才參戰）和奧斯曼帝國都派有代表出席，某些議程還有普魯士人參加。會議結果對俄羅斯人來說是個挫折，同時也是西歐國家自信與力量的展現。黑海非武裝化，但對所有商船開放，這對自由貿易帝國是場勝利。俄羅斯身為奧斯曼基督徒保護者的特別角色被剝奪；相對的，歐洲強權則開始擔負起保護基督徒，以及維持多瑙河出海口開放航行的共同責任。俄羅斯還失去本世紀先前從奧斯曼人那贏來的土地——包括比薩拉比亞、波羅的海島嶼與黑海邊上的要塞。《巴黎宣言》（*Declaration of Paris*）更規定就連在戰爭期間，商業活動都必須受到保護。

雖然巴黎和議是要對付俄羅斯——俄羅斯對東地中海的野心受到人們嚴密關注——但條約也為

9 譯注：一八四八年，革命風潮席捲歐陸，義大利半島各國紛紛舉兵反抗奧地利，其中包括皮埃蒙特—薩丁尼亞王國（Kingdom of Piedmont-Sardinia），史稱第一次義大利獨立戰爭（First Italian War of Independence）。戰爭最終由奧地利獲勝，於是薩丁尼亞便採取與其他歐洲國家結盟對抗奧地利的策略。一八五八年，薩丁尼亞首相加富爾伯爵卡米洛・本索（Camillo Benso, Count of Cavour, 1810-1861）與拿破崙三世簽訂密約，並引發戰爭，稱為第二次義大利獨立戰爭（Second Italian War of Independence）；蘇法利諾戰役（Battle of Solferino）則是這場戰爭中的關鍵戰役，法國與薩丁尼亞聯軍慘勝，奧地利最終簽下和約，義大利王國（Kingdom of Italy）則在一八六一年建國。

法國、不列顛與奧地利打下基礎，讓它們得以透過「自由貿易」政策以及對蘇丹領土上基督徒的保護權來蠶食奧斯曼帝國。對俄羅斯人與奧斯曼人的領袖來說，克里米亞戰爭還加劇另一種競爭——對相爭範圍內人口的控制權。戰後，有三分之二的穆斯林韃靼人離開俄羅斯統治下的克里米亞，前往奧斯曼帝國。隨著移民在另一個帝國尋求保護或利益，俄羅斯人跟奧斯曼人也忙著安置新來者，還要把其他人遷走。這個過程也因為隨後在巴爾幹與黑海周圍地區的邊境調整而逐步擴大。每一個帝國都試圖保有或增加自己的人力資源，隨著某些群體有所獲得，不滿與暴力的動能也跟著不斷高漲，直到進入二十世紀。

奧斯曼的改革
Ottoman Adjustments

在西方，奧斯曼人和它的對手俄羅斯有一樣的形象問題。要治好「歐洲病夫」呢，還是要肢解他，讓更健康的歐洲身體吸收他呢？正當這兩個位於你爭我奪的歐洲邊緣上、且被排擠到帝國外交邊陲的帝國，奮力要追上西方陸海軍的力量時（而且不是只勝過對方一籌就足夠），它們也都必須面對「進步與文明」強力的振振有辭。這激發了滿心不服氣的菁英——包括蘇丹在內——去重新思考自己在世界中身處的位置，以及該如何面對這樣的情勢。

自從蘇萊曼大帝的光榮歲月後（見第五章），奧斯曼帝國撐過地方叛亂、「耶尼切里」政變以及領土的縮水。幾個世紀以來，奧斯曼的包稅制、下放權力給地方貴族，以及將許多法律事務交由若干宗教社群處理的成效是時好時壞。到了十八世紀，奧斯曼人也跟他們的俄羅斯敵人一樣追求歐洲軍事技術。蘇丹塞利姆三世（Selim III，一七八九年至一八〇七年在位）設立軍事學校，開始受法國啟發的武器與戰術變革。為了應付跟俄羅斯的戰爭——大部分都吃了敗仗——帝國還欠下巨債。

「耶尼切里」軍團一如往昔，是個破壞性的因子。即便為了確保「耶尼切里」是從社會力量中獨立出來的一股勢力，而從帝國核心地區外強制招募其成員（見第五章），但「耶尼切里」仍然有至少兩種方式能威脅奧斯曼人的指揮權。在邊遠地帶，「耶尼切里」的暴虐與腐敗足以招致暴動——就像一八〇五年時發生在塞爾維亞人之間的叛變。到了首都，他們也能暗算施政威脅到他們集體利益的蘇丹。就在塞利姆三世破壞性的改革之後，「耶尼切里」於一八〇七年罷黜蘇丹，更在一八〇八年暗殺了他。

蘇丹軍隊擺明不堪一擊，塞利姆三世的繼承人馬哈茂德二世（Mahmud II，一八〇八年至一八三九年在位）以此作為自己最好的論點，在一八二六年大膽廢除「耶尼切里」，開始又一輪的軍事改革。改革後的軍隊以中央政府徵召的農民為基礎，交由根據西歐標準訓練出來的軍官指揮。軍隊的規模從一八三七年的兩萬四千人成長到一八八〇年代的十二萬人。[10]公開羞辱與處死「耶尼切里」也是軍隊組織劇烈變化的一部分；中央最高指揮體系直接控制的團級部隊，取代由地方要人動員的軍事單位。

其他威脅則來自奧斯曼國界之外——如俄羅斯人的多次入侵、拿破崙的野心行動與占領，以及自拿破崙失敗後就不曾停歇的帝國競爭。到了十九世紀，有了外人的援手，帝國各地的菁英不只能夠想像，甚至還真的能脫離奧斯曼人的控制。塞爾維亞經歷數十年的衝突，在一八三〇年成為完全自治的大公國，這正好是歐洲列強承認希臘獨立的那一年。

10 原注：軍隊人數：Quataert, *Ottoman Empire*, 63.

對於蘇丹來說還有更慘的狀況：他的臣子在傳統的帝國風氣下，總會起心動念，自己動手拿下奧斯曼的領土。拿破崙對埃及的占領功敗垂成，在混亂的餘波蕩漾中，蘇丹指派形象鮮明、出身阿爾巴尼亞的軍事強人穆罕默德・阿里前去恢復奧斯曼的勢力。穆罕默德・阿里於一八〇五年成為總督之後，在埃及打造陸軍與海軍，並協助撲滅在希臘的叛變，將奧斯曼的勢力延伸到蘇丹（Sudan），還在一八三〇年代攻下敘利亞。他對拓展控制範圍的渴望，甚至威脅到伊斯坦堡本身。俄羅斯人以及後來其他的歐洲帝國迫使蘇丹馬哈茂德二世妥協，將統治埃及的世襲權力交給穆罕默德・阿里的家族——這大大背離奧斯曼帝國家產官僚制的常態做法。

此番挫折促使奧斯曼領袖努力加強中央的控制，繞過地方顯貴與其他中間人。官僚得到更直接管理人民的權力；政府部門拿回過去外包給宗教權威的某些職能。國家在社會當中變得更無孔不入；政府官員監視著民眾與外國人，一如西歐國家的警察機構。公務人員的人數從十八世紀末約兩千人成長到一九〇八年的三萬五千人。[11]

要有更好的軍隊與官僚體系，就需要有新的教育標準。行政管理訓練從大維齊爾或要人的家裡移到教育機構，目的則在於創造一種新的官員，能更有效率地結合人民與中央。奧斯曼官員必須學習歐洲語言，到歐洲遊歷、進修，將他們的經驗與知識應用在奧斯曼帝國的發展計畫上。一八三〇年代，奧斯曼人開辦帝國軍事學校與醫學院，兩者都有來自國外的教師。跟以往的情況相同，首要目標仍然是增進軍隊的素質——醫學院是用來為軍隊訓練醫生——但這些改革涉及奧斯曼社會更為普遍的變化。不僅許多高等教育機構偏好使用法語，法語也是許多一八三〇年代開始發行的幾份主要報紙所採用的語言。

奧斯曼人打破用服裝設計來突顯階級體系的規矩，朝一致性的方向制定服儀規定，至少對男人是如此。一八二九年，一道詔令規定除神職人員以外的所有男性都要穿戴同樣的帽飾。菲斯帽（Fez，又名土耳其毯帽）與西服的搭配成了官員的制式服裝。至於奧斯曼上流社會的女人則繼續在時髦服裝樣式與舉止上爭奇鬥艷，跟下層階級做出區隔，不受時不時就來一次且沒什麼效果的惱人禁令影響。

一系列的法律規章制定於一段稱為「坦志麥特」（Tanzimat 為重組之意，一八三九年至一八七一年）的重建期間，規章底下則暗藏著中央集權的推動力。一八三九年，蘇丹阿卜杜勒—邁吉德一世（Abdulmecid I，一八三九年至一八六一年在位）頒布敕令，保障臣民的生命、名譽以及財產安全，表明會依據財產多寡向他們徵稅，並宣布所有臣民無論宗教信仰，在法律上一律平等。新的刑罰與商業規範也在一八四〇年代頒布，而以西歐訴訟制度為基礎的新法院則在一八四七年設立。一八五八年，政府制定土地法，宣布所有男性公民在擁有私人財產方面，都享有同等權利。這麼做的目的，是要將土地、土地上的物產，以及土地持有人更直接地與國家聯結在一起，以擺脫中間人。

積極的蘇丹與他們的維齊爾，懷抱著對抗俄羅斯人與歐洲強權的目標，推動「坦志麥特」改革。由於帝國受到威脅，其領袖也不能免俗地採用敵人使用的策略，但奧斯曼人在成就近代化控制的目標時，卻面臨兩項重大障礙。首先，他們的帝國對手更貪得無饜地扯開這個帝國的財庫；其次，有些敵人已經身處在帝國之中——例如傳教士、移民、從事自由貿易的人——他們的主權觀念以各種不穩定的方式，同時跟奧斯曼人保護差異的傳統以及近期的中央集權改革交纏在一起。

在經濟上，奧斯曼人也遭遇清人在中國所面臨的問題——不列顛人與法國人在資金上的枷鎖。

11 原注：公務人員人數：Quataert, *Ottoman Empire*, 62.

十八世紀一度是奧斯曼人的鼎盛時期，但到世紀末時，國家已經在跟歐洲人借錢，而且還不出錢。不列顛人在一八三八年強簽的條約裡禁止奧斯曼政府專賣與抽取對外貿易關稅，此舉無疑是在奧斯曼帝國的歲入上深深劃了一刀。隨著時間過去，不列顛與其他外部勢力將奧斯曼人在帝國境內授予外國政府司法管轄權的習慣做法（見第五章），轉變成自己與受保護人的貿易優勢。一八八一年，不列顛人與法國人設立了極為干涉內政的公債管理部（Public Debt Administration）。

外國人所擁有的其他武器中，還包括對蘇丹統治權極具破壞力的思想觀念——諸如自由主義、民族或文化團結論、女性主義以及人類進化觀。奧斯曼菁英就跟他們的俄羅斯同伴一樣，不是在歐洲受教育，就是在歐洲化的學校裡念書，他們也吸收到這些廣泛許多的政治思想套路。新一代的知識分子視自己為爭取平權與代議政府的跨民族運動中的一員，到了一八六〇年代，他們轉而對改革步調失去耐心，要求激進重整奧斯曼的統治。新奧斯曼黨（New Ottomans，後來以青年奧斯曼黨〔Young Ottomans〕之名為人所知）批評「坦志麥特」官僚重建國家時，運用西方做法的程度還不夠高。這些知識分子活躍於伊斯坦堡與歐洲，更在以倫敦為基地的報紙上呼籲制憲與成立國會。他們也跟許多心懷改革的官員一樣，支持政治平等的目標，而且要由法律來保障之。

一八六九年至一八七八年間，奧斯曼政府讓改革的措施更上一層樓。一八六九年的一條法律宣布所有奧斯曼臣民都成為公民，接著在一八七六年，蘇丹阿卜杜勒—哈米德二世（Abdulhamid II，一八七六年至一九〇九年在位）批准了憲法，而且還根據憲法召開國會。儘管第一屆國會只持續不到兩年的時間——與俄羅斯的戰爭爆發後，蘇丹根據自己的職權解散國會——但國會仍對隨後的政治運動造成影響。作為帝國的機構，國會展現奧斯曼政局海納百川的創造力。奧斯曼的國會議員是由行政委員會——一個先一步建立起來，用來重整各省領導班子的選舉制機構——派出的代表來擔任，其中也包括來自阿拉伯地區的代表。七十七名穆斯林、四十四名基督徒與四名猶太教徒國會議員討論的議題有行政語言、稅收以及選舉國會領袖的基礎。國會議程能披露出帝國內許多群體的利益剖面——這正是家產官僚制最想遮掩之處。雖然許多代表批評施政，但目標都是要求更多權利與更多重建，而不是徹底否定施政。但即便如此，蘇丹還是無法忍受這個抗議政治的公開場所。

近代化的「奧斯曼主義」繼續多頭並進，試著強化伊斯蘭信仰以對抗基督教傳教士的入侵，同時還將許多不同宗教與族群的人納入統治——包括阿爾巴尼亞人、馬其頓人、希臘人、亞美尼亞人、阿拉伯人、庫德人、猶太人與土耳其人。來自美國與不列顛的新教傳教士、俄羅斯的正教會神父與法國來的天主教徒，都成功吸引奧斯曼人的孩子在他們的學校就讀，受到挑戰的奧斯曼人於是在一八五七年時設立教育部。一八六九年的通識教育法試圖為所有兒童開辦初等學校——而且每一個族群都能經營自己的初等學校——並試圖確保學習《古蘭經》成為穆斯林課程中的一部分。阿卜杜勒—哈米德二世鼓勵伊斯蘭復興運動，高調參加禮拜五的祈禱，作為他虔誠的儀式性表現。蘇丹及其許多幕僚有一個目標，那就是呈現「奧斯曼性」（Ottomanness）本身就是一種不斷進步的文化，能包容許多民族，但仍舊頌揚其伊斯蘭信仰根源。

青年奧斯曼黨對於如何治理帝國有另一種見解——在一套憲法架構下，將奧斯曼公民整合為一個政體；蘇丹的伊斯蘭化策略則是對這種見解的回應。阿卜杜勒—哈米德二世嗅到了危險：如果菁英的地位並不是依賴跟蘇丹與其維齊爾的私人關係，那這樣的菁英會比分化、以群體為基礎的臣民來得更難控制。奧斯曼的制度可以因為年輕人以及他們與西歐在教育與商業上的聯繫而妥協，也可以表達人民愈來愈伊斯蘭的共通點，但奧斯曼的制度不會放棄家產官僚式的統治方式。

奧斯曼人在十九世紀的改革是種毫不含糊的現代化：國家領袖用歐洲的方法重組自己的政府，站上更穩固的財務基礎，試圖藉此跟上時代。但查理五世在十六世紀碰到的問題——沒有地方可以擴張，而且還要靠外國人為防務與革新提供資金——現在也出現在奧斯曼人的宮廷裡。然而，意識型態的脈絡如今早已千差萬別。歐洲人的升級版海外基督教帝國還在擴張（見第十章），但他們也在玩奧斯曼人那種社群保護遊戲，在別人的領土裡鼓勵分裂。

官僚體系挑戰著舊貴族，而外部勢力又決心自己動手「保護」基督徒或其他社群，並對抗他們認定的伊斯蘭專制主義，兩相結合之下便對奧斯曼帝國的控制力，造成滾滾湧現的威脅。德魯茲派[12]與馬龍派[13]的團體在黎巴嫩暴力相向；至於在巴爾幹地區，正教會神職人員內部的分裂則與希臘和俄羅斯政府的利益糾結在一起。歐洲人的干預加上奧斯曼人力求整合的改革，在這個一度所有人都覺得自己受到蘇丹保護的地方，開啟了宗派分立的嘈雜政局。

重整哈布斯堡
Habsburg Reconfigurations

奧斯曼蘇丹阿卜杜勒—哈米德二世有充分理由擔心自家的國會。對抗王權的泛歐洲反抗風潮從巴黎發跡，在一八四八年襲捲哈布斯堡君主國與普魯士的城市；就在這場風起雲湧當中，蘇丹的敵人、同時也是貪得無厭的鄰居——奧地利，差點就成了國會堅定態度的犧牲者。

在維也納，暴動與抗議迫使弱智的皇帝斐迪南一世（Ferdinand I，一八三五年至一八四八年在位）離開首都。他的幕僚向革命分子許諾憲法，舉辦選舉，奧地利國會也開始商議國家的未來。政治激進的浪潮勢不可當，奧地利的代表也被派到在法蘭克福的另一個國會，在那裡正為一統哈布斯堡、普魯士，以及其他說日耳曼語和斯拉夫語的地區，成為一個領導全日耳曼的新政體而辯論不休。而在匈牙利，當地議會（Diet）代表要求皇室同意的那些法律，幾乎就等於要從哈布斯堡的統治獨立出去。軍隊的忠誠派與造反派之間的裂痕，再加上沙皇尼古拉的幫助，讓新皇帝法蘭茲・約瑟夫

（Franz Joseph，一八四八年至一九一六年在位）重新取得主導地位。一八四九年，法蘭茲・約瑟夫解散奧地利國會，頒布他自己的憲法，但到了一八五一年就取消了。奧地利帝國即將再次根據君主的意志來統治。

幾百年來，哈布斯堡家族一直是歐洲賽場上頗具顛覆性的選手——透過聯姻政治擴張國土，在一六九九年時從奧斯曼人手上贏下幾乎整個匈牙利，又和普魯士與俄羅斯在十八世紀的最後階段瓜分波蘭。是時，哈布斯堡的控制擴展到許多地區，統治權的層級也各有不同。這個帝國經由現在的義大利東北、斯洛文尼亞和克羅埃西亞與亞得里亞海比鄰，也在塞爾維亞和外西凡尼亞（Transylvania）與奧斯曼人對峙。

為了開發治下語言、族群與宗教各異的領土資源，哈布斯堡的統治者——最有名的就是女皇瑪麗亞・特蕾莎（Maria Theresa，一七四〇年至一七八〇年在位）與她的兒子約瑟夫二世（Joseph II，一七八〇年至一七九〇年在位）——推動一連串的教育與財政計畫。最關鍵的改革是發展中央集權的官僚體系，讓官僚有能力應付地方貴族和他們的代議機構——議會。學校在瑪麗亞・特蕾莎的統治下設立，為的是培養包括農民在內的平民成為公務人員；農奴制度則在約瑟夫的治世中被廢止，行會力量也被削減。

哈布斯堡統治的其中一個特色，就是對少數族群與宗教的照顧。一七八一年，約瑟夫二世的

12 譯注：德魯茲派（Druze），以伊斯蘭信仰為基礎，融合猶太教、諾斯底信仰（Gnosticism）與伊朗地方信仰而成的一神秘密宗教，信徒主要集中在敘利亞與黎巴嫩地區。

13 譯注：馬龍派（Maronite），黎巴嫩當地的基督教東儀教會（Eastern Rite Church），承認教宗權威，但保有自己的儀式。一八六〇年，德魯茲派在奧斯曼帝國政府慫恿下屠殺馬龍派信徒。

《宗教寬容詔書》（*Edict of Tolerance*）賦予新教徒、正教會信徒、聯合東方天主教派信徒以及天主教徒同等的權利，並減少猶太教徒所受到的限制。哈布斯堡人就像俄羅斯人，藉由監督教士的養成試圖控制教士：加利西亞（Galicia）開辦給天主教徒以及聯合東方天主教派信徒的神學院，倫貝格（Lemberg，今天烏克蘭的利維夫〔Lviv〕）也開辦大學。作為整合的手段，日耳曼語被定為官方行政語言，但環境允許時，也會同時用日耳曼語和當地語言來頒行法律。

哈布斯堡人以勝利者之姿走出拿破崙戰爭，但要求地方貴族參加戰爭的代價一向都很高昂，而且也有其政治後果。貴族比以往更在乎自己在議會中的發言權，工業家、商人與各行各業的專家也順水推舟，投身於有關主權來源與適當統治手法的討論。但在整個帝國裡不可能有橫向結盟。工業化程度的分布不均在各地帶來程度不一的不滿情緒，而政治體制中的割裂畫分，也讓不同貴族得以要求不同的特權與優先權。代議制度的議題無法在一八四八年達成共識——城市中激進主義的暴力傾向、以及社會主義者的要求，都讓人對自由派心生恐懼。參加法蘭克福國民議會（Frankfurt National Assembly）的捷克與其他斯拉夫代表，也迅速從可能損及他們各種利益的泛日耳曼政體中抽手。皇帝仍然是批評與改革希望的焦點所在。

奧地利的情況就跟旁邊鄰近的幾個帝國一樣，長時間下來有影響力的不是一八四八年的革命，而是統治者、新舊菁英與失去耐心的知識分子，面對革命挑戰所做出的回應。一八四八年的浪潮再次堅定俄羅斯尼古拉一世對歐洲思想的懷疑：他拒絕在皇帝的權力上加上任何限制。奧斯曼人先前改進其統治、集權中央的努力加快了腳步，變成諮議性質國會的短暫實驗。一八四八年後的奧地利人則採取折衷的做法——保有皇帝高於民族的權力，同時調整帝國的結構與組織。

十九世紀的哈布斯堡政局是以帝國的傳統來做橫向聯繫——王室藉由血緣世系權力來統治各式各樣的政治單位。法蘭茲·約瑟夫生性簡樸且謙沖自抑，但他從一八四八年起重新恢復宮廷禮儀，讓自己成為儀式的中心角色，重拾哈布斯堡人與基督信仰的特殊關係，並強調皇帝的虔誠。這種王朝與天主教之間刻意經營的聯結，並不妨礙法蘭茲．約瑟夫同樣出席猶太教、正教會、亞美尼亞人、希臘人與穆斯林的儀式。他高調接受帝國中各宗教神職人員對他的祝福。在一個人民主權同時出現在改革派與革命派政治想像中的時代，這位皇帝用他自己的方式來接近治下的各個民族。

但到了以階級、信仰或其他界線畫分的地區，皇帝的支持態度無論如何都會冒犯某些臣民，不然就是鼓勵他們索求更多權力。一八五一年，當法蘭茲．約瑟夫以勝利者的姿態氣派出巡到加利西亞時——奧地利軍隊曾經在這裡擊潰波蘭人的暴動——與高采烈的農民、希臘天主教教士與猶太人都來迎接皇帝精心設計的行伍，獨缺波蘭貴族。幾百年來，帝國裡形形色色的貴族深深鞏固自己的權利與主張，他們始終都是想一統帝國之人所面臨的障礙。

統一也是奧地利自由派的志業——只是統一的模式不同。在一八四八年間以及之後的時代，企業家、專業人士、女性以及其他人組成的社團都呼籲代議政治、出版自由與結社自由，以及以教育、文化和財產為基礎的公民資格。奧地利自由派的制憲願景在十九世紀中葉遭到挫敗，但在十年之間，皇帝就在維也納建立兩院制的立法機構，所有國內法律都需要獲得其首肯。

奧地利在歐洲帝國間的戰爭中欠下的債務與吃下的敗仗，就是推動這次最高統治權徹底轉變的動力。就在法蘭西皇帝拿破崙三世承諾幫助皮埃蒙特—薩丁尼亞（Piedmont-Sardinia）王國首相加富爾（Camillo Benso, Count of Cavour）對抗奧地利之後，法蘭茲．約瑟夫便在一八五九年宣戰。這場戰爭對哈布斯堡人來說是場災難，迫使皇帝走向改革。據說，法蘭茲．約瑟夫的銀行家安塞姆．羅斯柴爾德（Anselm Rothschild）曾經這麼說過，「沒有憲法，就沒有錢」。一八六一年召開的帝國會議（Reichsrat）代表，是由各省議會間接選舉而來。貴族地主、銀行家與專業人士在會期中齊聚一堂；而自由派關於權歸中央、身分平等、以及齊頭式統治的要求，與關於各省自治、特定民族與貴族權利的離心主張間的緊張關係也一覽無遺。

一八六六年的另一場敗仗——這次是敗在普魯士手上——催生進一步的憲政改革。單一的帝國公民資格制訂於一八六七年，確保所有宗教的人民都有一樣的公民權。最高法院也在同年設立。但是，自由派要求將財源集中中央，堅持以日耳曼語作為行政語言，都促使匈牙利人和捷克激進分子索求更多的地方權利。民族菁英提倡聯邦制度，認為這是分配主權更好的方法。但匈牙利人特別固執，支持回到拼裝君主國的年代作為回應。一八六七年，奧地利帝國突變為人們所說的「雙元君主國」（Dual Monarchy）——兩個國家有一個統治者，也就是法蘭茲．約瑟夫，他既是奧地利皇帝，也是匈牙利國王；兩國在外交、財政與軍事事務上有共同的部會，但卻有各自的國會與公務人員體系。

這種解決帝國統治問題的方式就跟奧斯曼人的平衡做法一樣，有讓人意想不到的後果。匈牙利王國與「內萊塔尼亞」（Cisleithania，人們如此稱呼奧地利土地）都是多民族的政體，由政治發展歷史各不相同的次級單位組成，住滿不同族群與宗教的人民。妥協讓日耳曼人與匈牙利人有所收穫，但其他族群——如捷克人、斯洛伐克人、克羅埃西亞人、塞爾維亞人、波蘭人、烏克蘭人與羅馬尼亞人——並不滿意。這些心懷不滿之人所要求的並不局限於民族性或自由派的目標。泛斯拉夫民族運動已經以各種形式出現在本世紀的中歐、巴爾幹地區以及俄羅斯；穆斯林與支持現代化的土耳其人也都有他們各自橫向發展的伊斯蘭或土耳其其目標。

無論是一八六〇年代的哈布斯堡帝國結構，還是這個結構所孕育的一系列政治想像，都不符合「十九世紀的時代潮流是往單一民族國家發展」的傳統解釋。這個天主教王朝統治的帝國有兩個不平等的部分，而每一個部分，都是好幾種基督徒、猶太人以及穆斯林的家園。這個政體，是由使用日耳曼語的官僚體系以奧地利地區為中心，根據一套保障其他語言能在校園以及下層行政事務中使用的憲法來統治。「皇帝／國王」有時個別召開，有時共同召集兩組內閣，在外交、財政與軍事事務上統攝臣民，國內事務則交由試圖以各種方法操作平等與差異的國會來控制。一八六〇年代的憲法變革融合自由派追求公民權利的渴望，以及帝國各部分的政治激進分子要求更多自治權利的代議民主；皇帝在儀式裡澤被一切，用輝煌的氣勢掩蓋著五顏六色的整體。

德意志帝國——新帝國，新規則
The German Reich: New Empire and New Rules

一八七〇年代，有個新帝國在歐洲成形，這簡直是天下無雙的成就。普魯士王國在拿破崙戰敗後，不過就是歐洲北方幾個日耳曼語人口可觀的國家之一罷了。過去曾由神聖羅馬帝國鬆散維繫著的公國、侯國、大公國、自由市與王國，撐過幾百年的宗教與王朝戰爭。一八四八年，許多日耳曼自由派人士希望普魯士國王腓特烈．威廉四世（Frederick William IV，一八四〇年至一八六一年在位）將憲政統治帶給普魯士，並將德意志邦聯（German Confederation）的各個政治單位組織為規模更大的日耳曼人國家。可惜事與願違，國王出手鎮壓了革命。到了一八六〇年代，洞若觀火的普魯士首相奧托．馮．俾斯麥尊奉國王威廉一世（Wilhelm I，一八七一至一八八八年在位），在歐洲帝國間的競爭中占得先機。一八七一年，普魯士在對丹麥、奧地利與法國的戰爭中取得一連串勝利、讓日耳曼諸小國相信在聯邦體制下會比較安全後，威廉一世便在凡爾賽宮宣布成為凱撒。德國在歐洲形成帝國的時間，要先於德國對海外殖民地產生興趣之時（見第十章）。

德意志帝國（Kaiserreich）——人們如此稱呼威廉和俾斯麥的帝國——是歐洲帝國競爭中的後起之秀。德國的領導人一度擔心追不上大不列顛的工業化腳步和原物料取得。弗里德里希．李斯特[14]的著作影響了他們。李斯特提倡「國族」取向的經濟政策，意即國家應當採取積極行動，開發國內資源，追上競爭對手。德國的工業化究竟是源於李斯特式的政策，還是企業家與市場的行動倒還很難說，但十九世紀晚期的德國已經成了經濟的火車頭。普魯士成功的關鍵，就在於從過去分裂的各個地區調集資源。另外就是技術成就，尤其是先進的武器設備與綿密鐵路網的創設。

俾斯麥的社會政策也有其新穎之處。官員們在一八四八年後注意到社會動盪的危險性，於是試圖用擴大投票權、提供社會保險的方式，讓部分勞工階級在國家裡有自己的一份利益。新帝國挾其大量的人口與財富的成長，成為歐洲舞臺上的要角。

與一八一五年德意志邦聯的領土相比，德意志帝國在語言上並非全然以日耳曼語為主。帝國包含先前由法國與丹麥統治的地區，再加上大塊的波蘭領土，以及上面的烏克蘭與猶太人民。俾斯麥並非種族民族主義者，一八六六年打敗哈布斯堡帝國之後，他也沒有打算把所有講日耳曼語的人都統一到一個國家裡；一八七一年後，他更試圖在歐洲帝國間取得平衡。俾斯麥在一八七八年的柏林會議上招呼幾個主要歐洲強權，一八八四年至一八八五年間他再次擔任東道主（見第十章），試圖限制海外的帝國競爭。俾斯麥在歐洲大陸上最關心的還是法國。為了讓德國免於戰禍，他透過一八八一年敲定的三帝同盟（Three Emperors' League），恢復過去奧地利、普魯士與俄羅斯之間的同盟關係。

然而，俾斯麥對海外與歐洲內部的戒慎恐懼，卻不是所有日耳曼人都能心領神會。提倡日耳曼民族神秘願景的政治作家保羅・德・拉加德（Paul de Lagarde）便挑戰俾斯麥的立場。拉加德賦予

14 譯注：弗里德里希・李斯特（Friedrich List, 1789-1846），十九世紀日耳曼裔經濟學家，經濟學經濟歷史學派（Historical school of economics）的創始人物。他認為國家在經濟活動中扮演非常重要的角色，反對絕對的自由市場經濟，認為各國應根據各自的條件與需求來發展，由國家主導工業化，並保護本國貿易。

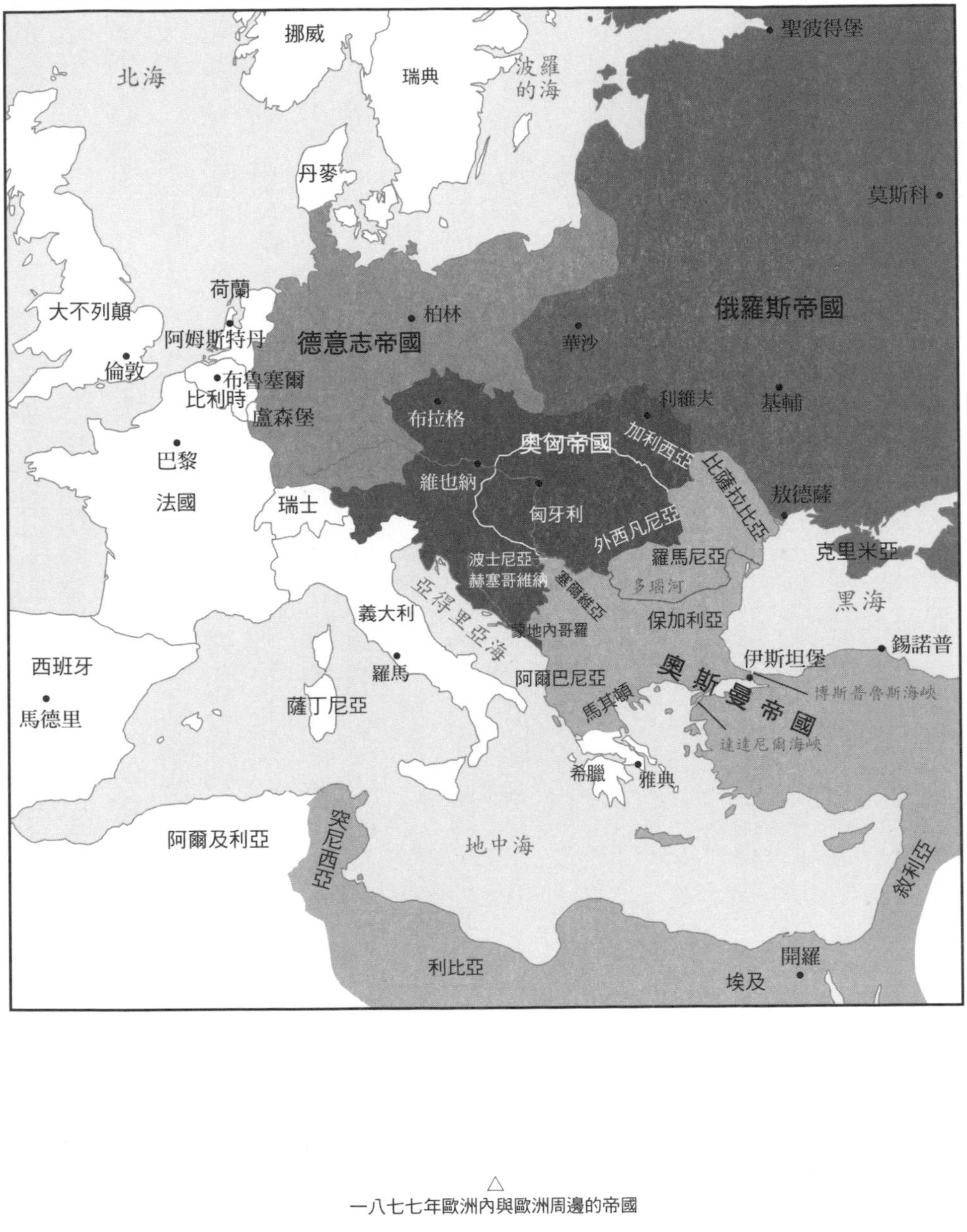

△
一八七七年歐洲內與歐洲周邊的帝國

德國的使命，是要以全歐洲為範圍，把語言和文化擴展到適合的民族身上，同時排除那些他認為配不上的民族——例如猶太人。即便拉加德將德國想像成歐洲內部的殖民勢力，但他和其他人都對德國新的工業體系，以及大多數菁英的國際性文化觀感到忐忑不安。到了一八九〇年代，反自由風潮、反現代化的帝國主義便以泛德意志聯盟（Pan-German League）這種組織化的形式出現了。工業化也為「德意志民族的定義是什麼」這個問題，帶來其他的緊張衝突。種族民族主義者希望政府將講波蘭語的人居住的東部省分給「德意志化」，並阻止波蘭人移居德國。但東方的大地主們（「容克」[15]）想要用移民作為勞工，來取代投身工業、離開土地的農工。這些衝突的立場，讓人注意到東部斯拉夫邊境上的居民，注意到這群不同種族的勞動力。

浪漫民族主義[16]與反閃主義[17]不是德國的專利。每一個歐洲國家都能找到排外的政治人物、藝術家或理論家。但跟其他帝國對手們截然不同，在新的德意志帝國裡，不管是自由派還是保守派的種族化願景，都不曾有過治理多民族人口的長期經歷所帶來的考驗。

老帝國，新政局
New Politics in Old Empires

截至一八七〇年代，德國、法國與不列顛分別在帝國世界中確保領頭羊的地位；「歐洲式」的權力之路似乎就是由它們的制度所定義。這三國都有國會，以不斷擴大但仍不完整的投票權為其基礎；它們都利用資本主義企業的資源，同時也用政府的行動來支持這些企業；產業擴張的結果都為它們帶來獲利或損失；它們都為了歐洲以外更廣大的市場與資源而投入競爭；它們也都影響著其他帝國的策略。而面對「西方」勢力在文化、經濟與外交上的入侵，奧斯曼人、俄羅斯人與奧地利人都難以招架，於是在這面歐洲交流與衝突的網羅裡愈陷愈深。

▼俄羅斯的改革

克里米亞戰爭讓俄羅斯的菁英深受震撼，促使他們開始積極投入改革的狂潮；這股狂潮背後有念過大學和皇家學校的官員推波助瀾，以及新沙皇亞歷山大二世的支持。改革者在重新設計自家制度時，求知若渴地爬梳歐洲的制度，從中精挑細選、加以變化。皇帝在一八六〇年代主持由上而下的變革，解放一整個農奴階級，更為了提供他們土地而進行大規模的財產轉移（見第九章）。男性必須服兵役，而役期則得到縮減；地方議會成立，在鄉間主導福利事務；司法審判體系開始實施，

15 譯注：「容克」（Junker）一詞原是對貴族的一種尊稱，指「年輕的領主」。後來在普魯士地區，「容克」逐漸演變為指擁有土地的貴族，農民在他們的地產上工作，他們也對農民有特定的權力。十九世紀後，「容克」的影響力逐漸跨足到政治、經濟與外交領域，成為德國國內一股重要勢力。

16 譯注：十八世紀下半葉，出身日內瓦的讓—雅克．盧梭（Jean-Jacques Rousseau, 1712-1778）與出身普魯士的赫爾德都跟先前強調普世性的啟蒙思想站在不同立場，提倡「自然疆界會形塑當地風俗與社會」的看法，成為浪漫主義的先聲。到了十九世紀初，拿破崙的帝國野心引起被征服地區人民反抗普世性的、帝國式的政治體制。這種政治上的訴求與浪漫主義相結合，形成了浪漫民族主義（Romantic nationalism），以一地的語言、風俗、宗教、種族等作為形成民族的根據，而國家的合法性就建立在這樣的民族上。浪漫民族主義也因此成為用來對抗拿破崙的意識型態工具。

17 譯注：即一種反對、歧視、排擠、憎恨猶太人的意識型態。雖然猶太人不是唯一的閃米語族（Semitic languages）成員，阿拉伯語以及衣索比亞語同樣也是閃米語族的語言，但反閃主義（anti-semitism）其實只針對猶太人、猶太宗教與猶太習俗。

出版審查也為了「公開性」（glasnost）的目標而鬆綁。

雖然意識到增加生產與改良技術的需求，但俄羅斯的菁英們無論身在體制內還是體制外，都對歐式的工業化非常小心。歐洲城市工人的窮愁潦倒嚇壞了保守派與某些改革人士。卡爾·馬克思對資本主義的控訴與剖析，也就是《資本論》（*Das Kapital*）一書，在一八七二年的俄羅斯合法翻譯出版。作為警惕，此書警告人們要是工業家不受控制的話，就可能會發生哪些事。政府在規範工廠勞動時扮演積極的角色，並維持農民公社作為農業土地的持有者。農民個人的所有權遭到否決，就怕農民會賣掉自己分配到的土地，成為四處飄盪且危險的無產階級。至於貴族，他們就跟以前一樣像盤散沙；事實證明，只要沙皇願意，貴族仍舊無法阻止沙皇重新分配他們一度享有的土地與勞力（見第九章）。

專制政府仍然拒絕分享主權中的各種特權，這種做法也符合俄羅斯帝國長久以來的傳統；但在不斷擴大的專業人士、公務人員、學生、藝術家與其他中產階級群眾中，有許多人並不滿足。人們自認是泛歐思想與價值世界中的一分子，對於被排除在統治之外感到憤憤不平。女性主義、社會主義與無政府主義盛行在不滿的年輕人和不被社會接納的人之間。青年男女組成公社，實驗自由戀愛，試圖跟「群眾」搭上線，出國念大學，參與恐怖行動，密謀解放自己的國家。至於他們思想更為專業的同儕與長輩們，則是重新提出憲政統治的訴求。這些要求也遭到嚴正的拒絕。

橫貫整個俄羅斯「社會」，都沒有什麼根深蒂固的團結可言。謀反的人經過幾次失敗的嘗試，終於在一八八一年暗殺了亞歷山大二世；但無論是群眾還是任何自稱代表群眾的人，都無法取代解放者沙皇（Tsar Liberator）的位子。他的繼承人亞歷山大三世（一八八一年至一八九四年在位）更是一如凱薩琳的時代般，深信一個龐大的政權需要強而有力的皇帝負責掌舵。至於滿懷抱負的年輕人——比方說誤幫教授治校這類沒有希望的目標辯護的弗拉基米爾·烏里揚諾夫（Vladimir Ulianov，未來以列寧之名為人所知）——就會從大學和職業生涯裡被放逐出去。綜觀整個龐大的帝國，可供挑選的行政管理長才多如牛毛；倘若有造反的可能，就會被看作是多餘的人。長久下來，俄羅斯家產官僚制對人力資源滿不在乎的這一面，就像審查制度一樣，削弱了帝國在智識與管理上的實力。

克里米亞戰爭的挫折迫使帝國在擴張策略上做出調整（見頁三八四圖）。第一步，帝國處理了海外財產。從十八世紀早期以來，俄羅斯就一直主宰著北太平洋群島的毛皮貿易，但在阿留申群島的動物被捕捉殆盡之後，俄羅斯也在一八六七年砍下最後一刀，把阿拉斯加以七百二十萬美元的代價賣給美國。至於在其他地方則沒有收手的跡象。一八五〇年代晚期之前，武器配備更為精良的俄羅斯軍隊就已經弭平高加索地區絕大多數的抵抗。當局鼓勵移民——從眾人當中把不受歡迎的舊禮儀派給送出去，鼓勵人們在這個雖不平靜但前景看好的地區做點生意。至於在中亞，野心勃勃的俄羅斯將領則得到授權去對抗殘存的汗國，更和往印度北方持續挺進的不列顛相互較勁。一八七〇年代時，他們的軍事行動已經擊敗撒馬爾罕、希瓦（Khiva）與浩罕（Kokand）。接下來的十年間，俄羅斯軍隊運用各種殘酷手段對付土庫曼草原上的各個部落。

俄羅斯為了併吞中亞，用盡各種統治策略。布哈拉（Bukhara）的酋長國與希瓦的汗國成了「被保護國」，而當地沒有汗國需要收服的突厥斯坦（Turkestan），則是置於軍事總督的管理之下（見頁三八四圖）。至於在其他地方，俄羅斯人便遵循指派地方上層人士效勞的習慣。這不僅代表容許伊斯蘭信仰——或是像某個總督所提倡的，「忽略」這種信仰[18]——更是要跟穆斯林教士以及後來的穆斯林現代化主義者合作，對抗蘇非（Sufi）教團；上面提到的所有人，都認為教團是種威脅。

---

18 原注：「忽略」一詞語出康士坦丁・彼得洛維奇・馮・考夫曼（Konstantin Petrovich von Kaufmann）將軍，轉引自 Daniel Brower, "Islam and Ethnicity: Russian Colonial Policy in Turkestan," 收錄於Brower and Lazzerini, *Russia's Orient*, chapter 9, 119.

一般而言，俄羅斯當局不再阻撓想去麥加的穆斯林朝聖者，而是改用原本規畫在突厥斯坦運送棉花之用的鐵路，來規範這些朝聖者行旅的方式。直至二十世紀初，俄羅斯境內的穆斯林人數已經遠遠超過奧斯曼帝國了。俄羅斯人面對穆斯林的策略，就跟對猶太人與其他群體一樣，是羈縻，而非驅逐。誰都沒有權利可以離開這個帝國。

一八七〇年代，俄羅斯報端敦促插手巴爾幹火藥庫，加入海外風起雲湧的泛斯拉夫思潮。一八七六年，俄羅斯志願軍出發，前去幫助塞爾維亞軍隊抵抗奧斯曼人。由於俄羅斯在巴爾幹地區與黑海的目標沒有辦法得到歐洲列強——尤其是大不列顛——的支持，皇帝亞歷山大二世便於一八七七年對奧斯曼人宣戰。經歷漫長而艱困的軍事行動後，俄羅斯軍隊終於在一八七八年推進到君士坦丁堡近郊。

但是，歐洲列強仍然傾向於不通過有利於俄羅斯的解決方案。在一八七八年的柏林會議上，俾斯麥認為應該要將巴爾幹地區切割成幾個便於控制的區塊：由奧地利占領波士尼亞—赫塞哥維納（Bosnia-Herzegovina），馬其頓則交還奧斯曼人，保加利亞分裂為保加利亞大公國與奧斯曼的保護國（東魯米利亞地區〔Rumelia〕），還要在俄羅斯邊界旁建立獨立的羅馬尼亞。俄羅斯重獲比薩拉比亞，但除此之外，戰爭的結果只是再次突顯羅曼諾夫家族沒有能力在歐洲帝國戰事中得到什麼收穫。

十九世紀的最後幾十年間，俄羅斯政府官員曾試行由上而下的民族政策——但從來沒有全力推動。受到歐洲競爭者的文明與種族論調影響，某些官員把握並利用文化優越性的語彙——優越的當然是他們自己的文化。在這個版本的帝國主義裡，是俄羅斯將歐洲的價值帶給中亞民族。尤其是被看成殖民地的突厥斯坦，可以透過俄羅斯人與其他農耕民族的教育與移民來加以教化。

在帝國西部地區，帝國官員擔心波蘭人與猶太人會跟歐洲及其危險思想太過接近，於是政府試著推行「俄羅斯化」（Russification），要求在工作場所與學校使用俄語。但這些語言政策並不一致，也沒有統一強制實施。就跟奧地利情況相同，推動單一語言為管理之用，對不同群體會有不同的意義。立陶宛人與愛沙尼亞人對於日耳曼人壟斷政府高位忿忿不平，因此對政府打算在波羅的海省分將官場給「俄羅斯化」的做法都樂觀其成。大學內猶太學生的限額（一八八七年）以及後來對職業團體或地方議會裡猶太人成員資格的限制，都是在迎合講話大聲的民族主義者，其中有許多人還是要求重獲特權的貴族。

有些俄羅斯現代化的推手——無論是反對專制的自由派，或是某些高級官員——對自己所謂的「民族國家」概念感到陶醉，至於這個概念在他們的分化帝國裡代表什麼，可就很難說了。人們打算把「大不列顛」這個觀念當作俄羅斯的模範。擘畫俄羅斯經濟發展的塞吉．威特[19]則是對日耳曼理論家弗里德里希．李斯特的觀念特別著迷。威特想方設法，把俄羅斯變成整合的經濟空間，但也同時將憲政統治從李斯特的計畫裡剔除。政府靠著抽農民房屋稅以及國外的基金挹注來蓋西伯利亞鐵路，並積極採取支持工業發展的行動。外國公司投資開發俄羅斯的黑金——在裏海附近發現的油藏。俄羅斯的工業從一八九〇年代起蓬勃發展。大多數資金來自法國，但許多工程師與企業家卻是德國人。

德國卓越的經濟實力與奧地利在巴爾幹地區的競爭，都讓俄羅斯的政治家感到心煩意亂，於是他們用自己的方式來玩結盟遊戲，與法國攜手合作。一個專制國家和一個共和國家——這兩個帝國

19　譯注：塞吉．威特（Sergei Witte, 1849-1915），俄羅斯政治人物，俄羅斯工業化與經濟發展的重要推手，曾任俄羅斯經濟部長與交通部長，一九〇五年為沙皇尼古拉二世起草《十月詔書》（*October Manifesto*），承諾給予公民自由。此後他還擔任內閣會議主席與俄羅斯首相。

在一八九四年簽署軍事合作協議。事實證明，背離與自己邊界上的勢力結盟的做法，是帝國地緣政治情勢中的一步致命錯棋：下一場襲捲全歐的戰爭，即將在俄羅斯脆弱的西部領土上開打。

因為在巴爾幹地區要不到更多利益，俄羅斯的現代化主義者便著眼於東方，擴大中亞的棉花生產，同時鼓勵農民移民到西伯利亞的另一端重新定居。威特得到歐洲人殖民計畫的啟發，提倡俄羅斯沿遠東鐵路往太平洋港口擴張。此舉將俄羅斯領土上另一座帝國相爭的舞臺——跟日本爭奪包括朝鮮與滿洲地區在內的太平洋海岸、島嶼及腹地。在遠東，俄羅斯人跟他們將差異合理化的政治手段離得最遠。俄羅斯人在此實驗西歐風格的帝國主義，有剝削式的森林開採、在俄羅斯邊界以外沿著鐵路殖民，還有露骨的種族論調。有人預測，這將會是對抗「黃禍」的「小小勝仗」，而尼古拉二世（Nicholas II，一八九六年至一九一七年在位）也支持這些人。

但一九〇四年至一九〇五年的日俄戰爭不僅規模不小，而且也不是場勝仗。一如在巴爾幹地區，歐洲列強打出來的牌都是反羅曼諾夫家的。法國人沒有出手幫忙；不列顛人對日本比較有好感，美國人也是，只留下俄羅斯人自己一肩扛起白種人的使命。而日本人在海上與陸上的優越實力也震懾了種族主義者。俄羅斯海軍幾乎完全被毀；俄羅斯經略遠東的海上前哨站亞瑟港（Port Arthur）[20]也宣布投降；到了陸地上，雙方有超過二十五萬名士兵參加奉天會戰，但俄羅斯人還是輸給日本部隊。

戰爭中的失利與專制政權執拗拒絕下放權力的做法兩相結合，敲開警察控制的硬殼。俄羅斯自由派人士趁部隊遠在他鄉之機，模仿一八四八年的巴黎人，主導「宴會運動」[21]（模仿一八四八年的巴黎）以促進憲政改革。馬克思主義者與其他人則試圖將不滿的無產階級導引到革命陣營。對政府的激烈否定早已在檯面下發酵，暗殺政治人物的潮流傾瀉而出，暴露這些不滿情緒。一九〇五年一月，工人和平集會，向皇帝尼古拉二世請願改善他們的生活，但皇帝卻破壞家產官僚制的神話，授權軍隊朝遊行群眾開槍。經歷罷工、集體迫害以及農民對地主產業的襲擊，威特終於說服不信邪的沙皇召開由選舉產生的立法機構，並授予政治自由。

一九〇六年，俄羅斯皇帝召開國會——杜馬；國會代表則是從帝國各地區、各民族中選拔而來，但分布並不平均。由於國會代表激進的主張讓皇帝大驚失色，他解散了頭兩次的杜馬，操縱選舉規則，增加貴族、俄羅斯人與正教會信徒的比例，好壓過工人與農人、其他民族團體以及宗教。即便有這樣的人為操縱，最後兩個會期的杜馬（一九〇七年至一九一七年）仍然讓代表們有舞臺能為各方利益喉舌；代表各民族群體的政治人物要求在帝國框架中擁有更多文化上的自治權。但杜馬與行政機構之間鮮少達成合作，且政府還會利用無需杜馬允許的緊急條例為手段，頒布影響最為重大的法律——例如授予農民處分自己土地的權利。

因為世界大戰與革命終結了杜馬與王室，人們也就無從得知俄羅斯帝國能否將這場代議政治實驗繼續下去。在大戰前與大戰後的年代裡，激進、與現實脫節的知識分子就是對制度性分散主權做法的最大威脅；他們的政治想像，反映他們恨之入骨、專制體制獨占特權的做法。無論如何，不到十年的時間，羅曼諾夫王朝就逐漸將杜馬轉變成一個更聽話的組織，這一連串行動完全符合俄羅斯將新統治策略，融入自己包羅萬象、家產官僚式統治的悠久歷史——這一回輪到代議式民主。

二十世紀頭十年，這個專制政權所面臨最直接的威脅，就是它所涉入的好幾場帝國大博弈。在

20 譯注：俄羅斯人對旅順港的稱呼。

21 譯注：「宴會運動」（banquet campaign），一八四七年與一八四八年間發生在法國的政治運動。一八三五年，法國七月王朝（July Monarchy）頒布法律禁止公開集會。到了一八四六年，法國經濟蕭條，對政治不滿者便藉口私人宴會的方式進行政治集會。這種做法逐漸從巴黎蔓延至各省，直到一八四八年第二共和建立為止。

中亞的阿富汗地區，沙皇懂得該在哪裡收手。一九〇七年，俄羅斯與執意控制通往印度路線的不列顛簽訂條約。但巴爾幹地區始終是沙皇官員的痛處。當歐洲的大國（英格蘭、法國和德國）與小國（奧地利與義大利）都不打算讓俄羅斯成就它長久以來的目標——對伊斯坦堡、博斯普魯斯海峽、達達尼爾海峽及其腹地的控制，以及一度由羅馬所統治的出海口——時，俄羅斯又怎麼能從奧斯曼在這些地方的損失中獲利呢？

▼集權與緊縮：奧斯曼人的新方法

一八七八年的柏林會議在阻撓俄羅斯人達成目標時，不僅連帶剝奪奧斯曼人三分之一的領土，同時還延續「在奧斯曼人過去的土地上建立獨立程度不一的國家」的動盪過程。在這些國家當中，沒有任何一個國家在族群或宗教上是個整體，也沒有哪一個國家的新任「民族」領袖對本國疆界或對他們的奧地利、俄羅斯或不列顛保護國感到滿意。奧斯曼人的「米利特」制度[22]為每一個宗教群體都提供法律權限的架構，也提供與蘇丹最高權力接觸的管道，但當基督徒人民發現自己身在帝國之外後，正教信仰就變得愈來愈在地化。少了奧斯曼人的統治，就少了能夠讓各自疏離的基督徒或他們的領袖互相合作的刺激。希臘、保加利亞、馬其頓、蒙特內哥羅、塞爾維亞與波士尼亞都沒有固定的天然疆界；它們為各個帝國，為立足未穩的國家彼此間互相糾纏的野心，提供了流血衝突的場所。

有些省分正要脫離蘇丹阿卜杜勒—哈米德二世的掌握，而蘇丹則試圖從那些省分內的緊張情勢中得到好處。面對保加利亞教士脫離君士坦丁堡牧首管轄的渴望，他在一八七〇的回應是承認保加利亞教會及其「米利特」。阿卜杜勒—哈米德二世的行動原本是打算強化保加利亞教士的力量，好對抗保加利亞民族主義者，但這對維持奧斯曼人的控制卻沒有什麼作用，反倒滋長希臘人與保加利亞人之間的衝突。

對於蘇丹而言，帝國版圖的緊縮增加了伊斯蘭重振計畫帶來的風險。奧斯曼帝國因為一八七八年損失的領土，成了一塊更加屬於穆斯林的地方。戰爭和柏林會議推動一波移民、驅逐與重新定居的浪潮。到了戰後，有些穆斯林回到調整過的巴爾幹國家裡生活，其他人則帶著新技術與新的聯繫搬到安納托利亞，但他們同樣對迫遷與政治上的損失感到不滿。這些人加入帝國裡其他或大或小的穆斯林群體，大的是土耳其人和阿拉伯人，小的則像阿爾巴尼亞人（穆斯林在該地揭竿反抗蒙特內哥羅的統治）。希臘人與亞美尼亞人是帝國裡主要的基督教人口；這兩個民族都有跨國的交流。這些族群也都沒有在土地上生根，而是以少數民族的身分同時生活在城市與鄉村地區。伊斯蘭帝國對他們沒有吸引力。

教育的推廣、城市裡不同族群中產階級的蓬勃發展、心向改革的自由派持續的騷動，再加上最重要的——亦即野心勃勃、觀念現代的軍官團所懷抱的不滿情緒，都為不同的解決之道打下基礎。一九〇八年，蘇丹阿卜杜勒—哈米德二世在軍隊的壓力下，決定恢復三十多年前他所撤銷的那部憲法。

憲政復興運動背後的主要推手是「聯合與進步委員會」（Committee of Union and Progress，簡稱CUP），CUP是青年奧斯曼運動的繼承者，在學生、軍校與其他學校的畢業生之間擁有廣泛的支持。CUP成立於一八九四年，成員包括支持中央集權的自由派、少數民族領導人（如庫

22 譯注：在奧斯曼帝國治下，政府允許各宗教社群成立法庭，根據自己的習俗、教法與其他制度仲裁私人事務。這種法庭就稱為「米利特」（millet）。到了「坦志麥特」改革時代，「米利特」一詞也被用來指宗教上的少數族群。

德人、希臘人、亞美尼亞人、猶太人、阿爾巴尼亞人等）以及阿拉伯與土耳其改革派人士。彼此沒有關聯的地下組織也有聯手的可能；在軍隊的營房、巴黎和倫敦以及奧斯曼城市裡都有CUP的成員。一九〇八年獲得國會大選勝利後，CUP開始推動集權中央的措施，削弱地方貴族勢力，試圖用專業的行政人員取代勢力盤根錯節的官僚，讓選舉程序更為一致，終結出版審查制度，並在公共事務中推行使用國語——奧斯曼土耳其語。這項自由派的計畫先是在一九〇九年四月帶來一場失敗的反革命，隨後更造成零散但深遠的反對行動，對抗許多人眼中政府的土耳其化。過去讓CUP掌權的軍官鎮壓了發生在伊斯坦堡的反革命行動。阿卜杜勒—哈米德二世被廢黜，替代他的是穆罕默德五世（Mehmet V），他在蘇丹的位子上一直坐到一九一八年。

一九〇九年之後，團結派的改革人士背離過去四海一家的自由主義，投向更土耳其、更伊斯蘭，也更仰賴社會監控的制度，這當然也激起更多的不滿。伊斯蘭改革派打算用高尚的舉止來取代亂糟糟的民間風俗。土耳其語政策對阿拉伯人來說尤為冒犯；中央集權化的財政與法律措施則疏遠基督徒與其他少數族群。CUP失去選民的支持，也無法阻止義大利奪走利比亞。一九一三年，正當帝國在新一輪巴爾幹戰事中瀕臨失去位在歐洲的最後幾座城市，並害怕列強會瓜分安納托利亞時，青年土耳其黨（Young Turks）的軍官發動軍事政變，拿下了整個國家。

奧斯曼立憲政府的命運和俄羅斯杜馬一樣，突顯自由民主制度會為以保護差異為原則的帝國帶來嚴重騷動。在這兩個例子裡，改革都不是無緣無故發生：這兩個帝國都覺得自己受到西方經濟與政治力量的威脅。奧斯曼人在一八一五年後失去大片領土與大部分的經濟主導權；而俄羅斯人雖然有能力向東擴張自己的資源基礎，但歐洲人屢次阻撓他們收割擊敗奧斯曼人的獎賞，也讓俄羅斯人鬱鬱寡歡。對帝國控制能力的威脅也同時是文化上的威脅。俄羅斯帝國與奧斯曼帝國都創造出好幾代胸懷大志的現代化支持者，他們受到歐洲標準的薰陶，也認為這些標準是自己的模範。政治生活的限制讓知識分子離開這兩個帝國，前往西方國家的首都，在那投身於激勵人心、反抗權威的政治活動，挑戰既有秩序。對於想重新改造政體的人來說，只要本國的政治生活大門一開，就有各式各樣更完善的主權理念可供使用。

兩個帝國裡都有一些改革人士，試圖在蘇丹與沙皇保護式、家產官僚式的統治外，尋求更世俗化、也更民主的替代選擇。而在提倡自由、中央集權與民主改革方面，青年奧斯曼黨似乎是一馬當先。但他們堅持以奧斯曼土耳其語為行政、初等教育與法院使用的語言之做法，也帶來一同承認阿拉伯語、希臘語以及亞美尼亞語為平等語言的呼聲。阿拉伯人在國會中缺少足夠的代表，這也讓許多自由派改革支持者有了求去之心。

奧斯曼自由主義看來有兩種方向不同的選擇——重建奧斯曼政體或打造土耳其政權。但在失去大部分以基督徒為主要族群的省分後，伊斯蘭信仰便產生了第三條道路。土耳其人與阿拉伯人之間原本能夠以宗教為基礎達成和解：一九一三年後，團結派政府在麥地那開設一所新的伊斯蘭大學，並獎勵強大的阿拉伯領導人對政府的忠誠。再舉個例子，敘利亞當地領袖跟奧斯曼當局達成協議，雖然與人口不成比例，但他們在伊斯坦堡也有發言權。作為集體的敘利亞阿拉伯人也並未組織大規模的「民族」運動，來反抗奧斯曼的統治。

伊斯蘭主義[23]就跟「俄羅斯化」一樣，並未被推行到極致，也沒有撕裂帝國。即便俄羅斯與奧斯曼領導人都在實驗更為局限性的文化措施——更俄羅斯、更伊斯蘭、更土耳其——但在這些帝國

23 譯注：伊斯蘭主義（Islamism），指一種視伊斯蘭信仰為政治、社會、個人生活等各領域準則的價值觀。伊斯蘭主義由來以久，近代伊斯蘭主義則是從奧斯曼帝國面臨各國瓜分時復甦，作為抵抗列強、團結國家的號召，但伊斯蘭主義者之間對於伊斯蘭信仰的適用範圍仍然有很大的差距。

裡，如果要以民族或宗教模式的一致性作為施政的大前提，那可就站不住腳了。就連改革派都認為不同群體在單一政體裡合作是件理所當然的事：兩帝國國會裡的各民族代表都不是為了獨立，而是為了更多的權利才大聲疾呼。二十世紀初的奧斯曼帝國一如既往地仰賴自身的軍隊，軍官也都是歐洲式的現代化支持者；但當軍隊領袖進入政府，他們旋即意識到：一個以保護差異為基礎的帝國，仍然得仰賴不同菁英有條件的調和。

▼多面的帝國

一八九八年，法蘭茲．約瑟夫在皇后伊麗莎白剛剛遭到義大利無政府主義者暗殺的陰影籠罩下，慶祝登上奧地利皇位五十年。這位皇后是巴伐利亞公爵馬克西米利安（Duke Maximilian of Bavaria）的女兒，她不僅學習匈牙利語，更在一八六七年創造雙元君主國的「妥協」期間支持匈牙利人。匈牙利人哀悼自己的皇后，對皇帝藏不住的悲痛表示同情，這都是哈布斯堡帝國光輝仍然閃耀的表現。

這場登基五十周年慶典在其他方面，也呈現帝國政治文化的重大轉變。在維也納的慶典中，維也納市長兼奧地利基督教社會黨（Christian Social Party）黨魁卡爾．呂格爾（Karl Lueger）相當引人注目。呂格爾在政治路途上之所以能一帆風順，主要立基在他對「日耳曼人」的進步、基督教價值以及反閃主義等的赤裸裸訴求。皇帝認為呂格爾的反閃思想非常危險，曾四度拒絕批准他成為市長，直到一八九七年才同意市議會的投票結果。在一個曾經張開雙臂歡迎猶太人，用法律保障他們的帝國裡，是什麼因素讓呂格爾的政治活動能行得通呢？

其中一個答案是哈布斯堡的趨向憲政體制。一八六七年的公民權法律讓猶太人與其他民族擁有同等的法定權利。結果，猶太人從帝國各地湧向首都；許多猶太人進了大學，隨後在不斷擴大的自由業（法界、醫學界與新聞界）與商業中都有很好的發展。一八八一年，俄羅斯帝國爆發對猶太人的迫害，奧地利提供的保護則吸引逃離迫害的猶太人。猶太人不僅在維也納與柏林這樣的現代化國際社會裡擁有一席之地，還能展望另一種可能——比方說錫安主義（Zionism）[24]。然而正因如此，他們也成了反閃主義者的明顯目標。

合法政治團體的增加，則是哈布斯堡改革的第二個影響。當領導人物為了從林立的政黨間脫穎而出而奮鬥時，就有可能根據語言來動員自己的支持者——語言就是多元政權中最明顯的競爭場域。一八八五年六月，傾向自由派的校聯會在維也納大學的分會投票禁止猶太人成為會員。到了一八九〇年代，奧地利大多數的自由派已逐漸轉向「日耳曼特質」與捍衛日耳曼語，作為政治動員的基礎。奧地利的憲政主義、代議機構以及合法的政黨行動，讓日耳曼民族運動脫了轠，進入公共領域。這種發展傾向在一九〇七年引入男性公民普選（社會民主黨〔Social Democrats〕的目標）後仍然持續著。

帝國政局朝種族化發展，迫使社會民主黨認真思考社會主義國家未來的民族問題，其中就包括奧托．鮑爾[25]的看法。鮑爾肯定民族多元是人類社會的正面元素，而民族從歷史上來看，應該是以文化經驗、而不是以領土為基礎來定義。他的計畫（在一九一四年以前）是讓奧地利君主國內的民族自治度最大化，限制中央政府的權力，並允許個人按照意願選擇自己的民族身分。呂格爾的基督

24 譯注：即「猶太復國主義」，目的是在巴勒斯坦地區重建猶太人的國家。

25 譯注：奧托．鮑爾（Otto Bauer, 1881-1938），奧地利社會主義者，社會民主黨黨魁，曾在第一次世界大戰後擔任奧地利外相。

諷刺畫

△

〈東方問題又起〉（"The Reawakening of the Oriental Question."）。
副標題是：「保加利亞宣布獨立——奧地利奪走波士尼亞－赫塞哥維納」。
在這張諷刺畫裡，奧匈帝國皇帝，
以及頭上的新皇冠搖搖欲墜的保加利亞國王扯著奧斯曼帝國的幾個部分，奧斯曼蘇丹則生著悶氣。
《小道消息》（*Le Petit Journal*），一九〇八年十月十八日。
Snark, ArtResource.

教社會黨則發展出多元民族政治的另一種版本，靠的是捍衛君主制度與天主教普世主義——儘管這種帝國對猶太人抱持排斥態度。基督教社會黨把這一點表現在一八九八年那場向皇帝致敬的誇張演出中。在這場演出裡，呂格爾高舉日耳曼與基督教藝術，要將它們從猶太人的腐化「解放」出來。社會民主黨與基督教社會黨的原則（就算未必真正實踐）都是超越民族的理念，而這套邏輯也符合他們所處的政治脈絡。

一如奧斯曼帝國的情況，語言政策在更為公開的政治領域中成了一項破壞性的要素。哈布斯堡君主國在這個議題上保持其多元與彈性。為了回應捷克對語言權利的要求，首相巴德尼（Kasimir Felix Badeni）規定，波希米亞與摩拉維亞（Moravia）的官員所有討論法律問題的文書傳遞，都要跟案件一開始歸檔時使用同樣的語言。一九〇一年，這兩個地區的官員都必須有能力使用捷克語以及日耳曼語。但由於許多地方的日耳曼民族主義者強烈抗議，這條法律終究還是撤銷了。

交纏在歐洲東南的三個帝國當中，奧地利有最溫和的出版審查制度、最積極的群眾以及發展最好的政黨政治。教育、職業團體以及技術基礎建設都有擴大發展，雖然程度並不平均，但已經比俄羅斯或奧斯曼帝國進步得多。最高統治權的分享從十九世紀中葉開始就不斷進行著，新的世代也隨著政黨政治競爭的經驗逐漸成長。哈布斯堡帝國靠著雙元君主制度解決國內的某些問題，而帝國與天主教會的密切關係，也不妨礙對其他宗教的明確保護。

奧地利甚至因為柏林會議的緣故而有了屬於自己的「殖民地」，即波士尼亞—赫塞哥維納；帝國建築師可以在這裡一展長才，讓風景裡盡是宏偉的教堂，並用哈布斯堡的都市計畫來改造城鎮。學者將奧斯曼建築工程的成就——例如莫斯塔爾（Mostar）的石橋——重新貼上「羅馬」的標籤，以鞏固帝國的萬世一系。針對塞爾維亞和克羅埃西亞民族主義者、正教會與穆斯林教士等被認為跟不上世俗腳步的人，哈布斯堡的政府官員則有意識地採取教化他們的行動。但在波士尼亞就跟其他地方一樣，中央集權化的措施——如跨教派的教育——花費相當高昂，而且還得面臨各宗教團體中現代化支持者與傳統人士之間的分裂。

一九〇八年，人們用「向皇帝致敬」的龐大遊行為哈布斯堡王朝慶祝，從帝國各領地前來的農民穿戴得宜，塞滿了遊行隊伍。此時，衝突出現了，爭論的問題是遊行隊伍的符號象徵——紀念一六八三年奧斯曼人「維也納之圍」[26]的遊行隊伍裡，領頭的應該是波蘭國王，還是匈牙利皇帝的雕像呢？這幅帝國公民吵吵鬧鬧但忠心耿耿的景象，出了什麼問題嗎？

歷史學家與其他人在回顧過去時，都會把帝國內部多樣性的展現，轉變為民族主義彼此衝突、撕裂政權的故事。但在哈布斯堡帝國晚期，民族主義者為達自己目的而動員民眾的企圖卻踢到好幾塊鐵板——例如不同「民族」在整個帝國領土裡的零散分布、帝國制度的長期控制，以及跟一個用民族畫分的世界格格不入的猶太人與其他群體的存在。民族主義者或許會提倡單一語言的學校，但日耳曼語系的人、捷克語系的人、斯洛文尼亞人與日耳曼人對這樣的要求有重大的意見分歧。哈布斯堡帝國透過大眾政治與各種制度，給予各個社群一定程度的自治，這樣的做法也讓民族主義政治人物有了意想不到的好機會，能試著讓自己的理念化為政治現實。但最後卻造成各地內部的分裂、政局的分崩離析，更在民族主義者想要統合的群體裡造成紛爭。民族主義者最多也只能說服民眾在單一、個別的民族範圍內思考與行動，而且，多數的政治積極分子正在努力追求的目標，是一種更好（以他們自己的定義來看）的帝國，而不是帝國的結束。

還有一項更迫切的危機，來自奧地利與其他帝國關係中所處的弱勢地位。在巴爾幹地區的競爭中，大不列顛與會議體系幫了哈布斯堡一把。一旦把奧斯曼人弄趴下了，俄羅斯人也因為亞洲戰事失利與國內動盪而在一九〇五年退出比賽以後，人們自然會覺得列強外燴桌上，下一道要出的菜就是奧地利。在這種脈絡下，皇帝宣戰與媾和的特權就成了張鬼牌，也是對帝國存續與穩定最大的威脅。一九〇八年，奧地利人併吞自己的殖民地波士尼亞—赫塞哥維納，為的是讓該地的塞爾維亞人與克羅埃西亞人更加緊密依附於帝國。奧地利此舉惹惱了獨立國家塞爾維亞的領袖，因為他想擁有通往海洋的道路。塞爾維亞人、克羅埃西亞人、南斯拉夫的倡議者以及俄羅斯人都對這塊地方虎視眈眈。在一九一二年與一九一三年的兩場巴爾幹戰爭之後，塞爾維亞得以擴張——但剛剛獨立的阿爾巴尼亞還是擋在塞爾維亞跟亞得里亞海之間；波士尼亞—赫塞哥維納則是得到了選舉產生的議會，成為奧地利帝國的一部分。這一切都讓俄羅斯與塞爾維亞——兩個還想在奧斯曼人以前的領土上擴張的國家——朝承諾支持彼此並對抗奧地利的方向走去。

民族與帝國
Nation and Empire

帝國在拿破崙戰敗後的這個世紀裡，透過軍事與其他方式在比鄰或海外的領土上競爭，創造出一個由列強組成且形象清晰的歐洲，而歐洲列強周邊的各個帝國也承認了這個事實。「成為歐洲人」變成哈布斯堡、俄羅斯與奧斯曼帝國內受過教育的菁英內心的渴望；刻畫出與歐洲的差異，或是避免走上歐洲的道路，也同樣是可以理解但問題重重的策略。

26 譯注：奧斯曼帝國為取得對多瑙河流域的控制，曾多次進軍匈牙利，並試圖拿下維也納。一六八三年，奧斯曼軍隊圍困維也納超過兩個月，是年九月，神聖羅馬帝國與「波蘭—立陶宛聯邦」聯手擊敗奧斯曼軍隊。這一事件即為文中所說的「維也納之圍」（Siege of Vienna），一般稱之為「維也納之戰」（Battle of Vienna）；至於「維也納之圍」一詞，則多指一五二九年奧斯曼帝國軍隊在蘇萊曼大帝帶領下首次進攻維也納一事。

但是，「成為歐洲人」又是什麼意思？結果真的能如人所願嗎？成了歐洲人，難道就代表主權會以更民主的方式重新分配嗎？還是說，最要緊的任務是在經濟與技術上「跟上時代」——跟上歐洲人的時代？在拓展、提升教育的同時對鐵路建設與通訊設施進行投資，或許會有效果，但這些策略需要的資源都還沒有到位。要得到這些資源，很有可能就意味著犧牲其他國家，好獲得土地、人民與盟友——就像新誕生的德意志國曾經的成就：起源於普魯士的德意志國，將自己的勢力拓展到波蘭語、丹麥語和法語地區，以及非洲、東亞與太平洋上的殖民地。

最明顯的挑戰跟軍事實力有關，俄羅斯、奧斯曼與哈布斯堡的領導人也因此以軍隊，尤其是以軍官為改革的首要目標。在奧斯曼帝國，這些改革措施結合讓人倒盡胃口的政治意見表達限制，讓軍官團成了二十世紀的「耶尼切里」——一個獨立、深信自己在蘇丹走錯路時有責任插手的團體。在俄羅斯，徵兵範圍在一八七四年擴及全國男性（儘管有漏洞可鑽），這對原本以莊園為基礎的招募方式來說是個重大突破；但抱負滿懷的將領仍然跟皇帝發展個人關係，因而對皇帝不構成威脅，這也符合俄羅斯傳統的家產官僚制。哈布斯堡在一八四八年之後能復原的關鍵，在於軍隊對包括猶太人在內的所有人都敞開大門。從多個民族中招募成員以及訓練方式的改革，意味著即便到了二十世紀，軍官團對帝國的忠誠仍然可靠；但要命的是，他們也同樣願意為了帝國的利益而開戰。

這些軍事上的努力也得到政治改革與社會改良方案的補充。哈布斯堡帝國（一八六七年）與奧斯曼帝國（一八六九年）都為自己的男性臣民提供公民資格，並宣布公民平等，至於究竟有多平等則不清楚，這一點也跟世界上其他地方並無二致。一九〇六年，俄羅斯政府在壓力下為臣民提供一系列的公民權，但臣民間政治地位的形式差異仍然維持著，直到一九一七年為止。這三個帝國都採用諮議機構，最終也都建立民選代表組成的國會：哈布斯堡帝國從一八六一年開始；奧斯曼人在一八七六至一八七七年間，以及一九〇八年重新設立；俄羅斯人則是從一九〇六年開始。投票權不包括女性，這跟大不列顛、法國與德國一樣。哈布斯堡、羅曼諾夫家族與奧斯曼人大力推廣教育，但三國情況差異很大。農奴制度在哈布斯堡與羅曼諾夫帝國廢止的時間，比奴隸在美國獲得解放還要早。而在奧斯曼帝國，奴隸制有伊斯蘭律法的控制，政府則推行有關法律地位平等的「坦志麥特」詔令，並以補償農奴主人的方式逐漸解放農奴。

帝國改革者同樣也將目光投向西歐的經濟躍進。這三個帝國的經濟都在十九世紀像吹氣球般膨脹起來。一八二〇年至一九一四年間，奧斯曼的對外貿易增加了十倍；俄羅斯經濟則是從一八九〇年代起穩定而快速地成長。然而，帝國的統治習慣仍然為改變設下限制。奧地利人趕不走馬札爾（Magyar）地主和他們死氣沉沉的農村政治；雙元君主制度的安排也無法解決這個問題。俄羅斯統治者有好幾十年的時間都不願意把農場所有權交給農民。不列顛主宰下的自由貿易，也讓奧斯曼的國內生產喘不過氣來。奧斯曼、俄羅斯與哈布斯堡都欠下大筆債務——欠不列顛，欠法國，也欠德國。西方人對於從殖民地攫取資源很有一套，是個十分引人注目的榜樣。當菁英們獲得突厥斯坦、波士尼亞、葉門等新領土，或是修建類似西伯利亞鐵路、伊斯坦堡—巴格達鐵路，好把貨載到遙遠的地方時，這樣的想法總是縈繞不去。

這三個帝國都採用鄰國經營帝國的技術，朝更有系統的政府組織、更多人民參與的目標前進，或許可以稱之為「羅馬式」的方向。我們已經在第十章中看到，在同一段時間裡，西歐帝國及其殖民大計也被迫要與當地的中間人妥協，靠間接統治和其他分權方式來支撐其控制；俄羅斯、奧斯曼與哈布斯堡都對此手法並不陌生。到了帝國互相交手之地，比方說葉門——奧斯曼人與不列顛人都想拉攏有野心的伊瑪目，地方領袖一度還能利用這樣的競爭情勢。

透過某種方式，讓不同民族為帝國的目標效勞，還要認同這些目標——這樣的需求就橫在帝國的場子中央。在意識型態舉足輕重之地，帝國就會往不同的方向發展，朝著把線畫得更清楚（如種族隔離）或隱然扶植霸權（如提供伊斯蘭信仰特別待遇）的做法前進。當然，政治重建工作可以朝更平等的目標前進，也可以邁入分化離間的領域。沒有固定的方式能夠解決「要包容還是排擠」的問題。

民族就像種族與宗教，同樣是帝國套路裡的一種手段——而且是一種尖銳的手段。政客與政治家都會在本國、鄰國與海外操弄民族情感。歐洲社會內部的討論與爭辯不僅反映、同時也加深關於「誰屬於這個政體，憑藉的基礎又是什麼」的緊張情勢——這在哈布斯堡家的奧地利或共和制的法國皆然。語言、種族、外貌談吐、宗教、良好的家庭出身或階級，又或是以上這些的結合，都能用來標誌出自己人，而自己人理當獲得重視。一旦公民可以投票，而且還能從社會福利的開辦獲益時（到了世紀末，有些國家是這樣），這些政體的成員問題就變得更為棘手。出版業的成長與公民權的保護結合，再加上識字率的提升，代表政治激進分子能在國家與四海一家的菁英鞭長莫及之地，培養出一批追隨者。

十九世紀時，在歐洲不同地方發展的反閃主義所反映的並非排外民族主義的力量，而是不安全感。反閃著作的核心論調是：猶太人形成跨國家、跨領土與跨人民的團結組織，而這種紐帶對國家的完整性始終是種威脅。《錫安議定書》（*Protocols of Zion*）是份二十世紀初在俄羅斯被創造出來的偽作，文件裡傳播的畫面就挺帝國的：猶太人的目標是統治世界。將猶太人排擠成局外人的行動裡，沒有什麼是本質上跟日耳曼人、法國人或俄羅斯人有關的東西。反閃主義是在政權內的鬥爭中所使用——用來對抗俾斯麥式菁英務實的國際觀，對抗法國非教會、普世性的公民資格，對抗中歐鄉間的酒館主人和仲介人，對抗商場、軍隊或公家機關裡隨處可見的競爭者。

對於以承認差異立國的帝國而言，要往平權發展是有危險的。在奧地利，把臣民轉變為公民似乎就等於在反閃、語言、種族與地區議題旁邊玩火。在奧斯曼帝國，用中央集權的方式詮釋自由主義也是問題重重；伊斯坦堡與地方菁英之間的私人關係、特例以及特權，都是其政治的本質。政治體系變得愈是公開而喧鬧，利益的紛歧就愈是明顯。每一種政治措施——全民使用的國語或農奴解放——都會遭人白眼，受到冒犯的群體也會想辦法利用這些措施。奧地利的政黨政治最有發展性，自由派、基督徒、各式各樣的民族主義者與社會主義者全都在推動改革，卻是朝著不同的方向推進。政治上的反對意見在俄羅斯受到鎮壓，直到一九〇五年為止；一九〇六年政府妥協之後，反政府暴力行動的激增仍然持續，獲得解禁的媒體對政府的惡毒攻擊也亦步亦趨。到了德國，浪漫的泛日耳曼主義挑戰著四海之內皆兄弟的帝國文化。這麼多的不滿，是不是代表以「差異政治」為基礎的帝國已經老到失去作用了？倘若真是如此，那麼哪一種政權更好？

民族是這個問題的傳統答案，但在十九世紀末、二十世紀初，民族國家還稱不上是個解藥，頂多只是種主張。提倡真正的民族國家（一個民族、一塊領土、一個國家）的人必須面對的困難是：大多數人的生活與此不合，而且排外的做法會讓任何一個政權面臨衰弱的危險，而不是強大起來。幾千年來，人們在各個領土上混合再混合，試著在這樣的地方以民族來打造國家，就會有跟死神打交道的危險，而這正是一九一二年與一九一三年的巴爾幹戰爭中所呈現的一面。

保加利亞、希臘、蒙特內哥羅與塞爾維亞全都想靠著犧牲彼此、犧牲奧斯曼人來擴張。一九一二年十月，它們在俄羅斯的慫恿下組成同盟，對奧斯曼人宣戰。巴爾幹聯軍的勝利促使阿爾巴尼亞菁英加入建國遊戲，也鼓動土耳其青年黨在奧斯曼帝國發動政變，而歐洲列強則試圖和談。但到了一九一三年夏天，保加利亞、塞爾維亞與希臘又為了馬其頓大打出手。羅馬尼亞與奧斯曼人隨後也加入戰局。

包括大量被迫離鄉背井的穆斯林平民在內，各國在這幾場戰爭裡都損失慘重。一些統計顯示，曾經住在奧斯曼人輸給希臘、塞爾維亞與保加利亞的領土上的穆斯林，超過一半的人不是死了，就是逃走了。軍隊傷亡人數也很高：超過六萬六千名保加利亞士兵被殺或死於疾病，塞爾維亞士兵則有三萬七千人死亡，奧斯曼的國防部隊死了超過十萬人。[27] 一九一三年，歐洲各國大使在倫敦開會畫出來的國界既不民族，也不穩定，更不和諧。自一八一五年以來，列強的策略就是在別人的帝國裡創造出一個個民族，這種做法創造了一整個世紀的毀滅戰爭，強化整個大陸的軍備，還讓新舊國家為了競爭歐洲空間而糾纏不清。

十九世紀歐洲各帝國的領導人，都在思索自家政體裡的歸屬與差異問題，但他們的思考方式並不相同。民族社群的概念對帝國裡的許多人——對那些視統治別人為其集體命運的人，以及想逃離被統治命運的人來說，都很有吸引力。沒有哪一種種族化的政治體系觀能帶來合理的結論。最有權勢的統治者會操縱與不同群體的不同關係，讓他們向著帝國的中心；有些群體則是在帝國之間左右逢源。即使有人在奧斯曼帝國、羅曼諾夫帝國與哈布斯堡帝國裡提倡土耳其化、俄羅斯化或日耳曼化的政策，但這幾個帝國並非是由土耳其人、俄羅斯人和日耳曼民族統治「他者」的帝國。就連德意志國的統治者也沒有打算把所有日耳曼人都囊括到自己的帝國裡，或是把所有非日耳曼人都從帝國裡趕出去——至少當時是如此。就算是為了讓建立一個均質化民族的使命看起來像個有機會實現的帝國發展計畫，差異的調整與操弄也已經過頭了。

27 原注：戰爭死傷人數：Richard C. Hall, *The Balkan Wars, 1912-1913: Prelude to the First World War* (New York: Routledge, 2000), 135.

第十二章

帝國世界中的戰爭與革命——一九一四至一九四五年

War and Revolution in a World of Empires: 1914 to 1945

在一九〇〇年的柏林、巴黎與倫敦，政治領導人與知識分子都有理由相信自己正在向「歐洲的世紀」邁進。歐洲帝國現在已經囊括地表超過一半的陸地。由於有一八八四年至一八八五年，以及一八八九年至一八九〇年達成的兩次協議，大國甚至還能用和平的手段處理非洲的殖民競爭。歐洲經濟體系的轉變同時帶來巨大的財富，以及關於不平等與社會變化的緊張情勢，但歐洲菁英們一心認為政府只要對症下藥介入，就足以應付這些挑戰。歐洲各國公民自由的擴張，使得對於中產階級社會、資本主義與帝國主義的批評能夠用「現代主義」藝術與文學，以及從無政府主義到共產主義的激進政治運動來表達。有些人認為，如果改革也治不了資本主義發展的社會病，那麼，革命仍可以扭轉這一切。有關更美好未來的大膽藍圖表現出了左派與右派共有的、能宰制社會發展的想法，雖然某些知識與文化的先驅對此深表懷疑。

掌控一切的期望在一九一四年後成了碎片，碎在一場大屠殺裡；隨著上百萬人死去，人們也愈來愈看不清這場屠殺的意義在哪裡。第一次世界大戰暴露了歐洲帝國體系的不穩定，以及在解決這種不穩定上的無能。對於那些生活在歐洲殖民地的人民，戰爭也沒能減輕帝國施加在他們身上的負擔。戰爭毀滅了輸家一方的帝國——奧斯曼、哈布斯堡與羅曼諾夫帝國；而住在這些帝國領土上的人民，他們的未來也因此變得愈來愈不確定，且深陷衝突當中。這場戰爭還增加了另一個帝國的分量——日本；而日本逐漸成長的影響力只是在國際「秩序」中增添不穩定性與危險性。

夏爾・戴高樂[1]，這位曾投身第一次世界大戰的年輕軍官成了第二次世界大戰的一位領導人，他曾經談到「我們這個世紀的三十年戰爭」。[2]這種觀點雖然忽略一九一八年後原本可行但沒有走上的道路，但卻突顯出帝國競爭的長期延續性。從十六世紀起，一小撮集中在歐洲的帝國式國家便反覆嘗試要統治整個歐洲，結果卻只是徒然招致其他國家的反抗。第一次世界大戰留下了絕望與苦澀的遺產，帝國的衝突隨著第二次世界大戰重新恢復，帶來惡意更甚的仇恨，用上更致命的武器，襲捲更大的世界。帝國式國家一如既往，同時拿大陸與海外的資源投入與彼此的戰事當中。

第二次世界大戰與前幾回的帝國戰事大不相同，而這不單只是納粹邪惡的種族滅絕。首先，在歐洲與歐亞大陸西部以外的地方，出現一個新的重要角色——日本。其次，有兩個新的超級強權拓展了自己的帝國勢力，同時又堅持自己與其他帝國不同——美利堅合眾國與蘇維埃社會主義共和國聯邦。再者，第二次世界大戰的結局，似乎是為查理五世時代以降、經過拿破崙再到希特勒這一連串為支配歐洲而不斷鬥爭的帝國動盪畫下句點。第一點對第三點非常重要：當日本擊碎了法國、不列顛與荷蘭在東南亞的勢力後，殖民帝國體系也開始瓦解。第二次世界大戰摧毀了身為帝國的德意志與日本——也決定性地削弱法蘭西、大不列顛以及荷蘭。

跟第一次世界大戰不同的是，第二次世界大戰結束時，無論是贏家還是輸家，都從以帝國身分互動的枷鎖中解放出來。一九四五年後，歐洲國家在更狹隘、更民族，顯然也更經久耐用的國界內，在彼此間前所未有的和平態勢裡蓬勃發展。但這場新的三十年戰爭雖然是結束歐洲帝國體系的起點，但它卻無法終結世界各地的稱帝野心——至少，對美國與蘇聯這對競爭全球霸權的新對手來說還未結束。理論上以民族主權為基礎的政體遍地開花，加上所有國家法律地位平等的神話，都掩蓋了各國間與各國內動盪不安的不平等性。在接下來的兩章，我們要探討這個新世界的建立——還

1 譯注：夏爾・戴高樂（Charles de Gaulle, 1890-1970），法國將領與政治人物，第五共和創建者。戴高樂參加了第一次世界大戰，因戰功而晉升。第二次世界大戰時，時任國防次長的戴高樂在法國陷落時成立了流亡政府，成為政治與軍事領導人。一九五八年阿爾及利亞戰爭期間，原已退出政壇的戴高樂重新出山穩定局勢，擔任總理並修改憲法，更透過選舉成為第五共和第一任總統。

2 原注：戴高樂的談話轉引自Michael Stürmer, *The German Empire*, 1870-1918 (New York: Modern Library, 2000), 84.

有「這個新世界究竟是個帝國過後的世界，抑或是個新型帝國世界」的問題。

帝國戰爭，一九一四至一九一八年
War of the Empires, 1914-1918

關於第一次世界大戰的爆發有無數種解釋。這場仗究竟是資本主義者之間兩敗俱傷的衝突，還是條約體系與政治誤會始料未及的結果？人們很容易忽略一點：這場戰爭是一場帝國間的鬥爭。雖然動員的過程利用、促成了民族主義情緒與歐洲內部的仇恨，但沒有任何證據能夠證明統治菁英是因為這些狂熱而被迫參戰。我們會在最後一章提到民族文化的積極推動者要費上多大力氣，才能讓他們宣稱具有代表性的民族情感普及化，同時也會提到統治菁英對於訴諸民族團結以掩蓋階級、宗教或地方情感的態度有多麼搖擺不定。第一次世界大戰是場由上而下的戰爭，是從一九一四年夏天統治菁英操弄彼此關係時所發展出來的一場戰爭。雖然奪取殖民地成了戰爭的一項目標，但這場戰爭不是為了殖民地而打，而是帝國這種組成複雜的政體之間的戰爭。交戰雙方都想重新分配歐洲與海外的人口和資源，從別的帝國挪來以為己用。

用來餵養致命戰爭機器的士兵來自整個帝國。比方說，當法國政府試圖在法蘭西本國的徵召士兵與志願兵之間培養愛國心的同時，政府也在招募非洲與印度支那籍的軍人——強迫、說服他們為了帝國大業當個有效率的戰士。哈布斯堡帝國則指望著士兵（有奧地利人、匈牙利人、捷克人、猶太人和其他民族）對「皇帝—國王」的忠誠；這樣的期待大多都實現了。不列顛屬加拿大、澳大利亞、南非與紐西蘭的政府看到英格蘭國王代他們宣布參加的這場戰爭，但對於用什麼方式投入，它們是有選擇的。它們是帝國裡自治的部分，也全都選擇為了帝國的目標而貢獻心力。至於出身「被

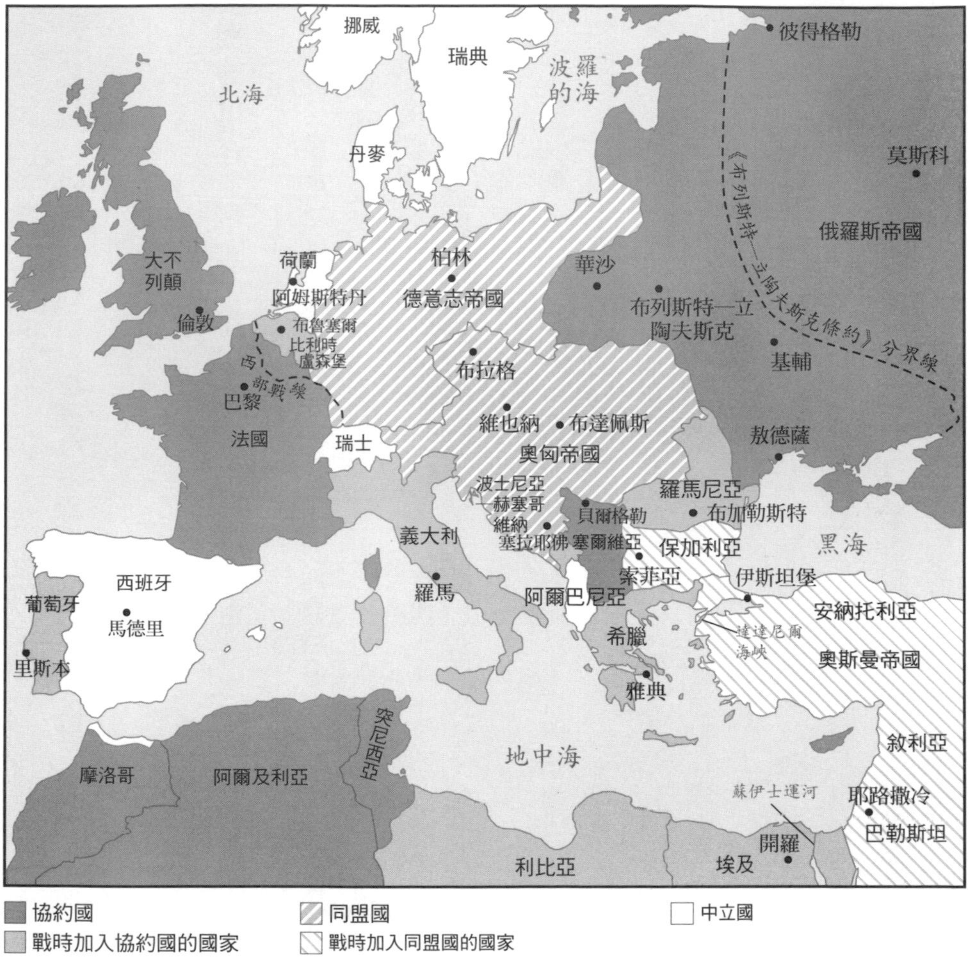
挪威
瑞典
彼得格勒
北海
波羅的海
丹麥
莫斯科
《布列斯特—立陶夫斯克條約》分界線
俄羅斯帝國
大不列顛
荷蘭
柏林
華沙
阿姆斯特丹
德意志帝國
布列斯特—立陶夫斯克
倫敦
布魯塞爾
比利時
盧森堡
西部戰線
布拉格
基輔
巴黎
維也納
布達佩斯
法國
瑞士
奧匈帝國
敖德薩
波士尼亞
赫塞哥
維納
羅馬尼亞
貝爾格勒
布加勒斯特
義大利
塞拉耶佛
塞爾維亞
保加利亞
黑海
西班牙
羅馬
索菲亞
伊斯坦堡
葡萄牙
馬德里
阿爾巴尼亞
安納托利亞
達達尼爾海峽
希臘
奧斯曼帝國
里斯本
雅典
突尼西亞
地中海
敘利亞
摩洛哥
阿爾及利亞
蘇伊士運河
耶路撒冷
開羅
巴勒斯坦
利比亞
埃及
協約國
同盟國
中立國
戰時加入協約國的國家
戰時加入同盟國的國家

△
第一次世界大戰時的歐洲

保護國」、殖民地、地方土邦與其他次級政治單位的不列顛臣民，除了成為戰爭行動的一部分外，就沒有什麼別的選擇。不列顛、法國與俄羅斯擁有超越西歐、東歐交戰地區的大量物力、人力資源，也正是這三個帝國影響了戰爭的進程。

▼失衡的世界：帝國、民族與踏上征途的軍隊

一瞬間，歐洲就從別人命運的主宰退化成連自身命運都搞不定的大陸。早在一九一四年以前，就已經有跡象顯示歐洲人的全球支配地位其實名不符實，只是當時很少有人能解讀出來：如一九〇五年日本擊敗俄羅斯；歐洲帝國無法有系統地管理它們的非洲殖民地，也無法讓這些殖民地改頭換面；它們也沒有能力將步履蹣跚的清帝國納入歐洲帝國體系；還有歐洲本土內的帝國願景所帶來的動盪情勢，這些全都是跡象。

十九世紀晚期，帝國之間的平衡就已經因為德意志帝國不斷成長的經濟實力、以及其所造成地緣政治的不穩定而失衡。緊張的局勢之所以沒有在一八七〇年的普法戰爭後發展為全面性的戰爭，多半要歸功於首相俾斯麥對帝國勢力局限的了解（見第十章），以及他撮合對非洲與巴爾幹的協議、穩定帝國間平衡的能力。但是，德國內部的專制、家產官僚與國會勢力的混合，雖然讓俾斯麥玩得起這樣的遊戲，卻也為他的後繼者留下能玩起另一種遊戲的工具。

歐洲各帝國之間的關係變化（見第十一章），把德國放到了俄羅斯與其新盟友法國中間。德國人很清楚其他帝國擁有他們只能嫉妒的資產：如不列顛的海外殖民地與海軍，俄羅斯可觀的糧產、龐大的勞力與裏海石油，以及法國在亞洲與非洲的人力與物力資源。德國領導人也很清楚帝國內部的分裂——有天主教徒、新教徒與猶太人之間的分裂，也有中產階級與工人之間與日俱增的分裂；

中產階級愈來愈有錢、想在政治上擁有更大的發言權，工人則身陷於工業化的緊張情勢中，靠好戰的社會主義政黨與活躍的工會為其喉舌。聲嘶力竭的「泛日耳曼」民族主義——堅持奧匈帝國與德意志帝國裡日耳曼語人口的統一——在某些地區有其影響力，但這只是承認日耳曼民族離人們普遍接受的願景還很遠。

德國軍方有他們自己的想法。一八七〇年的對法勝利帶給軍隊一種複雜的訊息——軍隊雖然最終獲勝，但卻深受人力短缺與沒有彈性的財政所苦，這是因為政府不願讓需索無度的中產階級以及不受教的無產階級增加責任。制訂計畫的人了解到：由於口袋不夠深，新的戰爭一定要速戰速決、沉重打擊，迅速摧毀敵人。這種準則在「史里芬計畫」（Schlieffen Plan）[3]裡有鉅細靡遺的規畫，在殖民地戰事中得到測試，也一直引導著一九一四年德軍的戰爭計畫。泛日耳曼組織與軍事領導階層挾其狹隘的軍事、外交視野，在在為政府領導人帶來壓力，但作為整體的德國尚未淪落到被反動的普魯士軍國主義或強大的民族主義掌握的境地。統治階層菁英心知肚明：海外的領土不堪一擊，本國的支持也靠不住。

後來的情況很清楚，不單只有德國，就連德國的多民族、多信仰鄰居奧匈帝國、俄羅斯以及奧斯曼人都依舊維持對帝國的高度忠誠。一九一四年時，奧匈帝國裡不同的「民族」並未把戰爭當成脫離帝國的大好機會。猶太人和其他民族擁有一個比領土根據地更安全的帝國家園，他們聽從了其

3 譯注：第一次世界大戰之前，由於法國與俄羅斯結盟，德國與奧匈帝國結盟，一旦有涉及上述國家的戰爭爆發，德國很可能就會同時與接壤的法國、俄羅斯為敵。一九〇五年，德軍參謀總長阿爾弗雷德·馮·史里芬（Alfred von Schlieffen, 1833-1913）提出計畫，著眼於法、俄兩國動員速度的差異，希望能迅速調動德軍，先擊敗法國後再轉而面對俄羅斯。

中一位領袖的勸告：「我們這些有民族意識的猶太人，想要的是一個強大的奧地利。」[4]而在俄羅斯，戰爭爆發帶來狂熱的愛國示威遊行以及反日耳曼人的集體迫害，這一切都震驚了帝國政府。（出生於黑森大公國〔Grand Duchy of Hesse〕的皇后是德國皇帝的表親。）出乎不列顛將領的意料之外，大多數的阿拉伯人直到戰爭結束為止仍忠於奧斯曼帝國，這讓他們感到相當不快。

但現在提這些是有點早。從一九一四年的角度來看，領袖們擔心的是帝國世界裡的彼此；在這個世界裡，締結有用的同盟關係是種對付敵人的老方法。德意志帝國與奧匈帝國需要合作，雖然他們在一八六六年曾打過一回。這兩個帝國都怕東邊的另一個帝國勢力，同時也是工業化勢力的俄羅斯。不列顛也擔心俄羅斯會藉著奧斯曼人衰落得利，並透過阿富汗，搶占足以威脅英國在印度以及其他方面利益的有利地位。但當警覺到德國正開始趕上自己的工業與海軍實力時，不列顛也需要俄羅斯的盟友——法國——來制衡德國。

所有主要強權都憂心忡忡：從一九〇八年到一九一三年間，它們的軍事開銷增加了百分之五十。各國都想找到對的夥伴。一九一四年夏天，德國與奧匈帝國已經同意在戰爭中支援彼此。法國跟俄羅斯聯手，不列顛又跟法國聯手。奧斯曼人與德國達成秘密協議；上個世紀在奧斯曼領土上橫行無阻的列強中，德國是威脅最小的一個，因此也是奧斯曼人唯一可行的選項。

帝國結盟本身就是不穩定的混合物，而巴爾幹地區的競爭又一次讓這種拉幫結派成了戰爭的漩渦；奧斯曼人在這個地區的損失只會讓帝國間的敵對關係、以及未來民族國家之間的戰爭升溫（見第十一章）。奧匈帝國併吞了波士尼亞—赫塞哥維納。由於對奧匈帝國與奧斯曼帝國懷抱的仇恨記憶、對領土的野心、和俄羅斯的聯繫，再加上泛斯拉夫與塞爾維亞民族主義意識型態的不穩定混合，讓獨立的塞爾維亞成了一張影響力難以預料的牌。奧匈帝國想讓塞爾維亞聽話，但有俄羅斯人干預的風險，因此需要遠遠超過自家軍隊所能提供、更為強大的威嚇力——這代表要轉求於德國。

然而，德國人同樣也需要奧匈帝國。我們先回到德國人在一八七〇年後的軍事準則——也就是之後為參謀總長赫爾穆特・馮・毛奇（Helmuth von Moltke）接手的「史里芬計畫」——以及在二十世紀初結合起來、滋養德意志帝國政局的傲慢與焦慮心態。現在，德國人的擔憂集中在俄羅斯，這是個愈來愈難對付的敵人。「史里芬計畫」中的傲慢心態昭然若揭：假設歐洲的戰爭很快就會開打，那麼，在俄羅斯壯大以前，交通運輸與指揮上的瓶頸都會拖慢俄羅斯人的動員速度——這讓德國軍隊可以先打倒靈巧得多的法國，接著快速將部隊從西邊移到東邊。計畫的假設是：如果德軍借道中立的比利時，法國在自己脆弱的北部邊界，絕對無法擋住德軍全力的一擊。但德國至少也需要有人在後面把風一段時間。奧匈帝國能纏住俄羅斯人，還能迫使他們防守比起德國一國還長得多的邊界。計畫的成功，除了有賴於德意志機器的完美運轉，也需要剩下的其他國家照本宣科才行。

一九一四年六月二十八日這天，一名二十歲的塞爾維亞裔青年、波士尼亞居民以及奧匈帝國的當然臣民加夫里洛・普林西普（Gavrilo Princip）在明顯有塞爾維亞軍方暗地支持的情況下，實踐了暗殺哈布斯堡王位繼承人法蘭茲・斐迪南大公（Archduke Franz Ferdinand）伉儷的計畫，當時夫妻倆正拜訪塞拉耶佛。法蘭茲・斐迪南不得人心，也沒得到多少懷念——至少他當皇帝的伯父是這樣感覺。但他遭到謀殺這件事，卻為一心求戰的帝國交錯策略帶來養分。

雖然暗殺行動發生在奧匈帝國的領土上，而且不是塞爾維亞政府的行動，但哈布斯堡人現在終於可以對塞爾維亞發動他們朝思暮想的戰爭，就算俄羅斯不接受哈布斯堡人擁有的正當理由，他們

4 原注：「我們這些有民族意識的猶太人……」：引自Marsha Rozenblit, "Sustaining Austrian 'National' Identity in Crisis: The Dilemma of the Jews in Habsburg Austria, 1914-1919," 收錄於Pieter M. Judson and Marsha L. Rozenblit, eds., *Constructing Nationalities in East Central Europe* (New York: Berghahn Books, 2005), 185.

也還是能得到德國人的幫助。儘管凱撒有所保留，但德國的軍事領導人——尤其是馮・毛奇——卻把這當成實現自己計畫的機會：在有利情況下跟法國、俄羅斯打那場免不了的戰爭。正當奧匈帝國威脅對塞爾維亞動武時，俄羅斯開始動員自己的陸軍，不列顛也開來自家的艦隊。德國試圖說服不列顛人不要加入法國對抗德國的戰爭，並承諾只是要奪取法國的殖民地，但不列顛政府不吃這一套。

八月初，奧匈帝國對塞爾維亞宣戰，俄羅斯對奧匈帝國宣戰，德國對俄羅斯宣戰。德國還借道比利時對法國發動突襲。法國在加勒比海、西非與赤道非洲、東南亞以及太平洋島嶼的殖民地全都被拉進帝國的衝突當中。不列顛在八月四日宣戰，更一同帶上自己的自治領、殖民地與印度。德國的殖民地也被牽扯進來，至於俄羅斯境內各個不同的歐亞草原人民與奧匈帝國多元的民族，就更不用說了。

▼歐洲的戰爭，帝國的戰爭

聖雄甘地（Mahatma Gandhi）對自己的印度追隨者說：「我們畢竟是大不列顛帝國裡的不列顛公民。眼下，作為不列顛人戰鬥是正確的目標，為的是人類尊嚴與文明的福祉與光榮……我們的責任很清楚：盡可能支援不列顛人，用我們的生命和財產來戰鬥。」[5]然而，為的是誰的尊嚴與文明？甘地支持這個帝國，暗示權利或許會隨責任而到來。確實，不列顛政府在一九一七年承諾印度「進一步實現有實權的政府」。但到了戰後，這個承諾只拖拖拉拉、勉勉強強兌現了一部分。

事實證明，來自帝國邊遠地區的人力與物資對戰爭行動至關重要，補充了歐洲工業力量與人力動員的不足。海外資源的調節對德國不利，因為德國各殖民地彼此分得很開，不列顛海軍還擋在它們與歐洲之間。在不列顛的例子裡，大概有三百萬人是從印度與其他自治領調集而來，約占帝國部隊的三分之一。印度是其中最大的貢獻來源。非洲扮演的角色不太一樣——這也符合帝國的種族階序。大約有兩百萬非洲人從軍，多數擔任運輸兵，主要也是在爭奪喀麥隆、多哥、西南非洲與坦干伊喀等德國殖民地的戰鬥中效力。至於在帝國等級體系中較高的加拿大、澳洲、紐西蘭與南非（當然是指白人的南非）則派了大約一百萬人，投入這場由國王代他們宣布參加的戰爭，但他們對不列顛做決定以及自家人犧牲的方式都不無懷疑。藉由提供物資、透過出口貨物賺取外匯以及配合消費者需求的方式，帝國也同樣為不列顛的戰時經濟有所貢獻。

有大量法國殖民地人民——非洲人、印度支那、北非與其他地方的人——在壕溝裡戰鬥，光是來自西非的人，就有十七萬人之譜。[6]當工人被叫上前線時，大約有二十萬平民勞工從各殖民地來到法國，接手他們荒廢的工作（在法國也有愈來愈多女性擔負起這樣的責任）。有些士兵與工人得以免除最糟糕的歧視，例如殖民地人民時常要面對的差別待遇司法體系。戰爭也讓浪漫帝國主義更有底氣，大聲讚揚各種族與宗教的人民全心全意為拯救法國所做的投入。事實上，殖民地的補充兵源是在幾乎沒有自由選擇的情況下，藉由徵兵與招募而來。戰爭期間在法屬西非內部還發生大規模的暴動，徵兵則讓情況更加惡化，其他地區來的部隊犧牲許多生命，才將暴動鎮壓下來。

---

5 原注：甘地的話引自Niall Ferguson, *Empire: The Rise and Demise of the British World Order and the Lessons for Global Power* (New York: Basic Books, 2003), 302-3.

6 原注：殖民地士兵人數來自Ferguson, Empire, 304與A. S. Kanya-Forstner, "The War, Imperialism, and Decolonization," 收錄於J. M. Winter, Geoffrey Parker, and Mary R. Habeck, eds., *The Great War and the Twentieth Century* (New Haven: Yale University Press, 2000), 246.

大量的殖民地人民在沒有公民權的情況下為法蘭西而死。關於非洲人在戰鬥中的角色，存在著神話與反神話：與他人並無二致的士兵；在某些時候，其野蠻派得上用場的士兵；極端危險情勢下的砲灰。殖民地的貢獻將帝國中同化與分化間的緊張情勢攤在了陽光下。在此，我們就以塞內加爾為例。

從十八世紀以來，塞內加爾的四個主要城鎮（所謂的「四市鎮」）就一直是法國的殖民地；雖然「四市鎮」的民政事務是由伊斯蘭律法指導，而非法國民法，但這些殖民地的居民卻擁有公民權（見第十章）。這些人與種族秩序的不一致，讓法國商人、移民與官員感到不滿，時常攻擊他們擁有的權利。儘管如此，「四市鎮」還是能選舉一名代表參加巴黎的立法機構；一九一四年起，「四市鎮」的代表就是一位黑皮膚的非洲人——布雷斯．迪亞尼[7]。迪亞尼談好條件：只要法國肯定「四市鎮」選民的公民權，同意如其他公民般對待他們，而不是當成從其他臣民中招募來的二等士兵，他就會協助徵召塞內加爾公民加入法國常備軍，幫忙其他地方的招募工作，並安撫徵兵造成的問題。迪亞尼是個成功的招募人，一九一六年，一道法令保證了「四市鎮」人民的公民地位。然而，就像在不列顛屬印度一樣，殖民地士兵參戰一事把一個重大問題留在終戰時的檯面上：傾向同化的天秤是要繼續傾斜，還是要走回頭路？

德國的領導階層胸有成竹，深信就連原本計畫中全面、快速的勝利似乎變成無休止境的戰鬥時，德意志人民的技術與組織能力也有辦法抵銷殖民地資源占下風的不利因素。隨著平民百姓承受愈來愈多的需求與困難，軍事領袖開始找理由；誠如米夏埃爾．蓋伊爾[8]所言，他們「怪工人，怪中產階級，怪女人，怪知識分子，怪大學，怪同性戀，怪年輕人，還……怪『猶太人的陰謀』吞噬了德軍的命脈。」[9]戰前德國的國際性文化，也在戰爭的恐怖與最高當局尋找代罪羔羊的需求下逐漸消逝。

雖然法國與不列顛是靠著來自全帝國人民的鮮血，才能維持其戰爭行動，但戰爭最後是因為德國人的忍耐力被拖垮才獲得勝利。一九一七年，俄羅斯的崩潰解放了東部戰線的德軍，但美國的工業與軍事力量在此關鍵時刻幫助了法國與不列顛。儘管發生在俄羅斯的戰事一開始創造出愛國忠誠心的大爆發，但到了一九一七年，戰爭也已經暴露了專制政體的無能。一九一七年的兩場革命讓俄羅斯退出戰爭，布爾什維克則在一九一八年三月與德國單獨簽訂和約。但德國的經濟與軍事早已步履蹣跚。

戰爭的結局並非必然如此。軍事史家麥可・霍華德[10]曾經寫道：「我們可別忘了，史里芬計畫幾乎就要成功了。」[11]如果對法國的快速、大規模進攻再更有效率一點，戰後的帝國勢力分布就會相當不同：奧匈帝國、德意志帝國、奧斯曼帝國，或許，就連羅曼諾夫家族的俄羅斯都會毫髮無傷，法國則會丟掉殖民地，不列顛則大不如前。這種局勢或許有它災難性之處，但就算成真，帝國的發

7 譯注：布雷斯・迪亞尼（Blaise Diagne, 1872-1930），法屬幾內亞比索出身的非裔政治人物。曾任塞內加爾達卡市長，也是第一位獲選成為法國國會議員的非裔人士。

8 譯注：米夏埃爾・蓋伊爾（Michael Geyer），歷史學家，芝加哥大學教授，柏林美國學院（American Academy in Berlin）成員，研究領域為近代歐洲與德國史、歷史與人權理論、全球化、戰爭與種族滅絕。

9 原注：「怪工人……」：Michael Geyer, "German Strategy in the Age of Machine Warfare, 1914-1945," 收錄於Peter Paret, ed., *Makers of Modern Strategy: From Machiavelli to the Nuclear Age* (New York: Oxford University Press, 1986), 550-51.

10 譯注：麥可・霍華德（Michael Howard），歷史學家，不列顛學院院士，於一九八〇年至一九八九年間擔任牛津大學王家歷史學教授（Regius Professor of History）。他拓展了戰爭史的研究領域，從傳統上對戰役本身的關注擴大到戰爭的社會背景與影響，在不列顛學術地位極為崇高。

11 原注：「我們可別忘了……」：Michael Howard, "The First World War Reconsidered," 收錄於J. M. Winter, Geoffrey Parker, and Mary R. Habeck, eds., *The Great War and the Twentieth Century* (New Haven: Yale University Press, 2000), 26.

展軌跡也不會一如往昔。

▼戰時中東的帝國與民族

中東地區(這個標籤本身就反映了帝國勢力對中心的再定位)是帝國衝突的舞臺——而且是個悲劇且血腥的舞臺。奧斯曼人試圖避免加入戰爭,但跟德國的同盟關係卻把他們給拉了進去。德國提供軍官與裝備以改善奧斯曼軍隊的素質。奧斯曼軍隊雖然把安納托利亞東部輸給俄羅斯,但也阻擋了俄羅斯人前進。有些德國人希望他們跟奧斯曼人的同盟關係,可以擴大成為一場「吉哈德」,對抗不列顛人在埃及、阿富汗、部分的印度與中東其他地區對穆斯林的統治。部分不列顛領袖則認為自己能讓敘利亞—巴勒斯坦地區的阿拉伯人轉而對抗奧斯曼人,繼而威脅德國的夥伴。由於奧斯曼版圖與蘇伊士運河比鄰,且對不列顛人、俄羅斯人與其他盟友來說,控制由達達尼爾海峽通往黑海的要道又格外重要,因此該地區進入帝國戰爭的時機,其實已經相當成熟。

但是,結果卻不是那些預言奧斯曼人衰落的比喻所能料及。當不列顛軍方用來自澳洲、印度與帝國其他地方的軍隊,想在加里波利打開通往達達尼爾海峽的道路時,卻被擁有德國軍備、且占據戰略性高地的奧斯曼部隊以超乎想像的堅強防禦阻擋下來。一支由不列顛人領軍、大部分由印度士兵組成的部隊取道美索不達米亞,對奧斯曼領土發動第二次進攻——這一開始就是場災難,成千上萬來自不列顛屬印度與奧斯曼安納托利亞的農夫,為了倫敦和伊斯坦堡而在這場典型的帝國大戲裡朝著對方開槍——但一直到在法國的戰爭勝利後,這支部隊才剛推進到目的地。

由不列顛人所策動、對抗奧斯曼人的所謂「阿拉伯起義」(Arab Revolt)[12]也很關鍵——但也沒這齣神話說得那麼重要;這項任務主要是靠T・E・勞倫斯[13]拉攏自己的夥伴——麥加沙里夫[14]海珊．本．阿里（Husayn ibn Ali）與其氏族——以及其他據信對奧斯曼統治不滿的阿拉伯社群所完成。雖然人們常常把這起故事說成是「萌芽的阿拉伯民族主義對抗衰落的奧斯曼帝國主義」，但事實上，這件事還滿符合典型的帝國劇本：在對手陣營裡找代理人與中間人。

海珊所出身的哈希姆家族（Hashemite）與穆罕默德同屬一支麥加部族；他一開始是幫著奧斯曼人維持秩序。海珊的親族與地方支持網絡成了他本人追求帝國力量的基礎。不列顛人將他的野心，看成是從伊斯坦堡挖角阿拉伯中間人的良機。不列顛官員幻想在麥加扶持一個新的哈里發，把海珊想像成「真正的阿拉伯人」，[15]當作某種精神領袖；海珊則把自己想像成新帝國的領導人。某些泛阿拉伯知識分子在戰前提倡的共同性，成為「阿拉伯起義」這個概念的前提，但當地大多數意見分歧的阿拉伯菁英都能找到方法，在地方當局與奧斯曼勢力中得到和解。海珊跟他的支持者追隨

12 譯注：二十世紀初，阿拉伯地區原屬奧斯曼帝國控制範圍。一九一六年至一九一八年間，在海珊．本．阿里為首的阿拉伯人領袖帶領下，阿拉伯各地宣布起事，從奧斯曼帝國獨立。

13 譯注：托馬斯．愛德華．勞倫斯（Thomas Edward Lawrence, 1888-1935），不列顛考古學家、軍人與外交官。勞倫斯就讀於牛津大學，在前往近東地區考古、撰寫畢業論文時學會了阿拉伯文，因而在第一次世界大戰期間被吸收加入不列顛陸軍，從事情報工作。他提出構想，支持阿拉伯人獨立、反抗奧斯曼帝國，並從中遊走，促成「阿拉伯起義」。人稱「阿拉伯的勞倫斯」（Lawrence of Arabia）。

14 譯注：沙里夫（sharif），阿拉伯部落的傳統尊稱，授予保護部落與部落資產、土地者。有時能用來指稱穆罕默德的後代。海珊．本．阿里也的確出身穆罕默德後裔。

15 原注：「真正的阿拉伯人」語出基奇納勛爵賀伯特．基奇納（Herbert Kitchener, Lord Kitchener），轉引自Efraim Karsh and Inari Karsh, *Empires of the Sand: The Struggle for Mastery in the Middle East, 1789-1923* (Cambridge, MA: Harvard University Press, 1999), 204-5.

的，是氏族政治與帝國保護制度的模式，而不是阿拉伯民族主義的故事。

有了海珊擁護者的協助，巴勒斯坦與鄰近地區的奧斯曼勢力便脆弱到能讓不列顛人從奧斯曼軍隊手上奪下耶路撒冷。等到不列顛占領敘利亞，就不用再打仗了；於是不列顛保護人與阿拉伯被保護人繼續爾虞我詐，謀取在聖地的權力。我們之後再回來談這個地區的命運。

戰爭給了一些人機會，打出一張比自己以前所掌握還更有力的民族牌。我們已經在第十一章中看到，蘇丹與奧斯曼帝國的家產官僚結構阻擋了自由派改革，對此益發不滿的青年奧斯曼黨改組為青年土耳其黨，將目標聚焦於在自己的主導下進行中央集權，而不是期待操土耳其語者的想像共同體。奧斯曼人失去巴爾幹地區的省分，再加上一九一二年至一九一三年，當地的穆斯林遭到屠殺、逃離該地，這都讓更多受「基督教」勢力行動所苦的人，推進到這塊咸認是土耳其人聚居的地方。但將阿拉伯省分也留在國家體系裡的需求，卻約束了奧斯曼帝國往均質化發展的傾向。戰爭以及對法國與不列顛分裂安納托利亞本土的擔憂，都對最民族主義的「團結與進步委員會」領袖大為有利——他們就是想喚起土耳其人的團結，對抗敵人與賣國賊。儘管如此，與德國聯手仍然是種意圖維持帝國結構的舉動，而成功守住達達尼爾海峽，以及敘利亞大部分地區始終維持的忠誠，都在在呈現出這個複雜的帝國仍然有戲可唱。當一九一七年俄羅斯從戰爭裡抽身時，奧斯曼人不僅恢復在東邊失去的領土，更推進到俄羅斯的石油產地巴庫（Baku）。

凝聚土耳其人的團結、對抗危險「他者」的做法，在俄羅斯—土耳其戰線沿線被推向極端；近百年來，這兩個帝國一直在這個地方拉攏、懲罰、策反與遷移許許多多的人。奧斯曼軍方宣稱亞美尼亞人通敵，並在惡劣的條件下安排行動，將他們從交戰區大規模驅逐出境——而亞美尼亞人過去一直都是奧斯曼商業生活與社會中活躍的參與者。軍人、國會團體和「聯合與進步委員會」的某些高層領導人，讓這場迫遷變成對男女老幼的殘酷滅絕。這場殺戮反映的是把特定種族具體化為對帝國完整性的威脅，而且比一八九〇年代發生在安納托利亞東部的亞美尼亞大屠殺還更有計畫。這樁暴行並未鎖定所有住在伊斯坦堡以及西安納托利亞的亞美尼亞人，但死亡人數估計仍超過了八十萬人。有少數奧斯曼人的德國顧問向柏林發送震驚的消息，但德國的政策制訂者並沒有採取行動——「軍事優先」的準則戰勝了一切。

奧斯曼帝國並未死於其帝國結構的衰竭，也沒有因為領導人與臣民對帝國的想像失去意義而終結。多年來，當帝國試著讓中間人步調一致或離間對手的中間人時，便會逐漸形成一套「預期的框架」（framework of expectation），奧斯曼統治者、阿拉伯菁英，以及不列顛與德國政府都在這套框架中行動。不列顛領導人和他們的穆斯林盟友，都相信七世紀的哈里發制度能為二十世紀的政治衝突提供參考模範。奧斯曼人希望透過拿俄羅斯人開刀，重新在整個歐亞草原上復活土耳其語民族之間的交流，但奧斯曼帝國卻站到了帝國戰爭裡輸家的那一方。

重建帝國世界
Restructuring the World of Empires

帝國沒有因為戰勝國重組世界秩序的行動而終結，被終結的只有輸家的帝國。戰後的和平談判引進關於「自決」（self-determination）的辯論，敲響了不祥的警鐘；而自決的應用也有選擇性——沒有應用到法國、不列顛、荷蘭、比利時，或是美國的殖民地身上。至於在歐洲範圍內，「和約」則是將一種不穩定的布局，變成另一種更不穩定的安排——也就是帝國與想像的民族國家混合分布。某些帝國被強迫瓦解，讓帝國內的許多居民對帝國權力的喪失憤恨不平，他們也有許多住在其他國家的民族同胞在這個時候被剝奪財產，強迫回到過去從來不曾生活過的祖國。上百萬形形色色

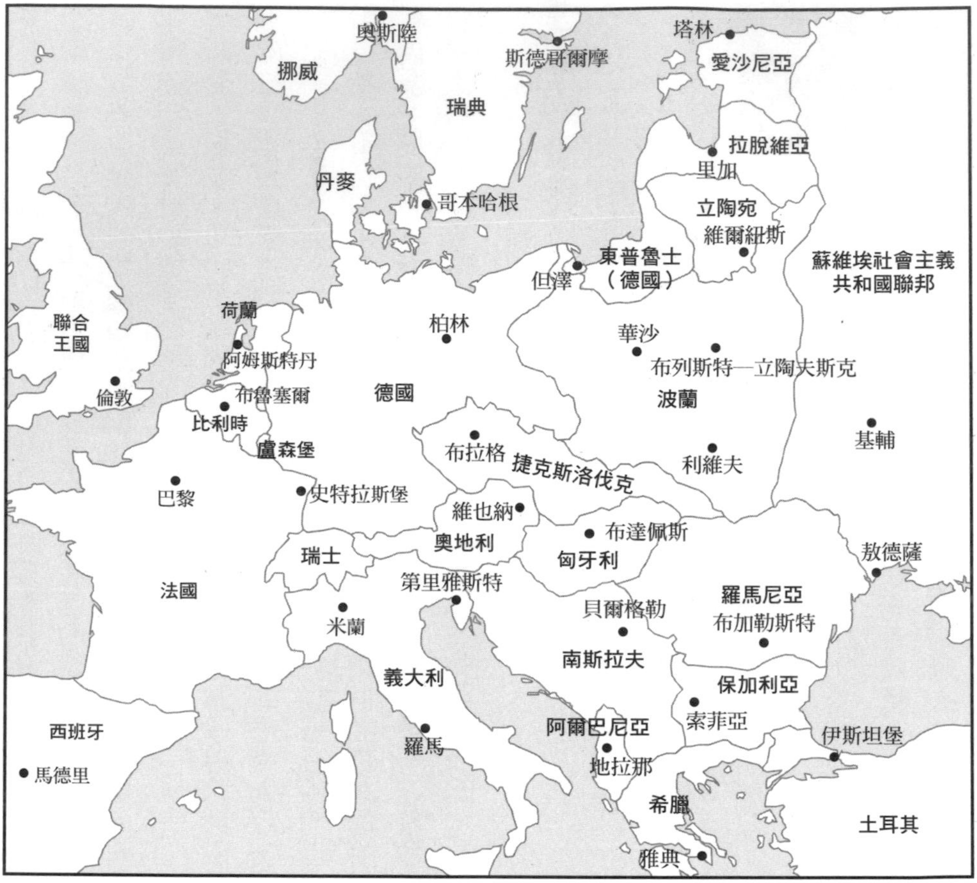
奧斯陸
斯德哥爾摩
塔林
愛沙尼亞
挪威
瑞典
拉脫維亞
里加
丹麥
哥本哈根
立陶宛
維爾紐斯
東普魯士
（德國）
但澤
蘇維埃社會主義
共和國聯邦
荷蘭
聯合
王國
柏林
華沙
布列斯特—立陶夫斯克
阿姆斯特丹
倫敦
布魯塞爾
德國
波蘭
比利時
基輔
布拉格
利維夫
盧森堡
捷克斯洛伐克
巴黎
史特拉斯堡
維也納
布達佩斯
奧地利
瑞士
匈牙利
敖德薩
第里雅斯特
法國
羅馬尼亞
貝爾格勒
米蘭
布加勒斯特
南斯拉夫
義大利
保加利亞
索菲亞
西班牙
阿爾巴尼亞
伊斯坦堡
羅馬
馬德里
地拉那
希臘
土耳其
雅典

△
一九二四年的歐洲

的人曾經共享同一塊土地、甚至是類似的渴望，但對於主張國家屬於「他們」的民族主義者來說，這些人現在卻妨礙他們把排外的願景化為現實。自決的概念不僅提供不了「誰能決定自己命運」的一貫定義，也提不出仲裁衝突主張的機制，更無法保證從帝國中浮現的民族化國家能夠長治久安。

戰爭的結束除了讓贏家的帝國得以維持外，還帶來三個嶄新且破壞力驚人的帝國圖謀：納粹德國、日本與蘇聯。戰後的處置讓德意志國大為縮水，這也促成德國人的苦難、民族想像、以及對帝國的渴望。到了東亞，對於德國的太平洋帝國那一丁點兒領土的爭奪，再加上財富與自信心的增長，共同培育出日本打造帝國的使命，而且是以落實民族命運與泛亞主義的方式來呈現。蘇聯恢復帝俄時期大多數的領土，用表面上一個個明確分開的「民族共和國」組成聯邦，建構出第一個共產主義國家，並透過忠誠黨員構成的金字塔來統治這些國家，創造了用革命再造世界的榜樣。美國則在審慎的考量下，從背景裡隱隱浮現。在殖民戰線上，美國雖然是個小角色，但當它開始用其他方式對遠方施加力量時，也就逐漸躍居幕前。雖然伍德羅·威爾遜[16]對同時代的歐洲帝國主義抱持批評態度，但其願景卻回應了傑佛遜的「自由帝國」。用湯瑪士·本德[17]的話來說，威爾遜提倡的是「用出人意料的圓滑手段，把美國歷史裡的原則投射到全球的未來裡」，[18]是一個對交通與貿易敞開懷

16 譯注：伍德羅·威爾遜（Woodrow Wilson, 1856-1924），美國政治人物，法學與政治經濟學學者，曾任美國第二十八屆總統。代表民主黨的威爾遜曾提出「新自由」（New Freedom）為口號，反對國家干預企業經營，並降低關稅、強化工會組織，對外則主張支持弱國、保持中立。威爾遜抱持國際主義看法，支持建立國際組織維護世界秩序。

17 譯注：湯瑪士·本德（Thomas Bender），歷史學家，專長領域為美國思想與文化史、城市史，以及美國歷史中的全球性手段。

18 原注：Bender, *Nation among Nations*, chapter 9, 243.

抱的共和國世界。這些為了重組世界秩序而爭的新競爭者，不僅在新的帝國政治間糾纏不清，其危險程度也不下於造就第一次世界大戰的帝國競賽。

▼民族、託管與帝國勢力

威爾遜認為非洲人和亞洲人不夠成熟，不足以加入他的世界共和秩序裡。美國也還在主張自己用軍事手段介入拉丁美洲國家的權力，而且它才剛對墨西哥遂行己意。從一九一九年巴黎和會上戰勝國的角度來看，如果關係到的是捷克人、匈牙利人、波蘭人、塞爾維亞人與其他曾經在德國與其盟友支配下的民族，那就可以談談民族自決。但就連在歐洲，讓「民族」選擇其領導人的原則，也不是那麼簡單就能套用到現實世界當中。巴黎和會召開以前，各種獨立宣言、革命行動與戰爭早已出現在熱切的「民族」群體當中。巴爾幹地區與中歐的人口組成如此複雜，若要畫出一個民族的範圍、為它決定命運，問題就不只是承認某種既定的文化、語言和地理事實，而是要說服那些仲裁者——那些有瓜田李下之嫌的列強——究竟誰屬於哪個地方。當時的族群分類已經相當模糊，但就算把這種認同的複雜程度大打折扣，列強絞盡腦汁為波蘭規畫的國界裡所囊括的人口，仍然有百分之四十是烏克蘭人、白俄羅斯人、立陶宛人或是日耳曼人；捷克斯洛伐克成了兩百五十萬日耳曼人以及匈牙利人、魯塞尼亞人（Ruthenians）的家，至於安排捷克人與斯洛伐克人共處一國的做法就更別提了：許多捷克人可是認為斯洛伐克人相當落後的。[19]成立民族的主張，讓那些講錯語言、拜錯神或靠錯山的人就此消失。

不列顛帝國的政治家寇松勛爵[20]，曾經提到壓迫與暴力會隨民族「純化」後的新界線而來。[21]一波波難民潮襲捲整個中歐東部——一數就是上千萬人。過去在奧匈帝國的大眾生活中，猶太人一向都積極參與其間，現在卻成了幾個繼承帝國的政體中仇外怒火的標靶。劍拔弩張的巴黎和會所帶來的結果，是新國家的建立——捷克斯洛伐克、南斯拉夫、愛沙尼亞、拉脫維亞；是其他國家的復活——波蘭與立陶宛；是版圖縮水或分崩離析、獲得民族國家地位的前帝國——德國、奧地利、匈牙利；以及其他仍舊存在，但國界被更動的國家。按照道理講，少數群體的權力應該要受到保障，但相關制度不僅付之闕如，幾個大國自己還不受這種責任所約束——尤其是法國跟不列顛，這也讓整套體系在許多東歐人的眼裡看來相當偽善。「民族自決」原本應該是要把有多個帝國的中歐地區，變成在國際法上彼此平等的民族國家。但這些國家無論是在保護自己的能力上，或是支配他國的野心上，都不平等。

列強瓜分奧斯曼帝國時則是採用不同的方式。不列顛政府打算駕馭海珊·本·阿里的帝國野心，好在戰後繼續遂行己意；當時，不列顛人打算利用阿里與其子（也就是利用哈希姆家族），在擊敗奧斯曼人而造成的權力真空安上新的權力所在。法國與不列顛雙方都想在中東尋求一塊能夠施展影響力的地盤，不讓對方得到太多利益，哈希姆家族則試圖要求統治「阿拉伯」（只限於他們實際能控制的地區），也就是整個阿拉伯半島與敘利亞—巴勒斯坦的權力，其他能拿多少就拿多少，不在乎每一塊地裡混合多少穆斯林、基督徒與猶太人。

19 原注：人口數字引自MacMillan, *Paris 1919*, 211-19, 241.

20 譯注：指第一代凱德斯頓侯爵喬治·寇松（George Curzon, 1st Marquess Curzon of Kedleston, 1859-1925），他在巴黎和會期間擔任不列顛外相。

21 原注：寇松的話引自Rogers Brubaker, *Nationalism Reframed: Nationhood and the National Question in the New Europe* (New York: Cambridge University Press, 1996), chapter 6; 難民數字引自Mann, Dark Side of Democracy chapter 2, 67.

由於紹德家族的反對，哈希姆家族在阿拉伯進展有限。海珊的兒子費薩爾（Faisal）在一九二〇年宣布自己為敘利亞國王，但敘利亞卻被法國拿走。不列顛人隨後給了他另一塊地盤——也就是美索不達米亞——再加上過去奧斯曼的巴斯拉、巴格達與摩蘇爾（Mosul），拼湊成伊拉克，讓他在一九二一年成為伊拉克國王。費薩爾的兄弟阿卜杜拉（Abdullah）想要塊大的領土，但他只能接受比較小的外約旦（Transjordan）；不列顛對巴勒斯坦仍採取較為直接的控制，不情願地擔起實踐他們一九一七年承諾的責任，允許猶太人在這裡建立家園，並保護同一塊土地上穆斯林居民的權利。

這些人為操作也把一九一九年巴黎和會時出爐的新統治原則鎔鑄進來。人們認為有可能發展出國族認同的民族——例如敘利亞的阿拉伯人——將交由歐洲強權管理，體驗國族認同，直到這些民族準備好選擇自己的政府形式與統治者為止。統治這些領土的「託管」權限，則來自一個模糊想像出來的國際社會，新成立的「國際聯盟」（League of Nations）就是這個國際社會的化身，同時也是巴黎和議下的產物。在過去幾場會議中，自認為「文明」的國家清楚表明會對自己宣稱有權支配土地上的未開化民族負起責任（見第十章與第十一章），而託管制度所承繼的全球階級觀，早就已經表現在這幾場會議裡了。

託管地的分布又是另一種帝國瓜分形勢，既不合於奧斯曼帝國各省，也和一般人想像中的種族文化分界不同，但卻又跟這種分界一樣啟人疑竇。敘利亞委由法國管理（法國後來還認可黎巴嫩為敘利亞託管地中特別畫出來的一塊地區）；巴勒斯坦、約旦與伊拉克則歸不列顛管理，在阿卜杜拉與費薩爾宣稱為王時仍舊保有監護的身分，而這兩人與他們所統治的領土之間，關係可說曖昧模糊到了極點。不列顛與法國試圖保障地方領袖的土地權利與其他資產，認為他們有能力加強社會穩定——甘冒讓其他地方變得不堪一擊的危險。

沒有哪一塊奧斯曼舊領土在戰後的重建能運作良好，就連從負責託管的眾強權角度來看也是如此。一九二〇至一九二一年，敘利亞爆發反抗新統治者的暴動，一九二五年至一九二六年再次爆發且規模更甚，一九二〇年的伊拉克也同樣有暴動發生。巴勒斯坦因為猶太人移民行動與巴勒斯坦人喪失土地而情勢緊張，在一九一九年、一九二九年爆發大規模暴力行動，一九三五年後的情況尤其嚴重。危機也不只在託管體系中發生。埃及在一九一四年時正式成為不列顛的被保護國，當地的人民在第一次世界大戰期間過著水深火熱的生活。一九一九年，一名重要的埃及政治領袖遭到逮捕，接著就是一波罷工、農民叛變與示威浪潮，基督徒與穆斯林、中產階級與窮人全都投身其中。不列顛領導人擔心會有更大規模的暴動。由於情勢顯示要重新掌權實在過於困難，不列顛人決定放棄被保護國，在背後當藏鏡人，就像他們在一八八二年至一九一四年間的所作所為。

正當不列顛打算操弄埃及民族主義者與埃及君主——也就是「赫迪夫」的後代（見第十章）——之間的敵對時，民族主義者卻改變了方向。他們從對領土的關注——關注能上溯到法老時代的埃及——轉往跨民族的觀點，目光投向與其他阿拉伯民族及穆斯林的連結。到了一九三〇年代，教育的推廣與都市化創造了一批有政治意識的人民，數量遠比過去主導政局的親西方菁英還要龐大。這批群眾對殖民主義在穆斯林世界帶來的影響更為敏感，對其他地方的反帝國主義政局更為關注，對從巴勒斯坦與敘利亞來到埃及的大規模穆斯林移民更為感同身受，也更投入伊斯蘭宗教組織。至於「『埃及人的』、『伊斯蘭的』、『阿拉伯的』國家」，國家該是什麼樣的國家」，就在不列顛人還想繼續操弄、控制埃及政府與經濟的整體脈絡下，成了最熱門的話題。

無論是在巴黎和會期間還是之後的其他談判，最困難的談判都跟戰勝國想把奧斯曼心臟地帶削到民族規模——甚至更小——的計畫有關。希臘與義大利都想要幾塊位於奧斯曼核心的領土；會上也有關於託管亞美尼亞——或許交給美國——以及國際共管伊斯坦堡的提議。但奧斯曼人殘存的軍

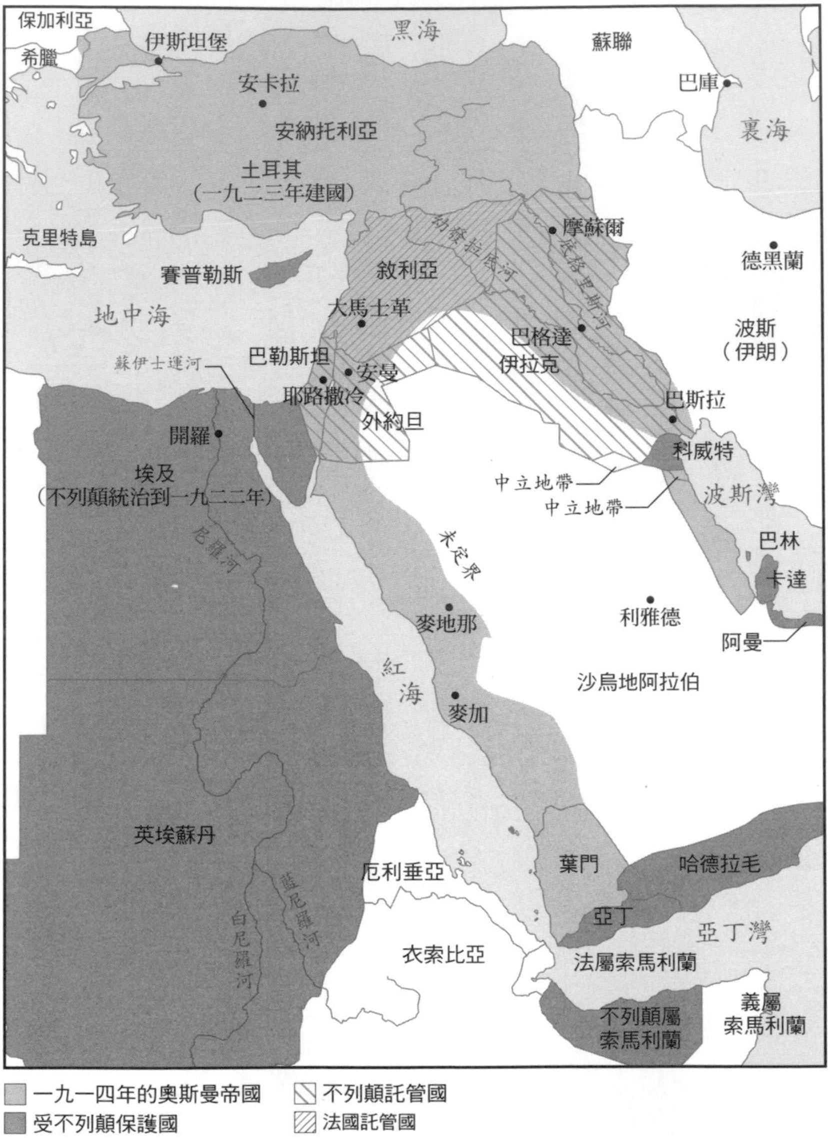
保加利亞
希臘
伊斯坦堡
黑海
蘇聯
巴庫
裏海
安卡拉
安納托利亞
土耳其
（一九二三年建國）
克里特島
賽普勒斯
敘利亞
幼發拉底河
摩蘇爾
底格里斯河
德黑蘭
地中海
大馬士革
巴格達
伊拉克
波斯
（伊朗）
蘇伊士運河
巴勒斯坦
安曼
耶路撒冷
外約旦
巴斯拉
開羅
科威特
埃及
（不列顛統治到一九二二年）
中立地帶
中立地帶
波斯灣
尼羅河
未定界
巴林
卡達
麥地那
利雅德
阿曼
紅海
沙烏地阿拉伯
麥加
英埃蘇丹
葉門
哈德拉毛
厄利垂亞
藍尼羅河
白尼羅河
亞丁
亞丁灣
衣索比亞
法屬索馬利蘭
不列顛屬
索馬利蘭
義屬
索馬利蘭
一九一四年的奧斯曼帝國
不列顛託管國
受不列顛保護國
法國託管國

△
奧斯曼帝國瓦解

事力量仍然是安納托利亞地區的關鍵要素，會提升這些解決方式的代價，高過西歐人願意買帳的程度。最後，土耳其成了一個比鄰國（或是不列顛跟法國）所希望的還來得更大、也更有民族自覺的政權。

儘管有些奧斯曼菁英在戰前與戰爭中就致力於突顯土耳其民族的概念，但這個計畫卻沒有地理分布上的連貫性。要區分出希臘與土耳其，區分出希臘人跟土耳其人，就得要有來自外部的強制做法、大量的流血行動，還要遷移人民去屈就想像的國界線才行。一九二〇年後，以不列顛人為主的聯軍曾一度占領伊斯坦堡。希臘在一九一九年入侵安納托利亞，不僅宣稱自己得到當地眾多說希臘語的正教會居民的支持，更代表一個「古老而先進的文明」的「偉大旨意」，能合法對土耳其人行使權力，而土耳其人已經證明自己是糟糕的統治者，「丟文明的臉」。[22]

穆斯塔法・凱末爾[23]帶領現在實際上全由土耳其人組成的奧斯曼軍隊，在一九二二年擊退了希臘人的入侵行動。無論是法國還是不列顛，都不願意果斷介入，至於俄羅斯人則還在打他們本國的內戰。隨之而來的和談清楚畫出未來成為土耳其國家的領土，但在此之前，要先將大約九十萬「希

22 原注：「古老而先進的文明」：希臘首相埃萊夫塞里奧斯・韋尼澤洛斯（Eleutherios Venizelos）一九一九年語，轉引自Efraim Karsh and Inare Karsh, *Empires of the Sand:The Struggle for Mastery of the Middle East, 1789-1923* (Cambridge, MA: Harvard University Press, 1999), 94, 330.

23 譯注：穆斯塔法・凱末爾（Mustapha Kemal, 1881-1938），奧斯曼帝國將領，聯合與進步委員會成員，土耳其裔。凱末爾在第一次大戰期間指揮軍隊擊退協約國對奧斯曼帝國的攻擊，雖然奧斯曼帝國最終成為戰敗國，但凱末爾的聲望仍扶搖直上。戰後，他利用監督軍隊復員與維護治安工作之便發起民族獨立運動，最後廢除了蘇丹制，成立土耳其共和國。

臘人」從安納托利亞迫遷到希臘，以及將約莫四十萬「土耳其人」重置到土耳其。亞美尼亞人大屠殺已經讓土耳其變得更土耳其，但為數眾多的庫德人卻留在最後定案的邊界裡，直到今天。就在這個晦暗不明的局勢下，後來被稱為「土耳其人之父」（Atatürk）的凱末爾成為創造土耳其民族國家的人；這個國家的首都，不再是西元四世紀以降兩個歷史悠久帝國的世界性都心——伊斯坦堡，而是安納托利亞城鎮安卡拉。

當地所遭受的破壞非常嚴重，這是從世界大戰前、大戰中再到大戰後這十年戰爭的結果。安納托利亞的死亡人數中有兩百五十萬穆斯林、八十萬亞美尼亞人與三十萬希臘人（根據傳統的分類）。[24]這些死者讓安納托利亞人口減少了百分之二十，比法國的損失還慘重，而強迫移民又帶來另一層苦難。過了很久之後，人們還記得的民族建構，就是這種大規模的種族淨化過程。

不列顛與法國沒能隨心所欲地塑造土耳其，只不過是他們無能提供奧斯曼帝國先前所給予的穩定、從而導致的廣泛失敗當中的一部分罷了。託管列強在阿拉伯地區也沒有培養出什麼能發展民主的基礎，甚至連免於政治暴力的秩序都談不上。

而在非洲、部分亞洲以及太平洋地區，殖民地被重新配到幾個戰勝帝國之間，就像十八世紀的七年戰爭以及十九世紀初拿破崙戰爭後領土的遭遇一樣。德國殖民地落到法國、不列顛、比利時、日本，以及自治的澳洲、紐西蘭與南非等自治領手上。這些託管地比起那些從前奧斯曼帝國分出來的領土「等第」更低，與歐洲人認為「非洲與太平洋島嶼居民落後」的觀念不謀而合。按理來說，託管列強並非國際法之下的主權擁有者，而是形成中國家的受信託人，也受到「國際聯盟」的監督。但實際上，法國、不列顛與其他國家都覺得自己知道該做些什麼：像統治殖民地那般統治得到的領土。

一九一九年的巴黎和會（以及在凡爾賽宮簽字的《凡爾賽條約》）是自一八一五年的維也納會議以來，一連串帝國會議的又一篇章。一九一九年的會議不同之處，在於有新呼聲出現，雖然沒人在聽：這些新聲音包括有歐洲內部的民族群體、非歐洲的帝國勢力——日本，以及聲音更小的阿拉伯人、猶太人與其他尋求政治承認的民族。在巴黎設計出來的制度不僅沒有力量廓清歐洲的民族界線，也無法公允管理託管地，但這些制度不全是偽善的行為。《凡爾賽條約》假定國際組織應負起責任，並提供公開討論的場所——例如要求對託管地情況進行報告，以及託管委員會的定期集會，對「屬地人民」的管理也能在委員會裡成為熱議的主題。來自託管地的民眾將為數眾多的請願書送到委員會，但他們的請求通常都是在自己不曾列席的情況下展開討論。

類似像國際勞工組織（International Labour Organisation）等與「國際聯盟」有關的機構同樣也提供場域，能高談諸如殖民地內強迫勞動等相關議題。託管地與「國際聯盟」在主權的觀念裡注入新的微妙元素，擴大了過去會議中發展出來的、有關「文明」國家的責任觀念。唯有從事後諸葛的角度來看，這些改變看起來才像是朝帝國崩解邁進的步數：若回到當時，這些變化可是增加了某些帝國的領土——光是不列顛帝國就多了上百萬平方英哩——讓統治「屬地民眾」變得合法，還再度確定：並非所有政體在國際法上與現實中都是平等的。[25]

巴黎的「民族自決」話題，與歐洲帝國海外領土政治發言權持續受到否定之間有條鴻溝——殖民地的政治激進分子不可能沒注意到這點。他們用威爾遜從來沒有想過的方式，將威爾遜主義過度詮釋為世界解放的議程表。而在同一時間，殖民主義的種族面向也受到各方挑戰，其中又以日本這個帝國勢力尤甚；日本試圖讓譴責種族歧視的條文寫進凡爾賽協議當中，但法國、不列顛與美國在

24 原注：迫遷與死亡人數（兩個數字都很離譜）引自Zürcher, *Turkey*, 164, and Justin McCarthy, *Muslims and Minorities: The Population of Ottoman Anatolia and the End of Empire* (New York: New York University Press, 1983), 130-33.

25 原注：「上百萬平方英哩」：John Howard Morrow, *The Great War: An Imperial History* (New York: Routledge, 2004), 308.

本國與殖民地的政策，都很難達到這樣的國際標準，於是不讓該條文寫入條約。

被殖民世界的希望一旦燃起，和議過程在許多人眼裡看來就像極了帝國主義者的陰謀：白人小團體就像一八八四年至一八八五年的柏林會議，圍坐在一張桌子旁，瓜分世界，還不讓被殖民者的想望成真。早在戰爭開始之前，帝國裡的交流就已經讓非洲與亞洲學生來到倫敦與巴黎；通訊的改善則讓來自中國、中東、非洲與西印度群島的激進分子注意到彼此的存在。對於巴黎決議的憤怒之情——將德國在中國的領土交給日本，以及沒有在朝鮮採行民族自決的做法——在一九一九年的朝鮮與中國造成大規模的示威抗議。泛非洲主義者也在一九一九年時，到巴黎開了場同步的會議。和會也忽略了這場會議。

發生在敘利亞與伊拉克等託管地區的反抗，以及印度、印尼和其他地方的政治動員一直持續到一九二〇年代。各種「泛」運動——泛斯拉夫、泛非洲、泛阿拉伯——在一九二〇年代持續讓人們聽見自己的呼聲；這些運動有時是在支持民族的領土觀，但通常展現出一種跨空間的聯繫概念，且與政府機構之間，只有些許曖昧的關聯。不過，當時還遠遠看不出這樣的醞釀會領導未來走向何方。凱末爾的土耳其在一九二四年後猛然轉向建立民族，與更廣泛的反帝國交流漸行漸遠。蘇聯為一九二〇年在巴庫舉行的大型會議出資，接著設立由莫斯科指揮的協調組織——也就是共產國際（Comintern）——試圖將反殖民運動引導為規模更大的共產主義陣線。雖然在敘利亞、伊拉克與埃及發生騷動，但萬眾一心的泛阿拉伯陣線並未浮現。泛非主義者則是發現很難把他們的活動，帶到與倫敦、巴黎、莫斯科和殖民地首都有所關聯的菁英圈之外。殖民政府盡其所能，將政治塞回到種族的瓶瓶罐罐裡，這些政府也有足夠的資源去收買、威壓，得到一定成效。

主權在二十世紀的世界裡有著許多面貌。不列顛與法國公認的主權讓它們能對類似摩洛哥這樣的被保護國行使受到一定限制的統治權，或是讓它們能入侵獨立的埃及和託管的伊拉克，還能同時在不列顛國協內保持主權共享、全面否定印度或非洲的「民族自決」，並維持馬丁尼克與阿爾及利亞為法國不可分割的一部分。各個帝國仍然在用不同方式統治不同的人們。一九三五年，「國際聯盟」無能採取行動阻止義大利入侵衣索比亞，這證明維護侵略成性的歐洲帝國主權，要比維護非洲王國的主權來得重要。帝國大廈的裂縫還會開得更大，但這一點在第一次世界大戰後的十年中還看不太出來。

▼日本、中國與變化中的東亞帝國秩序

日本在帝國俱樂部大門前將進而未進的模糊地位，可以從它在凡爾賽接收一塊曾由德國控制的、不算太大的中國領土（膠州）中得到體現——然而，此舉卻引發中國羽翼初豐的共和政府及其支持者強烈的憤怒與羞辱感。一九一九年五月，一場騷動在北京的學生群中展開，並蔓延到其他都市與社會團體當中，從而促成了中國政治激進分子在「五四運動」中的極端化。但無論是這場抗議，還是一九一九年來自朝鮮的「民族自決」呼聲，都對帝國勢力沒有影響。為了回應不滿分子在朝鮮的大規模示威，日本力圖拉攏朝鮮財經界的菁英，並與移居當地的日本商人建立緊密關係，在小心控制的前提下允許朝鮮人參與結社，同時緊緊掌握著殖民地。戰爭大幅強化了日本的國力。日本在與不列顛和法國正式結盟時，只在德國位於中國的領土上來了場小規模的戰鬥，其他都是為盟軍提供戰爭物資。這讓日本增強了自己的工業生產力（從一九一三年到一九二〇年間提高了百分之七十六），揮別外債，搖身一變成為東亞的經濟火車頭。[26]

26 原注：日本工業化的數字引自Kennedy, *Rise and Fail*, chapter 1, 299.

這一切都顯示，就算不去重繪帝國的地圖——上個世紀時還很明顯是以歐洲為中心——至少也需要幫地圖來點潤色。對西方帝國主義者來說，中國始終太大，以至於無法直接控制，但不列顛、法國、德國與美國在戰前已經削弱中華帝國的自治權，也連帶削弱了政權的合法性（見第十章）。清廷平叛的行動耗竭國家財政，讓政府更為依賴各省領導人舉兵保衛帝國。改革的嘗試為總督、謀士與各省議會中的政治激進分子提供更多獨立行動的機會，其程度遠超過現有政權的估計。

世界大戰前中國政局的不穩，是受到了各種跨國界互動的影響：離鄉背井的華商與工人為政治異議者提供了經濟資助；像孫逸仙這種多方奔走的激進人士建立了各種網絡；人在美國的華人對於在當地遭受的歧視與虐待感到不滿；人們領悟到，發生在中國的危機是帝國主義者在全世界侵略的一部分；清廷菁英沒有能力保護中國不受外國人侵犯，這也讓人憤恨不平。滿人的異族起源成了人們攻擊的焦點；激進分子得以將滿人化為殖民者，把中國變成滿人與歐洲帝國主義下的受害者。孫逸仙則是透過共和政府的理想以及將中華民族（包括海外移民）從滿洲皇帝手中解放的願景，來清晰描繪出一幅足以取代清帝國的替代方案。

隨著清廷改革與鎮壓的嘗試失敗，各省議會領袖與軍方要員也愈來愈支持建立國會與憲法的呼聲，拒絕服從清代統治者的指揮。一九一一年，孫逸仙在一系列叛亂爆發時得到軍隊將領與各省的暫時支持，站上高位，在一九一二年一月一日宣布成立漢人的共和國。清末代皇帝溥儀遜位。

無論是在第一次世界大戰前還是戰後，這個共和國都無法成為有效的國族實體。就像在其他地方推動中央集權的人士所面對的問題那樣，這個國家的中央集權化也遭受了種種妨礙——包括各省政府過去得到的相對自治的權力、在清衰落時掌握軍隊與大權的軍閥，以及大部分領導階層的腐化都在其中。然而，儘管要在王朝崩潰後統一中國不是件容易的工作，但清帝國的疆界與多民族的象徵仍持續形塑著政治的想像。共和國宣稱對中國的「五族」有管轄權——滿人、漢人、蒙古人、穆斯林以及西藏人，就連那些爭奪政府權力的人也很少打算瓜分「中國」。

拉幫結派仍然是種保持或取得控制的策略。為了擊敗軍閥的離心勢力，民族主義政黨——國民黨——屢次與新生的共產主義運動合作。（蘇聯為了自己的好處，同時支持民族主義者與共產主義者）。一九二七年，國民黨破壞同盟關係，幾乎徹底消滅了城市裡的共產黨人，但國民黨卻沒有完成整合的工作。共產主義運動只好躲到北方的邊境，而中國的這個邊區則一如既往，成為想拿下國家的人得以站穩腳跟、動員起來的地方。

▼口惠而實不至

戰爭在歐洲帝國內留下許多無法滿足的主張。一九一四年，不列顛的各自治領眼睜睜看著國王代它們宣戰，但它們現在有立場討論模糊的主權，弄清楚自己擁有的自治權究竟到達什麼程度。「國協」這個詞從一八六八年就已經出現了，但意思並不明確。不列顛與自治領政府在戰時會議發布的文件，上面都寫著「帝國國協各自治國」或是更簡短的「不列顛各國國協」。國協也可以用各式各樣的方式來形容，例如「多民族的」、「帝國的」，還有「不列顛的」。自治領既屬於不列顛帝國，又是國協的成員，跟大不列顛平起平坐。這種講法讓自治領不同於殖民地，同時又堅持自治領與殖民地全都是同一個政體中的一部分。經過一九二六年另一場帝國會議以及一九三一年的一份王家宣言之後，自治領鞏固更高的主權位階，但並不減損不列顛的主權。可另一個問題就找上門來了：如果帝國裡有某個大多數人口與不列顛群島居民非親非故的地方獲得自治，那麼，要分給這個地方多少主權呢？

問題不是一兩天就能解決。正當此時，不列顛帝國跟旁邊的愛爾蘭及其天主教多數人口之間的衝突關係進入全新的血腥階段。一九一六年，愛爾蘭民族主義者宣布建立愛爾蘭共和國，發動流血抗爭，最後演變為與不列顛的戰爭以及愛爾蘭各派系間的內戰。不列顛領導人曾有過念頭，要把「印度」手法用在愛爾蘭，但暴力鎮壓此時在印度輿論間已然飽受惡評。面對愛爾蘭已經變得難以統治的事實，不列顛妥協了。以新教徒為主的北方從天主教的南方分離出來；一九二二年，愛爾蘭自由邦（Irish Free State）在南方成立。不列顛堅持最低限度的主權門面，而南方對此激烈反對；直到一九四九年，愛爾蘭從不列顛國協退出，愛爾蘭共和國獲得普遍承認、宣布成立，這個問題才算解決——如果真能稱得上「解決」的話，那倒好說了。事實上，愛爾蘭島南方與北方，以及和不列顛的關係直到今天，都尚未塵埃落定；這證明領土主權有多模糊不清、衝突不斷。

雖然印度人在第一次世界大戰為了保衛不列顛帝國而奉獻心力，但他們在民主帝國裡得到公民權的期待卻很快就落了空。一定程度自治的承諾遭到拖延，而且還灌了水。印度國大黨試圖持續對不列顛施壓，不列顛部隊則在一九一九年於阿姆利則（Amritsar）舉行的一場非法但和平的示威活動中，射殺至少三百七十九名印度人，負傷者超過一千兩百人。這場屠殺成為印度人反抗的著力點，也讓甘地鞏固了自己的領導地位。

許多印度穆斯林對奧斯曼帝國的瓦解感到憤怒，無論奧斯曼蘇丹離印度有多遠，蘇丹都擁有哈里發的光環，進而讓他享有足以回溯到穆罕默德離世後那個時代的正統性。「基拉法特運動」（Khilafat movement）呼籲重建哈里發制度，這種渴望也跨越了不同的帝國。印度教徒與穆斯林一同在非暴力抗爭中攜手合作，更將特定的民族目標與對帝國主義的批評連接在一起。這樣的合作造就甘地領導的「全印」運動（"All India" movement）。不列顛已經無法重回過去那種在整個印度透過精挑細選的中間人來運作的政局，但它也不願出讓中央實權。官員與少數印度政治人物在聯邦架構上提出幾種不同方案，裡面有分權的政府機構，提供給穆斯林、王公與其他群體的立法席次，和一個弱小的中央政府；但國大黨明確地把印度當成自己的目標，而包括土邦統治者在內的地方政治人物都對自己的勢力基礎深感不安，聯邦制也因此無法成為各方都能接受的選項。

在非洲的部分地區，統治勢力同樣也破壞了帝國裡原本心照不宣的條件交換。返鄉的士兵得不到撫卹金與工作，也得不到承認，但這些都是他們與帝國其他臣民並肩效力後理應掙得的東西。在塞內加爾，人們透過公民式的語言對政府表達這些主張，布雷斯．迪亞尼則利用這樣的情緒，在塞內加爾的公民選民間創造出政治組織。法國政府的回應，則是一邊試著攏絡迪亞尼——也成功了，一邊讓自己跟公民理念拉開距離。法國政府不再高舉自己「教化」非洲人以及作育英才的角色，轉而強調非洲社會的傳統特質與酋長的重要地位。在不列顛非洲，透過酋長來做事，以及在非洲「部落」的框架中推動漸進改革的做法，也已經在一九二〇年代提高到帝國準則的高度——亦即「間接統治」。

法國與不列顛政府都以「發展」的名義考量經濟政策（法國人稱之為「開發」〔mise-en-valeur〕），但他們拒絕針對這個目標做出任何有系統的規畫。他們不願意打破殖民的老規矩，即母國的資金不該用來改善殖民地的狀況——這不只是因為不想花錢，也是因為擔心會破壞那些讓殖民地得以發揮作用的精心安排。

非洲殖民統治的分權特性，讓政治激進人士很難像在印度一樣超越方言與地方網絡；在印度，印度文官機構、印度鐵路與其他泛印度組織都提供了統合的架構（見第十章）。肯亞、塞內加爾與黃金海岸等地雖然燃起政治烈焰（見頁五八七圖），但非洲的殖民政權仍一度能找到辦法，把他們在大戰時召喚出來的帝國公民權妖怪塞回殖民統治的瓶子裡。

但帝國世界裡的動盪不安並未停歇。阿姆利則大屠殺及其餘波、愛爾蘭的反抗，以及巴勒斯坦、敘利亞和伊拉克發生的動亂、叛變都愈來愈花錢。請願與憲政改革的呼聲從各個殖民地源源不斷而來。這些要求正在歐洲內部尋找願意敞開心胸的聽眾，在共產黨裡找，在宗教與慈善圈裡找，在同情非洲與亞洲文化的知識分子間找，也在來自帝國各個角落、相會於倫敦與巴黎等帝國首都的激進人士圈裡找。

某些官員清楚了解到，一九三〇年代間發生的抗議、罷工、暴動與其他「騷亂」不只是地方性的事件，而且也點出全帝國性的問題，尤其是在一波罷工浪潮襲捲一九三五年至一九三八年間的不列顛西印度群島，以及一九三五年至一九四〇年間非洲的好幾座城市與採礦城鎮之後更是如此。一九四〇年，不列顛政府決定將母國的資金用於改善殖民地工人社會福利的「發展與福利」計畫，並懷抱透過提高殖民地人民生活水準，促進長期經濟成長的目標。印度國大黨則施壓不列顛採取發展印度的政策。但一直要到第二次世界大戰後，挹注於改革的大筆資金才開始流動（見第十三章）。

第一次世界大戰後的二十年間，殖民地的暴動與政治訴求都被壓制了下來。但有個一九二〇年代開始的例子，揭露出二十世紀帝國主義的暴力與局限。美索不達米亞地區反抗的村民與牧民被伊拉克託管地併吞，他們要對抗的，卻是從天而降的炸彈；當時，不列顛的領導人——包括未來的首相溫斯頓・邱吉爾（Winston Churchill）——提倡用空中武力的神話來對付殖民地的反抗勢力。空中武力意味著實實在在的恐怖。恐怖，就是帝國藏起來的那張臉；只要政府有能力提供日常的管理，深耕與中間人的關係——一如帝國在其大部分歷史中試圖達成的那樣——或是打算樹立某些像法治的東西，把追求糊口的農民跟市場整合，以及提供取得健康照護、教育與其他福利的管道時，那張臉就會隱而不現。恐怖的轟炸行動同樣反映出不列顛人認定伊拉克的阿拉伯人只會對力量，而不是對理智低頭。對伊拉克村民丟炸彈，也間接承認了帝國勢力統治能力的局限。

雖然法蘭西與不列顛帝國能強迫德國人、奧斯曼人與奧地利—匈牙利人把他們在第一次世界大戰的失敗吞進肚子裡，但勝利卻卡在自己的喉嚨裡。歐洲人相信自己是世界進步的原動力，但這種信心面對的卻是兩千萬名死者。在各國當中，法國與不列顛不僅欠債最多，更為了美國日漸增加的財富與影響力而憂心忡忡——而美國要求全額償還借款的堅持，對於協助盟國經濟事務合作或讓德國重新整合進歐洲框架都沒有幫助。西方領導人還擔心蘇聯那種革命性的替代選擇。他們擔心殖民地的政治行動，會跟國際上的自決口號——不管有多虛假——或跟更激進的反帝國主義一搭一唱。歐洲政府先是號召殖民地臣民行動，擺出一副他們應該相信「包容」就是帝國國策一部分的樣子，接著卻又拒絕把印度人與非洲人以為自己已經爭取到的公民權利交到他們手上。戰爭撼動了帝國世界；和平卻又為主權的意義添加新的複雜元素，創造出比過去更危險的權力失衡。距離二十世紀大規模戰爭的結束，還早的很。

新帝國、老帝國與二次大戰之路
New Empires, Old Empires, and the Road to World War II

在第一次世界大戰後發展出來的敵對與同盟關係裡，有三個新角色堅定地站了出來。蘇聯堅決對抗資本主義，日本堅決對抗西方帝國，而納粹德國則堅決對抗所有不是日耳曼人的人。

▼多民族的共產主義國家

戰爭有個意想不到的結果，那就是有個主張代表世界新秩序的國家誕生了。這個國家的領導人宣稱，發生在俄羅斯的布爾什維克革命，只是世界上的無產階級與被剝削的農民掌握權力的開始。一個沒有階級的社會，即將從一個有階級基礎的革命中誕生，並終結中產階級、殖民地、帝國和所有以階級方式建立的國家。

在政治動盪的十九世紀，這種激進平等願景中的元素早已出現在馬克思、恩格斯與其他社會主義者的著作，以及一八四八年和一八七一年流產的革命裡。到了二十世紀初，許多社會主義者活躍於政黨政治以及勞工組織，但包括一九一七年以前的列寧在內，多數的社會主義者都相信革命還遠在天邊，要先經過一段資本主義蓬勃發展時期以及民主制度的擴張，革命才會發生。雖然列寧對於任何沒他激進的人都有著典型的鄙視，但他卻沒料到自己的敵人——也就是俄羅斯自由派和其他溫和人士——居然會在戰爭進行到一半時推翻專制政府。

俄羅斯帝國並未因第一次世界大戰的爆發而遭到質疑。相反的，戰爭創造了愛國心的大爆發，表現在遊行、漫畫、明信片、戲劇與電影裡。大部分的宣傳都是以對日耳曼人的民族歧視刻板印象，以及對敵國皇帝的誇張諷刺圖畫為基礎。這些宣傳雖大受歡迎，卻動搖了俄羅斯帝國的包容特性。一九一五年五月在莫斯科，暴民湧入德國人持有的公司行號，搶奪財物，甚至在大街上襲擊、殺害德國人。對德國人與猶太人的大規模迫害（帝國在當時遠比以往更需要德裔與猶太裔工業家與企業家）、強迫「敵人」出售持有的財產、將人們認為不能相信的人從邊境驅逐，以及一波波的戰爭難民潮——種種做法都讓政府暴露在不公不義與無能的批判面前。到了突厥斯坦，政府徵召哈薩克人與吉爾吉斯人的嘗試造成激烈的抗爭。吉爾吉斯牧民原想召開庫里爾臺，但還沒成事，就遭到極為殘酷的鎮壓。

一九一七年二月，自由派和他們在俄羅斯杜馬的盟友，都一致同意王朝該結束了。自由黨打出民族牌來對付皇帝和他的德國妻子——即不受歡迎的亞歷山德拉[27]——並指控這個政權叛國。經過幾天的罷工與抗議行動，沙皇終於被說服遜位。自由派與溫和社會主義者成立「臨時政府」。羅曼諾夫王朝的俄羅斯帝國就此終結。

自由派現在有機會以他們的單一公民資格、公民權平等和選舉民主制原則來重建俄羅斯，但他們不是唯一等著要取代沙皇的人。舊政權的消滅開創掌握新政府、打造新政府機構的百家爭鳴——無論是在理念上、組織上，還是勢力上。穆斯林、芬蘭人、烏克蘭人和其他民族也把握時機，要求在重組後的政體裡得到更多自治權，但自由派則是對中央集權控制情有獨鍾。德國看見機會，採取一如以往帝國的行動——幫助自己覺得最有可能削弱敵人勢力的人。有了德國人的幫助，列寧得以在一九一七年四月時，從他被流放的中立國瑞士離開，經德國到中立的瑞典，然後進入俄羅斯。

當列寧一抵達彼得格勒（Petrograd，重新取一個比日耳曼風的聖彼得堡〔Petersburg〕更斯拉夫味的名字），他立刻宣布奪權計畫，要以「蘇維埃」——意即工人與社會主義激進分子的會議——作為號召，跟臨時政府一爭高下。一九一七年十月，列寧的布爾什維克黨推翻了臨時政府；到了一九一八年一月，布爾什維克黨解散選舉出來的制憲大會。一九一八年三月，藉由與德國單獨簽署和約（《布列斯特—立陶夫斯克條約》〔*Treaty of Brest-Litovsk*〕）、將大片領土割讓給過去的敵人（見頁五一九圖），布爾什維克黨退出了世界大戰。到了一九一八年七月，布爾什維克領導人做了處死皇帝一家人的安排。謀國之爭，在大幅縮小的俄羅斯國內外演變為長年的戰爭與破壞。

暴力衝突發生在共產黨、自由派、社會主義者、民族主義者、保守人士、無政府主義者以及他們能糾集的軍隊之間，撕裂了人民與土地；當布爾什維克黨盡心費力想重新掌握土地與人民時，也得面對帝國不得不為的義務。許多國家在內戰期間從過去帝國的土地上冒了出來——不管新的、舊的，都是些有邊界爭議的國家。波蘭、白俄羅斯、芬蘭、立陶宛、拉脫維亞、愛沙尼亞、烏克蘭、

27 譯注：即沙皇尼古拉二世之妻，亞歷山德拉・費奧多蘿芙娜（Alexandra Feodorovna, 1872-1918）。

亞美尼亞、喬治亞與亞塞拜然都自行宣布獨立。在西伯利亞與中亞，穆斯林與其他積極分子也宣稱自己擁有國家大權。布爾什維克黨透過軍事行動與扶植各地的「蘇維埃」政黨上台執政——有時候則是雙管齊下，盡可能地收復這些地方。一九二〇年，布爾什維克黨與波蘭在西邊開戰。這場戰爭原本打算點起全歐洲的革命之火，但波蘭的勝利卻為布爾什維克國家定下西部的國界。俄羅斯把十八世紀時得到的大部分領土，都輸給了重組後獨立的波蘭（見頁五三二圖）。

從世界大戰、革命、幾近無政府的狀態、內戰、外戰與饑荒年代中誕生的布爾什維克國家，是以一種新的政治原則結合為基礎而建立的國家。權力要根據工人階級的利益來行使，私有財產要廢除，生產工具也要由國家掌管，政府則由無產階級專政統治。布爾什維克黨對多黨政治、對孕育於俄羅斯帝國往昔的家產官僚制做法，以及內戰的痛苦有著負面經驗，而這些都表現在以一黨專政、獨裁中央集權，以及由忠黨愛國的諮議人員所輔佐的單一領袖為基礎的新統治體系裡。

對帝國的熟悉與不滿影響著布爾什維克黨及其智囊，這讓他們傾向順應民族的特殊性。經過了好幾年，布爾什維克黨創造出一種創新的解答，用來化解中央集權與地方分權之間的緊張，以及尋找可靠中間人的難題。他們的解決方法是一種新的聯邦國家，由透過單一政黨與中央結合的「民族共和國」所組成，黨員在行政事務中占據要職，根據黨在首都的領導班子而行動。

蘇維埃社會主義共和國聯邦是個用共產黨手法建立的帝國。每一個民族共和國都有自己的文官階級，但升官的方法是由黨提供的。但是，在一個和過去一樣、包羅了這麼多不同民族的政體裡，民族群體是根據什麼樣的差異而成形的呢？人種學者與經濟專家對於如何畫出整個帝國的「民族」地圖意見不一——族群或發展程度，究竟哪個因素比較重要？

一九二〇年代與一九三〇年代時，蘇維埃的專家與政府官員一直在用挖東牆補西牆的方式處理土地與民族的問題。大原則出現了——看哪個民族群體在當地人口中占多數，就把他們安在當地的共和國裡。一九二二年，蘇聯由六個極為不平等的「共和國」組成——俄羅斯蘇維埃聯邦社會主義共和國、烏克蘭蘇維埃社會主義共和國、白俄羅斯蘇維埃社會主義共和國、外高加索蘇維埃聯邦社會主義共和國、花剌子模人民蘇維埃共和國以及布哈拉（Bukharan）人民蘇維埃共和國。在俄羅斯聯邦共和國內，有八個自治的蘇維埃社會主義共和國，以及十三個「自治區」；類似的階級結構也出現在其他共和國內。接下來的數十年間，這些政治單位的邊界與層級經歷多次調整，但以民族為代表的原則始終是蘇維埃政局與統治的特色。

蘇聯在涉外事務上同樣也採用帝國模式——但卻是一種新的模式。由於當時還看不清楚俄國究竟會由誰來當家，因此布爾什維克政權並沒有獲邀參加一九一八年的巴黎和會；於是，該政權便以革命政治而不是國家為基礎，帶頭建立自己的國際聯盟體系。一九一九年，共產國際會議在莫斯科舉行，打算用共產主義活動家與其追隨者組成的新聯盟，來取代曾經在戰前聯繫社會主義政黨的社會主義國際（Socialist International）。雖然共產黨革命先後在一九一八年的德國與一九一九年的匈牙利遭到擊潰，但布爾什維克黨仍致力於在俄羅斯和國外建立忠於莫斯科的政黨，並摧毀溫和的社會民主派。一九二〇年的第二屆共產國際大會決議：共產國際成員在黨的策略與公開意見上，都應該遵從蘇聯的立場。

一戰戰後，主權與世界政局重新洗牌，在德國與布爾什維克俄羅斯之間創造出務實的協議——貿易協定、相互放棄債權，以及德國技術支援蘇聯，好換取讓德國人使用俄羅斯領土從事軍事訓練。蘇聯與德國之間的貿易往來持續了整個一九三〇年代。一九三九年八月，一種最帝國式的德俄關係出現在希特勒與史達林之間的協議裡，跌破眾人眼鏡。俄羅斯將持續提供德國原物料，換取德製機械與武器；雙方同意互不侵犯，更秘密協定彼此瓜分中歐東部。俄羅斯的目標在於收復芬蘭以及其他在世界大戰中丟掉的領土。波蘭又要被瓜分了，這次是在兩個強權之間瓜分。這份協議意味著：

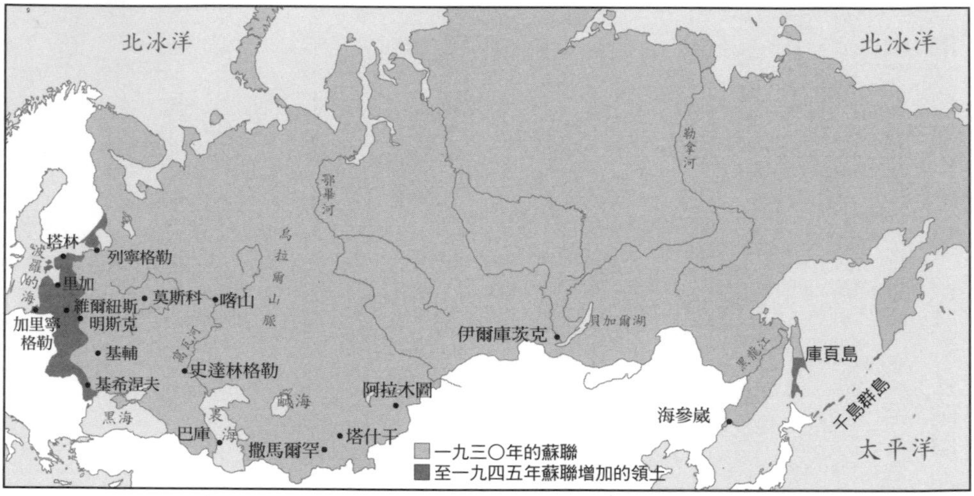

△
一九三〇年與一九四五年的蘇聯

一旦德國在一九三九年九月入侵波蘭，接著大不列顛與法國對德國宣戰時，蘇聯就得站在納粹這一方，對抗「資產階級」帝國，並派遣紅軍從另一邊進入波蘭。

蘇聯為這個不平靜的世界帶來什麼樣的帝國？無論是在蘇聯內外，一黨國家都造成深遠的影響。黨組織金字塔頂峰的領導人位子，在組成聯邦的每一個單位裡都能促進領袖與下屬之間的私人與家產官僚關係。眼下，貴族消失了，資產階級沒有財產了，專業人士則被掌握在政府手裡，現在是黨的網絡把人吸收到這個維持政體運作的體系裡。黨的位子對各民族開放，但不是一味地按種族分配，只是會針對種族出身多所考量而已。教育機構為不同地區設定配額，以確保黨的幹部能在各個機構裡接受訓練。黨創造了帝國的中間人——讓來自各個民族群體的新菁英都能在這個政體裡占有一席之地。

與此同時，蘇聯也致力於平等與文化提升。一九二〇年代，布爾什維克重拾沙皇時代以方言教育當地民眾的前例，並為沒有文字的民族提供字母。只有一種地方要素不受鼓勵——宗教。布爾什維克黨與過去的統治者不同，決心推翻宗教權威，視宗教信仰為落後的東西。在宗教方面，最主要的敵人就是俄羅斯正教會，以及正教會對農民、對改宗的地方民族所具有的吸引力。布爾什維克領導班子在一九二〇年代與一九三〇年代早期鼓勵使用拉丁字母，以取代沙皇的傳教士在極北與窩瓦河流域記錄當地語言時所使用的西里爾字母。布爾什維克黨也試著讓高加索地區與中亞的突厥民族從阿拉伯文字改為使用拉丁字母，當作對付伊斯蘭信仰的部分行動。儘管世俗化對積極推動現代化的激進分子而言很有吸引力，但對付「迷信」與習慣差異（例如某些穆斯林地區的蒙面習俗）的做法，卻疏遠了許多想維持自己信仰的人。

但認可民族與籠絡「在地」菁英的政策，也會遭到竄改與操弄。史達林利用共產黨集權中央的組織架構以及共產黨對政治生活的壟斷，於一九三〇年代清洗具有潛在影響力的民族領袖，造就他通往獨裁權力之路。史達林更藉由死刑、驅逐出境、沒收財產、饑餓等手段來強行推動農業集體化，在烏克蘭實施得尤為徹底。

這些殘忍的政策以及在集中營裡大規模從事的強迫勞動，都是促進國家主導的工業化行動中的一部分。戰爭、革命與共產黨的控制終結了俄羅斯的經濟擴張：一九三二年後，俄羅斯的對外貿易產值只剩下一九一三年時的五分之一。

為了工人階級專政的利益，國家有權處置包括人力在內的所有財產與資源，根據政府命令進行的工業化也因此於法有據，但這還需要能無情地控制體系裡的中間人——共產黨頭目、集中營頭子、工廠領班、軍隊將領、警方審訊人等——並切斷國際消息網絡；過去發生的事情證明國際消息對俄羅斯來說頗具顛覆性。史達林為了根除所有機關裡潛在的挑戰者，不僅掀起一波波恐怖浪潮——逮捕、處刑、壯觀的審判大秀與拆散家庭——更切斷國外聯繫，並確保活下來的人知道不忠的代價。軍官團也遭了殃；一九三〇年代時，超過三分之一的蘇聯軍官不是被槍決，就是被送去勞改營，包括五大元帥裡的其中三位。[28] 等到希特勒決定進攻蘇聯時，領導紅軍的都是聽話的軍官，對史達林的領導權威不具任何挑戰。這是種發展到幾近自殺程度的家產官僚思想。

▼第三帝國與太陽帝國

日本與德國，無論是在名稱還是實際上都是帝國。他們還有自己一套調整帝國與民族關係的方式，而且是激進的方式。德國與日本都像蘇聯一樣，就算不打算徹底顛覆，至少也要扭轉全球的勢力分布。

一九三〇年代，德國遭受四面八方的夾殺，同樣面對著過去激發出第一次世界大戰的那種「防守即侵略」態勢的地緣戰略挑戰。但如今，德國在歐洲的非日耳曼語領土以及海外殖民地都被奪走了。德國沒有石油——石油都蘊藏在羅馬尼亞和蘇聯——也缺少其他基礎資源。許多人都覺得，德國需要「生存空間」（Lebensraum），讓有抱負的人得以追尋自己的成就。捷克斯洛伐克、波蘭與其他地方一度是多民族帝國的一部分，還在講日耳曼語的皇帝統治之下；現在，為數甚多的日耳曼語人口發現自己在這些地方成了少數，而且還清楚感覺到這是「別人的國家」。德國若想恢復過去的威名，就需要比先前第一次世界大戰裡推行的計畫還要更徹底的做法——在縮了水的德國裡，許多人容易贊同這種論點。

日本的地緣政治位置就不一樣了：鄰國中國是個衰落的帝國，有大片土地可以剝削。日本在當地有近水樓台先得月的優勢，遠勝其他入侵者。但中國以外的其他周遭地區卻是由歐洲帝國所掌控，而日本相當仰賴這些地方的原物料。日本也擔心美國的帝國野心；美國在菲律賓、夏威夷與其他太平洋島嶼的海外前哨直接指向日本潛在的擴張地區。而日本在朝鮮、臺灣與滿洲的帝國式冒險，則開創建造一個更大帝國的願景。日本有方法能確保取得資源，但要是少了這些管道，日本就會變得不堪一擊。

德國與日本都回望著帝國的過去。納粹德國宣稱自己是第三帝國（提倡團結而強大德國的人，在一八七〇年在一九二〇年代首先用了這個名字），喚起能上溯到神聖羅馬帝國，再由德意志帝國在一八七〇年

28 譯注：指謝苗・布瓊尼（Semyon Budyonny, 1883-1973）、克里門特・伏羅希洛夫（Kliment Voroshilov, 1881-1969）、米哈伊爾・圖哈切夫斯基（Mikhail Tukhachevsky, 1893-1937）、亞歷山大・葉戈羅夫（Alexander Yegorov, 1993-1939）以及瓦西里・布柳赫爾（Vasily Blyukher, 1889-1938）等蘇聯早期的五名元帥。除了布瓊尼與伏羅希洛夫兩人得以善終外，其他三人都在一九三〇年代末被處死。

代復興的傳承譜系。在日本，儘管十九世紀以來發生這麼多的王朝更迭與政局變化，但天皇的身分同樣能夠上溯到傳說中的英雄時代。不過，日本與德國投射出來的理想政體，卻有著不同的畫面。納粹帝國思想將日耳曼人與其他民族間的意識型態差異，推向了種族主義的極限；日本帝國主義所召喚出來的日本角色，則是泛亞種族命運的先鋒。雖說，日本的軍隊居然能殘忍地對待那些自己宣稱要提攜其命運的民族，但納粹的種族邏輯給波蘭人、烏克蘭人與俄羅斯人——猶太人就更別說了——提供的，也沒比奴役或滅亡來得好多少。納粹帝國沒有為非日耳曼民族留下多少進步、同化或轉圜的餘地。

隨著對勝利的期待轉為第一次世界大戰的災難，德國軍方與部分德國人開始找起代罪羔羊。和約同時帶來羞辱與物質上的困難，「經濟大恐慌」（Great Depression）[29]則帶來更多的悲慘與無力感。鼓吹淨化德國的人就是在這樣的脈絡下，有了大展身手的舞臺。納粹理論家左踢戰前德國風行的國際文化，右打最近剛垮台的帝國統治者（包括講日耳曼語的哈布斯堡家族）用來統治不同臣民的平衡遊戲，同時還對國際法愈發蔑視，朝向由日耳曼人宰制其他劣等種族的帝國觀念而去。

在帝國「差異政治」的光譜上，納粹種族主義位居極端；它的出現也造成許多激烈辯論。納粹種族主義是否是殖民主義的回歸——只是不被當人看的原住民變成了歐洲的猶太人？無論是反閃主義——想想看法國的「屈里弗斯事件」[30]——還是殖民地的種族歧視，都不是德國獨有的現象，那為什麼種族滅絕是納粹德國，而不是法蘭西與不列顛帝國的政策？若與比利時的利奧波德在剛果的所作所為，或是其他殖民行動的血腥殺戮相比，德國在西南非對赫雷羅人的兇殘做法是否更為惡劣？這是個很難說是否有效力的質疑。如果把德國在非洲與歐洲犯下的暴行一以貫之連結起來的話，不僅會忽略情勢的不同與一路下來曾經有過的政治與道德選擇，而且也無法回答一個歷史性的謎團：為什麼一個曾經擁有、後來卻失去非歐洲殖民地的歐洲國家，會犯下種族滅絕的罪行？

統治活生生的非洲人和亞洲人，並沒有讓法國或不列顛統治者變得更有感情或更仁慈，但統治的經驗會迫使官員對自己力量的極限有更務實的態度；德國人在第一次世界大戰前的東非就是這樣（見第十章）。實際統治帝國的人得擔心中間機構的合作，也會為了能促進生產的環境而傷透腦筋。但在第一次世界大戰之後，失去所有殖民地的德國人就有餘裕，發展出一套由純種民族行使純淨力量的天方夜譚。

納粹建造帝國的早期階段，不列顛與法國都沒有做出有效回應。大蕭條時期，它們退縮到愈來愈狹隘的新重商主義政策，玩起「帝國特惠制」（imperial preference）[31]，試圖自外於全球市場危機。這種退守到帝國內部的做法——還有重整軍備的花費——造就不列顛與法國在一九三〇年代晚期的顢頇步伐。有些政治領袖期待利用納粹來對付共產黨，這也讓動員對抗納粹一事在政治上變得困難重重。但到頭來，不列顛與法國還是在自家的帝國裡，找到用來對付敵人的資源。

日本是個新的工業化推動者，也是個新的帝國主義者，比德國還要晚上許多。一九三〇年代時，

---

29 譯注：一九二九年，美國股票市場崩盤。由於美國是當時歐洲最大的債權國與資金提供國，美國的經濟蕭條也連帶影響全歐的經濟，歐洲各國紛紛採取高關稅來抵擋外國商品流入，保護本國產業，進而讓國際貿易全盤衰退，直到一九三三年起各國經濟才逐漸復甦。

30 譯注：阿弗列．屈里弗斯（Alfred Dreyfur, 1859-1935），猶太裔法國軍官。他在一八九四年被控向德國出賣軍事機密。經過證據不足、程序混亂的審判後被判處有罪，送往法屬圭亞那魔鬼島（Île du Diable）監禁。法國小說家埃米爾．左拉（Émile Zola, 1840-1902）為此在報紙上刊登名為〈我控訴〉（"J'accuse"）的公開信聲援屈里弗斯，但並未成功。一九〇二年左派執政後，屈里弗斯一案才重新獲得討論，並在一九〇六年得到平反。

31 譯注：二十世紀初，不列顛為了提高帝國競爭力，以帝國內為範圍，採取關稅減免，甚至是免關稅的保護政策，讓商品能在自治領與殖民地間流通。

日本著眼於中國，從它在滿洲有影響力的地方下手。日軍在一九三一年製造了一起事件，作為直接軍事干預的前奏曲。[32]日本人扶立仍冀望滿人復興的前皇帝溥儀，稱當地為滿洲國，也就是「滿人的土地」。中華帝國過去的符號仍然有利用價值，但現實掌握在日本人手裡。

回到日本國內，天皇與身邊抱持軍國主義心態的人也不是沒有受到挑戰。雖然日本成功打造工業經濟、有效率的政府官僚體制與強大的軍隊，但對於日本社會應該如何利用自己的力量，在一九二〇年代仍然有許多雜音。有些人試圖勾勒出馬克思主義為可能的選項，有些人則提倡文化發展——這可以是嚮往某種讓人聯想到新消費商品以及西方輸入文化的「進步」生活，也可以是一種由日益增加的財富與力量支持的日本本位文明。

到了一九三〇年代初期，隨著「經濟大恐慌」在當時加劇的緊張，日本軍方在政府裡取得壓倒性的力量，民族主義的願景浮上檯面。大眾媒體、後方支援組織、學術機構與經濟計畫單位全都做出改變，納入一以貫之的帝國建造計畫裡。滿洲國則被定義為日本的「生命線」。

日本大力促進滿洲國的工業化與農業發展，程度比西方殖民者在自己的海外殖民地還要積極。後來，日本這種強調發展的泛亞使命用起了「大東亞共榮圈」的名字。雖然得籠罩在日本移民的陰影下，但有些中國人與朝鮮人找到機會，為日本軍方以及滿洲國的工業、農業經濟體系效力。日本的民族學家、知識分子與宣傳家，都一再強調殖民者與被殖民者同樣都是亞洲人的事實，但這種種族兄弟情的願景是有等第之分的——日本是老大哥，中國是小老弟。

32 譯注：指九一八事變。衝突雙方是中國東北軍和日本關東軍，日本軍隊以中國軍隊炸毀日本修築的南滿鐵路為藉口占領瀋陽。

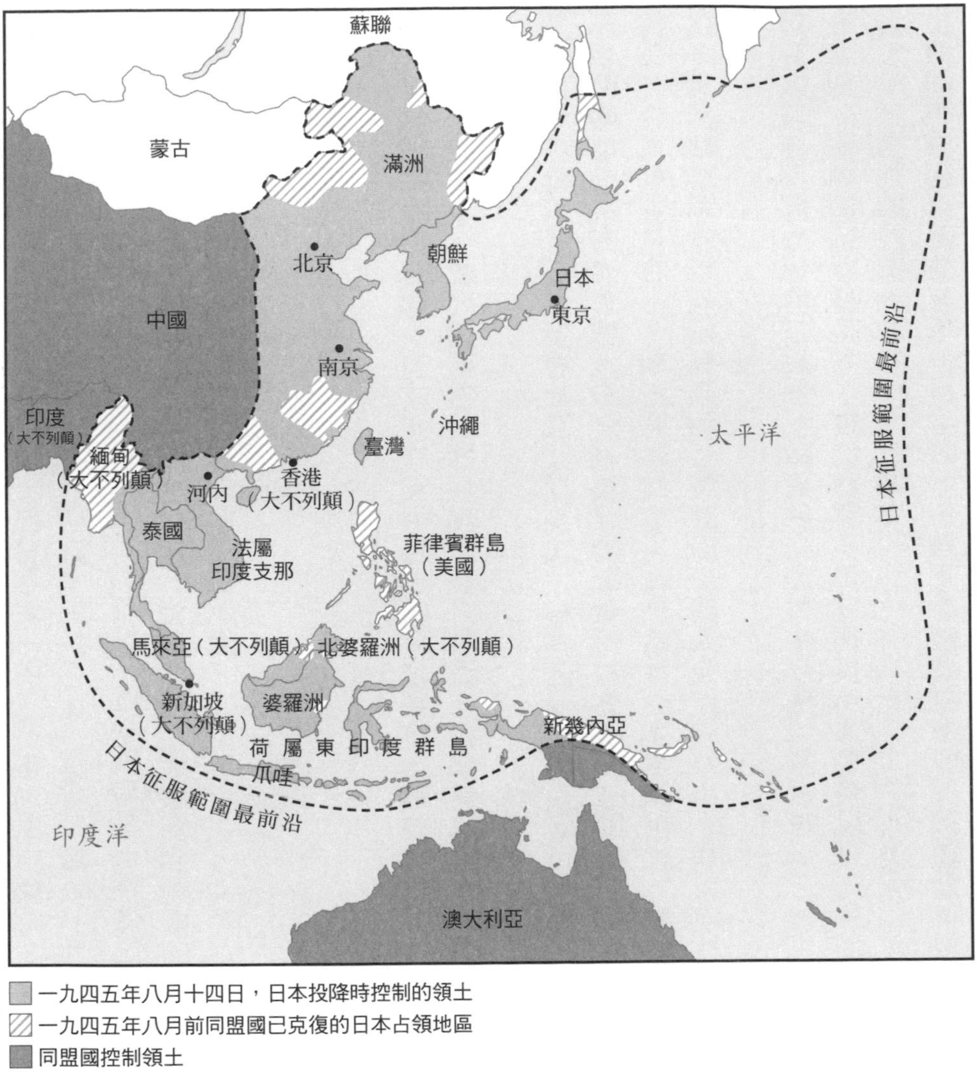
蘇聯
蒙古
滿洲
朝鮮
北京
日本
東京
中國
南京
印度
（大不列顛）
緬甸
（大不列顛）
河內
香港
（大不列顛）
沖繩
臺灣
太平洋
泰國
法屬
印度支那
菲律賓群島
（美國）
馬來亞（大不列顛）
北婆羅洲（大不列顛）
新加坡
（大不列顛）
婆羅洲
荷屬東印度群島
爪哇
新幾內亞
日本征服範圍最前沿
日本征服範圍最前沿
印度洋
澳大利亞
一九四五年八月十四日，日本投降時控制的領土
一九四五年八月前同盟國已克復的日本占領地區
同盟國控制領土

△
第二次世界大戰中的東亞與東南亞

雖然這種說詞在滿洲國還有點道理，但日本在一九三七年攻擊中國時，就暴露出不輸其他殖民行動的殘暴：快速奪取大部分海岸地區——日本人稱之為「燼滅作戰」——搶奪資源，還對民眾施以殘酷暴行。[33]南京城陷落後，一場長達七周的劫掠、強暴與殺戮浪潮隨之而來；「南京大屠殺」是這類暴行中最惡名昭彰的例子。日本對中國的侵略掀起了從歐洲到美國的抗議聲浪，但它們卻沒有什麼辦法能阻止這場入侵。帝國世界即將面臨改變。

▼殖民帝國裡的停滯與騷動

一九三〇年代，當德國與日本正在發展自己的新帝國時，它們在現實中的對手——荷蘭、比利時、法國與不列顛——也在困難重重的情況下想方設法在自家殖民地維持權力。但殖民帝國正面對著新的挑戰。

關於殖民政權中「抵抗與合作」的傳統研究，無法處理人們在殖民政權內或在對抗殖民政權時，試圖用來開闢活動空間的各種做法。破壞分子跟有用的生產者之間的界線，可以是條很細的線。殖民經濟為一些人創造機會——卻沒有為其他人提供機會——也讓世代、性別、階級與其他的緊張關係惡化。殖民政治本身以及殖民政治強調透過中間人運作的做法，都促成地區、族群以及宗教的各自為政。

由於大蕭條期間出口收益銳減，政府於是施壓中間人以維持稅收，提供的福利也比過去少了許多。在非洲，艱難的情況蔓延到了鄉間社群；但在印度，人們體驗到的生活水準衰退已經是個全國性、甚至是帝國性的問題。

生活的困難與落差造成憤怒與爭奪，不過不必然會凝聚成反抗運動；但即便如此，並不代表沒人去嘗試。到了一九三〇年代，各種政治運動開始成形，而且不單是地方性或民族性的政治運動。殖民地知識分子在歐洲各國首都的遊歷，為「當地人管理」政策造成反效果。胡志明[34]從越南來到巴黎，在那裡見到來自帝國各地的人，也認識了法國共產黨員。他繼續旅程，前往莫斯科和中國，成為跨帝國運動的領導人物之一。有不少北非人在法國找工作，加入共產主義工會，並把他們的政治理念帶回阿爾及利亞或摩洛哥。西印度群島人與非洲人則在倫敦或巴黎相遇，深入批判殖民主義與種族歧視，並探討種族與離散情境在概念上的相似處。這些帝國內的交流影響了共產黨與其他政治運動——例如泛非洲主義與「黑人特性」（négritude）——在各個不同殖民地的發展。

隨著警方鎮壓、資金與組織經驗的不足，反殖民網絡也面臨嚴重困難。蘇聯是個搖擺不定的資助者，一度支持反殖民運動，但當它在一九三〇年代支持歐洲各國的人民陣線對抗法西斯主義時，卻又急速背棄這些運動；接著到蘇聯與納粹聯手時再度出手相助，等到納粹入侵俄羅斯時則又一次縮手。某些共產國際的參與者——例如千里達的喬治・帕德莫爾[35]——不無鄙夷地離開，並另尋動員的其他方式，如泛非洲主義。不管跟蘇聯有什麼關係，左派運動全都面臨與「群眾」確實聯繫的

---

33 原注：「燼滅作戰」：引自C. A. Bayly and T. N. Harper, *Forgotten Armies: The Fall of British Asia, 1941-1945* (Cambridge, MA: Harvard University Press, 2006), 2.

34 譯注：胡志明（1890-1969），越南政治人物，曾任越南民主共和國主席與總理。胡志明是越南共產運動主要領導人，第二次世界大戰結束時，他趁日本投降的機會宣布越南獨立，先是擊敗試圖重返當地的法國政府，後來更試圖征服美國支持的越南共和國以統一越南。

35 譯注：喬治・帕德莫爾（George Padmore, 1903-1959），共產主義者，生於千里達，在美國學習醫學以及法律。後來周遊列國，在蘇聯、德國與法國投入泛非洲運動。

問題；領袖間的聯繫相較於本土化，往往更強調國際性。

民族運動在南亞與東南亞進展最快。截至一九三〇年代以前，印度國民大會黨已經發動好幾次大規模行動，準備在印度政府裡要求內閣層級的參與。國大黨能透過公民不服從、抗稅、抵制進口貨物的做法，將全印度不同階級、地區與宗教的支持結合在一起。甘地犧牲自我的象徵力量，則占據全國人民的腦海。甘地對中上階級有強大吸引力，雖然擔心窮人的要求對自己的運動會導致分裂的影響，不過他仍然能化解這種緊張。一九三七年的省級選舉中，國大黨贏得強大的支持，在八個省裡建立部會——雖然這場選舉是在有財產限制的投票權下進行，但還是創造了三千五百萬名投票人。

有了部分權力以後，甘地派縮小階級差距的打算就碰上困難的抉擇——經濟政策、不同社群的調和，以及安撫擔心被國大黨宰制的土邦。這些問題到了一九三九年——不列顛總督代印度對德宣戰時——都還談不上解決；不列顛總督在宣戰前沒有諮詢過國大黨，也沒有與各省政府討論，導致省政府退出，從而迫使英印當局在敏感時刻，採取明顯更加高壓的態度。國大黨在一九四二年領導的「退出印度運動」（Quit India movement）成為全印度抗議行動的先聲，包括群眾對警察局與城市裡公共建築的攻擊，以及在農村針對土地議題的抗爭。穆斯林與印度教徒之間的緊張關係，無疑也因為真有可能得到權力的事實而火上加油。

而在法屬印度支那、荷屬東印度以及其他東南亞殖民地，民族主義運動也在挑戰著荷蘭與法國當局；但是，當地是什麼民族？這民族又多具包容性？答案一樣並不清楚。在印度尼西亞，「東印度黨」（Indische Partij）是最早的政治組織之一，從族群混雜的人民當中開始發跡；「伊斯蘭聯盟」（Islamic Union）擴張了一段時間，但也因為印尼社會分裂的特性而步履蹣跚。艾哈邁德·蘇卡諾（Achmed Sukarno）則在一九二七年創立「印度尼西亞民族黨」（Indonesian National Party），試圖透過一種民粹主義的手法來團結人民。蘇卡諾跟馬克思主義者保持距離，將社會貧困議題與農民失去自己生活掌控權一事，跟泛伊斯蘭的主題結合在一起。荷蘭人與當地菁英培養關係的策略，加劇這個多島嶼殖民國家分裂的情況，蘇卡諾則希望凝聚各地不同的情感。荷蘭人極為重視這個威脅，於是關了蘇卡諾八年；這場運動中的其他人則改採較為溫和的態度，試探政治可能性的界線在哪。

某些越南知識分子跟隨胡志明的腳步，採取激進路數，與全世界的共產主義運動聯繫在一起；其他人則與范瓊[36]一樣，願意與法國當局有一定程度的合作，同時發展某種形式的文化民族主義，強調越南傳統的獨特與豐富。無論直接或間接，這兩種做法都對法國政府的權力構成挑戰；但政府有鎮壓的能力，某些印度支那菁英在帝國體系中也分了一杯羹，在這兩者之間，菁英們能操作的空間實在有限。戰爭對這些不斷變動的政治動員界線也有巨大的影響。

帝國之戰，一九三九至一九四五年
War of the Empires, 1939-1945

第二次世界大戰是一場種類各異的帝國之間的衝突，對戰的方式也跟第一次世界大戰相去甚遠。科技的發展——坦克、飛機——讓進攻方的優勢大過防守方，戰爭也因此更為致命。總死亡人數達到四千萬人之譜，其中有半數是平民。雙方人民都為多數戰場上的傳統武器、燃燒彈或原子彈而恐懼不已。納粹對猶太人、斯拉夫人及其他非日耳曼人平民有計畫的謀殺，更是到了前所未有的

36 譯注：范瓊（1892-1945），越南政治家，曾在保大帝統治時期擔任戶部尚書、吏部尚書，政治立場較為親法。

地步。

德國與日本背離了世界史上絕大多數帝國建造行動都遵守的限制——事實證明，德國與日本的帝國也很短命。納粹黨人在征服之後，的確曾依賴法國、丹麥與荷蘭官僚處理日常行政工作，但波蘭與部分蘇聯則是由德國人直接統治——而且所費不貲。戰前，雖然許多波蘭人與烏克蘭人搞不好是把德國人當成潛在的解放者，拯救他們於蘇聯的宰制之中，但納粹沒有打算找斯拉夫中間人，也不打算在新秩序中為當地菁英提供好處。德國試圖抹去波蘭、南斯拉夫與捷克斯洛伐克之名，因為「任何權力都不許下放給劣等種族」。知識分子、政治人物與專業人士慘死；整個村莊遭到屠殺，讓人知道抵抗是沒有用的。大約有三百萬非猶太裔波蘭人跟波蘭幾乎所有的猶太人一起被殺。即便德國在希特勒入侵蘇聯以前曾向蘇聯購買烏克蘭生產的穀物，但在征服之後，納粹對烏克蘭農民就沒了興趣，倒是想要他們的土地來移民德國人。德國人移居的程度不大，但烏克蘭人卻一批批被殺、被驅逐出境——死了大約四百萬平民。[37]烏克蘭人的教育在四年級以上全部取消；醫療服務也被廢止。納粹甚至對於在德國工廠內啟用波蘭人和烏克蘭人當奴工也有疑慮。等到後來戰爭一拉長，德國人的確用起斯拉夫勞工，不過是根據他們最冷酷無情的「種族法」版本行事。而在宰制與排擠種族的龐大過程中，滅絕猶太人則是最極端的一步。

《凡爾賽條約》之後，差勁的「國家與民族配對」早就已經在中歐引起種族清洗的活動，而納粹正好利用了中歐地區的這種支離破碎。創造「匈牙利人」的匈牙利、「羅馬尼亞人」的羅馬尼亞，這看起來跟納粹的種族思想頗有相通之處；隨著戰爭繼續下去，匈牙利人與羅馬尼亞人直到這時才了解到：德國統治者不認為其他人的民族理念可以跟他們的相提並論。把東歐變成德國糧倉的想法是個敗筆，帶來大規模的饑荒，卻沒能創造新的「日耳曼」農業地區。至於在法國、荷蘭、丹麥和其他西邊的國家，由於這些地方有在種族方面可以接受的中間人能用，納粹便能維持某種可接受程度的合作，為自己的戰爭機器提供給養。納粹並沒有將世所公認的德國效率帶入歐洲的生產活動；他們轉換歐洲的產業以為己用，犧牲的則是占領地區的需要。

出於意識型態與實際上的因素，希特勒並未有效利用德國所征服的國家——如法國、荷蘭與比利時——手上的殖民地。來到中東，雖然中東具有戰略地位，也有石油，但德國卻沒有用有計畫的行動挑戰不列顛對阿拉伯領土的微弱控制，不列顛因而把這些重要的資源都掌握在自己手裡。無論是在歐洲內部還是歐洲以外的地方，納粹帝國都拒絕使用許多其他人早已發展出來的帝國手段。馬克・麥祖瓦[38]說，納粹的做法「不只沒有道理，以一種統治哲學而言，這根本是倒行逆施」。[39]

其他帝國——不列顛、法國、蘇聯、美國——阻止了納粹再造世界的野心；戰爭的贏家也跟在第一次世界大戰時一樣，是靠著汲取跨國家的資源打勝仗的。美國與蘇聯把橫跨了兩塊大陸的人力與生產結構都投了進去。納粹這個敵人，迫使兩個大不相同的強權組成典型的帝國同盟。美國提供蘇聯占全部百分之十的坦克、百分之十二的戰鬥機，以及大量的食物與技術支援。

另一方面，蘇聯在經歷一九四一年納粹進犯後的龐大損失之後，重組了兵力，從史達林消滅軍官團的所作所為中恢復了些，並將人民與設備遠遠往東邊撤離。超過一百萬名囚犯從勞改營裡得到釋放，以便更有效地為國家的生存而奉獻。消息管制讓蘇聯人民對軍隊在戰爭初期的損失毫無所知，史達林的個人崇拜則為公民們提供動員所需的意識型態。儘管蘇聯在烏克蘭與其他西部地區的

37 原注：「任何權力……」：引自Mazower, Dark Continent, 148, 212. 死亡人數引自 Mann, *Dark Side of Democracy*, chapter 2, 186-87.

38 譯注：馬克・麥祖瓦（Mark Mazower），歷史學家，專長是近代希臘史、二十世紀歐洲史以及國際史。

39 原注：Mazower, *Hitler's Empire*, 7.

控制可說是虛弱至極，但納粹種族主義終究還是輸給了蘇聯共產主義。蘇聯的損失相當嚇人：有八百六十萬名蘇聯戰鬥員以及一千七百萬名平民死於這場戰爭。

大約有五百萬來自殖民地與自治領的人為不列顛帝國而戰，這個數字比第一次世界大戰還多，約莫是不列顛總體兵力的半數。對於阻止、擊退緬甸與整個東南亞地區的日軍來說，印度的貢獻居功至偉。就連在印度國民大會黨領導的反殖民抗議活動正在進行時，募兵率仍然高漲，逃兵人數也很少。可以說，是印度的部隊在亞洲救了不列顛帝國。

跟前一次情況不同，歐陸法國在戰爭一開始就戰敗，部分遭到占領。餘下的殖民母國領土則是由位於維琪（Vichy）城裡的通敵政權所統治。雖然維琪政權至少在名義上還維持對多數殖民地的控制，但其中卻有一群殖民地——法屬赤道非洲（見頁四四二圖）——反過來與夏爾・戴高樂的「自由法國」[40]合作。法屬赤道非洲是由菲利克斯・埃布埃[41]所領導，這位出身圭亞那的黑皮膚法國人踏上殖民政府頂端的不凡道路，有助於解釋他對共和主義信念的堅定不移。埃布埃的行動讓「自由法國」能宣稱延續法國的光榮。一九四二年至一九四三年，法國在不列顛與美國的幫助下重新奪回北非領土，為克復歐陸法國提供根據地（與可觀的人力）。到了戰爭結束時，法國的領導階層大多認為，是海外的成員拯救了法蘭西。

由日本所發動的戰爭早在其於一九三〇年代進攻衰弱的中國時，就已經開始了。當一九四〇年法國被納粹攻陷時，日本便施壓維琪政府簽訂協議，允許日本使用印度支那的法國港口。事實上，對日本來說，法國成了個次一級的帝國承包人。維琪政權焦急地想保住自己名義上的主權，至於法國經濟帝國主義的果實——橡膠、米、煤與其他礦藏——則餵給了日本戰爭機器。但日本夾在各個帝國之間的位置仍然讓它備受掣肘，要面對所謂的「ABCD包圍網」（ABCD encirclement）——美國、不列顛、中國與荷蘭。日本需要石油以及該地區的其他資源，憂懼著其他帝國勢力的抵制（美國禁運石油），同時也體認到美國正穩定地加強準備，要來對抗日本的亞洲野心。

在這樣的背景下，日本決定對自己的帝國對手先發制人——如同德國在兩次世界大戰中的做法。一九四一年十二月七日，美國珍珠港遭到攻擊；幾乎就在同一時間，馬來亞、菲律賓與香港也面臨進犯。日本希望納粹擊敗荷蘭之後，自己就能更有效地拿下印度尼西亞，就和拿下法屬印度支那時一樣。仗很難打，但日本還是掌握了石油與其他物產等所有重要補給的取得管道。不列顛人自己是有能力布署龐大的帝國軍隊來抵抗日本的猛攻，但他們沒法從歐洲騰出手來。到了一九四二年五月，從緬甸到菲律賓的東南亞地區都落入日本的控制（見頁五六一圖）。

對不列顛、法國以及荷蘭來說，這些損失所造成的不光只是軍事上的重挫。日本人的成功，把這些國家對殖民領地的薄弱控制攤在陽光下。日本點醒了荷蘭、法國與不列顛領袖：他們所能達成的，不過是對其統治有條件的服從而已。

戰前就已在印尼、印度支那、馬來亞與緬甸開始對抗帝國宰制的政治積極分子，他們是否真心相信日本團結全亞洲人的主張，還是為了其他政治或腐敗的動機而與日本人合作，這到現在還是個充滿爭議的話題；但日本所達成的，其實也只是有條件的服從。日本人務實地統治自己迅雷不及掩耳打下的領土——情況允許時就用歐裔與當地出身的中間人，果斷鎮壓造反行動，有需要就徵集奴

40 譯注：一九四〇年，納粹入侵法國，法國第三共和投降，時任國防部次長的戴高樂前往英格蘭，在當地成立法國流亡政府，稱為「自由法國」（Free French）。

41 譯注：菲利克斯·埃布埃（Félix Eboué, 1884-1944），出身法屬圭亞那（French Guiana）的非裔政治人物。一九三六年，埃布埃成為瓜德羅普總督，是法蘭西第一位非裔總督。第二次世界大戰期間，人在查德（Chad）的埃布埃表態支持「自由法國」，讓戴高樂在法屬赤道非洲仍能獲得一定的支持。

工。日本軍隊在某些情形下——例如對付新加坡的華人時——只要覺得靠不住，就會屠殺整個社群的人。征服地區奴工的生活條件在情況最慘的時候，堪稱是朝不保夕，就跟納粹利用奴工的情況不相上下。在亞洲部分地區，「慰安婦」還會被強拉來滿足日本士兵的性需求。過去掌握印尼經濟的荷蘭移民以及運作政府的官員，則是跟其他歐洲人一樣遭到拘留。

繼一六四四年的滿人以來，日本比任何侵略者都更接近征服中國，但它並沒有成功。美國人與不列顛人從印度出發，越過喜馬拉雅山的「駝峰」，終於為民族主義的國民黨及其領導人蔣介石帶來補給。國民黨與蔣介石失去大片領土，但仍然沒有戰敗。另一方面，在毛澤東的領導下，共產黨挺過了一九三五年時往西逃竄的長征，現在已經有能力在戰爭結束時重掌他們在滿洲的根據地。即使經歷數十年共和國、軍閥、外國占領與入侵等衝突，人們奮鬥的焦點還是「中國」——一個透過帝國凝聚起來、位居各種敵對政治想像中心的政體。但日本推動的一連串過程，威脅到的卻不只是中國這個帝國的生存。

雖然在征服地區也有反日本的游擊隊運動——多半是社會主義者或共產黨的號召——但日本籠絡反歐洲帝國民族主義者的做法，也讓某些政治領袖有了操作空間。在印尼，先前被荷蘭人抓進監獄的蘇卡諾有辦法為接下來要發生的事情做好準備——宣布獨立。到了越南，胡志明一個村莊挨著一個村莊，在農民水深火熱的鄉村地區建立組織。他從華人軍閥處得到武器，又從他的共產黨關係裡得到支持，有一度還被民族主義者拘禁在中國。但他最後在對的地方落腳，也就是北越的河內，更在戰爭結束時掌握了主動權。某些緬甸與馬來亞政治領袖和日本有一定的合作。蘇巴斯．錢德拉．鮑斯[42]這位有影響力的印度民族主義者，則是利用日本來對付大不列顛，靠著一支以馬來亞與緬甸為根據地的印度流亡軍隊進攻印度，但成效有限。

由於不列顛從印度反攻，美國則利用或占領太平洋上的基地（這顯示出「飛地」殖民地一直以來都很有用處），日本於是便嘗試不同的帝國策略。一九四五年三月，日本終於把法國人踢出印度支那，在自己掌權的情況下把「皇帝」的稱號給了越南名義上的國王保大。到了印尼，日本則許諾更完整的獨立形式，但卻光說不練。在盟軍的進攻下，日本在亞洲的版圖不斷縮小，再加上一九四五年八月兩顆原子彈分別落在廣島與長崎，日本只能屈服於形勢；戰爭期間得到運作空間的民族主義運動就在這樣的形勢裡站穩腳跟，挑戰歐洲統治的回歸。

戰爭結束不到幾天，蘇卡諾和追隨者就宣布印度尼西亞獨立，他們也得到足夠支持，足以有效控制住部分爪哇島。他們充分利用了不列顛派兵所需的好幾周時間；荷蘭軍隊甚至來得更晚。至於越南，胡志明紮根鄉里的組織迫使「保大帝」退位，接著在河內建立有實權的政府。他在一九四五年九月二日宣布越南民主共和國成立。在演講中，胡志明對著一大片的群眾，引用法國的《人權和公民權宣言》（*Déclaration des Droits de l'Homme et du Citoyen*）與美國的《獨立宣言》（*Declaration of Independence*），訴諸於跨越帝國、普世皆然的解放論調。法國政府不顧各界勸說，試圖重新建立控制，在越南南部也收到些成效。但胡志明很快就證明，他在北方的根據地強大到讓法國無法削弱。法國人願意與胡志明就一定程度的自治權進行協商，條件是要他留在法蘭西帝國之內；我們到第十三章再來講這段故事。

美國領導的對日勝利為不列顛、法國以及荷蘭留下再次殖民失土的任務，但後兩國所面對的民

42 譯注：蘇巴斯・錢德拉・鮑斯（Subhas Chandra Bose, 1897-1945），印度民族運動領導人，他支持左派經濟路線，主張工業國家化，與甘地立場相左。鮑斯一九四一年出逃印度，組織軍隊，並於一九四三年在新加坡成立「自由印度」（Azad Hind），反抗不列顛對印度的統治，還曾掌控印度因帕爾（Imphal）地區。一九四五年日本投降後，他搭機前往東京，因飛機失事死於臺北。

族主義者政府，至少已經在部分的爭議領土上根植了自己的勢力。美國至多只願意協助盟國重建他們的殖民帝國。或許，美國的領導人偏好更開放的戰後秩序——比起面對大帝國，美國的經濟力量有了軍隊的撐腰，更能夠影響小小的民族國家——但他們又擔心開放有利於共產主義的擴張，於是在這兩者之間搖擺不定。

小結
Conclusion

戰爭的暴力、日本人的經濟剝削、撤退國家的破壞，以及在戰後填補權力真空的倉促行動都徹底蹂躪了東南亞。但過去帝國相爭的經典故事卻在戰爭結束時開始轉變。日本一改上個世紀的潮流，證明帝國擴張不是只有歐洲人才玩得起的遊戲。德國與日本幾乎就要跳脫晚近的帝國模式——德國是因其所作所為，而日本則是因為它本來就不在模式裡。在此過程中，歐洲帝國無論輸贏，都遭受極大的損失：國內經濟舉步維艱、債台高築，經歷三十年的戰爭準備、執行與戰後復原後，人民都渴望保有自己的幸福。法國、荷蘭與不列顛在東南亞面臨最為嚴峻的挑戰。它們得重新征服某些殖民地，但在一九四五年，人們實在看不出來它們能做到什麼地步。各地的民族運動得到大好機會，得以宣稱殖民國家的土地應為「他們自己」所有。

有兩個遠比以往更強大的國家從戰爭中浮現出來，兩者都有自己身為世界強權的獨特願景。蘇聯對希特勒的勝利，似乎讓取代資本主義帝國的另一種選擇顯得更有分量。在過去帝國競爭中首當其衝的中歐地區，共產勢力已經正式擴張到大部分的土地上。蘇聯版的世界新秩序吸引許多西歐地區的工人、政治組織者與知識分子。敵對的帝國在中國、東南亞與殖民地世界的其他地方也已經筋疲力盡，在這裡，共產主義的未來似乎更有前景。

美國已經展示過其無遠弗屆的武裝部隊以及新軍事技術的力量。但美國同時也在思考如何定位自己的政治手段，包括比殖民來得更有效的工具——靈活的軍隊、許多國家的商業菁英都想分一杯羹的經濟體系，以及美國人深信其他人會想模仿的生活方式。戰爭開打以前，美國就已經開始放權給菲律賓的菁英，把他們有效地納入勢力範圍；戰後，美國也信守讓菲律賓獨立的承諾。美國對殖民帝國的矛盾心態即將為戰後世界帶來衝擊，但此衝擊卻跟政府所希望或計畫的情況不完全一樣。

我們接下來還會看到，不列顛與法國仍然認為自己的殖民帝國可以重獲新生。某種角度上來說，它們比以往更需要帝國：出售橡膠、錫、銅、金、石油、可可、咖啡與其他殖民地物產，恐怕是唯一還能賺取外匯，並在世界舞台上重申一席之地的機會。它們還不明瞭，自己的帝國早就開始在東南亞分崩離析了。而它們很快也會了解：二十世紀的這場三十年戰爭對帝國體系的傷害，比起前幾個世紀帝國之間的大戰要嚴重得太多了。

第十三章

帝國的末日？

End of Empire?

帝國世界是在什麼時候走到盡頭？又或者說，它真的結束了嗎？第一次世界大戰終結了某些帝國、震撼了其他帝國，但戰勝方的帝國勢力還是有能力重新鞏固正統性，增加新的領土。到了一九三〇年代，帝國建造者的野心再次撕裂了世界。第二次世界大戰以德國和日本的戰敗，以及法蘭西、不列顛與荷蘭的衰落做結；這個時間點或許可以當成帝國結束的開始。但倖存帝國的領導人卻不作如是想；法國與不列顛致力於「發展」行動，以活絡自己的經濟、強化帝國的合理性。在帝國內部，政治積極分子動員起來，對抗帝國的統治；他們有時是想以民族意願為基礎來創造國家，有時則是試著把帝國轉變為另一種超國家的政體——聯邦、聯盟，或是邦聯。有些人的目標是世界革命，在新的國際秩序裡將「各民族」的解放化為「特定民族」的解放。一九四五年，多數政治領袖已經感覺到世界正在變化，但鮮少有人能看清會是朝哪個方向變化。

二十世紀中葉並非一段帝國自動自發往民族國家發展的時期。分層主權以及在大架構下各種自治程度的理念與實踐，依舊在發揮作用。法國與不列顛要是無法讓臣民相信帝國制度能提供的好處，就會受到反殖民革命的幽靈所威脅，但就算成功說服這些臣民，同樣也會產生極具威脅性的危險——在福利國家時代，這會創造出一批帝國公民，要求與殖民母國公民享有同等的社會與經濟資源。一九五〇年代與一九六〇年代在非洲與亞洲崩潰的殖民行動，並不是戰間期數十年間那種保守型態的翻版，而是介入式、改革式且容易受到挑戰的殖民主義。

在歐洲內部，戰後年代成了一段跟過去徹底決裂的時期。從羅馬瓦解到希特勒崛起，「讓一個羅馬規模的帝國復活」這一目標，一直在歐洲政治中縈繞不去。第二次世界大戰之後，這個想像的帝國消失得無影無蹤。弱到無法宰制彼此的西歐國家得以從自己的帝國計畫裡解放，並在既存的國界內專注於成就繁榮與幸福，隨後則致力於為彼此的合作打造機制。歐洲正緩慢重組為一種新的政治實體：不是帝國，也不是國家，而是與前幾個世紀拼湊出來的君主國大異其趣的複合政體。歐洲聯盟由形式上平等的主權國家組成，每一個國家都自願將其部分權利交給整體，創造一個邦聯來建構共同組織。但即便歐盟擴大到有二十七個成員國，歐盟創造忠誠與依附的能力仍不明顯。[1]

到了二十世紀下半葉，後帝國世界的其他可能性仍舊存在於世界各地的政治想像中。這些計畫中，有包括前殖民地國家攜手組成的「第三世界集團」、跨國界的農民革命、流離失所人民所組成的各式團結組織，以及亞洲、非洲與其他地方的區域性同盟。而聯合國既鞏固了各國間新的平等常態，也讓某些人希望聯合國能夠穩定全人類的社群。

但到了一九五〇年代晚期，參與重塑或終結殖民統治運動的人開始發現：無論他們能想像出什麼樣的新政治形式，能得到的多半都只有領土國家。國族想像既是推動這些運動的先決條件，同時也是其結果；而且，隨著國家數量激增，以及菁英在維持國家時還有利可圖，國家想像也就變得愈來愈具強制力。即便如此，這一幅由對等民族國家組成世界的畫面，仍舊如夢幻泡影。國家的軍事與經濟力量依然極端不對等，而在每一個政治單位內部或是各單位間，人民的地位與權利還是有天壤之別。

許多觀察家認為世界已經轉為由美國與蘇聯主導的兩極政局——這兩個國家在國際法上與其他任何國家並無二致，卻能用它們選擇的方式集中和分配軍力，並在理論上擁有主權的其他國家裡，像個保護國、靠山與警察那樣行動。就影響範圍來說，美國與蘇聯都是帝國——兩國都擁有對遠方、對許多社會行使權力的意圖和能力，但它們無論對人對己，都堅持自己跟過去的帝國不同。美國的理想得自於想像中由民族國家所組成的廣大世界；這個世界對貿易開放，接受美國文化，並合力對抗敵對團體。蘇聯的版本則建立在社會主義兄弟之邦攜手前進，走向世界共產主義，終結資本主義

1 譯注：本書英文版出版於二〇一〇年，克羅埃西亞於二〇一三年加入歐盟後，已有二十八個成員國。

的神話上；從古巴到越南，這樣的願景占據了革命人士、知識分子及其追隨者的想像。這兩種願景都建立在殖民帝國的瓦解上，也同時用各自不同的方式促成殖民帝國的瓦解。

各種版本的共產政權在一九八九年後的失敗，帶起對未來新一輪的思索。二十世紀帝國間衝突的落幕，是否意味著「歷史的終結」[2]，以及所有人都被包含進自由秩序之中？隨著各種網絡與合作組織拓展自己的勢力範圍，加上政府控制力大為縮減，或許這種衝突的落幕，代表的是國家的終結？是新分裂的出現——西方對西方以外的世界，富人對窮人，穆斯林對其他所有人？還是個單極的世界，其中屹立不搖的只有一個帝國——美國？抑或是出現新的亞洲權力軸心？

上述每一種推測，都能在帝國內、帝國間、乃至於跨帝國的政治鬥爭裡找到根源。為了將這些思路解釋清楚，我們要轉向帝國政治在二十世紀後半葉的演變——殖民帝國解體與歐洲局勢重整、奧斯曼帝國衰亡數十年後依舊無解的中東衝突、俄羅斯帝國的再次轉變、中國成功的帝國再造，以及某個始終既像個帝國又像個民族的美洲國家內部所發生的變化。當時沒人知道我們此刻所處的「現在」會是什麼模樣，而我們就要從那個時候開始談起——也就是從第二次世界大戰結束時，人們覺得有可能會發生什麼開始談起。

帝國瓦解
Empire Unraveled

▼戰爭餘燼中的東南亞與南亞

一九四三年十二月，夏爾·戴高樂的法國流亡政府宣布打算在戰後給予印度支那人民「在法國社會中的新政治地位」。他們會是「聯邦組織架構」中的一分子，在其中享有「自由」，還能服務於各階層的政府，「無須拋棄印度支那文明與傳統的原有特色」。很快的，「自由法國」領導人表明，他們對所有海外領土人民的政策是「真正落實平等的原則，說得更清楚些，就是要抑制殖民的觀念」。

荷蘭流亡政府也懷抱著對未來的類似期許：創造一個「荷蘭、印度尼西亞、蘇利南（Surinam）與古拉索（Curaçao）〔後兩者是在加勒比海地區的占領地〕參與其中的國協，每一個成員在內部事務上有完全的自主權與行動自由，但隨時願意給予彼此協助……絕對不讓種族或民族歧視有存在的空間。」[3]法國與荷蘭兩國政府在自己的家園輸給納粹、在亞洲殖民地輸給日本之後了解到，他們並沒有十足把握，能恢復對印度支那與印尼的統治；他們過去用對待殖民地人民的方式對待當地人，現在則得找到跟印度支那與印尼人民合作的新基礎。

這類宣言比粉飾太平來得好，但又不到排進計畫去推動的程度。等到日本勢力垮臺，印度支那與印尼民族領袖就宣布新政府成立（見第十二章），帝國統治者要麼得說服獨立的領袖參與一個更

---

2 譯注：一九九二年，政治經濟學家法蘭西斯・福山（Francis Fukuyama）發表了《歷史之終結與最後一人》（*The End of History and the Last Man*），書中主張蘇聯垮台與西方式的民主政府紛紛成立，或許就象徵了社會主義革命的失敗，而西方式的民主則成為人類最終的政治制度。

3 原注：法蘭西民族解放委員會（French Committee of National Liberation）一九四三年十二月八日的宣言，以及荷蘭女王威廉明娜（Queen Wilhemina of the Netherlands）一九四二年十二月的聲明，轉引自Paul H. Kratoska, "Dimensions of Decolonization," 收錄於Marc Frey, Ronald W. Pruessen, and Tai Yong Tan, The *Transformation of Southeast Asia: International Perspectives on Decolonization* (Ardsley: M. E. Sharpe, 2003), 11, 13; 以及Henri Laurentie, "Pour ou contre le colonialism? Les colonies françaises devant le monde nouveau," *Renaissances,* October 1945, 10.

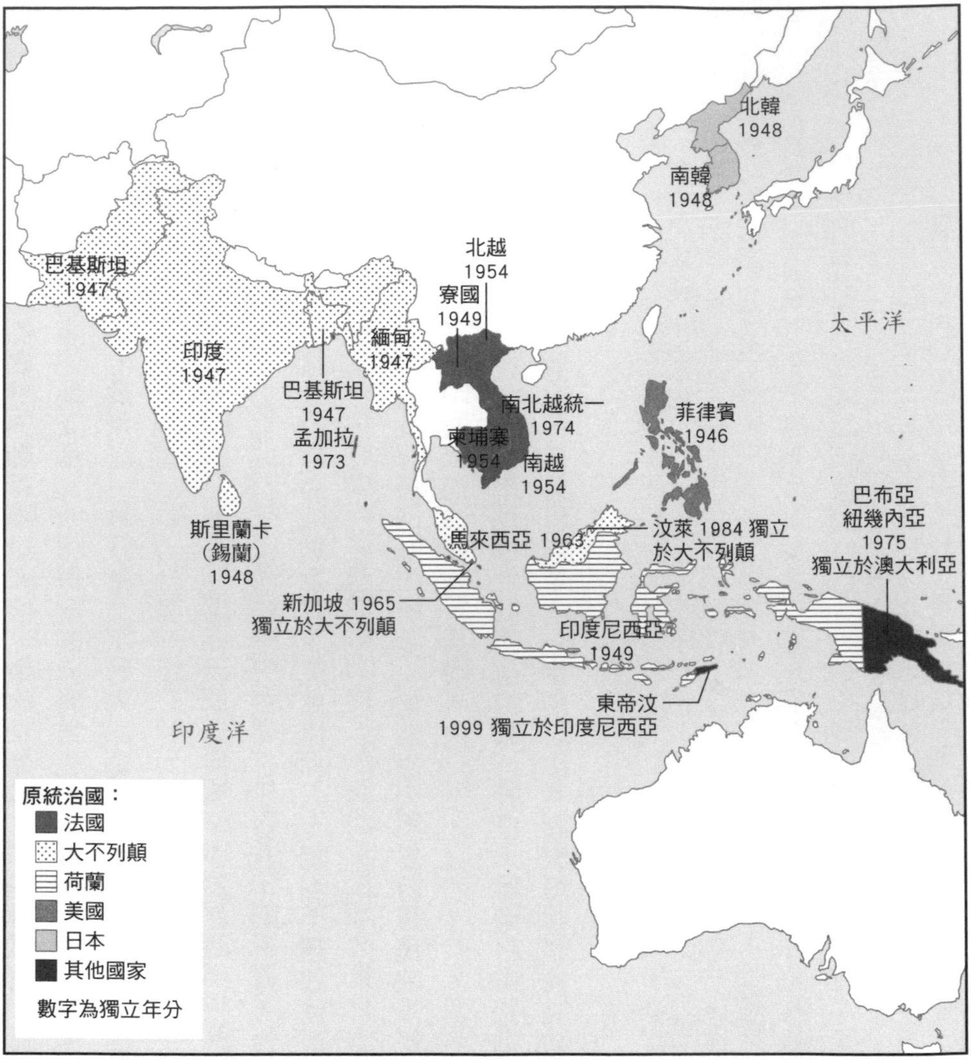
北韓
1948
南韓
1948
巴基斯坦
1947
北越
1954
寮國
1949
太平洋
緬甸
1947
印度
1947
巴基斯坦
1947
孟加拉
1973
南北越統一
1974
菲律賓
1946
柬埔寨
1954
南越
1954
巴布亞
紐幾內亞
1975
獨立於澳大利亞
斯里蘭卡
（錫蘭）
1948
馬來西亞 1963
汶萊 1984 獨立
於大不列顛
新加坡 1965
獨立於大不列顛
印度尼西亞
1949
東帝汶
1999 獨立於印度尼西亞
印度洋
原統治國：
法國
大不列顛
荷蘭
美國
日本
其他國家
數字為獨立年分

△
亞洲的去殖民

大的體系——聯邦或是國協，要麼就得開槍把他們趕走。荷蘭跟法國打算雙管齊下。

一九四五年，法國將自己東南亞的領地越南（本身就是個混合國家）、柬埔寨與寮國結合為印度支那聯邦（Indochinese Federation）。法國了解到胡志明實際掌控著北部，於是隨後承認越南民主共和國為聯邦中的國家，同時則緊抓著南方不放，並在一九四九年重新扶立前任「國王／皇帝」保大，現在則叫「國家元首」。後來有些法國領導人後悔當時沒有多退一步，允諾民主共和國擁有更多的自治權與更多的領土，但其實光用想的也知道，胡志明不太可能會甘於長久在法國的聯邦體制裡當個國家的統治者。談判陷入僵局，法國於是在一九四六年十一月轟炸越南的港口海防，揭開持續八年之久的戰爭洪流。

法國聯邦體制吸引了一些越南的城市居民，但胡志明的根據地卻在鄉下。一九四九年中國革命之後，胡志明得到一條絕好的補給路線，而美國人為法國對抗共產主義運動所提供的協助，卻不足以讓法國在一九五四年免於戰敗。雖然法國與柬埔寨和寮國國王間友好的關係因為法國的聯邦計畫而更趨緊密，但少了越南，這個在東南亞建立法語聯邦的計畫就失去了意義。法國終究讓寮國與柬埔寨從自治走向獨立，希望保有對這兩個國家的影響力，而不是保有主權。

印尼的革命步調更加快速。蘇卡諾與日本人的合作，讓他在日本人退出時得以站穩腳跟，迅速宣布印尼獨立。日本投降後，荷蘭人需要不列顛與美國軍隊的協助才能重新入主，但後兩個國家終究說服自己：蘇卡諾不是共產威脅，而試圖重建殖民國家的荷蘭也不值得什麼幫助，就算換了名字也一樣。荷蘭人組織了足夠軍力來打一場短暫而醜陋的戰爭，但無論在戰場還是國際輿論的爭奪上都無法獲勝。一九四九年，荷屬東印度群島成為獨立國家——印度尼西亞。歐裔荷蘭人在歷經戰爭期間被日本人羈押的漫長歲月後，如今又因為失去認為是自己的國家與財產而痛心疾首；他們被「遣返」回荷蘭，但其中有許多人甚至從未在荷蘭生活過。

印尼是由不同的島嶼、王國、語言與宗教編織而成；它加入世界各國的行列，在印尼的旗幟下宣布統一，講的是印尼語（殖民時代的發明），試圖發展本國的資源與生活水準。荷蘭過去一邊玩分而治之的手法，一邊試著把各個分歧不一的王國變成帝國成員；至於印尼民族主義者能否把這一切塑造成一個國族整體，則尚無定論。東帝汶與印尼其他地方以領土為主的分離運動，以及群體間的緊張與衝突（這在華人與爪哇人之間尤甚）都顯示出，就算跟手段粗暴的帝國相比，民族也稱不上是更理所當然的歷史單位。

殖民母國不列顛在戰爭期間沒有投降，這讓它在重獲戰略地位重要、資源豐富的馬來亞殖民地時，處於更好的立場。不列顛同樣打算把殖民地各省分揪在一起，成為所謂的馬來亞聯盟（Malayan Union，後來成為馬來亞聯邦〔Federation of Malaya〕），但發生在橡膠種植園與錫礦場的剝削，以及馬來人與華人間的族群衝突——雙方都清楚意識到逐漸下放的權力會增加自己的政治分量——也很快就升高為慘烈的戰爭。發生在馬來亞、由共產黨領導的叛變遭到殘酷鎮壓。不列顛的策略成了「反叛亂」的教戰守則：未經審判就關押叛亂嫌疑人，強迫遷村讓叛軍孤立無援，並採取對人民「攻心」的措施。鎮壓行動與錫、橡膠出口的爆炸性成長讓不列顛人暫時重獲控制。

但是，馬來亞聯邦已經走在一條其他亞洲人與非洲人曾經先行走過的道路上。不列顛的政治與軍事行動所確保的不是帝國的永垂不朽，而是一條離開帝國的路。一九五七年，馬來亞聯邦在一個渴望與不列顛關係良好、積極參與資本主義世界經濟體系的政府領導下，成為獨立國家——馬來西亞。

不列顛在整個第二次世界大戰期間，都牢牢掌控著自己的南亞帝國，但它在戰爭結束時的地位也岌岌可危。對印度，不列顛帝國累積了財政與道德上的債務。在財政上，由於不列顛鼓勵印度人生產、進行消費配給以及收稅，卻沒有把錢花到印度，於是印度政治激進分子長久以來所說的「陰溝」，已經轉變成倫敦城內袞袞諸公對印度政府的大量賒欠，而且每況愈下。在道德上，則是因為印度人再度為了帝國而戰，且在東南亞傷亡慘重。權力下放的承諾先是在第一次世界大戰後破滅，後來隨著一九三七年的選舉重生，接著又因為戰時對國大黨的鎮壓而再次破滅，直至此時仍未履行。戰爭期間，甘地、尼赫魯[4]與其他人都進了監獄，六萬六千人遭到判刑或拘留，更有兩千五百人在鎮壓示威時被殺。[5]等到國大黨在戰爭結束後提高政治訴求時，不列顛已無力維持高壓態度。即便邱吉爾表示無意「拆解」不列顛帝國，但倫敦更務實的意見人士，接受了只能讓帝國統治好聚好散的事實。

戰間期發生在歐洲殖民帝國裡最強大的民族運動，就是印度國民大會黨。但是，隨著權力即將落入民族領導人的掌握，民族運動內部的裂痕也開始擴大。穆斯林積極分子對印度國大黨日益感到失望，同時也領悟到印度教徒才是整個印度的多數；他們得做出選擇，看是要在一個由全印度人組成、強大的中央政府裡獲得一份權力，還是要一個更聯邦制的解決方案——弱小的中央與強大的地方，其中有些地方則是以穆斯林為多數人口。印度多數地區的人口都是混合的，但這個事實並未讓問題變得單純。全印度穆斯林聯盟（All-India Muslim League）開始鼓吹建立一個準主權穆斯林國家，作為印度聯邦的一部分，由穆斯林聯盟以及印度教徒為多數的國大黨平等合作來統治。這個新的穆

4　譯注：賈瓦哈拉爾・尼赫魯（Javaharalal Nehru, 1889-1964），印度獨立運動推動者之一，與甘地關係密切，同為國大黨人，也曾擔任過國大黨主席。尼赫魯在戰後成為印度首位總理，執政十七年，也是不結盟運動（Non-Aligned Movement）倡議人。尼赫魯家族是印度政壇的重要勢力，女兒英迪拉・甘地（Indira Gandhi, 1917-1984），孫子拉吉夫・甘地（Rajiv Gandhi, 1944-1991）都曾擔任過印度總理。

5　原注：逮捕與死亡人數引自 Bayly and Harper, *Forgotten Armies*, 548.

斯林國家後來就叫做巴基斯坦。

我們已經看到，有大半個殖民世界都在推動聯邦制——帝國政府之所以推動，是希望不同領地的菁英能滿足於不同程度的自治；但在某些殖民社會，打造民族國家將會帶來「由誰來代表民族」的衝突，因此當地的政治人物也會推行聯邦制。全帝國層級的聯邦——如法蘭西聯盟（French Union），或是由一部分帝國組成的聯邦——像印度、馬來亞、印度支那與部分的非洲，都有人提倡。

在印度，聯邦式的解決方案與許多印度人的野心起了衝突——他們追求的不只是獨立，更要讓國家成為經濟與社會變化的原動力，以及國族世界中的要角。甘地在國大黨裡的共同領袖——尼赫魯——想要強大的中央政府，穆斯林聯盟領導人穆罕默德．阿里．真納（Mohammed Ali Jinnah）則想要弱小一點的。尼赫魯不只關注穆斯林分離主義，還要留意印度超過五百個土邦可能的自治要求，他認為這就成了封建制度。尼赫魯以過去帝國的分裂為例，堅持反對印度的「巴爾幹化」——後來，非洲領袖們擔心將帝國轉變為許多弱小國家的後果時，也用了這個詞。尼赫魯認為，國大黨可以高舉階級議題來對抗坐擁財產的聯盟領袖，從而削弱聯盟在穆斯林主要地區所得到的支持，真納則擔心尼赫魯有可能成功。這樣的分歧造就印度城市裡印度教徒與穆斯林之間騷亂的背景；每一具屍體，都讓雙方的對立愈趨極端。一九四六年，不列顛打算盡可能風平浪靜地退出。面對盡快解決事情的壓力，競爭雙方只能同意一種解決方式：印巴分治。印度王公們擔心被排除在新印度以及新印度所掌握的重要資源之外，這樣的恐懼再加上來自國大黨與不列顛政府的壓力，讓土邦接受被併入印度。

就在戰勝殖民主義的這個非常時刻，印巴分治的結果成了一場人間悲劇。一九四七年八月時，隨著獨立的影子浮現，一場大規模的人口純化也隨之發生，其間有一千七百萬人從新邊界的兩端越過邊界；雙方共有數十萬人遭到殺害。[6]由於喀什米爾當地的分割線得不到共識，至今仍是印巴暴力衝突的地點，而留在印度的穆斯林與多數印度教徒之間的緊張關係，也持續冒出火花。一九四七年八月十五日，印度與巴基斯坦雙雙成為獨立國家，雙方都宣稱自己是一個民族，但無論哪一方，都不是先前半個世紀裡印度積極分子為之奮鬥的那個民族。

▼一種「發展」，各自表述

即便歐洲國家在亞洲遭逢損失，且亞洲的抗爭也毫不停歇，但這不必然代表歐洲各強權就得馬上或必須放棄帝國不可。非洲在帝國計畫裡的分量顯得愈來愈重。不列顛與法國了解到：販賣自家殖民地的熱帶商品，或許是工廠頹傾、債台高築的國家能夠賺錢、促進經濟復原的唯一方法了。戰前，人們會因為某個政府「順從白人的統治、接受日常生活中常見的歧視」而起了驕矜之情（儘管也有不少關於種族問題的爭議），但希特勒的種族帝國以及動員殖民地人民對抗該帝國的努力，卻都深深動搖這種心態。不列顛與法國政府向各自的殖民地官員送出訓令，要他們避免做出種族侮辱和歧視的行為。兩國都對受過教育的非洲人伸出橄欖枝；過去，非洲人即使受了教育，也還是因為種種似是而非的論調，被排除在間接統治的政治場域之外。對於殖民地應如何統治，兩國都打算立即開始改革，並邀請非洲人展望未來，告訴他們在未來某個時候，將能以某種方式統治自己。

不列顛在一九四〇年開始為自家帝國提倡一種新的經濟與社會願景，法國則是在一九四六年也

6 原注：死亡人數統計引自Sugata Bose and Ayesha Jalal, *Modern South Asia: History, Culture, Political Economy* (London: Routledge, 2003), 190.

著手進行。「發展」成了新的關鍵詞。兩國政府都改掉「各個殖民地應該自負盈虧」的陳舊殖民信條，並開始規畫把殖民母國的英鎊與法郎花在通訊、交通、住居、學校、醫療設施以及工業、農業計畫上，目標則是提升殖民地人民的生活水準，改善僱傭勞工的條件，並為生產力的長期改善準備好舞台。推動「發展」讓帝國有機會變得更富有，同時也更有政治正當性。

不過，不列顛與法國卻想用截然不同的方式來達成各自的目標。不列顛人希望每個殖民地根據自己的方式與步調來發展。政府打算先在「地方議會」為非洲積極人士安排席次，逐漸將傳統的統治調整為某種更為進步的型態。此後，非洲人才能在各個殖民地的中央政府獲得權力。整體的時間表並不具體；與此同時，讓非洲人坐進倫敦的國會則是想都不用想。但這恰好正是法國領導人所提倡的，雖然席次與人口不成比例。不列顛人談地方政府，法國領袖則訴諸「聯邦」這個詞。法蘭西聯盟就跟過去的帝國一樣，是以不同方式，將不同種類的政體與帝國中心聯繫在一塊打造而成：有歐陸法國；有阿爾及利亞，雖然領土已經完全整合進法國當中，但人民則有公民與國民之分；有「老殖民地」，例如加勒比海地區，居民都是公民；有「新殖民地」，例如非洲的殖民地，居民絕大多數都只是國民；有「被保護國」，如摩洛哥與突尼西亞，它們有自己的民族群體與主權，但（在壓力下）以條約的方式將特定權力讓渡給法國；還有託管國，意即有發展自己民族群體的潛力、由法國受託進行管理的前德國殖民地。

一九四六年的憲法宣布：所有這些政治實體的居民，現在都擁有法國公民的「身分內涵」。公民身分的提供逐漸擴大過去臣民在選舉中的參與，但還要另一個十年才會迎來普選權。憲法帶來權利，消滅了過去差別對待帝國子民的制度，如各不相屬的司法制度與不同的勞動法標準等。新憲法不再讓公民資格跟要求國民在私法事務上（如婚姻與繼承）接受法國民法，而非伊斯蘭律法或習慣法的做法掛鉤。原則上，新的法蘭西聯盟既是個多文化的聯盟，也是個平等的聯盟。

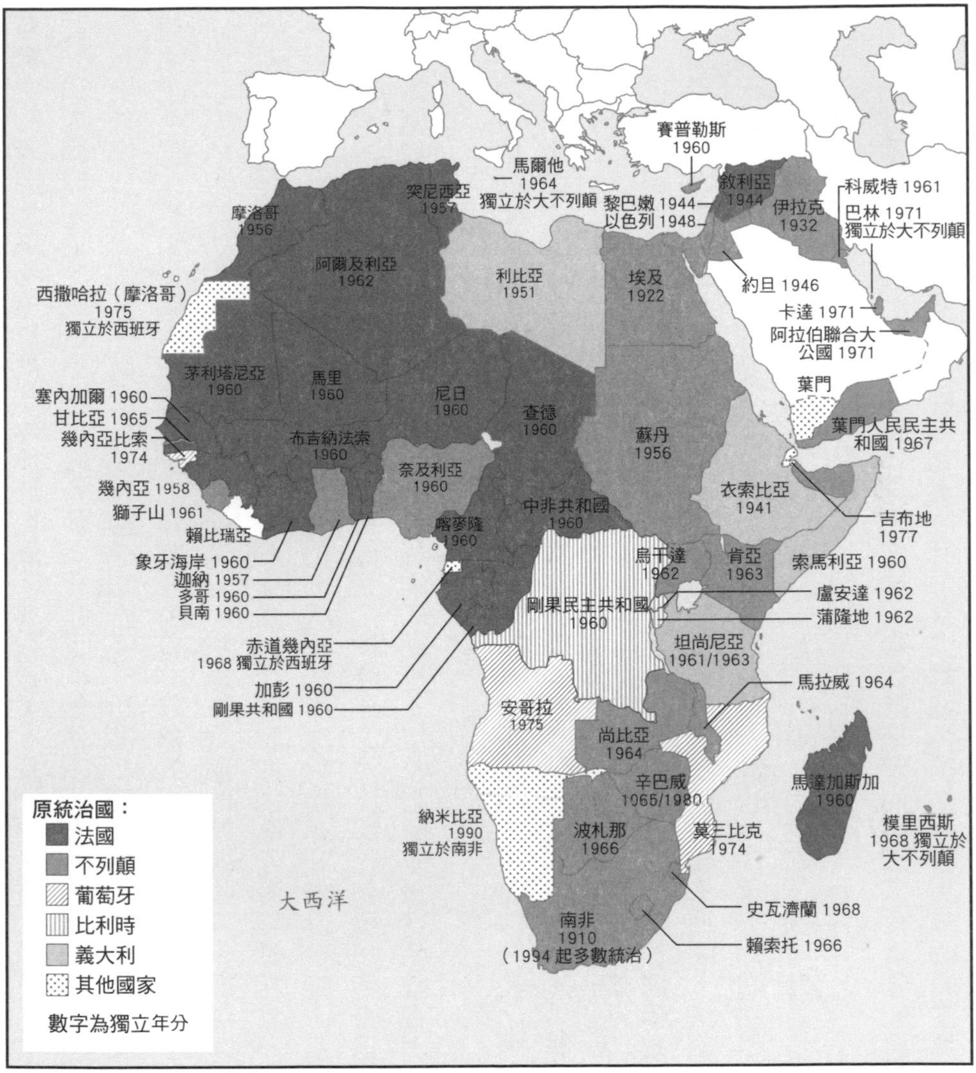
賽普勒斯
1960
馬爾他
1964
獨立於大不列顛
突尼西亞
1957
敘利亞
1944
伊拉克
1932
科威特 1961
巴林 1971
獨立於大不列顛
黎巴嫩 1944
以色列 1948
摩洛哥
1956
阿爾及利亞
1962
利比亞
1951
埃及
1922
約旦 1946
卡達 1971
阿拉伯聯合大
公國 1971
西撒哈拉（摩洛哥）
1975
獨立於西班牙
茅利塔尼亞
1960
馬里
1960
尼日
1960
查德
1960
蘇丹
1956
葉門
葉門人民民主共
和國 1967
塞內加爾 1960
甘比亞 1965
幾內亞比索
1974
布吉納法索
1960
奈及利亞
1960
衣索比亞
1941
吉布地
1977
幾內亞 1958
獅子山 1961
賴比瑞亞
喀麥隆
1960
中非共和國
1960
象牙海岸 1960
迦納 1957
多哥 1960
貝南 1960
烏干達
1962
肯亞
1963
索馬利亞 1960
盧安達 1962
蒲隆地 1962
剛果民主共和國
1960
坦尚尼亞
1961/1963
赤道幾內亞
1968 獨立於西班牙
加彭 1960
剛果共和國 1960
馬拉威 1964
安哥拉
1975
尚比亞
1964
辛巴威
1965/1980
馬達加斯加
1960
納米比亞
1990
獨立於南非
波札那
1966
莫三比克
1974
模里西斯
1968 獨立於
大不列顛
大西洋
史瓦濟蘭 1968
南非
1910
（1994 起多數統治）
賴索托 1966
原統治國：
法國
不列顛
葡萄牙
比利時
義大利
其他國家
數字為獨立年分

△
非洲的去殖民

我們在這裡看到戰後帝國的根本兩難問題：帝國政權在採用更民主的統治方式、更微妙的主權觀念時，還能同時是個帝國嗎？接納社會與文化差異的做法（十九世紀奧斯曼帝國與俄羅斯帝國的特色），可以跟以全帝國為範圍的公民權觀念結合在一起嗎？公民權此前幾乎都保留在西歐帝國的歐陸領土上而已。羅馬帝國在西元二一二年宣布所有非奴隸的男性臣民為公民，法國國會議員在為一九四六年的法國憲法辯論時也援引這個前例；但跟羅馬帝國的情況不同，歐洲現在的公民權除了政治權利外，還涉及到廣泛的經濟與社會權利。殖民母國政體內的平等標準相當不同於有高下之分的羅馬社會秩序。如果要根據一九四〇年代的公民權標準來實現諾言的話，把上百萬貧窮的臣民帶進公民群體裡，所要花費的成本極其高昂。而且，歐陸或非洲法國的公民，能否迅速跨越數十年殖民統治中所養成的習慣、跨越對特殊待遇與權力的期待，以及心態中預含的歧視與侮辱，也都還在未定之天。

這些兩難情況有助於解釋戰後法國殖民主義的精神分裂性格——有時四海之內皆兄弟，能跟非洲或亞洲政治活躍人士理性論辯，有時又殘酷暴力對待一整類被當作威脅的人。非洲人可以坐進法國的立法機構，也可以組織工會、罷工，要求同工同酬；但法國部隊在一九四七年的馬達加斯加叛亂、一九四六年至一九五四年的越南戰爭，以及一九五四年至一九六二年的阿爾及利亞戰爭期間，卻也能用集體恐怖來對付有潛在叛亂危險之嫌的群眾。阿爾及利亞戰爭期間，法國動用刑求的做法成了醜聞。但就連在阿爾及利亞，法國政府也實行社會改造計畫（美國人的講法是平權法案），讓阿爾及利亞的穆斯林法國公民見識身為法國政體一員的好處，包括在母國與海外法國找到工作，以及針對自己特殊需求的社會福利——原則上是如此。

法屬西非最有影響力的一些領袖，則把法國的聯邦計畫轉而解讀成更積極的發展計畫、以及對更全面社會平等的主張。塞內加爾的利奧波德・桑戈爾就尋求一種層次分明的主權形式：每一個領地選擇自己的政府，握有對地方事務的權力，作為整體的法屬西非則組成一個非洲聯邦，有立法與行政機構；這個聯邦再跟其他領地與聯邦結合為改造過的法蘭西聯盟，聯盟裡的所有人都是擁有權利的公民。聯盟的行動以外交、國防、發展以及其他得到共識的職能為限，聯盟也因此成為邦聯，認可每一個組成部分的國格。桑戈爾不是以塞內加爾人或象牙海岸人，而是以非洲人的方式——至少是共享法語與法國制度經驗的非洲人——來看民族群體。

其他非洲領導人則想繞過西非聯邦，偏好每一塊領地在法蘭西共同體（French Community）所擁有的直接成員資格。這些可能性在非洲受到熱議，此時法國政府也了解到自己已經落入了陷阱，夾在根據公民權的邏輯來行事——這很花錢——與暴動、鎮壓的輪迴之間，而這一切都發生在國際組織與觀察員的眼皮底下；這些觀察員可不認為殖民統治是種常態或必然。一九五八年，法國政府讓每一塊非洲領地選擇立即獨立或繼續參與法蘭西共同體，並擁有更大程度的自治；這時，只有幾內亞為完全分離投下一票。但非洲領導人無法就彼此要不要組成聯邦或如何組成聯邦的問題達成一致，而法國則是急著想避免跟聯盟的義務沾上邊。非洲政治人物逐漸認為：比起分層主權，與法國之間的主權國家雙邊關係比較符合現況。但一直要到一九六〇年，「讓法蘭西帝國在下撒哈拉非洲解體為領土民族國家」才成了唯一的可行之道。

大不列顛殖民地的結構較為去中心，不會引發有關女王所有子民地位平等的辯論。但不列顛躲避不了維持帝國的問題；當帝國式國家試圖讓自己重新成為站得住腳的帝國——亦即有發展、有政治參與的帝國時，隨之而來的種種條件，卻創造出滾滾湧現的社會與經濟資源要求。不列顛想讓受過教育的非洲人把野心投向地方政府的盤算很快就落空了。殖民地裡的政黨跟在殖民地後頭，要求在每一個領地的立法與行政機構中有完整的參與，而社會運動則要求薪水更高、作物價格更公平，還要更多的教育機構。

不過，一旦政治動員越過特定（但不全然清楚的）界線，殖民政府就會用大規模的拘留與監獄關押、刑求審問、極少司法監督的死刑，以及迫遷全村加以回應——這在一九五二年那場始於肯亞的「茅茅危機」[7]裡尤其惡名昭彰。不列顛這時才接受由選舉出來的非洲政治人物從內部統治黃金海岸，這等於踏上獨立的道路，黃金海岸也在一九五七年取得獨立地位。一九五七年，倫敦的官員和他們的巴黎夥伴一樣，對殖民領土的成本效益進行分析；結論是，由於不清楚大部分的殖民地人民是不是都「準備好」要獨立，因此，比起緊抓殖民地不放，跟非洲領導人培養友善的後殖民關係會比較划算。

夸梅・恩克魯瑪[8]帶領改名為迦納的黃金海岸一馬當先獨立出來，這時，他呼籲建立一個非洲的美利堅合眾國。但非洲沒有走上一七八三年十三個北美殖民地在獲得獨立時所走上的那條路。到了一九五〇年代中期，舊式的泛非洲主義業已凋零，其統合非洲與離散的非洲人之主張也沒有轉化為政治組織；此時，積極分子著眼的是看得見、摸得著的架構，以及權力緩步下放給個別領地所能帶來的好處。第一代非洲領導人們變得非常愈來愈執著於領土國家的政治機構與援助機會，執著到他們只能同意毫無影響力的國與國合作形式。

維持某種大架構的努力，讓往民族國家發展的潮流減緩了下來，連在過去的不列顛帝國內也是如此。第二次世界大戰之後，大不列顛內部普遍對殖民地與自治領在拯救帝國時扮演的關鍵角色表示感激。正當自治領試圖更明確釐清自己的國家公民權時，不列顛在一九四八年以各個自治領的基本公民權為典範，創造出一種帝國公民資格，將殖民地臣民也包括在內。在這條法律下，殖民地與自治領人民都能擁有在不列顛群島進出、居住的權利，這跟法蘭西聯盟公民有權進入歐陸法國是一樣的道理。

儘管非白人民眾自殖民地抵達歐洲，在法國與不列顛都造成焦慮，但帝國的邏輯仍有那麼一度戰勝種族的邏輯。在殖民地獨立後，前殖民地公民進出不列顛與法國的權利仍然維持了好幾年。然而，當殖民地變成獨立國家，化帝國為聯邦的可能性化為烏有時，法國與不列顛也變得愈發堅定以歐洲為重。雖然來自前殖民地的移民正讓兩國的居民愈來愈混合，但隨著時間過去，兩國仍然在自己的核心人民周圍畫出一條更清楚的民族界線。帝國公民成了「移民」，到了一九七〇年代，法國與不列顛開始往排外的政體觀念發展，移民也發現自己愈來愈難進入這兩個國家。

北非與中東的情況不太像殖民，從帝國脫離的發展軌跡也跟下撒哈拉非洲不同。法國人視阿爾及利亞為法國不可分割的一部分，而帝國在此的結局也格外血腥。關係緊密的移民以及移民在法國軍隊與商界的盟友，讓法國無論是冷靜計算損益，像在西非那樣找臺階下，還是實踐完全接納阿爾及利亞公民入法國的承諾，都顯得格外困難。階級鬥爭、與其他北非穆斯林步調一致的伊斯蘭激進主義、在某種法國聯邦裡民族自治，或是徹底的民族獨立——這些互相衝突的戰略分化了已經疏遠法國政府的阿爾及利亞激進分子。一九五〇年代初，民族解放陣線（Front de Libération Nationale，簡稱FLN）圍繞著獨立的目標成立，但這場運動裡的尖銳分裂仍然持續著。

FLN的武裝抗爭與政府的反恐行動，在地中海的兩側都點燃了衝突，甚至威脅到共和法國的根基。一九五八年，夏爾．戴高樂用他身為戰爭英雄的地位維持政府的運作。法國軍隊動用恐懼

7 譯注：一九五二年至一九六〇年間，肯亞當地一群以基庫尤人（Kikuyu）為主、稱為茅茅人（Mau Mau）的族群與駐肯亞不列顛軍隊發生衝突。雖然茅茅人無法獲得所有肯亞人的支持，但還是造成不列顛軍隊重大損失。一般認為「茅茅危機」（Mau Mau Emergency）為後來的肯亞獨立埋下伏筆。

8 譯注：夸梅．恩克魯瑪（Kwame Nkrumah, 1909-1972），黃金海岸政治人物，泛非洲主義領袖之一，一九五七年至一九六六年間先後擔任迦納首相與總統，並推動非洲統一組織（Organisation of African Unity）成立。

威脅與嚴刑逼供，贏下戰爭中主要的戰役，將FLN趕到阿爾及利亞的邊緣。但這些都是划不來的勝利，不僅沒能創造出足以維持下去的社會，也無法在一個多數殖民地（包括法國的殖民地在內）都已經獨立的世界裡，為法國政府帶來政治上的立足點。雖然民族主義者與左派圈子，都抱持著把FLN當作反殖民運動典範的迷思，但FLN在一九六二年的成功，卻要大大歸功於其他人——通常是透過非暴力手段——所鋪平的道路。而且，克服殖民壓迫偏偏就不等於統一：FLN裡有太多解放社會的不同願景，太多競爭派系，多到在法國同意承認阿爾及利亞獨立後不到幾個星期，內戰就爆發了。

一向堅持阿爾及利亞不是殖民地的法國領導人，這時把發生的事情重新塑造為「去殖民過程」——是法國放棄了對其他人的統治。幾乎整個阿爾及利亞的法國移民迅速出逃，大出法國領導人意料之外；這件事也讓人清楚看到，對於組成殖民社會的這些分子來說，認為殖民者不同於被殖民者的觀點，現在成了報應。

如果說阿爾及利亞被法國併吞的故事，勾勒出一場脫離帝國的曲折過程，那自一九二二年起名義上獨立的埃及，就是接下來的另一場。戰爭期間，不列顛差點就要再度殖民埃及。後來，到了一九五二年，年輕軍官們發動了一場政變，推翻與不列顛合作的孱弱君主政權，而賈邁勒．阿卜杜勒．納瑟（Gamal Abdel Nasser）則是這些軍官的領袖。納瑟用他堅定的反帝國立場，風靡全世界殖民地與前殖民地的許多年輕人。一九五六年，他併吞了蘇伊士運河。法國、大不列顛與以色列以揮軍入侵埃及及領土作為回應，但美國擔心埃及會因此被迫投向蘇聯陣營，於是便出手對各國拆台，讓納瑟的舉措成了既成事實，法國跟不列顛則是丟臉丟到了家。

入侵納瑟治下埃及的失敗行動，是從一九五六年十月二十九日這天開始。蘇聯軍隊則是在同年十一月四日這天入侵匈牙利，弭平反對蘇聯統治的大規模暴動。不到一個禮拜，蘇聯就雷厲風行恢復了控制。或許是因為兩起入侵行動在時間上的巧合，才讓國際間對這兩起事件啞口無言，但這也顯示出帝國世界走到了十字路口。發生在蘇伊士的醜態，點出某件早已發生的事——西歐殖民勢力在強制力與政治影響力上的喪失；匈牙利革命與革命的遭鎮壓則暴露出蘇聯主導下的東歐權力關係，後來一九六一年柏林圍牆的建造以及一九六八年捷克斯洛伐克解放運動的鎮壓更突顯了這一點。一九五六年的這兩場危機用一種不假修飾的方式，讓人們清楚看到帝國的勢力——其中一場危機裡的帝國大大的衰弱，另一場危機裡的帝國雖然能無情壓迫，但其道德權威卻已大不如前。

殖民帝國的衰落為獨立國家的領導人們打開局面，得以嘗試塑造一種新的國際秩序。一九五五年，蘇卡諾總統在印尼城市萬隆舉辦了一場新獨立國家領導人的會議。[9]與會人士在美國與蘇聯兩國的宰制之外，提出稱為「第三世界」的替代選擇。在聯合國投票、貿易、互助對抗侵略等層面的合作，也都進入會談的議程當中。主權國家聯合起來成為反帝國主義集團，這種做法預計將會大大扭轉世界政局。

然而，第三世界國家的水平統合並未取代富國領導人跟窮國領導人之間的垂直聯繫。去殖民行動的形式讓廣泛的合作難以成真：即將退場的強權與即將上台的當地領導人達成協議，但協議帶給後者的不過就是塊領土根據地，而這塊地更是因為太過脆弱，所以幾乎每個未來領導人，都不願放棄任何可以掌控國家主權的手段。前殖民地國家尋求外國援助或軍事支援，以對抗國內外的敵人；這些國家的統治者通常也跟前殖民強權的領導人有私人關係。窮國有跟富國建立受保護關係的迫切

9 譯注：一九五五年，在印尼、緬甸、巴基斯坦、錫蘭與印度的主導下，二十九個亞非國家或地方代表在印尼萬隆舉行會議，討論亞非地區經濟、文化合作，以及反殖民主義等議題。這次會議沒有任何過去的殖民國家參與，被視為冷戰期間不結盟運動的重要象徵。

需要，比跟那些面對相同困局的國家建立關係還要迫切。政治賭桌上已經出好老千，不讓帝國的不平等化為第三世界的團結。

無獨有偶，全世界行事標準基礎在第二次世界大戰後的轉變，也能從一些特定地區退出帝國、走向去殖民化的過程中看得一清二楚。南非與羅德西亞發生的特定種族支配（見頁四四二圖）乃是源自兩地被殖民的過去，而種族意識型態與歧視的形式，也已深深內化於殖民統治的手法當中；縱使如此，到了一九六〇年代，人們也得用民族而非帝國的說法，來當作種族秩序的辯詞。一九一〇年起自治的南非堅決主張它在主權方面的各種特權，拒絕給予黑人投票權，用「發展程度有所不同」來為種族隔離辯護。一九六〇年，南非退出不列顛國協。數十年來，羅德西亞的白人利用不列顛帝國內的部分自治權，來確保黑人無法得到有實際意義的政治角色；一九六五年，他們單方面宣布從大不列顛獨立，此後十五年來都捍衛著白人統治，獨享主權。比起其他國家，葡萄牙很明顯一直是個帝國。由於葡萄牙本土並非民主體制，殖民母國與殖民地政府間的緊張關係也因此沒那麼顯明易見。

但這幾個殖民政權沒有一個能在去殖民的感染力下生存。葡屬幾內亞比索（Guinea-Bissau）、安哥拉與莫三比克的解放運動從獨立的鄰國那得到靈感與保護，打起漫長累人的游擊戰。一九七四年，隨著負責鎮壓游擊隊的軍隊造反不幹，並從法西斯獨裁政權與殖民主義手中解放祖國與殖民地，葡萄牙非洲帝國的末日也在五百年後降臨。過去從未見過歐陸葡萄牙的大多數移民，現在也「回」到了祖國。葡萄牙本國一旦放下帝國的觀念，就變得和法國與不列顛一樣，愈來愈像個民族，也愈來愈歐洲。

南非——擁有最龐大的白人人口與最強大的民族傳統——在所有特例中堅持最久。縱使白人宣稱代表基督教與西方文明，但在全球輿論前以及在黑皮膚的南非人當中成功捍衛民主原則的，卻是非洲民族議會（African National Congress，簡稱ANC）。ANC得到已獨立的非洲國家與海外運動的支持，包括各方抵制與南非進行貿易、運動以及文化交流。白人菁英愈來愈承受不起意識型態與社會上的孤立；暴力事件則讓南非城市愈來愈難以住人。南非的發展從一六五二年第一個白人移居地開始，十九世紀晚期發展成種族歧視的資本主義，又在二十世紀轉變為由白人統治的國家體制；一九九四年四月二十七日，當南非黑人湧向投票所，根據自己的選擇選出領導人時，這個過程也隨之畫下句點。但與印尼、阿爾及利亞、安哥拉與莫三比克的移民不同，大多數南非白人仍是南非公民。不過，要在南非內將政治平等轉化為經濟與社會的正義，仍像其他非洲國家要求與過去的殖民勢力平起平坐一樣困難。

帝國的名稱與實質都起了變化。法國、不列顛、荷蘭與比利時放棄的不只是眼下的權力，還有對過去的責任。這些國家已經「去殖民」了，它們過去的殖民地現在得自食其力。分離出去的國家可以請求援助，但沒有權利一定要獲得援助。美國與蘇聯對新獨立的國家採取拉攏與強迫的行動，但兩國同樣不會為它們的利誘行為、周期性的入侵以及大規模武器擴散造成的後果負起責任。聯合國成為主權國家平等世界廣為人們所接受的象徵。平等是種假象，而且就跟許多政治假象一樣，有其現實後果。

▼中東後帝國局勢的迢迢長路

數百年來，奧斯曼帝國一直維持著阿拉伯語省分的政治局勢；而建立某種政治秩序來取而代之的難題，到了第二次世界大戰結束時卻似乎仍然無解。兩次大戰之間，敘利亞、巴勒斯坦與伊拉克已經爆發數次動亂。不列顛與法國對自己託管國的政策既沒有帶來切實可行且由上而下的控制結構，也沒有創造出通往參與自治的道路。

海珊的兒子被不列顛安插做了國王，在戰前得到伊拉克法理上的主權，戰後則是得到約旦。戰爭期間，維琪政權曾促使法屬敘利亞與黎巴嫩由託管向獨立邁進，並與納粹合作，而納粹希望在當地累積支持以對抗不列顛（但成效不彰）。「自由法國」同樣給了獨立的承諾（然後盡其所能打破承諾），接著在不列顛的援助下占領當地，不讓納粹掌握。但敘利亞與黎巴嫩菁英跟獨立間僅咫尺之遙的距離，讓他們不願就此放棄，而戰後的法國政府也同意結束託管，希望跟自己過去的被保護者發展合作關係。

隨著猶太人移民在納粹種族滅絕期間與之後的快速增加，巴勒斯坦也成了託管強權的燙手山芋。各種呼聲包圍了不列顛，這些呼聲的背後還有猶太人與阿拉伯人對抗彼此、也對抗不列顛統治的暴力行為撐腰。到了一九四八年，不列顛政府從這個自己造就的局面裡撒手不管，留下兩起資源不均、卻又主張擁有同一塊地方的民族建案。

一九五〇年代，敘利亞與伊拉克正從弱小的被保護國轉為威權主義國家，夾在大國的各懷鬼胎裡。黎巴嫩直到一九七〇年代前都還能處理社群間的差異，之後卻落入內戰局面，接著恢復，然後又內戰——這有一部分是因為受到以巴衝突所波及。馬龍派基督徒、遜尼派、什葉派、德魯茲派——所有為領導地位而鬥的競爭者，都在社群界線與領土界線不相符的後帝國泥淖裡行動，政治掮客們也擔心彼此有管道獲得政府與國外的奧援。這個世界至今仍在承受笨手笨腳拆了奧斯曼帝國所導致的後果。

伊朗，這個傲然獨立的古代帝國繼承者，其擁有的石油卻遭外國勢力所覬覦。伊朗國王跟不列顛以及美國石油公司建立了關係，但當民選政府打算邁向更為自主的道路時，伊朗就在一九五三年，成了美國與不列顛情報單位主導下的政變犧牲者。沙烏地阿拉伯的獨裁國王從西方國家那得到相當可觀的支持。在美國空軍的保護傘下，美國的石油公司在沙烏地阿拉伯境內打造出對外隔離的產業「飛地」。但無論是石油公司還是美國，都無法控制阿拉伯領袖如何使用石油帶來的龐大「年金」。這些錢挹注了一個懷抱純粹伊斯蘭信仰觀點、排斥「西方」政治觀念且牢牢掌握權力的沙烏地統治王朝。沙烏地人在穆斯林世界裡鼓勵教育與慈善事業，但也發展出伊斯蘭激進分子的網絡，美國與其他國家的領袖現在則視這些人為世界局勢的重大威脅。數十年來，中東一直是君主、軍事領袖與平民領導人之間，各個宗教團體之間，民主制度擁護者與捍衛威權統治者之間，民族主義菁英、外國勢力與跨國公司之間彼此衝突的場所。當地大部分的衝突，都有工業國家對石油的欲望推波助瀾。

東對西，南對北，西方對全部——世界再度分裂？

A World Redivided? East-West, North-South, West-Rest

殖民帝國的結束與權力集團的重組同時發生，這兩者後來也都產生新的衝突。「殖民—反殖民」以及「共產—反共」從來都不是各自獨立的衝突，但同樣也不能把它們化約為前者或後者。第二次世界大戰與去殖民的過程，加速第一次世界大戰與布爾什維克革命所推動的改變，而一九四八年前後冷戰的開始，則似乎將好幾個帝國勢力組成的秩序轉變為雙極世界。但對二十世紀的這種描述有其條件限制：無論是哪一個超級強權，都無法憑自己的意願改造其附庸，而這個雙極世界也不是個對稱的世界。

▼蘇聯式的發展與帝國

一九四三年至一九四五年間，預見戰爭勝利的史達林、邱吉爾與羅斯福再度重畫了歐洲地圖。史達林不僅堅持，也的確得到後來人們所稱的「東歐」的控制權。波蘭、捷克斯洛伐克、匈牙利、羅馬尼亞，巴爾幹半島國家以及波羅的海地區都在蘇聯的勢力範圍內。在一次戰勝國展現權力與不團結的實例中，德國被分割為四個獨立的地區，由不列顛、法國、美國與蘇聯軍方監管。至於在東邊，蘇聯則獲得庫頁島南半部以及千島群島，當作趕在最後一刻參加對日戰爭的獎品。

在歐洲，新一輪的民族純化行動隨著帝國瓜分領土而展開；這些領土在第一次世界大戰後民族化國家形成的過程裡，以及在納粹與其盟友血流成河的行動中，就已經被部分純化過。數十萬波蘭人被迫從大幅擴張的蘇維埃烏克蘭離開，前往邊界西遷的波蘭。烏克蘭人則從波蘭移往烏克蘭。土耳其人再度從保加利亞被趕出去。東歐、中歐與東南歐的日耳曼語人口則被驅逐前往德國。創造名義上單一民族領土的做法，並非民族變成國家的自然演變過程，而是一段暴力的、一再上演的且尚未結束的種族清洗過程。

紅軍在東歐成功讓納粹捲鋪蓋走人，這給了史達林收復、甚至得到超越沙皇時代領土的機會，同時淺嚐挑戰擴大帝國控制範圍的滋味。紅軍解放地區通常已飽經猛攻與劫掠，這裡的多元政治活動（包括社會民主黨在內）讓人清楚了解到共產主義沒有辦法靠選舉手段得到勝利。至於在戰爭結束時直接被蘇聯併吞的地區（愛沙尼亞、拉脫維亞、立陶宛與西烏克蘭），也有抵抗運動在挑戰蘇聯軍隊。在史達林眼中，凱旋歸國的蘇聯士兵同樣也很危險。這些士兵已經發現到：以蘇維埃的標準而言，資本歐洲的人民所擁有的家園與財產簡直是難以置信的奢華。

史達林式的管教就是給所有這些威脅的答案：在東歐新的「人民民主國家」裡建立一黨專政，

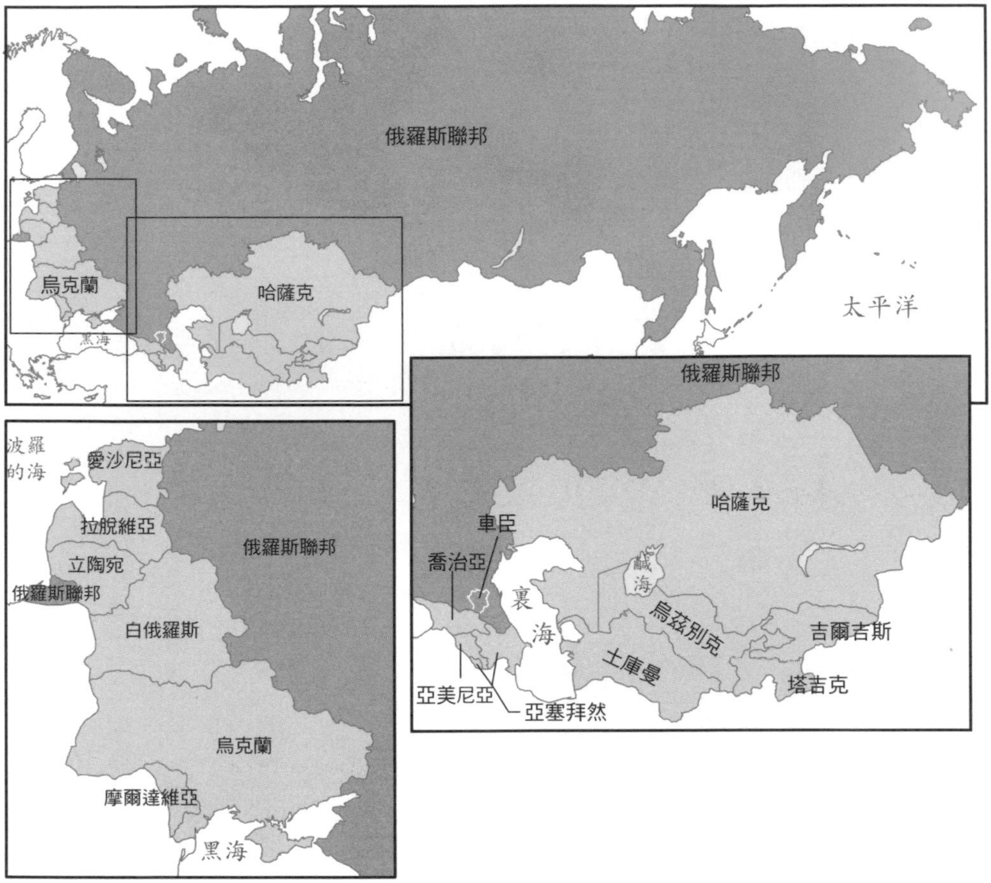
俄羅斯聯邦
烏克蘭
哈薩克
黑海
太平洋
波羅的海
愛沙尼亞
拉脫維亞
立陶宛
俄羅斯聯邦
白俄羅斯
俄羅斯聯邦
烏克蘭
摩爾達維亞
黑海
俄羅斯聯邦
哈薩克
車臣
喬治亞
裏海
鹹海
烏茲別克
吉爾吉斯
土庫曼
塔吉克
亞美尼亞
亞塞拜然

△
蘇聯的繼承國

把返家的戰俘關進勞改營，將潛在異議人士下獄或處死，流放、迫遷有嫌疑的群體，並關上另一端的消息大門。至於在蘇聯內部，遷移民族這種傳統手段被用在敏感地區：俄羅斯民族被遷往數個波羅的海共和國，戰前就住在當地的民族則有將近四分之一被驅逐出去。住在克里米亞的韃靼人與其他族群也被驅趕到哈薩克與西伯利亞。共產黨對蘇聯境內的「世界主義者」（cosmopolitans）展開行動，尤其是猶太人。隨著戰爭在後來被塑造成一件神話般的團結事件，史達林也要確保凱旋的軍官們不會太招搖。農民分配到的家宅土地跟他們在集體農場領到的錢一同縮水，這也造成一九四六年的大饑荒。由於古拉格[10]吸收了上百萬新囚犯，奴工仍然是重建的主要手段。

史達林東歐帝國裡的國家在蘇聯國界之外保有形式上的主權假象，實際上則聽命於蘇聯的指揮。蘇聯這種帝國，得靠要求各國共產黨領導階層，建立東尼・賈德[11]所說的「復刻國家」（replica states）[12]才能運作。每一個人民民主國都跟蘇聯有著相同形式的政府架構；每一個公務人員體系都由共產黨員掌控，黨員則聽從黨的命令；每一個黨的領導班子都接受莫斯科共產黨的指揮。「復刻國家」的政府組織由國家自己的人民充任；這種利用當地中間人的做法，則是從蘇聯各民族共和國內對蘇維埃「人民」的管理方式複製而來。史達林在東歐使用跟本國同樣的手段來確保忠誠，在一九四〇年代晚期與一九五〇年代早期清洗共產黨領導人，於捷克斯洛伐克、匈牙利、羅馬尼亞、保加利亞與波蘭創造新一批信得過的附庸。在這幾個國家的共產黨裡，猶太人同樣被驅逐出去或降職。有三個新組織成立，用來維持蘇維埃集團：共產黨和工人黨情報局（Communist Information Bureau，縮寫為Cominform）統合整個黨組織；經濟互助委員會（Council for Mutual Economic Assistance，縮寫為Comecon）主導經濟事務；華沙公約組織（Warsaw Pact）則是軍事同盟。

到了被冷戰區隔開來的另一邊，人們也在美國的大力投入下，規畫北大西洋公約組織（NATO）與國際性經貿組織，協調一度為敵的國家彼此之間的軍事政策，並約束國際上資本主義潛在的無政府本性。北美洲與西歐工業國家的經濟能量與繁榮程度是共產集團比不上的，但核武威脅這種扳平比分的新方式，卻造成劍拔弩張的和平。美蘇這兩個超級強權仍然難以掌握那些從過去帝國冒出頭來的弱小國家──在其中的許多國家，冷戰可是既熱烈又暴力。從一九五〇年代一直到一九八〇年代，兩極勢力間的緊張對峙形成了國際關係的角力場，「由主權國家組成世界」的幻想橫跨在對峙的局面之上，附庸政治與代理人戰爭則支撐著這個局面。

但是，其中一個世界巨強如今已然瓦解。帝國政治可以幫助我們了解蘇聯如何解體，新的國家又是如何在一九八九至一九九一年後成形。

第一，事實證明，就一黨政府的控制來說，蘇聯勢力在戰後的擴張實在是過了頭。史達林的軍隊所併吞的社會不僅有不同的經濟制度，其生產力更是讓戰前蘇聯領土上的經濟結構瞠乎其後。在共產歐洲，有許多人認為自己東邊的國家是個落後的國家，對於被這個國家宰制感到不滿。戰後，試圖改革共產主義、脫離蘇聯掌控的行動不時上演──南斯拉夫、匈牙利、捷克斯洛伐克與波蘭的情況最是引人注目。就是在東歐這塊地方，「把搖搖欲墜的蘇維埃帝國改造得更好」的渴望，壓倒

10 譯注：原為勞改營管理局（Glavnoe Upravlenie Lagerei）的縮寫。俄羅斯作家亞歷山大・索忍尼辛（Aleksandr Solzhenitsyn, 1918-2008）在一九七四年出版了描寫蘇聯集中營景況的《古拉格群島》（*The Gulag Archipelago*）一書，將蘇聯比喻為海洋，各地的集中營則為小島。此後，「古拉格」（Gulag）一詞成為集中營的代名詞。

11 譯注：東尼・賈德（Tony Judt），歷史學家、散文作家。專精歐洲史，包括法國史、二戰後歷史以及以色列歷史，同時也是不列顛學院院士。

12 原注：Judt, *Postwar*, 167.

了感情用事的戈巴契夫[13]——當人們在一九八九年十一月推倒柏林圍牆時，他並沒有出動軍隊。

第二，事實同樣證明，以國家壟斷為基礎的蘇維埃經濟體系雖然在戰時很有用處，適合用來將資源導向軍事、科學事業以及龐大的蘇維埃教育體系，但這樣的控制卻不足以創造足夠的質與量來滿足人民變化多端的需求。「檯面下的」經濟對提供人民所需變得不可或缺，甚至還成了「檯面上的」（也就是政府的）單位維持下去的關鍵。不只如此，共產黨的壟斷相當腐敗，更讓情況雪上加霜。蘇維埃共和國裡（包括高加索地區與中亞在內）的菁英，將自己的黨與黨外的金字塔體系轉變為私人權力的堡壘。

第三，最高領袖本人也有影響。一九五三年史達林過世之後，共產黨的最高領導人們放棄互相殘殺的做法，同意讓彼此與各自的親朋好友留在管理與物資供應的接班梯隊上。這從兩個方面造成整個體系的壓力。要養的高階消費者愈來愈多，能用的處罰卻愈來愈少。工人也漸漸依樣畫葫蘆，因為就算不工作，他們多半也不會受到處罰。為了在資源供不應求時還能為忠誠服務提供獎勵，當局在一九六〇年代打算進一步限制猶太人躋身菁英階級的管道，但這種策略卻削弱了專業體系。

黨本身也主動開放（也有人阻攔）過去一度箝制的資訊流動。一九五六年，赫魯雪夫的「秘密演說」[14]譴責史達林對蘇聯人民犯下的罪行，並一度解開黨過去在蘇聯知識分子與有創造力的菁英身上的枷鎖。戈巴契夫等野心勃勃的未來領導人造訪了捷克斯洛伐克、法國以及義大利。蘇聯龐大間諜網的存在，代表有許多忠心的 KGB 成員能夠享受資本主義的經濟成就，以及資本主義經理人的生活方式。

蘇聯領導人依舊覺得自己對中亞有教化的使命。一九七九年，紅軍進駐阿富汗——過去的帝國建造者們一再試圖使之臣服的地方——扶植傀儡政權。由於雙拳不敵四手——包括美國提供武裝的伊斯蘭好戰分子在內，蘇聯在一九八九年撤出了最後一支部隊。

到了一九八〇年代中期，政治局新進了一批「蘇聯製造」的成員；他們都是曾經見識過資本主義社會，大半輩子坐在各省蘇維埃職位上，而且還深深了解體制暗流的人——現在他們準備好再度改變這個體制。蘇維埃帝國就像過去的羅曼諾夫帝國那樣瓦解了——由上而下、從中心到外圍的瓦解。人們對蘇維埃失敗又偽善的主張感到心灰意冷，等到一九九一年保守派試圖力挽狂瀾時，這種疏離的情緒便導致幾乎所有菁英都背離了黨的統治。

蘇維埃政府的一系列帝國策略手法影響了蘇聯運作的方式、蘇聯倒下的方式，以及一九九一年後權力重新洗牌的方式。民族共和國體制為十五個分離國家的形成提供模板。各國族政黨的最高領導人都相信，比起當莫斯科的附庸，當一個獨立國家總統可以獲得更多收穫。鮑利斯．葉爾辛（Boris Yeltsin）將俄羅斯共和國的總統化為比象徵作用來得更重要的職位，挑戰戈巴契夫，根據預先設定好的方針，精心策畫讓人印象深刻的帝國和平解體。當然，沒有哪個新國家在民族上是均質的，但每一個國家裡的學者都迅速改寫歷史，來支持各國對主權的主張。

在東歐，堅持以戰後邊界來畫分國界的做法之所以沒有引起一連串戰爭，則要歸功於社會菁英

13 譯注：米哈伊爾．戈巴契夫（Mikhail Gorbachev, 1931-），出身北高加索地區的蘇聯政治家，蘇聯最後一任總統，一九八五年至一九九一年間擔任蘇聯共產黨總書記。一九八〇年代，戈巴契夫在蘇聯推動開放政策（Glasnost）與經濟改革（Perestroika），並減少對東歐國家的干預。一連串的措施最後導致蘇聯解體，獨立國家國協（Commonwealth of Independent States）成立。

14 譯注：一九五六年，蘇共中央總書記赫魯雪夫（Nikita Khrushchev, 1894-1971）在蘇聯第二十屆黨代表大會中，發表以〈個人崇拜及其後果〉（"On the Cult of Personality and Its Consequences"）為題的報告，抨擊史達林的作為及其個人崇拜。由於報告是在不公開的委員會裡發表的，因此稱為「秘密演說」（Secret Speech）。

們。帝國平穩解體中的兩個例外是車臣——葉爾辛與前紅軍將領[15]無法就戰利品的分贓達成一致——以及南斯拉夫;好幾百年來,各個帝國統治過、爭奪過這塊族群依舊混雜的領土,而今斯洛博丹·米洛塞維奇[16]與其他民族主義政治人物在這裡開始又一場血腥的種族清洗,打算創造出更大的國家。

▼去殖民過程中的帝國競爭

現在讓我們回首過去,看看戰後時期帝國間的敵對關係,尤其要看看蘇聯與美國如何跟西歐國家互動,以及這兩國如何在那些衰落的帝國所留下的開放空間中行動。一九四五年,美國把過去西歐帝國的命運掌握到了手裡——或者說,掌握到銀行保險庫裡。即便歐洲的復甦比當時多數觀察家所期望的快上許多,但歐洲對美國的欠款與美國在財政上的支持,仍舊型塑了二戰後的頭一個十年。美國領導人心裡很清楚,經濟上領先得太遠是件危險的事,而且,要是沒人買得起美國的產品,美國也就無法從自己的生產力中得到好處。「馬歇爾計畫」[17]是種嶄新的介入方式——不僅是因為這個計畫讓戰勝的歐洲國家接納戰敗的德國,打破懲罰與憤恨的循環,更是因為德國成了歐洲經濟復甦中最重要的一部分。

美國人對其他帝國抱持著矛盾的態度。羅斯福政府一邊在戰爭期間為未來制定計畫,一邊對不列顛與法蘭西帝國表現出不小敵意。但早在羅斯福去世、冷戰白熱化許久之前,美國就已經收起拳頭,傾向於緩慢停下殖民政權的步伐,而不是迅速卻隱含著無秩序風險的去殖民行動。美國透過一九四五年拒絕支持荷蘭人重返印尼,一九五六年強迫不列顛與法國從蘇伊士撤軍,又在越南挑起法國擔子的做法,表現出自己不僅不會無條件支持殖民帝國,還會承擔起領導的位子,對抗它所認定的共產集團。

而在日本過去的殖民地朝鮮，美國則打算將自己樹立為願意合作的附庸國家的新任保護人，以及仍然有能力畫清界線、對抗共產黨擴張的唯一強權。但中國在韓戰中的關鍵角色（還有中國對越南革命的支持），以及這些流血衝突雷聲大、雨點小的結果，都點出入侵該地區的舊有局限。在新政權的帶領之下，中國又一次強大到西方列強無法單憑己意讓它低頭。亞洲各個從帝國裡脫離的國家，不會那麼簡單就成了美國的傀儡。

美國這個世界上最強大的國家，倒是在塑造自由貿易帝國主義的新型態時取得更多成就。美國為新、老國家的菁英提供激勵人心的獎勵——包括一九四九年後的協助發展計畫，讓他們跟跨國公司以及美國的政策合作。華盛頓方面也利用自己的經濟與軍事嚇阻力，來防止主權國家因走過頭而妨礙美國的利益。策畫推翻伊朗（一九五三年）與瓜地馬拉（一九五四年）民選政府的行動，不過是讓親美菁英掌權的幾次最明目張膽的介入。比利時與美國情治單位在一九六〇年共謀，暗殺了前比屬剛果左傾領導人帕特里斯．盧蒙巴（Patrice Lumumba）。跟蘇聯的軍事敵對促成對外的軍力投射——上百個設立於全球各地的美軍基地組成的網絡。這是「飛地」帝國主義的一種變形，跟腹

15 譯注：指焦哈爾．杜達耶夫（Dzhokhar Dudayev, 1944-1996）。車臣共和國第一任總統，曾擔任蘇聯紅軍少將。

16 譯注：斯洛博丹．米洛塞維奇（Slobodan Milosevic, 1941-2006），塞爾維亞政治人物，一九八九年成為塞爾維亞總統。他推行大塞爾維亞主義，削減自治省分的權力，導致南斯拉夫情勢緊張，斯洛維尼亞、克羅埃西亞、馬其頓等國宣布獨立，還引發克羅埃西亞戰爭、波士尼亞戰爭與科索沃戰爭。

17 譯注：第二次世界大戰結束後，美國為避免一戰戰後的經濟大蕭條再度發生，同時也為防止蘇聯與共產主義勢力擴大，於是計畫對歐洲各國提供財務、技術與設備援助，幫助歐洲恢復經濟，稱為歐洲復興計畫（European Recovery Program）。當時擔任美國國務卿的是喬治．卡特萊特．馬歇爾（George Catlett Marshall, 1880-1959），歐洲復興計畫也因此稱為「馬歇爾計畫」（Marshall Plan）。

地的聯繫相對較弱（島嶼是理想的基地）。它們透過飛機與電子設備與指揮處聯繫，不僅沒有教化使命，也沒有像早期「飛地」帝國跟地方出口商發展出來的關係。

但對於前殖民地以及其他美國大獻殷勤的國家來說，它們的統治者在這種新版的帝國競爭中也有其他選擇；畢竟，蘇聯也同樣有自己的外交算計和影響手段。有些統治者手上主要的政治資本就是對政府的控制，蘇聯的中央經濟計畫就相當吸引這種統治者。而在古巴、越南與其他地方，蘇聯（有時是中國）革命性的轉變模式也影響了激進分子；無論是為了政權而武裝鬥爭時，還是革命後打算再造社會時，這樣的情況都屢見不鮮。還有一些情況是，政府拒絕在「市場或計畫模式」／「蘇聯或美國陣營」中做出選擇，轉而追求平衡不同的經濟結構與外交聯繫，最出名的例子就是印度。

多年的冷戰對立證明美國是個小氣的保護人，蘇聯則是沒什麼能給。歐洲國家則將相當高比例的國民所得投入對外援助，斯堪地那維亞地區的國家更是如此（雖然它們有自己的帝國經歷，但沒有殖民地）。這些做法中，沒有哪一種能取得長足進步，改善過去兩百年來浮現的嚴重不均。美蘇這兩個敵對大國為獨裁政府、為它們認為立場正確的游擊行動提供軍事協助，反而造成嚴重的傷害。

蘇聯的垮臺一度意味著兩大強權為了保護國而起的競爭，以及發生在前殖民地領土上的代理人戰爭都結束了。儘管存在美方勝利的論調，但單極支配的看法，就跟「民族國家間在主權形式上一律平等」的概念一樣虛幻。帝國解體後遺留的社會與政治斷層又多又深，情況嚴重到沒有哪個國家有辦法處理。

▼脫離帝國掌控

若說殖民地從帝國中解放出來，導致各式各樣的結果，那麼某些以帝國身分倒下的政體，則是以民族國家的姿態重新復甦，其中就包括德國（一九八九年以前為西德）與日本。日本在一九四五年後失去了殖民地，但後續發展卻跟德國在第一次世界大戰後被剝奪殖民地有所不同；日本戰時的勝利在東南亞造成帝國危機，更是對這樣的發展影響尤甚。

日本跟德國一樣，成了被占領國。但占領不同於殖民，日本不會因為占領而被併入某個帝國式的、美式的整體當中。即便占領國對受盡屈辱、走投無路、窮愁潦倒的人民來說有極大的權力，但占領畢竟有時間的限制與野心的局限。美國及其盟友考慮了很久，決定不要除掉日本天皇，並將德國與日本的許多大企業毫髮無傷地保留下來；它們同樣也努力確保軍國主義不會在這兩塊地方捲土重來。美國也不希望這兩個國家成為美國資源的長久負擔，反倒希望西德與日本能融入資本主義世界經濟體系。兩個戰敗國都有受過高度教育的人民，對工業技術也有極高水準的專門知識。德國與日本由於手握過去帝國事業裡發展出來的資源，因此與被殖民世界截然不同，兩國的經濟復甦也極為迅速。相較之下，被併入蘇維埃集團的東德在四十年的時間裡，走上不同的發展方向——變成比自己西邊鄰居窮得多的「復刻國家」。

德國與日本都從最根本的觀念——也就是從為了成為帝國以及帝國間的競爭中——解放出來。荷蘭、法蘭西與不列顛帝國在東南亞解體，取而代之的是一系列獨立的國家，這泯除了日本人在一九三〇年代的深刻恐懼——擔心日本的原物料資源與市場通路，會因為歐洲強權的一念之間而削弱。日本的原料供給與經銷，現在都能仰賴全球市場。德國無須擔心法國與不列顛調動殖民地資源，而是能跟日益民族化的法國與不列顛一同成為有自覺的民族國家。由於被分為東西兩半，且籠罩在蘇聯擴張進入東歐的陰影之下，德國的確得提防其他超級強權。對共產主義的恐懼，讓西德與其他西歐國家站上同一陣線。美國的軍事保護以及「馬歇爾計畫」不僅有助於創造新的主權歐洲，還能讓各國有合作的可能性。

歐洲在一九四五年一分為二，為雙邊帶來痛苦與不安定感；東歐國家也追不上西歐國家後來的蓬勃發展。不過，「民主—不民主」的分野在歐洲也並非涇渭分明。西班牙與葡萄牙一直到一九七〇年代為止，都處在法西斯的統治之下；阿爾及利亞危機中，法國既不透明也與憲法不符的做法會導致政變的風險，一九五八年，該國差點就發生軍事政變。[18]一九六〇年代，希臘也有過一段右派獨裁政權的插曲。[19]不過，西歐內部互相交流（跨國界的文化接觸與移民，金融制度與消費文化的重疊）的程度，也會對西班牙和葡萄牙這類游走於邊緣之外的國家造成壓力，進而讓它們回到圈子裡來。而在歐洲的另一端，史達林和他的繼位人粉碎了波蘭、匈牙利以及捷克斯洛伐克發生的異議與反抗，但蘇聯也打過幾場敗仗，尤其是在一九四八年；當時，狄托[20]這位握有地利之便的戰爭英雄找到辦法，讓南斯拉夫成功脫離蘇聯的控制。

西歐不再受帝國影響，這讓西歐國家能夠在主權平等的基礎上考慮合作的可能性。一九五一年的歐洲煤鋼共同體（European Coal and Steel Community）是試探性的第一步，目標也很有限；一九五七年的《羅馬條約》（*Treaty of Rome*）創造了歐洲經濟共同體（European Economic

18 譯注：一九五八年時，法國第四共和內部動盪不安，法國國內以及駐阿爾及利亞當地的右派軍事將領，擔心政黨政治的動盪會造成政府忽視阿爾及利亞局勢的掌控，於是密謀占領阿爾及利亞，並策畫本國軍事政變，推舉當時在國內聲望依舊高漲的戴高樂重掌政權。最後政府讓步，議會授權讓戴高樂全權處理，戴高樂成為第四共和的領導人，並透過公投通過新憲法成立第五共和。

19 譯注：指一九六七年至一九七四年間，由喬治斯・帕帕多普洛斯（Georgios Papadopoulos, 1919-1999）領導的希臘軍事獨裁政權。

20 譯注：指約瑟普・布羅茲・狄托（Josip Broz Tito, 1892-1980），南斯拉夫共產黨領導人。他抵制蘇聯控制，採取不結盟政策，改善與西方國家的關係。

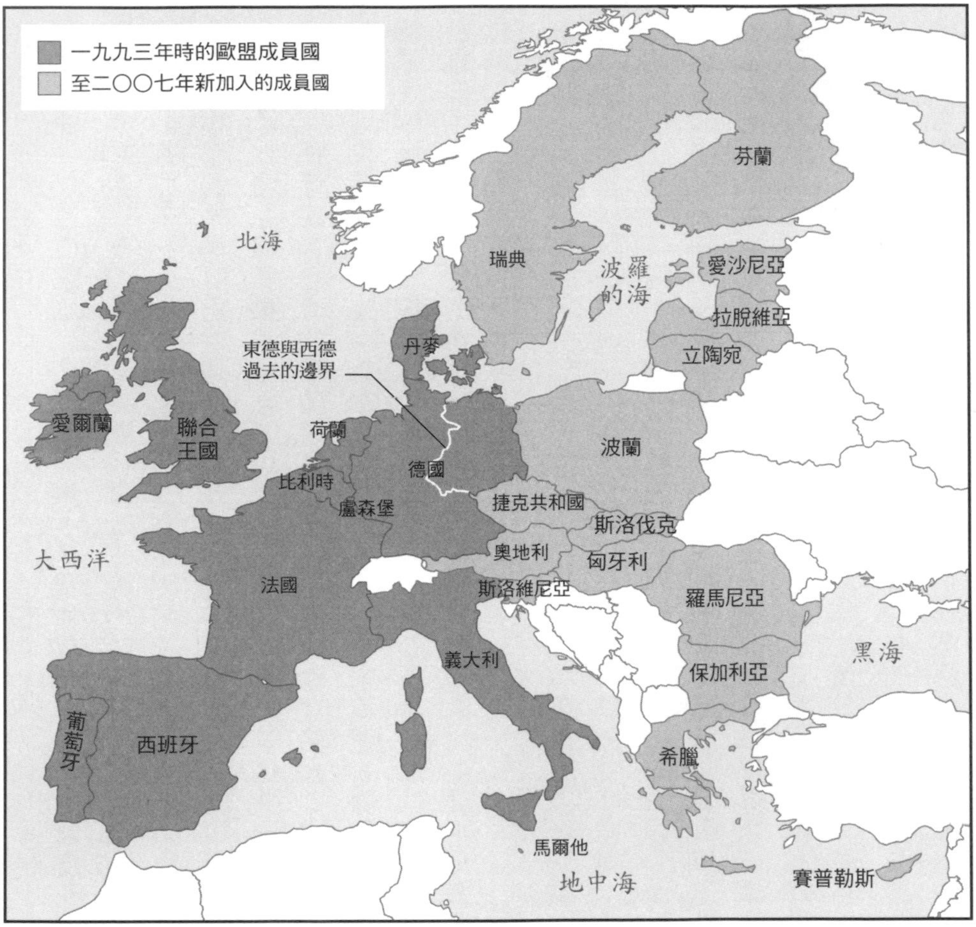

△
一九九三年與二〇〇七年的歐洲聯盟

Community），但條約所包含的承諾性質，遠多於具約束力的保證。

政治方面，民族情感比以往更為強烈——其中有不少成分是源自於殖民地的喪失。歐洲經濟共同體透過菁英們點頭放行的行政組織來擴大影響力——而不是依循透過人民選擇、並制訂出一套共通計畫的政治程序。一九九三年歐洲聯盟宣布成立，歐盟部分地區取消了邊境手續，歐盟組織在控管商業與社會事務逐漸吃重的角色，以及二〇〇〇年以後的共同貨幣，這一切都指向邦聯的方向：各國仍然有國民身分證與國家主權，但將某些特權讓渡給某個共同體。隨著從蘇維埃帝國勢力中浮現的東歐國家逐漸成為合宜的歐盟成員，歐洲的觀念也在擴大。從一八一五年的維也納會議到今天的歐洲聯盟之間，走的不是一條筆直的道路——而且沿途還有數以百萬具屍體；但因為有了歐盟的正式機構，歐洲不再是塊競爭帝國霸權的空間，而是有著各種共同制度的集體。隨著歐洲人獲得在歐盟各地自由移動與工作的權利，他們也畫出了包容範圍的限度——殖民帝國過去想把殖民地人民留下來，現在歐洲人則是把這些人的孩子排拒在外。

▼中國新路

無論是反共的西歐資本主義國家，還是共產蘇聯，都沒辦法找到進入中國的門路。中國有自己淵遠流長的帝國傳統，以及商業、農業和政治資源。從中國的角度來看，從一九一一年清帝國垮臺到一九四九年人民共和國成立中間的這些年，似乎只是漫長帝國歷史中的又一段插曲，而不是偉大國度的結束。這一次，毛澤東和他的黨為了「打造出屬於中國的共產主義」這樣一個世俗性使命，運用了人們對集權中央的期望心理以及對管理方法的熟門熟路。打從一九二〇年代以來，毛澤東的目標就是要重建中國，版圖則接近於清代曾經建立過的規模。

第二次世界大戰結束時，逃離國民黨與日軍的毛澤東共黨軍隊出現在中國北方——兩千多年來，征服中國的行動不斷從這裡開始。有了蘇聯的幫忙，共產黨得以重建、掌握滿洲地區的城市。毛共透過土地改革與殘酷的反地主運動，在殘破的鄉間建立起支持基礎，並準備好要掌握對全中國的控制。

中國工農兵在一九四九年的勝利打造了一個不同類型的王朝——以共產黨及有如皇帝的共產黨領導人為基礎，由幕僚的核心圈子所圍繞，專注於國家的重建與社會改造。就跟蘇聯的情況一樣，中國共產黨把過去的家產官僚策略轉變為黨領導人對政府階級中關鍵職位任命權的掌握。中國只有在一小段時間裡是俄羅斯共產主義的信徒，且從來不曾真心信服。一九五〇年代，毛澤東跟莫斯科拉遠了關係，尤其是遠離莫斯科和西方「和平共存」的政策。在萬隆會議上，中國提倡既非西方也非蘇維埃的第三條路。而中國對鄰近地區的政策也表現出與其帝國歷史的延續——對朝鮮與越南進行重大軍事干預，但只有一丁點兒行動用來援助其他地方的共產運動。中國心裡想的，還是它那張帝國地圖。

經歷一九五八年到一九六一年間傷亡極為慘重的集體化運動（「大躍進」造成兩千萬到三千萬人死亡），一九六六年開始的「文化大革命」對黨核心圈子以及其他專家無情（而且要命）的清洗，以及一九七六年毛澤東的過世（這搞不好才是最要緊的），中國領導階層逐漸對私人企業與外國公司投資打開大門。規模巨大的經濟發展開始了。這不是「自由貿易」也不是「西方」的勝利，而是長壽的中華帝國傳統又一次的轉型。共產黨在這次的變化中，仍然牢牢掌握發號施令的地位；和平的民主訴求遭到鎮壓，至於像是中國與中亞舊邊界沿線穆斯林居民、或是西藏佛教徒所發起的民族與其他種類團結運動，都得和政府無孔不入的力量對抗。政府控制某些企業，利用它們在特定的產業部門或地方刺激經濟發展，但政府（一如在過去的中華帝國裡那樣）把大部分的生產活動留在私人手中，與此同時還保有其管理社會生活所有面向的權力——包括各個家庭容許的子女人數。

一九九七年，香港——不列顛帝國最顯眼的專橫標誌之一——回歸中國。香港曾經是不列顛在一八四二年征服得來的戰利品之一，不列顛與清廷達成的條約決定了香港的地位。香港的回歸也要受談判出來的條件所限制，包括給這個城市國家部分的行政自治權。就這樣，人們用不列顛與中華帝國的做法重新對香港做出調整，這不禁讓人想起帝國的基礎方略：用不同的方式統治不同人民，但不會像對待組成政體的其他部分一樣平等看待、一視同仁。香港回歸也突顯帝國發展與互動的變幻莫測。儘管割讓香港對之後的帝國交流產生巨大衝擊，但香港受不列顛統治的時期，卻只是中華帝國史中的一段極短篇章。

到了二十世紀末，這個長壽的帝國正扭轉著持續兩百年的勢力分布，成為美國的債權國、西方過去殖民地的原物料購買者，以及歐洲奢侈品的消費者。兩極對立已然終結，但另一個勢力正以全球政局推動者的身分重新出現在歐亞大陸上，再一次改革、振興了自己的帝國傳統。

第十四章

帝國、國家與政治想像

Empires, States, and Political Imagination

帝國還沒有被某個穩定、功能正常的民族國家世界所取代。近來許多血腥、不穩的衝突發生在盧安達、伊拉克、以色列／巴勒斯坦、阿富汗、前南斯拉夫、斯里蘭卡、剛果、高加索與其他地方——這都是因為找不到行得通的替代方案來取代帝國制度。建立在過去殖民地土地上的國家，仍然沒有達成許多在獨立時就想完成的目標。列強一邊口口聲聲呼籲建立一個由不受侵犯的平等國家組成的世界，一邊卻用經濟與軍事力量削弱其他國家的主權。與此同時，政治領導人與其他人士也正努力建構超國家的體制，控制國家之間的衝突與互動。一九五〇年代從有關殖民帝國的爭辯中浮現的邦聯構想，現在已經用在了歐洲，為的是在這塊從羅馬衰亡到共產主義殞落，一直不斷被衝突撕裂的大陸上，把各個國家團結在一起。

再探帝國發展軌跡
Imperial Trajectories Revisited

探索各個帝國的發展路徑雖然無法預言未來，卻能幫助我們了解是哪些情境、構想與行動把我們帶到這個變幻莫測的現在。讓我們回顧一下，帝國是如何在時間的長浪裡塑造歷史吧。我們已經突顯過帝國是用什麼樣的方式，在擴張或收縮的政體裡來回操弄相似性與差異性。我們也強調過帝國內權力關係的垂直特性，領導人試圖從自身的周遭環境或被併吞的社會裡招攬中間人，以便統治邊遠領土，並確保對帝國統治的有條件服從。我們也在各個帝國交會之處，看到在其他帝國邊緣現身的新帝國，看到敵對帝國對帝國擴張的橫加阻攔，看到帝國勢力留下的深遠影響，也看到彼此身上背負的民族自治願景。我們沒有把帝國歸到某個固定的範疇，而是去見識統治菁英如何在遠處結合行使權力的不同方式。帝國發展的過程各異，但卻互相糾纏，在超過兩千年的時間中，一再轉變這個世界。

我們是從西元前三世紀的中國與羅馬開始的。中國與羅馬都創造出打造帝國的技巧，包括在投身帝國建造過程的人，以及被當成化外之民、貼上遊牧民族與野蠻人標籤的人之間畫出楚河漢界。自從秦拼湊出「中國」以來，由帝國控制一大片廣袤豐饒空間的可能性便點燃了政治想像；就連各個王朝實際統治的空間擴大、縮小甚至分裂時，這樣的政治想像也依舊火熱。征服者渴望統治中國，而非摧毀中國。十四世紀的元與發跡於十七世紀的滿人，都利用自己的特殊性讓帝國勢力改頭換面，並擴張帝國的領土。

官僚統治幫助中國皇帝免於依賴地方領主，讓中國有著不同於西歐羅馬與後羅馬政權的帝國發展軌跡。中華帝國政府控制著供水、糧倉以降低饑荒的風險，但政府沒有創造某種單一的宗教機構，也沒有打算一統帝國各地人民的經濟與文化生活。中國在十九世紀碰上麻煩，年輕得多的各個帝國帶來新的刺激、新的觀念、新的交流與新的威脅，把清帝國經濟的弱點攤在陽光底下，並為一些中國菁英啟發了替代策略。但反滿、排外、民族主義與共產主義運動全都著眼於將「中國」視為一個整體。

羅馬在西邊存在差不多六百年，更在東邊以拜占庭調整過的、更彈性的帝國風格又運作了一千年。羅馬作為典範的影響，要比羅馬帝國的存在還要長久。不同的民族若採用羅馬的文化習慣、接受羅馬政權，就也能成為羅馬人；這樣的可能性為將來的帝國帶來彈性，卻也帶來自負。羅馬把遠方的神祇納入自己的萬神殿，招募帝國邊緣的菁英擔任高位，並將早先的文化成就吸收進自己的文明理念中。這種豐富、具統合性的羅馬文化，在整片廣袤的領域中吸引到滿滿的忠誠與仿效。

羅馬的公民資格至為關鍵：公民權一度屬於帝國城市裡從軍的菁英，後來逐漸拓展到帝國裡許多人的身上，更在西元二一二年遍及所有自由身的男子。散居各地的人也能成為帝國的公民，在整個政體中享有權利帶來的好處，這樣的觀念也在以制憲改革為目的之運動裡獲得回音——迴盪在一七九〇年代的法屬加勒比地區，也迴盪在一八一二年的拉丁美洲克里奧爾人、一八六九年的奧斯曼人以及一九四六年的法屬非洲人之間。

有條路是羅馬走了但中國卻避開的路，那就是將自己頭幾百年綜合起來的多神宗教習俗轉變為一神信仰。把一個普世帝國與單一普世信仰——基督教——連成一氣的理念，在後來仿效羅馬的帝國身上留下不滅的印記。當君士坦丁把首都遷到拜占庭時，他與他的後繼者一方面仰賴教會來支撐其權勢，另一方面也調整自己用來統治東地中海形形色色的人民、文化與經濟網絡的方式。東羅馬帝國為各個在其文化圈邊緣成型的帝國——好比俄羅斯——留下一種不同版本的基督教。

一神教與帝國的聯姻看似為帝國政體提供凝聚力，但這樁婚姻對帝國政權的影響既深遠又難料。伊斯蘭哈里發政權以一種新的一神教為基礎，在過去曾屬於羅馬的南方與東方地區建立帝國。帝國快速擴張，把伊斯蘭信仰散播到遠方，從西班牙到東南亞。但事實證明，在無所不包的伊斯蘭社群觀念上建立帝國，要比維持這些帝國來得容易。哈里發國就飽受各個競爭統治權的有力人選，在宗派上的分裂與相互攻擊所折磨。這些衝突將伊斯蘭統治者推向政治革新，並為了爭取藝術與學術人才而針鋒相對。在不同穆斯林統治者的保護下，古典知識融入以阿拉伯為基礎的上流文化，保存了下來，甚至撐過哈里發政權的分裂與重組。

在西歐地區（以及部分說泛拉丁語系方言的區域），基督教被證明是比政府制度來得更經久不衰的羅馬遺產。由手握武裝隨從的大地主所主導的政局，從羅馬中心的崩潰裡浮現。當互相競爭的各地領主重新宣稱、並重新定義羅馬的法律傳統之際，他們也同時為了自己，將貴族權力與地位的觀念推行到自己的附庸身上。領主能為想當皇帝的人提供一批武裝支持者，但他們也能為任何意圖阻撓建造帝國的對手提供同樣的服務。西元八百年時，受教宗加冕的查理曼只差那麼一步，就可以重建普天之下莫非王土的帝國了，但幾個繼承人很快就成了彼此間的競爭以及貴族聯手下的犧牲者。歐洲地區破碎四散的權力，不斷妨礙著人們重組羅馬帝國的努力。

從伍麥亞王朝開始的伊斯蘭帝國逃過貴族帶來的難題，這些帝國仰仗的多半是由外人——奴隸、被保護人與新信徒——所充任的皇室大家庭。歐亞草原上的帝國建造者用其他策略來穩定中間人——歃血為盟、聯姻政治與部落結盟。古早以前，遊牧民族就已經對整個歐亞大陸的國家形成有著重要的技術貢獻，包括馬背上的武裝戰士。秦漢兩朝以降，農業帝國跟自家邊境上有軍事與貿易才幹的「蠻族」接觸，迫使中國領袖打造出能同時抵抗與利用遊牧民族的政體。突厥的邦聯則創造出可汗的頭銜與制度。從歐亞草原被帶去當戰士的奴隸——帶著他們的草原氣息與馬上技術——對好幾個帝國而言都相當重要，其中包括阿拔斯哈里發國與其奴隸軍隊，也就是曾經自己奪權的馬木路克人。一〇五五年征服巴格達的塞爾柱人，以及後來在一二五八年同樣拿下這座城的蒙古人，都是根據歐亞草原上的原則組織起來；他們也將突厥與蒙古的習俗帶上地中海的舞台。

成吉思汗在十三世紀展開的征服，是遊牧民族帝國擴張能力最讓人嘆為觀止的展現。他的軍事行動越過歐亞草原，創造出有史以來最龐大的陸上帝國。當西歐人就連重建羅馬，都還是遙不可及的夢想之際，蒙古人在成吉思汗及其兒孫的領導下，靠著他們的跨洲驛站體系與靈活軍隊，一時間統治了從多瑙河到太平洋的整片地區。蒙古人保護貿易路線，連接各式各樣的文化與宗教傳統；蒙古頭領還教會俄羅斯王公們如何管理、建造王國。而在中國，蒙古人則是建立了元，將一度分崩離析的帝國重新結合起來。

奧斯曼人汲取突厥、阿拉伯、波斯、蒙古與拜占庭經驗之長，創造國祚最長的伊斯蘭帝國；他們不太在乎教義的純正，因而得以避免或管控住宗教分裂，將各個歧異的社群整合進一個帝國的整體。靈活應變與接納差異都是奧斯曼統治的正字標記，讓他們能在自十四世紀初的一鳴驚人至二十世紀解體這段時間內，度過全球經濟與政治的多次變遷。

我們最好別把歐洲帝國的發展軌跡解讀為某種源自於歐洲人獨有驅力的「擴張」敘述，而是要從帝國間的關係與競爭來理解。奧斯曼人扼住了地中海東部與南部，本國又有「貴族—王朝」政治鬥爭的限制，因此想在西歐當皇帝的人，得放眼海外才行。越洋經濟（有專門的貿易群體、市場聯繫，以及交易與借貸的手段）的真正先驅在亞洲，他們從印度出發，跨越東南亞來到中國。而葡萄牙與荷蘭帝國則得強行把自己擠進這些貿易體系裡的節點，才得以發跡。

正當卡斯提爾與阿拉貢的統治者試圖闖入帝國間的亞洲貿易競賽時，哥倫布偶然發現了美洲；而讓這起事件變得如此前途無量，則是其他帝國後來的發現。要是沒有阿茲提克與印加帝國收聚財富的能力，新大陸和附近的島嶼或許就不會那麼吸引歐洲人了。此時，這兩個帝國的內部分裂，讓征服者得到印地安盟友與根據地。但後來讓歐洲國家與殖民地移民覺得美洲事業有利可圖，則是世界各地的交流。人們拿美洲的白銀為許多場歐洲帝國戰爭付帳，白銀也促進歐洲帝國的金融服務事業，讓歐洲人能買下他們在亞洲找尋的貨物。從非洲帶來的奴隸在加勒比地區的種植園上生產蔗糖，養活了歐洲人——包括那些在十八世紀時創造英格蘭工業革命、並為全世界想要購買商品的人提供貨物的工人。

「將世界化為一個更為互相依賴的空間」並非這幾個個別帝國的目標——帝國會試圖限制對手的交流。但建立帝國帶來的影響也超越了帝國建造者的想法。前往麥加的伊斯蘭朝聖者，創造一個超過所有哈里發國疆域大小的穆斯林世界；古吉拉特人早在歐洲人抵達之前就已經渡過印度洋，後來也協助歐洲貿易路線運作，更在歐洲帝國站穩腳跟後跨越了帝國的疆界；華商推動整個東南亞的交易——也間接與歐洲往來——甚至在明代皇帝不支持海外貿易時依舊如此。帝國的代理人——如商人、公司官員等——總是被要求局限在帝國的溝通管道內，但有時他們也會繞過這些非常「帝國式」的聯繫。帝國的龐大與財富也吸引到走私販子、海盜與入侵者從事大規模活動。

歐洲海外帝國有好幾種擴大的方式。這些帝國創造出奴隸社會與移民殖民地。疾病、暴力、強迫改宗與文化滲透，讓某些地方的原住民人口大幅減少。而在別的情境中，有些社會在面對歐洲人的干預時，仍然保有或發展出自己的完整性；關於這一點，亞洲的情況要比美洲來得成功。海外帝國靠的不只是殘酷的勞動，還有其麾下臣民的組織與管理技巧。在某些例子裡，殖民社會生了根，殖民地菁英則以英格蘭鄉紳或西班牙貴族為自己的榜樣，對歐洲人的後裔、原住民與進口奴隸行使不同形式的宰制。有些殖民地的人夢想脫離一個帝國，然後自己胼手胝足打造另一個帝國——如美洲革命黨人的「自由帝國」，以及在葡萄牙王室的某個分支不回本國時所出現的巴西帝國。

對十八世紀的政治理論與革命來說，帝國的涵義仍然晦暗不明。如果是在所有臣民都要受國王或皇帝管轄的君主國裡，「何時要把『誰屬於及誰不屬於這個群體』的問題交由『人民』來決定」就是個相當關鍵的問題。等到不列顛屬北美洲的移民與法屬聖多明戈的奴隸要求擁有人民主權時，這個觀念就有了爆炸性的後果。

合眾國之所以會合眾，一部分是因為害怕其他帝國。新政體宣稱要以平等為根本，卻不把平等延伸到自己占有與征服土地上的所有人。美利堅帝國毀滅、邊緣化原住民社群，而且也無法不靠內戰就解決「蓄奴」州與「自由」州之間的緊張關係。一直到二十世紀，這個共和國始終將美洲原住民排除在政體之外，也未能為奴隸的後代建立起平等的權力。美國意識型態裡強烈的道德社群觀念，讓一個先是橫跨大陸、最後則跨足海外的龐大帝國刻意隱晦自己的帝國歷史，把自己看成單一的龐大國族；在其底下，則畫分成具有一定自治程度但彼此平等的聯邦州。

歐洲國家的統治者未必會想局限自己只統治一個民族；他們對充滿差異的政治實體相當熟悉，也能在實體的各個組成部分中更動策略。帝國結構撐過了革命，因為拿破崙而擴大，更在他兵敗之後再次重建。對不列顛來說，「自由貿易帝國主義」——行使經濟力量，而且不時參雜軍事干預——就跟它在蘇格蘭、愛爾蘭、加拿大、印度、加勒比群島，以及後來大部分非洲行使的各種權力形式一樣，是同等重要的策略。

十九世紀的殖民行動並不像某些歷史學家所表示的那樣，創造出全新的帝國種類。相反地，這些帝國是建立在一系列帝國常用的手法上，同時也擴大這整套手段的內涵，拓展了縱橫捭闔的網絡與感染力十足的思想，還大幅提升帝國間競爭的風險。歐洲人獲得更有效的手段，能讓遠方的人民為他們的利益效勞，但歐洲人對於「要把這些人當成可以剝削的對象，還是帝國社群裡的新鮮人」之爭議卻有著天差地遠的看法。由於受到奴隸叛變與跨洲廢奴運動的挑戰，不列顛在一八三三年、法國在一八四八年、巴西與古巴則是在一八八〇年代宣布廢止奴隸制度。很多人不相信非洲人、亞洲人或是他們的後裔在未來會配得上平權或平等的政治發聲權，但殖民當局的局限以及被殖民者「躋身」文明之列的可能性，仍然成為辯論的主題。

在帝國統治者的會議裡，歐洲強權集體展現出有權統治他人的態度，更用社會進化論與種族分野加以強化之。但經過十九世紀晚期不到幾年的爭奪，連提倡積極改變非洲的人在面臨統治廣袤空間、管好中間人、控制本國代理人與移民的脫序行為，以及「讓那些有自己的支持網絡、能順應新情勢的人們改變習慣」等難以解決的問題時，都會因此為之卻步。

沒有哪一種殖民統治方式，能夠成為殖民母國民眾穩定一致的共識，或是廣泛得到殖民地人民的認同——但他們的有條件服從卻又是母國需要的東西。亞洲人與非洲人利用對其殖民者的政治語言，堅持自由的理念應該套用到自己身上。殖民統治也受到其他政治語彙的挑戰，同時還要抗衡別的目標——如恢復地方統治的形式、伊斯蘭的團結，以及反殖民的集體行動。

殖民行動因為一小撮帝國之間的競爭，因而在十九世紀晚期歐洲的政治與經濟力量手法中占有重要的位置；競爭中的每一個帝國都在歐洲大陸內外擁有超越國家的資源。奧匈帝國、俄羅斯與奧斯曼帝國就和不列顛、法國以及其他歐洲強權一樣，渴望盡己所能地掌控領土、人民以及陸海交流。

帝國同時在歐洲與歐洲邊緣試行種種政治改革，也嘗試更激進的做法好把人併入帝國結構中。德意志國的興起，連同它在歐洲非日耳曼語領土與之後在海外的擴張，都升高歐洲列強間的緊張情勢。各個帝國都在盯著彼此，許多帝國還運用民族權利或保護教友等理念，在敵對帝國內部引起紛爭。

操弄這類民族情緒的舞臺確實存在，有時還充滿仇恨。但民族主義者得先解決兩個問題：第一，歐洲人就跟其他大陸上的人一樣，並非生活在語言與文化同質的團塊裡；第二，帝國有能力在引發忠誠的同時加以管教。

民族觀念經常和某種特別的公民資格聯繫在一起——一群團結的人民透過民主手段表達自己的願望，跟「他們的」國家爭取福利資源，有時還會要求國家糾正資本主義與市場造成的不平等。當然，國家在社會生活裡日益吃重的角色，鼓勵人民把國家當成某種集合體，專心在它們身上——這樣它們就更能理直氣壯地提出訴求，也更可以限制這些訴求要應用在哪些人身上。但一直到二十世紀，國家歸屬與權利的界線仍不明朗。

以法國為例，將殖民地人民納入公民資格的可能性始於一七九〇年代，在一八〇二年被拿破崙終結；一八四八年，當公民權被傳布到加勒比海與部分塞內加爾時，這樣的可能性再度浮現，之後卻又隨著十九世紀晚期的殖民行動將愈來愈多人放到國民的範疇裡而窄化；當法國需要人手為帝國而戰時，又重新開始辯論這種可能性，最後則在一九四六年（短暫地）隨著宣布所有國民為公民時得到實現。就和法國一樣，第二次世界大戰後的不列顛也同樣認為：如果將社會權利與技術發展延伸到殖民地，或許能帶給帝國新的正當性。正是這種做法所付出的代價——殖民地人民對帝國資源超越以往的要求——讓不列顛與法國官員重新思考了帝國的可行性。

無獨有偶，「勞工運動是否應以國家、帝國或全球為範圍」，這也是在整個勞動組織發展歷程中，一直爭辯不休的問題。簡而言之，為了「能夠選擇自己的政府、索求政府資源的公民權」而進行的抗爭，並未與民族概念或種族邊界一致：公民權既是對帝國的質疑，也是攸關帝國本身的問題。從杜桑．盧維杜爾一直到利奧波德．桑戈爾的時代，帝國的民主化一直都是個政治議題。

工業資本主義[1]從十八世紀的英格蘭向外擴展，深深影響歐洲帝國對海外新領土的控制程度，也影響歐洲帝國彼此競爭的手段。歐洲經濟的成長在歐亞之間開鑿了一道新的技術鴻溝，不僅使奧斯曼與中華帝國為購買軍火與資本設備而負債累累，也加強歐洲軍隊與跨國公司的機動性。對資本主義的發展而言，歐洲帝國之間的競爭具有決定性的影響。工業化所需以及工業化後所能提供的技術，與資方對原物料和市場的需要兩相結合，共同促使帝國採取行動，以確保控制周遭與遠方的資源。

但是，即便土地被奪走，被殖民者也不會輕易淪落為工業家幫他們設定好的角色。帝國仍然要在指揮鏈的遠端面臨自己力量的極限，它們得在那裡動員被征服的社群，還要找到可靠的中間人——這一切都要以不超過利潤的代價進行，因此才有了那種「十九世紀晚期的帝國在看來能掌握一切的地方，卻表現得不如預期」的明顯矛盾；它們若不是沒有能力，就是不願把多數非洲人變成無產階級，或是不能、不願將印度的地主轉變為歐洲資本階級的複製品。全世界國家力量的不對等，反而突顯資本主義成效的差異。

歐洲資本家也無法抑制彼此間的競爭關係。從克里米亞戰爭一直到第一次世界大戰，正是逐漸形成的帝國體系，把發生在歐洲的衝突扭轉為暴力的漩渦。二十世紀的帝國戰爭對數以百萬計的民眾與某些形式的帝國來說都一樣要命。除了被征服民眾的抵抗與移民的叛變外，帝國之間的衝突，更削弱、挑戰著帝國的控制。

對第一次世界大戰裡的不列顛與法國而言，殖民帝國可是個重要的資源。戰後，兩國一邊試圖加深自己對屬地的控制，一邊自動自發地在「國際聯盟」託管國的名義下，瓜分德國殖民地與奧斯曼帝國各省。德意志帝國、奧斯曼帝國與奧匈帝國的瓦解並未帶來有用的帝國替代品。情況正好相反，經歷一九一九年後發生在中歐地區的幾波種族清洗，浮現的都是弱小國家。這些國家的民族不安心理則變成仇外心態與反閃主義。

甚至在戰爭前，奧斯曼帝國便已飽受中央化與民族化措施造成的分裂之苦。就在保有大部分阿拉伯省分忠誠的同時，奧斯曼領導人對土耳其化有了全新的重視，尤其是奧斯曼人在巴爾幹地區經歷喪權、暴力與驅逐之後更是如此。戰爭讓這些均質化傾向朝著最糟糕的方向發展，亞美尼亞人大屠殺則將之推到了極致。戰爭結束時，奧斯曼帝國瓦解，此後土耳其民族主義者便堅持著國家的單一本質——用一場規模浩大的人口「交換」驅逐希臘人，鎮壓庫德人這樣的少數民族，還用好鬥的世俗主義取代宗教寬容。這些行動似乎終結了奧斯曼人過去的包容性，而土耳其至今仍深受其影響。

日本在二十世紀初加入帝國競賽，改變了賽局，並在一八九五年與一九〇五年以對抗中華帝國和俄羅斯帝國的方式展現自己的力量。歐洲與美洲勢力把東南亞大部分資源納入自己的控制之下，

1 譯注：十八世紀中葉，大衛・休謨（David Hume, 1711-1776）與斯密等經濟學家開始反對強調用國家力量保護貿易的重商主義，而提倡自由貿易。隨著工業革命的發展，工業家也在十九世紀中葉取代商人，成為資本活動中的重要因素，他們開始提倡提高工業生產量，以及製程專業分工，藉產品銷售來獲得利潤。這種做法就稱為工業資本主義（industrial capitalism）。

而日本則決心創造亞洲版的歐洲帝國，也讓日本開向與歐美強權衝突的航道。

至於在歐洲內部，一九三〇年代中期的地緣政治形勢與一九一四年的情況沒有根本上的不同；但納粹德國不是德意志帝國，蘇聯也不是沙皇的俄羅斯。帝國式的和約結束了第一次世界大戰，剝除德國的海外殖民地，還縮減歐陸德國的國土。剝奪感加上受損的帝國資格，一同加劇納粹的沙文主義[2]、反閃主義以及恐斯拉夫的觀念，最終發展出純種日耳曼帝國的理念。這種趕盡殺絕的種族行動，與其他帝國用更有彈性的做法、交替著包容與分化的策略背道而馳，也讓納粹難以鞏固被征服民族出身的中間人。這種極端排外型的帝國變體在第二次世界大戰期間失敗了，擊敗它的對手，則是在政治、經濟與社會資源範圍上比它更廣的各帝國。

蘇聯是對納粹德國與日本（快要戰爭結束時才宣戰）的戰勝國之一。蘇聯就跟自己戰前與戰後的競爭對手一樣，宣稱要帶領自己的人民走向文明的更高階段——這一回，是走向國際共產主義。蘇聯在國境內推動受到監督的平權計畫，訓練、管教領土上（有時還管到國外）的「民族」領袖，致力於讓自己的衛星國家全心全意向著蘇維埃太陽，並對其他帝國裡的不滿人士和造反派發動強大的意識型態攻勢。第二次世界大戰結束時，史達林不僅讓蘇聯擴張超過俄羅斯在一九一四年的邊界範圍，還跟他的戰時盟友達成協議，在兵家必爭的戰爭爆發地中歐，為蘇維埃國家帶來一大片由附庸政權組成的緩衝區。戰爭的勝利讓蘇維埃版本的俄羅斯帝國重獲新生，也在全世界為俄羅斯帝國帶來嶄新的影響力。

納粹德國——還有日本——雖然在戰後崩潰，卻也拖垮了其他帝國。第二次世界大戰前，反殖民運動已經遍布各地，揭露殖民統治的濫權，也攻擊殖民統治的常態。不過，壓制野心、集中力量鎮壓叛變的殖民策略仍能在整個一九三〇年代控制情勢。殖民帝國的大廈在戰爭期間與戰爭結束不久便開始傾頹，但在法國與不列顛用「發展」計畫及擴大政治參與的做法，試圖重建帝國霸權之前，它仍不曾徹底倒下。

革命運動在某些地方發生，工會與激進分子組織則在其他地方提出訴求，國際壓力加上殖民地內因平等、公民資格與經濟發展而起的動員，以及「民族自決」，這一切的結合在一九四〇年代末與一九五〇年代發展至相當關鍵的階段。戰爭結束時，不列顛、法國與其他歐洲國家心裡可沒有放棄帝國的念頭，民族獨立也不是殖民地內的社會與政治運動唯一期盼的方向。但以領土國家形式獨立，卻成為殖民政權與殖民地內的政治運動所能達成共識的唯一選項。

從最後一輪的非洲與東南亞殖民行動到殖民地獨立之間的歷史發展，不過持續了七十或八十年而已——以歷史上的帝國為標準來看的話，這段時間並不算長。蘇聯的生命線長度也差不多，日本對臺灣的統治也是。這些帝國無論奉行共產還是資本主義，都表示要把社會提高到更高的經濟與社會生活標準。但它們的「發展」、「社會主義」或「大東亞共榮圈」目標，全都是許多先於它們的帝國所採行的文明工程之變體。

在帝國世界裡活動的美利堅合眾國，有很長一段時間都堅持自己與眾不同，但也發展出一套權力手段，其中包含眾所周知的帝國工具，並根據美國人的喜好選擇性運用這些手法。自由貿易帝國主義以及周期性地進占那些不照美國規矩玩的國家，都要比正式的殖民行動來得常見。許多美國人害怕把非白種人的異己之人納入政體中所帶來的後果，就算他們是殖民地的子民也一樣。

美國的用權手段在第二次世界大戰後的民族國家世界似乎如魚得水，每個民族國家都對貿易、

2 譯注：沙文主義（Chauvinism），或稱極端愛國主義，追求國家或民族的光榮與優越性。相傳拿破崙麾下一位名叫尼可拉．沙文（Nicolas Chauvin）的士兵因為在戰爭中負傷而獲得拿破崙的褒獎，後來在波旁王室復辟後，沙文仍狂熱地支持拿破崙，而廣受人譏諷。後來這種狂熱的忠誠心便被稱為沙文主義。不過，一般認為沙文此人應為虛構人物。

投資以及美國的文化洪流張開雙手，情況需要時，每個民族國家也都難以抵抗美國軍隊的壓迫。但真實的世界從不乖乖聽話。到了二十世紀晚期，美國一方面須應對世界上其他尚存的超級強權帶來的競爭，一方面則積極尋找從屬國，試圖在其他國家應有的行動自由上平添限制——如引發政變、入侵、占領，還打了好幾場仗。等到雙極對峙在一九九一年結束後，像阿富汗或索馬利亞這種一度是雙方冷戰陰謀畫策的目標地，就可以讓它們自生自滅了；但制定政策的人很晚才了解到，那些地方的人民——比方那些在阿富汗與蘇聯作戰的反抗軍——可絕對不是傀儡。他們可以從附庸搖身一變成為敵人，就像過去這麼多帝國中間人曾經的所作所為。

昨日造就今日
The Present of the Past

帝國一路走來交錯糾纏的過去，如今把我們推到了哪裡？當然，只要留心注意就會發現，導致帝國成形、驅策帝國前進的權力與資源不均，仍然伴隨我們左右。帝國倒下的破壞性影響同樣也是如此。

讓民族與國家彼此吻合的作法，在一九一九年後以及一九四五年的中歐，一八七八年、一九一二年、一九一九年、一九四五年、一九九〇年代的巴爾幹地區，以及一路持續到二十一世紀、屬於舊帝國的部分非洲與中東地區，都造成極具毀滅性的結果。但刻畫領土界線卻能為政治領袖帶來空間，藉此開創事業、得到支持者，站上世界舞臺。儘管不符合人們生活、遷移與交流的實際方式，但維持或拓展這些邊界，始終都是世界各地統治菁英的首要目標。

隨著帝國的結束，許多人希望公民間的平等關係能夠取代許多帝國用來行使權力的垂直紐帶。

在某些後帝國的實例中，這樣的願景已經實現了——或者說，在完整度上不輸給「民主」世界中其他的地方。比方說印度——印度以民族國家狀態存在的六十年時間中，有大部分時間都稱得上是公民政治。獨立的非洲國家則經歷了為爭取公民權利而起的周期性動員、軍事政變以及強迫性的一人或一黨專政。

第二次世界大戰後，有些平等關係的願景超越了民族國家的層次，例如法屬西非人為了在領土間結成聯邦而展開的奮鬥，以及團結「非洲人」、「阿拉伯人」或是世界革命的呼聲。萬隆的第三世界理想把這些希望帶上雲端，但沒有一個能開花結果。「去殖民」的發生加強的常常不是水平聯繫，而是垂直紐帶。有些領袖統治著資源稀少的小民族國家，他們對人民政治想像的掌控也不穩固；這些人往往會藉由在領土上實施侍從主義[3]政治、尋求來自強國與海外有錢大企業的支持，試圖減少足以取代其統治的可能選擇。在許多後蘇維埃時期的後繼國家裡，類似的家產官僚勢力重建也在發展當中。這些領袖間的私人交流，既非底下臣民能透過選舉表達意思、加以置喙，也不是過去帝國強權內的利益團體能夠仔細監督的對象。今天，歐洲選民自己疏遠了責任；俄羅斯人從來就沒有責任可負；美國人則是不負責任。

悲觀的人主張：過去的殖民地至今仍沒有發生太多變化，非洲人現在還是活在一個「新殖民」世界當中。但就連上述這種希望破滅的情節，其實也呈現出了某種改變，雖然不是一九六〇年代的非洲人以為自己得到的那種改變。主權有其影響力，而且對於某些人來說，還挺管用的——掌控資產，例如石油；找到保護人的可能性（尤其是在冷戰期間）；與外國企業、援助機構和國際金融組

3 譯注：侍從主義（clientelism），以物質或服從、效忠的方式來獲得他人政治支持的做法。

織談判時的操作空間。主權把簾子給拉了下來，讓國家統治者可以把許多行動藏在簾子後面，從貪腐到種族清洗都算在內。

有些前殖民地在獨立後開始工業化，也活絡了自己的經濟體系，例如不列顛前殖民地馬來西亞以及日本前殖民地南韓；特別是在東南亞，這個地方早在殖民開始之前，就已經擁有和廣大市場整合的歷史。但有些地方的殖民地基礎建設，是設計來將一小撮主要商品透過狹窄的管道，輸入由少數跨國企業主宰的市場；創造嶄新的經濟結構，在這些地方一向是個遙不可及的目標。而在非洲大部分地區，前殖民地國家的領導人變得異常依戀他們那些殖民前輩的主要成就——當個看門的。這些新統治者擺出一副監管與世界其他地方關聯的控制者姿態；他們對進出口貨物抽稅（包括援助物資），緊緊看著那些富農或生意人——因為他們搞不好會發展出獨立於政府菁英的商業（與政治）網絡。就像美國內戰期間，奴隸解放帶給奴隸的「除了自由以外，什麼都沒有」一樣，第二次世界大戰後多數殖民領地的獨立帶給它們的，除了主權以外也別無他物。政治菁英會運用主權——但不必然與治下人民以及想得到更多者的利益相符。

跨國企業在資源豐富的前殖民地國家裡，多半都能從低薪與貪腐的政府當中得利，但這些企業同樣會面臨情勢不穩、基礎建設缺乏，以及規模不大、管理不佳的市場所設下的限制。從不列顛到納粹，帝國式國家都曾想在自己控制的領土上尋找關鍵資源，比方說石油；如今，取得石油的管道，成了某些國家拿來狂熱捍衛主權的王牌。這些國家作為石油供應商的可靠性很成問題，它們的財富也很可能會被用來對抗自己最重要客戶的利益。伊朗、沙烏地阿拉伯、伊拉克、蘇丹、奈及利亞、安哥拉、委內瑞拉與俄羅斯就是這樣的例子。無論是開放性全球市場明顯的成長，還是美國硬實力周期性的展示，都無法確保最根本的資源供應。

我們只要看看今天最強大的幾個國家，就會在當前世局中，看見本書裡曾探討過的帝國昔日的影子。第一點，也是最明顯的一點：中國回來了。當西方帝國在經濟與文化方面翻騰鼓舞時，中國足足有兩百年的時間，一直被貼上「落後」於西方帝國的標籤；但最後看來，這兩百年就跟中國歷史上其他的王朝更迭期差不多。現在，中國的工業製品跟絲綢一同出口，收進口袋來的不是金條，而是金融商品。中國有遠比以往複雜的資源需求，但它再也不需要在受迫的情況下，附和其他帝國的自由貿易說詞；中國已經將自己整合到了全世界的市場裡。

中國的領導人現在訴諸帝國的傳統來加強政府的力量；元代與清代被當成一統中國領土的王朝，得到讚揚。強大的官僚體系相對超然於其掌管的社會仍舊是中國的特色。政府官員擔心的是西藏人獨立的渴望，以及在穆斯林占多數的新疆所出現的分離主義政潮——這些都是這個帝國邊界上的老問題。中國統治者再一次得緊抓財富大亨，監視廣土眾民，但這個政權能利用累積下來的治國之術來面對這些挑戰，重新在權力形勢的變動中占據顯著位置。

俄羅斯聯邦在共產瓦解後迅速恢復，顯示出另一個強大的帝國文化正在發揮作用。俄羅斯聯邦就像前幾任帝國一樣，民族尤其多元；它保住了附屬其下的「民族」領地，有好幾塊還彼此套疊在一起。一九九三年的俄羅斯憲法賦予所有共和國建立官方語言的權利，同時也明確規定俄語為「俄羅斯聯邦整體的官方語言」。憲法也根據國際人權標準，保障「少數民族」的權利。美國的顧問與傳教士曾經在一段短暫的混亂時期裡得到宣傳其理念的機會，各式各樣的野心都在當時大行其道；等這段時期過去，弗拉基米爾．普丁[4]便重拾家產官僚國家的手段。普丁及其支持者把產業鉅子們

4 譯注：弗拉基米爾．普丁（Vladimir Putin, 1952-），俄羅斯政治人物，出身蘇聯國家安全委員會（KGB），曾任俄羅斯聯邦總理，以及第二、第四屆俄羅斯聯邦總統。普丁對俄羅斯境內的分離運動採取強硬態度，在一九九九年至二〇〇九年間的第二次車臣戰爭（Second Chechen War）中大力鎮壓車臣分離主義分子。在各個領域，普丁都有鐵腕的名聲。

跟國家重新牽上線，加緊對宗教組織的控制，使媒體乖乖聽話，將選舉程序轉變為單一黨派支持的「主權民主制」[5]，迫使聯邦各州長效忠，在俄羅斯地區表現出對民族主義的熱衷，重新回到俄羅斯邊界的競爭，同時在國際舞臺上有效運用俄羅斯最大的武器——能源；此時，俄羅斯帝國早已在歐亞大陸的空間上以另一種變形重新現身。

當前各大勢力中最具創新色彩的就是歐洲聯盟。從五世紀到二十世紀之間，歐洲就不斷受困於一些菁英打造新羅馬的願景，以及其他人阻止這類事情發生的決心當中。不列顛與法國直到一九五〇年代與一九六〇年代，才放棄將帝國勢力重新調整為不列顛國協或法蘭西共同體的打算，並接受國族就是它們行動框架的事實——無論跟前帝國的統治菁英們有哪些政治、經濟、情感、語言與私人的關係。一九六〇年代到一九九〇年代間，歐洲國家運用從帝國那拿來的自由，在彼此之間構思出了邦聯式的安排。

邦聯架構的雄心壯志必須局限在行政與管理上，並運用歐洲人老道的規畫技巧，才最能發揮它的效果。然而，任何一個走過廢棄海關的人——這些海關過去沿著國界設置，數以百萬計的人就在這裡死於一再發生的戰爭中，都會對所謂「申根國家」[6]了不得的成就有高度評價。控制誰可以跨越邊界的權力——這是主權最基礎的其中一項特色——現在也提昇到歐洲層級。歐盟還沒有穩穩掌握其土地上多數人的政治忠誠，但歐盟領袖卻有辦法在面對外部勢力時團結行動，同時試著解決成員國之間的衝突。歐洲音樂會吹起了新曲調，聽者幾何就不得而知了。

二〇〇一年之後，專家名嘴間開始流行把美國加冕成「帝國」，若非譴責美國海外行動的放肆，就是讚揚美國擔任世界警察、民主化全球的努力。但仔細研究美國以選擇性使用帝國策略為基礎的用權套路，會比「是或不是帝國」這個問題來得更能讓人看清真相。這些策略當然包括動用武力與占領——也都違反主權原則——但就連最支持干預做法的美國政客，也不會真的想把伊拉克或阿富汗變成波多黎各。

美國把權力投射到遠方的綜合手法，反映出美國自身的帝國發展歷程——這個陸地帝國從十八世紀開始發展，以尊重公民權利平等與財產私有原則，以及排斥美洲原住民和奴隸為建國基礎。橫越整塊大陸的擴張，終究還是把大把資源交到歐裔美國人手裡；他們認為自己的征服行動是在實踐「昭昭天命」。美國差點就在奴隸制這塊石頭上一敗塗地，但在一場內戰之後，美國領導人就有了實力，得以選擇自己要介入全世界的時間與方式。

縱觀整個二十世紀，美國在國外動用一系列帝國策略：占領國家，出兵把敵對領導人拉下臺，出錢支持對付敵人的代理人戰爭，利用「飛地」殖民地與外國領土上的軍事基地，派傳教士出國，近來還會提供發展援助與專家支援。但美國在二〇〇三年入侵伊拉克最讓人側目的結果，就是占領了一個弱小、分裂的國家，卻因此讓美國的軍事、財政與政治力量變得力不從心。而在阿富汗，美國沒有從不列顛與俄羅斯帝國之前的失敗裡學到教訓，也沒能像帖木兒一樣，穩住這塊政治忠誠瞬息萬變之地。

5 譯注：二〇〇六年，俄羅斯總統辦公廳副主任兼總統助理弗拉季斯拉夫・蘇爾科夫（Vladislav Surkov, 1964-）提出了主權民主一詞。蘇爾科夫批評西方式的自由民主，表示民主雖重要，但主權則更為重要。這種看法一方面是對西方民主制度的回應，另一方面則是試圖要扭轉一九八〇年代政治與經濟開放改革以來領土完整與國家主權不穩的問題。在主權民主制（sovereign democracy）下，國家主權才是最高價值，而民主制度則要為國家主權的完整而服務。

6 譯注：一九八五年，西德、法國、荷蘭、比利時與盧森堡等五國在申根（Schengen）簽訂協議，取消彼此的邊境管制，稱為《申根公約》（*Schengen Agreement*）。《申根公約》在一九九五年生效，隨後陸續有不同國家加入成為公約國，這些國家也就是所謂的「申根國家」。

這幾個帝國勢力都不會把自己跟宗教活動連在一起，就連現代化和共產主義這樣的世俗宗教也已盡失風華。過去的統治者以為一神宗教會為帝國建造帶來凝聚力與正當性，但一神宗教卻創造出宗派分裂與異議，而不是統一；最長命的帝國政權（包括中國與俄羅斯在內）也都是最不需要宗教一致的帝國政權。即便各個帝國採用相去甚遠的方式，來處理被併吞民族的文化差異，但為了帝國的千秋萬世著想，總是少不了對多樣性的寬容。

中國、俄羅斯、歐盟與美國，全都發現自己正在遭受那些不願向國家權威俯首低頭的運動所威脅。中國在新疆，俄羅斯在車臣與其他地方，美國與歐盟在阿富汗，似乎都正跟時常被貼上「伊斯蘭好戰分子」標籤的勢力網絡奮戰著。而跟激進行動無關的穆斯林則被抹上恐怖主義色彩，彷彿他們就是跟國家內的主流文化格格不入，在十字軍運動過了一千年後又被當成徹徹底底當成「他者」。

正如我們先前所見，伊斯蘭的擴張打從一開始就是一種建造帝國的謀畫。但伊斯蘭信仰與國家權力的關係一向多元，從爭相組建真正伊斯蘭政權的努力，到小心謹慎的奧斯曼哈里發國、俄羅斯制度化的穆斯林階級體系，再到今天的「伊斯蘭」國家，如伊朗與沙烏地阿拉伯。但帝國沒有辦法一直控制自己創造的長距離交流，而對當今各國政府造成威脅的，恰好就是因為這些宣稱要擔負起伊斯蘭信仰責任的勢力網絡（某些還以復興哈里發制度為目標）並不隸屬於國家的自我利益與約束。眾多穆斯林遭遇到的苦難與折磨以及反覆無常的政治措施，正是晚近帝國歷史所無法抹滅的一部分——十九世紀時歐洲帝國對中東的鯨吞蠶食、奧斯曼政權的崩潰亂局、失敗的託管制度、全球霸權對弱勢國家的干預，以及「西方」國家撐腰的威權統治者治下的貧窮與絕望。

帝國的歷史與民族想像，在二十一世紀初以降最惡名昭彰的戰爭裡撞了個滿懷。今日分配到「伊拉克」民族標籤的地方，在過去是由位於肥沃月彎[7]的古代帝國所主宰，過了很久以後，則由以巴格達為中心的阿拔斯王朝統治。塞爾柱人與蒙古人入侵、占領這個地方，奧斯曼帝國接著併吞該地，後來又被交給不列顛帝國，由不列顛人的附庸統治者管理，然後又被美國占領，最後則交給一個軍事獨裁者來統治；他靠著賣石油給西方國家賺錢，跟伊朗打了一仗，跟科威特打了另一仗，還殘酷地對待伊拉克人——而伊拉克版本的伊斯蘭教、伊拉克人的族群特徵或政治生活，早已讓他們飽受懷疑的眼光。「蓋達組織」[8]不過是試圖衝撞伊拉克「民族」空間的眾多跨國界組織之一罷了。伊拉克這個國家就像前帝國的許多部分一樣，跟當地持續已久的傳統社會完全不合拍；伊拉克的歷史不只是在過去，就連在現今也一樣受到各個國家與各種網絡的交纏，以及其間權力關係的變化所影響。

對任何一個志向超越地方等級的統治者來說，無論如何都必須掌握大塊空間裡各色人民的混合。各個帝國對這個問題提出不同的答案。本書一直強調帝國所運用的各種「差異政治」類型；許多帝國利用差異作為統治工具，確保菁英、各個團體跟最高統治者的關係強過帝國臣民彼此間的聯繫，其他帝國則努力讓帝國內的人保持一致，並驅逐或詆毀那些不同於己的人。帝國會混合並調整這些策略；對帝國人口的不同部分採用不同手段的能力，或許就是它們在政治上能歷久不衰的原因。

無論好壞，帝國都在直接處理差異；民族國家則有一種想法——或者說是錯覺——認為訴諸民

7 譯注：肥沃月彎（Fertile Crescent），指近東一帶從埃及尼羅河流域、勒凡特（Levant）地區、亞述（Assyria）與美索不達米亞地區底格里斯河和幼發拉底河所形成的月彎型農業地區。

8 譯注：奧薩瑪．賓．拉登（Osama bin Laden, 1957-2011）與阿卜杜拉．尤素夫．阿扎姆（Abdullah Yusuf Azzam, 1941-1989）約在一九八八年至一九八九年間成立的伊斯蘭激進組織，其起源來自於阿富汗戰爭期間，由阿拉伯志願者組成的游擊隊。「蓋達組織」（Al-Qaeda）被美國、歐盟、俄羅斯、北大西洋公約組織等多個國家和機構認定為恐怖組織，曾發起包括二〇〇一年「九一一攻擊事件」等多起恐怖攻擊。

族概念和國家體系的參與，或是靠著排外、驅逐出境和強行同化等負面手法，就能克服差異。但民族國家從來沒有辦法徹底地排外、驅逐與同化，進而創造一致的人民，也沒有辦法抹去錯綜複雜的效忠行為。許多人即便身在殖民處境中，也仍然不把民族國家當成脫離帝國的方法。殖民帝國的終結不僅衝突不斷，而且其終結也並非必然。歐洲帝國放棄代價愈來愈高的主權，新國父們則接收他們自以為有能力鞏固的主權。我們得吞下這些坑坑疤疤、支離破碎的帝國脫離歷程帶來的結果，忍受主權平等的虛構情節，接受國家內部與各國彼此間不平等的事實。

探討帝國，並不代表要讓不列顛帝國、奧斯曼帝國或羅馬帝國復活。探討帝國，是要讓我們去思考跨越空間行使權力的形式——以及其形式的可能與局限；去思考用什麼樣的方式把人們併入政體，以及人群之間的差異，又是如何被想像與制定；去思考獲得中間人對帝國勢力有條件服從的方式；去思考移民、原住民、官員、學者、被迫離鄉背井的奴隸、宗教領袖與跨越國境的商人們能夠發展出哪些代替帝國勢力的選擇。

過往的時光沒有為打造更好的政體提供清晰的模式——無論是民族模式，還是帝國模式；但探索歷史一路走來的軌跡，卻能點醒我們：現況不是一直如此，也不會永垂不朽。我們會以個人與集體的身分想像不同的未來、做出選擇，並面對這些選擇所帶來的後果。分層與重疊主權的嶄新不同形式仍然有可能出現，而不會只有我們在這本書探討過的種類。人們一直以來都在想像，同時也會創造出其他政治組織形式。昔日的帝國展現了權力傲慢帶來的生命代價有多高昂——哪怕是以偉大的領袖、文明或是民族之名而為之——同時也顯示帝國曾經為社會生活帶來哪些方方面面的改變。我們已經仔細看過帝國用來併吞、在人群間製造區別的各種方式，以及讓人們保持區隔但不平等，或是試圖讓人們平等、一視同仁所帶來的後果。構思新的政體，並深刻理解世人對政治歸屬、機會平等、相互尊重的期盼，就是留給未來的挑戰。

▼第十三章｜帝國的末日？

Allina-Pisano, Jessica. *The Post-Soviet Potemkin Village: Politics and Property Rights in the Black Earth*. New York: Cambridge University Press, 2008.

Allman, Jean Marie. *The Quills of the Porcupine: Asante Nationalism in an Emergent Ghana*. Madison: University of Wisconsin Press, 1993.

Bayly, C. A., and T. N. Harper. *Forgotten Armies:The Fall of British Asia, 1941-1945*. Cambridge, MA: Harvard University Press, 2006.

Christie, Clive. *A Modern History of Southeast Asia: Decolonization, Nationalism and Separatism*. London:Tauris, 1996.

Connelly, Matthew. *A Diplomatic Revolution: Algeria's Fight for Independence and the Origins of the Post-Cold War Era*. New York: Oxford University Press, 2002.

Cooper, Frederick. *Decolonization and African Society:The Labor Question in French and British Africa*. Cambridge: Cambridge University Press, 1996.

Dower, John. *War without Mercy: Race and Power in the Pacific War*. New York: Pantheon, 1986.

Grant, Bruce. *In the Soviet House of Culture*. Princeton: Princeton University Press, 1995.

Guha, Ramachandra. *India after Gandhi:The History of the World's Largest Democracy*. London: Macmillan, 2007.

Hyam, Ronald. *Britain's Declining Empire:The Road to Decolonisation, 1918-1968*. Cambridge: Cambridge University Press, 2006.

Judt,Tony. *Postwar: A History of Europe since 1945*. New York: Penguin, 2005.

Kotkin, Stephen. *Armageddon Averted:The Soviet Collapse, 1970-2000*. New York: Oxford University Press, 2001.

Louis,Wm. Roger. *The British Empire in the Middle East, 1945-1951: Arab Nationalism, the United States, and Postwar Imperialism*. Oxford: Oxford Univesity Press, 1984.

Marr, David. *Vietnam 1945: The Quest for Power*. Berkeley: University of California Press, 1995.

Shepard,Todd. *The Invention of Decolonization:The Algerian War and the Remaking of France*. Ithaca: Cornell University Press, 2006.

Stora, Benjamin. *Algeria, 1830-2000: A Short History*. Trans. Jane Marie Todd. Ithaca: Cornell University Press, 2001.

Westad, Odd Arne. *The Global Cold War:Third World Interventions and the Making of Our Times*. Cambridge: Cambridge University Press, 2005.

Wolff, Larry. *Inventing Eastern Europe: The Map of Civilization on the Mind of the Enlightenment*. Stanford: Stanford University Press, 1994.

Wortman, Richard S. *Scenarios of Power: Myth and Ceremony in Russian Monarchy*. Vol. 2. Princeton: Princeton University Press, 2000.

▼第十二章｜帝國世界中的戰爭與革命——一九一四至一九四五年

Barkey, Karen, and Mark von Hagen, eds. *After Empire* chapter 11.

Bose, Sugata, and Ayesha Jalal. *Modern South Asia: History, Culture, Political Economy*. London: Routledge, 1998.

Fromkin, David. *Europe's Last Summer: Who Started the Great War in 1914?* New York: Knopf, 2004.

——. *A Peace to End All Peace: The Fall of the Ottoman Empire and the Creation of the Modern Middle East*. New York: Henry Holt, 1989.

Hirsch, Francine. *Empire of Nations: Ethnographic Knowledge and the Making of the Soviet Union*. Ithaca: Cornell University Press, 2005.

Hull, Isabel V. *Absolute Destruction: Military Culture and the Practices of War in Imperial Germany*. Ithaca: Cornell University Press, 2005.

Lohr, Eric J. *Nationalizing the Russian Empire: The Campaign against Enemy Aliens during World War I*. Cambridge, MA: Harvard University Press, 2003.

Lower, Wendy. *Nazi Empire-Building and the Holocaust in Ukraine*. Chapel Hill: University of North Carolina Press, 2005.

Macmillan, Margaret. *Paris 1919: Six Months That Changed the World*. New York: Random House, 2003.

Manela, Erez. *The Wilsonian Moment: Self-Determination and the International Origins of Anticolonial Nationalism*. New York: Oxford University Press, 2007.

Martin, Terry. *The Affirmative Action Empire: Nations and Nationalism in the Soviet Union, 1923-1939*. Ithaca: Cornell University Press, 2001.

Mazower, Mark. *Dark Continent: Europe's Twentieth Century*. New York: Vintage, 1999.

——. *Hitler's Empire: Nazi Rule in Occupied Europe*. London: Allen Lane, 2008.

Myers, Ramon, and Mark Peattie, eds. *The Japanese Colonial Empire, 1895-1945*. Princeton: Princeton University Press, 1984.

Sinha, Mrinalini. *Specters of Mother India: The Global Restructuring of an Empire*. Durham: Duke University Press, 2006.

Spence, Jonathan. *Search for Modern China* chapter 7.

Young, Louise. *Japan's Total Empire: Manchuria and the Culture of Wartime Imperialism*. Berkeley: University of California Press, 1998.

Zürcher, Erik J. *Turkey: A Modern History*. London: I. B.Tauris, 1993.

and the Russian, Ottoman, Habsburg Empires. Boulder, CO:Westview Press, 1997.

Brower, Daniel. *Turkestan and the Fate of the Russian Empire*. New York: RoutledgeCurzon, 2003.

Burbank, Jane, and David Ransel, eds. *Imperial Russia: New Histories for the Empire*. Bloomington: Indiana University Press, 1998.

Burbank, Jane, Mark von Hagen, and Anatolyi Remnev. *Russian Empire* chapter 9.

Deringil, Selim. *The Well-Protected Domains: Ideology and the Legitimation of Power in the Ottoman Empire, 1876-1909*. London:Tauris, 1999.

Field, Daniel. *The End of Serfdom: Nobility and Bureaucracy in Russia, 1855-1861*. Cambridge, MA: Harvard University Press, 1976.

Finkel, Caroline. *Osman's Dream* chapter 5.

Friedman, Rebecca. *Masculinity, Autocracy and the Russian University, 1804-1863*. New York: Palgrave Macmillan, 2005.

Hoch, Steven. *Serfdom and Social Control in Russia* chapter 9.

Judson, Pieter M. *Exclusive Revolutionaries: Liberal Politics, Social Experience, and National Identity in the Austrian Empire, 1848-1914*.

Ann Arbor: University of Michigan Press, 1996.

——. *Guardians of the Nation: Activists on the Language Frontier of Imperial Austria*. Cambridge, MA: Harvard University Press, 2006.

Kayali, Hasan. *Arabs and Young Turks: Ottomanism, Arabism, and Islamism in the Otto- man Empire, 1908-1918*. Berkeley: University of California Press, 1997.

Makdisi, Ussama. *The Culture of Sectarianism: Community, History, and Violence in Nineteenth-Century Ottoman Lebanon*. Berkeley: University of California Press, 2000.

Marks, Steven G. *Road to Power:The Trans-Siberian Railroad and Colonization of Asian Russia, 1850-1917*. Ithaca: Cornell University Press, 1991.

Porter, Brian. *When Nationalism Began to Hate: Imagining Modern Politics in Nineteenth-Century Poland*. New York: Oxford University Press, 2002.

Quataert, Donald. *The Ottoman Empire, 1700-1922*. 2nd ed. Cambridge: Cambridge University Press, 2005.

Stites, Richard. *Serfdom, Society, and the Arts in Imperial Russia*. New Haven: Yale University Press, 2005.

Szporluk, Roman. *Communism and Nationalism: Karl Marx versus Friedrich List*. New York: Oxford University Press, 1988.

Unowsky, Daniel L. *The Pomp and Politics of Patriotism: Imperial Celebrations in Habsburg Austria, 1848-1916*. West Lafayette: Purdue University Press, 2005.

Whittaker, Cynthia. *The Origins of Modern Russian Education: An Intellectual Biography of Count Sergei Uvarov, 1786-1855*. De Kalb: Northern Illinois University Press, 1984.

1996.

Cole, Juan. *Colonialism and Revolution in the Middle East: Social and Cultural Origins of Egypt's 'Urabi Movement.* Cairo: American University of Cairo Press, 1999.

Conklin, Alice. *A Mission to Civilize: The Republican Idea of Empire in France and West Africa, 1895-1930.* Stanford: Stanford University Press, 1997.

Daughton, J. P. *An Empire Divided: Religion, Republicanism, and the Making of French Colonialism, 1880-1914.* Oxford: Oxford University Press, 2006.

Davis, David Brion. *The Problem of Slavery in the Age of Revolution.* Ithaca: Cornell University Press, 1975.

Ferrer, Ada. *Insurgent Cuba: Race, Nation, and Revolution, 1868-1898.* Chapel Hill: University of North Carolina Press, 1999.

Gilmartin, David. *Empire and Islam: Punjab and the Making of Pakistan.* Berkeley: University of California Press, 1988.

Goswami, Manu. *Producing India: From Colonial Economy to National Space.* Chicago: University of Chicago Press, 2004.

Hall, Catherine. *Civilising Subjects: Metropole and Colony in the English Imagination, 1830-1867.* Chicago: University of Chicago Press, 2002.

Holt, Thomas. *The Problem of Freedom: Race, Labor and Politics in Jamaica and Britain, 1832-1938.* Baltimore: Johns Hopkins University Press, 1992.

Kramer, Paul A. *The Blood of Government: Race, Empire, the United States, and the Philippines.* Chapel Hill: University of North Carolina Press, 2006.

McKittrick, Meredith. *To Dwell Secure: Generation, Christianity, and Colonialism in Ovamboland.* Portsmouth, NH: Heinemann, 2002.

Metcalf,Thomas. *Imperial Connections: India in the Indian Ocean Arena, 1860-1920.* Berkeley: University of California Press, 2007.

Robinson, Ronald, and John Gallagher. "The Imperialism of Free Trade." *Economic History Review*, 2nd ser., 6 (1953): 1-15.

Schmidt-Nowara, Christopher, and John Nieto-Phillips, eds. *Interpreting Spanish Colonialism: Empires, Nations, and Legends.* Albuquerque: University of New Mexico Press, 2005.

Stora, Benjamin. *Algeria: A Short History, 1830-2000.* Trans. Jane Marie Todd. Ithaca: Cornell University Press, 2004.

Trautmann,Thomas. *Aryans and British India.* Berkeley: University of California Press, 1997.

Wildenthal, Lora. *German Women for Empire, 1884-1945.* Durham: Duke University Press, 2001.

▼第十一章｜主權與帝國——十九世紀的歐洲及其近鄰

Barkey, Karen, and Mark Von Hagen, eds. *After Empire: Multiethnic Societies and Nation-Building, the Soviet Union*

Chicago Press, 1986.

Kappeler, Andreas. *The Russian Empire: A Multi-Ethnic History.* Trans. Alfred Clayton. Harlow, U.K.: Pearson Education, 2001.

Kupperman, Karen Ordahl. *Indians and English: Facing Off in Early America*. Ithaca: Cornell University Press, 2000.

Meinig, D.W. *The Shaping of America: A Geographical Perspective on 500 Years of History*. Vol. 2: Continental America, 1800-1867. New Haven:Yale University Press, 1986.

Merry, Sally Engle. *Colonizing Hawai'i: The Cultural Power of Law*. Princeton: Princeton University Press, 2000.

Montoya, Maria E. *Translating Property: The Maxwell Land Grant and the Conflict over Land in the American West, 1840-1900*. Berkeley: University of California Press, 2002.

Ostler, Jeffrey. *The Plains Sioux and U.S. Colonialism from Lewis and Clark to Wounded Knee*. Cambridge: Cambridge University Press, 2004.

Richter, Daniel K. *Facing East from Indian Country: A Native History of Early America*. Cambridge, MA: Harvard University Press, 2001.

Smith, Douglas. *Love and Conquest: Personal Correspondence of Catherine the Great and Prince Grigory Potemkin*. DeKalb: Northern Illinois University Press, 2004.

Stanislawski, Michael. *Tsar Nicholas I and the Jews: The Transformation of Jewish Society in Russia, 1825-1855*. Philadelphia: Jewish Publication Society of America, 1983.

Sunderland,Willard. *Taming the Wild Field: Colonization and Empire on the Russian Steppe*. Ithaca: Cornell University Press, 2004.

Werth, Paul. *At the Margins of Orthodoxy: Mission, Governance, and Confessional Poli- tics in Russia's Volga-Kama Region, 1827-1905*. Ithaca: Cornell University Press, 2002.

White, Richard. *It's Your Misfortune and None of My Own: A New History of the American West*. Norman: University of Oklahoma Press, 1991.

——. *The Middle Ground: Indians, Empires, and Republics in the Great Lakes Region, 1640-1815*. New York: Cambridge University Press, 1991.

▼第十章｜帝國的統治套路與近代殖民主義迷思

Bayly, C. A. *Imperial Meridian: The British Empire and the World, 1780-1830*. Harrow, U.K.: Longman, 1989.

Benton, Lauren. *Law and Colonial Cultures* chapter 6.

Bose, Sugata. *A Hundred Horizons:The Indian Ocean in the Age of Global Empire*. Cambridge, MA: Harvard University Press, 2006.

Chanock, Martin. *Law, Custom and Social Order:The Colonial Experience in Malawi and Zambia*. Cambridge: Cambridge University Press, 1985.

Cohn, Bernard. *Colonialism and Its Forms of Knowledge:The British in India*. Princeton: Princeton University Press,

James, C.L.R. *The Black Jacobins. 1938*. Reprint, New York:Vintage, 1963.

Marshall, P. J. *The Making and Unmaking of Empires: Britain, India, and America, c. 1750-1783*. New York: Oxford University Press, 2005.

Muthu, Sankar. *Enlightenment against Empire*. Princeton: Princeton University Press, 2003.

Pitts, Jennifer. *A Turn to Empire:The Rise of Imperial Liberalism in Britain and France*. Princeton: Princeton University Press, 2005.

Pomeranz, Kenneth. *The Great Divergence: Europe, China, and the Making of the Modern World Economy*. Princeton: Princeton University Press, 2000.

Woolf, Stuart. *Napoleon's Integration of Europe*. London: Routledge, 1991.

▼第九章｜跨洲帝國——美國與俄羅斯

Anderson, Fred, and Andrew R. L. Cayton. *The Dominion of War: Empire and Liberty in North America, 1500-2000*. New York:Viking, 2005.

Armitage, David, ed. *Theories of Empire, 1450-1800*. Brookfield: Ashgate, 1998.

Banner, Stuart. How the Indians Lost Their Land: Law and Power on the Frontier. Cambridge, MA: Harvard University Press, 2005.

Bender,Thomas. *A Nation among Nations: America's Place in World History*. New York: Hill and Wang, 2006.

Breyfogle, Nicholas B. *Heretics and Colonizers: Forging Russia's Empire in the South Caucasus*. Ithaca: Cornell University Press, 2005.

Brower, Daniel R., and Edward J. Lazzerini, eds. *Russia's Orient: Imperial Borderlands and Peoples, 1700-1917*. Bloomington: Indiana University Press, 1997.

Brown, Kathleen. *Good Wives, Nasty Wenches* chapter 6.

Burbank, Jane, Mark von Hagen, and Anatolyi Remnev. *Russian Empire: Space, People, Power, 1700-1930*. Bloomington: Indiana University Press, 2007.

Crews, Robert D. *For Prophet and Tsar: Islam and Empire in Russia and Central Asia*. Cambridge, MA: Harvard University Press, 2006.

Foner, Eric. *Nothing But Freedom: Emancipation and Its Legacy*. Baton Rouge: Louisiana State University Press, 1983.

Geraci, Robert. *Window on the East: National and Imperial Identities in Late Tsarist Russia*. Ithaca: Cornell University Press, 2001.

Hendrickson, David C. *Peace Pact: The Lost World of the American Founding*. Lawrence: University Press of Kansas, 2003.

Hinderaker, Eric. *Elusive Empires: Constructing Colonialism in the Ohio Valley, 1673-1800*. New York: Cambridge University Press, 1997.

Hoch, Steven L. *Serfdom and Social Control in Russia: Petrovskoe, a Village in Tambov*. Chicago: University of

Press, 1987.

Mote, F.W. Imperial China, 900-1800. Cambridge, MA: Harvard University Press, 1999.

Ostrowski, Donald. *Muscovy and the Mongols: Cross-Cultural Influences on the Steppe Frontier, 1304-1589.* Cambridge: Cambridge University Press, 1998.

Perdue, Peter C. *China Marches West:The Qing Conquest of Central Eurasia.* Cambridge, MA: Harvard University Press, 2005.

Rowe,William T. *Saving the World: Chen Hongmou and Elite Consciousness in Eighteenth-Century China.* Stanford: Stanford University Press, 2001.

Shin, Leo. *The Making of the Chinese State: Ethnicity and Expansion on the Ming Borderlands.* Cambridge: Cambridge University Press, 2006.

Spence, Jonathan. *The Search for Modern China.* New York: Norton, 1990.

Wakeman, Frederic E. *The Great Enterprise:The Manchu Reconstruction of Imperial Order in Seventeenth-Century China.* Berkeley: University of California Press, 1985.

Waley-Cohen, Joanna. *The Culture of War in China: Empire and the Military under the Qing Dynasty.* London: I. B.Tauris, 2006.

Wong, Roy Bin. *China Transformed: Historical Change and the Limits of European Experience.* Ithaca: Cornell University Press, 1997.

Wortman, Richard S. *Scenarios of Power: Myth and Ceremony in Russian Monarchy.* Vol. 1. Princeton: Princeton University Press, 1995.

Zitser, Ernest A. *The Transfigured Kingdom: Sacred Parody and Charismatic Authority at the Court of Peter the Great.* Ithaca: Cornell University Press, 2004.

▼第八章｜革命年代中的帝國、民族與公民權

Adelman, Jeremy. *Sovereignty and Revolution in the Iberian Atlantic.* Princeton: Princeton University Press, 2007.

Armitage, David. *The Ideological Origins of the British Empire.* Cambridge: Cambridge University Press, 2000.

Broers, Michael. *Europe under Napoleon, 1799-1815.* London: Arnold, 1996.

Colley, Linda. *Britons: Forging the Nation, 1707-1837.* New Haven:Yale University Press, 1992.

Dubois, Laurent. *A Colony of Citizens: Revolution and Slave Emancipation in the French Caribbean, 1787-1804.* Chapel Hill: University of North Carolina Press, 2004.

Elliott, J. H. *Empires of the Atlantic World* chapter 5.

Forrest, Alan. *Napoleon's Men: The Soldiers of the Revolution and Empire.* London: Hambledon and London, 2002.

Gould, Eliga. *The Persistence of Empire: British Political Culture in the Age of the American Revolution.* Chapel Hill: University of North Carolina Press, 2000.

Hulsebosch, Daniel J. *Constituting Empire: New York and the Transformation of Constitutionalism in the Atlantic World, 1664-1830.* Chapel Hill: University of North Carolina Press, 2005.

MacCormack, Sabine. *Religion in the Andes:Vision and Imagination in Early Colonial Peru.* Princeton: Princeton University Press, 1991.

MacMillan, Ken. *Sovereignty and Possession in the English New World:The Legal Foun- dations of Empire, 1576-1640.* Cambridge: Cambridge University Press, 2006.

Newitt, Malyn. *A History of Portuguese Overseas Expansion, 1400-1668.* New York: Routledge, 2005.

Pagden, Anthony. *Lords of All the World: Ideologies of Empire in Spain, Britain and France c. 1500-c. 1800.* New Haven:Yale University Press, 1995. Pearson, M. N. The Indian Ocean. London: Routledge, 2003.

Raudzens, George, ed. *Technology, Disease and Colonial Conquests, Sixteenth to Eighteenth Centuries: Essays Reappraising the Guns and Germs Theories.* Leiden: Brill, 2001.

Stern, Steve. *Peru's Indian Peoples and the Challenge of Spanish Conquest: Huamanga to 1640.* 2nd ed. Madison: University of Wisconsin Press, 1993.

Subrahmanyam, Sanjay. *The Portuguese Empire in Asia, 1500-1700.* London: Longman, 1993.

Taylor, Jean Gelman. *The Social World of Batavia: European and Eurasian in Dutch Asia.* Madison: University of Wisconsin Press, 1983.

Teschke, Benno. *The Myth of 1648: Class, Geopolitics and the Making of Modern International Relations.* London:Verso, 2003.

Tracy, James D., ed. *The Political Economy of Merchant Empires: State Power and World Trade, 1350-1750.* Cambridge: Cambridge University Press, 1991.

——. *The Rise of Merchant Empires: State Power and World Trade, 1350-1750.* Cambridge: Cambridge University Press, 1990.

Williams, Eric. *Capitalism and Slavery.* Chapel Hill: University of North Carolina Press, 1944.

▼第七章｜跨出草原——俄羅斯與中國的帝國創建

Amitai, Reuvan, and Michal Biran, eds. *Mongols,Turks, and Others: Eurasian Nomads and the Sedentary World.* Boston: Brill, 2005.

Crossley, Pamela Kyle. *A Translucent Mirror: History and Identity in Qing Imperial Ideology.* Berkeley: University of California Press, 1999.

Elliott, Mark. *The Manchu Way:The Eight Banners and Ethnic Identity in Late Impe- rial China.* Stanford: Stanford University Press, 2001.

Kivelson,Valerie. *Cartographies of Tsardom:The Land and Its Meanings in Seventeenth- Century Russia.* Ithaca: Cornell University Press, 2006.

Kollmann, Nancy Shields. *By Honor Bound: State and Society in Early Modern Russia.* Ithaca: Cornell University Press, 1999.

——. *Kinship and Politics:The Making of the Muscovite Political System, 1345-1537.* Stanford: Stanford University

——. "A Europe of Composite Monarchies." *Past and Present* 137 (1992): 48-71.

Finkel, Caroline. *Osman's Dream: The History of the Ottoman Empire*. New York: Basic Books, 2005.

Goffman, Daniel. *The Ottoman Empire and Early Modern Europe*. Cambridge: Cambridge University Press, 2002.

Inber, Colin. *The Ottoman Empire, 1300-1650: The Structure of Power*. Houndsmills and New York: Palgrave Macmillan, 2002.

Kafadar, Cemal. *Between Two Worlds: The Construction of the Ottoman State*. Berkeley: University of California Press, 1995.

Kamen, Henry. *Empire: How Spain Became a World Power, 1492-1763*. New York: HarperCollins, 2003.

Las Casas, Bartolomé de. *History of the Indies*.Trans. and ed. Andrée Collard. New York: Harper, 1971.

Lowry, Heath W. *The Nature of the Early Ottoman State*. Albany: State University of New York Press, 2003.

Pagden, Anthony. *Spanish Imperialism and the Political Imagination*. New Haven:Yale University Press, 1990.

Parker, Geoffrey. *The Military Revolution: Military Innovation and the Rise of the West, 1500-1800*. Cambridge: Cambridge University Press, 1996.

Peirce, Leslie. *Imperial Harem: Women and Sovereignty in the Ottoman Empire*. New York: Oxford University Press, 1993.

——. *Morality Tales: Law and Gender in the Ottoman Court of Aintab*. Berkeley: University of California Press, 2003.

Subrahmanyam, Sanjay. "A Tale of Three Empires: Mughals, Ottomans, and Habsburgs in a Comparative Context." *Common Knowledge* 12, no. 1 (2006): 66-92.

▼第六章｜大洋經濟與殖民社會——歐洲、亞洲與美洲

Adams, Julia. *The Familial State: Ruling Families and Merchant Capitalism in EarlyModern Europe*. Ithaca: Cornell University Press, 2005.

Benton, Lauren. *Law and Colonial Cultures: Legal Regimes in World History, 1400-1900*. New York: Cambridge University Press, 2002.

Brenner, Robert. *Merchants and Revolution: Commercial Change, Political Conflict, and London's Overseas Traders, 1550-1653*. 1993. Reprint, London: Verso, 2003.

Brewer, John. *The Sinews of Power: War, Money, and the English State, 1688-1783*. New York: Knopf, 1989.

Brown, Kathleen. *Good Wives, Nasty Wenches, and Anxious Patriarchs: Gender, Race, and Power in Colonial Virginia*. Chapel Hill: University of North Carolina Press, 1996.

Elliott, J. H. *Empires of the Atlantic World* chapter 5.

Eltis, David. *The Rise of African Slavery in the Americas*. New York: Cambridge University Press, 2000.

Gruzinski, Serge. *Les quatre parties du monde: Histoire d'une mondialisation*. Paris: Editions de la Martinière, 2004.

Kupperman, Karen Ordahl. *Indians and English: Facing Off in Early America*. Ithaca: Cornell University Press, 2000.

Ringrose, Kathryn M. *The Perfect Servant: Eunuchs and the Social Construction of Gender in Byzantium*. Chicago: University of Chicago Press, 2003.

Wickham, Chris. *Framing the Early Middle Ages: Europe and the Mediterranean, 400-800*. Oxford: Oxford University Press, 2005.

▼第四章｜貫通歐亞——蒙古諸帝國

Allsen,Thomas T. *Commodity and Exchange in the Mongol Empire: A Cultural History of Islamic Textiles*. New York: Cambridge University Press, 1997.

——. *Culture and Conquest in Mongol Eurasia*. New York: Cambridge University Press, 2001.

Biran, Michal. "The Mongol Transformation: From the Steppe to Eurasian Empire." *Medieval Encounters* 10, nos. 1-3 (2004): 339-61.

Christian, David. *A History of Russia, Central Asia and Mongolia. Vol. 1: Inner Eurasia from Prehistory to the Mongol Empire*. Oxford: Blackwell, 1998.

Cleaves, Francis Woodman, trans. and ed. *The Secret History of the Mongols*. Cambridge, MA: Harvard University Press, 1982.

Di Cosmo, Nicola. *Ancient China and Its Enemies:The Rise of Nomadic Power in East Asian History*. New York: Cambridge University Press, 2002.

——. "State Formation and Periodization in Inner Asian History." *Journal of World History* 10, no. 1 (1999): 1-40.

Fletcher, Joseph. "The Mongols: Ecological and Social Perspectives." *Harvard Journal of Asiatic Studies* 46 (1986): 11-50.

King, Charles. *Black Sea* chapter 1.

Manz, Beatrice Forbes. *The Rise and Rule of Tamerlane*. Cambridge: Cambridge University Press, 1989.

Morgan, David. *The Mongols*. 2nd ed. Malden: Blackwell, 2007.

Ratchnevsky, Paul. *Genghis Khan: His Life and Legacy*.Trans.Thomas Nivison Haining. Cambridge, MA: Blackwell, 1992.

Roux, Jean-Paul. *Genghis Khan and the Mongol Empire*. London:Thames and Hudson, 2003.

Spuler, Bertold. *The Mongols in History*. New York: Praeger, 1971.

▼第五章｜跨出地中海——奧斯曼帝國與西班牙帝國

Barkey, Karen. *Bandits and Bureaucrats:The Ottoman Route to State Centralization*. Ithaca: Cornell University Press, 1994.

——. *Empire of Difference:The Ottomans in Comparative Perspective*. Cambridge: Cambridge University Press, 2008.

Elliott, J. H. *Empires of the Atlantic World: Britain and Spain in America, 1492-1830*. New Haven:Yale University Press, 2006.

Oxford University Press, 2005.
Di Cosmo, Nicola. *Ancient China and Its Enemies: The Rise of Nomadic Power in East Asian History*. Cambridge: Cambridge University Press, 2002.
Finley, M. I. *The Ancient Economy*. Berkeley: University of California Press, 1973.
Garnsey, Peter, and Richard Saller. *The Roman Empire: Economy, Society and Culture*. Berkeley: University of California Press, 1987.
Harris,W.V., ed. *Rethinking the Mediterranean*. Oxford: Oxford University Press, 2005.
Hui,Victoria Tin-Bor. *War and State Formation in Ancient China and Early Modern Europe*. New York: Cambridge University Press, 2005.
Lewis, Mark Edward. *The Early Chinese Empires: Qin and Han*. Cambridge, MA: Harvard University Press, 2007.
Nicolet, Claude. *The World of the Citizen in Republican Rome*. Berkeley: University of California Press, 1980.
Rostovtzeff, Michael Ivanovitch. *Rome*.Translated from the Russian by J. D. Duff. New York: Oxford University Press, 1962.
Twitchett, Denis Crispin, and John King Fairbank, eds. *The Cambridge History of China*.Vol. 1. New York: Cambridge University Press, 2002.
Ward Perkins, Bryn. *The Fall of Rome and the End of Civilization*. Oxford: Oxford University Press, 2005.
Wolfram, Herwig. *The Roman Empire and Its Germanic Peoples*.Trans.Thomas Dunlap. Berkeley: University of California Press, 1997.
Woolf, Greg. *Becoming Roman: The Origins of Provincial Civilization in Gaul*. New York: Cambridge University Press, 1998.

▼第三章｜羅馬之後——拜占庭、基督教與伊斯蘭

Barbero, Alessandro. *Charlemagne: Father of a Continent*. Berkeley: University of California Press, 2004.
Bartlett, Robert. *The Making of Europe: Conquest, Colonization and Cultural Change, 950-1350*. Princeton: Princeton University Press, 1993.
Crone, Patricia. *God's Rule: Government and Islam*. New York: Columbia University Press, 2004.
Donner, Fred McGraw. *The Early Islamic Conquests*. Princeton: Princeton Univer-sity Press, 1981.
Fowden, Garth. *Empire to Commonwealth: Consequences of Monotheism in Late Antiquity*. Princeton: Princeton University Press, 1993.
Geary, Patrick. *The Myth of Nations: The Medieval Origins of Europe*. Princeton: Princeton University Press, 2002.
Herrin, Judith. *Byzantium: The Surprising Life of a Medieval Empire*. Princeton: Princeton University Press, 2007.
Kennedy, Hugh. *The Prophet and the Age of the Caliphates: The Islamic Near East from the Sixth to the Eleventh Century*. 2nd ed. Harlow, U.K.: Pearson, 2004.
——. *When Baghdad Ruled the Muslim World: The Rise and Fall of Islam's Greatest Dynasty*. Cambridge, MA: Da Capo Press, 2005.

延伸閱讀
Suggested Reading

▼第一章｜帝國的發展軌跡

以帝國為主題的一般性論著，牛津與劍橋出版社的羅馬史、中世紀歐洲史、中國史、拉丁美洲史、不列顛帝國史，以及其他地方的歷史都能就不同的帝國提供相當有用的介紹。有兩本傑出的全球史研究：Robert Tignor, Jeremy Adelman, Stephen Aron, and Stephen Kotkin, *Worlds Together; Worlds Apart: A History of the World from the Beginnings of Humankind to the Present*, 2nd ed. (New York: Norton, 2008)以及Richard Bulliet, Pamela Crossley, Daniel Headrick, and Steven Hirsch, *The Earth and Its Peoples: A Global History*, 4th ed. (New York: Houghton Mifflin, 2007). 其他大範圍、長時代的帝國研究如下：

Abernethy, David. *The Dynamics of Global Dominance: European Overseas Empires, 1415-1980*. New Haven:Yale University Press, 2000.

Cooper, Frederick. *Colonialism in Question:Theory, Knowledge, History*. Berkeley: University of California Press, 2005.

Cooper, Frederick, and Ann Laura Stoler, eds. *Tensions of Empire: Colonial Cultures in a Bourgeois World*. Berkeley: University of California Press, 1997.

Darwin, John. *After Tamerlane: The Global History of Empire since 1405*. London: Bloomsbury Press, 2008.

Findlay, Ronald, and Kevin H. O'Rourke. *Power and Plenty:Trade, Power, and the World Economy in the Second Millennium*. Princeton: Princeton University Press, 2007.

Kennedy, Paul. *The Rise and Fall of the Great Powers: Economic Change and Military Conflict from 1500 to 2000*. New York: Random House, 1987.

King, Charles. *The Black Sea: A History*. New York: Oxford University Press, 2004.

Lieven, Dominic. *Empire:The Russian Empire and Its Rivals*. London: Murray, 2001. Pagden, Anthony. *Peoples and Empires:A Short History of European Migration, Exploration, and Conquest from Greece to the Present*. New York: Modern Library, 2001.

Pocock, J.G.A. *The Discovery of Islands: Essays in British History*. Cambridge: Cam-bridge University Press, 2005.

▼第二章｜羅馬與中國的帝國統治

Dench, Emma. *Romulus' Asylum: Roman Identities from the Age of Alexander to the Age of Hadrian*. New York:

帝國何以成為帝國

一部關於權力、差異、與互動的全球政治史

Empires in World History: Power and the Politics of Difference

作者　珍・波本克（Jane Burbank）、弗雷德里克・庫伯（Frederick Cooper）
譯者　馮奕達
校訂　鄭天恩

總編輯　富察
責任編輯　洪源鴻
企劃　蔡慧華
封面設計　許晉維
排版　宸遠彩藝

社長　郭重興
發行人兼出版總監　曾大福
出版發行　八旗文化／遠足文化事業股份有限公司
地址　新北市（二三一）新店區民權路一〇八—二號九樓
電話　（〇二）二二一八一四一七
傳真　（〇二）二二一八八〇五七
客服專線　〇八〇〇—二二一—〇二九
信箱　gusa0601@gmail.com
部落格　gusapublishing.blogspot.com
臉書　facebook.com/gusapublishing

法律顧問　華洋法律事務所 蘇文生律師
印刷　成陽印刷股份有限公司

二版一刷　二〇二〇年九月

定價　八〇〇元

◎版權所有，翻印必究。本書如有缺頁、破損、裝訂錯誤，請寄回更換
◎歡迎團體訂購，另有優惠。請電洽業務部（02）22181417 分機 1124、1135
◎本書言論內容，不代表本公司／出版集團之立場或意見，文責由作者自行承擔

本書 2015 年曾以《世界帝國二千年：一部關於權力政治的全球史》書名出版

Authorized translation from the English language edition, entitled Empires In World History: Power and The Politics of Difference, 1st Edition, ISBN: 9780691152363 by Jane Burbank and Frederick Cooper, published by Princeton University Press, Copyright ©2010

All rights reserved. No part of this book may be reproduced or transmitted in any form or by any means, electronic or mechanical, including photocopying, recording or by any information storage retrieval system, without permission from Princeton University Press.

CHINESE TRADITIONAL language edition published by GUSA PUBLISHER, AN IMPRINT OF WALKER CULTURAL ENTERPRISE LTD., Copyright ©2015

國家圖書館出版品預行編目 (CIP) 資料

帝國何以成為帝國：
一部關於權力、差異、與互動的全球政治史
珍・波本克（Jane Burbank）、弗雷德里克・庫伯（Frederick Cooper）著／馮奕達譯／二版／新北市／八旗文化出版／遠足文化發行／ 2020.09
譯自：Empires in World History: Power and the Politics of Difference
ISBN 978-957-8654-94-5(平裝)

1. 世界史　2. 國際政治　3. 帝國主義

711　108021351